Liebe Leserin, lieber Leser,

in Deutschland sind über 8 Millionen Menschen in ihrer Freizeit musikalisch aktiv; sie spielen ein Instrument oder sind Mitglied in Chören. Darunter sind auch viele Kinder und Jugendliche - ihre genaue Zahl ist nicht bekannt. Es kann jedoch angenommen werden, daß etwa jeder dritte Schüler ein Instrument spielt bzw. schon einmal gespielt hat oder in Schulchor, Rock- oder Folkloregruppe mitwirkt.
Musikhören steht bei vielen Jugendlichen an der Spitze der beliebtesten Freizeitaktivitäten. Die Besucherzahlen von Konzerten und Opern übersteigen die der Fußball-Bundesliga-Spiele. Der Tonträger- und HiFi-Markt boomt trotz angespannter Gesamtwirtschaftslage.
Die Beschäftigung mit Musik hat also Konjunktur. Nun ist Musik machen und Musik genießen eine Sache, über Musik Bescheid wissen eine andere. Oft sind die nötigen Informationen über einen musikalischen Fachbegriff, ein bestimmtes Instrument oder einen musikgeschichtlichen Zusammenhang gerade dann nicht zur Hand, wenn sie zu einem schnellen Überblick und damit zum besseren Verständnis notwendig wären. Wer weiß schon auf Anhieb, was ein Kontrapunkt, ein Scat-Gesang oder ein Englischhorn ist, wie ein Musikcomputer funktioniert oder was man genauer unter Volksmusik versteht.
Die dickleibigen Nachschlagewerke für Musik stehen in der Regel nicht in privaten Haushalten, sondern in öffentlichen Bibliotheken; sie sind oft in einer schwer verständlichen Sprache verfaßt und außerdem für den normalen Geldbeutel kaum erschwinglich. Für den alltäglichen Gebrauch, d.h. zur schnellen Antwort auf Fragen, die ein Schüler, eine Hobbymusikerin oder ein Konzertbesucher in Sachen Musik haben, ist ein Musiklexikon nötig, das den Interessierten die Spezialliteratur ersetzt, das Jazzer ebenso wie Mittelalter-Fans „bedient", das über elektronische Musik und Popmusik ebenso Auskunft gibt wie über musikgeschichtliche Epochen und musiktheoretische Phänomene, das über Tänze, Instrumente und Harmonielehre informiert und dies alles in verständlicher Sprache und mit dem Blick auf größere Zusammenhänge.
Eine solche Konzeption haben wir verfolgt und ein Lexikon erarbeitet, das den musikinteressierten Leserinnen und Lesern vor allem fünf große Bereiche erschließt:

1. die traditionelle, „klassische" Musik einschließlich ihrer historischen Zusammenhänge und theoretischen Grundlagen,
2. die populäre Musik mit ihren zahlreichen Gattungen, Instrumenten, Stil- und Spielarten,
3. die neueren technischen Entwicklungen, z.B. die Computertechnologie und ihre Bedeutung für die Musik heute,
4. das weite Feld des Handwerklich-Praktischen in der Musik, das von den Vortrags- und Tempobezeichnungen über Harmonielehre, Instrumentenkunde bis hin zu Intervallen und Tonarten reicht,
5. das Musikleben der Gegenwart; hier werden Formen der Darbietung und Vermittlung von Musik vom Konzert über Musikfestivals und Musikzeitschriften sowie Aspekte der musikalischen Ausbildung von der Musikschule bis zur Musikhochschule thematisiert.

Komponisten und Interpreten werden ausführlich berücksichtigt, auch wenn ihnen keine eigenen Artikel gewidmet sind. Aber ihre Lebensdaten finden sich im Stichwortverzeichnis; dort ist anhand der Verweispfeile auch erkennbar, in welchen Artikeln bzw. Zusammen-

hängen der jeweilige Name eine Rolle spielt. Beispielsweise findet sich unter Béla Bartók folgender Eintrag im Register: Bartók, Béla (1881-1945) ▶Bagatelle 27, ▶Bicinium 49, ▶Duo 90, ▶Folklorismus *115*, ▶Neue Musik 230, ▶Polytonalität 262, ▶Quartenakkord 270, ▶Viola 354, ▶Volksmusik 360.
So läßt sich schnell entscheiden, wo man nachschlagen möchte, um sich über diesen ungarischen Komponisten zu informieren.
Und noch eine Besonderheit: Zahlreiche Komponisten sind bei für sie typischen Stichworten abgebildet. Die Stelle ist im Register leicht daran zu erkennen, daß die entsprechende Seitenzahl kursiv gedruckt ist. In unserem Beispiel findet sich also ein Porträt von Bartók beim Stichwort Folklorismus.

Die Musik außereuropäischer Kulturen konnte in diesem Lexikon nicht ausführlich berücksichtigt werden. Jede bekannte Musikkultur - sei es die afrikanische, die chinesische, die indische oder die türkische - ist viel zu komplex, vielgestaltig und bedeutend, als daß sie in einem einzigen Lexikonartikel „abgehandelt" werden könnte. Hier sei der Interessent auf die Spezialliteratur verwiesen.

Dies betrifft natürlich auch die Interessentin. Wir verzichten aus Gründen der Lesbarkeit in diesem Lexikon auf die Nennung der männlichen und weiblichen Form bzw. auf deren üblich gewordene unschöne Koppelung und hoffen darauf, daß die Leserinnen dieses Buches mit dieser einfacheren und platzsparenden Lösung einverstanden sind.

1. Die Blockartikel

Blockartikel sind längere, blau unterlegte Artikel; in der Regel ist unter jedem Buchstaben ein Stichwort als Blockartikel ausgearbeitet. Bei einigen Buchstaben haben wir darauf verzichtet, dafür sind bei anderen Buchstaben zwei Blockartikel zu finden.
Die Blockartikel geben ausführlich Auskunft zu einem Stichwort. Hier wird Musik in ihren gesellschaftlichen und historischen Funktionszusammenhängen dargestellt. Sie sind auch ein Versuch, Positionen zu beschreiben, und sie wollen zum Nach- und Weiterdenken anregen.
Die Blockartikel wollen jedem Leser etwas bieten. Sie berücksichtigen z.B. unterschiedliche Musiksparten und -genres, Funktionsbereiche und Aufführungsorte von Musik und musiktheoretische Kategorien.

- B: Bearbeitung
- C: Computer und Musik
- D: Dirigent
- E: Epochengliederung in der Musikgeschichte
- F: Form
- G: Gesellschaft und Musik
- H: Harmonielehre
- I: Interpretieren und Verstehen von Musik
- J: Jazz
- K: Kirchenmusik
- L: Lied
- M: Musikwissenschaft
- N: Notation
- O: Oper, Orchester
- P: Populäre Musik
- R: Rhythmus, Rockmusik
- S: Singen
- T: Theater und Musik
- U: Urheberrecht
- V: Volksmusik

2. Musikgeschichte im Überblick

Liest man die entsprechenden Artikel in der vorgeschlagenen Reihenfolge, so ergibt sich eine kleine europäische Musikgeschichte von der Antike bis zur Gegenwart: Antike, Mittelalter, Niederländer oder niederländische Schule, Renaissance, Barock, Vorklassik, Klassik, Romantik, Impressionismus, Expressionismus, Neue Musik. Der Blockartikel „Epochengliederung in der Musik" ergänzt diese Reihe. Er behandelt Grundsätzliches und zeigt auch, daß Epochenbegriffe aus Gründen der Übersichtlichkeit und Lesbarkeit nicht selten eindeutiger erscheinen als die komplexen Epochen, die sie beschreiben, tatsächlich sind.

3. Die Begriffsnester

Um systematische Zusammenhänge nicht zu zerreißen, in denen sich ein Begriff durch den anderen erhellt, sind hier und da „Begriffsnester" gebildet worden. Das heißt: In einem erklärenden Text zu einem Hauptstichwort wird ein weiteres Stichwort, „Nestwort" genannt, im Zusammenhang erläutert.
Nestwörter (z.B. das Nestwort „Acid-Rock" im Begriffsnest „Rockmusik-Stile") sind im Stichwortregister aufgeführt. In dem Text zum Hauptstichwort, auf das Sie das Register dann verweist, finden Sie das ursprünglich gesuchte Wort auf Anhieb wieder: Dort ist es nämlich jeweils durch fettere Schrift hervorgehoben.

4. Die Verweise

Leselust statt Lesefrust. Dieses Motto war für die Erarbeitung des Lexikons maßgebend. Dafür bürgen nicht nur die zahlreichen Abbildungen, dafür bürgt auch die sparsame Verwendung des Verweispfeils. Er wird nur verwandt, um auf einen größeren bzw. wichtigen Zusammenhang aufmerksam zu machen. Er wird nicht dazu genutzt, all die Begriffe zu markieren, die im Lexikon erklärt sind.
Dreizeilige Definitionen mit neun Verweisen bleiben Ihnen also erspart. Allerdings sind in der Musik Fachausdrücke bisweilen unverzichtbar. Wir haben diese, soweit möglich, im laufenden Text kurz erklärt, um Ihnen unnötiges Nachschlagen bei dem entsprechenden Artikel zu ersparen.

5. Das Stichwortverzeichnis

Hier finden Sie in alphabetischer Reihenfolge alle diejenigen Begriffe, die im Lexikon nicht durch einen eigenen Artikel vertreten sind, aber dennoch berücksichtigt werden. Der schwarze Pfeil (▶) verweist auf das Stichwort, unter dem der jeweilige Begriff im Text zu finden ist. Denken Sie also daran, im Stichwortverzeichnis nachzuschlagen, wenn Sie im Lexikonteil einen Begriff nicht gefunden haben.

6. Die alphabetische Ordnung

ä, ö, ü	sind wie einfache Vokale eingeordnet, also wie a, o, u.
ß	ist wie ss eingeordnet.
Call and Response	zwei (oder mehr) Wörter sind wie ein Wort eingeordnet, also wie Callandresponse.

7. Die Abkürzungen

afrik.	afrikanisch	o.ä.	oder ähnliche, -er, -es
Abk.	Abkürzung	portug.	portugiesisch
arab.	arabisch	sog.	sogenannte, -er, -es, -en
engl.	englisch	span.	spanisch
finn.	finnisch	türk.	türkisch
franz.	französisch	u.a.	und andere/unter anderem
geb.	geboren	u.ä.	und ähnliche, -es, -en
gest.	gestorben	u.U.	unter Umständen
griech.	griechisch	v. Chr.	vor Christi Geburt
ital.	italienisch	z.B.	zum Beispiel
Jh./Jh.s	Jahrhundert/Jahrhunderts	z.T.	zum Teil
lat.	lateinisch		

Wir haben dieses Buch gemeinsam konzipiert und seine jetzigen Schwerpunkte in einem kontinuierlichen Diskussionsprozeß festgelegt und ausgestaltet. Für die speziellen Bereiche des Jazz, der elektronischen Musik sowie der Harmonielehre und der Akustik konnten wir den Komponisten und Musikwissenschaftler Justus Noll gewinnen, dem wir hiermit für seine Mitarbeit danken.
Bernward Hoffmann hat den Entstehungsprozeß des Lexikons mit zahlreichen Anmerkungen und fachkundigem Urteil begleitet. Für seine Anregungen danken wir ihm herzlich. Dem Verlag und insbesondere Frau Gabriele Teubner-Nicolai sei für Umsicht, Geduld und kritische Aufmerksamkeit besonders herzlich gedankt.

Wuppertal und Münster, im März 1994

Mechthild von Schoenebeck und Gunter Reiß

A

Abmischung ist ein wichtiger Arbeitsgang im ▶ Studio bei der Produktion von Musikaufnahmen mit Mehrspurtechnik. Die einzelnen Stimmen eines Musikstücks werden in der Regel nacheinander auf jeweils einer anderen Spur eines Mehrspurbandes aufgenommen (z.B. auf 24 Spuren). Dabei ist jede Stimme für sich voll ausgesteuert. Im Zusammenklang würde in diesem Stadium ein sehr undifferenzierter Tonbrei entstehen. Nun wird jede Spur mit Hilfe des **Mischpults** einzeln bearbeitet, d.h. an Lautstärkenverhältnis und Klangfarbe der aufgenommenen Stimmen wird so lange gefeilt, bis ein ausgewogenes Klangbild entsteht, in dem jede Stimme angemessen zur Geltung kommt. Schließlich wird der Klang durch ▶ Effektgeräte, ▶ Hall usw. angereichert bzw. verfremdet, bis im Zusammenklang der erwünschte ▶ Sound entsteht. Diese Endfassung der Aufnahme wird auf einem 1/4-Zoll-Tonband, dem **Mastertape**, aufgezeichnet, das die Grundlage für die Herstellung späterer Tonträger bildet.
Die richtige Abmischung ist aber auch bei Live-Konzerten von Rock- und Popmúsik wichtig. Daher steht in Sälen, in denen Bands mit elektronisch verstärkten Instrumenten auftreten, meist ein Mischpult, an dem während der Darbietung das Mischungsverhältnis der einzelnen Instrumente und Gesangsstimmen reguliert wird. Erst die „fertige" Klangmischung wird dann über die Lautsprecheranlage (▶ PA-Anlage) für das Publikum hörbar.

Absolute Musik ist ein zentraler Begriff der Musikästhetik des 19. Jh.s, der solche Musik bezeichnet, die nicht bestimmten Zwecken dient (wie z.B. Tanzmusik) und auch nicht außermusikalischen Ideen unterworfen ist (wie ▶ Programmusik). Absolute Musik ist Musik, die ausschließlich musikalischen Gesetzen gehorcht. Diesem strengen Maßstab, der z.B. alle Vokalmusik, Programmusik und Tanzmusik ausschließt, können rein instrumentale Gattungen am ehesten entsprechen.
Der Begriff absolute Musik ist vor allem mit dem Namen des Musikschriftstellers Eduard Hanslick verbunden. Er entwickelte eine Theorie der absoluten Instrumentalmusik und veröffentlichte sie in seinem Buch *Vom Musikalisch-Schönen. Ein Beitrag zur Revision der Ästhetik der Tonkunst* (1854). Besonders bekannt wurden daraus die Definitionen, Komponieren sei „ein Arbeiten des Geistes in geistfähigem Material", und der Inhalt der Musik seien „tönend bewegte Formen". Hier wird deutlich, daß es Hanslick um innermusikalische Gestaltungsprinzipien geht und nicht etwa um Außermusikalisches wie z.B. den Ausdruck von Gefühlen oder um Unterhaltung.

a cappella (ital. = wie eine Sängerkapelle) wird heute meist in der Bedeutung reiner Vokalsatz ohne Instrumentalbegleitung gebraucht. In der Musik des 17. Jh.s dominierte polyphone Chormusik (▶ Chor), bei der Instrumente lediglich die einzelnen Chorstimmen mitspielen durften (**colla parte**). In dieser Epoche stand der Begriff a cappella auch für eine eigene Stilrichtung, die in den Werken des Komponisten Giovanni Pierluigi da Palestrina besonders stark ausgeprägt ist.

accelerando (ital.) Vortragsbezeichnung, abgekürzt accel.: allmählich schneller werdend, das Tempo beschleunigend.

adagio (ital. = langsam, gemächlich) Diese Tempovorschrift ist zwischen dem etwas bewegteren ▶ andante und dem noch langsameren ▶ largo angesiedelt. Seit dem 18. Jh. wird Adagio auch als Bezeichnung für ein Musikstück im langsamen Tempo verwendet, so z. B. für einen Satz einer Sonate oder Sinfonie.

add, added (engl. = hinzugefügt) Bezeichnung in der Akkordsymbolschrift (▶ Harmonielehre) für Jazz und populäre Musik. Man verwendet add mit der Ziffer, die für den dem Akkord hinzugefügten Ton steht, z. B. C add 9 (= C-Dur-Akkord + None).

ad libitum, abgekürzt **ad lib.** (lat. = nach Belieben) bezieht sich entweder auf die Besetzung oder auf das Tempo eines Musikstücks. Steht ad libitum in einer Partitur vor einer Instrumental- oder Vokalstimme, so bedeutet es, daß dieser Part wegfallen oder daß statt des angegebenen Instruments ein anderes eingesetzt werden kann. Ad libitum als Vortragsbezeichnung gibt an, daß das Tempo nach den Vorstellungen des Ausführenden gestaltet werden kann. Dies bezieht sich in der Regel auf einen Abschnitt im Stück. Die Rückkehr zum Anfangstempo wird mit „a tempo" festgelegt.

Affektenlehre (lat.: affectus = Empfindung, Gemütsbewegung) Bereits die Philosophen der griechischen Antike interessierten sich für die Wirkungen von Musik und nahmen an, daß Musik sowohl bestimmte Affekte (z. B. Trauer, Angst) beim Hörer hervorrufen als auch solche Emotionen selbst ausdrücken könne. Die Affektenlehre in der Musik ist von Anfang an auf diejenige in der Rhetorik bezogen.
Die musikalischen Gestaltungsmittel, mit denen die Affekte am deutlichsten und wirkungsvollsten ausgedrückt werden konnten, wurden vor allem im 16.–18. Jh. ausgeprägt und systematisiert. Es bestand eine enge Verbindung zwischen Text und musikalischen Figuren. Dabei wurden alle geeigneten Mittel der Melodik und Harmonik, des Rhythmus, der Klangfarbe, des Tempos, der Dynamik und der Vortragsweise zur musikalischen Darstellung von Gefühlen und Stimmungen genutzt. Die Bezeichnung „con affetto" (mit Ausdruck) taucht in Musikstücken dieser Zeit häufig auf.
Einer der wichtigsten Vertreter der barocken Affektenlehre war der Komponist und Musiktheoretiker Johann Mattheson; sein Buch *Der Vollkommene Capellmeister* (1739) enthält u. a. die seinerzeit maßgeblichen kompositorischen Regeln und theoretischen Hintergründe der musikalischen Affektdarstellung und -erzeugung. Wie bei der ▶ Figurenlehre, so geht es auch bei der Affektenlehre nicht um individuelle Gefühlsäußerungen des Komponisten, sondern um die Darstellung typischer menschlicher Verhaltensweisen z. B. in der Oper. Spätere Epochen (Sturm und Drang, Empfindsamkeit) begannen, die Typisierungen der Affektenlehre abzulehnen und strebten nach Individualisierung des musikalischen Ausdrucks. In Anlehnung an die Genie-Ästhetik des 18. und 19. Jh.s setzte sich eine am persönlichen Schöpfertum des Komponisten orientierte Kunstwerk-Auffassung durch; die in öffentliche, auch politische Wirkungszusammenhänge eingebundene Kunst der Rede als Grundlage der musikalischen Ästhetik trat zurück.

affettuoso (ital.) Vortragsbezeichnung: leidenschaftlich, innerlich bewegt, ausdrucksvoll.

Agogik (griech.) Beim Vortrag eines Musikstückes spielen neben vielen anderen Gesichtspunkten auch Tempo und Dynamik (Lautstärke) eine Rolle. Der Begriff Agogik bezeichnet die differenzierte, ausdrucksvolle Gestaltung des Tempos eines Musikstückes durch den ausführenden Musiker, die dessen individuelle künstlerische Auffassung des Werkes erkennbar macht. Mit der differenzierten Tempogestaltung sind häufig auch dynamische Schwankungen verbunden. Der Interpret ist zwar prinzipiell an die im Notentext vorgegebenen ▶ Vortragsbezeichnungen gebunden, jedoch lassen diese Angaben stets gewisse gestalterische Freiräume.

Agogo (span.) Auch **Cencerro** (span.) oder **Cowbell** (engl.), also Kuhglocke genannt, zählt das Agogo zu den Percussioninstrumenten. Es ist eine flache klöppellose Glocke aus Kupfer- oder Messingblech von etwa 10 bis 20 cm Länge, die mit einem dicken Holzstab angeschlagen wird. Agogo-Bells sind meist zu Paaren mit unterschied licher Stimmung gruppiert und werden zur Markierung des Grundschlags benutzt.

Air (franz. = Lied, Melodie) Ursprünglich vokales, später auch instrumentales Musikstück mit liedhaftem Charakter (gesangliche Melodik, relativ einfache Struktur). Im 17. und 18. Jh. drang das Air auch in verschiedene Vokal- und Instrumentalgattungen ein, z.B. in Kantate oder Konzert. So findet es sich auch als selbständiger Satz in ▶ Suiten, z.B. in Johann Sebastian Bachs *Orchestersuite Nr. 3 D-Dur* (1730/31) und in der *Wassermusik* von Georg Friedrich Händel (1717).
Im 16. und 17. Jh. war das Air in Frankreich entweder ein Chorlied, dessen Melodie in der Oberstimme lag (keine Selbstverständlichkeit zu jener Zeit), oder ein Sololied mit Lautenbegleitung. In England verstand man zur gleichen Zeit unter Ayre ein mehrstimmiges volkstümliches Lied oder auch ein begleitetes Sololied.

Akkolade (franz. = Klammer) ist die in der Notenschrift am linken Rand der Notenlinien angebrachte Klammer, die die jeweils zusammengehörigen Systeme zusammenfaßt. Bei Klaviernoten werden jeweils zwei Systeme durch eine Akkolade umspannt, bei Orgelmusik drei, bei Streichquartetten vier. Bei Orchesterpartituren umfaßt eine Akkolade meist eine Instrumentengruppe (z.B. Holzbläser, Streicher), oder sie verbindet zusammengehörige Instrumentenpaare (z.B. 1. und 2. Flöte, 1. und 2. Violine, Violoncello und Kontrabaß).

Akkordeon Die Popularität des Akkordeons wird u.a. an seinen vielen Namen deutlich, z.B. Ziehharmonika, Schifferklavier oder scherzhaft C-Dur-Expander. Auf dem besonders in der Volksmusik, Tanz- und Unterhaltungsmusik beliebten Instrument ist gleichzeitig Melodie- und Akkordspiel möglich. Der Name bezieht sich auf die „fertigen" Akkorde, die mit den in Reihen angeordneten Knöpfen von der linken Hand gespielt werden können (sog. Bässe). Hier finden sich die für die Begleitung von Liedern, Schlagern und Tanzmusik am häufigsten benötigten Akkorde. Schräg hintereinander liegen die Knöpfe für den Dur- und den Molldreiklang, den Dominantseptakkord und den verminderten Septakkord jeder Tonart (▶ Harmonielehre).
Die rechte Hand des Spielers bedient eine ▶ Klaviatur (in der Regel von f bis a^3); sie ist für Melodie- und Akkordspiel geeignet, wobei hier keine festen Akkorde vorgegeben sind. Konzertinstrumente für anspruchsvollere Musik besitzen ein weiteres Manual (Tastenreihe) für die linke Hand, auf dem

chromatisches Spiel (mit allen Halbtönen) und freie Akkordbildung möglich sind.
Der Ton wird beim Akkordeon durch freischwingende (durchschlagende) Zungen erzeugt, die im Innern des Gehäuses angebracht sind. Der notwendige Winddruck wird durch das gleichmäßige Auseinanderziehen und Zusammendrücken des Balges mit dem linken Arm während des Spiels erreicht. Dies wird dadurch erleichtert, daß sich der Spieler das Akkordeon umhängen kann. Druck- und Saugwind strömen über die durch Tasten- bzw. Knopfdruck geöffneten Ventile zu den Zungen, die dadurch in Schwingung versetzt werden. Zwei Resonanzböden rechts und links verstärken den Klang. Durch ▶ Register kann der Spieler die Klangfarbe verändern und bestimmte klangliche Effekte erzielen (z.B. Oktavierung, Tremolo). Der Mechanismus der Register funktioniert ähnlich wie bei der ▶ Orgel.

Nach einigen Vorstufen des Instruments wurde das Akkordeon 1829 patentiert. Es war zunächst ein wechseltöniges Instrument, d.h. Zug und Druck des Balges erzeugten bei gleicher Fingerstellung verschiedene Töne, so wie bei der ▶ Mundharmonika das Ausstoßen und Einziehen der Luft. Später baute man gleichtönige Instrumente, bei denen auf Zug und Druck der gleiche Ton erklingt; dies wurde durch den Einbau von 2 Zungen pro Ton erreicht, von denen jede auf nur eine Windrichtung anspricht. Das Akkordeon verbreitete sich in Deutschland und Österreich im 19. Jh. sehr schnell. 1903 begann die mit Bau und Export von Mundharmonikas weltberühmt gewordene Firma Hohner in Trossingen/Baden-Württemberg mit der Akkordeonherstellung und erreichte bald ein weltweites Monopol.
Im Laufe der Zeit prägten sich bestimmte immer wiederkehrende Ausdrucks- bzw. Stimmungscharakteristika des Akkordeons in der populären Musik heraus. So steht sein Klang zum einen für Seemannslieder (▶ Shanty), zum zweiten für ▶ Tango (hier wird vor allem das ▶ Bandoneon eingesetzt) und zum dritten für Paris mit dem Musette-Walzer vom Montmartre.
Eine Sonderform des Akkordeons ist der **Bajan**, ein in Rußland verbreitetes Instrument mit chromatischen Knopfgriffen für beide Hände.

Akustik ist die Lehre von den mechanischen Schwingungen in festen, flüssigen und gasförmigen Trägermedien, ein Teilgebiet der Physik. Der Name ist seit 1693 gebräuchlich. Wichtige Teilgebiete der Akustik sind die **physiologische Akustik**, die die Akustik des menschlichen Gehörs beschreibt und die **Elektroakustik** (seit 1861). Letztere bildet durch die Ausnutzung des elektrischen Stroms zum einen Teil die das akustische Verhalten natürlicher Klänge nach, z. B. in der Mikrofon, Verstärker- und Lautsprechertechnik, zum anderen geht sie eigene Wege wie in der ▶ elektronischen Musik. In der Pop-, Rock- und Jazzmusik wird das Wort „akustisch" oft dazu gebraucht, um elektronische von „natürlichen" Instrumenten zu unterscheiden, z. B. das Akustik-Piano vom ▶ E-Piano, die akustische Gitarre von der elektrischen.
Die Musikakustik hat es vor allem mit dem Medium Luft als Träger der Schwingungen des Schalls zu tun. Der **Schall** pflanzt sich in

der Luft bei einer Temperatur von 20° Celsius mit einer Geschwindigkeit von 343 Metern pro Sekunde fort (bei 0° nur 331 Meter, bei 100° dagegen 386 Meter, im Wasser schneller als in der Luft). Die Moleküle der Luft werden z. B. durch ein Instrument „angestoßen“ und lösen eine Bewegung aus, die sich als Schallwelle ausbreitet, auf das Trommelfell im Ohr trifft und dieses zum Mitschwingen veranlaßt. Bei Instrumental- oder Gesangstönen wiederholt sich diese Bewegung periodisch, d. h. regelmäßig, und kann mit einer Welle verglichen werden. Mathematisch wird die einfachste Schwingung durch eine Sinuskurve beschrieben, die aus einem „Wellenberg“ und einem „Wellental“ besteht, in der Akustik spricht man daher von Sinuston. Der Mensch hat beim Hören eines Tons drei primäre Hörempfindungen: Tonhöhe, Lautstärke und Klangfarbe. In der Akustik werden diese als Frequenz, Schallintensität und Wellenform beschrieben.

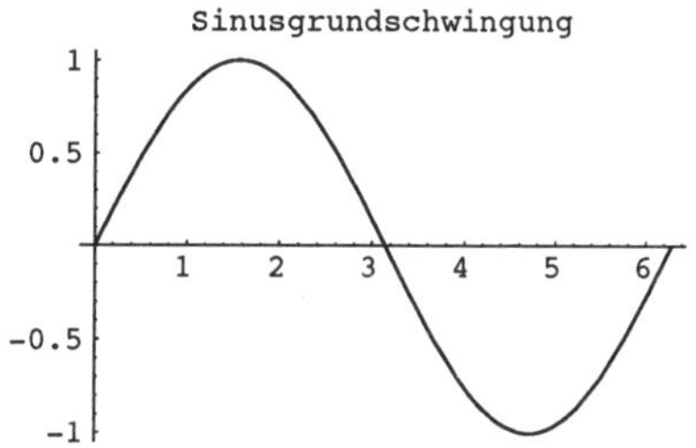

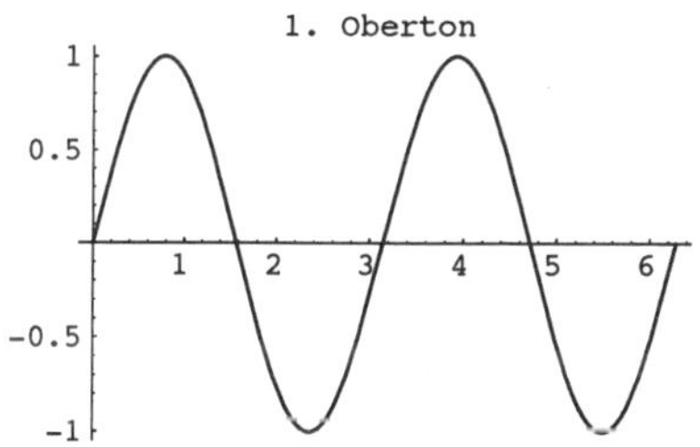

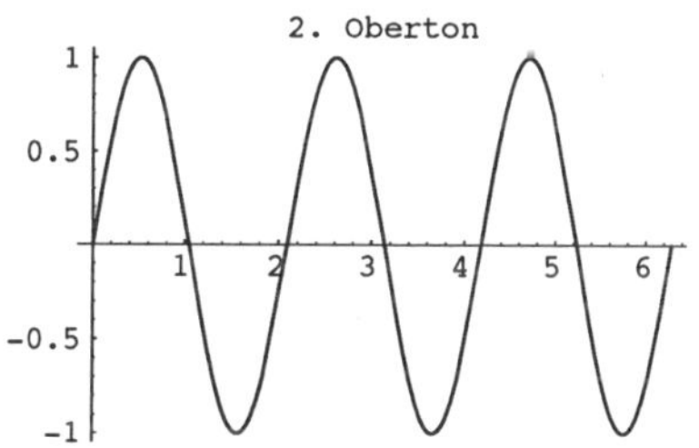

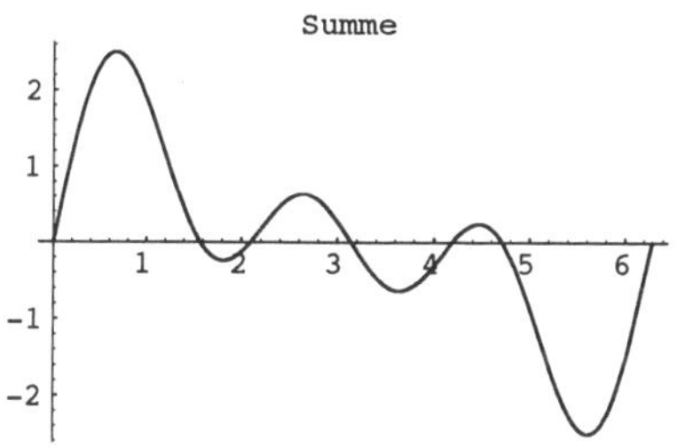

Die Anzahl der Wellen einer Schwingung pro Sekunde bestimmen die Tonhöhe oder **Frequenz**, sie wird in **Hertz** (**Hz**) gemessen. 1 Hertz bedeutet eine Schwingung (Welle) pro Sekunde, wobei jede Schwingung aus einem Wellenberg und einem Wellental besteht. Je größer die Frequenz ist, desto höher wird der Ton. Die „Höhe“ der Wellenberge bzw. „Tiefe“ der Wellentäler heißt Amplitude und bestimmt die Lautstärke. Der Abstand zwischen zwei Wellenbergen oder -tälern heißt Wellenlänge.

Ein Maß für die Lautstärke ist die **Schallintensität** oder **Schallstärke**. Sie wird als Watt (W) pro Quadratmeter definiert. Die in der Musik vorkommenden Schallintensitäten liegen zwischen der **Hörschwelle** des Menschen von einem 1 000 000 000 000tel (1 mit 12 Nullen) und seiner **Schmerzschwelle** von 10 Watt pro Quadratmeter. Um für diesen großen Bereich von 13 Zehnerpotenzen zu handlichen Zahlen zu kommen, mißt man die Schallintensität als **Pegel**, d. h. als logarithmisches Verhältnis von zwei Zahlen. Als Bezugsgröße dient dabei die Schallintensität der Hörgrenze. Der Lautstärkepe-

gel in **Dezibel (dB)** ist der 10fache Briggsche Logarithmus (d.h. der Logarithmus zur Basis 10) des Verhältnisses von Schallintensität und Hörschwelle. Für die Praxis reicht es, sich einige Verhältniszahlen zu merken. Das Verhältnis 2:1 entspricht z.B. etwa 6 dB, eine 100fache Verstärkung 40 dB, eine 100 000-fache 100 dB. Dabei bedeutet dB also keine Dimension (wie m = Meter) sondern bringt nur zum Ausdruck, daß es sich um ein dimensionsloses Verhältnis handelt.
Das menschliche Ohr bewertet jedoch Töne von verschiedener Frequenz, aber mit gleicher Schallintensität nicht unbedingt als gleich laut. Daher gibt es auch Maße für das subjektive Lautstärkeempfinden, die über psychologische Experimente mit „normalhörenden“ Versuchspersonen normiert wurden.
Die Klangfarbe eines Tons stellt man sich als Überlagerung und Mischung verschiedener Sinustöne vor. Mehrere Schwingungen addieren sich – sie können sich verstärken oder abschwächen. Der Ton eines Instrumentes oder der menschlichen Stimme ist nie eine reine Sinusschwingung, sondern eine zusammengesetzte Schwingung. Sie läßt sich mit Hilfe der mathematischen **Fourier-Analyse** und der Theorie der **Obertonreihe** in verschiedene einfachere Teilwellen zerlegen. Die Obertonreihe besteht aus Sinusfrequenzen, die ganzzahlige Vielfache einer Grundfrequenz sind. Man nennt sie **harmonische Schwingungen**. Der einzelne Ton eines Instruments besteht akustisch gesehen also nicht nur aus einer einzelnen Schwingung, sondern sowohl aus seiner Sinus-Grundschwingung, an der man die Tonhöhe erkennt, als auch aus deren Obertönen. Ihre Zusammensetzung bestimmt die Klangfarbe des Tons (▶ Schwingungsformen). **Formanten** sind feste Bereiche des Obertonspektrums, die in einer für jedes Instrument typischen Weise verstärkt hervortreten.

Den Obertonverhältnissen entsprechen bei den Saiteninstrumenten die Einteilungen einer Saite in verschiedene Abschnitte, wie auf dem Griffbrett einer Gitarre. Mit einem einsaitigen Instrument, dem **Monochord**, und der Lehre von den **Schwingungsverhältnissen** auf dieser Saite betrieben bereits die alten Griechen Akustik und erforschten die Gesetze der richtigen Instrumentenstimmung.
Sind Schwingungen zeitlich gegeneinander verschoben, so spricht man von **Phasenverschiebung**. Dabei kann es zu Tonhöhenänderungen und Auslöschungen kommen. In der elektronischen Musik arbeiten zahlreiche ▶ Effektgeräte auf der Basis von Phasen-Manipulationen. **Schwebungen** sind leichte Verstimmungen, hervorgerufen von sich überlagernden Wellen. Das Ohr reagiert auf sie äußerst empfindlich. Sie können im Ohr Lautstärkeschwankungen hervorrufen und Klopfempfindungen des Nervensystems auslösen. Beim Stimmen von Instrumenten (Klavier) nutzt man diesen Effekt aus, um gleich hohe Töne zu erkennen. **Kombinationstöne**, **Summationstöne** und **Differenztöne** produziert das Ohr selbst, weil es nicht verzerrungsfrei arbeitet. Sie sind im Originalsignal nicht vorhanden und lassen den Menschen zusätzliche Töne hören, die sich aus Summen und Differenzen der Schwingungen ergeben.

Akzent Betonung, Nachdruck; die seit etwa 1600 in der abendländischen Musik ausgeprägte Betonung einzelner Taktteile (z.B. im 4/4-Takt 1. Zählzeit schwer, 2. Zählzeit leicht, 3. Zählzeit mittelschwer, 4. Zählzeit leicht). Besondere Betonungen werden durch zusätzliche **Akzentzeichen** (wie sf, sfz) angezeigt. Im ▶ Jazz wird anders akzentuiert als in der klassischen Musik oder in der Volksmusik. Beispielsweise ist die Betonung unbetonter, „nebensächlicher“ Achtel charakteristisch für die Stilrichtung des ▶ Swing.

Mozart, Klaviersonate C-Dur KV 545 (1788)

Alberti-Bässe oder **Albertische Bässe** heißen die nach dem italienischen Komponisten Domenico Alberti benannten Begleitfiguren der linken Hand auf dem Klavier, die aus ständig wiederholten Akkordbrechungen bestehen. Alberti-Bässe kommen besonders häufig in der Klaviermusik der 2. Hälfte des 18. Jh.s vor.

Album In der Rock- und Popmusik bezeichnet man so eine Langspielplatte; werden 2 LPs in einer Plattentasche zusammengefaßt, spricht man von einem Doppelalbum. In den 60er Jahren kam in der ▶ Rockmusik das **Konzept-Album** auf, eine LP oder Doppel-LP, deren Titel einen erkennbaren inhaltlichen oder musikalischen Zusammenhang besitzen, also ein bestimmtes dahinter stehendes Konzept erkennen lassen. Als erstes Konzept-Album gilt *Seargent Pepper's Lonely Hearts Club Band* von den Beatles (1967), ein Song-Zyklus, in dem der erste und der letzte Song einen Rahmen bilden. Berühmte Konzept-Alben sind auch *Tommy* von The Who (1969) und *The Wall* von Pink Floyd (1979). Manche Konzept-Alben erzählen eine Geschichte in Songs, andere haben ein bestimmtes Generalthema, etwa Gewalt oder Drogen.

Aleatorik (lat.: alea = die Würfel) ist ein Begriff, der um 1955 in der elektronischen Musik auftaucht für Vorgänge, deren Verlauf im groben zwar festliegt, im einzelnen aber vom Zufall abhängt. Als eine erste Komposition, die diese Methode anwendet, gilt in der elektronischen Musik *Scambi* (1957) von Henri Pousseur. Der Komponist legte weißes Rauschen als Ausgangsmaterial seines Stückes fest, das durch ebenfalls festgelegte Filter-Prozeduren zu bearbeiten war. Darunter befanden sich auch Zufallsmanipulationen. Später verallgemeinerte man den Begriff „aleatorische Musik" und bezeichnete damit jede Musik, in der der Zufall in irgendeiner Weise eine Rolle spielt.
Das Verfahren, die Einzelheiten zu komponieren und die Form durch den Zufall bestimmen zu lassen, ist jedoch keine Erfindung des 20. Jh.s. Schon im 18. Jh. waren Spiele beliebt, die durch Würfeln Modetänze erzeugten. Sie bestanden aus vorkompo-

nierten Takten, die in jeder zufälligen Reihenfolge aneinander paßten.
1757 erfand Johann Philipp Kirnberger seinen *Neuen Menuetten-, Trio- und Polonesen-Compositor*. Wolfgang Amadeus Mozart zugeschrieben wird eine Anleitung, mit 2 Würfeln eine beliebige Anzahl von Walzern zu komponieren. Dabei bleibt die Wirkung des Zufalls begrenzt und der Steuerung durch den Komponisten unterworfen. Das gilt auch für die *3. Klaviersonate* (1957) von Pierre Boulez und Karlheinz Stockhausens *Klavierstück XI* (1956). John Cage ging wesentlich weiter mit seinen Versuchen, „eine musikalische Komposition zu schaffen, unabhängig von persönlichem Geschmack, Kenntnis der musikalischen Literatur und der Kunsttradition". Er bediente sich z. B. des chinesischen Weisheitsbuches I-Ching, das eine Theorie des 6maligen Münzwurfs zur Erstellung von Orakeln enthält.

Aliquotsaiten, auch Resonanzsaiten genannt, erklingen nur durch Resonanz. Sie finden sich an älteren Streichinstrumenten wie z. B. der ▶ Viola d'amore oder dem Baryton, außerdem an vielen außereuropäischen Instrumenten. Aliquotsaiten schwingen mit, wenn die Spielsaiten, auf deren Töne sie gestimmt sind, gespielt werden, und verstärken deren Klang.

alla breve (ital.) kommt häufig in Musikstücken im 2/2- oder 4/2-Takt vor und wird durch das Zeichen ¢ angezeigt. Die zugrundeliegende Maßeinheit, also der Grundschlag, ist in diesen Taktarten eigentlich die halbe Note. Die Allabreve-Notierung bedeutet auch eine dirigiertechnische Erleichterung bei schnellen Tempi. Die Allabreve-Praxis stammt aus der Tanzmusik des 17. und 18. Jh.s, ist häufig in schnellen Sätzen von Suiten, Sonaten und Sinfonien des 18. und 19. Jh.s zu finden und tritt auch in der Tanzmusik unseres Jh.s auf.

allegretto (ital. Verkleinerungsform von ▶ allegro) Tempovorschrift und Vortragsbezeichnung: ziemlich lebhaft, aber etwas langsamer und graziöser als allegro. Der Begriff wird auch als Satzbezeichnung verwendet.

allegro (ital. = heiter, lustig) Tempo- und Vortragsbezeichnung für eine beschwingte, heitere, schnelle Wiedergabe eines Musikstücks. Allegro ist im Zeitmaß zwischen dem langsameren ▶ andante und dem sehr schnellen ▶ presto angesiedelt. Allegro wird auch als Satzbezeichnung verwendet.

Allemande (franz. = deutscher Tanz) Tanz in geradem Takt (meist Viervierteltakt), der in der Musik des 16. bis 18. Jh.s häufig vorkommt. Die Allemande war ursprünglich ein zweiteiliger Schreittanz für Paare in mäßig schnellem Tempo. Im 17. Jh. wurde die Allemande als stilisierter Tanz (Modell eines Tanzes, nicht mehr zum Tanzen, sondern zum Zuhören gedacht) in die ▶ Suite aufgenommen. Hier steht sie in der Regel als Anfangssatz.

All Stars Band kann sich eine Jazzband nennen, die ausschließlich aus Stars – renommierten Instrumentalsolisten – besteht. In den 40er und 50er Jahren waren solche Bands außerordentlich beliebt. Die Musiker spielten allerdings immer nur für einen bestimmten Zeitraum zusammen, etwa auf einer Tournee, und kehrten dann zu ihren eigenen Gruppen zurück oder traten als Solisten auf.

Alphorn nennt man die längste bekannte Naturtrompete nach ihrer Heimat, den Alpenländern. Das Alphorn besteht aus einer konisch gebohrten Holzröhre von 4 oder mehr Metern Länge. Der am Boden aufliegende Teil mündet in einen sich verbreiternden, nach oben abgebogenen Schallbecher. Das Alphorn hat keine Grifflöcher.

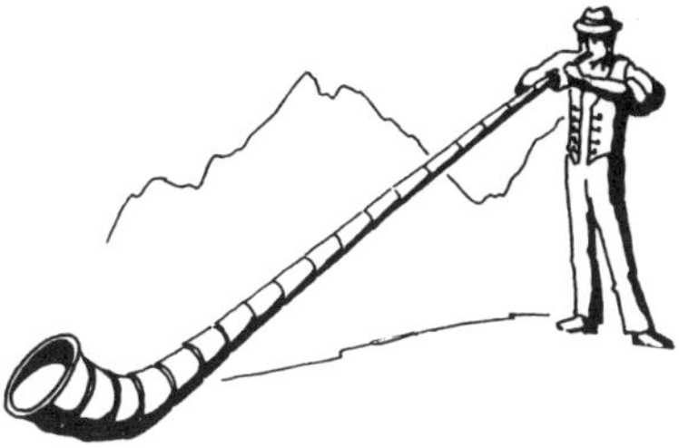

Die Tonhöhe wird durch die Lippenspannung des Spielers erzeugt bzw. verändert. Das Instrument kann lediglich Naturtöne hervorbringen. Aufgrund seiner Länge und seines durchdringenden Klanges wird das Alphorn als Signalinstrument oder in der Volksmusik verwendet, und zwar überwiegend im Freien.

Alt (lat.: altus = hoch) Die tiefe Frauenstimme bzw. Knabenstimme hat einen Umfang etwa von f bis e^2 bei ausgebildeten Sängerinnen. Der Begriff bezeichnete in der Chormusik des 14./15. Jh.s die oberhalb des ▶ Tenors liegende Stimme (Contratenor altus), die damals allerdings noch von Männern gesungen wurde (▶ Countertenor). Berühmte Opernrollen für Altistimmen sind u.a.: Orpheus (*Orpheus und Eurydike* von Christoph Willibald Gluck, 1762), Ulrica (*Ein Maskenball* von Giuseppe Verdi, 1859) oder Erda (*Der Ring des Nibelungen* von Richard Wagner, 1869 ff.).
Instrumente in der entsprechenden Tonlage werden mit dem Zusatz „Alt" bezeichnet, z.B. Alt-Blockflöte.

Ambitus (lat.) Umfang einer Melodie, die Entfernung zwischen ihrem höchsten und tiefsten Ton.

Analyzer (engl. = Analysator) Das Gerät mißt bei Aufnahmen im Studio den gerade erklingenden Klang. Der Analyzer zerlegt jedes Klangsignal in Frequenzbänder und macht das Frequenzspektrum erkennbar; er ermöglicht z.B. die Abstimmung der Frequenzen des Sängers und der Instrumente aufeinander. Auch im Live-Konzert wird der Analyzer eingesetzt. Er trägt wesentlich zur Ausprägung des typischen ▶ Sounds einer Gruppe bei.

andante (ital. = gehend) Tempovorschrift für ein Musikstück, das in ruhigem, quasi gehendem, mittlerem Zeitmaß gespielt werden soll. Sein Tempo liegt zwischen dem schnelleren ▶ allegro und dem langsameren ▶ adagio. Andante wird auch als Satzbezeichnung verwendet.

andantino (ital., Verkleinerungsform von ▶ andante) gibt als Tempo- und Vortragsbezeichnung eine etwas leichtfüßigere Bewegungscharakteristik als andante vor.

Angklung Das Rasselinstrument aus Indonesien besteht aus aufeinander abgestimmten Bambusröhren, die beweglich an einem Gitter aufgehängt sind. Beim Schütteln des Instruments schlagen die Röhren an die untere Stange des Gitters. Mehrere Angklungs verschiedener Tonhöhe werden zu Orchestern zusammengestellt.

animato (ital. = beseelt, belebt) Vortragsbezeichnung für eine lebhafte, ausdrucksstarke Interpretation von Musikstücken.

Ansatz 1. Beim Spiel von Blasinstrumenten ist für die Tonerzeugung eine bestimmte Stellung bzw. Spannung der Lippen erforderlich. Vom richtigen Ansatz hängt die Qualität des Tones (Reinheit, richtige Höhe, Klangfülle) ab.
2. Beim Singen und Sprechen bezeichnet man als Ansatz die Tongebung im **Ansatzrohr** (Stimmapparat oberhalb des Kehlkopfes) verbunden mit dem Einschwingvorgang der Stimmlippen im Kehlkopf.

Anschlag meint beim Spiel auf Tasteninstrumenten die Art der Tongebung im Bewegungsablauf von Armen, Händen und Fingern, auch die von Instrument zu Instrument verschiedene Art und Weise, wie die Tasten auf den Fingerdruck reagieren. Vor allem für das Klavierspiel ist der Anschlag von Bedeutung, weil von ihm Lautstärke, Artikulation und Tongebung abhängen.

Antike Aus dem griechischen und römischen Altertum sind kaum musikalische Dokumente erhalten, im Gegensatz etwa zu Skulpturen oder Texten. Weitaus mehr als durch überlieferte Lieder oder Instrumentalstücke ist die ▶ Musikwissenschaft z.B. durch vielfach aus dem Griechischen bzw. Lateinischen stammende Begriffe geprägt. Griechische Philosophen und Mathematiker entdeckten schon im 6.–4. Jh. v. Chr. die akustischen Gesetzmäßigkeiten unseres Tonsystems (▶ Akustik, ▶ Musikwissenschaft). Vor allem aus der antiken Verslehre stammen rhythmische Modelle, die bis heute verwendet werden. Auch die Auffassung, daß Musik bestimmte Wirkungen auf Gefühle und Verhaltensweisen der Menschen ausüben kann, kommt aus der griechischen Antike.
Immer wieder griffen Dichter und Komponisten im Laufe der abendländischen Musikgeschichte, vor allem in der Oper, auf die in der griechischen Mythologie dargestellten Grundmodelle der menschlichen Existenz zurück. Zwei der bekanntesten Beispiele aus jüngerer Zeit sind die Opern *Die Bassariden* von Hans Werner Henze (1966) und *Oedipus* von Wolfgang Rihm (1987).
Die römische Kultur übernahm viele Elemente der griechischen Musik wie auch des Theaters. Wie die Griechen pflegten auch die Römer den begleiteten Sologesang; auch hiervon ist wenig überliefert. Für die abendländische Musikgeschichte ist das spätantike Musikschrifttum in lateinischer Sprache von besonderer Bedeutung: Es beeinflußte die mittelalterliche Kirchenmusik in Europa über viele Jahrhunderte.

„Die Bassariden" von Hans Werner Henze, Berlin 1966

Antiphon (griech.: antiphonos = entgegentönend, antwortend) Das liturgische Gesangsstück in der Kirchenmusik wird vor und nach einem ▶ Psalm gesungen. Der Begriff verweist auf eine Gesangspraxis der griechischen Antike, bei der verschiedene Gruppen miteinander im Wechsel sangen. Im lateinischen Mittelalter wurde der Wechselgesang zwischen zwei Chorgruppen **antiphonischer Gesang** genannt.

Äolsharfe (nach dem griech. Gott Aiolos, dem Gott der Winde, benannt) Das seit der Antike bekannte Instrument erklingt allein durch die Einwirkung des Windes. Die Wind- oder Geisterharfe, wie sie auch genannt wird, besteht aus einem Resonanzboden, über den 6 oder mehr Saiten gespannt sind. Die Saiten sind gleich lang, aber unterschiedlich dick, so daß sie im Luftzug unterschiedlich schwingen und entsprechend verschiedene Töne hervorbringen (= verschiedene Obertöne des gemeinsamen Grundtons). Der Klang, der von der Stärke des Winddrucks abhängig ist, ist sehr zart und ätherisch.

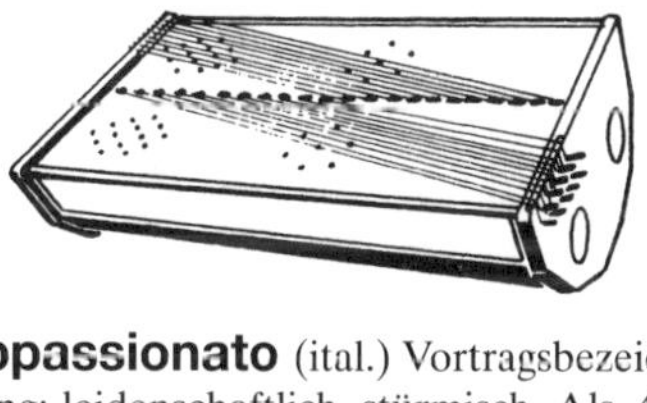

appassionato (ital.) Vortragsbezeichnung: leidenschaftlich, stürmisch. Als *Appassionata* wurde die Klaviersonate op. 57 von Ludwig van Beethoven berühmt, auch wenn diese Bezeichnung nicht vom Komponisten selbst stammt.

Arabeske (franz.: arabesque = Rankenornament) In der Klaviermusik des 19. Jh.s wird als Arabeske ein ▶ Charakterstück mit reich ausgeschmückter Melodie bezeichnet. Bekannt wurden die Arabesken von Robert Schumann und Claude Debussy.

Arbeiterlied nennt man das politische Liedgut der Arbeiterbewegung seit der Mitte des 19. Jh.s in Deutschland. Das Arbeiterlied wurde zur musikalischen Ausdrucksform der Industriearbeiter, die sich im entstehenden Kapitalismus als eigene politische Klasse verstanden. Musikalisch greift das Arbeiterlied zunächst auf das ▶ Volkslied zurück, vor allem auf die demokratisch-oppositionellen Volkslieder seit dem 16. Jh., übernimmt aber oft auch Melodien von populären Liedern oder von Gassenhauern. Geschildert werden Not und Elend des alltäglichen Lebens der Arbeiter, aber auch Episoden aus konkreten politischen Kämpfen (z.B. um den 8-Stunden-Tag, bessere Arbeitsbedingungen, gleiches Wahlrecht, bessere Sozialgesetzgebung usw.). In den Organisationen der Arbeiterbewegung, etwa den Gewerkschaften, entstanden auch Lieder, die gezielt der Selbstverständigung und der Agitation dienten, wie z.B. *Brüder, zur Sonne, zur Freiheit*, das heute noch in der SPD gesungen wird. Ein wichtiges Element vieler Arbeiterlieder ist der Hinweis auf bzw. der Appell an die Solidarität der Arbeiter untereinander, auch auf internationaler Ebene. Komponisten wie Hanns Eisler und Dichter wie Bertolt Brecht, die sich den Zielen der Arbeiterbewegung verbunden fühlten, schrieben **Kampflieder** wie das *Einheitsfrontlied* (1934). Lieder der internationalen Arbeiterbewegung sind z.B. die *Internationale* und *Bandiera Rossa*.
Nach der Machtergreifung der Nationalsozialisten wurden die sozialistischen Arbeiterorganisationen unterdrückt, ihr Liedgut verboten, ihre herausragenden Persönlichkeiten verhaftet oder ermordet. In einigen Fällen übernahmen die Nationalsozialisten jedoch die Melodien bekannter Arbeiterlieder und nutzten sie mit verändertem Text für ihre Propaganda. So wurde aus *Brüder, zur Sonne, zur Freiheit* das Lied *Brüder in Zechen und Gruben* und aus dem

Lied vom kleinen Trompeter, *Von all unsern Kameraden*, das Lied vom Sturmführer Wessel.

Hanns Eisler, um 1936

Arbeitermusikbewegung Innerhalb der Arbeiterbewegung entstanden gegen Ende des 19. Jh.s auch Organisationen, in denen Arbeiter zum gemeinsamen Musizieren zusammenkamen. Zunächst waren dies Gesangvereine, die sich 1908 im **Deutschen Arbeiter-Sängerbund** (DAS) zusammenschlossen. Diese Chöre sangen neben volkstümlichem Liedgut und eigens für sie geschriebenen Kompositionen zeitgenössischer Komponisten überwiegend traditionelle Chormusik und führten u. a. Oratorien von Händel und Haydn auf. In einigen Gruppierungen standen vor allem Kampflieder (▶ Arbeiterlied) auf dem Programm. Neben den Arbeiterchören existierten auch zahlreiche Instrumentalensembles, z. B. Mandolinen-, Konzertina- und Bandoneonorchester sowie Schalmeienzüge. Die Nationalsozialisten lösten die Arbeitermusikvereine auf.

arco (ital.) Die Spielvorschrift für Streichinstrumente gibt an, daß wieder mit dem Bogen gestrichen werden soll. Sie steht dann, wenn zuvor die Saiten gezupft (▶ pizzicato) oder mit der Bogenstange (▶ col legno) bearbeitet wurden.

Arie (ital.: aria = Weise, Melodie) Das instrumental begleitete Sologesangsstück kommt in einer ▶ Oper, einem ▶ Oratorium oder einer ▶ Kantate sowie als Einzelwerk (**Konzertarie**) vor.

Die Arie begann ihre überaus erfolgreiche Laufbahn um 1600, mit den Anfängen der Oper. Nach eher bescheidenen Anfängen als strophische Form mit in jeder Strophe gleichbleibendem Baß, aber jeweils veränderter Melodie, entwickelte sich die Arie zu dem virtuosen Kunstgesang, wie er uns vor allem aus Opern und Oratorien des 18. und 19. Jh.s bekannt ist.

Im Laufe der Jahrhunderte prägten sich verschiedene Arienformen und -typen aus. Im 17. Jh. dominierte in der italienischen Oper die Form der dreiteiligen **Da capo-Arie**, bestehend aus Anfangsteil, kontrastierendem Mittelteil und Wiederholung des Anfangsteils (ABA-Form). Je nach Textinhalt und darauf bezogener musikalischer Gestaltung erhielten die Arien Typenbezeichnungen: **Aria di bravura** (Bravourarie; Ausdruck von Wut, Rache oder Triumph), **Aria di mezzo carattere** (Arie mittleren Charakters; ruhiger und weicher; Ausdruck von Schmerz, Liebe, Innigkeit u. ä.), **Aria parlante** (sprechend, schnell deklamierend; oft für Komik oder Leidenschaft verwendet). Eine der bekanntesten Bravourarien der Opernliteratur ist die Arie der Königin der Nacht, *Der Hölle Rache kocht in meinem Herzen*, aus der Oper *Die Zauberflöte* von Wolfgang Amadeus Mozart.

Die Arie steht im 17. und 18. Jh. in enger Verbindung mit dem ▶ Rezitativ. Das Rezitativ, ein eher sparsam begleiteter Sprechgesang, treibt die Handlung der Oper voran, während in der Arie die Gefühle der jeweiligen Figur dargestellt werden. Diese

die Handlung an- oder aufhaltende Funktion nahmen der Komponist Christoph Willibald Gluck und seine Anhänger zum Anlaß, die Arie und damit gleich die Oper als Ganzes zu reformieren. Mehr Natürlichkeit war seit der 2. Hälfte des 18. Jh.s in der Musik gefragt, und so mußte die kunstvolle, ausgedehnte und pompöse Arie schlichteren Formen mit eher liedhaftem Charakter weichen. Diese trugen zwar immer noch die Bezeichnung Arie, waren jedoch kürzer und besser in die Handlung integriert. Kleinere Formen wie die zweiteilige **Kavatine** (auch Cavatine) traten hinzu.
In der Oper des 19. Jh.s begegnet uns häufig die Begriffskombination **Szene und Arie**, die rezitativische und arienhafte bzw. liedartige Teile koppelt. Eine Spezialität von Giuseppe Verdi ist die **Stretta-Arie**, die sich durch einen schnelleren, sich steigernden Schlußteil auszeichnet. In der Oper des späten 19. Jh.s, z.B. bei Richard Wagner und Giuseppe Verdi, werden die Grenzen zwischen Rezitativ und Arie fließend; die solistischen Gesangspartien werden freier. Die Arie bleibt jedoch bis weit ins 20. Jh. hinein als wesentliche Form innerhalb der Oper erhalten.

Bella Jasper als „Königin der Nacht“, 1964

Arioso (ital. = arienhaft)

1. Gesangsstück, das zwischen ▶ Arie und ▶ Rezitativ angesiedelt ist, meist der Abschnitt, der vom Rezitativ zur Arie überleitet. In der musikalischen Gestaltung ist das Arioso gesanglicher als das Rezitativ und führt zum Gesangsstil der Arie hin.
2. Vortragsbezeichnung für arienhaftes, ausdrucksvoll gesangliches Spiel eines Instrumentalstücks.

arpeggio (ital.: arpa = Harfe)

Die Spielanweisung für akkordfähige Instrumente zeigt an, daß die Töne eines Akkords nicht gleichzeitig, sondern nacheinander, in der Regel von unten nach oben, gespielt werden sollen, so daß ein gebrochener Akkord erklingt. Das Zeichen für arpeggio ist eine senkrechte Wellenlinie, die im Notensystem vor dem betreffenden Akkord steht.
Moderne Keyboardinstrumente besitzen häufig einen **Arpeggiator**. Er bewirkt, daß bei Anschlag eines Tons im unteren Bereich automatisch ein auf diesem Ton aufgebauter Akkord gespielt wird. Dessen Töne erklingen arpeggiert, also nicht gleichzeitig, sondern nacheinander. Manche Geräte zerlegen auch einen von Hand gespielten Akkord in einen arpeggierten. Der

Spieler kann mit Hilfe von Reglern die Richtung der Tonfolge (aufwärts oder abwärts) sowie die Geschwindigkeit, die Ausdehnung (über mehrere Oktaven) und bisweilen auch die Rhythmisierung der Tonfolge einstellen.

Arrangement (franz. = Einrichtung) heißt das Umschreiben und Bearbeiten eines Musikstücks für andere Instrumente. Die Bearbeitung kann vom Komponisten selbst oder von einem Bearbeiter, dem Arrangeur, vorgenommen werden. Vor Einführung der ▶ Schallplatte hatte besonders im 19. Jh. das Arrangement große Bedeutung, um beliebte Musikwerke auch in kleineren Besetzungen spielen zu können. Eine Sonderform des Arrangements ist der **Klavierauszug**, der es ermöglicht, große Orchesterwerke wie Sinfonien und Opern nur auf dem Klavier zu spielen, z. B. zwecks Einstudierung von Gesangspartien.
Im Jazz und in der Popmusik hat das Arrangement eine besonders wichtige Funktion, wobei die Grenzen zur Komposition fließend sind. Ein Arrangement wird nötig, wenn eine populäre Melodie in unterschiedlichen Besetzungen (Orchester, Big Band, Jazzgruppe) gespielt werden soll. Der Arrangeur verändert hierbei in der Regel den Charakter der Musik dadurch grundlegend, daß er Harmonie und Rhythmus ersetzt oder komplett erneuert und oft nur noch die Melodie vom Original übernimmt (**Reharmonisation**, ▶ Harmonielehre, ▶ Improvisation). Ein Arrangement, das nicht schriftlich fixiert ist, also nur in den Köpfen der Musiker existiert, heißt **Head Arrangement**.

Ars Antiqua (lat. = alte Kunst, alte Lehre) bezeichnet die Musik und Musiktheorie der Zeit zwischen etwa 1230 und 1320, die vor allem durch Pariser Musiker und Musiktheoretiker repräsentiert wurden. Ihr folgte die **Ars Nova** (lat. = neue Kunst, neue Lehre), die nach der gleichnamigen, im 13. Jh. entstandenen Schrift des Komponisten und Musiktheoretikers Philippe de Vitry benannt ist. Die Ars Nova umfaßt die Epoche von etwa 1320 bis etwa 1377, in der durch die Weiterentwicklung der Mensuralnotation (▶ Notation) erheblich differenziertere Kompositionstechniken als bisher möglich wurden. Die Verbesserung der Rhythmusnotierung bewirkte eine Verfeinerung der rhythmischen Komponente der Musik. Neue, komplexere musikalische Gattungen entstanden; die weltliche Musik erhielt einen starken Anstoß.

Artikulation Die Art und Weise, wie ein Musiker Töne miteinander verbindet oder voneinander absetzt, wie er Töne dehnt oder betont, verleiht einem Musikstück Ausdruck und läßt den Hörer musikalische Zusammenhänge erkennen. Wie beim Sprechen wird erst durch die richtige Artikulation der Sinn einer Aussage deutlich. Die musikalischen **Artikulationszeichen** im Notentext – Bögen, Striche, Punkte oder auch Angaben wie ▶ legato, ▶ staccato, ▶ portato usw. – geben an, wie artikuliert werden soll.

Atabaques (port.) Die in Brasilien verbreitete unten offene Standtrommel wird vor allem in der Tanzmusik (▶ Samba) ver-

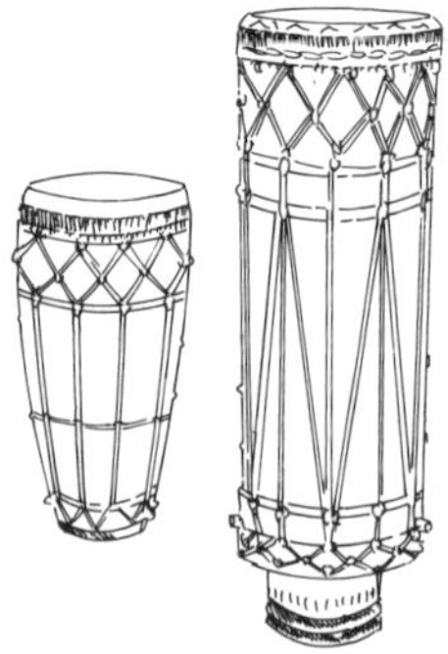

wendet. Das Instrument wurde von den nach Brasilien verkauften afrikanischen Sklaven verbreitet und spielt in ihren Liedern und Tänzen, den ▶ Batuques, eine bedeutende Rolle.

Atemtechnik benötigen alle Sänger und Bläser, um überhaupt Töne hervorbringen zu können. Die Muskulatur des Brustkorbes, die Lunge und das Zwerchfell sind entscheidend an der Tongebung für Stimme und Blasinstrumente beteiligt. Atemtechnik muß über Jahre geübt und später ständig durch Üben präsent gehalten werden. Sie bewirkt, daß jederzeit die richtige Luftmenge und der erforderliche Luftdruck vorhanden sind und daß durch die Beherrschung der Atemmuskulatur der Luftdruck minutiös reguliert werden kann.

Atonalität Die abendländische Musik ist bestimmt durch ihren Bezug auf ein tonales Zentrum, z.B. auf den Ton c bei einem Musikstück, das in C-Dur steht. Läßt sich ein solches Zentrum nicht mehr feststellen, entsteht Atonalität und die Töne werden nicht mehr auf einen gemeinsamen Grundton bezogen, ▶ Harmonielehre. Das Gegenteil von Atonalität heißt ▶ Tonalität. Die Vertreter der Neuen Musik erklären das Entstehen der Atonalität aus dem Bedürfnis vieler Komponisten nach Wagner und Mahler, neue Klänge und Kompositionsverfahren zu finden, nachdem die traditionelle Harmonielehre ihrer Meinung nach an Grenzen gestoßen war.
Diese Auffassung teilten Komponisten wie Igor Strawinsky und Paul Hindemith nicht. Sie erweiterten ihre Techniken unter Einbeziehung der traditionellen Mittel im Neoklassizismus (=neue Klassik).
In seinen *Klavierstücken* op. 11 (im Druck 1910) entwickelte Schönberg zunächst eine **freie Tonalität** (Abkehr von eindeutiger Bindung an eine Tonart) und verwendete starke und ungewohnte ▶ Dissonanzen. Atonalität wurde daher häufig auch mit „dissonant" im Sinne von schlecht klingend gleichgesetzt.
Systematisch atonal ist die ▶ Zwölftonmusik von Hauer und Schönberg und ihre Weiterentwicklung in der seriellen Musik. Hier wird die gefühlsmäßige freie Atonalität durch Atonalität aufgrund fester kompositionstechnischer Regeln ersetzt.
Im Falle der ▶ elektronischen Musik ist es nicht immer sinnvoll, nach Tonalität oder Atonalität zu fragen, da oft die traditionellen Beziehungen zwischen den Tönen fehlen.
Im ▶ Jazz spielt Atonalität nur eine geringe Rolle, z.B. in den Third-Stream-Experimenten der 60er Jahre unter dem Einfluß der Neuen Musik, da der Jazz seinem Wesen nach tonal ist. Auch völlig freie Jazzimprovisationen ohne Harmonieschema sind in den meisten Fällen tonal oder kreisen modal um einen Grundton, auch wenn dabei Zwölftonreihen zur Anwendung kommen.
Das liegt zum Teil daran, daß eine konsequent atonale Musik sorgfältig geplant, also komponiert und nicht improvisiert sein muß, damit sie nicht ständig in tonale Gewohnheiten zurückfällt.
Daß eine völlig freie gefühlsmäßige Atonalität auf herkömmlichen Instrumenten über längere Strecken hinweg möglich ist, wird vielfach bezweifelt. Selbst in Schönbergs atonalen Werken lassen sich vorübergehend tonale Zentren entdecken.
Der Begriff „Atonalität" wurde vor dem 1. Weltkrieg und später von den Nationalsozialisten (▶ „entartete Musik") auch als Schimpfwort gegen die Neue Musik gebraucht, um auszudrücken, daß diese häßlich und kakophon, d.h. mißtönend, sei.

attacca (ital. = falle ein) Anweisung an Musiker, beim Übergang von einem Teil eines Musikstücks zum nächsten ohne Unterbrechung weiterzuspielen.

attack (engl. = Angriff) ist der harte, explosive Anstoß des Tons, vor allem bei Blasinstrumenten, der für den frühen ▶ Jazz typisch ist.

Aufführungspraxis Allgemein ist Aufführungspraxis die Verwirklichung des vom Komponisten gewollten Klangereignisses, das jedoch nie vollständig im Notentext enthalten sein kann. Im besonderen bezeichnet der Begriff Aufführungspraxis die wissenschaftliche Klärung der originalen historischen Aufführungsbedingungen älterer Musik.
Da es in den vergangenen Jahrhunderten technisch nicht möglich war, Musik aufzuzeichnen, wissen wir heute nicht genau, wie z.B. Musik von Bach, Mozart oder Schubert von diesen Komponisten selbst oder von zeitgenössischen Musikern gespielt worden ist und wie dies geklungen hat. Überliefert ist nur das Notenmaterial der Werke, aber jeder Musiker weiß, daß in den Noten längst nicht alles steht, was damals tatsächlich zu hören war. Um den möglichen Originalklang zu rekonstruieren, benötigt man u. a. Informationen über Bauweise und Stimmung der damals verwendeten Instrumente, über die Zusammensetzung der Ensembles bzw. Orchester, für die die Werke geschrieben wurden, über die Art und Weise, wie der vorliegende Notentext mit ▶ Verzierungen und ▶ Improvisation angereichert wurde, über die Funktionen und Aufführungsorte der Stücke. Solche Informationen gewinnt man durch das intensive Studium historischer Dokumente der unterschiedlichsten Art. Briefe von Komponisten und anderen Persönlichkeiten der damaligen Musikszene, Konzertkritiken, Augenzeugenberichte (z.B. Tagebücher), Abbildungen von Musikern und Instrumenten, Baupläne von Instrumenten und Beschreibungen ihrer Spieltechniken (auch Instrumentalschulen) helfen bei der Rekonstruktion des Klangbildes, das dem Komponisten vorschwebte. Die Forschungsergebnisse dienen Musikern dazu, alte Musik im authentischen Klanggewand, d.h. mit erhaltenen Originalinstrumenten oder mit nachgebauten Instrumenten aufzuführen.

Ensemble „Flos Florum“ mit historischen Instrumenten, 1990

Aufnahme- und Wiedergabetechnik bezeichnet die beiden wichtigsten Verfahren bei der Produktion von Musik, die auf Tonträgern festgehalten werden soll. Dabei müssen viele verschiedene Einzeltechniken zusammenwirken, die zum großen Teil in doppelter Gestalt existieren: als herkömmliche analoge Technik und als Digitaltechnik, d.h. Computertechnik (▶ Computer, ▶ Digital).

Am Anfang einer Aufnahme steht in vielen Fällen das ▶ Mikrofon zur Aufzeichnung von Sprache oder Musik. Seine Qualität ist eine wichtige Vorbedingung für eine gute Aufnahme. Bei der Auswahl des Mikrofons hat der Toningenieur bereits zahlreiche Möglichkeiten, den Klang zu beeinflussen. Er kann zwischen Mikrofonen unterschiedlicher Richtwirkung und Klangcharakteristik wählen. Auch die zweckmäßigste Aufstellung der Mikrofone im Raum ist wichtiger Teil der Kunst des Toningenieurs. Nicht alle Klangquellen müssen jedoch per Mikrofon aufgenommen werden, z.B. können Elektro-Gitarren direkt mit dem Mischpult, das im Zentrum eines Tonstudios steht, verbunden werden.

Im Studio strebt man für die Aufnahme oft ein neutrales Klangbild an, das möglichst wenig durch die räumlichen Gegebenheiten des Aufnahmeortes beeinflußt wird. Erst die fertige Aufnahme wird mit speziellen Klangeffekten wie Hall versehen oder mit anderen Aufnahmen zusammengemischt. Die Aufnahme wird meist auf Tonträgern unter Einsatz der **Mehrspurtechnik** festgehalten. Sie arbeitet mit mehreren übereinanderliegenden Spuren, engl. **tracks**, so daß z.B. einzelne Instrumente nacheinander und in mehreren Durchgängen unter Beachtung der **Aussteuerung**, d.h. der richtigen Lautstärke aufgenommen werden können.

Ein wichtiger Gesichtspunkt bei der Aufnahme ist die Unterdrückung von unerwünschten Nebengeräuschen. Das beginnt bei einfachen mechanischen Maßnahmen, z.B. mit einem Windschutz, der auf ein Mikrofon gesetzt wird und Plop- und Zischgeräusche abhält. Darüber hinaus gibt es umfangreiche elektronische Vorrichtungen, die durch die Technik selbst verursachte Störungen, insbesondere das unvermeidliche Bandrauschen, möglichst unterdrücken, z.B. die **Rauschunterdrückungssysteme** der amerikanischen Firma **Dolby** (▶ Geräusch).

Die Wiedergabetechnik gibt nur selten eine Aufnahme so wieder, wie sie aufgenommen wurde. Dann würde man ja z.B. die oft fast schalltote Akustik des Studios, in dem eine Aufnahme entstanden ist, oder die Überakustik einer Konzerthalle hören. Besonders bei Produktionen im Pop- und Rockbereich soll vielmehr ein bestimmtes künstliches Klangbild hergestellt werden, das Ergebnis der Studiotechnik ist.

Für die Wiedergabe sind besonders wichtig:
1. die Art des Tonträgers und der mit ihm verbundenen Technik, z.B. Computer- und Lasertechnik für die CD,
2. die Technik der elektrischen Verstärker, die das aufgezeichnete Signal für die Wiedergabe vorbereiten,
3. das Endglied der Übertragungskette, das im Falle der Stereophonie meist aus 2 Lautsprechern (oder Kopfhörern) besteht.

Für Aufnahme- und Wiedergabetechnik bedeutete die Einführung des Computers Mitte der 80er Jahre eine Revolution. Daher existieren neben vielen traditionellen Verfahren der Aufnahme- und Wiedergabetechnik parallele Computer-Techniken. Diese digitalisieren den Klang, d.h., sie lösen ihn bei der Aufnahme in einzelne Werte auf und setzen diese mittels aufwendiger mathematischer Verfahren später für die Wiedergabe zusammen.

Auftragskomposition nennt man ein Musikwerk, das ein Komponist im Auftrag eines einzelnen Geldgebers, einer

Gruppe von Personen oder einer Institution geschrieben hat. Als die Komponisten noch an Kirchen, Fürstenhöfen oder bei Städten angestellt waren – bis Ende des 18. Jh.s -, schrieben sie nahezu alle ihre Werke im Auftrag ihrer Brotherrn. Später, als freie Künstler, waren Musiker häufig auf Kompositionsaufträge, die mit einem festen Honorar verbunden waren, angewiesen. Auftragskompositionen wurden und werden auch heute noch zu den unterschiedlichsten Anlässen vergeben. So schrieb Giuseppe Verdi seine berühmte Oper *Aida* im Auftrag des Vizekönigs von Ägypten zur Eröffnung des Suezkanals 1871.

aug, augmented (engl. = vergrößert) Bezeichnung in der Akkordsymbolschrift (▶ Harmonielehre) für Jazz und populäre Musik. Aug bezeichnet dort den übermäßigen Dreiklang (zwei große Terzen übereinander geschichtet).

Augmentation ist die Verlängerung der Töne einer Melodie oder eines Melodieabschnitts um das Doppelte oder Dreifache ihrer Werte. Die Melodie klingt dann wie in Zeitlupe. Die Augmentation oder Vergrößerung tritt häufig in polyphoner Musik und in ▶ Variationen auf.

Aulos (griech. = Röhre) Dieses Blasinstrument der griechischen Antike kennen wir vor allem aus bildlichen Darstellungen, da nur wenige Instrumente ausgegraben

wurden. Der Aulos besteht aus einer V-förmigen Doppelröhre mit Mundstück und Grifflöchern. Er hat einen scharfen, durchdringenden Klang – ähnlich wie eine Schalmei – und wurde deshalb überwiegend im Freien gespielt. Der Aulos wurde als ganze Instrumentenfamilie, nämlich in Diskant-, Alt-, Tenor- und Baßlage gebaut.

Austerzen heißt im Musikerjargon das Begleiten einer Melodie in Terzen, d. h. die Bildung einer parallel laufenden 2. Stimme im Abstand von zwei Tönen. Das Verfahren ist aus der volkstümlichen Singpraxis bekannt und wird dort vor allem deshalb verwendet, weil man es ohne längere Übung schnell praktizieren kann. Bei Schlageraufnahmen im Tonstudio ist das Austerzen üblich, um das Stimmvolumen der Sänger größer erscheinen zu lassen.

Ausweichung nennt man in der ▶ Harmonielehre den kurzzeitigen Wechsel von einer Tonart in eine andere.

Autograph nennt man das vom Komponisten selbst angefertigte handschriftliche Originalmanuskript eines Musikwerkes. Die Autographen der großen Komponisten des 18. und 19. Jh.s besitzen heute einen unschätzbaren Wert und werden in Bibliotheken, Archiven und Sammlungen streng gehütet. Autographen sind für die musikwissenschaftliche Forschung von größter Bedeutung, insbesondere für die Edition (Herausgabe oder Neuherausgabe) von Musikwerken in ihrer Originalgestalt. Sie bilden die Grundlage von historisch-kritischen Gesamtausgaben der Kompositionen und sind die Voraussetzung für Aufführungen.

B

Bagatelle (franz. = Kleinigkeit) Die Geschichte des kurzen Musikstücks (meist für Klavier) in Liedform oder formal frei gestaltet, reicht bis ins 18. Jh. zurück. Berühmt wurden die *Bagatellen* von Ludwig van Beethoven, von denen er drei Sammlungen vorlegte. Im 20. Jh. schrieben Béla Bartók *14 Bagatellen für Klavier* (1908) und Anton Webern *Sechs Bagatellen für Streichquartett* (1913).

Balalaika Das russische Zupfinstrument mit dreieckigem Resonanzkörper und drei Saiten hat einen langen Hals mit Bünden; die Wirbel sitzen unter dem Wirbelbrett, das abgewinkelt am Hals angebracht ist. Von den Saiten sind zwei auf den gleichen Ton, die dritte eine Quart höher gestimmt; sie werden mit den Fingern oder mit einem Plektrum (Plättchen aus Kunststoff) angeschlagen.

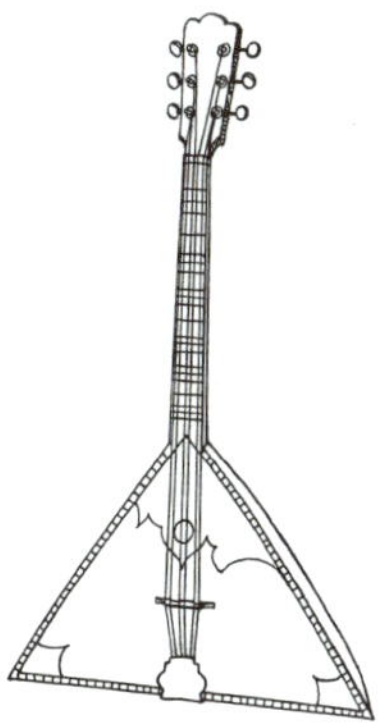

Die Balalaika ist seit dem 18. Jh. vor allem in der Ukraine verbreitet. Sie wird in der Regel in Gruppen (Balalaika-Orchestern) gespielt, in denen alle Größen des Instruments von der Piccolo- bis zur Kontrabaß-Balalaika vertreten sind.

Balginstrumente erzeugen den Ton über Luftdruck mit Hilfe eines Balges. Hierzu gehören Akkordeon, Bandoneon, Dudelsack, Harmonium, Konzertina und Orgel sowie deren Verwandte.
Sackpfeifen (engl. bagpipe = Dudelsack) haben die einfachste Form des Balges: eine in Sackform zusammengenähte Tierhaut, auf der die Pfeifen direkt aufsitzen. Durch gleichmäßiges Aufblasen und Drücken des Balges entweicht die Luft in die Pfeifen und bringt diese zum Klingen.
Auch bei der Orgel werden durch Winddruck Pfeifen zum Klingen gebracht. Hier ist der Vorgang jedoch komplizierter. Über Jahrhunderte wurde im Orgelbau mit verschiedenen Balgformen experimentiert: Es gab den ledernen Faltenbalg, den keilförmigen Spanbalg, den Kastenbalg und den Schöpfbalg (Magazinbalg). Im 20. Jh. geschieht die Winderzeugung durch einen Elektromotor. Die moderne Orgel ist daher kein Balginstrument mehr. Beim Harmonium wird allerdings noch heute der Winddruck über Trittbälge erzeugt, die der Spieler mit den Füßen bedient.
Bei Akkordeon, Bandoneon und Konzertina wird der Faltenbalg, der sich zwischen den beiden Griffbrettern befindet, vom

Spieler mit den Armen betätigt. Bandoneon und Konzertina sind relativ klein und leicht, so daß sie auf den Knien gespielt werden können. Die mit Schlaufen an den Griffbrettern fixierten Hände ziehen während des Spiels den Handbalg auseinander und drücken ihn wieder zusammen. Das größere Akkordeon wird beim Spielen umgehängt. Da die rechte Hand freier beweglich sein muß, um die Melodie auf den Tasten spielen zu können, wird der Balg mit dem linken Arm des Spielers betätigt.

Ballade (lat./ital.: ballare = tanzen) ist eine Gattungsbezeichnung, die sich im Laufe der Jahrhunderte auf sehr verschiedene musikalische Erscheinungsformen ausgeweitet hat und die heute in allen Bereichen der Musik zu Hause ist.
Zu Beginn ihrer Geschichte, im Mittelalter, war die Ballade ein Tanzlied in Strophenform, das im Wechsel von Vorsänger und Chor gesungen wurde und einen Refrain (Kehrreim) besaß. Die französischen Troubadours und Trouvères, die „Liedermacher" des 12. und 13. Jh.s, verbreiteten an den französischen Höfen neben ernsten, kunstvollen Liebesliedern auch die volkstümlicheren Balladen. Waren diese noch einstimmig, so schrieb der Komponist Guillaume de Machaut im 14. Jh. bereits bis zu vierstimmige Balladen. Auch hier findet sich stets ein Refrain – meist eine Zeile. Die Melodie liegt in der oberen Stimme, dem Cantus, und wird von mehreren weiteren Stimmen bzw. Instrumenten begleitet. Im Verlauf des 15. Jh.s ging die Ballade in die Gattung Chanson ein.
Erzählende Lieder finden sich in der Volksmusik vieler Länder. So entdeckten deutsche Volksliedsammler im 18. Jh. englische Balladen, die zum Vorbild für deutsche Balladendichtungen (Kunstballade) wurden. Viele Komponisten des 18. und 19. Jh.s vertonten Balladen für Gesang mit Klavierbegleitung. Aus der großen Zahl bekannter Balladenkompositionen wurden *Der Erlkönig* (1821) von Franz Schubert und *Der Zauberlehrling* (1832) von Carl Loewe, beide auf Texte von Goethe, besonders populär. Auch in die Oper wurde die Ballade aufgenommen. Berühmt ist z.B. die Ballade der Senta aus der Oper *Der fliegende Holländer* (1843) von Richard Wagner.
Abseits von Kunstlied und Oper schufen Komponisten im 19. Jh. auch rein instrumentale Balladen. Wie man ohne die Hilfe eines Textes Musik mit erzählendem Gestus komponieren kann, zeigen z.B. Frédéric Chopin und Johannes Brahms mit ihren jeweils vier Balladen für Klavier.
Im 20. Jh. verknüpft z.B. Bertolt Brecht die Ballade mit dem ▶ Bänkellied und macht sie zum Forum sozialkritischer und politischer Auseinandersetzung. Hanns Eisler verstärkt in seinen Vertonungen Brechtscher Texte (z.B. in der *Ballade vom Soldaten*, 1928) diese Tendenz. Auch Schriftsteller und Liedermacher der 60er und 70er Jahre schrieben Balladen, z.B. Franz Josef Degenhardt und Wolf Biermann.
In der populären Musik und im Jazz des 20. Jh.s werden als Balladen Lieder, Schlager oder Rocknummern in langsamem Tempo bezeichnet, die meist mit ausgeprägter Melodik und Harmonik sentimentale oder traurige Geschichten erzählen – Geschichten von der Liebe oder vom Schicksal. Die Form dieser Balladen ist häufig das 32-taktige Song-Schema mit Strophe und Refrain. Viele dieser Balladen wurden zu Jazz-Standards, so z.B. *Body and Soul* von John W. Green (1930). Bekannte Balladen der Beatles sind z.B. *Ob-La-Di, Ob-La-Da* und *Rocky Raccoon* (beide 1968).

Ballad opera (engl. = Lieder-Oper) nennt man die typisch englische Form des ▶ Singspiels mit gesprochenen Dialogen und Liedern auf populäre Melodien unterschiedlicher Herkunft (vom Volkslied bis zur Opernarie). Die Ballad opera entstand Anfang des 18. Jh.s in England als satirisch-parodistische Gattung, die den damaligen Opernbetrieb, insbesondere die Vorherrschaft der italienischen Oper, aufs Korn nahm. Ballad operas wurden meist auf Vorstadtbühnen und Jahrmärkten aufgeführt und durch umherziehende englische Komödiantengruppen auch in Deutschland verbreitet. Sie beeinflußten die Entwicklung des deutschen Singspiels. Die *Beggar's Opera* (1728) mit dem Text von John Gay und der Musik von John Christopher Pepusch diente Bertolt Brecht und Kurt Weill als Vorlage für ihre *Dreigroschenoper* (1928).

Ballett (ital.: ballare = tanzen) ist eine mit Musik verbundene szenische Tanzform, deren besonders kunstvolle Darstellungsform sich im 19. Jh. herausgebildet hat und durch Ballettkompositionen von Jean Schneitzhoeffer (*La Sylphide*, 1832), Adolphe Adam (*Giselle*, 1841), Leo Delibes (*Coppelia*, 1870) und vor allem mit Peter I. Tschaikowsky (*Dornröschen*, 1890; *Nußknacker*, 1892, *Schwanensee*, 1895) beliebt geworden ist. Diese **Handlungsballette** und ihre Musik beherrschen bis heute mit ihrem besonderen Tanzstil, den Kostümen, Dekorationen und der märchenhaften Handlung die Vorstellung vom klassischen Bühnentanz. Seit Anfang des 20. Jh.s entwickelten sich daneben jedoch auch Ausdruckstanz, Modern Dance und Tanztheater.

In einem weiteren Sinn bezeichnet man als Ballett auch die gesamte Truppe der Tänzer sowie die für eine Tanzaufführung bestimmte Musik. Ballette gibt es als eigenständige Gattung sowie als Tanzeinlage in Oper, Operette, Musical.

Das Ballett entwickelte sich seit dem 15. Jh. in Frankreich und Italien aus verschiedenen höfischen Unterhaltungs- und Repräsentationsdarbietungen. Dazu gehören Maskentänze, allegorische Huldigungsspiele, Tanzeinlagen bei Festessen oder prunkvolle Aufzüge. Vorformen finden sich auch im mittelalterlichen Volksschauspiel. Vor allem aber aus dem höfischen Gesellschaftstanz (und seinen Schrittfolgen) entstehen die Darbietungen des Balletts an den Fürstenhöfen. Von Anfang an handelt es sich um das Zusammenwirken verschiedener Künste, die zu prachtvollen Gesamtkunstwerken verbunden werden und die politische Macht des Herrschers vor aller Augen und Ohren glanzvoll entfalten sollen.

1581 wurde am französischen Hof in Versailles das erste abendfüllende Ballett aufgeführt, das *Ballet comique de la Reine*, ausgedacht und in Szene gesetzt von dem italienischen Geiger, Tanzmeister und Komponisten Baltazarini (der sich in Frankreich Balthazar Beaujoyeux nannte). Die Form des **Ballet de cour** (Hofballett) mit der Abfolge von Ouverture (Eröffnung), mehreren Entrées (Szenenauftritt, auch Szene selbst) und Schlußballett sowie seine musikalische Gestaltung (Sologesang, Chor, Streichinstrumente, Laute) beeinflußten die weitere Entwicklung des Balletts an den europäischen Höfen nachhaltig.

Die theoretische Beschäftigung mit den Grundlagen des klassischen akademischen Tanzes setzt zur gleichen Zeit ein, die Tanzschritte werden beschrieben, und eine Tanzschrift wird entwickelt. 1661 wird unter dem französischen König Ludwig XIV. eine Tanzakademie in Paris gründet, zu deren vornehmlichen Aufgaben die Systematisierung der immer variantenreicher werdenden Ballettschritte und Tanzpositionen sowie die Ausbildung von Berufstänzern zählte. Das Ballett entwickelte sich zur Bühnenkunst vor Zuschauern. Neben dem Berufstänzer wird der Choreograph als „Regisseur" wichtig, ebenso die **Choreographie** (Entwurf und Aufzeichnung von Tanzpositionen und Bewegungsabläufen der Tänzer in Tanzschrift).

Jean-Baptiste Lully, undatiert

Komponisten wie Jean-Baptiste Lully (*Le triomphe de l'amour*, 1681), André Campra (*L'Europe galante*, 1697) und Jean-Philippe Rameau (*Pigmalion*, 1748) trugen mit ihrer Ballettmusik zur führenden Rolle der französischen Ballettkunst im Europa des 17. u. 18. Jh.s bei. Es entstand die **Opéra-ballet**, in der mehrere handlungsmäßig in sich geschlossene Tanz- und Gesangsszenen durch einen äußeren Rahmen lose zusammengebunden wurden. Größeres Gewicht kommt der zusammenhängenden Handlung in der **Tragédie lyrique**, der höfischen Oper in Frankreich, zu, die sich gleichfalls in dieser Zeit entwickelt und neben Elementen der klassischen französischen Tragödie solche des Ballet de cour aufnimmt (J. Ph. Rameau, *Castor et Pollux*, 1737). Ebenso verbinden sich in der **Comédie-ballet** Komödie und Ballett zur neuen Form höfischer Unterhaltung, die Tanz und Handlung stärker inhaltlich verknüpft. Lully als Komponist und der Komödiendichter Jean-Baptiste Molière schrieben z.B. *Le bourgeois gentilhomme* (*Der Bürger als Edelmann*, 1670), eine Comédie-ballet, deren Musik noch Richard Strauss zu einer parodistischen Bearbeitung als Tanzsuite für Orchester (1918) angeregt hat.

In der Mitte des 18. Jh.s entstand das Handlungsballett, das auf der Grundlage eines Dramas die Handlung ohne Sprache in Pantomime und Tanz umsetzt und für das sich insbesondere der Ballettreformer Jean Georges Noverre einsetzte. Tragische oder heroische Stoffe wurden bevorzugt; das Ballett verlor seinen bloß unterhaltenden Charakter. Christoph Willibald Gluck komponiert den *Don Juan*-Stoff als Tanzdrama (*Don Juan ou le festin de Pierre*, 1761), Ludwig van Beethoven schreibt *Die Geschöpfe des Prometheus* (1801).

Für das 19. Jh. wird das Handlungsballett zum Inbegriff des romantischen Balletts. Das Bestreben, im Tanz seelische Empfindungen und übersinnliche Vorgänge zu gestalten, findet in den romantischen Märchen- und Kunstwelten der Nixen, Elfen und Geister den gewünschten Ausdruck. Die Solotänzerin (Primaballerina) als Verkörperung eines feenhaft-überirdischen weiblichen Wesens wird zum Mittelpunkt des Tanzdramas. Die Ballette werden auf vier bis fünf Akte ausgedehnt und umfassen bis zu 20 Musiknummern. Die Musik beschränkt sich auf effektvolle Illustration und gut tanzbare Orchesterbegleitung.

Eine glanzvolle Steigerung erfährt diese Tradition in der 2. Hälfte des 19. Jh.s am kaiserlichen Hof in St. Petersburg und später in Moskau am Bolschoi-Theater u.a. mit Tschaikowskys großen Balletten. Serge Prokofjew (*Romeo und Julia*, 1940) oder Aram I. Chatschaturjan (*Spartakus*, 1965) führen diese russische Tradition sogar bis in unsere Gegenwart weiter.

Provozierende, neue Impulse gebende Werke entstanden in den ersten Jahrzehnten des 20. Jh.s durch Igor Strawinskis Kompositionen (*Feuervogel*, 1910; *Petruschka*, 1911; *Le sacre du printemps*, 1913). Er schrieb diese Musik für die von Sergei Diaghilew 1909 gegründete Tanztruppe **Ballets russes**. Diaghilew versammelte in Paris herausragende Tänzer und Choreographen sowie bedeutende Komponisten (neben Strawinski, Claude Debussy, Manuel de Falla, Darius Milhaud,

Ballets russes. Uraufführung von Prokofjews „Der verlorene Sohn“, 1929

Francis Poulenc) um sich. Richtungweisende Ballette entstanden, die Impulse aus der zeitgenössischen Kunst (Kubismus, Futurismus, Konstruktivismus) aufnahmen. Die Entwicklung ging vom Handlungsballett zum abstrakten Ballett, das von der elementaren rhythmischen Ausdruckskraft der Musik inspiriert war und die Körperlichkeit der Tänzer betonte. Die Diaghilew-Schule wirkte auch nach Diaghilews Tod (1929) weiter.
Elemente des seit 1900 von Isadora Duncan propagierten **Ausdruckstanzes** (eines freien Tanzes ohne Regeln) erweitern das klassische Ballett zum **Modernen Tanz**. Der amerikanische **Modern Dance** beeinflußt die Tanzszene ebenso wie der von Rudolf von Laban und seiner Schülerin Mary Wigman in den zwanziger Jahren entwickelte deutsche Ausdruckstanz. Die durch Schlagzeug-Begleitung unterstrichene, rhythmusbetonte Körperbewegung herrscht vor. Auf großen Ausstattungs- und Musikaufwand wird verzichtet.
Eine fruchtbare, experimentelle und avantgardistische Phase, in der das Totentanzballett *Der grüne Tisch* (1932) von Kurt Jooss mit der Musik von Fritz A. Cohen sogar ein eher ballettuntypisches, politisches Engagement (Antikriegsthematik) zeigt, wird durch Hitlers Machtergreifung 1933 unterbrochen. Die Künstler werden in die Emigration gezwungen und die avantgardistische Tanzkunst wird unterdrückt.
Die Zeit nach 1945 ist zunächst gekennzeichnet durch eine Wiederherstellung der klassischen Ballettraditionen. Erst seit den sechziger Jahren greift die deutsche Ballettszene wieder auf die Entwicklungen der Weimarer Zeit zurück (Internationale Sommerakademie des Tanzes seit 1961 in Köln), knüpft an internationale Entwicklungen an (**New dance** von Merce Cunningham; das **Ballet du XX° Siècle** von Maurice Béjart, 1960 in Brüssel gegründet) und entwickelt sich zur eigenständigen Form des modernen **Tanztheaters** (Pina Bausch, Reinhild Hoffmann, Hans Kresnik). Ballettkompositionen und in Tanz umgesetzte Orchesterwerke von zeitgenössischen Komponisten (Werner Egk, Boris Blacher, Luigi Nono, Bernd Alois Zimmermann, Hans Werner Henze) finden vermehrt auch Eingang in die Spielpläne der Opernhäuser.

La Bamba (span.) war in den 60er Jahren in Deutschland ein Modetanz, vor allem durch den gleichnamigen Hit von Trini Lopez bekannt. Der Tanz vereinigt Elemente afrokubanischer und mexikanischer Volksmusik und wurde in Mittelamerika vermutlich schon im 19. Jh. getanzt.

Band (engl. = Kapelle) nennt man eine Gruppe von Musikern im Bereich von Jazz und Rock, deren Größe zwischen Trio und Big Band variiert. Verschiedene Arten von

Bands sind je nach instrumentaler Besetzung oder Musikrichtung üblich, z.B. die **Brass Band** (Blechbläser) für Blasmusik, mit Kornetten, Hörnern, Trompeten, Posaunen, Flügelhörnern, Tuben, Pauken und Schlagzeug. Im 19. Jh. finden sich in den Südstaaten der USA Bezeichnungen wie **Street Band** und **Marching Band** für Blaskapellen, die aus farbigen Laienmusikern bestanden und zu Beerdigungen und Straßenumzügen musizierten. Ihr Repertoire bestand u.a. aus Märschen und Ragtimes.

Die **Dixieland Band** besteht zumeist aus Klarinette, Kornett, Posaune, Klavier und Schlagzeug. Die erste dieser Formationen, die berühmte Original Dixieland Jass Band, wurde 1916 gegründet und bestand aus weißen amerikanischen Musikern.

Die ▶ Big Band, das größte Jazz-Ensemble, oder andere größere Jazzbands werden von einem **Bandleader** (engl.: leader = Leiter) geleitet.

Eine kleinere Jazz- oder Tanzband wird **Combo** genannt (engl.: combination = Vereinigung); sie kann aus zwei bis acht Musikern bestehen, die alle auch solistische Aufgaben übernehmen.

Als **String Band** bezeichnet man eine Gruppe von Musikern, die Saiteninstrumente wie Gitarre, Banjo, Mandoline, Fiedel oder Ukulele spielen; solche Formationen treten z.B. in der weißen amerikanischen Volksmusik auf.

Eine **Rock Band** bestand in den 50er und 60er Jahren aus Lead-Gitarre (Sologitarre), Rhythmusgitarre, Baßgitarre und Schlagzeug, gelegentlich trat ein Melodieinstrument, z.B. ein Saxophon, hinzu. Später wurden Keyboards aller Art einbezogen (E-Orgel, E-Piano, Synthesizer).

Bandoneon Das Bandonion, wie es auch genannt wird, gehört zu den Balg- und den Harmonikainstrumenten und ist eine Weiterentwicklung der Konzertina. Benannt ist das Bandoneon nach seinem Er-

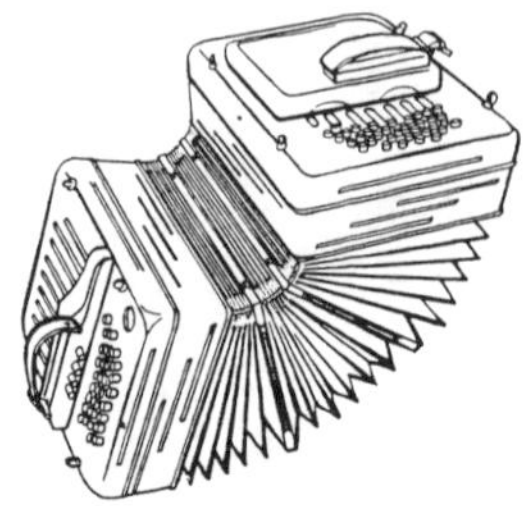

finder Heinrich Band (1846). Es hat Knöpfe auf dem Melodie- wie auf dem Baß-Griffbrett und wird zum Spielen auf den Knien gehalten. Beim Drücken eines Baßknopfes erklingt im Unterschied zum Akkordeon nur ein Ton, so daß mehrere Knöpfe gleichzeitig gedrückt werden müssen, um einen Akkord zu erzeugen. Die Hände sind mit Schlaufen so fixiert, daß sie den Balg betätigen und gleichzeitig die Knöpfe drücken können. Das seit 1928 gebaute Einheits-Bandoneon hat 144 Töne. Es ist wechseltönig, d.h. bei gleicher Fingerstellung erklingt auf Zug und Druck jeweils ein anderer Ton. Das Bandoneon spielte in der Tanz- und Unterhaltungsmusik bis in die 30er Jahre unseres Jh.s eine bedeutende Rolle und ist bis heute das charakteristische Instrument des südamerikanischen Tango.

Bandura ist ein russisches Zupfinstrument, das wie eine Mischung aus Gitarre und Zither aussieht. Auf einen ovalen höl-

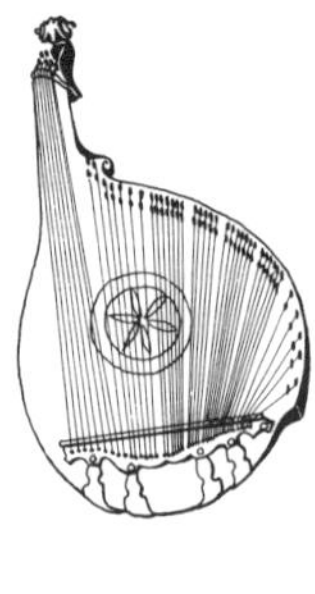

zernen Resonanzkörper mit Rosette sind bis zu 40 Begleitsaiten gespannt, während der kurze Hals des Instruments 6–8 Spielsaiten trägt. Die Bandura besitzt keine Bünde und wird mit Plektrum (einem Kunststoffplättchen) gespielt.

Banjo Das Zupfinstrument stammt aus Westafrika und kam mit den Sklaven nach Amerika. Die heute gebräuchlichste Form besteht aus einem ringförmigen Metall- oder Holzrahmen, der mit einem Fell bespannt ist, und einem langen Hals mit in der Regel fünf Saiten und einem Griffbrett mit Bünden. Das fünfsaitige Banjo, **Five String Banjo** genannt, besitzt neben den Akkordsaiten eine Melodiesaite. Diese ist kürzer und wird mit einem Wirbel, der am Instrumentenhals angebracht ist, gestimmt. Die Saiten des Banjos sind auf g^1, c, g, h, und d^1 gestimmt. Im Laufe der Zeit wurden verschiedene Spieltechniken entwickelt, z.B. das Finger Picking: Die Baßtöne werden mit dem Daumen gespielt, Akkorde und Melodie mit Zeige-, Mittel- und Ringfinger der rechten Hand gezupft. Als Begleit- bzw. Akkordinstrument in der Country Music und im Jazz wird das Banjo mit dem Plektrum, einem kleinen Plättchen aus Kunststoff, gespielt.

Das viersaitige **Tenorbanjo** hat die Saitenstimmung c, g, d^1, a^1 und den Tonumfang c-es^3.

Bänkellied Seit dem 17. Jh. trugen umherziehende Sänger auf Straßen und Jahrmärkten erzählende Lieder vor und begleiteten sich dabei selbst mit der Laute, der Drehleier, der Drehorgel oder der Violine.

Moritatensänger mit der Geschichte Kaspar Hausers, 1835

Da sie während ihres Vortrags auf einer mitgebrachten kleinen Bank standen, um besser gesehen werden zu können, erhielt ihr Berufsstand die Bezeichnung **Bänkelsänger**. Ein besonders rührseliges oder blutrünstiges Bänkellied mit einer Moral am Schluß bezeichnet man auch als **Moritat**. Der Bänkelsänger, seine Frau

oder ein anderer Helfer zeigte während des Liedvortrags mit einem Stock auf große Bildtafeln, die für das Publikum gut sichtbar aufgehängt waren. Die Bilder illustrierten in meist naivem, drastischem Malstil das Geschehen, um die Wirkung der Lieder und vor allem die „Moral von der Geschicht'“ in der letzten Strophe zu verstärken. Die Melodien der Bänkellieder sind sehr einfach und basieren häufig auf seinerzeit bekannten volkstümlichen Liedern.
Viele Dichter ließen sich vom **Bänkelsang** inspirieren. Besonders Komponisten des 20. Jh.s bedienen sich des Bänkellieds gerne als Stil- und Ausdrucksmittel innerhalb komplexer Werke. Bekanntestes Beispiel ist die berühmte *Moritat vom Mackie Messer* in der *Dreigroschenoper* von Bertolt Brecht und Kurt Weill (1928).

Barbershop Harmony (engl./amerik.: barbershop = Friseurladen) Seit der 2. Hälfte des 19. Jh.s dienten amerikanische Friseursalons Männern als Treffpunkt zum Singen ohne Instrumentalbegleitung. Der typische Klang entstand durch das Close Harmony Singing: Die Töne liegen so eng nebeneinander, daß kein weiterer Akkordton mehr dazwischen paßt. Die Akkordbildung beruht auf der Parallelführung von Quinten, Quarten und Terzen. So konnten die Sänger spontan Melodien mehrstimmig begleiten, ohne die Regeln der Harmonielehre kennen zu müssen. Im Laufe der Zeit und mit der Einbeziehung in den Jazz wurden die Akkorde jedoch immer komplizierter. Wenn z. B. heute ein Ensemble wie die King's Singers Vokalsätze in Close Harmonies vorträgt, so ist dies Gesangskunst, die von Laien nicht mehr zu erreichen ist. Das berühmteste deutsche Vokalsextett der 20er und 30er Jahre, die Comedian Harmonists, führte diesen Stil in die deutsche Unterhaltungsmusik ein. In der Pop- und Rockmusik waren es die Beatles, die mit mehrstimmigem Gesang nach Barbershop-Vorbild – allerdings instrumental begleitet – neue vokale Ausdrucksmöglichkeiten erschlossen.

Barde hieß der Sänger bzw. Spielmann bei den Kelten, einem Volksstamm, der etwa vom 5. Jh. v. Chr. bis ins Mittelalter im äußersten Westen Europas beheimatet war (Bretagne, Wales, Schottland, Irland). Die Barden schrieben ihre Lieder und Texte selbst und begleiteten sich beim Vortrag auf einer Art Leier, dem ▶ Crwth. Sie besaßen einen hohen sozialen Rang, und ihre Götter- und Heldenlieder wurden vor allem an den Höfen hoch geschätzt. Die Barden trafen sich regelmäßig zu Wettbewerben.
In den 60er und 70er Jahren des 20. Jh.s tauchte der Begriff wieder auf: bisweilen wurden Liedermacher so bezeichnet. Bekannt wurde auch der Barde Troubadix aus der Comic-Serie *Asterix*.

Barform (auch **Bar** genannt) Die dreiteilige Liedform (▶ Form) besteht aus zwei verschiedenen Formteilen, von denen der erste (**Stollen**) zweimal hintereinander erklingt (Stollen, Stollen, **Abgesang** = Form a a b). Die Barform ist seit dem Mittelalter bekannt und wird bis ins 20. Jh. hinein von Liedkomponisten verwendet. Beispiele sind: *All mein Gedanken, die ich hab*; *Wie schön blüht uns der Maien*.
In der **Reprisenbarform** tritt nach dem Abgesang die Melodie des Stollens noch einmal auf, so daß sich die Form a a b a ergibt. Beispiel: *Der Winter ist vergangen*. Auch Instrumentalstücke sind nach diesen musikalischen Formprinzipien gebaut.

Bariton (griech.: barytonos = tief oder voll tönend) Der Umfang der mittleren, zwischen Tenor und Baß liegenden männlichen Singstimme reicht etwa von A bis g^1. Man unterscheidet auf der Opernbühne folgende Stimmfächer: lyrischer Bariton (z.B. Marquis von Posa in *Don Carlos* von

Giuseppe Verdi, 1867), Charakter-Bariton (z.B. Beckmesser in *Die Meistersinger von Nürnberg* von Richard Wagner 1868, und Wozzeck in *Wozzeck* von Alban Berg, 1925) und Heldenbariton (Wotan in *Der Ring des Nibelungen* von Richard Wagner, 1869 ff.).
In der Familie der Saxophone heißt das tiefste Instrument Baritonsaxophon.

Barkarole oder Barcarole (ital.: barca = Boot, Barke) heißt das Lied der Gondolieri in Venedig, das diese während der Arbeit singen. Der wiegenden, gleichmäßigen Bewegung des Bootes auf dem Wasser und den ruhigen Ruderzügen entsprechen Tempo und Rhythmus der Barkarole: ein relativ langsamer 6/8-Takt. Aus der Folklore wurde die Barkarole schon im 18. Jh. in die Oper übernommen. Die populärste Barkarole ist die aus der Oper *Hoffmanns Erzählungen* (1881 uraufgeführt) von Jacques Offenbach. Außerdem wurde der Titel Barkarole im 19. Jh. auch für so manches ▶ Charakterstück in der Klaviermusik benutzt.

Barock (port.: baroco = unregelmäßig, schief) nennt man in der Musik den Zeitraum von etwa 1600 bis 1750. Der Begriff wurde um 1800 geprägt; man bezeichnete damit abwertend die komplizierte und affektgeladene Musiksprache dieser Zeit, die die neue Generation als überladen und schwülstig empfand. Heute hat das Wort Barock keinen negativen Beigeschmack mehr. Will man die Barockepoche mit einem musikalischen Begriff kennzeichnen, so verwendet man den Terminus Generalbaßzeitalter, der eine für das Barockzeitalter typische musikalische Praxis anspricht (▶ Generalbaß).
Die Barockepoche bringt für die Musik viele einschneidende Neuerungen, die Musikverständnis und Musikleben bis heute nachhaltig prägen. Das Repertoire heutiger Orchester und Opernhäuser beginnt

Georg Philipp Telemann, 1744

mit Werken der Barockzeit. Für ein breites Publikum beginnt die Musikgeschichte überhaupt erst mit dem Barock, während frühere Musik (Renaissance, Mittelalter) eher unbekannt geblieben ist.
Um 1600 entstanden Oper und Oratorium, entwickelten sich Formen selbständiger Orchestermusik und solistischer Instrumentalmusik mit Generalbaßbegleitung sowie das begleitete Sololied. Das wichtigste Formprinzip des Barock ist das Concerto, das durch den ständigen Wechsel von einem oder mehreren Solisten und Orchester charakterisiert ist. Die Dur-Moll-Tonalität und die moderne Harmonik (▶ Harmonielehre) setzen sich durch, ebenso die bis heute gültige Taktordnung (▶ Takt). Ein System von musikalischen Regeln,

Johann Sebastian Bach, 1746

Georg Friedrich Händel, 1749

Antonio Vivaldi, 1723

Jean Philippe Rameau, undatiert

Zeichen und Ausdrucksformen bildet sich aus (z. B. ▶ Affektenlehre). Die Instrumente werden vervollkommnet, an erster Stelle die Violine und andere Streichinstrumente. Die Tasteninstrumente erhalten temperierte Stimmung (▶ Temperatur); Orgel- und Klaviermusik trennen sich. Solistisches Instrumentalspiel und Sologesang werden zu höchster Perfektion entwickelt. Das setzt Berufsmusiker als Ausführende voraus; das professionelle Musikertum entsteht.

Auch das bürgerliche Konzertwesen ist eine Errungenschaft des Barockzeitalters. Seit 1725 (Paris) finden öffentliche Konzerte statt, die jeder Bürger gegen Zahlung eines Eintrittsgeldes besuchen kann. Auch die Diskussion über Musik wird öffentlich: Musikkritik und Musikjournalismus entstehen und finden in ersten Fachzeitschriften ein Forum.

Berühmte Komponisten des Barock sind u. a.: Claudio Monteverdi, Heinrich Schütz, Jean Baptiste Lully, Arcangelo Corelli, Henry Purcell, Antonio Vivaldi, Georg Philipp Telemann, Jean Philippe Rameau, Georg Friedrich Händel, Johann Sebastian Bach.

Barré (franz. = versperrt) heißt ein Gitarrengriff, bei dem der Zeigefinger der linken Hand über mehrere Saiten gelegt wird, diese fest auf das Griffbrett drückt und damit alle um die gleiche Länge verkürzt. Der Barrégriff macht, wie auch der **Kapodaster** (ein verschiebbarer Sattel), als Spielhilfe kompliziertere Tonarten ohne Umstimmung von Saiten spielbar. Er erleichtert auch das Spiel in höheren Lagen.

Barrelhouse Piano (engl.: barrel = Faß; etwa: Bierhaus-Klavier) heißt ein Klavierstil, der um die Mitte des 19. Jh.s in den Kneipen der Südstaaten der USA von schwarzen Musikern entwickelt wurde. Das Klavier wird hier perkussiv, d.h. als Schlaginstrument, behandelt. Dazu gehören z.B. ein harter, lauter Anschlag, die Betonung der 1. und 3. Taktzeit durch Oktaven in der linken Hand und nachschlagende Akkorde auf 2 und 4 sowie Tremoli in der rechten Hand. Das Pedal wird nicht benutzt, was zum harten und trockenen Klang dieses Klavierstils beiträgt. Die Stücke sind in mittlerem bis langsamem Tempo gehalten und darin wie in einigen harmonischen und melodischen Charakteristika (z.B. Verwendung der Blueskadenz und der Bluestonleiter, ▶ Blues) dem späteren ▶ Boogie Woogie ähnlich. Typische Klangeffekte des Barrelhouse-Stils entstehen, wenn man verstimmte oder mit Papierstreifen auf den Saiten präparierte Klaviere verwendet. Hierdurch kommt man dem Jazz-Ideal der dirty intonation (unreine Tongebung) sehr nahe.

Barrel Organ (engl.: barrel = Faß, organ = Orgel) heißt in England und Amerika die ▶ Drehorgel bzw. der Leierkasten. Wie in Deutschland, so trugen auch in den englischsprachigen Ländern Drehorgelspieler erheblich zur Verbreitung und Popularisierung von Liedern aller Art bei.

Baß (lat.: bassus = tief; ital.: basso)
1. Die tiefste männliche Stimme, deren Umfang bei Berufssängern von E bis f[1] reicht. Berühmt sind „schwarze", d.h. besonders tiefe und dunkel timbrierte Baßstimmen mit dem „tiefen C" (z.B. von Fjodor Schaljapin). Folgende Stimmfächer werden in der Oper unterschieden: Baßbuffo oder Spielbaß (z.B. van Bett in *Zar und Zimmermann* von Albert Lortzing, 1837), Charakterbaß (z.B. Ochs von Lerchenau aus *Der Rosenkavalier* von Richard Strauss, 1911) und seriöser Baß (z.B. Sarastro aus *Die Zauberflöte* von Wolfgang Amadeus Mozart, 1791). Der Begriff Baß ist aus Contratenor bassus abgeleitet – in der mehrstimmigen Musik des 15. und 16. Jh.s die tiefere Gegenstimme zum Tenor.
2. In der ▶ Harmonielehre ist der Baß die tiefste Stimme einer Komposition, zugleich das Fundament des gesamten Tonsatzes.
3. Kurzform für **Kontrabaß**, das tiefste Instrument der Streicherfamilie, auch für **E(lektro)-Baß**, die Baßgitarre in der Rock- und Popmusik.
4. Das tiefste Instrument in vielen Instrumentenfamilien, z.B. Baßblockflöte, Baßposaune.

Martti Talvela als „Sarastro", 1964

Bassetthorn Die Altklarinette in F, die zur Zeit der Wiener Klassik entwickelt wurde, gehört zu den Holzblasinstrumenten. Das Bassetthorn klingt tiefer und weicher als die Klarinette. Wolfgang Amadeus Mozart verwendete es in seinem *Requiem* (1791) und schrieb für dieses Instrument sein *Klarinettenkonzert A-Dur* (1791). In der Musik des 19. und 20. Jh.s wird das Bassetthorn nur selten eingesetzt.
Das moderne Bassetthorn ist an seinem abgebogenen Mundstück, seinem im Vergleich zur Klarinette längeren Rohr und seinem etwas breiteren Schalltrichter zu er-

kennen. Das Bassetthorn der Mozart-Zeit hatte dagegen eine geradezu abenteuerliche Form mit zweifach geknicktem Rohr.

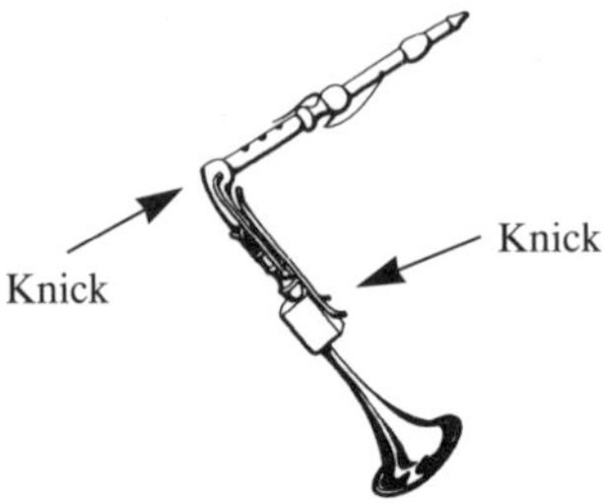

Bassetthorn aus der Zeit Mozarts

Baßklarinette Die tiefe Klarinette in B bildet zusammen mit dem Fagott im Sinfonieorchester das Baßregister der ▶ Holzblasinstrumente. Ihr Rohr ist etwa ein Drittel länger als das der Klarinette, ihr Mundstück (ein Schnabel, in dem das Rohrblatt

befestigt ist, ▶ Rohrblattinstrumente) sitzt an einem gebogenen Metallröhrchen. Ihre Stürze (Schallbecher) ist breit und nach oben gebogen und besteht aus Metall, während das Rohr aus Holz ist. Wie bei allen Klarinetteninstrumenten werden die Töne mit einem System von Klappen gegriffen.
Die **Kontrabaßklarinette**, die sehr selten verwendet wird, reicht noch eine Oktave tiefer als die Baßklarinette.

Basso continuo (ital. = ununterbrochener Baß), kurz **Continuo**, abgekürzt B. c., bezeichnet wörtlich einen durch das ganze Musikstück durchgehaltenen Baß, meint jedoch primär den ▶ Generalbaß, die typische Form der instrumentalen Begleitung in der Musik des 17. und 18. Jh.s. Der B. c. wird in der Musik dieser Zeit meist von einem Baßinstrument (Violoncello, Fagott o.ä.) und einem Akkord- bzw. Tasteninstrument (Cembalo, Klavichord, Orgel o.ä.) gespielt. So erklingen außer der Baßstimme auch die darauf aufgebauten Akkorde, die in den Noten durch bestimmte Zahlenangaben unter den Baßtönen genau bezeichnet sind. Der B. c. dient der Begleitung eines oder mehrerer Melodieinstrumente in der Kammermusik und der Orchestermusik; er bildet zugleich das harmonische Fundament.

Battaglia (ital. = Schlacht) nennt man ein musikalisches Schlachtengemälde. Seit dem 16. Jh. haben Komponisten versucht, das Kriegsgeschehen musikalisch zu gestalten. Dabei griffen sie überwiegend auf Mittel der Tonmalerei zurück, d.h., sie bildeten die typischen Geräusche und Bewegungsformen der Schlacht bzw. des Kampfes musikalisch nach. Zunächst findet sich die Battaglia in der weltlichen Chormusik des 16. und 17. Jh.s, z.B. bei Clément Janequin in seinem Werk *La Guerre* (1515), und bei Claudio Monteverdi in dessen *Canti guerrieri* (1638). Auch in der Klaviermusik des 17. und 18. Jh.s sind Schlachtengemälde vertreten; das bekannteste ist *Der Kampf zwischen David und Goliath*, die 1. Sonate der *Biblischen Historien* (1700) von Johann Kuhnau. In der Orchestermusik des 19. Jh.s sind die berühmtesten Schlachtengemälde *Wellingtons Sieg oder die Schlacht bei Vittoria* (1813) von Ludwig van Beethoven und die *Ouvertüre 1812* (1880) von Peter I. Tschaikowsky.

Batuques (port.) Lieder und Tänze der afrikanischen Sklaven und ihrer Nachkommen in Brasilien, mit stark kultisch-religiösem und ekstatischem Charakter. Ursprünglich wurden die Batuques, ihrer Herkunft entsprechend, ausschließlich mit Trommeln (▶ Atabaques) und anderen Rhythmusinstrumenten begleitet. Aus der afrikanischen Musiktradition wurden in die Batuques außerdem Polyrhythmik und das Ruf-Antwort-Schema übernommen. Durch die Batuques wurden die Samba und andere brasilianische Musikformen beeinflußt.

Bayreuther Festspiele finden alljährlich im Juli und August in Bayreuth statt: Festspiele, bei denen ausschließlich Werke von Richard Wagner aufgeführt werden. Der Komponist selbst gründete die Festspiele und ließ dafür nach eigenen Plänen ein Festspielhaus bauen, das seinen Klangvorstellungen dank einer besonderen Akustik vollkommen entsprach. Das Festspielhaus wurde 1876 mit *Rheingold* eröffnet.
Bis heute liegt die Leitung der Festspiele in den Händen der Nachkommen Wagners: Nacheinander führten Wagners Witwe Cosima, sein Sohn Siegfried, dessen Witwe Winifred, Wagners Enkel Wieland und Wolfgang gemeinsam, seit 1966 Wolfgang allein das Familienunternehmen. Die bisweilen kultische Züge annehmende Verehrung des Bayreuther Meisters durch einen Großteil seiner Anhänger, die Wagnerianer, hat in früheren Jahrzehnten zu einer erstarrten Denkmalpflege und auch zu einer einseitigen Vereinnahmung durch die Nationalsozialisten geführt. Die Erneue-

„Parsifal", 1. Akt der Uraufführung in Bayreuth, 1882

rung der Bayreuther Festspiele in der Nachkriegszeit, eingeleitet von einer durch radikalen Traditionsbruch gekennzeichneten Neuinszenierung der *Meistersinger von Nürnberg* im Jahre 1956 durch den Wagner-Enkel Wieland, löste Empörung und Protest bei den eingefleischten Wagnerianern aus. Sie bewirkte aber auch, daß nunmehr in Bayreuth künstlerisch hochangesehene Inszenierungen zur Diskussion gestellt werden.

Bearbeitung bezeichnet die Uminstrumentierung (▶ Transkription) eines Musikstücks, im weiteren Sinne auch dessen Veränderung durch kompositorische Eingriffe wie z.B. ▶ Variation oder Figuration. Durch die Bearbeitung wird ein Musikstück oft in einen neuen Zusammenhang gestellt oder einem anderen als dem ursprünglichen Zweck nutzbar gemacht.
Seit es Musik gibt, gibt es auch Bearbeitungen. Die Bearbeitung ist sogar eine der tragenden Säulen der abendländischen Musikgeschichte.

Historisches

Schon in der frühen mehrstimmigen Musik des Mittelalters (ca. 12. bis 14. Jh.) spielte die Technik der Bearbeitung eine große Rolle. Es war üblich, eine vorhandene Melodie (in der Regel eine einstimmige Liedmelodie) in kunstvoll gebaute mehrstimmige Motetten oder Messen einzubauen bzw. sie zur Grundlage mehrstimmiger Werke zu machen. So wurden oft weltliche (z.B. Tanz-)Lieder zum Fundament geistlicher Musikwerke – und das zu einer Zeit, als die Kirche scharf über die Trennung von weltlicher und geistlicher Musik wachte.
Das Verfahren, einem weltlichen Lied einen neuen (geistlichen) Text zu unterlegen, wird als **Parodie** oder **Kontrafaktur** bezeichnet. Bis ins 18. Jh. hinein benutzten es Komponisten sehr häufig. Ein bekanntes Beispiel: Der Choral *O Haupt voll Blut und Wunden* (Text: Paul Gerhardt) hat die Melodie des Liebesliedes von Hans Leo Haßler *Mein Gmüt ist mir verwirret, das macht ein Jungfrau zart* (1601).

Haßler, Mein Gemüth ist mir verwirret

Bei einer weiteren Bearbeitung veränderte Johann Sebastian Bach den Rhythmus der Melodie und schrieb einen vierstimmigen Chorsatz dazu. Bach komponierte sogar mehrere Sätze auf diese Melodie; der bekannteste ist der aus der *Matthäuspassion*, 1736. Außerdem bearbeitete er diese Melodie für die Orgel: als Choralvorspiel.

MELODIE: HERZLICH TUT MICH VERLANGEN
HANS LEO HASSLER 1601 / GEISTLICH GÖRLITZ 1613

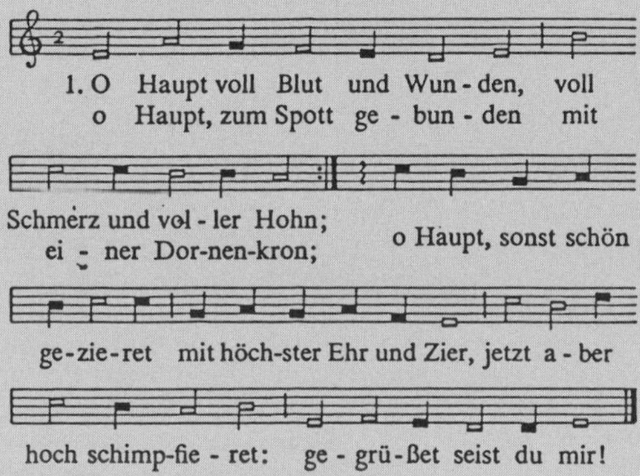

Bach, Matthäuspassion, *62.* Choral

**Bach: Herzlich thut mich verlangen.
a 2 Clav. e Pedale.**

Im 18. Jh. herrschte noch kein ausgeprägtes Bewußtsein vom geistigen Eigentum; es gab auch noch kein ▶ Urheberrecht. So konnte sich jeder Komponist fremder Melodien, Themen oder ganzer Werke bedienen und sie bearbeiten, ohne daß dies Protest hervorgerufen hätte. Manche Werke sind vielleicht nur aufgrund ihrer Bearbeitung durch einen bekannten Komponisten überhaupt der Nachwelt überliefert. Oft jedoch steigerte sich die Popularität der Werke durch Bearbeitungen erheblich, was wiederum auch den Schöpfern der Originale zugute kam. So haben die Bearbeitungen der Opern Mozarts für die sehr publikumswirksame **Harmoniemusik** (Oboe, Klarinette, Horn, Fagott) die Bekanntheit Mozarts im 18. und 19. Jh. stark gefördert. Ebenso erging es auch Beethoven, dessen Sinfonien für die verschiedensten Besetzungen bearbeitet wurden, so z.B. für Klavier von Franz Liszt (1865), und deren langsame Sätze sogar mit Text unterlegt wurden (von Friedrich Silcher, um 1840). Die Opern von Giuseppe Verdi sind in Italien auch deshalb so populär, weil sie in Bearbeitungen für die traditionelle italienische Blaskapelle, die **Banda**, noch in den kleinsten Dörfern gespielt wurden und werden.
Bis in die entlegensten Gegenden waren im 19. Jh. dank der Ausdehnung des Verlagswesens und der Verbesserung des Notendrucks auch Bearbeitungen großer Musik für kleine Besetzungen verbreitet. Das Repertoire der ▶ Salonmusik bestand zu großen Teilen aus uminstrumentierten und im Schwierigkeitsgrad reduzierten Werken der Konzert- und Opernliteratur.
Das gleiche gilt für die ▶ Hausmusik. Für die musizierenden Kinder und Erwachsenen der bürgerlichen Schichten wurden im 19. Jh. – und bis weit in unseres hinein – zahllose Bearbeitungen für die gängigen Instrumente geschrieben, so z.B. das *Largo* von Händel für Klavier und Violine, die *Träumerei* von Schumann für Violoncello und Klavier, die Ouvertüre zur Oper *Die diebische Elster* von Rossini für Flöte und Gitarre. Sehr bekannt wurde das *Ave Maria* von Gounod, dem das Präludium C-Dur aus dem 1.Band des *Wohltemperierten Klaviers* von Bach zugrundeliegt – als Begleitung für die von Gounod erfundene Gesangs-Melodie.

AVE MARIA

Meditation
über das 1. Präludium von Joh. Seb. Bach

Meditation
on the first prelude by
Joh. Seb. Bach

Méditation
sur le premier prélude de
Joh. Seb. Bach

Charles Gounod
Arrangiert von Alw. Altendorf

Bis heute ist es üblich, daß Komponisten eigene Werke bearbeiten. Schon bei Bach finden wir zahlreiche Selbstzitate und Übernahmen von Werkteilen in neue Zusammenhänge. Ludwig van Beethoven arbeitete etliche seiner Werke für andere Besetzungen um. Johannes Brahms bearbeitete nicht nur Volkslieder, sondern instrumentierte auch eigene Werke um, so z. B. sein Streichquintett op. 34 zu einer Sonate für 2 Klaviere und zu einem Klavierquintett. Arnold Schönberg konzipierte sein Werk *Verklärte Nacht* op. 4 zuerst als Streichsextett (1899), später schrieb er eine Fassung für Streichorchester (1917).

Der Klavierauszug als Form der Bearbeitung

Eine besondere Form der Bearbeitung stellt der **Klavierauszug** dar. Der Begriff ist seit Ende des 18. Jh.s in Gebrauch und bezeichnet die Reduktion einer vielstimmigen Partitur auf einen Klaviersatz. Klavierauszüge von Opern und Oratorien enthalten zusätzlich alle Solo- und Chorstimmen mit dem dazugehörigen Text. Hinzu kommen bisweilen Andeutungen von Orchesterstimmen durch kleiner gedruckte Noten oder Hinweise auf die Instrumentation des Originals und bei Bühnenwerken Vermerke zur szenischen Realisierung. Nur wenige Komponisten fertigten selbst Klavierauszüge ihrer Werke an, so z.B. Carl Maria von Weber oder Louis Spohr. In der Regel war die Herstellung von Klavierauszügen Aufgabe von Bearbeitern, die die jeweiligen Werke so einzurichten hatten, daß man anhand des Klavierauszugs einen möglichst umfassenden Eindruck von den Werken gewinnen konnte, etwa, um ein Musikstück kennenzulernen. Klavierauszüge von Opern und Oratorien dienen bis heute zum Einstudieren der Gesangsstimmen.

Die Ergänzung von unvollendeten Werken

Auch die Ergänzung unvollendeter Werke ist eine Form der Bearbeitung. So komplettierte Franz Xaver Süßmayr, Schüler Mozarts, dessen Requiem nach Mozarts Angaben und Skizzen, und Friedrich Cerha ergänzte den 3. Akt der unvollendet gebliebenen Oper *Lulu* von Alban Berg.

Die Bearbeitung im Jazz, Rock und Pop

Im Jazz spielt die Bearbeitung eine besondere Rolle. Viele Stücke des klassischen Jazz und des Big Band-Jazz beruhen auf bekannten Liedern (Folklore, Schlager usw.), die als melodische und harmonische Grundlage für die jazztypische ▶ Improvisation dienen. Das Thema wird meist einmal durchgespielt (Chorus), dann folgen die von den beteiligten Instrumenten unterschiedlich gestalteten Strophen.
Aber auch Musik anderer Herkunft kann im Jazz als Vorlage dienen. So bearbeitete z.B. Jacques Loussier etliche Werke Bachs für Klavier, Baß und Schlagzeug und brachte sie so zum „Swingen". Vor allem im Jazz und in der populären Musik wird statt des Begriffs Bearbeitung meist der Terminus ▶ Arrangement verwendet.
Seit den 60er Jahren entstanden zahlreiche Pop-Bearbeitungen klassischer Musikwerke. Besonders bekannt wurden James Lasts Bearbeitungen populärer Konzertstücke des 18. und 19. Jh.s, Waldo de los Rios' Bearbeitung der Sinfonie g-moll KV 550 von Mozart und der *Ode an die Freude* aus der 9. Sinfonie von Beethoven und die Adaption der *Bilder einer Ausstellung* von Modest Moussorgski durch die Rockgruppe Ekseption. Das englische Vokal-Sextett The King's Singers verwandelte u.a. den Beatles-Titel *Can't buy me love* in ein Madrigal und baut immer wieder Teile aus der Konzertmusik vergangener Epochen im vier- bis sechsstimmigen Chorsatz in seine Darbietungen ein. Sie machen deutlich, daß die Bearbeitung keine Einbahnstraße ist, sondern daß Popmusik auch „klassische" Formen anneh-

men kann. Der gleichfalls aus England stammende Musiker Gerard Hoffnung schuf eine Reihe humoristischer Bearbeitungen bekannter Werke des Konzertrepertoires und erzielte durch teilweise groteske Klangveränderungen und -verfremdungen parodistische Effekte.
In der Rock- und Popmusik ist die Bearbeitung musikalischer Vorlagen seit jeher gang und gäbe. Viele bekannte Titel existieren in zahlreichen Versionen und werden bis heute jeweils den gerade herrschenden Stilrichtungen angepaßt.

Beat oder **Beatmusik** (engl.: beat = schlagen) ist die wohl bekannteste Stilrichtung der ▶ Rockmusik. Beat enstand um 1960 in England unter Bezeichnungen wie **Mersey Beat** oder **Mersey Sound** (benannt nach dem Fluß Mersey, an dem Liverpool, das Zentrum des Beat, liegt). Der Begriff Beat zielt hier besonders auf das charakteristische Merkmal des starr und gleichbleibend laut durchgeschlagenen Metrums, eine starke Betonung des Grundschlags (im 4/4-Takt auf der 1. und 3. Zählzeit), wie es sie bis dahin in keiner Stilrichtung gegeben hatte. Charakteristisch sind ferner die starken Gegenakzente auf der 2. und 4. Taktzeit (after beat) sowie der ein- oder mehrstimmige Gruppengesang. Auch die Lautstärke ist im Beat stilprägend: Die Dynamik wird bewußt bis an die Schmerzgrenze geführt. Verzerrer und andere Klangeffekte verändern den Gitarrenton, machen ihn scharf und durchdringend. Im Vergleich zu der seinerzeit üblichen Tanzmusik, zum Schlager und zum Jazz war der Beat eine radikale, aggressive, extreme Musik.
Beat war auch eine Antwort auf die tristen sozialen Verhältnisse, in denen seine Macher und Hörer lebten: eine „sprachlose Opposition", eine Flucht nach vorn. Liverpool, eine Industriestadt im Westen Englands, litt in den 60er Jahren unter erheblichen wirtschaftlichen und sozialen Problemen: Krise der traditionellen Industriezweige der Region, steigende Arbeitslosenzahlen, soziale Verelendung, Perspektivlosigkeit insbesondere unter Jugendlichen. In dieser Situation diente vielen Jugendlichen die Beatmusik als Ventil für ihre Ängste und Frustrationen, als Ausdruck ihrer Gefühle, als Möglichkeit, Anerkennung zu finden, als Vehikel für sozialen Aufstieg (der Musiker selbst). In dieser Hinsicht ist der Beat vergleichbar mit zwei seiner Wurzeln bzw. Quellen in der afroamerikanischen Musik: mit Blues und Rock'n'Roll.
Viele Gruppen spielten zunächst die Rock'n'Roll-Standards nach. In Anlehnung an populäre englische Gitarrengruppen wie die Shadows waren die Beat Bands in der Regel mit drei elektrisch verstärkten Gitarren (Lead-Gitarre, Rhythmusgitarre, Baßgitarre) und Schlagzeug besetzt. Ihr Gesangsstil enthielt sowohl Elemente aus der englischen und der angloamerikanischen populären Musik als auch Anklänge an Blues und Rhythm and Blues, die Musik der Afroamerikaner. Diese Verwandtschaft zeigt sich auch formal und harmonisch in der Übernahme des Blues-Schemas in vielen Beat-Titeln.
Von Liverpool aus griff die Beat-Welle schnell auf weitere englische Städte über, und es bildeten sich regionale Spielweisen mit unterschiedlichen stilistischen Akzenten heraus. So war beispielsweise die Londoner Beat-Szene sehr viel stärker bluesorientiert als die Liverpooler. Dieser Unterschied zeigt sich am deutlichsten im Vergleich der Beatles (Liverpool) mit den Rolling Stones (London).

Den Durchbruch auf dem internationalen Musikmarkt erreichten zuerst die Beatles. Ab 1964 – beginnend mit *I Want to Hold Your Hand* – beherrschten sie die amerikanischen Charts ebenso wie die deutschen Hitparaden. Die Beatles – Paul McCartney, George Harrison, John Lennon und Ringo Starr schrieben in den zehn Jahren ihrer gemeinsamen Karriere einen internationalen Hit nach dem anderen. Sie wurden zur weltweit erfolgreichsten Rockgruppe, die bis heute mehr als eine Milliarde Schallplatten verkauft hat. Allein bis zur Auflösung der Gruppe 1970 spielten die Beatles über 500 Millionen DM ein. Nicht zuletzt ihre Bedeutung als Wirtschaftsfaktor führte 1965 zur Verleihung des Ordens „Members of the Order of the British Empire".

Mit dem Beat etablierte sich eine spezifische Jugendkultur, die zwar schon mit dem Rock'n'Roll in den 50er Jahren begonnen, sich jedoch in Europa noch nicht auf breiter Basis durchgesetzt hatte. Erst mit dem Beat und seinen großen Erfolgen bei Jugendlichen aller Gesellschaftsschichten entstand ein Markt für die mit dieser Musik verbundenen Konsumgüter wie Hi-Fi-Anlagen, Kleidung, Kosmetika, Zeitschriften usw.

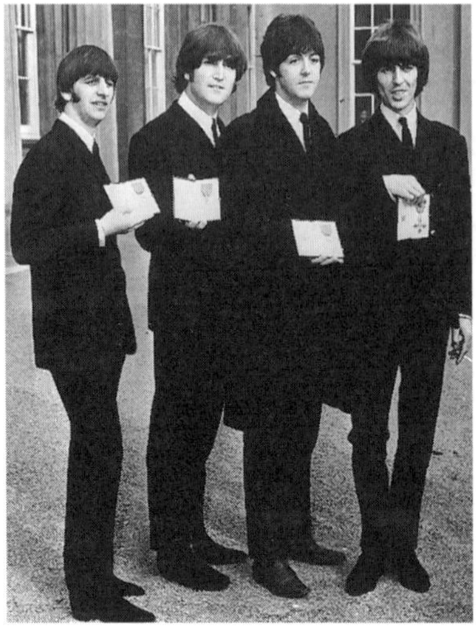

Beatles mit dem Orden „Member of the British Empire", 1965

Becken Schlaginstrument in Form zweier runder Metallscheiben von ca. 30–50 cm Durchmesser, die entweder gegeneinandergeschlagen oder mit Schlegeln oder Besen angeschlagen werden. In der Mitte haben die Becken eine buckelartige Ausbuchtung mit einer Öffnung, an der eine Lederschlaufe befestigt ist (für den „Handbetrieb" im Sinfonieorchester) bzw. durch die die Schraubvorrichtung für die Montage an einem Ständer verläuft (wie im Jazz und in der Rock- und Popmusik üblich). Zwei Formen des Beckens werden heute verwendet: das türkische und das chinesische. Beide Formen kamen im 18. Jh. durch die ▶ Janitscharenmusik in die Militärkapellen und Orchester Mitteleuropas.

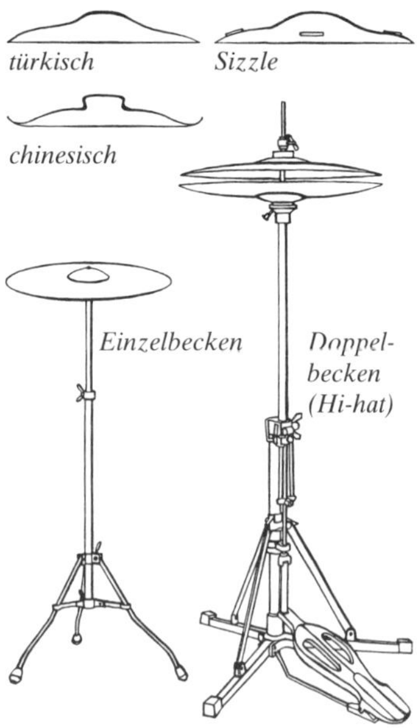

Je nach Anschlagsgerät (Stock oder Filzkopf des Schlegels, Besen) oder Anschlagstelle (am Rand oder Richtung Mitte) lassen sich auf dem Becken verschiedenartige Klangfarben hervorbringen.
Im Jazz wird gelegentlich ein Becken mit lose sitzenden Nieten am Rand, das **Sizzle**, benutzt. Die sog. **Charleston-Maschine** oder **Hi-hat** ist ein Beckenpaar auf einem Ständer, das mit Hilfe einer Pedalmechanik aneinandergeschlagen wird. Das **Crash-Cymbal** ist ein besonders dünnes, schnell ansprechendes Becken, das vor allem für Akzente und Effekte benutzt wird. Das **Ride Cymbal** ist kräftiger gebaut und wird für die Gestaltung längerer Rhythmusflächen verwendet. Das **Splash Cymbal**, ein Effektinstrument, gibt einen zischenden Klang von sich. Sehr kleine Becken mit einem Durchmesser von wenigen Zentimetern sind die **Finger Cymbals**, die auch im ▶ Orff-Instrumentarium vertreten sind.

Begleitautomatik Bei bestimmten elektronischen Tasteninstrumenten kann man eine Spielhilfe einstellen, die auf Druck einer einzelnen Taste im Baßbereich Akkorde wiedergibt, **Autochord**. Schaltet man das eingebaute Rhythmusgerät zu, so werden die Begleitakkorde rhythmisiert. Die Wirkungsweise einer Begleitautomatik mit Rhythmusgerät sieht im Notenbild des Liedes *La Paloma* folgendermaßen aus:

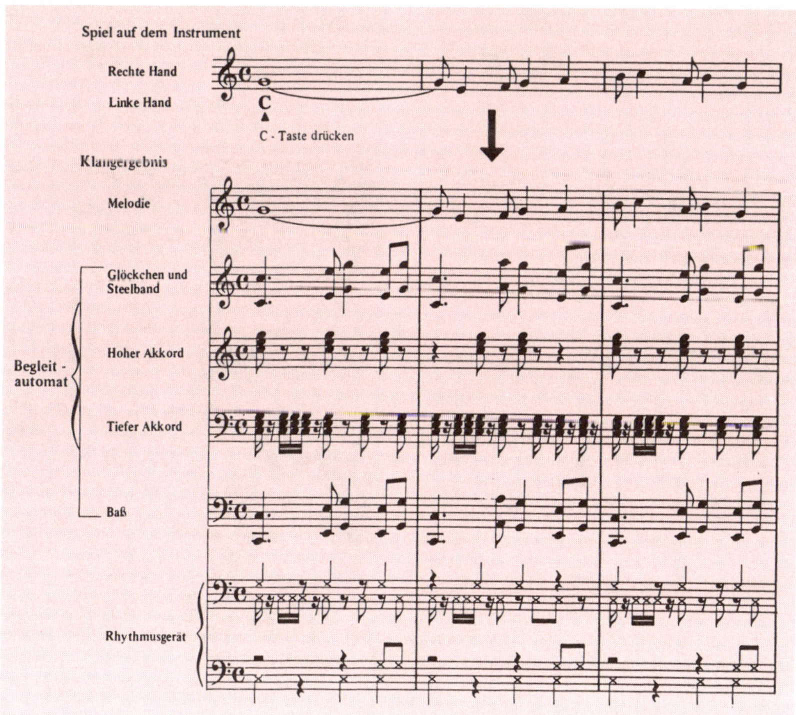

Béguine (franz.) Seit Anfang der 30er Jahre weltweit als Gesellschaftstanz bekannt, vorher eine auf den Antillen getanzte Synthese aus afro-amerikanischen und europäischen Tanzelementen. Die Béguine ist rhythmisch verwandt mit der ▶ Rumba und dem ▶ Bolero, die auch aus der Karibik stammen. Über einem bewegten Grundrhythmus im 4/4-Takt liegen meist große Melodiebögen. Berühmte Béguines

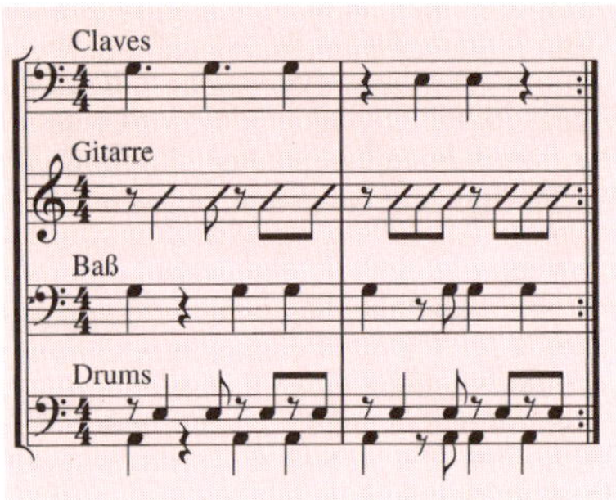

sind *Begin the Beguine* aus dem Musical *Jubilee* (1935) von Cole Porter, *Maria* aus dem Musical *West Side Story* (1957) von Leonard Bernstein und der Titelsong *Don't Forsake Me oh My Darling* aus dem Western *Zwölf Uhr Mittags* (1952).

Berceuse (franz. = Wiegenlied) ist entweder ein Lied (Volks- oder Kunstlied) oder ein Instrumentalstück. Im 19. Jh. war die Berceuse ein beliebtes ▶ Charakterstück für Klavier. Typisch ist der wiegende Charakter, der durch den 6/8-Takt und eine gleichmäßige, ruhige Bewegung in Melodie und Begleitung entsteht.

Berliner Schule oder **Norddeutsche Schule** ist die Bezeichnung für eine Gruppe von Komponisten ab etwa 1740 bis gegen Ende des 18. Jh.s am Hofe Friedrichs II. Der heute bekannteste Vertreter dieser Gruppe ist Carl Philipp Emanuel Bach, ferner gehören – neben weiteren Komponisten – Johann Joachim Quantz, Franz Benda, Carl Heinrich Graun und Johann Gottlieb Graun dazu. Die Berliner Schule stand verschiedenen Stilen der Rokokozeit nahe, z.B. dem galanten und dem empfindsamen Stil (▶ Vorklassik). Die Komponisten am preußischen Hof suchten neue Wege zu einer gefälligen, eleganten, ausdrucksstarken, auch unterhaltsamen, aber künstlerisch anspruchsvollen Musik. Oper, Konzert, Orchester- und Kammermusik waren die beliebtesten Gattungen, angeregt und gefördert vor allem durch die musikalischen Interessen des Königs, der selbst komponierte und Flöte spielte. Ein weiteres Betätigungsfeld war das klavierbegleitete Sololied. Erste und Zweite **Berliner Liederschule** entstanden. Zur letzteren gehörten die bedeutenderen Komponisten. Von ihnen gewannen vor allem Johann Abraham Peter Schulz, Johann Friedrich Reichardt und Karl Friedrich Zelter star-

Flötenkonzert mit Friedrich II. in Sanssouci, Holzstich nach dem Gemälde von Menzel 1850/52

ken Einfluß auf die Entwicklung der Lied-Komposition. Ihre Lieder zeichnen sich durch Einfachheit, Natürlichkeit und Volkstümlichkeit aus, was vor allem durch die weitgehend syllabische Textvertonung und die Form des Strophenliedes bedingt ist. Goethe stand den Kompositionsprinzipien der zweiten Berliner Schule sehr nahe. Er schätzte vor allem die Vertonungen seiner Gedichte durch Zelter.

Besen, auch **Jazzbesen** genannt, ist ein im Jazz häufig verwendetes Schlaggerät für Trommeln und Becken. Der Besen besteht aus einem Bündel dünner Stahldrähte, die fächerförmig aus einem Metallgriff herausragen. Der Jazz-Schlagzeuger kann mit den meist zwei Besen dezente Klangeffekte erzeugen, die sich besonders für ruhige Tanz- oder Barmusik eignen.

Bicinium (lat. = Zwiegesang) Im 15. und 16. Jh. schrieben viele Komponisten in Deutschland, Frankreich und Italien Bicinien für unterschiedliche Besetzungen. Meist dienten solche zweistimmigen, kontrapunktisch gearbeiteten Vokal- oder Instrumentalstücke dem Musizieren im geselligen Kreise oder auch pädagogischen Zwecken. Bis heute trainieren angehende Organisten mit Bicinien (z.B. für die linke Hand und Pedal) die Unabhängigkeit der Bewegungsabläufe von Händen und Füßen. Im 20. Jh. griffen Komponisten wie Paul Hindemith oder Béla Bartók die Tradition des Biciniums mit neuen Kompositionen wieder auf.

Big Band Größeres Jazzorchester, häufig mit 2–6 Trompeten, 2–5 Posaunen, 3–6 Saxophonen, auch mit Klarinette, Flöte und (selten) Oboe, Fagott. Hinzu kommt eine **Rhythm Section** die aus Klavier, Gitarre, Baß und Schlagzeug bestehen kann. Die **Melody Section** umfaßt die **Reed Section** (engl. = Rohrgruppe), in der die Holzblasinstrumente und Saxophone zusammengefaßt werden, und die **Brass Section** (engl. = Blechgruppe) mit den Blechblasinstrumenten.
Für die Big Band ist unbedingt ein schriftliches Noten-Arrangement erforderlich, in dem der Platz für eventuelle Improvisationen einzelner Solisten vorbestimmt wird. Eine der ersten Big Bands gründete 1923 Fletcher Henderson. Besonders in der Swing-Ära der 20er und 30er Jahre erfreuten sich Big Bands, z.B. die von Benny Goodman und Artie Shaw, großer Beliebtheit (▶ Jazz).

Blasmusik ist eine ausschließlich mit Blasinstrumenten ausgeführte Musik. Eine **Blaskapelle** besteht entweder nur aus Blechblasinstrumenten oder aus einer Mischung von Holz- und Blechblasinstrumenten; hinzu tritt meist das Schlagzeug. Der Klang eignet sich gut für Freiluftkonzerte, daher wird Blasmusik meist auf Plätzen oder in großen Hallen gespielt. Blasorchester und Militärkapellen spielen häufig Stücke, die der Unterhaltung eines breiten Publikums dienen, vor allem Märsche, Zusammenstellungen bekannter Melodien (Potpourris) und Bearbeitungen (Arrangements) populärer Stücke aller Art.
Von **Bläsermusik** spricht man bei Besetzungen aus Flöte, Oboe, Klarinette, Horn und Fagott, also überwiegend Holzblasinstrumenten, mit einem Repertoire, das eher in den Bereich der Kunstmusik gehört. Für diese Besetzung schrieben u.a. Komponisten wie Wolfgang Amadeus Mozart, Ludwig van Beethoven, Richard Strauss und Paul Hindemith.

Blechblasinstrumente ist der Oberbegriff für meist aus Messing gebaute Blasinstrumente: Trompeten, Posaunen, Hörner und Tuben in all ihren Bauformen. Sie haben entweder trichterförmige oder kesselförmige Mundstücke, die den durch die Lippen des Bläsers einfließenden Luftstrom reflektieren und dadurch die Lippen in Schwingung versetzen. Die Lippenspannung überträgt sich auf die Luftsäule im Rohr. Der Ton wird bei Blechblasinstrumenten also vor allem durch die Lippen des Spielers erzeugt. Tonhöhe und Klangfarbe sind abhängig von der Länge des Rohrs und der Art der Bohrung.

Blockflöte Seit dem 11. Jh. ist die Blockflöte in Mitteleuropa verbreitet. Das Holzblasinstrument wird in Längsrichtung gespielt. Es besitzt sieben Grifflöcher auf der Vorderseite und ein Daumenloch auf der Rückseite. Der Kopf der Blockflöte besteht aus einem schnabelförmigen Mundstück mit Block und Kernspalte. Der Luftstrom tritt durch die Kernspalte in das Mundstück ein und bricht sich an der Kante des Labiums (Aufschnitt unterhalb des Mundstücks). Ein Teil der Luft geht nach außen, der andere Teil wird in das Rohr geleitet und in Schwingungen versetzt. Die Tonhöhe wird durch Abdecken oder Öffnen der Grifflöcher verändert. Der Klang der Blockflöte ist zart, etwas hauchig und weich; große dynamische Unterschiede sind nicht möglich.

Bis zur Mitte des 18. Jh.s entsprach die in allen Stimmlagen gebaute Blockflöte den Klangvorstellungen der Komponisten und Musiker. Dann trat die wesentlich klang- und ausdrucksstärkere ▶ Querflöte an ihre Stelle und setzte sich als Solo- und Orchesterinstrument durch. Stücke für die Blockflöte – solistische und Ensemble-Werke – sind in großer Fülle aus dem 16. bis 18. Jh. überliefert. In der Musik des 19. Jh.s spielt die Blockflöte keine Rolle. In den 20er Jahren unseres Jh.s wurde die Blockflöte „wiederbelebt“: Vertreter der ▶ Jugendmusikbewegung griffen auf das relativ leicht erlernbare Instrument und seine überlieferte Literatur zurück. Komponisten schrieben neue Stücke für Blockflöte solo und Blockflöten-Ensembles zur Verwendung in der Haus- und Schulmusik (z.B. Cesar Bresgen, Armin Knab oder Karl Marx).

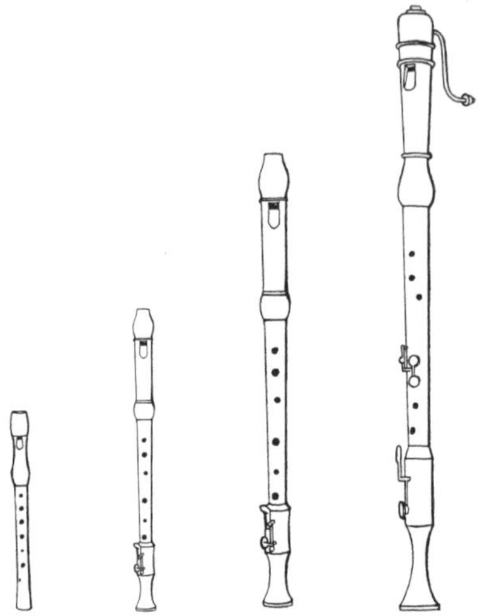

(Von links nach rechts): Sopran, Alt, Tenor, Baß

Die Blockflöte wird heute in vier Größen gebaut: Diskant- oder Sopran-Blockflöte (in C), Alt-Blockflöte (in F), Tenor-Blockflöte (in C) und Baß-Blockflöte (in F). Die seltener verwendeten Formen Sopranino (in F) und Garklein-Flötlein (in C) bewegen sich in Tonhöhenbereichen oberhalb der Sopran-Blockflöte, die Großbaßflöte (in C) und der Subbaß (in F) unterhalb des Bereichs der Baß-Blockflöte. Die Baßflöten besitzen Klappen für das untere Griffloch und werden über ein gebogenes Röhrchen angeblasen, das die Luft in eine Windkapsel leitet. Man unterscheidet bei den heutigen Flöten die deutsche Griffweise (ohne Gabelgriffe) und die barocke (mit Gabelgriffen) sowie zwei Bauformen: die an Renaissance-Instrumenten orientierte schlichtere Tuju-Blockflöte und die barocken Vorbildern nachgestaltete Form der

Blockflöte mit Wülsten an Kopf- und Fußstück. Die Tuju-Blockflöte mit ihrer einfachen Griffweise wurde zum Lieblingsinstrument der Musikpädagogik. Sie eignet sich zum Erlernen musikalischer Elementaria und zum ersten Zusammenspiel im Ensemble (Blockflötenkreis). Darüber darf jedoch nicht vergessen werden, daß die Blockflöte in erster Linie ein Konzertinstrument ist, das über ein breites Repertoire an virtuoser Literatur verfügt. Daß die Blockflöte auch von zeitgenössischen Komponisten ernstgenommen wird, zeigen beispielsweise Kompositionen von Luciano Berio, Sylvano Bussotti, Kazimierz Serocki und Michael Vetter.

Bluegrass (engl. = blaues Gras) ist eine Stilrichtung der euroamerikanischen Volksmusik, die Ende der 30er Jahre vor allem durch Bill Monroe and his Bluegrass Boys bekannt wurde. Alte englische, irische und schottische Tänze und Balladen werden im Bluegrass-Stil auf Fiddle, Mandoline, Gitarre und Banjo in stark synkopiertem Rhythmus gespielt. In den 60er Jahren entwickelte sich der Bluegrass zu einer der beliebtesten „weißen" Musikrichtungen in den USA.

Blues „To have the blues" bedeutet wörtlich in „blauer", d. h. melancholischer, trauriger Stimmung sein. Im modernen Jazz bezeichnet Blues sowohl ein Harmonieschema als auch ganz allgemein eine Blues-ähnliche Stimmung, die ein Interpret oder Musikstück ausstrahlen kann.
Die frühesten Beispiele des Blues, darunter **Country Blues**, **Worksong** und **Plantation Song**, sind erste Vorformen des Jazz. Sie wurden 1867 als *Sklavenlieder der Vereinigten Staaten* erstmalig von William Francis Allen gesammelt. Als erster komponierter und gedruckter Blues gilt der *Memphis Blues* von William Christopher Handy aus dem Jahre 1912.
Wie der Jazz, an dessen Anfängen er steht, so ist auch der Blues eine Mischung von afrikanischen und europäischen Elementen. Er ist ein weltliches Gegenstück zum geistlichen ▶ Spiritual und hat alle Themen des Alltags- und Arbeitslebens zum Inhalt. Zu den frühesten Formen des Blues gehört z. B. der **Field Holler**, in dem die langgezogenen Verständigungsrufe der Arbeiter auf den Feldern die Melodie bestimmen.
Der Blues wird in der Regel solistisch vorgetragen in einem Ruf-Antwort-Schema, wobei die Antwort gelegentlich auch chorisch gegeben wird. Der Ruf ist nicht selten eine einfache Feststellung: Im Englischen spricht man von statement und response. Blues-Texte werden meist aus dem Stegreif erfunden. Sehr alte Blues wechseln Frage und Antwort regelmäßig ab und bewegen sich, oft mehr gesprochen und gerufen als gesungen, im 8-taktigen Blues innerhalb einer einzigen Harmonie.
Der Blues hat eine Vielzahl von Formen hervorgebracht. Nach der Anzahl seiner Takte gibt es den 8er-, 12er-, 16er und 20er-Blues, hinzu kommen unsymmetrische Formen. Im Jazz ist er meist an eine Standard-Form gebunden. Sie besteht aus 12 Takten (AAB-Schema: Frage-Frage-Antwort) über ein festes Akkord-Schema, das im modernen Jazz harmonisch stark erweitert wurde.
Melodisch ist der Blues durch die **blue notes** auf der erniedrigten 3., 5. und 7. Stufe der Dur-Tonleiter gekennzeichnet, die für den Jazz insgesamt typisch sind, und für klassikgewohnte Ohren oft wie ein Schwanken zwischen Dur und Moll wirken. Die blue Note auf der erniedrigten 5. Stufe heißt **flatted fifth**. Man erklärt die blue notes aus melodischen Eigenarten der afrikanischen Musik, in der es den Dur-Moll-Unterschied nicht gibt. Bei der Erforschung der blue notes stieß man jedoch auch auf viele alte irische und schottische Volkslieder mit erniedrigter 7. Stufe.

Blues in G, Grundschema

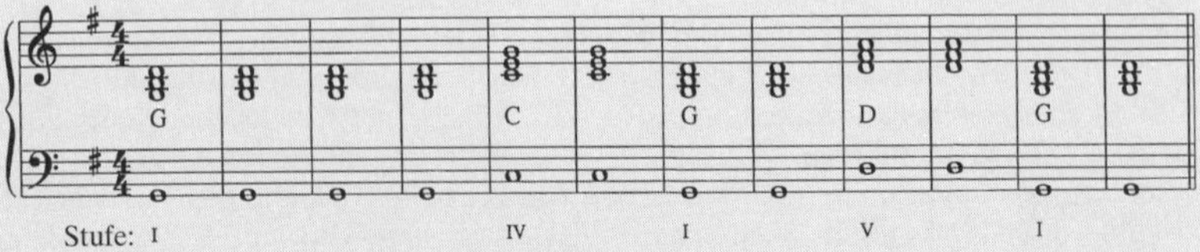

Blues-Tonleiter in C

blue notes: +

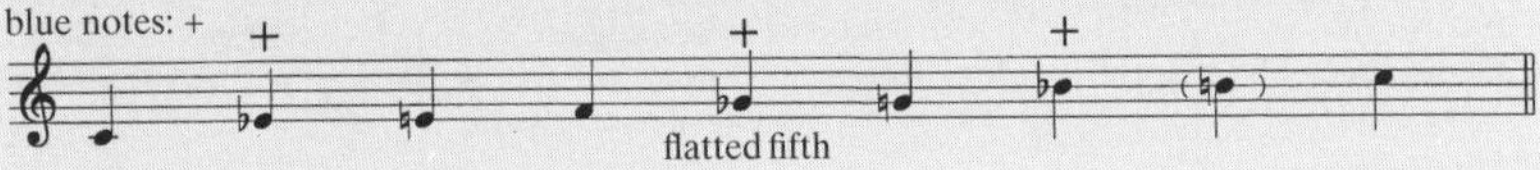

Long-Handled-Shovel-Blues

blue notes: +

Joe Pass, Moderne Blues-Übung für Gitarre

Die blue notes verlangen eine eigene Art der Tongebung und Intonation, die am besten mit Instrumenten zu verwirklichen ist, die in ihren tonlichen Möglichkeiten dem Ausdruck einer Gesangsstimme nahe kommen, z.B. das Saxophon mit seiner Fähigkeit, zwei Töne ineinander zu verschleifen. Sie sind in ihrer Tonhöhe nicht streng festgelegt und werden vom klassischen Standpunkt aus als unsaubere **dirty notes** (engl. = schmutzige Töne) empfunden, obwohl sie für das echte Blues Feeling von entscheidender Wichtigkeit sind. Auf dem Klavier versucht man diesen Effekt durch (fast) gleichzeitiges Spielen von nebeneinanderliegenden Tasten zu erreichen.

Blues muß weder inhaltlich immer traurig sein, noch vom Tempo her langsam: ▶ Boogie-Woogie ist z.B. ein schneller Blues-Stil, charakterisiert durch typische Baß-Figuren. In den 50er und 60er Jahren entstand der städtische, betont rhythmische Blues-Stil des **Rhythm 'n' Blues**.

Zu den ersten Blues-Sängern, die Schallplattenaufnahmen machten, gehörte Charley Patton, ein Vertreter des **Mississippi-Blues**. Berühmte Blues-Interpreten im Jazz sind Bessie Smith, Louis Armstrong, Lightnin' Hopkins, Billie Holiday, John Lee Hooker und Mahalia Jackson.

Bogen Erstens ist der Bogen ein graphisches Zeichen in der Notenschrift, das verschiedene Ausführungsanweisungen gibt und unterschiedlich zu lesen ist: Noten gleicher Tonhöhe (gleicher oder verschiedener Länge) werden durch den **Haltebogen** zu einem Gesamtnotenwert (auch über einen Taktstrich hinaus) zusammengefaßt. Noten verschiedener Tonhöhe werden durch den **Bindebogen** als nicht unterbrochene Einheit gekennzeichnet, die z.B. der Sänger oder Bläser auf einem Atem vorträgt oder der Streicher durch einen einzigen Bogenstrich ohne Wechsel der Strichrichtung ausführt. Der Bindebogen ist also als Anhaltspunkt für Atem- und Bogenführung zu lesen. Eine solche gebundene Vortragsweise (▶ legato) wird auch in der Anschlagstechnik beim Tasteninstrument imitiert.

Die Funktion des Bogens als Binde- und Legatobogen verweist auf die weitere Bedeutung als ▶ Phrasierungzeichen. Als **Phrasierungsbogen** gliedert er musikalische Sinneinheiten und gibt Anhaltspunkte für Vortrag und Interpretation eines Musikstücks.

In neueren Notenausgaben wird statt des runden Bogens auch ein der eckigen Klammer nachgebildeter Bogen verwendet, z.B. bei der Kennzeichnung von Gruppennoten wie Triolen.

Zweitens bezeichnet Bogen das Gerät, mit dem der Spieler eines Streichinstruments durch reibende Auf- und Abbewegung auf den Saiten den Ton erzeugt. Der **Streichbogen** besteht in seiner heute üblichen Form aus einer dünnen, nach innen gewölbten Stange aus Pernambukholz, die bis zu 75 cm (z.B. bei der ▶ Violine) lang ist. Zwischen

Debussy, L'après-midi d'un faune

den Enden des Bogens, der Spitze und dem **Frosch** (Haltegriff) sind ca. 150–250 Roßhaare als bandartiger Bezug eingespannt. Die Spannung kann durch eine Spannschraube am Frosch reguliert werden. Um die Reibung auf den Saiten zu erhöhen und gleichmäßig zu halten, wird der Roßhaarbezug vor dem Spiel mit Kolophonium-Harz bestrichen.
Vorformen des Bogens mit zum Teil verschiedener, stark ausgeprägter halbkreisförmiger Rundung des Bogenholzes und verschiedenen Längen von 20 bis 120 cm reichen zurück bis in die Zeit des 10. Jh.s, als in Europa die Streichinstrumente allmählich begannen, heimisch zu werden. Die Spannung der Haare wurde bis ins 17. Jh. durch bloßen Fingerdruck am unteren Ende des Bogens während des Spielens geregelt.
Für das Spielen eines Streichinstruments ist die Beherrschung der **Bogenführung** als

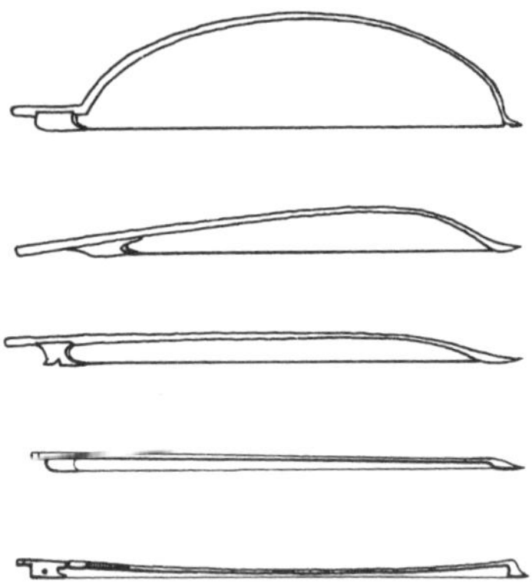

(Von oben nach unten):
Rundbogen, 16. Jh., 2. Hälfte des 17. Jh.s, Anfang des 18. Jh.s, moderner Bogen

Teil der Spieltechnik von großer Bedeutung. Grundsätzlich unterscheidet man nach der jeweiligen Richtung der Streichbewegung den **Aufstrich** von der Spitze zum Frosch und den **Abstrich** vom Frosch zur Spitze. Druck des Bogens, Strichgeschwindigkeit und Strichart beeinflussen Tonqualität, Dynamik, Artikulation und Phrasierung. Ein großes Repertoire an **Stricharten** erlaubt eine breitgefächerte interpretatorische Gestaltung.
Im Rahmen der grundsätzlichen Vortragsbezeichnung ▶ staccato (einzelne Töne werden deutlich getrennt voneinander vorgetragen) kann der Streicher durch straffe Auf- und Abstriche sowie Zäsuren beim Strichwechsel die Töne voneinander absetzen (**detaché**, franz. = getrennt) oder als **martellato** (ital. = gehämmert) stark betonend hervorheben. Beim **spiccato** (ital. = deutlich, ausgeprägt) wird jeder Ton vom folgenden deutlich abgesetzt, indem der Bogen bei Auf- und Abstrich in schnellem Tempo von der Saite kurz abgehoben wird (geworfener Bogenstrich oder **Wurfbogen**). Diese Strichart kann in das **saltato** (ital.: saltare = springen, oder franz. = sautillé) übergehen. Der Bogen wird auf der Saite zum Springen gebracht und reißt sie jeweils kurz an (**Springbogen**).
Einen breiten Strich, aber ohne Bindung der Töne untereinander, verlangt das **Portato** (ital. = getragen). Besondere Klangfarben werden erzielt durch Streichen des Bogens nahe dem Griffbrett (**flautado**, **flautando**, ital. = flötend) mit flötenartiger Wirkung oder nahe am Steg (**sul ponticello**, ital.: ponticello = Steg) als harte Tongebung. Das Schlagen oder Streichen der Saiten mit der Bogenstange heißt **col legno** (ital. = mit dem Holz) und wird in der Gegenwartsmusik nicht selten für spezielle Klangeffekte eingesetzt. Die schnelle Wiederholung desselben Tons als Kette kleinster Detaché-Striche, hervorgebracht an der äußersten Spitze des Bogens, heißt ▶ Tremolo, ein Stilmittel, das (auch von Schlag- oder Blasinstrumenten erzeugbar) dramatische Steigerungen ankündigt oder besondere Höhepunkte markiert.

Bolero ist ein Ende des 18. Jh.s aus dem ▶ Fandango entstandener spanischer Tanz im 3/4-Takt, mäßig schnell und mit triolischer (dreifacher) Unterteilung der Achtelwerte. Der Bolero wird gesungen und vom Sänger bzw. Tänzer selbst mit Kastagnetten begleitet. Es tanzen Einzelpersonen oder Paare.
Berühmtheit erlangte der 1928 uraufgeführte *Bolero* für Orchester des französischen Komponisten Maurice Ravel. Hier wird die rhythmische Struktur des spanischen Bolero über die gesamte Länge des Stückes in einer großen Steigerung durchgehalten. Alle Instrumente des Orchesters übernehmen – einzeln oder in Gruppen – mindestens einmal die Rolle des Percussions-Instrumentariums, das dieses rhythmische Muster normalerweise ausführt.
Der kubanische Bolero, der mit ▶ Habanera und ▶ Rumba verwandt ist, hat ein etwas langsameres Tempo und steht im 2/4- oder 4/4-Takt.

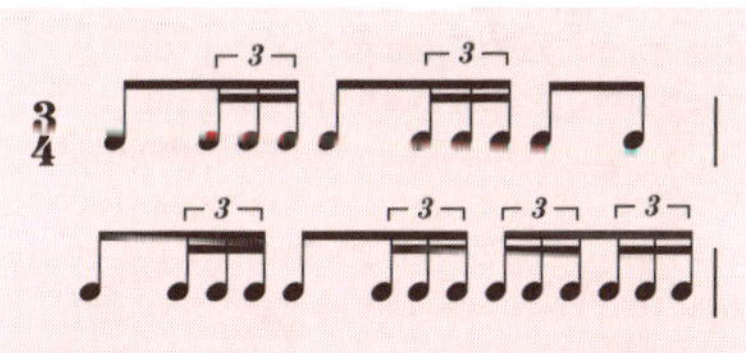

Bongo Die kleine, einfellige Handtrommel tritt immer als Paar auf. Je ein heller und ein dunkler klingendes Instrument sind fest miteinander verbunden. Die beiden unten offenen Trommeln haben etwa gleich hohe Zargen und unterschiedlich großen Durchmesser (15 bis 25 cm). Bongos werden entweder auf einem Ständer befestigt oder zwischen den Knien gehalten. Sie werden mit den Händen bzw. Fingern geschlagen – je nach erwünschter Klangfarbe eher am Rand oder weiter innen.
Bongos stammen ursprünglich aus Westafrika und spielen in der lateinamerikanischen Musik eine bedeutende Rolle. Dort und im Jazz gehören sie zur Grundausstattung des Schlagzeugers.

Boogie Woogie (engl.) als auf dem Klavier gespielter ▶ Blues verbreitete sich seit Anfang des 20. Jh.s in den USA. Der Name stammt aus dem Slang der Schwarzen und hat vermutlich – ähnlich wie der Begriff Rock'n'Roll – einen sexuellen Hintergrund. Der Boogie Woogie stammt vom ▶ Barrelhouse Piano-Stil ab, der im 19. und frühen 20. Jh. in den Kneipen der schwarzen Amerikaner zu Hause war. Mit diesem hat er u. a. gemeinsam, daß das Klavier als Rhythmusinstrument behandelt wird.
Charakteristisch für den Boogie Woogie ist die Führung der Baßstimme, die als **walking bass** (= gehender Baß) in Viertelnoten gespielt wird (s. Abb. 1) oder in Quinten und Oktaven in gleichen oder punktierten Notenwerten (s. Abb. 2). Typisch für die Melodieführung des Boogie Woogie ist eine starke ▶ off beat-Rhythmisierung. Weitere Merkmale des Boogie Woogie-Stils: Die Töne werden eher angestoßen als angeschlagen; zum Binden der Töne wird

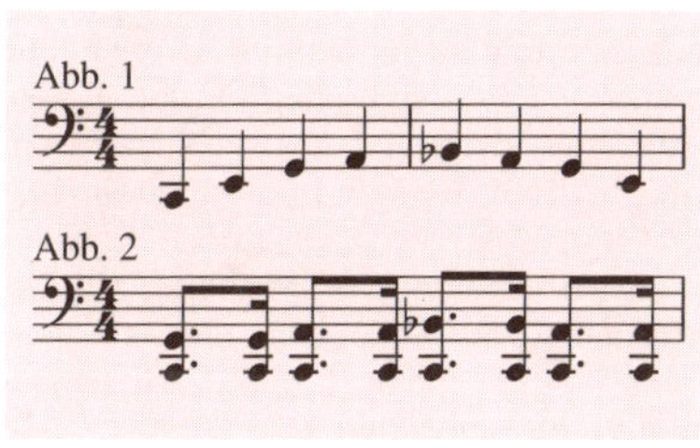

nicht das Pedal benutzt, sondern die Verlängerung der Töne erfolgt durch Tremoli oder Tonwiederholungen; die bluestypischen dirty tones (unrein intonierte Töne) werden dadurch erzeugt, daß zwei Töne im Halbtonabstand gleichzeitig oder fast gleichzeitig angeschlagen werden.
Die Blütezeit des Boogie Woogie waren die 20er Jahre, seine Zentren Kansas City und Chicago. Nach seiner Wiederentdeckung in den 40er Jahren in den USA wurde er nach dem 2. Weltkrieg auch in Deutschland populär und zu einem Modetanz.

Bordun (franz.) hat mehrere Bedeutungen: 1. Halteton, d.h. lang angehaltener Liegeton in tiefer Lage.
2. Saiten oder Pfeifen, die Haltetöne hervorbringen können. Bordunsaiten befinden sich z.B. an der Drehleier, Bordunpfeifen am Dudelsack. Bei diesen Instrumenten erklingt der Bordun zur Begleitung der Melodie auch mehrstimmig, je nach Anzahl der Bordunsaiten oder -pfeifen, meist aber zweistimmig im Quintabstand (**Bordunquinte**). Auf Bordunsaiten werden keine Töne gegriffen, sondern sie werden leer gezupft oder gestrichen. Das gleiche gilt für die Bordunpfeifen: auch sie geben immer nur die gleichen Töne von sich.
3. Bordun heißt auch ein Orgelregister im Baßbereich.

Bossa Nova (port. = neue Sache, neue Welle) Der Tanz bzw. die Musikrichtung mischt Elemente der Samba und des Cool Jazz. Die ersten Platteneinspielungen erschienen in den 50er Jahren. Hierzulande wurde der brasilianische Gitarrist Baden Powell als Vertreter des Bossa Nova besonders bekannt. Während sich in Lateinamerika und in den USA der Bossa Nova-Stil immer mehr dem Jazz annäherte, z.B. bei Antonio Carlos Jobim und Stan Getz, wurde in Deutschland der komplizierte Rhythmus zu einem Modetanz vereinfacht, und die Schlagersängerin Manuela trällerte 1962 *Schuld war nur der Bossa Nova.*

Boston Für diesen Gesellschaftstanz hat die amerikanische Stadt Boston ihren Namen hergegeben. Der Valse Boston, wie er vollständig heißt, ist ein langsamer ▶ Walzer, der gegen Ende des 19. Jh.s als Kontrast zu den vielen schnellen Tänzen der damaligen Zeit entstand. Seine Melodien stehen häufig in Moll-Tonarten und sind sehr gefühlsselig.

Bottleneck (engl. = Flaschenhals) Bei dieser Spieltechnik für die Gitarre wurde ursprünglich ein abgebrochener Flaschenhals auf den kleinen Finger der linken Hand gesteckt und über die Saiten geführt. Dies ergibt einen sirrenden, gleitenden Effekt (▶ glissando), **Slide** genannt, der der **Slide Guitar** ihren Namen gab. Heute wird kein Flaschenhals mehr benutzt, sondern ein Metallröhrchen, und die Gitarre wird zum Spielen auf den Knien gehalten oder auf einen Tisch gelegt, so daß das Röhrchen, das ja den betroffenen Finger recht unbeweglich macht, bequemer gehandhabt werden kann. Die Bottleneck-Technik stammt aus dem Blues und wird dort bis heute verwendet. Die Verzerrung des Gitarrenklanges durch den Glissando-Effekt kann den klagenden, schmerzvollen Ausdruck verstärken, der sich in manchen Blues-Texten findet.

Bourrée (franz.) begegnet uns als Satzbezeichnung häufig in der Barockmusik (▶ Suite). Die Bourrée war ursprünglich ein französischer Volkstanz. Als sie im 16. Jh. zum höfischen Tanz wurde, war sie geradtaktig und zweiteilig. In die Instrumentalmusik, die sich damals vieler Tanzformen bediente, gelangte die Bourrée durch den Komponisten Jean-Baptiste Lully, den Schöpfer vieler Opern und Ballettmusiken. Im 18. Jh. fügten Johann Sebastian Bach, Georg Friedrich Händel, Jean-Philippe Rameau und viele andere Komponisten die Bourrée in ihre Orchesterwerke ein.

Bouzouki Das griechische Nationalinstrument ist ein Zupfinstrument mit bauchigem Korpus und langem Hals, der Mandoline ähnlich. Die Bouzouki hat vier Metallsaiten, Bünde auf dem Griffbrett und wird mit einem ▶ Plektrum (Plättchen aus Kunststoff) gespielt.

Bratsche Streichinstrument, gebräuchliche Eindeutschung von ▶ Viola (von ital.: viola da braccio).

Break (engl. = Pause, Unterbrechung) heißt im Jazz die zwei- bis viertaktige rhythmisch-melodische Phrase eines Solisten (vokal oder instrumental), die eine von der begleitenden Band bewußt offengehaltene Lücke ausfüllt. Breaks stehen oft am Ende eines Refrains oder an sonstigen Einschnitten innerhalb eines Stückes.

Break Dance (engl. = Pause, Unterbrechung) Die in den 70er Jahren in New York entstandene Tanzform wurde in den 80er Jahren auch in Deutschland sehr populär. Ursprünglich war Break Dance ein Straßentanz der farbigen Jugendlichen in den Slums des New Yorker Stadtteils South Bronx. Die Tänze auf den Straßen hatten Wettkampfcharakter und traten oft an die Stelle von Bandenkriegen. Break Dance wurde daher überwiegend von Jungen getanzt. Körperbeherrschung bis hin zur Akrobatik spielten für die Bewegungsformen des Break Dance eine bedeutende Rolle. Die dazugehörige Musik – meist Discomusik – kam aus einem tragbaren Kassettenrecorder, dem Ghettoblaster, der neben der Tanzfläche aufgestellt wurde.
Auch in den Diskotheken wurde in den 70er und 80er Jahren Break Dance zu einer beliebten Tanzform. Elemente von Jazzdance und Pantomime wurden integriert. Zur wesentlichen Musikrichtung für den Break Dance entwickelte sich der ▶ Rap.

Bühnenmusik Bei Aufführungen im Musiktheater wird als Bühnenmusik jene Musik bezeichnet, die auf oder hinter der Bühne erklingt und nicht vom Orchester im Orchestergraben gespielt wird. Sie dient der Betonung besonderer Handlungsmomente (Ballszene mit drei kontrastierenden, gleichzeitig erklingenden Tänzen in Wolfgang Amadeus Mozarts Oper *Don Giovanni*) und zur Steigerung von Höhepunkten, z.B. das rettende Trompetensignal in der Kerkerszene von Ludwig van Beethovens *Fidelio*. Bühnenmusik heißt auch **Inzidenzmusik**, das ist Musik, die in eine Szene „einfällt" in Form von Fanfaren oder Signalen, Tafelmusik, Lied, Ständchen, Aufmarsch- oder Tanzmusik.
Im Sprechtheater wird jede musikalische Ergänzung als Bühnenmusik bezeichnet. Ihre Aufgabe umfaßt drei Bereiche:

- Musik, die als Inzidenzmusik vom Text vorgeschrieben ist, z.B. ein Trommelwirbel, eine Liedbegleitung oder ein Tanz;
- Musik, die als **Schauspielmusik** Teile der Handlung begleitet, illustriert oder ausdeutet, wie Edvard Griegs Musik zu Henrik Ibsens Drama *Peer Gynt*, und aus dem Orchestergraben erklingt. Sie kann auch als **Rahmenmusik** auftreten: als Ouvertüre vor Beginn des Stücks, als **Zwischenaktmusik**, die die Umbaupausen zwischen Szenen oder Akten füllt oder als **Verwandlungsmusik**, die die ohne Unterbrechung stattfindende Verwandlung einer Szene zu einer nächsten begleitet;
- Musik, die als pausenfüllende Einlage dient und in keinem inneren Zusammenhang zum Geschehen auf der Bühne steht.

Die Verbindung von theatralischer Darstellung und Musik gibt es bereits in kultischen Spielen nichteuropäischer Kulturen

(China, Indien). Sie findet sich in den Dramen der Antike ebenso wie in den Traditionen der geistlichen und weltlichen Spiele des europäischen Mittelalters oder in den Dramen der italienischen Renaissance. Eine immer reichhaltigere Ausstattung von Dramenaufführungen mit Musiknummern, Gesang- und Tanzeinlagen seit dem 17. Jh. vor allem in England und Frankreich enthält die Tendenz, die Grenzen zur Oper zu überschreiten.
In Deutschland gilt seit der zweiten Hälfte des 18. Jh.s die Forderung von Johann Christoph Gottsched und Gotthold Ephraim Lessing nach einem Zusammenhang von Schauspielmusik und Handlung. Zahlreiche Komponisten haben Schauspielmusiken geschrieben, die nicht selten in späteren Konzertprogrammen als eigenständige Werke weiterlebten, so Ludwig van Beethoven (1809/10) zu Goethes Trauerspiel *Egmont* oder Felix Mendelssohn Bartholdy (1826 und 1843) zu Shakespeares Komödie *Ein Sommernachtstraum*.
Im 20. Jh. erhält die Bühnenmusik in Brechts Theorie des epischen Theaters eine besonders hervorgehobene Bedeutung. Zusammen mit den Komponisten Kurt Weill, Paul Dessau, Hanns Eisler und Kurt Schwaen nutzt Brecht Bühnenmusik als Mittel der Verfremdung, der Erzeugung von Distanz und der Illusionsdurchbrechung.

Bünde Bei einigen Saiteninstrumenten, z.B. Laute, Gitarre, Zither, ist das Griffbrett durch aufgesetzte dünne Metall- oder Holzleisten unterteilt. Die Bünde teilen die Saiten in Halbtonabstände auf und erleichtern dem Spieler so das Auffinden der Töne auf den Saiten und die reine ▶ Intonation.

BWV ist die Abkürzung für **Bach-Werke-Verzeichnis**. Das thematisch-systematische Verzeichnis der Werke Johann Sebastian Bachs von Wolfgang Schmieder, in dem alle erhaltenen Kompositionen Bachs erfaßt und numeriert sind, erschien 1950 in Leipzig. Die Werke Bachs sind hier nicht chronologisch, d.h. nach ihren Entstehungsdaten geordnet, sondern nach Gattungen gruppiert (z.B. Kantaten, Klavierwerke, Orchesterwerke).

C

Cabaza (port. = Kürbis) Das brasilianische Schüttelinstrument besteht aus einem gestielten Hohlkörper (ursprünglich ein getrockneter Kürbis), an dem Ketten aus getrockneten Kernen, Nüssen, Kaurimuscheln o.ä. befestigt sind. Beim Schütteln oder Drehen der Cabaza entsteht durch die Bewegung der aufgespannten Kerne an der Kürbisschale ein lautes Rasselgeräusch.
Die moderne **Cabaza Afuché** besteht aus einem Metallzylinder mit Griff sowie mehreren um den Zylinder gespannten Ketten aus Metallkugeln. Dreht man das Instrument schnell aus dem Handgelenk heraus, so verursacht die Reibung der Kugeln am Zylinder ein ähnliches, wenn auch metallisches und schärferes Geräusch als bei der Cabaza.
Die Cabaza gehört zu den Schlaginstrumenten, die für die Samba benötigt werden.

Cakewalk (amerik., etwa: Kuchentanz) war im 19. Jh. ein Rundtanz der Afroamerikaner in den Südstaaten der USA, der später von Weißen imitiert wurde. Um die Jahrhundertwende wurde der Cakewalk (er steht im 2/4-Takt) unter weißen Amerikanern zum Modetanz. Der Komponist und Leiter eines Blasorchesters, John Philipp Sousa machte den Cakewalk auf Tourneen in Europa bekannt. Hier wurde der Tanz aufgrund seines exotisch und aufreizend wirkenden, stark synkopischen Rhythmus, der dem des ▶ Ragtime sehr ähnlich ist, schnell populär. Auch in der Kunstmusik der damaligen Zeit hinterließ der Cakewalk Spuren. So schrieb der französische Komponist Claude Debussy im Rahmen seiner Klaviersuite *Children's Corner* (1906–08) ein Stück mit dem Titel *Golliwogg's Cake-Walk*.

Call and Response (engl.) oder Ruf-Antwort-Prinzip ist eines der ältesten musikalischen Formprinzipien und in vielen Kulturen anzutreffen. In der abendländischen Kirchenmusik des Mittelalters findet sich der Wechsel Vorsänger-Chor ebenso wie in den Worksongs und Spirituals der schwarzen Amerikaner im 19. und 20. Jh. Vor allem die Musizierpraxis der Schwarzen, übernommen aus afrikanischer Tradition, bezieht alle Anwesenden ein: Noten- oder Textkenntnis sind nicht erforderlich, das Vorgesungene wird spontan aufgenommen und mitvollzogen bzw. wiederholt. Der Vorsänger trägt den Call vor, die Gruppe wiederholt oder beantwortet ihn. Im solistisch gesungenen ▶ Blues bleibt das Call and Response-Prinzip in der Anordnung der Formteile erhalten. Die innere Dynamik des Bluesschemas mit der Form A A B lebt entscheidend aus der Wiederholung des A-Teils und aus dem abschließenden, darauf inhaltlich und musikalisch antwortenden Teil B. Der Text einer Blues-Strophe mag dies verdeutlichen:

I been drinkin' water
Out of an hollow log; (A)
I been drinkin' water
Out of a hollow log: (A)
I can drink or kill a man,
I'm gonna be your dog. (B)

Calypso heißt ein Tanzlied von der Insel Trinidad in der Karibik, das zur Volksmusik der dort lebenden Schwarzen gehört. Die Herkunft des Calypso ist nicht genau geklärt, er wurde jedoch schon im 19. Jh. gesungen und getanzt. Seine Texte beziehen die oft bedrückende soziale Realität der Farbigen auf Trinidad ein, drücken aber auch deren Lebensfreude aus. Der Sänger Harry Belafonte machte den Calypso in den 50er Jahren international bekannt, z.B. mit seinem *Bananaboat-Song*. Belafonte trug erheblich dazu bei, daß der Calypso zum Modetanz wurde. Musikalisch ist der Calypso schwer zu charakterisieren, da er in seiner Heimat auf sehr vielfältige Weise musiziert wird. Als feststehendes Merkmal ist seine gerade Taktart (2/4 oder 4/4) anzusehen; sein Rhythmus ähnelt dem anderer lateinamerikanischer Tänze, z.B. der ▶ Rumba. Als Begleitung spielt oft eine Steel-Drum-Band (▶ Steel Drum).

Cancan (franz.) ist ein sehr schneller, wilder französischer Tanz im 2/4-Takt, der gewöhnlich von weiblichen Tanzgruppen auf der Bühne vorgeführt wird. Dabei ist es üblich, daß Röcke und Beine der Tänzerinnen so hoch wie möglich fliegen. Ursprünglich war der Cancan ein Gesellschaftstanz, der um 1830 vermutlich aus Algier nach Paris kam. Er wurde so wüst und vulgär getanzt, daß er bei Sittenwächtern und Behörden als unzüchtig galt. Im Varieté und in der Operette schätzte man ihn allgemein – gerade wegen seiner erotischen Komponente. Jacques Offenbach ließ daher in vielen seiner Operetten Cancan-Tänzerinnen auftreten. Weltberühmt wurde der Cancan aus Offenbachs Operette *Orpheus in der Unterwelt* (1858).

cantabile (ital.) Anweisung für den Vortrag eines Instrumentalstückes, gesangartig, d.h. so ausdrucksvoll zu spielen, als würde man singen.

Capriccio (ital. = Laune) nennt man ein Musikstück beliebiger Besetzung, das keinem festen Formschema verpflichtet ist. Hier kann der Komponist seinen Einfällen freien Lauf lassen. Im 16. Jh. war ein Capriccio meist ein Chorstück, z.B. ein ▶ Madrigal; im 17. Jh. wurden viele Stücke für Tasteninstrumente mit Capriccio überschrieben. Im 18. und 19. Jh. ging die Bezeichnung immer mehr auf virtuose Solostücke über (z.B. *24 Capricci per violino solo* op. 1 aus dem Jahr 1818 von Niccolò Paganini) oder wurde zum Titel manchen ▶ Charakterstücks in der romantischen und spätromantischen Klaviermusik. Sehr populär wurde das Orchesterstück *Capriccio italien* (1880) von Peter I. Tschaikowsky.

Carioca (span.) heißt ein Modetanz, der in den 30er Jahren aus Brasilien nach Europa kam. Die Carioca ist mit der afrobrasilianischen Samba verwandt, hat aber auch Ähnlichkeit mit der afrokubanischen Rumba. Wie die Rumba basiert die Carioca auf dem ▶ Tresillo, einem Rhythmusmuster, das den 4/4-Takt in drei Teile gliedert.

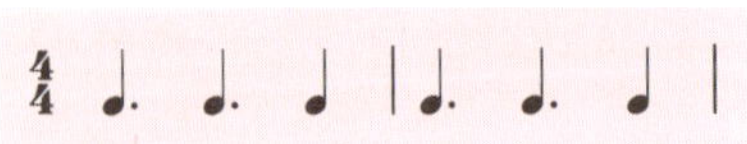

CD (engl.: compact disc = kompakte Scheibe) ist ein Medium zur digitalen Datenspeicherung. Die Daten können Musik, Sprache, Graphik, Videobilder oder Computerprogramme repräsentieren. Als Medium für Musikdaten wurde die Audio-CD zur Konkurrenz und zum Ersatz für die herkömmliche Schallplatte, deren Klangeigenschaften und Fassungsvermögen durch die Computer-Digital-Technik weit übertroffen wird (▶ Digital). Weitere Vorteile der CD sind großer Dynamikumfang, Unterdrückung von störendem Rauschen und von Verzerrungen, sowie mechanische Unempfindlichkeit. Die Abmessungen eines CD-Gerätes können sehr klein und handlich sein, wie z. B. beim **Walkman**. Seine Bedienung läßt sich bequem programmieren. Die von den Firmen Sony und Philips entwickelte CD-Technik benutzt eine Kunststoffscheibe aus Polycarbonat von 12 cm Durchmesser, auf der durch einen Laserstrahl Erhebungen (engl. = lands) und Vertiefungen (engl. = pits) berührungslos abgetastet werden. Die Daten befinden sich auf der (nicht beschrifteten) Unterseite der CD. Sie kann über 1 Stunde Musik fassen. Ein wichtiger Teil der CD-Produktion besteht neben Neuaufnahmen darin, daß ältere Plattenaufnahmen für das neue Medium aufgearbeitet und als **Remix** neu abgemischt werden. Beim Remix können z.B. Dynamikverbesserungen erzielt werden, die auf der Schallplatte nicht möglich waren. Zu Beginn der CD-Entwicklung wurden die drei wichtigsten Stufen der Produktion durch Abkürzungen angegeben. DDD bedeutet digital-digital-digital, d.h. Aufnahme, Studiobearbeitung (Abmischung) und Tonträger sind digital; AAD analog-analog-digital, d.h. Aufnahme und Abmischung waren analog, also in herkömmlicher Technik, und nur die CD-Tonträger-Technik ist digital.

Celesta (ital.: celeste = himmlisch) Der Name dieses 1886 erstmals gebauten Tasteninstruments spielt auf dessen sphärenhaften Klang an. Der Ton wird bei der Celesta durch Hämmerchen erzeugt, die auf Stahlplatten schlagen. Jeder Taste der Klaviatur ist eine Stahlplatte zugeordnet. Der Tonumfang der Celesta beträgt 4 Oktaven, der höchste klingende Ton ist c^5. Ein Pedal dämpft die sehr lange schwingenden Platten. Die Celesta besitzt ein Gehäuse aus Holz, das dem eines Harmoniums ähnelt. Sie wird u. a. in Orchestermusik von Gustav Mahler und Richard Strauss verwendet.

Cello (ital.) Kurzform von ▶ Violoncello.

Cembalo (Abkürzung von ital.: clavicembalo; von lat.: clavis = Taste und griech./lat.: cymbalum = Zimbel) heißt ein Tasteninstrument mit Saiten in längsseitiger, auf den Spieler bzw. die Tasten zulaufender Bespannung. Die Saiten werden mit (Feder-)Kielen angerissen, also gezupft. Bisweilen findet sich auch der Name **Kielflügel**, der auf die dem heutigen Konzertflügel ähnliche Form des Cembalos hinweist. Die Saiten bestehen aus Stahl, Bronze oder Messing und sind über einen hölzernen Resonanzboden gespannt. Der Tastendruck löst eine Hebelmechanik aus, die einen am hinteren Ende der Taste befestigten Springer (auch Docke genannt) anhebt und mit dem daran befestigten Kiel aus Leder oder Kunststoff (früher aus Federkielen) die Saite anreißt. Die angerissene Saite wird nach dem Loslassen der Taste sofort mit einem Filzplättchen gedämpft.
Diese Art der Tonerzeugung bedeutet, daß der Spieler die Lautstärke nicht durch die Stärke des Anschlags verändern kann. Wie kraftvoll oder zart er auch die Tasten drückt – er bewirkt immer nur den gleichen Zupf- und Abdämpfvorgang. Größere Cembali besitzen deshalb zwei Manuale (zwei übereinander liegende Tastenreihen) und einige ▶ Register, mit denen unterschiedliche Lautstärken, Tonhöhen und Klangfarben – jeweils für das gesamte Manual – erzielt werden können. Die Register sind nach Tonhöhenbereichen (Oktavlagen) gekennzeichnet. Mit den Registern wird der Tonumfang des Cembalos erheblich erweitert, ohne daß die Anzahl der Tasten vergrößert werden muß. Der in vielen Cembali eingebaute Lautenzug bewirkt einen lautenähnlichen Klang: ein über die Saiten gelegter Filzstreifen dämpft diese schon während des Zupfvorgangs ab.

Das Cembalo, seit Ende des 14. Jh.s bekannt, ist in der Musik des 16. bis 18. Jh.s eines der wichtigsten Instrumente, beliebt vor allem auch als Soloinstrument. In England, wo das **Virginal**, eine Sonderform des Cembalos mit quer zur Tastatur verlaufenden Saiten, verbreitet war, wurden zahlreiche Stücke für dieses Instrument komponiert. Auch in Frankreich, wo das Cembalo als **Clavecin** bezeichnet wird, schrieben die berühmtesten Komponisten der Epoche Werke für das Instrument. Herausragend sind die der Franzosen Francois Couperin, der mehr als 240 Cembalostücke schrieb, und Jean Philippe Rameau mit 4 Bänden *Pièces de Clavecin* (zwischen 1706 und 1747). Als Begleitinstrument ist das Cembalo das Hauptinstrument im ▶ Generalbaß. Sein Klang ist silbrig, rauschend, festlich und bringt in Ensemble- bzw. Orchestermusik manchmal ein schlagzeugartig pulsierendes Element in den Gesamtklang.

Im letzten Drittel des 18. Jh.s wurde das Cembalo durch das klangstärkere und vielseitigere Hammerklavier verdrängt. Mit dem neuerwachten Interesse an alter Musik im 20. Jh. kam auch das Cembalo wieder zu Ehren. Heute rekonstruiert man Instrumente z.B. nach Vorbildern der Antwerpener Cembalobauer-Familie Ruckers (16./17. Jh.), um dem originalen Klang möglichst nahezukommen.
Zeitgenössische Komponisten verwenden das Cembalo gelegentlich für besonders aparte Klangwirkungen. Im Jazz und in der Rock- und Popmusik tritt es unter der englischen Bezeichnung **Harpsichord** auf – auch als Register in elektronischen Keyboardinstrumenten.

Cha-Cha-Cha Der Abkömmling des ▶ Mambo stammt aus Kuba und wurde in den 50er Jahren in Europa zum Modetanz. Er gehört im Turniertanz zu den Tänzen des lateinamerikanischen Programms. Sein Name gibt lautmalerisch die Geräusche der ▶ Maracas (Rumbakugeln) wieder, die an bestimmten Stellen in Aktion treten. Der Cha-Cha-Cha steht im 4/4-Takt und hat ein mittleres Tempo. Häufig wird sein Name beim Tanzen mitgesprochen, wodurch die schnelleren Schritte besonders hervorgehoben werden.

Chanson (franz. = Lied) Der Begriff hat eine lange Geschichte, in der seine Bedeutung sich mehrmals änderte. Im Mittelalter bezeichnete er in Frankreich zunächst einstimmige, später auch mehrstimmige Liedformen. Seit dem 16./17. Jh. spielt der Text des Chansons (bzw. der Chanson, wie man damals sagte) eine zentrale Rolle. Er ist frivol oder satirisch, galant oder politisch-kritisch, sentimental oder lyrisch.
Das Chanson im heutigen Sinne entstand in der 2. Hälfte des 19. Jh.s in Pariser Konzertcafés und Cabarets. Es ist ein instrumental begleitetes Lied, das meist von einem einzelnen Sänger vorgetragen wird. Chansontexte sind oft literarisch ambitioniert, ihre Sprache ist meist nuancenreich und vielschichtig. Das modische Klanggewand spielt – im Gegensatz zu den meisten anderen populären Musikgattungen – im Chanson keine Rolle. Dafür ist die Sängerpersönlichkeit sehr wichtig: Das Chanson ver-

Edith Piaf, 1961

schmilzt mit seinem Interpreten, dem **Chansonnier** bzw. der **Chansonnette**. Titel wie *Milord* oder *Non, je ne regrette rien* sind nicht anders vorstellbar als von Edith Piaf gesungen.
Weitere berühmte französische Interpreten des 20. Jh.s sind z. B. Charles Aznavour, Gilbert Bécaud, Georges Brassens, Jacques Brel, Juliette Gréco.
In Deutschland erhielt das Chanson Anfang des 20. Jh.s einen Platz im ▶ Kabarett. Eine Renaissance erlebte das deutschsprachige Chanson in der Liedermacherbewegung der 60er/70er Jahre. Hier stand vor allem das politische und sozialkritische Chanson im Vordergrund.

Charakterstück bezeichnet Musikstücke (meist für Klavier) des 19. und frühen 20. Jh.s mit charakterisierenden Titeln wie „Nocturne“, „Venezianisches Gondellied“ oder „Albumblatt“. Das Charakterstück ist an keine bestimmte Form gebunden; der Komponist kann mit den musikalischen Gestaltungsmitteln frei umgehen. Manche Komponisten verbanden Charakterstücke zu Zyklen mit musikalischem oder inhaltlichem Zusammenhang, so z. B. Robert Schumann *Papillons* (1832), Max Reger *Aus meinem Tagebuch* (1904–12), Leoš Janáček *Auf verwachsenem Pfade* (1901–08).
Schon im 18. Jh. hatten einige Komponisten Klavierstücke mit charakterisierenden Titeln versehen, so z. B. Jean Philippe Rameau in seinen Sammlungen *Pièces de clavecin* (1724/um 1728/1741). Hier erscheinen Überschriften wie z. B. *Les Soupirs* (Die Seufzer), *Les Cyclopes* (Die Zyklopen) oder *Les Tourbillons* (Die Wirbelstürme/Strudel). Solche musikalischen Charakter- oder Situationsschilderungen rücken bereits in die Nähe der ▶ Programmmusik, während dies für die Charakterstücke des 19. Jh.s mit allgemeineren Titeln wie „Lied ohne Worte“ oder „Moment musical“ nicht zutrifft. Die Bezeichnung **Moment musical** (franz. = musikalischer Augenblick) wurde vor allem durch Franz Schubert und seine Klavierstücke *Moments musicaux* op. 94 (1828) bekannt.
Charakterstücke machen auch einen Großteil des Repertoires der ▶ Salonmusik aus. Ihr geringer Umfang und die Gefälligkeit ihrer Titel ermöglichen auch ungeübten Hörern einen Zugang zur Musik.

Charleston (amerik.) Der nach der Hafenstadt Charleston in South Carolina benannte Tanz breitete sich in den 20er Jahren von Amerika schnell nach Europa aus. Er stammte aus dem Volkstanz der Schwarzen, daher dauerte es etwas länger, bis er von der weißen Bevölkerung akzeptiert und übernommen wurde. In Europa feierte die farbige Sängerin und Tänzerin Josephine Baker mit dem Charleston Triumphe und verhalf dem mit ▶ Ragtime und ▶ Foxtrott verwandten schnellen Tanz zum Siegeszug auf Showbühnen und Tanzböden. Der typische, stark synkopische Rhythmus hat folgende Struktur:

Charts (engl./amerik. = Tabellen) Diese Listen der meistverkauften Schallplatten veröffentlicht die Musikindustrie in regelmäßigen Abständen (wöchentlich oder vierzehntäglich) in ihren Branchenzeitschriften. Die amerikanische Zeitschrift Billboard begann damit im Jahre 1940. Seit 1955 bringt sie wöchentlich die Liste der 100 meistverkauften Schallplatten der populären Musik (Pop Charts) heraus. Im Laufe der Zeit wurden für bestimmte Musikrichtungen eigene Charts eingerichtet, z. B. für Country & Western, Soul, Jazz, Latin (lateinamerikanische Musik) oder Classical. Branchenzeitschriften wie Rolling Stone (USA), Sounds (England) oder Der Musikmarkt (Deutschland) setzen auch andere Schwerpunkte, d.h., sie beziehen andere Musikrichtungen ein (▶ Hitparade).

Chocolo

Chocolo (span.) auch **Tubo** heißt das Schüttelrohr, ein brasilianisches Rhythmusinstrument in Form einer beidseitig geschlossenen, mit trockenen Kernen oder Steinchen gefüllten Bambusröhre (heute gelegentlich aus Metall). Gleichmäßig geschüttelt bringt das Instrument ein rasselndes Geräusch hervor, das vor allem für den Grundrhythmus der Samba verwendet wird.

Chor

Chor (griech.: chorós = Tanzplatz; auch: Gruppe der Tänzer)

1. Eine Gruppe von Menschen, die sich zum Zweck des gemeinsamen Singens zusammengefunden hat. Je nach stimmlicher Besetzung und Alter unterscheidet man **gemischten Chor** (Männer- und Frauenstimmen), ▶ Männerchor, **Frauenchor**, **Kinderchor**, **Knabenchor**, **Jugendchor**. Die Größe der Mitgliederzahl spielt nur in der Bezeichnung **Kammerchor** für einen kleineren Chor eine Rolle; auch der Begriff **Vokalensemble** (ital.: voce = Stimme) wird für kleinere Gruppen verwendet. Ein Opernchor ist ein an einem Theater fest angestellter gemischter Chor, der meist in Opern und Operetten auftritt; er hat aber auch andere Musikwerke in seinem Repertoire.

Chormusik ist in der Regel mehrstimmig, d. h. für verschiedene Stimmlagen geschrieben. Bei gemischten Chören sind dies Sopran, Alt, Tenor und Baß (die hohen und tiefen Frauenstimmen sowie die hohen und tiefen Männerstimmen). Bei Männerchören wird unterschieden in 1. Tenor, 2. Tenor, 1. Baß und 2. Baß. Typisch für den Chor ist die **chorische Besetzung**, d.h., daß jeweils mehrere Personen gleichzeitig den selben Stimmpart singen.

Im 16. und 17. Jh. schrieben viele Komponisten Werke, in denen mehrere Chöre (Vokal-, aber auch Instrumentalensembles) auftraten. Von **Doppelchor** spricht man, wenn zwei komplette mehrstimmige Chöre gleichzeitig oder nacheinander (Echowirkung) singen. Die Komponisten nutzten dabei Bauweise und Akustik der jeweiligen Kirche und verteilten die Chöre auf die verschiedenen Emporen, wodurch sie eine Art natürlicher Stereophonie oder gar Quadrophonie erzielten (**Mehrchörigkeit**).

Chormusik macht einen großen Teil des Musikschaffens aller Epochen der abendländischen Musikgeschichte aus. Dabei werden die Stimmen entweder von Instrumenten unterstützt oder aber ohne jede Begleitung geführt (▶ a cappella). Wichtige Gattungen der Chormusik sind u.a. Motette, Kantate, Oratorium und Messe.

2. Oft wird der Begriff Chor (zur Beschreibung eines Formelements) auf ein für Chor geschriebenes Musikwerk übertragen. Zur schnellen Kennzeichnung spricht man etwa vom *Schlußchor* der *Matthäuspassion* von Johann Sebastian Bach oder vom *Gefangenenchor* aus der Oper *Nabucco* von Giuseppe Verdi.

3. Auch in der Instrumentalmusik tritt der Begriff Chor auf. Hier bezeichnet er die Verbindung einer Gruppe (Familie) gleicher Instrumente, die in verschiedenen Größen gebaut werden, wie z.B. Blockflöten (auch hier gibt es Sopran-, Alt-, Tenor- und Baßinstrumente). Wenn man im Zusammenhang mit Instrumentalmusik von chorischer Besetzung spricht, meint man, daß hier wie im Chor jeweils mehrere Personen bzw. Instrumente dieselbe Stimme spielen. Das Gegenteil von chorisch ist solistisch (▶ Solo).

4. Als Chor werden auch gleichgestimmte Saiten z.B. des Klaviers, des Cembalos und der Laute bezeichnet, ferner die zu einer Taste gehörenden Pfeifen der verschiedenen Register der Orgel.

Chorus (engl. = Refrain, auch Chor, im Chor gesungener Refrain) Der Begriff wird vor allem im Jazz verwendet und bezeichnet hier ein bestimmtes Form- bzw. Akkordschema, über das improvisiert wird. Der Chorus ist zugleich der Refrain eines Liedes bzw. Instrumentalstückes, das dem 32taktigen Song-Schema entspricht. Dieses Schema liegt vielen amerikanischen Schlagern zugrunde.

Chromatik (griech.: chroma = Farbe) Das Wort erinnert an ein eigenes Tongeschlecht in der alten griechischen Musik. Als Chromatik wird allgemein jede Melodie- oder Harmoniebewegung in Halbtonschritten bezeichnet. Die chromatische Tonleiter besteht aus allen 12 Halbtönen der Oktave: Jeder Ton ist also einen Halbtonschritt vom nächsten entfernt.
Chromatik lebt von der Spannung zu ihrem Gegenteil, der **Diatonik**. Die Bewegung innerhalb der Tonleitern und ihren Akkorden heißt diatonisch. Tritt Chromatik hinzu, so empfindet man das als farbig und als vom „Normalen" abweichend.
Seit dem 16. Jh., z.B. im Werk Claudio Monteverdis, wird daher die Chromatik benutzt, um die Musik ausdrucksvoller zu machen, etwa um Liebessehnsucht zu schildern wie in Richard Wagners Oper *Tristan und Isolde* (beendet 1859).
Im harmonischen Bereich führt Chromatik zu komplizierten Verhältnissen, da die traditionelle Harmonielehre in Quinten denkt und eine harmonische Fortschreitung von einem Halbton 7 Quinten bedeutet. Man muß nämlich 7 Quintschritte ausführen, um z.B. von C nach Cis zu kommen.
Die Entstehung von ▶ Atonalität zu Beginn des 20. Jh.s ist auch eine Folge der Ausweitung der harmonischen Chromatik, die sozusagen die Oberhand über die Diatonik gewann. Damit begannen sich aber ihre Reize abzunutzen, etwa durch häufiges Wechseln der Tonart (▶ Modulation).
In Musikarten, die nicht an das Dur-Moll-System gebunden sind, wie die ▶ Zwölftonmusik und die ▶ elektronische Musik, verliert sie Bedeutung. Im modernen Jazz sind ständige chromatische Harmoniewechsel üblich.

Cimbal Das Hackbrett hat in Osteuropa noch weitere Namen: **Czimbal**, **Cymbal**, **Zimbal**. Es ist typisch für Zigeunerkapellen und Folkloregruppen. Ähnlich wie eine Zither gebaut, nämlich mit einem trapezförmigen Resonanzkörper aus Holz, auf den an die 100 Metallsaiten gespannt sind, wird das Cimbal jedoch nicht gezupft, sondern mit zwei kleinen Klöppeln angeschlagen. Das moderne Cimbal steht auf vier Beinen und kann mit einem Pedal ausgestattet sein, das die ansonsten lange schwingenden Saiten dämpft.

Cinquillo (span.) heißt eines der beiden typischen Rhythmus-Modelle lateinamerikanischer Tanzmusik. Der 4/4-Takt wird hier in 5 Teile gegliedert, die allerdings nicht, wie bei der ▶ Quintole, gleich lang sind, sondern aus Viertel- und Achtelnoten im charakteristischen Wechsel bestehen.
Der Cinquillo begegnet uns (wie der ▶ Tresillo) in Tänzen wie Samba und Rumba.

Cister (ähnlich in vielen europäischen Sprachen) heißt ein im mittelalterlichen Europa weit verbreitetes Zupfinstrument mit birnenförmigem, nach unten flacher werdendem Korpus, Rosette, langem Hals, Griffbrett mit Bünden sowie 4 bis 12 (oder mehr) Metallsaiten. Cistern gab es in unterschiedlichsten Größen, Bespannungen und Stimmungen. Größere Exemplare, zu denen die deutschen Erz-Cistern (18. Jh.) gehörten, besaßen 16 und mehr Saiten, auch Bordunsaiten (nicht gegriffene, sondern leer gezupfte Saiten mit feststehenden

Tönen, die zur Begleitung verwendet werden). Cistern mit bis zu 40 Saiten wurden als Baßinstrumente benutzt und waren wegen ihres kräftigen, durchdringenden Klangs beliebt. Im 18. Jh. ging man allmählich zu Darmsaiten über, statt Chören (mehrere Saiten gleicher Stimmung nebeneinander) zog man Einzelsaiten auf und öffnete das Schalloch. Damit wurde die Cister der Gitarre ähnlich, und um die Mitte des 19. Jh.s wurde sie von dieser verdrängt. Als Volksmusikinstrument existiert die Cister bis heute als **Waldzither** oder **Bergzither**.

Clap hands (engl. = in die Hände klatschen) bedeutet in der afrikanischen Musik die aktive Beteiligung aller an der rhythmischen Gestaltung eines Musikstücks durch Klatschen. Als Instrumentaleffekt findet man clap hands in den Schlagzeugarrangements, die Synthesizer und andere elektronische Keyboards bereitstellen.
Im Gegensatz zu dem in Deutschland üblichen kollektiven Mitklatschen des Grundschlags durch das Publikum wird in der Rock- und Popmusik sowie im Jazz das Klatschen meist zur Markierung unbetonter Taktzeiten oder für kurze Einwürfe eingesetzt.

Clarino (lat.: clarus = klar, hell) Der Begriff ist heute überwiegend für die hohe Solotrompete gebräuchlich, die auch als **Bach-Trompete** bezeichnet wird und bei Aufführungen alter Musik eine Rolle spielt. Während die moderne Bach-Trompete Ventile als Vorrichtungen zur Steuerung des Luftstroms und zum Spielen chromatischer Töne besitzt, war das Clarino des 17. und 18. Jh.s eine Naturtrompete, die nur die Intervalle der Naturtonreihe spielen konnte. Die Kunst, dieses schwierig zu spielende Instrument mit seinem engen, flachen Mundstück zu blasen, wurde besonders in Deutschland gepflegt; daher war sie auch Johann Sebastian Bach bekannt, der das Clarino in vielen seiner Kompositionen verwendete. (Unsere heutige Bach-Trompete hat nicht viel mit Bach zu tun.) Schon vor Bachs Zeit war das Clarino für das hohe Register der Trompete, den Clarinbereich (vom 8. bis zum 17. Naturton) „zuständig" und aufgrund seiner strahlend hellen Klangfarbe sehr beliebt.

Claves (span.), auch **Klanghölzer** genannt, ist ein lateinamerikanisches Schlaginstrument in Form zweier runder Stäbchen aus Hartholz (ca. 20 cm lang, Durchmesser 1,5–3 cm), die beim Spielen aneinandergeschlagen werden. Der Hohlraum der Hand dient der Resonanz. Die Claves eignen sich aufgrund ihres hellen, durchdringenden Klangs gut zur Markierung des typischen Rhythmus lateinamerikanischer

Tänze wie Rumba oder Samba (▶ Tresillo). Der **Clave-Beat** hat folgende Struktur:

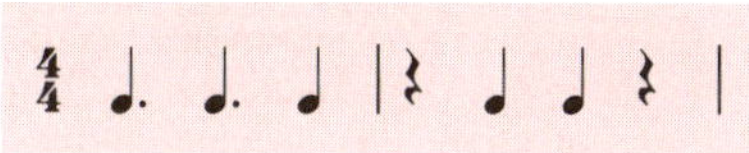

Clavichord

Clavichord (lat.: clavis = Taste und griech./lat. chorda = Saite) Das Klavichord, wie es auch genannt wird, ist ein Tasteninstrument mit waagerecht liegenden Saiten, die auf Tastendruck mit schmalen Metallstäbchen (Tangenten) von unten angeschlagen werden. Der Ton des Clavichords ist sehr leise und zart. Er kann durch den Druck der Finger beim Anschlag beeinflußt und gestaltet werden. So entsteht z.B. durch die schnelle und gleichmäßige Druckveränderung des Fingers auf der Taste eine Schwankung der Höhe und der Intensität des Tons, die **Bebung**. Diese besondere Möglichkeit der Tongestaltung besitzt unter den Tasteninstrumenten nur das Clavichord. Komponisten zur Zeit der ▶ Vorklassik im 18. Jh. bevorzugten das Instrument gegenüber dem schärfer und lauter klingenden Cembalo.

Man unterscheidet das gebundene und das bundfreie Clavichord. Beim gebundenen Clavichord kann eine Saite bzw. ein Saitenchor (mehrere Saiten der gleichen Länge ergeben jeweils die gleiche Tonhöhe) von mehreren Tangenten angeschlagen werden, d.h. eine Saite bringt mehrere (im Halbtonabstand benachbarte) Töne hervor. Beim bundfreien Clavichord steht für jeden Ton eine Saite zur Verfügung.

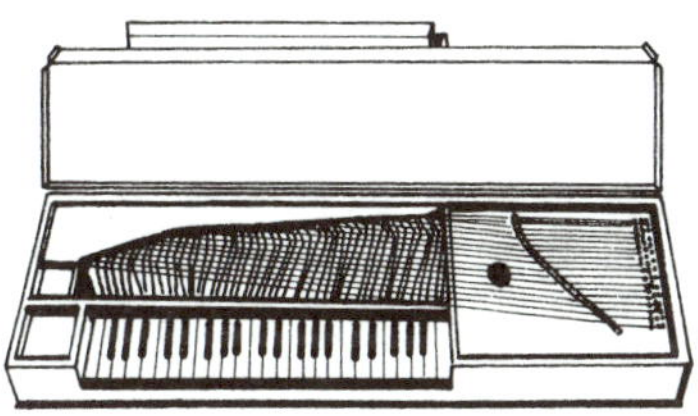

Das Clavichord spielt in der Musik des 16. bis 18. Jh.s eine bedeutende Rolle. Wegen seines zarten Klanges und seiner handlichen Größe wurde es bevorzugt zur Begleitung von Soloinstrumenten bzw. -stimmen und in kleinen Räumen benutzt.

Cluster

Cluster (engl. = Traube, Büschel, Haufen) bezeichnet in der Musik des 20. Jh.s eine Zusammenballung eng nebeneinanderliegender Töne, z.B. im Abstand kleiner Sekunden. Innerhalb einer Oktave bringt ein Cluster, der alle Halbtonschritte umfaßt, 12 verschiedene und dissonante Töne gleichzeitig zum Erklingen. Ein Cluster erweckt beim Hören den Eindruck einer Klangfläche oder eines kompakten Geräuschs. Viele Komponisten verwendeten ihn daher in den 60er Jahren bevorzugt für Klangfarbenkompositionen, d.h. für Musikstücke, in denen die Klangfarbe das wichtigste Gestaltungsmittel ist. Verschiedene Formen von Clustern werden unterschiedlich notiert: in traditioneller Notation oder als musikalische Grafik – etwa als schwarze Flächen oder Blöcke. Dabei unterscheidet man stationäre (Cluster gleichbleibender Lage, Ausdehnung und Dichte), bewegliche (als Ganzes über wechselnde Höhen und Breiten wandernde) und

György Ligeti, 1971

changierende Cluster (mit bewegter Binnenstruktur, d.h. vor allem wechselnder Dichte und Intensität). Bekannte Beispiele für Cluster in der Neuen Musik sind die Werke *Atmosphères* für Orchester (1961) und *Volumina* für Orgel (1962/66) von György Ligeti.

Collage (franz.: coller = kleben, leimen) nennt man eine Kompositionstechnik in der Musik des 20. Jh.s, die auf der Zusammenfügung verschiedenster auch musikferner akustischer Materialien beruht. Auch das Ergebnis, nämlich die so entstandene Komposition, wird als Collage bezeichnet. Der Begriff stammt aus der bildenden Kunst. Maler wie Pablo Picasso und Georges Braque klebten als erste Alltagsgegenstände wie Fotos, bedruckte Papierfetzen, Metall- und Stoffstücke auf die Leinwand und kombinierten sie mit Malerei. In ähnlicher Weise collagieren Musiker des 20. Jh.s z. B. ▶ Zitate aus älteren Musikwerken, Worte oder Sprachfetzen, Einspielungen vom Tonband, Umweltgeräusche, Stimmklänge usw. Damit werden u. a. bestimmte musikalische Gegebenheiten, z. B. formale und interpretatorische Traditionen in Frage gestellt, wird das Verhältnis von Kunst und Realität thematisiert.
Luciano Berio komponierte den 3. Satz seiner *Sinfonia* (1968/69) als Collage mit Zitaten aus der 2. Sinfonie von Gustav Mahler, dort eingefügten Bruchstücken aus Musikwerken vom Barock bis zur Gegenwart und Sprachmaterial aus einem Roman von Samuel Beckett. Collagen aus Musik, Sprache, Bildern und szenischen Aktionen finden sich häufig bei Mauricio Kagel, so z. B. in seinem kammermusikalischen Theaterstück *Sur scène* (1960/62).

Collegium musicum (lat.) ist die traditionelle Bezeichnung für eine Gruppe von Instrumentalisten, die Musik nicht als Beruf betreiben. Collegia musica bestanden vom 16. bis 18. Jh. in vielen Ländern Europas, oft an Universitäten u. ä., und waren zu einer Zeit, als es noch keine öffentlichen Konzerte im heutigen Sinne gab, tragende Säulen des Musiklebens. Sie spielten die Werke der lebenden Komponisten und machten diese einem breiteren Publikum bekannt. Die bekanntesten Collegia musica wurden von Georg Philipp Telemann in Hamburg, Leipzig und Frankfurt sowie von Johann Sebastian Bach in Leipzig geleitet. Als sich das bürgerliche Musikleben mit seinen Berufsorchestern und öffentlichen Konzerten im 19. Jh. etabliert und die Musikliebhaber sich in Musikvereinen und Konzertgesellschaften zum Singen und Musizieren zusammengeschlossen hatten, verloren die Collegia musica ihre Funktion und verschwanden.
Zu Anfang des 20. Jh.s wurde die Idee des Collegium musicum „wiederbelebt". Der Musikwissenschaftler Hugo Riemann gründete 1908 an der Universität Leipzig ein Collegium musicum, dem entsprechend der Tradition Studenten und Lehrende angehörten. Weitere Universitäten folgten dem Leipziger Beispiel. Diese Entwicklung hängt mit dem wachsenden Interesse an Geschichte und Aufführungspraxis alter Musik in unserem Jahrhundert zusammen.

Comes (lat. = Begleiter) nennt man den zweiten Einsatz des Themas in der Fuge, der in einer anderen Stimme und auf anderer Tonhöhe als der erste Themeneinsatz, der ▶ Dux, erfolgt.

Computer und Musik Die Entwicklung der Musik war schon immer mit der rein technischen Entwicklung von Maschinen eng verbunden. Ohne den technischen Fortschritt im Orgel- und Klavierbau im 17. und 18 Jh. ist ein Werk wie das *Wohltemperierte Klavier* von Johann Sebastian Bach undenkbar. Dennoch hat keine andere technische Entwicklung eine derartige dramatische Veränderung in weiten Teilen des Musiklebens bewirkt wie die Einführung des Computers.

Historische Entwicklung

Der Computer (engl.: to compute = berechnen) sollte dem Menschen das Rechnen erleichtern. Der Name geht auf einen wichtigen Aufsatz von Alan Turing zurück: *On Computable Numbers* (Über berechenbare Zahlen, 1936). Zunächst versuchte man es mit mechanischen Räder- und Relaiswerken. Schon 1822 konstruierte der Engländer Charles Babbage seine *Differenz-Maschine*, 1938 stellte Konrad Zuse seine „Z1"-Maschine fertig. Dann nutzte man den elektrischen Strom, zunächst mit elektrischen Röhren, die sehr viel Platz und Energie verbrauchten: 1946 wurde die erste große amerikanische Rechenanlage unter dem Namen ENIAC gebaut.
Mit der Einführung des Transistors ab 1948 begann eine rasante Miniaturisierung der technischen Bauteile, die über „integrierte Schaltkreise" (ICs) in den 70er Jahren zum Bau von Mikroprozessoren führte. Integriert bedeutet dabei, daß der Schaltkreis (nämlich das Gerät, der Chip) nicht mehr in Einzelteile zerlegt werden kann, sondern ein komplettes Bauteil ist.
Der erste Mikroprozessor hieß 4004 von der Firma Intel 1971. Hauptprinzip: sehr viele Einzelteile ermöglichen komplizierte Rechenprozesse bei kleinstmöglicher Baugröße (daher Mikro). Er schaffte bereits 60 000 Befehle pro Sekunde auf einer Fläche von 0.32 x 0.42mm. Zum Vergleich: ENIAC, bestand aus 18 000 Radioröhren, brauchte lange Rechenstunden und einen Raum von 110 Kubikmetern.
1980 überschritt man die Schwelle von 100 000 Schaltungselementen pro Chip. Inzwischen können Millionen von elektrischen Bauteilen auf engstem Raum zusammengesetzt werden, z.B. im Prozessor *Pentium* (1992) von Intel über 3 Millionen. Dabei übersteigt die reine Rechenleistung bei weitem die Möglichkeiten des menschlichen Gehirns. In diesem engen Bereich ist es daher sinnvoll, von „künstlicher Intelligenz" zu reden. Durch sie unterscheidet sich der Computer auch von normalen elektronischen Geräten wie Waschmaschinen oder Verstärkern, die jedoch zunehmend auch über Mikroprozessoren gesteuert werden. Auch die ▶ Musikelektronik wird seit Mitte der 80er Jahre von Mikroprozessoren bestimmt.
1983 einigten sich die großen amerikanischen und japanischen Synthesizer-Hersteller auf eine gemeinsame Computer-Sprache für Synthesizer: ▶ MIDI (Abkürzung für engl.: Musical Instrument Digital Interface = digitale Schnittstelle für Musikinstrumente), mit deren Hilfe man beliebige Musik-Computer und Synthesizer mit normalen Computern verbinden kann. Diese übernahmen nun zahlreiche Aufgaben, für die man früher Tonbandgeräte, Mikrofone und natürlich auch entsprechende Spezialisten brauchte. Innerhalb bestimmter Grenzen ist es einem Computer auch möglich zu komponieren, was bisher eine ausschließlich menschliche Tätigkeit war (▶ elektronische Musik).

Grundprinzipien

Im Gegensatz zum analogen Tonbandgerät arbeitet ein Computer digital, d.h. die Schallereignisse werden vom Computer in Zahlen umgesetzt (engl.: digit = Zahl, Ziffer), also nicht wie beim normalen Tonbandgerät direkt analog aufgezeichnet.
Dabei hat es sich als praktisch herausgestellt, auf Maschinenebene das duale Zahlensystem zu benutzen, welches immer nur bis 2 zählt und dann einen Übertrag macht, so wie wir im Alltagsleben im Zehnersystem bis 9 zählen und dann einen Übertrag machen: 9+1=10. Auf einer höheren Ebene verwenden dann die meisten Computer das hexadezimale Zahlensystem, das von 0 bis 15 zählt, also 16 verschiedene Ziffern hat. Zu den Zahlen 1 bis 9 kommen noch A=10, B=11, C=12, D=13 und F=14 hinzu. Eine Zeit lang benutzte man Tonbänder zur Aufzeichnung von Daten, dann setzten sich Disketten durch, das sind Plastikscheiben mit magnetischer Beschichtung.
Eine wesentliche Eigenschaft des Computers ist es, daß er genaue Anweisungen und Befehle braucht, sein Programm, das seine „Intelligenz" ausmacht – ohne es wäre er nur eine sinnlose Anhäufung elektronischer Schaltkreise. Dieses Programm bezeichnet man als Software im Gegensatz zur Hardware, die aus den elektronischen Bauteilen besteht, z.B. Transistoren. Inzwischen ist das Programm eines Computers oft wesentlich teurer als seine Hardware.
Diese Teilung in Hardware und Software machte es möglich, Mikroprozessoren zu entwickeln, die ganz allgemein überall gebraucht werden – erst das Programm legt dann fest, was die Maschine wirklich tut, ob sie schreibt, mißt, zeichnet, Roboter steuert, Musik macht – oder schießt. Seit dem Zweiten Weltkrieg wurde die Computerentwicklung nämlich besonders durch die Militärtechnik vorangetrieben.
Zur Programmierung moderner Computer wurden allgemeine Programmiersprachen entwickelt: u.a. C, Pascal, Fortran, Cobol, Lisp. Sie erlauben es, in einer Form, die dem Menschen leicht fällt, der Maschine Befehle zu geben. Die Maschine selbst „versteht" nur Zahlen und muß die Anweisungen erst in diese umsetzen. Die allgemeinen Programmiersprachen erlauben die Konstruktion spezieller Program-

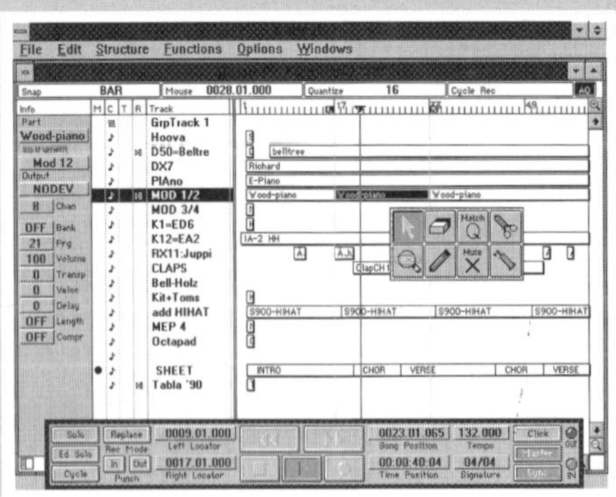

Sequenzer Cubase

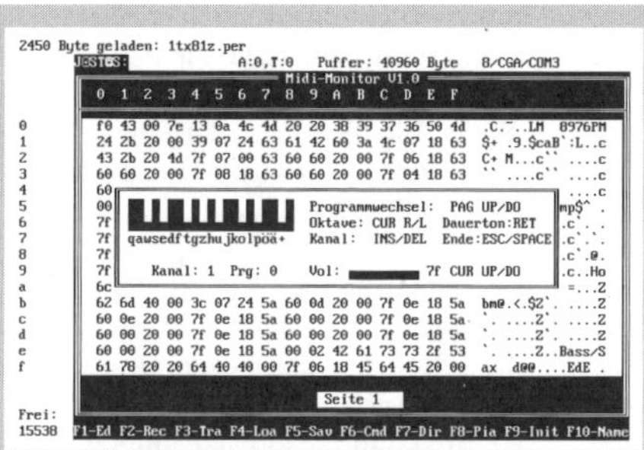

MIDI-Monitor Mimo

miersprachen. z.B. gehört zu den ersten Computer-Musik-Programmen, die in C geschrieben wurden, das von F. Richard Moore an der University of California entwickelte akustische Compilerprogramm *cmusic* (1980) für den Berkeley Unix Computer. Es übersetzt eine Partitur in digitale Signale.

Computer in der Unterhaltungsindustrie

Die computergestützten Musikinstrumente, die ▶ Synthesizer, haben insbesondere zwei Aufgaben: die Nachahmung traditioneller Instrumente (anfangs besonders von Orgel und Klavier, E-Piano) und die Erfindung neuer Klangfarben, die in der Unterhaltungsmusik, in Jazz und Rock gebraucht werden.
Haupteinsatzgebiet des Musikcomputers ist die internationale Unterhaltungsmusikproduktion mit ihren großen Studios. Zwar kann der Computer die menschliche Stimme nicht ersetzen, dafür aber ganze Begleitorchester, insbesondere auch die traditionelle Rhythmusgruppe von Keyboard, Schlagzeug und Baß beim Playback-Verfahren. Die Einsparung an Material und Zeit gegenüber der normalen Tonbandtechnik ist enorm.
In den 80er Jahren drängten kleinere Computer auch auf den Home-Recording-Markt vor, d.h. auf den Markt semiprofessioneller Heimstudios. Für Hobby-Aufnahmen wurde eine ganze Reihe von Softwareprodukten entwickelt, für Musiker vor allem ▶ Sequenzer zur Aufnahme von Computermusik und Editoren für Synthesizer.
Wie das Tonbandgerät kann auch die Funktion des Mikrofons vom Computer nachgebildet werden. Mit einem ▶ Sampler wird z.B. ein Trompetenton aufgenommen und von einem Keyboard in beliebiger Höhe wiedergegeben. Wie für die Textverarbeitung, die computergestützte technische Graphik (CAD) oder die allgemeine Datenverarbeitung, so wird auch inzwischen der Notendruck weitgehend von Computern besorgt. Seit Ende der 80er Jahre entwickelt sich die gesamte Musikaufzeichnungs- und Wiedergabetechnik in Richtung Digitalisierung und Computersteuerung mit der ▶ DAT-Technik, der digitalen Tonbandaufzeichnung.

con brio (ital.) Vortragsanweisung: mit Feuer, mit Schwung.

Concerto (ital.: concertare = verabreden, übereinkommen) ist ein Begriff mit breitem Bedeutungsspektrum. Als Concerto werden seit dem 16. Jh. die verschiedenen Arten musizierender Gruppen bezeichnet. Diese Bedeutung lebt bis heute in den Namen von Ensembles fort, die sich der Pflege alter Musik widmen, wie z. B. das Concerto Amsterdam. Die Bezeichnung wurde auf die von solchen Ensembles gespielte (vokale oder instrumentale) Musik übertragen und bezog sich zunächst unterschiedslos auf alle musikalischen Gattungen. Im Laufe des 17. Jh.s wurde der Begriff immer mehr auf Instrumentalmusik eingegrenzt. Im 18. Jh. setzte er sich für Musikwerke für ein oder mehrere Soloinstrumente und Ensemble (Orchester) durch. Als Soloinstrumente waren im frühen 18. Jh. besonders die Trompete, die Violine und das Violoncello beliebt, später, z. B. bei Antonio Vivaldi, traten alle Melodie-, Zupf- und Tasteninstrumente solo auf.
Der ständige Wechsel oder auch Wettstreit zwischen Soloinstrument(en) und Ensemble wird als Prinzip des Konzertierens (konzertierender Stil) bezeichnet. Dieses Prinzip gilt auch im **Concerto grosso** (großes Konzert bzw. Ensemble), einer etwa gleichzeitig mit dem Konzert für Solo und Orchester aufgekommenen Gattung. Beim Concerto grosso konzertieren eine große Instrumentengruppe (**Tutti** bzw. **Ripieno** = alle) und eine kleine Instrumentengruppe (**Concertino** = kleines Ensemble) miteinander. Das Concertino besteht aus mehreren Soloinstrumenten, häufig einem Trio aus 2 Violinen (oder Flöten, Oboen) und Violoncello (oder Cembalo). Die Form des ersten und letzten Satzes eines Concerto grosso besteht in der Regel aus dem ständigen Wechsel von **Ritornell** und **Couplet**. Das Ritornell, ein mehrmals wiederkehrender Abschnitt, wird jeweils vom ganzen Orchester gespielt, die thematisch deutlich voneinander abgesetzten Couplets („Strophen", Einlagen) von der Solistengruppe.
Das Concerto grosso ist eine der Hauptgattungen des ▶ Barock. Alle namhaften Komponisten dieser Epoche schrieben Concerti grossi. Im Verlauf des 18. Jh.s traten andere instrumentale Gattungen, z. B. die Sinfonie, in den Vordergrund, das Concerto grosso verschwand. Anfang des 20. Jh.s knüpften einige Komponisten, z. B. Paul Hindemith und Igor Strawinski, an der Form des Concerto grosso an. In den heutigen Konzertprogrammen sind am häufigsten die barocken Concerti grossi z. B. von Arcangelo Corelli, Antonio Vivaldi und Georg Friedrich Händel vertreten.

Conductus (lat. = Geleit) hieß im katholischen Gottesdienst und im geistlichen Spiel des frühen Mittelalters der Gesang, der den Auftritt bzw. bestimmte Gänge des Priesters oder anderer Akteure begleitete. Im 12. und 13. Jh. entwickelte sich der Conductus zu einer von kirchlichen Zwecken unabhängigen Gattung. Mit weltlichen Texten, die auch aktuelle Zeitfragen einbezogen, wurde der Conductus zur bevorzugten Liedgattung bei Festen in Klöstern und Lateinschulen. Der Conductus besteht aus einem strophischen Text mit neu komponierter (also nicht entlehnter) Melodie sowie mehrstimmiger vokaler Begleitung im gleichen Rhythmus wie die Melodie. In der stürmischen Entwicklung und Differenzierung der Vokalmusik seit dem 13. Jh. wurde der Conductus verdrängt bzw. ging in neuen Formen, vor allem in der Motette, auf.

con forza (ital.) Vortragsanweisung: kraftvoll, wuchtig.

con fuoco (ital.) Vortragsanweisung: feurig bewegt, sehr schwungvoll.

Conga (span.), Congatrommel oder Conga Drum heißt eine unten offene Standtrommel (70–80 cm) mit einem Fell (Durchmesser 22–30 cm). Meist werden zwei Congas, eine mit hellerem und eine mit dunklerem Klang, nebeneinander verwendet. Die Instrumente stehen in der Regel auf Ständern und werden mit verschiedenen Handpartien geschlagen. Je nach

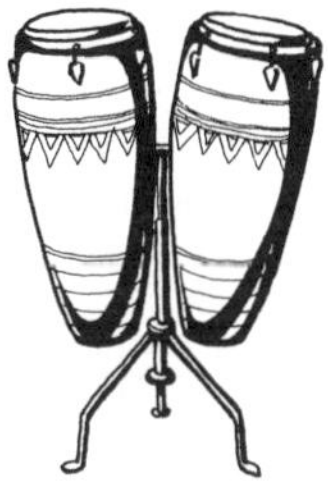

Anschlagsstelle (Rand oder Mitte des Fells) entstehen unterschiedliche Klangfarben. Congas sind in der lateinamerikanischen Musik zu Hause und werden heute auch häufig in der Rock- und Popmusik sowie im Jazz zur Bereicherung des Schlaginstrumentariums und für differenzierte Schlagzeugsoli eingesetzt.

con moto (ital.) Vortragsanweisung: bewegt, lebhaft.

con sordino (ital.) Spielanweisung für Blas- oder Streichinstrumente: mit ▶ Dämpfer spielen.

Consort (engl. = sich zu etwas oder jemandem gesellen; lat.: consortium = Gemeinschaft) nannte man im 16. und 17. Jh. in England ein Kammermusik-Ensemble und die für ein solches Ensemble geschriebene Musik. Ein aus Instrumenten der gleichen Familie, z.B. Gamben, zusammengesetztes Consort wurde als **whole consort**, eines aus Instrumenten verschiedener Instrumentengruppen als **broken consort** bezeichnet. Auch eine Singstimme konnte einbezogen werden. Kompositionen für Consorts unterschiedlicher Besetzung sind u.a. überliefert von William Lawes und Matthew Locke.
Consort nennen sich heute einige Ensembles, die sich auf die Aufführung englischer Musik des 16. und 17. Jh.s spezialisiert haben, so z.B. das Deller Consort um den Countertenor Alfred Deller.

Cotillon (franz. = Unterrock) ist ein Gesellschaftstanz, der zu Anfang des 18. Jh.s in Frankreich aufkam. Ursprünglich ein Rundtanz, entwickelte er sich Ende des Jh.s zu einem Paartanz, den je vier Paare in strenger Symmetrie tanzten. Im 19. und 20. Jh. wurde der Cotillon durch Einlagen aus den jeweils aktuellen Modetänzen, wie z.B. Walzer, Polka oder Galopp erweitert und zum opulenten Schlußtanz von Bällen und anderen Festlichkeiten ausgestaltet.

Countertenor (engl., von lat.: contratenor), auch **Alto** oder **Altus** genannt, ist die Bezeichnung für die im ▶ Falsett singende Männerstimme, die etwa Tonhöhe und Tonumfang der weiblichen Altstimme besitzt. In der Kirchenmusik sowie in der vokalen Gesellschaftskunst des 16. und 17. Jh.s (mehrstimmige Liedsätze, Lied) war der Einsatz von Countertenören vor allem in England übliche Praxis. Bei Aufführungen alter Musik werden aus Gründen historischer Werktreue heute oft Countertenöre eingesetzt. Daher gibt es derzeit einige vielbeschäftigte männliche Altisten, z.B. René Jacobs und Jochen Kowalski.

Country Music (engl.: country = Land, ländlich) wird die ländliche Volksmusik der weißen Amerikaner genannt, die sich unter den Siedlern aus den verschiedenen europäischen Ländern herausbildete. Als „Heimat“ der Country Music gilt das Appalachen-Gebirge zwischen Alabama und West Virginia. Hier setzten sich vor allem die Traditionen der anglo-irischen Folklore durch, die bis heute in der Country Music dominieren. Es sind jedoch auch – je nach regionalem Standort – Einflüsse anderer Volksgruppen erkennbar. Die typischen Instrumente der Country Music sind Fiddle (Fiedel), Hackbrett, Autoharp, Banjo und Gitarre. Gesungen wird meist mehrstimmig, mit oder ohne Begleitung.

Die Country Music wurde in den 20er Jahren von der amerikanischen Musikindustrie „entdeckt“. Eine wöchentliche Live-Sendung, in der ausschließlich Country Music erklang, wird seit 1925 in Nashville (Tennessee) unter dem Titel **Grand Ole Opry** ausgestrahlt. Mit zunehmender Verbreitung im ganzen Land verlor die Country Music viele ihrer regionalen Eigenheiten; es bildete sich ein Einheitsstil heraus. In den 30er Jahren griff die Filmindustrie die Country Music auf. Mit der Figur des singenden Cowboys setzte sich die klischeehafte Verbindung Country Music = amerikanischer Westen im Bewußtsein des Publikums fest. Heute tritt oft der Trucker, der Fernfahrer, an die Stelle des Cowboys. Der Begriff **Country & Western** wurde geprägt; für diesen weltweit verbreiteten Stil stehen Namen wie Johnny Cash, Dolly Parton und Hank Williams. Ein seinerzeit spöttisch gemeinter Begriff, **Hillbilly** (etwa: Hinterwäldler), der um 1900 für die Bewohner des Appalachen-Gebietes aufkam und später auf ihre Musik übertragen wurde, steht heute eher für zwar kommerzielle, aber noch stärker ihren Wurzeln verbundene Country Music.

Couplet (franz. = Strophe) Ein Liedtypus des unterhaltenden Musiktheaters des 19. Jh.s. In (meist sehr vielen) Strophen und gleichbleibendem Refrain, den das Publikum mitsingen kann, werden im Couplet Betrachtungen über Alltagserfahrungen in witzig-pointierter Weise und oft mit aktuellen politischen Anspielungen vorgetragen. Ursprünglich war das Couplet eine Gesangseinlage im Volkstheater, etwa in Stükken von Johann Nepomuk Nestroy, dann auch in der Revue und im Varieté. Das Couplet verselbständigte sich Ende des 19. Jh.s und wurde zur Liedform des Kabaretts. Meist nur vom Klavier begleitet und von einem Sänger oder einer Sängerin vorgetragen, hatte das Couplet eine schlichte, volkstümliche Melodie, die oft im ▶ Parlando-Stil gehalten war, damit der Text stets verständlich blieb. Der bekannteste Schöpfer von Couplets war Otto Reutter.

Courante (franz.: courir = laufen) ist ein französischer Tanz, der uns vor allem in der Musik der Barockzeit (17./18. Jh.) häufig begegnet. Ursprünglich war die Courante ein schneller, gesprungener Tanz in ungeradem Takt (3/4 oder 6/8). Im Laufe ihres Aufstiegs zum höfischen Tanz wurde die Courante zu einem relativ langsamen Schreittanz. Besonders beliebt war sie am französischen Hof zur Zeit Ludwigs XIV. Als stilisierte Tanzform in der Instrumentalmusik, z.B. bei Johann Sebastian Bach, ist die Courante durch gemessenes Tempo im 3/2- oder 6/4-Takt charakterisiert. Die Courante wurde in der Barockzeit zu einem der Kernsätze der ▶ Suite. Sie folgt in der Regel als 2. Satz auf die Allemande.

Eine etwas schnellere Form der Courante wird mit dem italienischen Begriff **Corrente** bezeichnet. Auch sie kommt in barocker Instrumentalmusik, u.a. bei Bach, häufig vor. Die Corrente steht im 3/8- oder 3/4-Takt und besitzt einen lebhaften, fließenden Bewegungscharakter.

Cover Version (engl.) nennt man in der Rock- und Popmusik die Neueinspielung eines vorliegenden Titels mit anderen Musikern – eher Kopie als Bearbeitung, da das Original meist unverändert übernommen wird. Cover Versions werden hergestellt, um den Erfolg eines Stückes zu verlängern. In den 50er Jahren produzierte die amerikanische Schallplattenindustrie zahlreiche Cover Versions von Rhythm and Blues-Titeln schwarzer Musiker mit weißen Interpreten. So konnte sie die erfolgreichen Stücke auch den weißen Amerikanern verkaufen. Damals herrschten in den USA rassistisch geprägte Vorurteile gegenüber der Musik der Schwarzen, so daß die Originalversionen unter Weißen nahezu unverkäuflich waren. Die Texte von Blues und Rhythm and Blues, die oft eindeutig sexuelle Inhalte hatten, wurden von Weißen als unmoralisch und jugendgefährdend eingestuft. In Cover Versions wurden solche Texte daher oft verändert, gereinigt, salonfähig gemacht. Die Cover Versions von Rhythm and Blues-Titeln wie *Hound Dog* (Original: Willie Mae Thornton 1953, Cover Version: Elvis Presley 1956) oder *Shake, Rattle and Roll* (Original: Joe Turner 1954, Cover Version: Bill Haley 1954) gehören zu den wichtigsten Stücken des frühen Rock'n'Roll. Sie zeigen, daß Rock'n'Roll schwarze Musik ist, von Weißen kopiert und (um-)interpretiert.

crescendo, Abkürzung **cresc.** (ital.) Vortragsanweisung: stärker werden, die Lautstärke stufenlos steigern. Unter den Noten ist entweder das Wort selbst – ausgeschrieben oder abgekürzt – oder das folgende Zeichen angebracht: <

Crooner (engl./amerik.: to croon = summen, schmalzig singen) heißt in der populären Musik ein Sänger, der sich auf sentimentale Schlager und Songs spezialisiert hat. Der Begriff wurde in den 40er Jahren in den USA für Sänger wie Perry Como, Bing Crosby und Frank Sinatra geprägt. Charakteristisch für einen Crooner ist, daß er dicht am Mikrophon singt, deshalb sehr leise singen kann und damit dem Hörer Nähe und Intimität suggeriert. Diese Praxis ist auch im deutschen Schlager üblich und z.B. bei Roy Black zu finden.

Crwth (keltisch) Das Instrument mit dem unaussprechlichen Namen (das w klingt wie u) spielte der Barde, der Sänger und Spielmann der Kelten. Es ist eine Leier mit 6 Saiten, Resonanzkörper und Griffbrett. Die Saiten (4 Spielsaiten, 2 Bordunsaiten) können gezupft oder gestrichen werden (die Bordunsaiten haben feststehende, gleichbleibende Tonhöhen und werden nicht gegriffen). Der Crwth ist seit dem 6. Jh. nachgewiesen und wurde bis zum 18./19. Jh. in der Bretagne, in Irland und Wales gespielt.

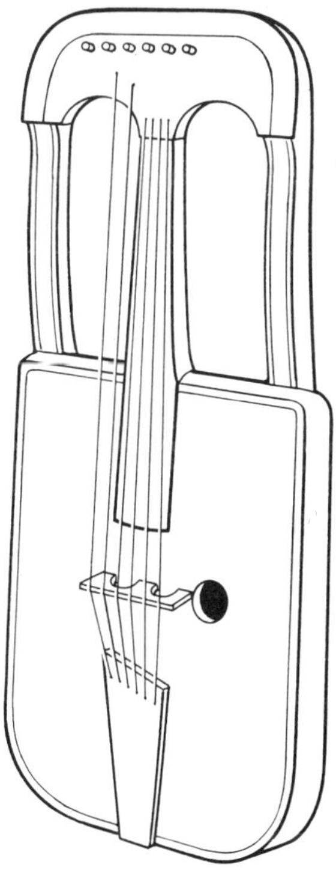

Csárdás (ungar.: csárda = Wirtshaus, Dorfkneipe) ist ein ungarischer Tanz, der hierzulande vor allem durch die Wiener Operette bekannt wurde, z.B. *Der Zigeunerbaron* (1885) von Johann Strauß oder *Die Csárdásfürstin* (1915) von Emmerich Kálmán. Der Csárdás ist zweiteilig: Der langsamen Einleitung, dem Lassù, getanzt von den Männern, folgt der wild bewegte Hauptteil, die Friska, getanzt von Paaren. Die Taktart ist 2/4 oder 4/4, der Rhythmus stark akzentuiert.

Cue (engl. = Wink) Handzeichen oder Kopfbewegung als Hinweis auf einen gemeinsamen Einsatz oder eine andere musikalische Aktion: vom Bandleader, dem Stehgeiger oder einem anderen Mitglied des Ensembles (z.B. einem Solisten am Ende seines Solos) für die anderen Musiker.

D

da capo (ital. = noch einmal) ist die Anweisung, ein Stück zu wiederholen. **Da capo al fine** gibt an, daß das Musikstück bzw. ein Abschnitt daraus vom Anfang bis zum Zeichen „fine" wiederholt werden soll. Häufig findet sich dort auch eine ▶ Fermate: 𝄐. Ist das Zeichen 𝄋 notiert, heißt die Anweisung **da capo al segno** (ital.: segno = Zeichen). **Dal segno** schreibt vor, ein Musikstück vom Zeichen (𝄋, 𝄌 oder §) an bis zur Fermate oder einem nochmaligen **segno-**Zeichen zu wiederholen.

Dämpfer oder **Sordino** ist ein Hilfsmittel zur Veränderung der Klangfarbe und zur Verringerung der Lautstärke. Der Reiz des gedämpften Tones wird häufig als klangmalerisches Stilmittel genutzt, z.B. gedämpfte Streichinstrumente in der Kerkerszene von Ludwig van Beethovens Oper *Fidelio* (1805).
Für Streichinstrumente gibt es ein kammähnliches Gerät aus Holz, Kautschuk oder Metall, das auf den Steg aufgesetzt wird. Bei Blechblasinstrumenten wird ein kegelförmiger Einsatz aus Holz oder Metall in

für Trompete

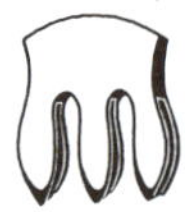

für Streichinstrumente

die Stürze (trichterförmige Öffnung der Schallröhre) geschoben oder das Instrument wird mit der Hand (vor allem beim Horn) „gestopft". Verschiedene Dämpferformen bei Trompete und Posaune ergeben unterschiedliche Klangeffekte, die vor allem im Jazz und in der Popmusik eingesetzt werden. Trommeln, Pauken, Becken und andere Schlaginstrumente werden durch Auflegen eines Tuchs oder der Hand gedämpft. Beim Klavier verhindern Filze das Weiterschwingen der Saiten nach dem Tastenanschlag. Mit Hilfe der Pedale kann diese Dämpfung ganz oder teilweise aufgehoben werden.
Die Anweisung zur Verwendung eines Dämpfers lautet con sordino (engl. = muted), die Anweisung, ohne Dämpfer zu spielen, senza sordino (engl. = open).

Darmstädter Ferienkurse bzw. **Internationale Ferienkurse für Neue Musik** heißt eine Veranstaltung, die seit 1946 alle zwei Jahre vom Internationalen Musikinstitut Darmstadt durchgeführt wird. Sie umfaßt Seminare für Komposition und Interpretation sowie Konzerte mit Neuer Musik und ist in erster Linie eine Plattform für junge Komponisten. Die Ergebnisse werden seit 1958 in den *Darmstädter Beiträgen zur Neuen Musik* veröffentlicht.

DAT, Abk. für **Digital Audio Tape**, bezeichnet eine Tonbandkassette (Musikkassette) für digitale Schallaufzeichnung. Die DAT-Kassette ist kleiner als die normale Compact-Kassette und hat eine der CD (Compact Disc) gleichkommende hohe Wiedergabequalität. Sie ermöglicht z.B. die Kopie von Musikstücken von CDs ohne den bei der gebräuchlichen Kassette üblichen Qualitätsverlust.

Decay bzw. **Decay Time** (engl.) ist die Bezeichnung für die Ausklingzeit eines Tones bzw. die Ausschwingphase einer Schwingung. Jedes Instrument hat ein charakteristisches Decay, das man mit Hilfe der Hüllkurve (▶ Schwingung) erkennen kann. Will man z.B. in elektronische Keyboardinstrumente einen Klang einprogrammieren, der dem des Saxophons nahekommt, so muß man u.a. das Decay des originalen Klangs berücksichtigen.

decrescendo (ital.), Abkürzung decr. oder **decresc**. Vortragsanweisung: die Lautstärke stufenlos herabsetzen. Das Zeichen für decrescendo ist unter den Noten angebracht: >.

Delay (engl.) bezeichnet die zeitliche Verzögerung eines Tons im Verhältnis zum Originalklang durch kurzzeitige Speicherung und minimal „verspätete" Wiedergabe. Mit Delay arbeitet das ▶ Echogerät, das in der Rock- und Popmusik durch die elektronische Erzeugung eines künstlichen Echos für raffinierte Klangeffekte sorgt.

Demoband, kurz Demo, ist eine Musikaufnahme zu Demonstrationszwecken, von einem Musiker oder einer Gruppe selbst hergestellt. Das Demoband wird an Veranstalter, Verlage, Plattenfirmen und andere mögliche Interessenten zu Werbezwecken oder zwecks Teilnahme an einem Wettbewerb geschickt.

Deutscher Musikrat (**DMR**) Seit 1950 besteht der Deutsche Musikrat als Dachverband von 86 Musikorganisationen, 16 Landesmusikräten und zahlreichen Einzelmitgliedern aus allen Bereichen des Musiklebens. Als Repräsentant und Interessenvertretung von über 8 Millionen Bürgern, die sich professionell oder als Laien mit Musik befassen, versucht der Deutsche Musikrat, die gesellschaftlichen und kulturpolitischen Rahmenbedingungen für das Musikleben (Erziehungaufgaben, Rechtsfragen, Sozialpolitik) weiterzuentwickeln und die Bedeutung einer breit gefächerten Musikkultur bewußt zu machen. Er informiert und berät auf Bundesebene Organisationen und Institutionen des Musiklebens, Behörden und die Öffentlichkeit allgemein. Neben den genannten Aufgaben engagiert sich der Deutsche Musikrat vor allem für die Förderung des musikalisch-künstlerischen Nachwuchses, organisiert ▶ Musikwettbewerbe und betreut Preisträgerkonzerte. Der zeitgenössischen Musik gilt seine Aufmerksamkeit ebenso wie dem Laienmusizieren. Darüber hinaus pflegt der Deutsche Musikrat internationale Beziehungen und ist an internationalen Austauschprogrammen für Musiker beteiligt.

Deutscher Tanz oder **Deutscher** ist ein rascher Paartanz im 3/4- oder 3/8-Takt, der Ende des 18. Jh.s aufkam und vor allem in Süddeutschland und Österreich sehr beliebt war. Die Komponisten der Wiener Klassik griffen den Deutschen Tanz mit seinem derb-volkstümlichen Charakter als belebendes, populäres Element auf und verfeinerten ihn zugleich in ihren zahlreichen Deutschen Tänzen für Orchester. Franz Schubert komponierte mehr als 100 Deutsche Tänze für Klavier, die teilweise nicht mehr als Tanzmusik gelten können. In der Tanzpraxis wurde der Deutsche Tanz vom schnelleren Walzer abgelöst.

Deutsch-Verzeichnis, Abk. **DV**, ist das thematische Verzeichnis der Werke Franz Schuberts, das der Musikwissenschaftler Otto Erich Deutsch veröffentlichte (1951/78). Die Kompositionen Schuberts sind darin in der Reihenfolge ihrer Entstehung aufgelistet und durchnumeriert. Das Deutsch-Verzeichnis umfaßt 998 Nennungen, darunter über 600 Lieder.

Dezime (lat.: decima = die Zehnte) heißt das Intervall, das in der diatonischen Tonleiter 10 Tonstufen umfaßt, also z.B. c^1–e^2 (e^2 ist in der C-Dur-Tonleiter die 10. Stufe vom Grundton c^1 aus).

Digital (engl.: digit = Zahl) Die Digital-Technik ist die computergerechte Erfassung von Daten und natürlichen Ereignissen in der Musik, besonders von Schall und Sprache. Diese werden in Zahlen zerlegt, mit denen der Computer dann rechnen kann. Das Gegenteil heißt **analog**. Die digitalen Zahlenwerte erhält man durch Messen des analogen Signals in regelmäßigen Zeitabständen. Dadurch wird es in „Punkte" zerlegt.

Die Nadel eines Schallplattenspielers vollführt ähnliche, d.h. analoge Bewegungen wie die in der Rille aufgezeichnete Musik bei der Aufnahme. Die Bewegungen werden also *nicht* extra noch in Zahlen umgerechnet. Ähnlich beim Tonbandgerät: Das Tonband ruft im Tonkopf analoge elektrische Ströme hervor, wie bei der Aufnahme das Mikrofon. Dagegen haben die Zahlen, die der Computer braucht, ihrer Form nach keinerlei Ähnlichkeit mehr mit der Erscheinungsweise des Schalls.

Der Unterschied zwischen digital und analog ist also ein reiner Formunterschied, der allerdings von größter technischer Bedeutung ist. Weil die digitale Computertechnik meist bessere Ergebnisse bei der verzer-

Eine analoge Sinusschwingung ...

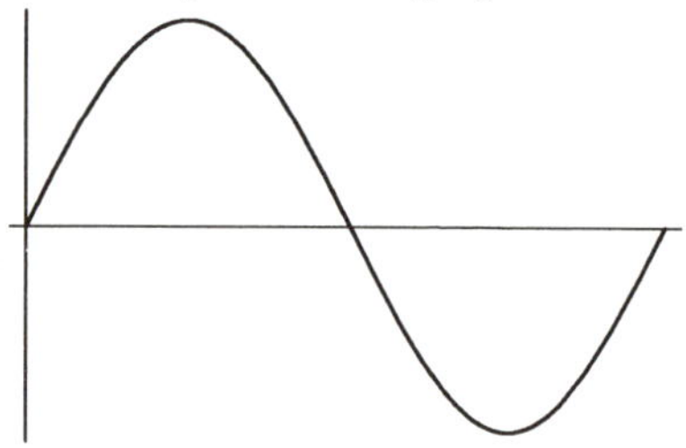

wird digitalisiert ...

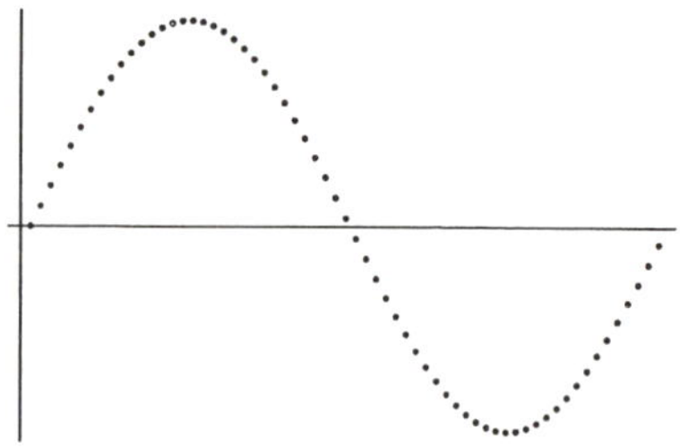

und ergibt eine Zahlenfolge:

0
0.998334
0.198669
0.29552
usw.

rungs- und rauschfreien Verarbeitung von Daten erlaubt, wenn auch mit größerem technischen Aufwand, sind seit ca. 1980 fast alle Gebiete von Kunst, Industrie, Technik und Forschung digitalisiert worden.
Die digitale Technik macht die analoge nicht überflüssig, sondern ergänzt sie. Analoge Geräte wie Mikrofone und Lautsprecher stehen z.B. meist am Anfang und Ende einer Aufzeichnung von Musikdaten. Diese Geräte haben es direkt mit „analogen“ menschlichen Sinnesdaten (Hören, Singen, Sprechen) zu tun. Technisch werden daher analoge und digitale Daten ständig ineinander umgewandelt (A/D- oder D/A-Wandlung).

diminuendo (ital.), Abk. **dim.** oder **dimin.** Vortragsanweisung: die Tonstärke reduzieren, schwächer werden, wie bei ▶ decrescendo.

Diminution ist die Verkürzung der Töne eines Meldieabschnitts um die Hälfte oder ein Mehrfaches ihrer Werte. Die Musik klingt dann wie im Zeitraffer. Diminution oder **Verkleinerung** ist häufig in Fugen oder in Variationen zu finden.

Direktschnitt Bei diesem Aufnahmeverfahren wird das akustische Signal direkt, ohne den Umweg über ein Übertragungssystem wie das Tonband, auf die Lackfolie (master disc) geschnitten, die die Grundlage der Schallplattenherstellung bildet. Beim heute weitgehend üblichen **Direct Metal Mastering**-Verfahren (DMM) wird statt der Lackfolie eine Kupfermatrize verwendet, die mit Ultraschall bearbeitet (geschnitten) wird. Beim Direktschnitt entfällt das störende Bandrauschen, und ein breiteres dynamisches Spektrum wird möglich.

Dirigent (lat.: dirigere = leiten) Dem heutigen Konzertbesucher ist es selbstverständlich, auf der Plakatankündigung eines Konzertes häufig den Namen des Orchesterleiters in größeren Buchstaben gedruckt zu sehen als den des oder der Komponisten, deren Werke aufgeführt werden. Wir haben uns daran gewöhnt, daß der Leiter eines musikalischen Ensembles heute ein herausragender und prägender Faktor unseres Konzert-, ja Musiklebens überhaupt geworden ist. Nicht selten gehört der Dirigent zu jenen Stars, die – ähnlich wie Fußball- oder Popstars – als Idole bewundert, hoch bezahlt und mit Begeisterung überschüttet werden.
Aufgaben und Funktionen des Leiters eines musizierenden Ensembles können bis in die Antike zurückverfolgt werden, der Begriff des Dirigenten in der uns heute vertrauten Wortbedeutung ist dagegen erst mit Beginn des 19. Jh.s üblich geworden. Als Berufsbezeichnung für die Leitung eines Ensembles von Sängern und Instrumentalisten ist die Bezeichnung **Kapellmeister** älter und bis heute gebräuchlich. Allerdings wird heute mit Kapellmeister meistens ein dem Chefdirigenten (oder Generalmusikdirektor) nachgeordneter 2. (oder 3.) Dirigent bezeichnet, der von der künstlerischen Einschätzung wie im öffentlichen Ansehen eher mit der Vorstellung eines routinierten, handwerklich soliden, aber eher uninspirierten Orchesterleiters in Verbindung gebracht wird.
Der abwertenden Verwendung der Bezeichnung Kapellmeister steht das hohe Ansehen gegenüber, das dieser Titel im Mittelalter besaß. Der Wortursprung (spätlat.:

capella = das kleine Gotteshaus) verweist auf den geistlichen Hintergrund und die Funktion des magister capellae (Kapellmeister) im Umfeld der am Hofe dienenden Geistlichen und der dort ausgeübten Kirchenmusik. Mit der Abhaltung des Gottesdienstes betraut und als Leiter der Kapellsänger bekleidete er bis ins 15. Jh. eine hohe geistliche Stellung. Erst mit dem 16. Jh. wird in Deutschland der Kapellmeister zum Titel eines Leiters der Hofmusik. Das 19. Jh. wendet die Bezeichnung Kapellmeister auf jeden Leiter eines musikalischen Ensembles an. Während Status und Begriff des Dirigenten in dieser Zeit ihre hervorgehobene Bedeutung gewinnen, verliert die populäre Variante des Kapellmeisters (z. B. als Leiter einer Tanzkapelle) eher an Ansehen.

Chordirigenten leiten Chöre. Es handelt sich dabei um Chöre, die aus dem Konzertleben des 19. und 20. Jh.s entstanden sind oder um die zahlreichen Formen des Chorgesangs in Vereinen (Liedertafel, Männergesangsverein usw.) sowie um solche, die an kirchliche Musiktraditionen anknüpfen. Allerdings lassen seine überwiegend dem Orchesterleiter zuarbeitenden Aufgaben in der Konzert- und Kirchenmusikpraxis, aber auch bei Opernaufführungen den Chordirigenten im Bewußtsein des Publikums eher ins zweite Glied treten. Als Leiter berühmter Chöre (z. B. Dresdner Kreuzchor, Leipziger Thomaner-Chor) genießt aber auch der Chordirigent hohes Ansehen und erzielt angemessene Aufmerksamkeit. Dem Chordirigenten obliegen in der Regel auch stimmbildnerische Aufgaben.

Eine herausragende Stellung im öffentlichen Bewußtsein nimmt allerdings der Dirigent erst in jüngerer Vergangenheit ein. Noch die Musizierpraxis des 18. Jh.s kannte ihn in seiner uns heute geläufigen Erscheinungsform nicht. Der heute vertraute Anblick eines Dirigenten, der vor dem Orchester steht, auf keinem Instrument mitmusiziert und von dieser hervorgehobenen Position aus das Ensemble leitet, war damals nicht die Regel. Vielmehr war der dirigierende Musiker auch ein auf einem Instrument Mitmusizierender und saß inmitten des Orchesters. Die großen Meister des 18. Jh.s, Johann Sebastian Bach, Georg Friedrich Händel oder der vor allem am Wiener Hof wirkende Opernreformator Christoph Willibald Gluck leiteten die Aufführungen ihrer Werke überwiegend vom Klavier oder Cembalo aus, manchmal auch wie z. B. Gluck oder Joseph Haydn mit der Violine. Auch die Form der **Doppeldirektion** war verbreitet. In diesem Fall leitete der Generalbaßspieler das musizierende Ensemble gemeinsam mit dem ersten Violinisten, der mit dem Bogen seiner Geige zusätzlich Takt und Einsätze angab.

Auch den **Taktstock**, ein kleiner zeigestockähnlicher und leichtgewichtiger Holzstab, der heute dem Dirigenten zum selbstverständlichen Instrument der Zeichengebung geworden ist, kannte man damals noch nicht. Eine Notenrolle genügte, oder es war zum einfachen Schlagen des Taktes lediglich ein Stab in Gebrauch, mit dem der Grundrhythmus auf den Boden geschlagen oder besser: gestampft wurde.

Bis zum Ende des 18. Jh.s beschränkte sich das Dirigieren auf einfache Zeichengebung (Auf- und Niederschlag), auf das Markieren des Taktes. Der Typus eines modernen Dirigenten entstand mit dem Beginn des 19. Jh.s und hängt eng mit der Entwicklung musikalischer Großformen (wie Sinfonie, Solokonzert, Chorwerk, aber auch der Oper) zusammen.

Franz Xaver Richter als Kapellmeister am Straßburger Münster, 1785

Die sich im 19. Jh. rasch ausbreitende bürgerliche Konzertkultur und der fortschreitende Schwierigkeitsgrad der aufzuführenden Werke (komplexer Kompositionsstil und zunehmende Zahl der mitwirkenden Musiker) erforderten einen Spezialisten. Dieser muß die komplizierten ▶ Partituren der Werke, also die gesamte und durchgängige Notierung aller Einzelstimmen des Orchesters in einer einzigen Notenvorlage, ebenso sicher ihrem geistigen Gehalt entsprechend realisieren und interpretieren wie das richtige Zusammenspiel organisieren können. Der Dirigent gibt den Takt an, bestimmt Tempo und Lautstärke, gliedert die melodischen und harmonischen Zusammenhänge (▶ Phrasierung), gestaltet das Zusammenspiel der Instrumente (z.B. Klangfarbe) und verdeutlicht die rhythmische Struktur. Eine immer differenzierter werdende gestische und mimische, ja gesamtkörperliche Dirigiersprache entsteht und entwickelt sich bis zum speziellen Zeichensystem der dirigierenden Hände (der **Schlagtechnik** des Dirigenten). Der Dirigent ist somit die zentrale Schaltstelle für die Realisierung eines Werkes. Seiner Bedeutung im heutigen Musikleben entspricht die Entwicklung hin zu einem eigenständigen Beruf mit einem umfassenden Studium.

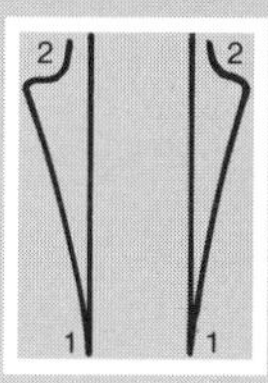

Taktfigur für den Zweiertakt

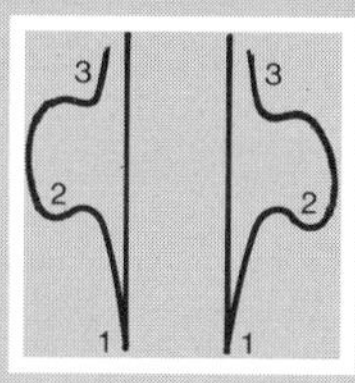

Taktfigur für den Dreiertakt

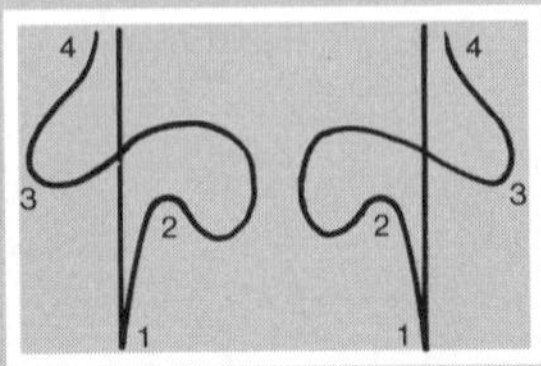

Taktfigur für den Vierertakt

Zu Beginn der Entwicklung des modernen Dirigententums steht noch die Einheit von komponierendem und nachschaffendem Künstler. Carl Maria von Weber, der 1817 – wie Louis Spohr im gleichen Jahr in Frankfurt – zu den ersten gehörte, die den Taktstock einführten, prägte als eine der ersten großen Dirigentenpersönlichkeiten auch spätere Epochen. Als Theaterdirigent sieht er sich nicht nur für die Musik verantwortlich, sondern auch für Text und Bühne. Er realisiert als Schöpfer und Interpret eigener Opern (*Der Freischütz,* 1821; *Euryanthe,* 1823) ebenso wie solcher anderer Komponisten Ideen eines umfassenden Gesamtkunstwerkes (= Verbindung mehrer Künste, z.B. Musik, Dichtung, Tanz, bildende Kunst zu einem Werkganzen) und bereitet den Boden z.B. für Richard Wagners kompositorische, musiktheoretische und musikpädagogische Vorstellungen, die für die musikgeschichtliche Entwicklung in Deutschland von großer Bedeutung geworden sind. Zugleich wird an Wagners Werk auch beispielhaft die Ablösung des Nur-Dirigenten vom Komponisten deutlich: Mit Hans von Bülow, der die ersten Aufführungen von Wagners Musikdramen *Tristan und Isolde* (1865) und *Die Meistersinger von Nürnberg* (1868) in München leitete, tritt jener Typus des Dirigenten auf den Plan, der selber nicht komponiert, aber als glühender Verehrer des Meisters ganz im Dienst an dessen Werken aufgeht. Der Dirigent wird zum Wegbereiter des Komponisten, dem er auch menschlich und künstlerisch nahesteht. So findet Wagner auch in Hans Richter für das vierteilige Bühnenfestspiel *Der Ring des Nibelungen* (1874) und in Hermann Levi für *Parsifal* (1882) kongeniale Uraufführungs-Dirigenten für die ▶ Bayreuther Festspiele.

Wie schon mit dem französischen Komponisten und Dirigenten Hector Berlioz verbindet sich mit Hans von Bülow auch die Vorstellung vom **reisenden Dirigenten**. Überall als Star gefeiert, dient er nicht mehr nur der Verbreitung der Werke, sondern beginnt als Virtuose des Taktstocks und gefeierter Gastdirigent den Sensationsdrang und den Wunsch nach Nervenkitzel eines vom Kunstgenuß verwöhnten Publikums zu bedienen. Der Dirigent als **Pultvirtuose** steht in einer Reihe mit vergleichbaren Erscheinungen eines instrumentalen und sängerischen Virtuosentums, das sich seit Mitte des 18. Jh.s im europäischen Musikleben immer mehr verselbständigt und allerorts bejubelt wird. So wird Franz Liszt sowohl als Dirigent als auch als Klaviervirtuose gefeiert.

Diese Tendenz zum Stardirigenten ist jedoch nur ein Aspekt der Entwicklung. Dem

Dirigenten kommen auch wichtige Aufgaben als **Orchester-Erzieher** zu. In einem Orchester ist heute eine sehr große Zahl von Einzelmusikern versammelt, von denen ein jeder als Meister seines Instrumentes mit ausgeprägter künstlerischer Individualität ausgewiesen ist. Ein solches Ensemble zu einem homogen klingenden Klangkörper zu machen, setzt neben künstlerischem Vermögen auch überzeugende pädagogische Fähigkeiten beim Dirigenten voraus. Das Orchester zu einer menschlich wie künstlerisch ausgewogenen Gemeinschaft heranzubilden, erfordert vom Orchesterleiter auch die Bereitschaft, sich für einen bestimmten Zeitraum an das Orchester zu binden. Seit dem 19. Jh. entwickelte sich vielerorts in Deutschland eine differenzierte Orchesterkultur, die durch solche länger andauernden Verbindungen von Dirigent und Orchester geprägt ist.

Discjockey, Kurzform **DJ**, nennt man den Mann, der in der Diskothek oder in bestimmten Rundfunksendungen die Schallplatten auswählt, auflegt und kommentiert. Dies ist keineswegs eine bloß reproduktive Tätigkeit. Discjockeys haben auf die Entwicklung der Rockmusik seit den 50er Jahren einen erheblichen Einfluß ausgeübt. Sie entschieden im amerikanischen Rundfunk weitgehend selbständig über die Zusammensetzung ihrer Musikprogramme und konnten so – bisweilen in enger, auch bis zur Manipulation gehenden Beziehung zur Schallplattenindustrie – bestimmte Platten in die ▶ Charts bringen.
Der für die Geschichte der Rockmusik entscheidende Discjockey war Alan Freed, der in seiner Sendung „The Moon Dog Rock'n'Roll House Party" in den 50er Jahren den Rock'n'Roll u.a. mit Platten von Elvis Presley weithin bekannt machte. In den 70er Jahren prägten die Discjockeys in den Diskotheken durch gezielte Auswahl die Discomusik entscheidend mit. Später entwickelten sie technische Verfahren wie das ▶ Scratching (die laufende Platte wird mit der Hand gestoppt und rhythmisch bewegt) oder den Stil des ▶ Rap (der wesentlich auf ihr schnelles Sprechen zurückgeht) und lieferten damit wichtige Anstöße zu neuen Sounds und Stilen der Rockmusik.

Discomusik oder **Disco Sound** ist eine Mischung aus Elementen verschiedener afroamerikanischer Stilrichtungen, die um die Mitte der 70er Jahre in New York entstand. Von Anfang an war sie in den Diskotheken beheimatet und erhielt dort auch Impulse zur weiteren stilistischen Entwicklung durch die Discjockeys. Charakteristische Merkmale der Discomusik der 70er Jahre sind der starre, gleichmäßig durchgehaltene Beat im 4/4-Takt (auf jeder vollen Taktzeit durch die Bass Drum markiert, mit meist durch Clap Hands hervorgehobenen Zählzeiten 2 und 4), Einsatz der Hi-hat (Schlag auf dem 2. Achtel jeder Zählzeit), abgehackte, springende Baßlinien, Streicherarrangement (Synthesizer), kurzgliedrige, meist monotone Melodik. Alle Gestaltungsmittel der Discomusik zielen auf einen einzigen Zweck: Tanzen. So sind auch alle Weiterentwicklungen des Discosounds in den 80er Jahren (▶ Scratching, ▶ Rap) diesem Ziel untergeordnet. Da bei Tanzmusik der Rhythmus im Vordergrund steht, werden bei der Discomusik im Laufe der Zeit immer mehr Elemente perkussiv gestaltet – bis hin zur Sprache im Rap. Die Anreicherung mit Klangeffekten wird zur Unterscheidung der einander ansonsten sehr ähnlichen Titel immer wichtiger. Lichteffekte wie Lichtorgel, Stroboskop oder Laserstrahlen, Rotationsprojektoren, Videogeräte, Nebel- und Seifenblasenerzeuger verknüpfen die Musik mit optischen Reizen. Discomusik war von Anfang an ein multimediales Phänomen. Zu Musik und Bild treten die Ausstattung der Diskotheken und die Aufmachung der Besucher. Zusammen mit der extremen Lautstärke (gelegentlich bis knapp unter die Schmerzschwelle von 130 Dezibel) verschmelzen alle diese Elemente zu einem mehrdimensionalen sinnlichen Erlebnis.

Diseuse (franz. = Vortragskünstlerin) nennt man eine vielseitige Künstlerin, die z.B. im Kabarett oder auf anderen Kleinkunstbühnen Texte und Lieder vorträgt und dazu agiert, ggf. auch tanzt. Die Domäne der Diseuse ist das Chanson, das ursprünglich französische, inzwischen aber auch in der deutschen Kleinkunstszene heimisch gewordene poetische, melancholische oder ironische Sololied. Berühmte Diseusen der 1. Hälfte unseres Jh.s waren Yvette Guilbert und Edith Piaf.

Diskant Bezeichnung für die höchste Stimme einer Chorkomposition, auch Sopran. In der Vokalmusik des Mittelalters lag die Hauptstimme (= Cantus) meist im Tenor. Discantus wurde die über einem Cantus gebildete Gegenstimme genannt. In der Praxis wurde diese hohe Stimme meist von Knaben gesungen, den **Diskantisten**. Bei einigen Instrumentenfamilien wird mit Diskant das am höchsten klingende Instrument bezeichnet, z.B. Diskantflöte, Diskantpommer.

Diskographie nennt man ein systematisches Schallplattenverzeichnis, analog zu Bibliographie = Bücherverzeichnis. Diskographien können nach verschiedenen Gesichtspunkten zusammengestellt sein und z. B. bestimmte Musikarten, Musikepochen, Komponisten, Interpreten oder Plattenfirmen erfassen. Für die populäre Musik sind Diskographien besonders wichtig, da dieser Musikbereich weitgehend nicht durch gedruckte Notenausgaben, sondern durch Schallplatteneinspielungen dokumentiert ist. Eine Diskographie enthält die genauen Angaben zu: Titel der Stücke, Komponist, Texter, Arrangeur, Aufnahmeort und -datum, Name der Schallplattenfirma und des Labels, Plazierung und Verweildauer in den Charts usw.

Diskothek nennt man zum einen (analog zur Bibliothek = Büchersammlung) eine Schallplattensammlung, auch die Räume, in denen eine solche Sammlung untergebracht ist. Zum anderen ist die Disko ein Tanzlokal, in dem nach Schallplattenmusik getanzt wird, deren Auswahl und Präsentation ein Discjockey vornimmt. Nach Vorformen in den 50er und 60er Jahren in den USA entstand in den 70er Jahren die Diskothek in der heutigen Form. Größe, Inneneinrichtung, technische Ausrüstung, Musikprogramm und zusätzliche Unterhaltungsangebote der einzelnen Diskotheken unterscheiden sich erheblich. Für das „Erlebnis“ Diskothek sind neben der Discomusik die Ausstattung des Lokals (hier werden oft üppige Fantasiewelten inszeniert) und das Outfit der Tanzenden von entscheidender Bedeutung. Deren Kleidung unterscheidet sich von der des Alltags: körpernah, sex-betont; ein „styling“, das der Selbstinszenierung dient. Der Abstand vom Alltag bezieht auch die Umgangsformen ein. Die extreme Lautstärke der Musik schließt verbale Kommunikation nahezu aus. In der Diskothek stehen Sehen und Gesehenwerden im Vordergrund.

Dissonanz (ital. = Mißklang) Im heutigen Sprachgebrauch bezeichnet der Begriff ein Intervall oder einen Akkord, der ein Spannungsmoment enthält und zur Auflösung in eine ▶ Konsonanz strebt. Verschie-

dene Intervalle besitzen als Dissonanz unterschiedliche Schärfegrade. So ist z.B. die kleine Septime schwach dissonant, die große Septime hingegen stark dissonant. Ob ein Intervall oder Akkord als dissonant empfunden wird, hängt auch von dem musikalischen Zusammenhang ab, in dem er steht. Eine Dissonanz als Durchgangsakkord auf unbetonter Taktzeit wirkt weniger intensiv als eine frei eintretende Dissonanz auf betonter Taktzeit.
Das Phänomen der Dissonanz und die damit verbundenden musikästhetischen und kompositionstechnischen Probleme haben Musiktheoretiker und Komponisten zu allen Zeiten beschäftigt. Bis zum 18. Jh. unterlag in der abendländischen Musik der Einsatz von Dissonanzen festgelegten Regeln. Im Verlauf des 19. Jh.s setzten die Komponisten die Dissonanz immer häufiger ein. Dies führte zu Beginn des 20. Jh.s zur sog. Emanzipation der Dissonanz, d.h. Dissonanz und Konsonanz stehen nun gleichberechtigt nebeneinander.
Welche Intervalle und Akkorde als dissonant empfunden werden, hängt von der Musikauffassung der jeweiligen Zeit ab und ist zudem in den verschiedenen Kulturen unterschiedlich.

Divertimento (ital. = Vergnügen) bezeichnet eine unterhaltsame Musikgattung des 17. und 18. Jh.s. Die Blütezeit des Divertimentos ist mit den Namen Joseph Haydn und Wolfgang Amadeus Mozart verbunden. Beide schrieben zahlreiche Divertimenti für unterschiedliche Besetzungen vom Klavier bis zum Orchester. Kleinere, kammermusikalische Besetzungen mit wenigen, solistisch besetzten Streichern oder Bläsern oder einer Mischung von beiden sind am häufigsten zu finden. Ein Divertimento besteht bei Haydn und Mozart aus einer Folge von 6–12 Sätzen von wechselnder Form und unterschiedlichem Ausdruck. Dieses Reihungsprinzip ist aus der ▶ Suite der Barockzeit bekannt. Die Komponisten der Wiener Klassik griffen es auf und entwickelten es weiter. Haydn und Mozart verwendeten neben einfachen populären Melodietypen, Harmonie- und Rhythmusmodellen auch die anspruchsvollsten und damals modernsten Gestaltungsmittel, z.B. die Sonatenhauptsatzform (▶ Sonate). So näherte sich das Divertimento immer mehr dem Streichquartett, das damals Musikkennern und -liebhabern vorbehalten war und keinesfalls zur Unterhaltungsmusik zu zählen ist.

Dolby System (engl.; auch Dolby Stretcher) heißt das heute gebräuchlichste System zur Rauschunterdrückung bei Tonbandaufnahmen, benannt nach seinem Erfinder. Dem Musikliebhaber begegnet vor allem das Dolby-B-System, das speziell für Kassettenrecorder entwickelt wurde und vor allem bei Frequenzen über 800 Hz wirksam ist. Dolby-A wird im Studiobereich, also bei der Herstellung von Tonträgern, verwendet.
Systeme zur Rauschunterdrückung funktionieren so: Bei der Tonaufnahme wird die Dynamik eingeengt, bei der Wiedergabe ausgeweitet. Dieses Verfahren der Kompression und Expansion ist genau aufeinander abgestimmt. Damit ist gewährleistet, daß das ursprüngliche Klangsignal möglichst klanggetreu wiedergegeben und das besonders beim Mischen von Mehrspuraufzeichnungen im Studio bereits auftretende Bandrauschen als Störfaktor unterdrückt wird. Mit der Einführung dieser Technik wurden Kassettenrecorder erst zu richtigen HiFi-Geräten.

Dominante (lat.: dominare = herrschen) Der Begriff stammt aus der Gregorianik, der einstimmigen Kirchenmusik des Mittelalters. Er bezeichnet dort in bestimmten Tonarten die 5. Stufe, in anderen die 4. Stufe. Im Begriffssystem der funktionalen ▶ Harmonielehre erscheint die Dominante als Oberdominante (5. Stufe vom Grundton aus aufwärts) und als Unterdominante (5. Stufe vom Grundton aus abwärts; ▶ Subdominante). Eingebürgert hat sich der Begriff Dominante für die Oberdominante sowie für den auf diesem Ton aufgebauten ▶ Dreiklang. Die Dominante „herrscht" über die Tonika (den Grundton) dadurch, daß sie dank ihrer starken akkordischen Spannung (▶ Leitton) wieder zur Tonika zurückführen möchte. Im **Dominantseptakkord** wird die Spannung des Dominantdreiklangs durch Hinzufügen der kleinen Septime gesteigert.

Donaueschinger Musiktage

heißt eine Veranstaltungsreihe, die seit 1950 jährlich Konzerte mit zeitgenössischer Musik anbietet. Schon in den 20er Jahren waren, u.a. angeregt von Richard Strauss und Paul Hindemith, die **Kammermusikfeste** veranstaltet worden, die ebenfalls der Förderung zeitgenössischer Musik dienten. Seit den 50er Jahren wurden in Donaueschingen viele Werke der Avantgarde uraufgeführt, u.a. von Hans Werner Henze, Karlheinz Stockhausen, Luigi Nono, John Cage. Bis heute geben die Donaueschinger Musiktage wichtige Impulse für die Entwicklung der zeitgenössischen Musik.

Doppelgriff Das gleichzeitige Greifen von Tönen auf zwei oder mehr Saiten eines Streichinstrumentes ermöglicht mehrstimmiges Musizieren, das ansatzweise sogar in polyphonen Strukturen verlaufen kann. Die heute übliche flache Konstruktion des Bogens erlaubt mehr als zweistimmiges Spiel nur in Ausnahmefällen durch starken Bogenandruck oder als gebrochene Akkorde (▶ arpeggio). Doppelgriffe in Folge klangschön und richtig intoniert zu spielen, gehört zu den spieltechnisch schwierigsten Aufgaben beim Streichinstrument, das ja eigentlich ein Melodieinstrument ist.

Doppler-Effekt nennt man ein akustisches Phänomen, das der österreichische Physiker und Mathematiker Christian Doppler im 19. Jh. erforschte und das aus Alltagssituationen bekannt ist. Es handelt sich um den Effekt, der z.B. bei der Sirene eines vorbeifahrenden Polizeiautos zu hören ist: Wenn die Schallquelle dem Hörer näherkommt, wird der Ton höher, wenn sie sich vom Hörer entfernt, wird der Ton tiefer. Obwohl die Tonhöhe objektiv immer die gleiche ist, wird durch die veränderte Entfernung eine Änderung der Frequenz bzw. der Wellenlänge wahrgenommen. Der Doppler-Effekt wird in der Rock- und Popmusik im Rotationslautsprecher zur Klanggestaltung genutzt, **Leslie-Effekt**.

Drehleier oder **Radleier** heißt ein seit dem Mittelalter bekanntes Streichinstrument mit 2–4 mitklingenden Bordunsaiten und 1–2 Melodiesaiten. Alle Saiten werden gleichzeitig von einem mit einer Handkurbel gedrehten, aus dem Korpus herausragenden scheibenförmigen Rad von unten gestrichen. Über den unveränderlichen

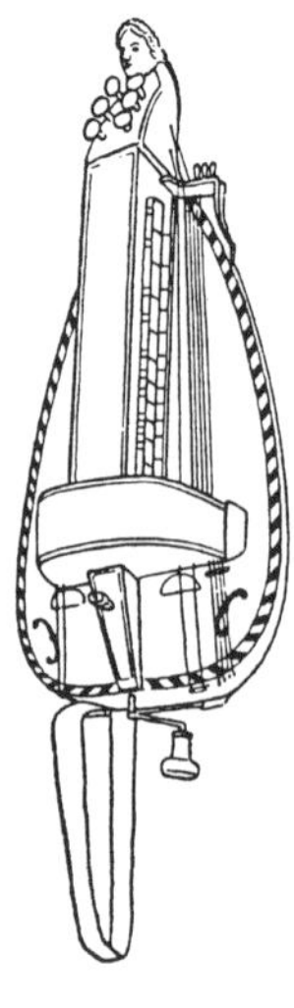

Quintenklang der Bordunsaiten wird die Melodie gelegt, und zwar durch das Niederdrücken von Tasten, die auf dem Korpus über der Melodiesaite angebracht sind und die Saite mit Hilfe von Tangenten abteilen. Mit dieser Technik ist auf der Melodiesaite nur einstimmiges Spiel möglich; dies aber entsprach lange Zeit dem Klangideal der mittelalterlichen Musik. Im 16. Jh. wurde die Drehleier Volksinstrument; sie war leicht spielbar, besaß einen durchdringenden Klang und eignete sich daher besonders gut für Straßenmusik. Als in den 60er und 70er Jahren des 20. Jh.s alte Volksmusik wiederentdeckt wurde, kam die Drehleier wieder zu Ehren.

Drehorgel Die kleine, transportable (meist fahrbare) Pfeifenorgel wird seit Ende des 17. Jh.s von Straßenmusikern gespielt. Die Pfeifen werden wie bei der Orgel über einen Blasebalg durch Ventile mit Luft versorgt. Die Impulse dazu gehen jedoch nicht von einer manuell bedienten Tastatur aus, sondern werden auf mechanischem Wege erzeugt (▶ Mechanische Musikinstrumente). Der Spieler führt je nach Bauart des Instruments eine Stiftwalze oder Lochscheibe in die Drehorgel ein und setzt durch gleichmäßiges Drehen einer Kurbel den Blasebalg sowie den Mechanismus in Bewegung, der die Stifte der Walze bzw. die Löcher der Scheibe mit den Ventilen in Verbindung bringt. Pro Ton ist ein Stift bzw. ein Loch erforderlich. Auf einer Walze bzw. einer Scheibe ist jeweils ein komplettes Musikstück „gespeichert“. Die Spieler führten für ihren **Leierkasten**, wie die Drehorgel auch genannt wird, stets eine Sammlung von populären Stücken (Lie-

Leierkastenmann in einem Berliner Hinterhof, 1923

dern, Tänzen, Märschen, Ouvertüren aus Operetten usw.) mit sich. Vor allem im 19. Jh. trugen die Leierkastenmänner erheblich zur Verbreitung und Popularisierung von Musik bei.

Dreiklang Das Zusammenklingen von drei Tönen heißt Dreiklang. In der ▶ Harmonielehre meint man damit jedoch nicht einfach den Zusammenklang von drei beliebigen Tönen, sondern die Dur- und Moll- sowie die verminderten und übermäßigen Dreiklänge mit ihren Umkehrungen (Vertauschung von Tönen) und Alterationen (Veränderungen). Sie bilden die Grundlage der traditionellen europäischen Harmonik. Dreiklänge entstehen durch **Terzenschichtung**, d.h. durch ein Übereinanderlegen von großen und kleinen Terzen, das sind Töne, die drei Tonschritte von einander entfernt sind. Ein **Dur-Dreiklang** besteht aus großer Terz plus kleiner Terz (der C-Dur-Dreiklang z.B. aus c-e plus e-g, zusammen c-e-g), der **Moll-Dreiklang** aus kleiner plus großer Terz (c-moll: c-es-g).

Dreiklänge

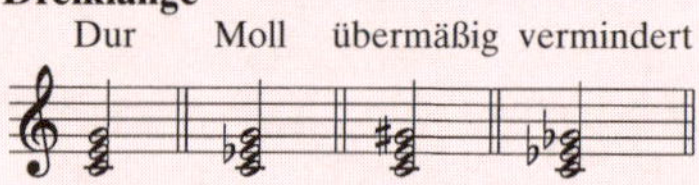

Außerdem gibt es Dreiklänge, die man zu den **alterierten** Akkorden rechnet, d.h. bei denen gegenüber den Dur- und Moll-Dreiklängen ein oder mehrere Töne erhöht oder erniedrigt sind. Der übermäßige Dreiklang besteht aus zwei großen Terzen (z.B. c-e-gis), der verminderte Dreiklang aus zwei kleinen (z.B. c-es-ges).

Drive (engl. = Antrieb, Schwung, Drang) Bei manchen Musikstücken hat man als Hörer den Eindruck, das Tempo werde stetig schneller. Tatsächlich bleibt das Tempo aber dasselbe. Dieses als Drive bezeichnete Phänomen kommt dadurch zustande, daß die Musiker ihre Töne minimal vorziehen, also gegenüber den rhythmischen Akzenten vorwegnehmen. So läßt sich die spannungsvolle Wirkung von Synkopen und versetzten rhythmischen Schwerpunkten noch erheblich steigern (▶ off beat). Der Drive gehört zu jenen typischen Phänomenen des Jazz, die man kaum präzise erklären, sondern nur durch konzentriertes Hören und durch Einfühlung erleben kann.

Drums (engl. = Trommeln), auch **Drum Set**, heißt in der Rock- und Popmusik sowie im Jazz das Schlagzeug (▶ Schlaginstrumente). Dazu gehören in der Regel die **große Trommel** (**Bass Drum**) mit Fußmaschine, die **kleine Trommel** (**Snare Drum**), zwei bis drei Hänge- oder Standtrommeln (▶ Tomtoms), die über ein Pedal gespielte **Hi-hat**-Maschine, welche aus zwei gegeneinander schlagenden Becken besteht, sowie **kleines** und **großes Becken**.
Als **E-Drums** oder **Electronic Drum Set** bezeichnet man Schlaginstrumente, die zwar ähnlich wie das Drum Set angeordnet sind, aber weder Felle noch Resonanzkörper besitzen. Der Schlagzeuger, **Drummer**, spielt dabei mit seinen Stöcken auf Plastik- oder Hartgummi-Platten, **Pads**, deren Elektronik die Schlagimpulse verarbeitet und sie einem Schlagzeugsynthesizer zuführt.
Elektronische Rhythmusgeräte, in denen auf Computerbasis zahlreiche Schlagzeugsounds gespeichert sind, können über externe Instrumente (besonders Tasteninstrumente) auch von Nicht-Schlagzeugern gesteuert werden. Sie sind häufig in elektrische Orgeln, E-Pianos und Synthesizer eingebaut und liefern dem Spieler eine automatische Schlagzeugbegleitung.
Technisch aufwendige Rhythmusgeräte werden auch als **Drum Computer** bezeichnet. Dem Spieler stehen die digital gespeicherten Klänge gebräuchlicher Schlaginstrumente sowie zahllose ungewöhnliche

elektronische Effekte zur Verfügung. Er kann sie nach eigenen Vorstellungen kombinieren und bearbeiten und feinste Zeitunterschiede realisieren. Bei vielen Rock- und Pop-Aufnahmen wird der Rhythmus-Part im Studio nicht mehr von einem Schlagzeuger eingespielt, sondern ausschließlich mit Hilfe des Drum Computers hergestellt.

Dubbing (engl.) ist die Bezeichnung für das Überspielen bzw. Kopieren einer Tonbandaufnahme auf ein anderes Band. Auch die nachträgliche Vertonung der Tonspur eines Videofilms wird als Dubbing bezeichnet. **Overdubbing** nennt man das Hinzufügen einer weiteren Stimme oder eines Klanges zu einer Tonbandaufnahme im Mehrspurverfahren.

Dudelsack oder **Sackpfeife** heißt ein Blasinstrument mit einem Windsack aus Tierhaut, einem Anblasrohr (Mundrohr), einer Spielpfeife mit 6 Grifflöchern und mehreren Bordunpfeifen (mitklingenden Pfeifen). Alle Pfeifen sowie das Anblasrohr sitzen direkt auf dem Balg (▶ Balginstrumente). Mit dem Anblasrohr, das der Spieler ständig im Mund behält, wird der Balg mit Luft gefüllt. Mit einem Arm preßt der Spieler den Balg, so daß die Luft in die Pfeifen gedrückt wird. Die Bordunpfeifen geben jeweils einen gleichbleibenden Ton von sich, meist Grundton und Quinte (▶ Bordun). Durch Öffnen und Schließen der Grifflöcher können auf der Spielpfeife Melodien gespielt werden. Die klingenden Pfeifen des Dudelsacks haben in der Regel ein einfaches Rohrblatt wie die Klarinette. Die französische **Musette**, eine Dudelsackform des 17. und 18. Jh.s, besitzt Pfeifen mit Doppelrohrblatt wie die Oboe (▶ Rohrblattinstrumente).

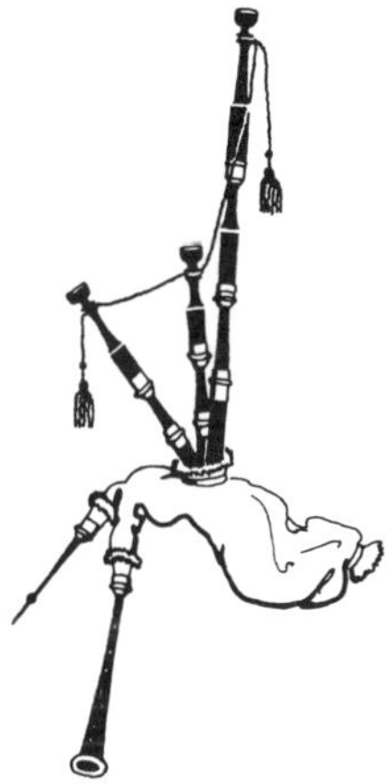

1 Mundrohr
2 Windbalg
3 Melodiepfeife
4 Bordune

Der Dudelsackspieler kann – im Unterschied zu allen anderen Blasinstrumenten – unabhängig von Rhythmus und Melodie atmen. Er hat über das Anblasrohr dafür zu sorgen, daß ein ständig gleichbleibender Winddruck im Balg herrscht. Auf der Spielpfeife kann er dann jene endlos erscheinenden, unphrasierten, verzierten Melodien hervorbringen, die für die anglo-irische Volks- und Tanzmusik typisch sind.
Der Dudelsack ist ein über ganz Europa verbreitetes Volksmusikinstrument. Ursprünglich in Asien beheimatet, kam er im Mittelalter nach Europa. Wegen seines scharfen, durchdringenden Klanges ist der Dudelsack besonders für Freiluftmusik geeignet und tritt deshalb vor allem als Hirteninstrument und in der Militärmusik auf.

Duett (ital.: due = zwei) Kompositionen für zwei Singstimmen mit Instrumentalbegleitung werden seit dem 17. Jh. als Duett bezeichnet. Neben kontrapunktischen Kirchenduetten gehören im 17./18. Jh. die sich daraus entwickelnden Kammerduette zu den beliebten Musikgattungen zweistimmigen Musizierens. Die rund 90 Kammerduette von Agostino Steffani sind mustergültige Beispiele dafür.
Als lyrisches Liebes-Duett oder dramatisches Duett spielt es vergleichbar mit der ▶ Arie in der Oper seit dem 18. Jh. eine wichtige Rolle. Während in der italienischen Oper des 19. Jh.s bedeutende Duette zu finden sind (z.B. in *Rigoletto* von Giuseppe Verdi, 1851), löst sich im Musikdrama Richard Wagners die geschlossene Form des Duetts auf. So ist das berühmte Liebes-Duett aus Wagners *Tristan und Isolde* (1865) eigentlich eine ▶ Szene.
Noch im 18. Jh. wurden Kompositionen für zwei Instrumente auch Duette genannt, die heute als ▶ Duo bezeichnet werden.
In der Popmusik gibt es dem Duett vergleichbare Formen z.B. bei Simon & Garfunkel oder Cindy und Bert.

Duo (ital.: due = zwei) Eine Komposition für zwei gleiche oder verschiedene Instrumente wird seit dem 18. Jh. als Duo bezeichnet, obgleich es Vorformen und Überschneidungen mit dem Begriff ▶ Duett gibt. Die Bezeichnung bezieht sich auch auf die Anzahl der Spieler oder Stimmen. Zwei Violinen, zwei Flöten oder Flöte und Violine, Violine und Viola oder andere Kombinationen spielen als Duo ein Duo.
Um 1800 wurden Duos in der Hausmusik sehr beliebt und zum festen Bestandteil der entstehenden bürgerlichen Musikkultur. Das ausgehende 18. Jh. verzeichnet daher eine Fülle von originalen Duo-Kompositionen, aber auch von Bearbeitungen populärer zeitgenössischer Opern, Kirchen- und Kammermusikwerke für eine solche Besetzung. Seltener heißen die im 19. Jh. in der Kammermusik häufig vertretenen Werke für ein Melodieinstrument (z.B. Violine oder Flöte) und Klavier Duo, hier ist die Bezeichnung ▶ Sonate für ... der übliche Standardbegriff. Auch Komponisten des 20. Jh.s reizten Form und Besetzung des Duos. So schrieb Béla Bartók Duos für zwei Violinen und Igor Strawinski das *Duo concertant* (1931/32).

Duole (ital.: due = zwei) Die im Dreiertakt vorkommende Gruppe von zwei gleich langen Noten nimmt den Raum von drei Notenwerten der Grundeinheit des Taktes ein. Beispielsweise steht im 3/8-Takt eine Duole aus 2 Achteln gegen einen Wert von 3 Achteln; im 3/4-Takt besteht eine Duole aus 2 Vierteln, die gegen 3 Viertel gesetzt werden (2 gegen 3). Zur Kennzeichnung wird häufig die Ziffer 2 über oder unter die Noten geschrieben.

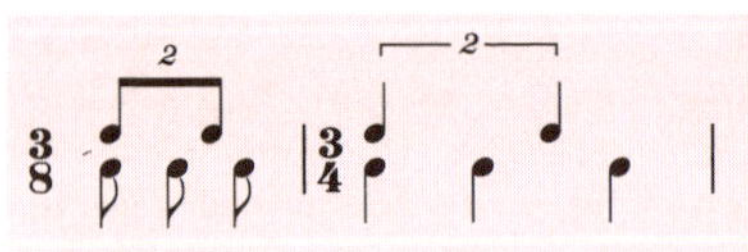

Dur (lat.: durus = hart) und Moll (lat.: mollis = weich) sind zwei Tongeschlechter, die seit etwa 1600 an Bedeutung gewannen und auch im 20. Jh. noch weite Teile der Kunstmusik beherrschen. Der entscheidende Unterschied zwischen der Dur- und der Moll-Tonleiter ist die 3. Stufe, die in Dur eine große Terz, in Moll eine kleine vom Grundton entfernt ist. Der 7. Ton der Dur-Tonleiter liegt einen halben Ton unter dem Grundton, z.B. h in C-Dur. Er heißt Leitton, weil er durch einen Halbtonschritt in den Grundton der Tonleiter führt.
Der ▶ Dreiklang aus Grundton, großer Terz und Quinte wird als Dur-Dreiklang bezeichnet, z.B. ist c-e-g der C-Dur-Dreiklang.

Durchbrochene Arbeit heißt die Kompositionstechnik, bei der Motive und Themen bzw. Teile daraus durch alle Stimmen geführt werden. Die Rangordnung zwischen Melodiestimme und Begleitung ist aufgehoben; alle Stimmen sind als selbständige, gleichberechtigte Partner an der Verarbeitung des musikalischen Materials beteiligt. Die Technik wurde von Joseph Haydn ausgeprägt und spielt auch in den Werken von Mozart und Beethoven eine bedeutende Rolle. In der durchbrochenen Arbeit werden Prinzipien der ▶ Polyphonie und der ▶ Homophonie miteinander gekoppelt.

Durchgangsnoten nennt man Noten auf unbetonten Taktteilen; sie überbrücken in Sekundschritten die Abstände zwischen Noten, die auf betonten Taktteilen liegen. Durchgangsnoten haben in erster Linie die Aufgabe, Sprünge auszufüllen und dadurch einen stufenweise fortschreitenden Melodieverlauf zu erreichen.

Dux (lat. = Führer) nennt man das Thema in der ▶ Fuge in der Gestalt, in der es zuerst auftritt. Es steht auf der 1. Stufe der Ausgangstonart. Auf den Dux folgt der ▶ Comes, der 2. Einsatz des Themas auf einer anderen Tonstufe.

Dynamik (griech.: dynamis = Kraft) bedeutet in der Musik zweierlei:
1. Bezeichnung für die Ton- und Klangstärkegrade. Diese Grade sind relativ und hängen u.a. vom jeweiligen Instrument ab. So hat eine Trompete eine viel größere dynamische Bandbreite als eine Blockflöte, besitzt ein Klavier viel mehr dynamische Möglichkeiten als ein Cembalo. Die Bezeichnungen der dynamischen Abstufungen sind im wesentlichen:
pp (pianissimo = sehr leise), p (piano = leise), mp (mezzopiano = halbleise), mf (mezzoforte = mittellaut), f (forte = laut), ff (fortissimo = sehr laut), sf (sforzato = verstärkt, hervorgehoben), fp (fortepiano = erst laut, dann sofort leise). Hinzu kommen: cresc. (crescendo = lauter werdend $<$) und decresc. (decrescendo = leiser werdend $>$) oder dim. (diminuendo = leiser werdend) für das stufenlose An- bzw. Abschwellen der Lautstärke.
Die Dynamik entwickelte sich in der abendländischen Musikgeschichte erst relativ spät zu einer selbständigen Größe neben den musikalischen Gestaltungsmitteln der Tonhöhe und der Tondauer. Bis ins 18. Jh. hinein war die Dynamik eher eine Begleiterscheinung, abhängig von der Orchesterbesetzung oder von der Klangcharakteristik der Instrumente.
Typisch für die Musik der Barockzeit (ca. 1600–1750) ist die ▶ Terrassendynamik, d.h. der stufenweise Wechsel der Lautstärke. Die moderne stufenlose Dynamik entwickelte sich im Laufe des 18. Jh.s zum einen durch den epochemachenden Orchesterstil der Komponisten der Mannheimer Schule (▶ Vorklassik), zum anderen durch die technischen Neuerungen im Instrumentenbau. Auch verlangte der sich immer stärker ausprägende Individualstil der

Komponisten nach ausdrucksstärkeren Instrumenten mit breiterem dynamischem Spektrum. Im 19. Jh. wurde durch Entwicklungen wie z. B. den modernen Konzertflügel oder das Wagner-Orchester – das von dem Komponisten Richard Wagner um zahlreiche Blechblasinstrumente und eigene Entwicklungen wie die Wagner-Tuba ergänzte große Orchester des 19. Jh.s – die Dynamik extrem gesteigert. In der seriellen Musik des 20. Jh.s (▶ Reihe) ist die Dynamik neben Tonhöhe und Tondauer der dritte Parameter, der zur Reihenbildung genutzt wird (Abstufung von Lautstärkegraden als Reihe).

2. In der Akustik bedeutet Dynamik das Verhältnis zwischen dem kleinsten und dem größten Wert einer elektroakustischen Größe (Spannung, Leistung, Schalldruck). Sie bezeichnet den maximal nutzbaren Bereich der jeweiligen Größe. Hier ist die Dynamik in Dezibel (dB) physikalisch exakt meßbar.

Auch in der modernen Audiotechnik ist der Begriff Dynamik zu finden. Bei der Tonbandaufnahme eines Klangereignisses wird die Dynamik durch Störgeräusche, die in technischen Medien auftreten, durch Übersteuerung u. ä. eingeschränkt. Vor allem bei der analogen Aufzeichnung bewirkt dies, daß die Aufnahme gegenüber dem Originalklang stets eine reduzierte Dynamik aufweist. Die digitale Aufzeichnung ermöglicht eine weitaus größere dynamische Bandbreite. So kommt bei der Einspielung eines Orchesterstückes auf Compakt Disk die Dynamik dem Original schon sehr nahe.

E

Echogerät In der älteren Studio- und Bühnentechnik Gerät zur Nachbildung des natürlichen Echos. Bis zur Einführung des Computers wurden dafür neben Hallplatten und -spiralen häufig spezielle Tonbandgeräte benutzt, die mit Endlosbandschleifen arbeiteten. Danach übernahmen digitale Verzögerungsgeräte auf Computerbasis die Aufgabe des Echogeräts (▶ Hall, ▶ Effektgeräte). Sie bilden zum Teil ältere Echoeffekte nach, z. B. den Klang der alten Hallspirale, die ein schepperndes Echo erzeugte, wie es manchmal zwischen eng nebeneinander liegenden Wänden entsteht (Shatter-Echo).

Echtzeit Werden bei einem Computersystem eintreffende Daten sofort, also praktisch gleichzeitig mit ihrem Eintreffen vollständig verarbeitet, arbeitet das System in Echtzeit. Ein auf der Bühne während eines Konzertes gespielter Synthesizer ist z. B. ein Computer, der in Echtzeit arbeitet, da er sofort auf das Anschlagen seiner Tasten reagieren, d. h. Töne erzeugen und abspielen muß. Elektronische Rhythmusgeräte können sowohl in Echtzeit arbeiten, wenn z. B. ein Rhythmus direkt eingespielt wird, als auch im **Einzelschritt-Verfahren**, bei dem nacheinander die Daten (Zeitwerte, Töne usw.) einzeln eingegeben und dann erst vom Computer vollständig bearbeitet werden. Der Spieler kann damit z.B. komplizierte Rhythmen erzeugen, die er in Echtzeit nicht ausführen könnte.

Ecossaise (franz. = die Schottische) Der schottische Volkstanz im Dreiertakt wurde um 1700 als **Anglaise** in die französische höfische Tanzmusik übernommen. Hier verwandelte sich die Ecossaise in einen schnellen Tanz im 2/4-Takt und wurde zum Modetanz. Ecossaisen für Klavier schrieben im 19. Jh. u.a. Ludwig van Beethoven, Franz Schubert und Frédéric Chopin.

Edition (lat. = Herausgabe) ist die Herausgabe eines zuverlässigen, in seiner Richtigkeit überprüfbaren Notentextes. Ein solcher Notentext ist für das Verständnis und für die Aufführung eines musikalischen Werkes von größter Bedeutung. Die Editionstätigkeit gehört zu den grundlegenden Aufgaben der Musikwissenschaft. Neben der Tätigkeit wird auch die Ausgabe selbst als Edition bezeichnet, gelegentlich auch eine Serie von konzeptionell verwandten Themen innerhalb eines Verlagsprogramms oder ein Verlag.
Der Edition eines musikalischen oder auch literarischen bzw. wissenschaftlichen Textes liegt ein wissenschaftlich strenges und spezialisiertes Verfahren, die **Editionstechnik**, zugrunde. Sie umfaßt die Herstellung eines Notentextes ebenso wie seine Einrichtung für die gedruckte Ausgabe. Insbesondere bei älteren Werken, deren Quellenlage (handschriftliche Fassung des Komponisten, Abschriften, erste oder frühe Drucke usw.) ungesichert oder unvollständig ist, sind die exakten Methoden der Editionstechnik notwendig, um einen der Absicht des Komponisten möglichst entsprechenden Notentext herzustellen. Seine Entscheidungen und seine Gründe für die Materialauswahl legt der Herausgeber in einem der Edition beigefügten Bericht dar. Dieser Bericht heißt kritischer Apparat und enthält auch das nicht in die Edition eingegangene Material (die Varianten). Eine nach solchen Grundsätzen gestaltete Edition heißt kritische Ausgabe.
Man unterscheidet Gesamtausgaben, die das Gesamtwerk eines Komponisten enthalten, Studienausgaben, die für den praktischen Gebrauch eingerichtet sind und Urtextausgaben, die auf der Handschrift eines Komponisten oder eines Erstdrucks basieren. Der durch die wissenschaftliche Edition erschlossene **Urtext** wird somit für heutige Aufführungen verfügbar.

Effektgeräte dienen der Bearbeitung von Tönen und Klangereignissen. In der Aufnahme- und Wiedergabetechnik und im Studio werden z.B. Echo- und Halleffekte ständig benötigt. Sie statten eine Musikaufnahme mit einer besonderen Raumcharakteristik aus (z.B. großer Raum, Kathedrale, kleiner Bühnenraum).
In der Rock-, Jazz- und Popmusik sowie in der elektronischen Musik kommen zahlreiche instrumententypische Effektgeräte zum Einsatz. Sie wurden häufig zuerst für die Elektrogitarre entwickelt. Meist arbeiten sie als **Verzerrer**, d.h. sie mischen dem reinen Gitarrenton geräuschähnliche Komponenten zu. Die **Fuzzbox** kann z.B. den Ton bis zum heiseren Krächzen verfremden, der **Flanger** erzeugt wandernde röhrende Geräusche, die im Extrem an ein abfliegendes Düsenflugzeug erinnern, der **Phaser** erlaubt chorische Effekte. Beim **Wah-Wah** wird dem Tonsignal ein Klang überlagert, der wie „wah-wah" klingt. Technisch gesehen funktionieren Phaser und Flanger auf der Grundlage von Hall- und Verzögerungseffekten.
Für elektronische Orgeln wird der **Leslie-Effekt** benutzt. Er wurde ab 1935 mittels rotierender Lautsprecher erzeugt, wird aber auch auf rein elektronischer Basis oh-

ne mechanische Verschleißteile nachgeahmt. Er gibt dem elektronisch-starren Orgelklang räumliche Lebendigkeit. **Mickey-Mousing** verwandelt eine menschliche Stimme oder einen Synthesizersound in eine Mickey-Mouse-Stimme, was z.B. durch einen ▶ Vocoder erreicht werden kann. Durch eine besondere Verknüpfung von Summe und Differenz zweier Schwingungen erzielt der **Ringmodulator** sehr komplexe, meist unharmonische Effektklänge. Mit einem **Deesser** kann eine Gesangsaufnahme nachträglich von zu scharf aufgenommenen S-Lauten befreit werden. Seit den 60er Jahren wurden auch psychoakustische Effektgeräte entwickelt. **Exciter** (engl.: to excite = aufregen) und **Enhancer** (engl.: to enhance = vergrößern) fügen dem Ausgangston Klangkomponenten hinzu, die im Ohr einen frischen und brillanten Klangeindruck hervorrufen.

E-Gitarre

E-Gitarre Die elektrisch verstärkte Gitarre, das Hauptinstrument der Rockmusik, wurde in den 20er Jahren in den USA entwickelt und kam in den 30er Jahren auf den Markt. Durch die erheblich vergrößerte Lautstärke konnte sich die Gitarre auch in einer Big Band klanglich durchsetzen oder gegen das Schlagzeug einer Tanzcombo und auch gegen den Kneipenlärm. Im Rock'n'Roll gelang der E-Gitarre der Durchbruch gegenüber der akustischen Gitarre. Zunächst überwiegend Begleitinstrument, d.h. Rhythmus- und Baßinstrument (**E-Baß**), wurde die E-Gitarre als Lead Guitar zunehmend mit melodischen Aufgaben betraut. Effekte wie Verzerrer, Leslie oder Wah Wah (▶ Effektgeräte) eröffneten in den 60er Jahren neue Klangwelten, die den Sound der Rockmusik immer differenzierter werden ließen.
Zu den berühmtesten Rock-Gitarristen der 60er Jahre gehörten Jimi Hendrix und – bis heute – Eric Clapton. Im Jazz treten, wie in der Rockmusik, viele Gitarristen mit charakteristischem Personalstil hervor. Starke Einflüsse kamen hier u.a. aus der spanisch-lateinamerikanischen Tradition (z.B. bei Baden Powell) oder aus der Zigeunermusik (Django Reinhardt). Weitere bedeutende Jazz-Gitarristen sind z.B. John McLaughlin und Volker Kriegel.

Elegie

Elegie (griech.: élegos = Klagelied) hießen in der Antike die Gedichte, die nach einem bestimmten Formmuster gestaltet waren: je eine Zeile mit 6 Versfüßen (Hexameter) und eine mit 5 Versfüßen (Pentameter) bildeten einen Doppelvers (Distichon). In der altgriechischen Lyrik wurde damit der genannte Formverlauf bezeichnet, der mit unterschiedlichen Inhalten gefüllt werden konnte. Schon in der römischen Antike wurde die Elegie immer mehr zum Sammelbegriff für Klagelieder (über Tod, Verlust, Scheitern, den Widerspruch von Ideal und Wirklichkeit usw.).
Vertonungen von Elegien treten verstärkt in den Anfängen des deutschen Liedes im 18. Jh. auf (Johann Friedrich Reichardt, Johann Abraham Peter Schulz), entsprechend dem Aufblühen elegischer Dichtung in der Epoche der Empfindsamkeit. Deutliche Spuren dieser Zeit finden sich auch im Liedschaffen Franz Schuberts, der Elegien von Friedrich Gottlieb Klopstock, Ludwig Heinrich Christoph Hölty und Friedrich von Schiller vertonte. Instrumentalstücke gibt es bereits im 17. Jh. bei Johann Jakob Froberger (*Lamentatio* auf den Tod Ferdinands IV, Klavierstücke). Mit dem Titel

Synthesizer der deutschen Rockgruppe „Tangerine Dream“

Elegie überschriebene Stücke finden sich verstärkt in der Orchestermusik des späten 19. und des 20. Jhs., bevorzugt für Streichorchester, so bei Edvard Grieg (*Zwei elegische Melodien*, 1880), Edward Elgar (*Elegy*, 1909/10) oder Hans Pfitzner (*Elegie und Reigen*, 1940).

Elektronische Instrumente sind Musikinstrumente, bei denen der elektrische Strom eine entscheidende Rolle für die Klangerzeugung spielt. Die Bedeutungen von „elektronisch“ und „elektrisch“ sind nicht klar von einander getrennt, oft heißen technisch kompliziertere Instrumente wie moderne ▶ Synthesizer „elektronisch“, einfachere wie Elektro-Gitarren „elektrisch“.

Obwohl komplette elektronische Instrumente erst eine Erscheinung des 20. Jh.s sind, experimentierte man im Instrumentenbau seit Beginn der modernen Elektrizitätslehre im 18. Jh. mit dem Einsatz von elektrischem Strom. Ein tschechischer Erfinder erregte schon um 1730 Klaviersaiten elektrisch (und konnte sogar dem Spieler einen elektrischen Schlag versetzen!). 1867 wurde in der Schweiz eines der ersten elektromechanischen Klaviere konstruiert, und um 1900 baute Thaddeus Cahill seine 200 Tonnen schwere Orgelmaschine, die bereits ein ähnliches elektromechanisches Prinzip verwandte wie die später so erfolgreiche **Hammond-Orgel**, die 1934 von Charles Laurens Hammond konstruiert wurde. Damit setzte die Herstellung von elektronischen Instrumenten für einen modernen Massenmarkt ein, die bis zum Synthesizer auf Computerbasis führte.

Im Umkreis experimenteller Musik entstanden dagegen elektronische Instrumente, die nur in wenigen Exemplaren gebaut wurden. Ab 1927 gab der russische Ingenieur Lew Termen (französisiert Léon Thérémin) in mehreren amerikanischen Großstädten aufsehenerregende Konzerte mit seinem ab 1920 in acht Jahren gebauten **Aerophon**, auch **Theremin** genannt. Das 1921 vorgestellte **Elektrophon** oder **Sphärophon** von Jörg Mager erlaubte „Mikromelodien“ und „Mikroharmonien“, also Harmonien und Melodien, die nicht auf den gebräuchlichen Tonleitern beruhen, sondern auf feiner abgestuften Skalen mit Mikrotönen. Für die 1928 in Frankreich erfundenen Ondes Martenot (franz.: ondes = Wellen; Martenot ist der Name des Erfinders) komponierten bis nach 1970 über 100 Komponisten, darunter Darius Milhaud, Olivier Messiaen und Edgar Varèse. Aerophon, Elektrophon und Ondes Martenot arbeiteten nach dem gleichen Prinzip: Durch einen Schwebungssummer werden zwei sehr hohe, für das menschliche Ohr

unhörbare Töne erzeugt, aus denen sich der hörbare Ton des Instrumentes ableitet. Eine präzise Tonerzeugung war auf diesen Instrumenten sehr schwierig, am besten wurde das Problem durch die Ondes Martenot gelöst, bei denen eine Klaviatur-Attrappe half. Der Klang reichte von sphärischen Geräuschen bis zu Heul- und Schluchztönen.
Die reichen Effektmöglichkeiten elektronischer Instrumente wurden besonders durch die Filmindustrie ausgenutzt. Das 1930 von Heinrich Trautwein erfundene **Trautonium** wurde in einer von Oskar Sala weiterentwickelten Version z.B. im Hitchcock-Film *Die Vögel* (1962) eingesetzt. Im Trautonium werden die Töne durch Glimmlampen erzeugt. Paul Hindemith schrieb 1931 sein *Concertino für Trautonium und Streichorchester*.
1967 entwickelte Robert Moog den nach ihm benannten Synthesizer, der auf dem Prinzip der Steuerung durch elektrische Spannungen beruhte. Er löste damit den ersten weltweiten Synthesizer-Boom aus Die Spannungssteuerung Moogs wurde bald durch Computersteuerung ersetzt, so daß ab etwa 1980 die Mehrzahl der elektronischen Instrumente im Grunde Computer sind, die nach den unterschiedlichsten Programmkonzepten funktionieren (▶ Computer und Musik).

elektronische Musik Sammelbegriff für alle Musik, bei deren Herstellung, Ausführung oder Wiedergabe elektrische und elektronische Verfahren oder Geräte eine aktive und wesentliche Rolle spielen, die also nicht nur rein passiv wiedergegeben wird.
Als elektronische Musik bezeichnet man die Musik sehr unterschiedlicher Stilrichtungen: Musik, die ein Computer komponiert, Synthesizer-Musik, die elektronische Musik innerhalb der Neuen Musik der 50er und 60er Jahre und den Electric Jazz von Miles Davis und Chick Corea. Zwischen „elektronisch" und „elektrisch" gibt es keine klare Abgrenzung. Man bezeichnet im allgemeinen kompliziertere Geräte als elektronisch (z.B. Computer, Radios, CD-Player), einfachere als elektrisch (z.B. Motoren, Bügeleisen, Waschmaschinen). Theoretisch kann zwischen elektrisch-verstärkter, elektronischer und als Mischform halbelektronischer Musik unterschieden werden.
Bei der elektronischen Musik gibt es wenigstens 4 verschiedene Gruppen:
1. seit 1920: für elektronische Instrumente Hammond-Orgel, Trautonium, Ondes Martenot, Theremin geschriebene Musik;
2. seit 1948: elektronische Tonbandmusik, unmittelbar auf der Manipulation von Tonbändern aufgebaute Musik (z.B. musique concrète);
3. seit 1955: Synthesizer-Musik;
4. seit 1957: Computer-Musik.

In Frankreich entstand ab 1948 die **musique concrète** (franz. = konkrete Musik) von Pierre Schaeffer. Sie knüpfte an die Geräusch-Experimente des Bruitismus (▶ Futurismus) an. Nach Schaeffer geht es darum, musikalische Ideen nicht mehr mit den traditionellen Symbolen der Notenschrift zu notieren und die Ausführung herkömmlichen Instrumenten zu überlassen, sondern das konkrete Wesen des Klanges herauszufinden, und die in ihm enthaltenen musikalischen Werte zu gestalten.
Mit dem Tonband aufgenommene natürliche Klänge wie Lärm, Vogelstimmen oder Instrumentalklänge wurden elektronisch in den Studios des französischen Rundfunks verfremdet. Schaeffer und Pierre Henry gründeten nach ihrem 1. Konzert in Paris 1950 die „Groupe de musique concrète".
In Deutschland hatte ebenfalls 1948 der Physiker und Mathematiker Werner Meyer-Eppler die Idee einer eigenständigen elektronischen Kompositionsweise. Sie entwickelte sich im Rahmen der Neuen

Musik, nachdem 1951 am Kölner Rundfunk durch Meyer-Eppler, Herbert Eimert und Karlheinz Stockhausen das 1. Studio für Elektronische Musik gegründet wurde. Der wichtigste Tonträger war auch hier zunächst das Tonbandgerät.
In den USA setzte die University of Illinois 1957 zum erstenmal den elektronischen Rechner ILLIAC für musikalische Kompositionen ein (s. unten ein Beispiel). Der Rechner „komponierte“ nur, die Ausführung blieb normalen Musikern überlassen. Die dann einsetzende stürmische Entwicklung von Synthesizer und Computer hat sowohl der Nachahmung natürlicher Instrumente durch elektronische als auch der experimentellen Musik großen Aufschwung gebracht.
In der Rockmusik vereinigten Frank Zappa und seine Mothers Of Invention in den 60er und 70er Jahren alle Formen der elektronischen Musik. Das, worüber in den 50er Jahren nur wenige Rundfunk-Studios wie das von Stockhausen in Köln verfügten, fand sich ab etwa 1985 in fast jedem größeren Synthesizer, z.B. **Ringmodulatoren** zur völligen Klangverfremdung, Rausch- und Sinusgeneratoren usw.

Frank Zappa, 1982

E-Musik ist im Musikbetrieb die gebräuchliche Abkürzung für **Ernste Musik**, die „klassische Musik“ und „Kunstmusik“ einschließt. Diese Teilung von Musik in einen „ernsten“ und einen „unterhaltenden“ Bereich ist jedoch sachlich unangemessen.

Hiller/Isaacson, Illiac-Suite (1957), T. 233–243

Sie verengt im Falle der E-Musik den Blickwinkel auf einen einzigen Stimmungs- bzw. Ausdruckswert, der angesichts der großen Fülle unterschiedlichster Ausdrucksqualitäten der Kunstmusik nur für einen Bruchteil der Musikwerke zutrifft. Hinzu kommt, daß vieles von dem, was heute unter E-Musik läuft, in seiner Entstehungszeit Unterhaltungsmusik war, so z. B. die Suiten von Georg Philipp Telemann (nicht nur seine *Tafelmusik* von 1733), die Serenaden und Divertimenti von Joseph Haydn und Wolfgang Amadeus Mozart oder auch viele Opern. Auf der anderen Seite gibt es im Bereich der U-Musik – ein gleichfalls sehr unpräziser Begriff, der viele verschiedene Musikrichtungen umfaßt – Stücke zum Zuhören, ernstgemeinte und ernste Musik, so z.B. viele Blues, Folk-Balladen, Chansons, politische Lieder usw.

Engführung ist eine Kompositionstechnik, die in der polyphonen Musik, vor allem in der ▶ Fuge, verwendet wird, um eine Steigerung zu erzielen. Bei der Engführung folgen die Themeneinsätze der verschiedenen Stimmen so dicht aufeinander, daß es klingt, als fielen sich Gesprächspartner ins Wort: Die zweite Stimme beginnt, noch bevor die erste das Thema komplett vorgetragen hat, die dritte hetzt die zweite usw.

Englischhorn bzw. **Englisch Horn** ist der Name der Alt-Oboe in F (Umfang es – b^2). Das Englischhorn ist ein ▶ Rohrblattinstrument und wird transponierend notiert (im Violinschlüssel eine Quinte höher als es klingt). Im 18. Jh. war das Instrument sichelförmig wie die Urform des Horns, das Tierhorn.

Das Englischhorn wurde aus der Oboe da caccia (Jagd-Oboe, ▶ Oboe) entwickelt. Seine heutige gerade Form erhielt das dunkel klingende Instrument mit dem kräftigen, leicht näselnd-klagenden Ton in der 1. Hälfte des 19. Jh.s: Das hölzerne Rohr ist länger als das der Oboe und besitzt ein abgebogenes Mundstück mit Doppelrohrblatt sowie einen birnenförmigen Schallbecher am Ende (Liebesfuß genannt wie der Schallbecher der Oboe d'amore und Oboe da caccia des 18. Jh.s). Die Löcher werden mit einem modernen Klappenmechanismus gedeckt. Seit dem 19. Jh. ist das Englischhorn Bestandteil des großen Orchesters.

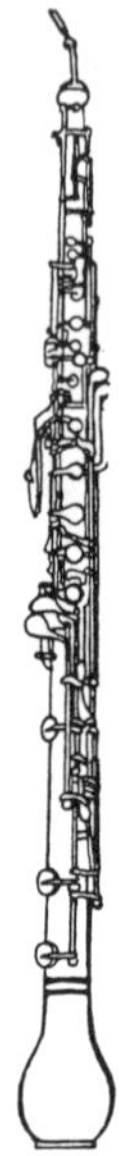

English Waltz ist ein langsamer Walzer, der in England aufkam und den ▶ Boston als Modetanz verdrängte. Beim English Waltz werden die 2. und 3. Taktzeit stärker hervorgehoben als beim Boston, und seine Schrittfolge ist einfacher als bei diesem. Der weichen Art zu tanzen entsprechen die oft sentimentalen Melodien. Der English Waltz gehört seit 1929 zu den Standardtänzen (▶ Gesellschaftstanz).

Enharmonik geht auf die antike griechische Musiklehre zurück und bezeichnet dort ursprünglich ein Tongeschlecht, das – neben anderen – Intervalle enthält, die kleiner sind als Halbtöne. Dank der temperierten Stimmung, d.h. der Teilung der Oktave in 12 gleiche Abstände (▶ Temperatur), hat z.B. auf heutigen Tasteninstrumenten jede Taste mehrere Bezeichnungen; so steht z.B. dieselbe Taste für die Töne ais und b. Bis zur Erfindung der temperierten Stimmung im 18. Jh. war der Ton ais als Leitton höher als der Ton b. Damals konnte man nicht alle 12 Halbtöne im gleichen Musikstück verwenden. Enharmonik bezeichnet das Verhältnis zwischen den eng benachbarten bzw. gleich klingenden Tönen mit unterschiedlichen Namen. So ist bei den schwarzen Tasten der Tasteninstrumente stets cis mit des, dis mit es, fis mit ges, gis mit as und ais mit b vom Klang her identisch. Auch die weißen Tasten haben jeweils verschiedene Bezeichnungen, z.B. ist c klanglich mit his oder deses identisch.

Enharmonische Verwechslung nennt man die Vertauschung zweier gleich klingender Töne wie gis und as zur Vereinfachung des Notenschreibens oder -lesens. Um **enharmonische Umdeutung** handelt es sich, wenn durch die andere Schreibweise eines oder mehrerer Töne eines Akkordes (z.B. cis statt des) der Übergang in eine andere Tonart angezeigt wird (z.B. von einer Tonart mit b in eine mit #; ▶ Modulation). Mit Hilfe der enharmonischen Umdeutung kann man weit voneinander entfernte Tonarten mit wenigen Schritten erreichen (▶ Harmonielehre). Solche Modulationen entfalten besondere klangliche Reize in Kompositionen des 20. Jh.s. Mit der Auflösung der Tonalität im 20. Jh. verliert die Enharmonik an Bedeutung.

Ensemble (franz. = zusammen) meint dreierlei:

1. Eine Gruppe von Instrumentalisten (z.B. Kammermusikensemble) oder Sängern (z.B. Vokalensemble) in meist kammermusikalischer Besetzung.
2. Auch die Gesamtheit der an einem Opernhaus beschäftigten Sänger bzw. der an einem Theater engagierten Schauspieler wird als Ensemble bezeichnet.
3. Als Formelement der Oper ist ein Ensemble ein Abschnitt des Werkes, den mehrere Sänger, das Orchester und oft auch der Chor gemeinsam gestalten. Ensembles werden dramaturgisch häufig an Stellen eingesetzt, wo die Gedanken und Gefühle mehrerer Personen zusammenlaufen und gleichzeitig dargestellt werden.

„Entartete Musik“ ist ein Schimpfwort, mit dem die Nazionalsozialisten einen wichtigen Teil der Musik des 20. Jh.s diffamierten, darunter Jazz, Zwölftonmusik sowie Musik von Komponisten jüdischer Abstammung. Die Nazis versuchten, diesen Begriff durch eine Ausstellung unter dem Titel „Entartete Musik“ anläßlich der Reichsmusiktage vom Mai 1938 in Düsseldorf propagandistisch durchzusetzen. Die Initiative dazu ging von dem damaligen Generalintendanten des Deutschen Nationaltheaters in Weimar, Hans Severus Ziegler, und seinem Generalmusikdirektor Paul Sixt aus. In seiner „Abrechnung“, die die Ausstellung eröffnete, forderte Ziegler eine „Betreuung der Seele des Volkes“ gegen die ungewohnten Klänge der neuen Musik. Die Ausstellung sollte das „Abbild eines wahren Hexensabbaths und des frivolsten, geistig-künstlerischen Kulturbolschewismus“ liefern, „ein Abbild des Triumphes von Untermenschentum“. Besonders wütete Ziegler gegen führende Komponisten der ▶ Neuen Musik wie Arnold Schönberg, Kurt Weill, Ernst Krenek, Paul Hindemith, Igor Strawinski und Hanns Eisler. Ein Hauptvorwurf hieß „Atonalität“, womit das Fehlen von tonalen Zentren und angeb-

lich „germanischen“ Dreiklängen in der Musik dieser Komponisten gemeint war (▶ Atonalität).
Das Einbeziehen von Jazz-Elementen in Kreneks Oper *Jonny spielt auf* (1926) verunglimpfte man als „Rassenschande“, ähnlich auch unter vielen anderen Beispielen die Operetten von Leo Fall (*Die Rose von Stambul*, 1916), Oscar Straus (*Ein Walzertraum*, 1907) und die Chansons und Filmmusiken von Friedrich Hollaender.

Entertainer (engl. = Unterhaltungskünstler) nennt man im Showgeschäft einen Artisten oder Sänger, der verschiedene Unterhaltungskünste miteinander verbindet, z.B. Singen, Schauspielern, Tanzen, Zaubern, Rezitieren, im Gegensatz zum spezialisierten Sänger oder reinen Tänzer, wobei eine klare Abgrenzung oft nicht leicht ist. Meist ist der Entertainer auch sein eigener Conférencier, der zum Publikum redet, sein Programm vorstellt und es erläutert. Der Typus des Entertainers bildete sich seit Mitte des 19. Jh.s besonders in der englischen ▶ Music Hall aus. In Nordamerika wurde die Bezeichnung Entertainer auf Künstler wie Bing Crosby, Frank Sinatra und Sammy Davis jr. angewandt, in Frankreich z.B. auf die Chansonniers Maurice Chevalier und Yves Montand. Als deutschsprachige Entertainer können Peter Alexander und Otto Waalkes gelten.

Envelope Generator (engl.: envelope = Hüllkurve, generator = Erzeuger) bezeichnet eine elektronische Schaltung zur Erzeugung von Dynamikabläufen bei Synthesizerklängen. Dadurch werden insbesondere das Anschlags-, Halte- und Ausklingverhalten sowie die Klangfarbe elektronisch steuerbar. Ein Klavierton nimmt z.B. nach dem Anschlagen einer Taste relativ schnell in seiner Lautstärke ab und verklingt. Ein Geigenton hingegen kann nach dem Anstreichen lauter oder leiser werden, eine Weile stehen bleiben und dann langsam abklingen. Der Envelope Generator bildet ein entsprechendes Verhalten für Synthesizerklänge durch eine **Hüllkurve** nach. Wenn diese steigt, nimmt z.B. die Lautstärke zu, hat die Kurve den Wert Null, hört man nichts mehr. Sie „umhüllt“ also den Ton durch einen Dynamikverlauf. In der älteren Synthesizertechnik wurde die Hüllkurve beim Tastenanschlag über elektrische Steuerspannungen, die Gate- oder Trigger-Impulse (engl.: gate = Tor, trigger = Auslöser) gestartet (▶ Synthesizer).

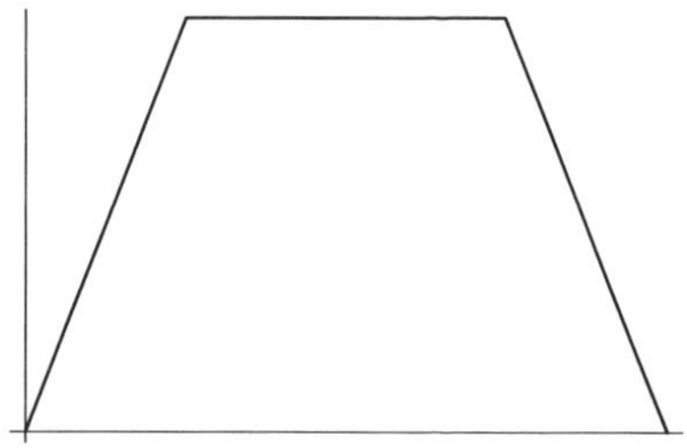

Envelope

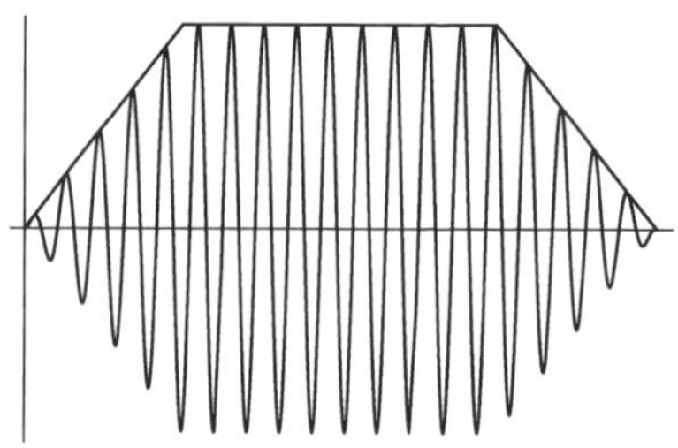

Tonschwingung, die an- und abschwillt

E-Piano (engl.: electric piano = Elektro-Klavier) heißt ein Tasteninstrument, das auf elektromechanischem oder rein elektronischem Wege (digitales E-Piano) einen dem natürlichen Klavier verwandten Ton erzeugt. Ältere elektromechanische Instru-

mente besitzen entweder Metallstäbe oder Saiten, die auf Tastendruck mit Hämmern angeschlagen oder angerissen werden. Das E-Piano mit Saiten für die Tonerzeugung wurde in den 70er Jahren auch als Clavinet bezeichnet. Die so erzeugten Töne werden über Tonabnehmer einem Verstärker zugeleitet und hörbar gemacht – ähnlich wie bei der Elektro-Gitarre. Bei anspruchsvolleren E-Pianos ist die Tastenmechanik der des Klaviers ähnlich, und der Spieler kann beim Anschlag zwischen laut und leise differenzieren, d.h. die Tastatur ist anschlagdynamisch. Eine weitere Annäherung an die Klaviertastatur wird durch eine Vergrößerung des Tastengewichts (gewichtete Tastatur) erreicht.
Unter den elektromechanischen Instrumenten der 70er Jahre setzte in der Jazz- und Rockmusik das E-Piano der Firma Fender-Rhodes Maßstäbe, dessen Töne von Metallstäben erzeugt wurden. Es war nicht bloß Klavierersatz, sondern begründete einen eigenen Klang, der auch auf modernen Synthesizern als selbständige Klangfarbe vorhanden ist. Für das **Fender-Piano** ist ein klarer, kühler Klang typisch, der oft durch spezielle Filterung glockenähnlich eingestellt wurde.

Zu den Vorteilen rein elektronischer Instrumente zählt, daß sie sich nicht wie die elektromechanischen verstimmen können und außerdem über wertvolle Spielhilfen verfügen. So können die meisten digitalen E-Pianos die Lage eines Musikstücks durch einfachen Knopfdruck höher oder tiefer setzen (Transposition). Außerdem lassen sich meist unterschiedliche Klavier-Klangfarben abrufen, z.B. das verstimmte Kneipen-Klavier „Honky Tonk Piano", „Cembalo" oder „Celesta". Je nach Ausstattung können auch Synthesizer-Klangfarben hinzukommen wie „Streicher", „Bläser" oder „Elektro-Orgel". Der Übergang zum Synthesizer ist hier fließend.
Digitale E-Pianos arbeiten häufig mit Klängen, die auf die Computerbearbeitung und -speicherung echter Klavierklänge zurückgehen (▶ Sampler). Durch die Beschränkungen der ▶ MIDI-Norm, die den meisten Digital-Pianos zugrunde liegt, und die Grenzen des Computer-Einsatzes können die elektronischen Instrumente einen natürlichen Flügel aber nicht wirklich ersetzen. Sie haben jedoch in vielen Formen der populären Musik und zu Übungszwecken z.B. in modernen, hellhörigen Wohnungen ihre Berechtigung.

Epochengliederung in der Musikgeschichte Wenn wir die geschichtlichen Zusammenhänge und Prozesse, in denen musikalische Werke und ihre Schöpfer stehen, beschreiben wollen, verwenden wir mit großer Selbstverständlichkeit Gliederungsprinzipien und Begriffe, die das fast unübersehbare Material ordnen helfen und beschreibbar machen. Wir sprechen von musikalischen Epochen und haben dafür Bezeichnungen wie z.B. Renaissance, Barock, Vorklassik, Klassik, Romantik parat. Sie sind uns auch aus der Geschichte der anderen Künste, der Literatur oder der Geistesgeschichte vertraut.
Und doch, wie erklärt sich, daß die Literaturwissenschaft die Epoche der Romantik im ersten Drittel des 19. Jh.s ansetzt und in der Musikgeschichte noch bis 1890 spätromantische Musik geschrieben wird? Wo liegt die einheitsstiftende Klammer, wo ist die Summe unverwechselbarer Merkmale einer Epoche, wenn sie so Verschiedenartiges einschließt wie Vorklassik, der man den galanten Stil des Rokoko,

den empfindsamen Stil, die Mannheimer Schule und Erscheinungen des Sturm und Drang zuordnet?
Wo findet sich das Grundmuster eines als Epoche definierbaren Zeitabschnitts, der – auf wenige Jahre verteilt – im Bereich der Oper so verschiedene Werke enthält wie Leoncavallos *Bajazzo* (1892), Verdis *Falstaff* (1893) und Humperdincks *Hänsel und Gretel* (1893), Puccinis *Tosca* (1900) und Claude Debussys *Pelléas und Mélisande* (1902), oder Gustav Mahlers 10 Symphonien (1884–1910), Richard Strauss' sinfonische Dichtungen, Claude Debussys impressionistische Orchesterwerke (z. B. *La mer*, 1903–05). In der Literaturgeschichte hat man die Vielfalt der Stile dieser Zeit wie Naturalismus, Symbolismus, Impressionismus, Jugendstil, Expressionismus auf die Formel der „Epoche um 1900" gebracht, um die Gleichzeitigkeit des Ungleichzeitigen im Fin de siècle (Jahrhundertende) beschreiben zu können.
Epochengliederungen und -begriffe sind Hilfsmittel, die einen geschichtlichen Verlauf und die zeitliche Abfolge von Werken, Personen und Ereignissen strukturieren, aber auch einengen durch Gewichtung bestimmter Merkmale. Deren Summe zu einer Definition zusammengefaßt, ist mit Deutung verbunden, enthält also subjek-

Titelblatt zur ersten Ausgabe von Engelbert Humperdincks „Hänsel und Gretel", 1893

Mafalda Salvatini in der Titelrolle von Puccinis „Tosca" an der Berliner Oper, um 1920

tive Anteile. Sie setzt zugleich eine anerkannte Norm voraus, an der die einzelnen geschichtlichen Erscheinungsformen gemessen werden. Insbesondere dann, wenn Musikgeschichte als Geschichte von (Meister-)Werken beschrieben wird, liegen durch vorgegebene Leitbilder festgelegte ideale Vorstellungen zugrunde. Eine solche Beschreibung ist abhängig von Vorentscheidungen und Wertungen, die unbewußt oder bewußt der Festlegung einer Epoche vorausgehen. Man nimmt wahr, was man vom eigenen Standort aus wahrgenommen hat: D.h. die als objektiv erscheinende Vorgabe einer Epochengliederung beruht auf einem Vorverständnis, das nicht immer offen sichtbar ist. Deshalb sollte auch im Umgang mit scheinbar objektiven Fakten immer wieder klar sein, daß es sie nicht „an sich" gibt. Auch bei musikgeschichtlichen Gliederungsprinzipien und Epocheneinteilungen sollten wir uns im klaren darüber sein, daß Geschichtsschreibung interessenabhängig und standortbezogen geschieht.

Eine Musikgeschichte, die sich an Werk und Komponisten-Biographie hält, verzichtet oft auf Zusammenhänge, die sich z.B. aus dem Wechselverhältnis von Personen und Institutionen ergeben. Werkgestalt wie Schaffensprozeß sind von den gesellschaftlichen Rahmenbedingungen beeinflußt, in denen ein Komponist lebt. Es ist nicht unerheblich für seine Werke, ob er als mittelalterlicher Kapellsänger und Angehöriger des geistlichen Standes tätig ist, als Kantor einer städtischen Pfarrkirche mit Beamtenstatus wirkt, das höfische Leben eines Hofkapellmeisters und Hofkomponisten in einer barocken Residenz führt, als reisender und komponierender Klaviervirtuose im Paris des 19. Jh.s gefeiert wird oder als Stehgeiger einer Wiener Tanzkapelle den Besuchern von Biergärten und Weinlokalen zum Tanz aufspielt. Der jeweils andere berufliche Status als Musiker, die unterschiedlichen Aufführungsorte, die wechselnden Auftraggeber, aber auch die verschiedenen instrumentalen und vokalen Möglichkeiten rücken andere als die gewohnten Merkmale eines Werkes wie Stil und Form zur Epochencharakteristik ins Blickfeld. Musikgeschichte als **Institutionengeschichte** begreift Musik von ihren Funktions- und Wirkungszusammenhängen her z.B. Religion – Gottesdienst; Repräsentation – Fest; Unterhaltung – Tanz, Tafelmusik; Kunstgenuß – Konzertaufführung; Geselligkeit – Salon, Hausmusik.

Eine **Sozialgeschichte der Musik** wird auch andere als die Meisterwerke registrieren und nicht den gewiß herausragenden persönlichen Stil einzelner Komponisten zum Merkmal einer Epoche erheben, also etwa das Dreigestirn Haydn, Mozart, Beethoven als Wiener Klassik definieren. Welch neue Sicht der Epoche ergab sich, als die

Debussy „Pelléas und Mélisande", Berlin 1907

Mozartforschung sich vom Bild des Wunderkindes und gottbegnadeten Genies verabschiedete und stattdessen den umfassend gebildeten, im zeitgenössischen Musik- und Geistesleben verankerten Intellektuellen Mozart wahrnahm! Man erkannte, daß seine musikalische Biographie und seine epochale Bedeutung wesentlich dadurch bestimmt sind, daß er den für seine Zeit noch ungewöhnlichen und beschwerlichen Schritt vom fürstbischöflichen Musiklakaien zum freischaffenden, am Markt orientierten und eigenverantwortlichen Komponisten vollzog. Wieviel musikalisches und historisches Umfeld wird durch einen solchen Wechsel in der Betrachtungsweise für die Musikgeschichte hinzugewonnen.
Musik ist lebendig in ihrer ▶ Aufführungspraxis. Rezeption und Wirkung von Musik ergeben Aufschlüsse auch über ihre Entstehung; zudem sind sie Voraussetzung für ihre Weiterentwicklung. So schwierig es sein mag, zu beschreiben, wie Musik von ihren Hörern aufgenommen wird, so aufschlußreich ist jedoch die Kenntnis solcher Rezeptionsvorgänge für die Musikgeschichtsschreibung. Die Betrachtung und Beschreibung des musikalischen Kunstwerks mit Blick auf den Komponisten und die Entstehungsprozesse der Werke (produktionsorientierte Sichtweise) muß um eine solche mit Blick auf den Hörer (Rezipienten) und die Rezeptionsvorgänge ergänzt werden (rezeptionsorientierte Sichtweise). Komponisten schreiben nicht ins Leere hinein, sie kennen die Erwartungen ihrer Zuhörerschaft und kalkulieren die mögliche Wirkung ihrer Werke auf ihre Adressaten genau. So beeinflussen Erwartungen des Publikums durchaus auch die Werkproduktion des Komponisten. Die Beschreibung solcher Spannungsverhältnisse von Rezeption und Produktion als **Rezeptionsgeschichte** erschließt dem Musikhistoriker neue Zusammenhänge und Epochenprofile.

Equalizer (engl.: to equalize = ausgleichen) Elektronisches Gerät zur Beeinflussung des Klangcharakters von Tonsignalen. Der Equalizer kann über Regler mehrere fest definierte Bereiche des Tonspektrums (Frequenzen) verstärken, abschwächen oder ganz unterdrücken, d.h. herausfiltern (▶ Filter). Er wird z.B. eingesetzt, wenn bei der elektrischen Verstärkung eine Stimme zu scharf klingt (Absenkung der Höhen) oder tiefe Töne nicht ausreichend verstärkt werden (Anhebung der Bässe). In diesen Fällen werden nicht nur Einzelfrequenzen sondern ganze Frequenzbänder bearbeitet. Die Stellungen der (Schiebe-)Regler am Gehäuse des Equalizer vermitteln einen groben Eindruck von seiner Gesamtwirkung, wenn man sich die Knöpfe der Regler als Punkte einer Frequenzkurve vorstellt; daher heißen solche Geräte auch graphische Equalizer. Eine gezielte Beeinflussung einzelner Frequenzen erlaubt der parametrische Equalizer (▶ Parameter). Equalizer sind auf der Bühne, im Studio und in der Unterhaltungselektronik unentbehrlich.

Eselskiefer oder **Quijada** heißt ein lateinamerikanisches Percussionsinstrument, das aus dem getrockneten Unterkiefer eines Esels besteht. Durch den Schlag auf die Kinnlade geraten die lockeren Zähne in Bewegung und geben beim Reiben an dem Knochen ein rasselndes, klapperndes Geräusch von sich. Da dieses auch **Jawbone** (engl. = Kieferknochen) genannte Instrument nicht sehr strapazierfähig ist, ersetzt man es oft durch das **Vibra Slap**. Dieses Instrument besteht aus einem trapezförmigen Holzkästchen, an dem ein gebogener kräftiger Draht befestigt ist. Am Ende des Drahtbügels ist eine große Holzkugel angebracht. Wenn der Spieler mit der flachen Hand auf die Holzkugel schlägt, wird der Draht in Schwingungen versetzt. Diese übertragen sich auf eine im Innern des Holzkörpers angebrachte Metallschiene mit beweglichen Nieten. Dadurch ergibt sich ein markantes Geräusch, das dem des Eselskiefers sehr ähnlich ist.

Estampie (franz.) ist ein mittelalterlicher Schreittanz, der im 12.–14. Jh. vor allem vom Adel gepflegt wurde. Zahlreiche instrumentale Estampien, aber auch gesungene und getextete Beispiele sind überliefert. Die Form der Estampie ist durch Wiederholung und Reihung von Teilen bestimmt: AABBCC usw.

Etüde (franz.: étude = Studium) In diesem Musikstück wird ein bestimmtes spieltechnisches Problem in den Mittelpunkt gestellt, das der Spieler anhand dieses Stückes üben kann. So werden z. B. schnelle Läufe, parallele Terzen, gebrochene Akkorde oder Anschlagsarten wie das ▶ Staccato in Etüden kompositorisch aufbereitet. Zu unterscheiden ist zwischen Etüden, die ausschließlich zur Vervollkommnung der Spieltechnik bestimmt sind, d. h. reinen Übungsstücken, und **Konzertetüden**, die als virtuose Musikwerke vor einem Publikum dargeboten werden. Zur ersten Gattung gehören z. B. die Klavieretüden von Carl Czerny, während die beiden Etüden-Sammlungen von Frédéric Chopin Konzertetüden für Klavier sind. Das Klavier steht als Virtuoseninstrument im 19. Jh. im Mittelpunkt des Publikumsinteresses. Daher wurden für Klavier die meisten Etüden komponiert. Neben Chopins Etüden wurden die 6 *Konzertetüden* und die 12 *Symphonischen Etüden* von Robert Schumann sowie die Etüden von Franz Liszt, Claude Debussy und Alexander Skrjabin besonders bekannt. Etüden für Violine schrieben u. a. Rodolphe Kreutzer und Pierre Rode, für Violoncello David Popper.

Evangelist (griech.) heißt der Sänger, der in Passionskompositionen (▶ Passion) seit dem 17. Jh. den biblischen Text aus dem jeweils zugrundeliegenden Evangelium vorträgt. Die Verfasser der vier Evangelien des Neuen Testaments, nämlich Matthäus, Markus, Lukas und Johannes, werden als Evangelisten bezeichnet. Der singende Evangelist der Passion übernimmt die Rolle des Berichterstatters über das Leiden und Sterben Jesu Christi. Da die Textverständlichkeit hier im Vordergrund steht, ist die Partie des Evangelisten in Rezitativen (Sprechgesang mit knapper akkordischer Begleitung) gestaltet. In den Passionen von Johann Sebastian Bach ist die Partie des Evangelisten mit einem Tenor besetzt und gehört zu den schwierigsten Solopartien dieser Werke.

Evergreen (engl. = immergrün) ist ein ▶ Schlager, der sich – im Gegensatz zur Kurzlebigkeit dieser Gattung – über einige Jahre großer Beliebtheit erfreut. Zum Evergreen gehört, daß er nicht nur in Originalgestalt immer wieder auftaucht, sondern vor allem, daß er in vielen Versionen und Bearbeitungen existiert.

Expressionismus (lat.: expressio = Ausdruck) ist eine Stilrichtung der Kunst und Literatur um 1910, die auch in der Musik ihren Niederschlag fand. Sie speist sich aus philosophischen Strömungen, die Kunst als Ich-Bekenntnis, als Ausdruck radikaler Subjektivität definieren. Bisher gültige musikalische Regeln werden in Frage gestellt, sogar die Grundlage aller abendländischen Musik, die Dur-Moll-Tonalität.

Die Komponisten lösen sich aus den Bindungen des Grundtons und der Funktionsharmonik (▶ Harmonielehre) und schreiben freitonal oder atonal. Die Befreiung von Tönen und Zusammenklängen aus jahrhundertelang gültigen festen Ordnungsschemata ermöglicht es, den Ausdruckswert jedes einzelnen Tons und Akkordes neu zu erkennen und zu definieren. Aus dieser totalen Freiheit heraus können nun in jeder Komposition neue, eigene Beziehungs- und Strukturgesetze aufgestellt und angewandt werden. Die Beschäftigung mit den Intervallverhältnissen führt schließlich zur ▶ Zwölftonmusik. Auch die Form wird im Expressionismus ganz dem individuellen Gestaltungswillen untergeordnet, überkommene Formprinzipien fallen. Die Instrumentation steht gleichfalls im Dienste des reinen Ausdrucks; neue, erregende instrumentale Klangfarben werden entdeckt, das Ausdrucksspektrum der Singstimme wird um Sprechgesang, Schreien und Flüstern erweitert.

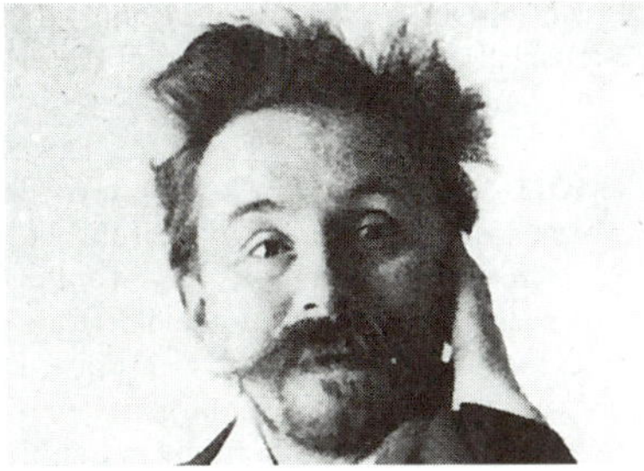

Alexander Skrjabin, 1912

Es liegt im Wesen des Expressionismus begründet, daß er keine in sich geschlossene, systematisch und umfassend darstellbare Stilepoche ist. Seine Vertreter, u.a. Arnold Schönberg, Alexandr Skrjabin, Ferruccio Busoni, Anton Webern und Paul Hindemith, wandten sich auf der Suche nach neuen Bindungen schließlich anderen Stilbereichen zu, etwa dem Neoklassizismus (▶ Klassizismus), dem Folklorismus, neuartigen Tonskalen oder der Zwölftonmusik.

F

Fade out oder **Fading** (engl. = ausblenden) heißt in der Studiotechnik das Verfahren, einen Musiktitel am Schluß allmählich leiser werden zu lassen, bis er schließlich verklungen ist. Dies geschieht am Mischpult mit einem Schieberegler (**Fader** oder **Flachbahnregler**), der elektrische Spannungen verändert. Drehregler erfüllen die gleiche Aufgabe, sind aber robuster und für häufigen Gebrauch besser geeignet. Das Fade out ist seit den 70er Jahren bei Schlagern und Popmusik an die Stelle eines komponierten Schlusses getreten.

Fado (port. = Schicksal) heißt ein Tanzlied aus den Städten Portugals mit meist melancholischem Charakter. Seine Geschichte reicht weit ins 19. Jh. zurück. Der Fado wurde ursprünglich meist nur von der Gitarre begleitet. Seine Melodie ist stark synkopisch; eine Verwandtschaft mit afrikanischer bzw. afroamerikanischer Musik ist nicht ausgeschlossen. Heute gehört der Fado zur kommerziellen Tanz- und Unterhaltungsmusik.

Fagott (ital. = Bündel) heißt ein tiefes Holzblasinstrument mit Doppelrohrblatt (▶ Rohrblattinstrumente). Der Tonumfang des Fagotts ist B_1-es^2. In dem dreiteiligen, etwa 1,40 m langen Korpus des Instruments verbirgt sich ein zweimal gebogenes, konisch gebohrtes Rohr von 2,59 m Länge. Das Kopfstück des Fagotts mit der Stürze (dem Schallbecher) trägt das Schalloch, das Mittelstück (auch Baßröhre genannt) Klappen, das Stiefelstück (auch Schaft genannt) Klappen und 2 Löcher. Im Stiefel steckt neben der Baßröhre der nach oben gerichtete Flügel, der Klappen und Löcher sowie das S-förmige Anblasrohr trägt. Insgesamt hat das moderne Fagott 22–24 Klappen, mit deren Hilfe die Töne erzeugt werden. Das tiefe Register des Fagotts klingt voll und bassig, das mittlere weich und lyrisch, das hohe etwas näselnd und klagend. Besonders das hohe und das tiefe Register des Fagotts werden von Komponisten gerne verwendet, um eine komische oder groteske Wirkung zu erzielen.
Die Entwicklung des Fagotts begann im 16. Jh. Zunächst bestand es aus einem durchgehenden Holzstück mit zwei Bohrungen. Bis zum 18. Jh. wurde das Fagott überwiegend als Begleitinstrument verwendet – es vertrat im ▶ Generalbaß das Baßregister. Als vollwertiges Soloinstrument gilt das Fagott seit dem 18. Jh. Bekannte Solokonzerte für Fagott stammen von Antonio Vivaldi, Wolfgang Amadeus Mozart und Paul Hindemith.
Gut eine Oktave tiefer als das Fagott klingt das **Kontrafagott** (C_1 – b). Es ist ca. 1,50 m lang und enthält ein mehrfach gebogenes Rohr von 5,93 m Länge (tiefe Töne!). Die Stürze ist beim Kontrafagott meist nach unten gerichtet. Das Aufsetzen einer Extra-Stürze erweitert den Tonumfang der beiden Instrumente nach unten. Das Kontrafagott wird wegen seines Gewichts mit einem Stachel auf dem Boden aufgestellt.

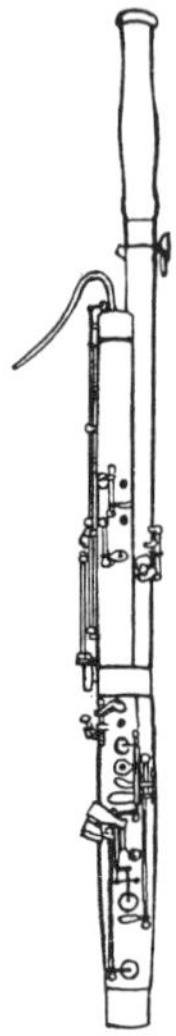

Fagott

Kontrafagott

Falsett (ital.: falso = falsch) Hohes ▶ Register der männlichen Singstimme; Kopfstimme, die durch Brustresonanz verstärkt wird. Im 15. und 16. Jh. wurden die ▶ Diskant- und ▶ Alt-Partien von Chorsätzen in der Regel von Männern gesungen, die ihre Falsettstimme benutzten. Das Falsett ist ein wichtiges Element der verschiedenen Stimmregister (und ihrer Mischungen) in der professionellen Gesangskunst.

Fan (amerik., von engl. fanatic = Fanatiker) nennt man einen begeisterten Anhänger eines Stars, einer Gruppe oder einer Musikrichtung. In **Fanclubs** zusammengeschlossene Anhänger vermitteln Interessenten Informationen über und Autogramme von ihrem Star und versuchen, über Medienkontakte (Zuschriften, Anrufe) Einfluß auf Plazierung und Sendehäufigkeit der Titel ihres Stars zu nehmen. **Fanzines** (Zusammenziehung aus fan und magazine) sind Zeitschriften von Fans für Fans bestimmter Musikrichtungen, die in der Punk-Bewegung der 70er Jahre in England aufkamen. Diese Magazine werden in kleiner Auflage auf billigstem Wege hergestellt und zu niedrigen Preisen vertrieben.

Fandango heißt ein spanischer Tanz, der seit dem 18. Jh. überliefert ist. Als Werbetanz hat er die Aufgabe, das Interesse eines potentiellen Partners an einem bestimmten Tänzer oder einer Tänzerin zu wecken. Gesungene Fandangos werden vor allem mit Gitarre, Kastagnetten und Tamburin begleitet. Nach jeder Strophe folgt ein instrumentales, oft improvisiertes Zwischenspiel. Der Fandango hat mit seinem mäßigen bis schnellen ungeraden Takt und seinem charakteristischen Rhythmus die spanische Instrumentalmusik stark beeinflußt. So findet sich der typische Rhythmus z.B. bei Isaac Albeniz (*Iberia*, 1906–09) oder Manuel de Falla (*Der Dreispitz*, 1919). Auch außerhalb Spaniens war der Fandango schon früh bekannt. Wolfgang Amadeus Mozart verwendete ihn im Finale des 3. Aktes seiner Oper *Die Hochzeit des Figaro* (1786) als Hochzeitstanz.

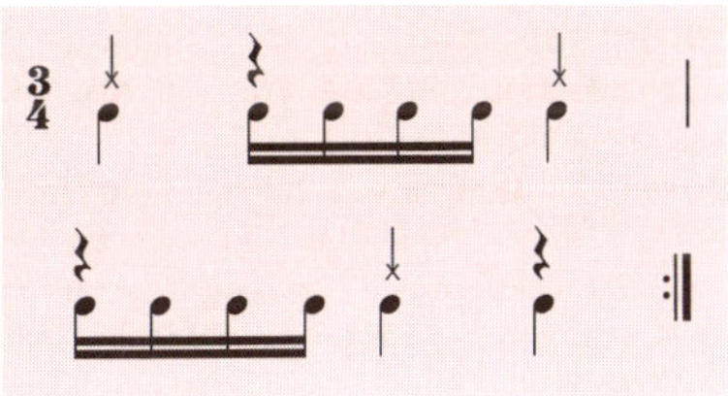

Fanfare nennt man 1. ein trompetenartiges Blechblasinstrument, ursprünglich ohne Ventile, also nur für Naturtöne. Die modernen Ventilfanfaren sind leichter zu spielen und vielseitiger einzusetzen;
2. ein kurzes Instrumentalstück signalartigen Charakters, das meist zur Eröffnung eines Musikwerkes oder einer Veranstaltung erklingt. Entsprechend den Möglichkeiten des Instruments besteht ein Fanfarenstück überwiegend aus Intervallen wie Terz, Quarte und Quinte. Eine durch diese Intervalle geprägte Melodik wird auch als **Fanfarenmelodik** bezeichnet.

Fantasie (ital.) bezeichnet ein Instrumentalstück, in dem der Komponist frei von jedem Formschema seine musikalischen Gedanken entfalten kann. Das improvisatorische Element, die gestalterische Spontaneität und das Experimentieren mit dem musikalischen Material sind Wesensmerkmale dieser Gattung. Die Geschichte der Fantasie reicht bis ins 16. Jh. zurück. Hier entstanden vor allem Fantasien für Laute, im 17. Jh. auch für Cembalo und Orgel. Eine Blütezeit erlebte die Fantasie im 18. Jh. mit Kompositionen von Johann Sebastian Bach (z.B. *Chromatische Fantasie und Fuge d-moll* für Cembalo, um 1720) und Wolfgang Amadeus Mozart (*Fantasie d-moll* und *Fantasie c-moll* für Klavier, 1782 bzw. 1785). Im 19. Jh. verbanden viele Komponisten die Fantasie mit Elementen aus musikalischen Formen wie z.B. der ▶ Sonate und veränderten dadurch ihren Charakter. Auch in Fantasien für Orchester blieb nicht mehr viel vom gestalterischen Freiraum der ursprünglichen Fantasie erhalten. Dennoch erfreute sich die Fantasie in ihren verschiedenen Ausprägungen auch im 19. Jh. großer Beliebtheit, während sie in der Musik des 20. Jh.s nur eine untergeordnete Rolle spielt.

Fermate (ital. = Halt, Aufenthalt) heißt das Haltezeichen 𝄐 über Noten, die länger ausgehalten werden sollen, als es ihrem Wert entspricht. Das Zeichen zeigt auch den Schlußton eines Kanons an und markiert bei Da-capo-Arien (Arien vor allem aus der Barockzeit, bei denen der erste Teil wiederholt wird) den Schluß des 1. Teils, oft mit dem Begriff ▶ fine gekoppelt.

Fiedel oder **Fidel** heißt ein mittelalterliches Streichinstrument bzw. sein Nachbau im 20. Jh. Die mittelalterliche Fiedel ist bereits in schriftlichen Zeugnissen aus dem 8. Jh. dokumentiert. Sie wurde in Sopran- und Altlage gebaut und trat in vielen Formen auf. Erst im 12./13. Jh. setzte sich ein einheitlicher Typ durch, der ein ovales Korpus, 2 C-förmige Schallöcher, einen geraden Hals, Wirbel und 5 Saiten besaß (s. Abb. S. 212). Vorläufer und Verwandte der mittelalterlichen Fiedel sind u.a. die aus der orientalischen Musik stammende **Rabab** und die vermutlich von der Rabab abstammende, in Europa seit dem 11. Jh. bekannte **Rebec**. Die Spielleute des 16. und 17. Jh.s verwendeten die Rebec zur Tanzmusik. Die Fiedel wird meist in Armhaltung gespielt, d.h. gegen die linke Schulter gestemmt.
Seit den 20er Jahren des 20. Jh.s wurden die von Peter Harlan und anderen gebauten Fiedeln zum Streichinstrument der Laienmusik, vor allem in der ▶ Jugendmusikbewegung. Harlan ging vom Vorbild der Gambe aus und baute die Fiedel als Instrumentenfamilie (Diskant, Alt, Tenor, Baß) mit 6 Stahlsaiten, geradem Boden und dachförmiger Decke. Nach Gambenart wird die neue Fiedel beim Spiel auf den Knien gehalten. Der Nachbau von Fiedeln geht mit dem aufkommenden Interesse an alter Musik einher.

Figurenlehre In der Musik des 17. und 18. Jh.s finden sich viele formelhafte Wendungen, die jeweils für die Darstellung bestimmter Textinhalte verwendet werden. Die Komponisten kannten solche Figuren, die z.B. „Laufen“, „Klagen“, „Bewegung der Wellen“ oder „Himmel“ musikalisch abbilden sollten und setzte sie an den entsprechenden Stellen in ihren Werken ein. Auch bestimmte Verzierungen, Pausen oder Modulationen hatten ihre festgelegten Bedeutungen. Es handelt sich um ein regelrechtes Repertoire von musikalischen „Redewendungen“.
Musikern waren zu Beginn des 17. Jh.s in Kompositionslehren zusammengefaßte und veröffentlichte „Rede“-Figuren allgemein bekannt. Sie stammen aus der Tradition der seit der Antike für die Künste bedeutsamen Rhetorik (Lehre von der wirkungsvollen Rede). Noch im 18. Jh. waren die rhetorischen Stilmittel in Sprache und Musik den Musikern weithin geläufig; auch die Hörer erkannten die musikalischen „Redewendungen“ wieder und wurden dadurch zum Textverständnis geführt.
Die Figurenlehre bot ein umfangreiches Repertoire kunstvoller Stilmittel. Heute sind die Figurenlehre ebenso wie die barocke ▶ Affektenlehre für uns wichtige Hilfen zum Verständnis barocker Musik.

Fill in (engl. = ausfüllen, einsetzen) nennt man Akkorde oder kurze Melodiefloskeln, die bei weiterlaufendem Beat (Grundschlag) in Pausen oder Zäsuren der Melodie gespielt werden. Auch kurze Schlagzeugeinwürfe an den Endpunkten melodischer Phrasen werden als Fill ins bezeichnet.

Filmmusik benutzt die vielfältigen Möglichkeiten von Musik, die emotionale Wirkung eines Films zu verstärken.
Der alte **Stummfilm** kannte noch kein Verfahren, Ton parallell zum Bild aufzuzeichnen. Es wurden Musiker, häufig ein Pianist an Klavier oder Kinoorgel, sowie in den Großstädten Orchester engagiert, die den Film zum Teil improvisatorisch begleiteten. Ein erwünschter Nebeneffekt von Musik lag auch darin, daß das klappernde Geräusch alter Filmapparate überdeckt werden konnte. In ▶ Kinotheken wurde Musik für die Begleitung typischer Filmszenen gesammelt.

Im sich ab 1930 durchsetzenden **Tonfilm** hat die Musik meist eine dienende Funktion, um etwa eine Liebesszene gefühlvoller zu gestalten oder die Spannung im Kriminalfilm zu erhöhen. Es gibt jedoch auch Beispiele für Filmmusiken mit Kunstwerkcharakter wie *Begleitungsmusik zu einer Lichtspielszene* (1930) von Arnold Schönberg oder Hanns Eislers *14 Arten, den Regen zu beschreiben* (1941). Als Untermalung der Filmbilder akzeptiert das Publikum häufig auch Musik, die es im Konzertsaal vielleicht abgelehnt hätte, etwa die elektronische Musik in Alfred Hitchcocks Thriller *Die Vögel* (1962).
Im Tonfilm spielt Musik in Form von Schlagern und Begleitmusik oft eine so große Rolle, daß sie den eigentlichen Film überlebt. Der Walzer *Moon River* aus dem Film *Frühstück bei Tiffany* z.B. ist so in das Standard-Repertoire der Tanzmusik eingegangen. Auch im Jazz stammen zahlreiche Standards aus **Musikfilmen**, häufig aus verfilmten Broadway-Musicals, z.B. *I Got Rhythm* von George Gershwin aus *Girl Crazy* (1932) und *Speak Low* von Kurt Weill aus *One Touch Of Venus* (1943). Seit etwa 1950 wurden die **Soundtracks**, d.h. Tonspuren, erfolgreicher Filme auch als Schallplatten und später als CDs auf den Markt gebracht, z.B. *Bodyguard* mit Whitney Houston (1993).
Tonfilmmusiken wurden zunächst von bewährten Operettenkomponisten wie Paul Abraham, Franz Léhar und Robert Stolz komponiert. Innerhalb der ▶ Neuen Musik brachten es besonders die Komponisten des Neoklassizismus auf eine stattliche Anzahl von Filmmusiken. Bei Darius Milhaud waren es ca. 20, bei Arthur Honegger über 30. Inzwischen gibt es viele Komponisten, die vorwiegend durch ihre Filmmusiken bekannt wurden, z.B. Ennio Morricone mit *Spiel mir das Lied vom Tod.*
Der Ton eines Spielfilms setzte sich in den 90er Jahren meist nicht aus **Originaltönen** zusammen, d.h. Tonaufnahmen, die während der Dreharbeiten gemacht wurden, sondern aus vielen nachträglichen Einzelaufnahmen, oft aus verschiedenen Studios.

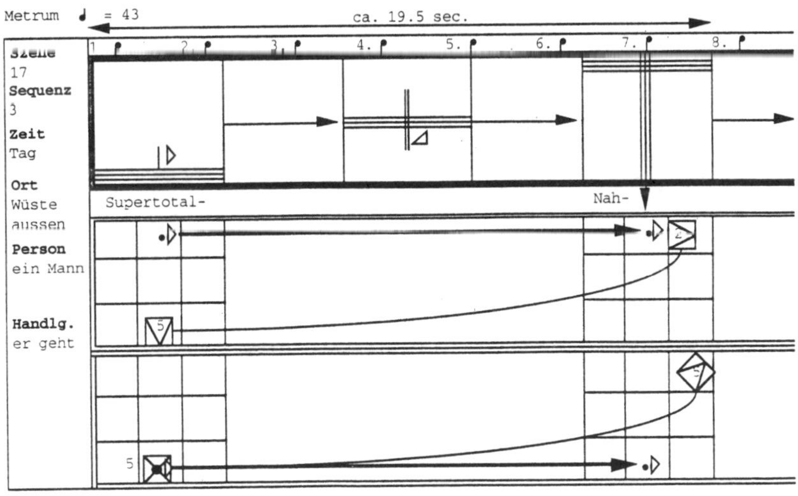

Anweisung für Filmmusik

Vor allem Geräusche und Synchronsprache werden erst nach dem Schnitt des Films auf Magnetband aufgenommen und parallell zum Bild „angelegt".
Es gab viele Versuche, die Beziehungen zwischen Ton und Bild genau festzulegen. Seit den 30er Jahren benutzte z.B. Walt Disney für seine Trickfilme Musikpartituren, die mit den Storyboards, den Skizzen einzelner Bildeinstellungen abgestimmt waren. Als eine „Kinooper" war Sergej Eisensteins *Alexander Nevski* (1938) gedacht mit der Musik von Sergej Prokofjew.

Filter ist ein technisches Mittel, meist eine elektronische Schaltung, zum Aussortieren und Verändern von Klängen. Eine Wand z.B., durch die man Musik hört, wirkt als Filter, weil die Höhe unterdrückt und der Gesamtklang dumpf wird. Ein Filter, das nur die hohen bzw. tiefen Frequenzen durchläßt, heißt **Hochpaß** (engl. = highpass filter) bzw. **Tiefpaß** (engl. = lowpass filter). In der Verstärkertechnik braucht man Filter für die **Klangregelung**, um nach Wunsch innerhalb bestimmter Grenzen hohe, mittlere oder tiefe Tonbereiche zu verstärken oder abzuschwächen (▶ Equalizer). Andere Filter erlauben die Unterdrückung der akustischen **Rückkopplung**, die von den Eigenschaften eines Verstärkers und dem ihn umgebenden Raum abhängig ist. Rückkopplung führt zu störenden Heul- und Pfeifgeräuschen. In vielen Synthesizern sorgen Filter für eine Vielzahl unterschiedlicher Klänge, die aus wenigen Grundklängen ausgefiltert werden.
Filter lassen sich technisch digital oder analog verwirklichen. Digitale Filter sind oft Bestandteil eines entsprechenden Computerprogramms und verlangen aufwendige mathematische Rechenverfahren.

Finale (ital. = Schluß) nennt man 1. seit dem 18. Jh. den letzten Satz von Sonaten, Sinfonien, Konzerten o.ä. mehrsätzigen Musikwerken. Finali waren meist schnelle, heitere Stücke mit tänzerischem Charakter, die den schwungvollen Abschluß des Werkes bildeten, so z.B. in den Sinfonien von Joseph Haydn. Später wurde der Schlußsatz immer mehr zum gewichtigen Gegenstück des Kopfsatzes und zum Höhepunkt des gesamten Werkes, so bei Johannes

Finale von Wolfgang Amadeus Mozarts „Die Entführung aus dem Serail", 1926

Brahms, Anton Bruckner und Gustav Mahler;
2. die Szene am Schluß eines jeden Aktes in der Oper. Die Figuren der Handlung werden auf der Bühne versammelt und die verschiedenen Handlungsfäden und musikalischen Gestaltungsebenen laufen zusammen. Die Finali der Anfangsakte thematisieren meist Konfusion und Verwirrung; das Finale des letzten Aktes bringt dann die Auflösung. In der Oper bedeutet dies entweder Tod oder Liebe (manchmal auch beides gleichzeitig).

fine (lat.: finis = Ende) bezeichnet innerhalb eines Musikstücks die Stelle – meist gekennzeichnet durch 𝄐 (▶ Fermate) -, bis zu der wiederholt werden soll. Man druckt den zu wiederholenden Teil nicht noch einmal, um so Platz und Herstellungskosten zu sparen. Fine mit oder ohne 𝄐 kann daher mitten im Notentext stehen und doch das Ende des Stückes markieren.

Fingersatz nennt man beim Spielen von Musikinstrumenten die Anweisung zum Plazieren der greifenden bzw. anschlagenden Finger auf Griffbrett oder Tastatur. Bei Streich- und Zupfinstrumenten wird eine andere Zählung verwendet als bei Tasteninstrumenten: Bei Geige, Gitarre usw. wird vom Zeigefinger (1) bis zum kleinen Finger (4) gezählt und der Daumen ausgelassen. Beim Klavier und anderen Tasteninstrumenten zählt der Daumen (bei beiden Händen) als 1. Finger, der kleine Finger als 5.
Die Fingersatzangaben sollen dem Spieler die technische Bewältigung des jeweiligen Stückes erleichtern. Komponisten schreiben in ihren Stücken dem Interpreten manchmal Fingersätze vor, um beispielsweise eine bestimmte Artikulation zu erreichen. In der Regel stammen die Angaben aber vom Herausgeber der Noten. Bei Orgelwerken tritt zum Fingersatz der **Fußsatz** für das Pedalspiel. Hier wird unterschieden zwischen rechtem und linkem Fuß (oberhalb bzw. unterhalb der Noten markiert) sowie Fußspitze (∧) und Absatz (◡).

Fistelstimme Die männliche Kopfstimme, im Gegensatz zum ▶ Falsett ohne Brustresonanz, klingt hoch und oft schrill. Für die Musik ist die Fistelstimme unergiebig, da sie nur relativ dünne Töne mit wenig Resonanz hervorbringt. Sie kann gut für parodistische Effekte eingesetzt werden.

Flageolett (franz.) heißt eine kleine Schnabelflöte, die vom 16. bis zum 19. Jh. vor allem in der Tanzmusik sehr beliebt war. Bis ins 18. Jh. hinein diente das Flageolett im Orchester als Flauto piccolo (Kleine Flöte). Das Instrument klingt meist eine Undezime oder Duodezime höher als es notiert ist (▶ transponierende Instrumente); sein tiefster Ton ist also nicht d^1 (notiert), sondern g^2 oder a^2 (klingend). Nach dem Flageolett ist auch ein hohes Orgelregister benannt
Bei Saiteninstrumenten entstehen **Flageolettöne**, wenn ein Finger die Saite nicht fest auf das Griffbrett drückt, sondern diese nur leicht berührt. Flageolettöne klingen hohl, leicht pfeifend und korperlos; sie sind dem Klang des Flöteninstruments Flageolett sehr ähnlich. Sie werden durch ein kleines ○ über der jeweiligen Note gekennzeichnet.

Flamenco ist ein spanischer Tanz bzw. ein Tanzlied. Der seit Anfang des 19. Jh.s bekannte, vor allem in Andalusien beheimatete Flamenco zeigt u.a. maurisch-arabische Einflüsse. Deutlich wird dies am Gesang: Die Sänger nutzen alle Ausdrucksmöglichkeiten der Stimme, z.B. auch Falsett, Kehllaute, kleine Intervallschritte und Verzierungen, um den meist traurigen bzw. melancholischen Flamenco (seine Themen sind Liebe, Schuld und Tod) möglichst intensiv und wirkungsvoll zu interpretieren.

Der Flamenco ist in Strophen und instrumentale Zwischenspiele gegliedert. Klagende Rufe („Ay, ay") leiten ihn ein, wechselnde Tempi lassen den Sängern Raum zur Gestaltung. Der Gesang wird mit Gitarren begleitet, hinzu treten Kastagnetten, Händeklatschen und Fußstampfen. Der Flamenco wird von Solisten oder Einzelpaaren getanzt. Durch den Tanzfilm *Carmen* von Carlos Saura (1983, nach der gleichnamigen Oper von Georges Bizet) wurde der Flamenco einem breitem Publikum bekannt.

Flexaton heißt ein Percussionsinstrument, bei dem zwei kleine Holzklöppel gegen eine Stahlzunge schlagen. Die geboge-

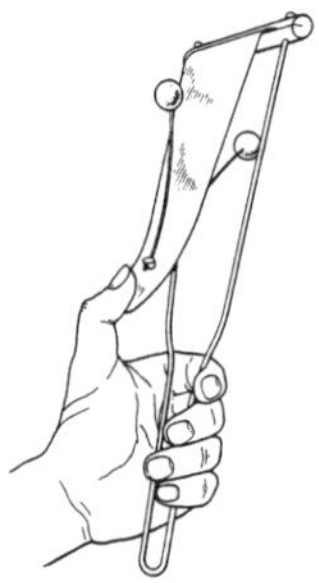

ne Stahlzunge sitzt auf einem Metallrahmen mit Griff, die beweglichen Holzklöppel sind auf der Zunge angeschraubt. Der Spieler kann mit dem Daumen die Tonhöhe regulieren, indem er das freie Ende der Stahlzunge drückt. Der Ton ist metallisch und tremolierend, da beim Schütteln die Klöppel sehr schnell hintereinander gegen die Zunge schlagen. Als Klangeffekt war der Ton des Flexatons schon in den 20er Jahren beliebt.

Florentiner Camerata bzw. Camerata Fiorentina (ital.) ist der Name eines Kreises von Dichtern, Musikern und Gelehrten, die im letzten Drittel des 16. Jh.s in Florenz die Musikentwicklung entscheidend vorantrieben. Die Mitglieder der Camerata, allesamt umfassend gebildet, d.h. auch in der griechischen Geschichte und Mythologie bewandert, traten für einen Musikstil ein, der dem der griechischen Antike nachempfunden war: einstimmigen Gesang mit schlichter instrumentaler Begleitung, die **Monodie**. Die Verständlichkeit des gesungenen Textes und die ausdrucksvolle Gestaltung der im Text angesprochenen Gefühle und Stimmungen stehen im Mittelpunkt. Die seinerzeit überwiegend mehrstimmige und sehr kunstvolle Vokalmusik (▶ Polyphonie) wurde von den Mitgliedern der Camerata entschieden abgelehnt. Die Hinwendung zum einstimmigen Gesang brachte die Gattung der ▶ Oper hervor, deren Geschichte 1598 mit *La Dafne* von Jacopo Peri begann.

Flöte Das Grundprinzip aller Flöteninstrumente besteht darin, die über eine scharfe Kante in ein Rohr geleitete und darin schwingende Luftsäule durch das Zudecken und Öffnen von Grifflöchern zu verändern. Schon in frühester Menschheitsgeschichte gab es Flöten aus ausgehöhlten Knochen, Holz und Schilfrohr. Die Flöteninstrumente haben zwei Grundformen: die Längsflöte (in Längsrichtung gehalten und gespielt) und die Querflöte (Querhaltung). Sonderformen sind die **Nasenflöte**, die **Gefäßflöte** (▶ Okarina), die **Doppelflöte** und die ▶ Panflöte (die beiden letzteren sind doppelte bzw. aneinandergereihte Längsflöten). Sowohl Längs- als auch Querflöten waren schon Jahrhunderte vor unserer Zeitrechnung in China, Indien und Ägypten bekannt und dienten dort oft als Kultinstrumente. Seit dem 10./11. Jh. treten die beiden Flötenformen auch in der mitteleuropäischen Musik auf. Die Längsflöte erscheint als **Schnabelflöte** bzw. ▶ Blockflöte. Die Blockflöte, die in vielen Größen gebaut wurde, war bis ins 18. Jh. das dominierende Flöteninstrument. Im

18. Jh. wurde sie allmählich von der ▶ Querflöte oder **Traversflöte** verdrängt, die sich im 19. Jh. als Große Flöte fest im Sinfonieorchester etablierte (gemeinsam mit der Kleinen oder **Piccoloflöte**). Neben diesen Flöten, die in die europäische Kunstmusik eingingen, wurden einige weitere Flötenformen vor allem in der Volks- und Tanzmusik sowie in der Militärmusik verwendet, so z.B. der **Schwegel** (Einhandflöte), das ▶ Flageolett, die **Querpfeife** (auf die die Flöten der Militärmusik und der Spielmannszüge zurückgehen) und das **Gemshorn** (eine sehr leise klingende Flöte aus dem Horn einer Gemse oder eines Bockes). Aus der anglo-irischen Folklore ist die **Tin Whistle** bekannt (eine Schnabelflöte aus Blech mit 6 Grifflöchern).
Auch im Orgelbau spielt die Flöte eine bedeutende Rolle. In jeder Orgel gibt es sogenannte Flötenregister (z.B. Blockflöte oder Rohrflöte): Es sind Labialpfeifen mit weichem, zartem Klangcharakter.

Flügelhorn Das oft auch als **Bügelhorn** bezeichnete Signalhorn mit 3 Ventilen gehört zur Familie der Blechblasinstrumente. Es fügt sich nach Bauart und Spielweise in die Trompetenfamilie ein. Das Flügelhorn steht in B; sein Umfang ist e-b². Das Sopran-Flügelhorn steht in Es und hat den Tonumfang a-es³. Im Sinfonieorchester ist das seit 1825 gebaute Flügelhorn nicht heimisch geworden, dagegen in der Harmoniemusik und im Posaunenchor.

Folklorismus wird (mit einem in den 60er Jahren des 20. Jh.s entstandenen Begriff) eine Strömung in der Musik des ersten Drittels des 20. Jh.s genannt, die Elemente der Folklore (Volksmusik) in die Kunstmusik einbezieht. Komponisten wie Leoš Janáček, Béla Bartók und Igor Strawinski beschäftigten sich intensiv – auch als Musikforscher – mit der Folklore ihres Heimatlandes sowie anderer Völker und bezo-

Leoš Janáček, um 1925

gen aus ihr schöpferische Impulse für ihre kompositorische Arbeit. Janáček sammelte und notierte über viele Jahre Volksliedmelodien und den besonderen Tonfall (Sprachmelodie) seiner tschechischen Heimat und verwendete diese als Rohstoff seiner Musik. Bartók sammelte u.a. in Ungarn, Rumänien und Bulgarien überlieferte Volksliedmelodien und baute ihre wesentlichen rhythmischen und melodischen Elemente in seine Werke ein. Strawinski verarbeitete in den Kompositionen seiner „russischen Periode“ Eigenheiten russischer Folklore.

Béla Bartók, um 1940

Folk Song oder **Folksong** (engl. = Volkslied) Der Begriff hat ein ähnliches Bedeutungsspektrum wie Volkslied

(▶ Volksmusik), ist jedoch auf den angloamerikanischen Sprachraum bezogen.
Bedingt durch die rapide Entwicklung der amerikanischen Schallplattenindustrie setzte in den 20er Jahren unseres Jahrhunderts in den USA die Kommerzialisierung von **Folk Music** ein. Während zuvor die tradierten Lieder und Tänze im wesentlichen nur für die Wissenschaft interessant waren, wurden sie nun auf Platten aufgenommen. Damit wurden regionale Musikstile im ganzen Land verbreitet und bekanntgemacht. Die amerikanische Arbeiterbewegung und die Bürgerrechtsbewegung griffen in den 30er und 40er Jahren auf diese Liedtraditionen zurück und brachten zahlreiche neue Folk Songs hervor.
In den 50er Jahren kam es, zunächst in den USA, zu einem **Folk Revival**, d.h. zur Wiederbelebung traditioneller Volksmusiken unterschiedlicher Herkunft: „Weiße" Country Music wie Hillbilly, Tanzmusik wie Bluegrass und „schwarze" Musikstile wie der Blues wurden nun einem breiten Publikum bekannt.
In den 60er Jahren wurde von vielen Musikern der Folk Song bzw. das Volkslied als Träger politischer Botschaften entdeckt, und es entstanden Neu- und Nachschöpfungen, die man in den USA als **Topical Songs** oder **Contemporary Songs** (aktuelle Lieder), in Deutschland als **Protestsongs** bezeichnete. Der Begriff **Singer/Songwriter** bürgerte sich ein für solche Musiker, die zugleich Texter und Komponisten wie auch Interpreten ihrer Lieder waren. Zu den bekanntesten Vertretern dieser Gruppe in den USA gehören Bob Dylan, Joan Baez, Phil Ochs und Leonard Cohen.
In Deutschland entstand Ende der 60er Jahre die Bewegung der **Liedermacher**. Das Festival „Chanson Folklore International" auf der Burg Waldeck, das 1964 erstmals veranstaltet wurde, führte die seinerzeit profiliertesten Chanson-Sänger, Liedermacher und Vertreter des politi-

Pete Seeger und Joan Baez, 1976

schen Volksliedes zusammen. Von hier aus entwickelte sich eine politisch oppositionelle (das hieß damals: linke) Folk- und Chanson-Szene, von der bis in die 80er Jahre hinein starke Impulse auf das deutsche Musikleben ausgingen. Einige Vertreter dieser Szene sind Franz Josef Degenhardt, Walter Moßmann, Wolf Biermann, Hannes Wader und das Duo Zupfgeigenhansel.
Auch in der Rockmusik hinterließ die Beschäftigung mit volksmusikalischen Traditionen ihre Spuren. Der **Folk Rock** brachte ab Mitte der 60er Jahre zunächst in England und den USA, später auch in Deutschland, Frankreich und anderen europäischen Ländern fruchtbare Verbindungen von alten und neuen musikalischen Ausdrucksformen hervor. Dank der unterschiedlichen regionalen und nationalen Musikkulturen und der Vielzahl der Kombinationsmöglichkeiten mit Rock-Elementen entstand ein breites Spektrum interessanter Musiktitel bzw. Schallplatten. Bekannt wurden u.a. die Gruppen Fairport Convention und Steeleye Span aus England, The Dubliners und Clannad aus Irland, Malicorne aus Frankreich und Ougenweide aus Deutschland.

Form ist ein vielschichtiger Begriff und trägt in bezug auf Musik unterschiedliche Bedeutungen. Alles, was man als Musik bezeichnet, ist auf irgendeine Weise erkennbar gestaltet, also geformt. In diesem allgemeinen und abstrakten Sinn ist Form die in einem Musikstück vorhandene Ordnung, die Art und Weise, wie das musikalische Material in diesem Stück gestaltet ist. In einem speziellen Sinn bedeutet Form das Modell oder Schema, das einer Komposition zugrundeliegt. Im Laufe der abendländischen Musikgeschichte sind zahlreiche solcher Schemata ausgeprägt und von den Komponisten unterschiedlich streng befolgt worden.
Viele bekannte Musikwerke, die bestimmten Formen zugeordnet werden, entsprechen nicht der Norm, sind nicht nach Schema F gebaut, sondern werden gerade deshalb so geschätzt, weil sie in origineller Weise mit den Gesetzmäßigkeiten der Form spielen. Gerade in der individuellen Art und Weise des Umgangs mit der Form liegt für uns heute oft der Anreiz, uns mit einem Komponisten näher zu beschäftigen. Dabei fällt dann manchmal auf, daß auch im Werk solcher Komponisten, die als Trendsetter oder Normerfüller bestimmter Formen gelten, sehr viel mehr Originäres als Typisches zu finden ist.
Dennoch ist die Kenntnis der musikalischen Formen unverzichtbare Grundlage für das Verstehen von Musik. Die **Formenlehre** bietet hier die nötigen Orientierungshilfen, indem sie Baupläne und Entwicklungsgeschichte der einzelnen Formen systematisch darstellt und an Musikbeispielen aus verschiedenen historischen Epochen belegt. Mit Hilfe der Formenlehre können Musikstücke analysiert (**Formanalyse, formale Analyse**) und meist auch historisch eingeordnet werden.
Musikalische Formen sollten nicht mit musikalischen Gattungen verwechselt werden. Der Begriff Gattung, der oft fälschlicherweise synonym mit Form verwendet wird, bezeichnet im Gegensatz zu dieser nicht ein Gestaltungsprinzip, sondern einen Werktyp, der an bestimmte Zwecke, Texte oder Aufführungsweisen geknüpft ist (z.B. Oper, Messe oder Streichquartett). Musikgattungen liegen nicht zwingend bestimmte musikalische Formen zugrunde. Eine Form kann in vielen verschiedenen Gattungen verwendet werden; eine Fuge z.B. kann in einer Sinfonie, einem

Oratorium oder einem Variationenzyklus auftreten, die Sonatenhauptsatzform u. a. in einer Sonate, einem Konzert oder einem Streichquartett.

Das Material musikalischer Formen

Auf dem Hintergrund der Kenntnis der Formen kann man beim intensiven Musikhören den Prozeß des Formens selbst nachvollziehen, kann dem Komponisten in die Karten gucken und versteht dadurch besser, wie das Stück gemeint ist und wie es „funktioniert". Man erkennt auch leichter den historischen Ort des jeweiligen Musikstückes und wird im Zusammenhang damit außerdem auf die sozialgeschichtliche Funktion der betreffenden Form aufmerksam.
Musikalische Formen bestehen aus Tonmaterial, das mit Hilfe bestimmter Gestaltungsprinzipien bearbeitet wird; diese wiederum werden anhand bestimmter Ideen und Vorstellungen vom Komponisten ausgewählt.
Allgemeine Gestaltungsprinzipien sind Kategorien wie Kontrast, Ausgewogenheit oder Abwechslung, die musikalisch z. B. durch Variation, Wiederholung, Transposition in eine andere Tonart usw. ausgedrückt werden können. Entscheidend für die Form ist die Art und Weise, wie zwischen verschiedenen Gestaltungselementen ein Zusammenhang hergestellt wird.
Ideen und Vorstellungen, die einem Musikwerk zugrundeliegen, können von außerhalb der Musik kommen (Bilder, Stimmungen, literarische Vorlagen) oder musikimmanent sein (ein Motiv, ein Thema, ein Lied o. ä. werden zum Ausgangsmaterial eines Stückes).

Formbildende Elemente

Alle Formen sind aus kleineren Einheiten zusammengesetzt, so wie ein Organismus aus Zellen besteht, die wiederum aus Molekülen und diese aus Atomen aufgebaut sind. Die kleinste formale Einheit in der Musik ist das Motiv, eine prägnante musikalische Gestalt von meist nur wenigen Tönen, die das Ausgangsmaterial für ein Musikstück bildet. Das Motiv kann wiederholt, transponiert, melodisch oder rhythmisch verändert werden.
Ein Thema ist ein Zusammenschluß mehrerer Motive oder auch eine aus einem einzigen Motiv entwickelte Sinneinheit, ein musikalischer Gedanke, der auf Verarbeitung und Weiterentwicklung angelegt ist. Wie das Motiv kann das Thema wiederholt, verändert, mit anderen Gedanken kombiniert oder kontrastiert werden. Struktur und Charakter eines Themas hängen von Gattung, Form, ▶ Stil und von der Absicht des Komponisten ab. So benötigt etwa ein Tanz anderes thematisches Material als eine Fuge. Ein Liedthema ist meist symmetrisch und in sich abgeschlossen, während ein Sonatenhauptsatzthema eher offener gestaltet ist, damit es auch über längere Distanzen musikalisch tragfähig bleibt.
Eine symmetrische melodische Gestalt von meist 8 Takten Länge, zusammengesetzt aus gleich langen Gliedern, mit einer deutlichen Zäsur in der Mitte, wird **Periode** genannt. Die ersten 4 Takte der Periode werden als **Vordersatz**, die zweiten,

korrespondierenden 4 Takte als **Nachsatz** bezeichnet. Der Vordersatz endet, harmonisch gesehen, meist auf der ▶ Dominante, der 5. Stufe.
Die symmetrische periodische Anlage von Themen ist charakteristisch für die Mehrzahl der Musikwerke des 18. und frühen 19. Jh.s sowie insgesamt für die populäre Musik des 19. und 20. Jh.s. Die periodische Bauweise und damit das Prinzip der Symmetrie hat die Formenwelt der abendländischen Musikkultur entscheidend geprägt.

Musikalische Formen

Motiv, Thema und Periode sind formbildende Elemente, musikalische Bausteine innerhalb eines größeren kompositorischen Zusammenhangs, z. B. im Rahmen von Liedformen, Rondoformen oder im Sonatenhauptsatz.
Liedformen sind nicht nur in der Vokalmusik zu finden, sondern sie liegen auch vielen Instrumentalstücken zugrunde. Sie beruhen auf dem Reihungsprinzip: Gleiche oder verschiedenartige Teile werden aneinandergefügt. Die einzelnen Teile bezeichnet man mit Buchstaben. Die Länge der Teile ist nicht genau festgelegt. Den Typus a b bezeichnet man als **zweiteilige Liedform**, auch wenn beide Teile wiederholt werden und dadurch vier Abschnitte entstehen. Die Form a b a ist als **dreiteilige Liedform** bekannt. Ebenfalls aus drei Teilen besteht die ▶ Barform a a b; diese Form tritt vor allem in den Strophenliedern des Minnesangs und des Meistersangs (▶ Mittelalter, ▶ Lied) auf. Den Teil a bezeichnet man hier als **Stollen**, den Teil b als **Abgesang**. Seltener ist die **Gegenbarform** a a b, während die **Reprisenbarform** a a b a vor allem bei volkstümlichen Liedern häufiger auftritt. Die dreiteilige Reihenform a b c besteht aus drei verschiedenen Teilen. Diese Liedformen erscheinen in Musikwerken der unterschiedlichsten Art, z. B. in Tänzen, in langsamen Sätzen von Sonaten und Sinfonien und in ▶ Charakterstücken des 19. Jh.s. Als Kette von Tänzen besteht auch die ▶ Suite in weiten Teilen aus Liedformen.
Verlängert man die Reihe der Teile über drei hinaus, so erhält man **zusammengesetzte Liedformen**. Die bekannteste und eigenständigste ist das **Rondo**. Es tritt in verschiedenen Ausprägungen auf. Das Kettenrondo hat die Teile a b a c a b a usw. Teil a nennt man auch ▶ Refrain oder Ritornell, die anderen Teile ▶ Couplets oder Episoden. Beim Bogenrondo umschließen zwei gleiche Eckteile einen kontrastierenden Mittelteil: a b a c a b a. Das **Sonatenrondo** ist eine Kombination von Rondo und Sonatenhauptsatzform. Es kommt überwiegend in Schlußsätzen von zyklischen Formen wie ▶ Sonate, Sinfonie, Solokonzert, Streichquartett vor, besonders in der als ▶ Klassik bezeichneten Epoche der Musikgeschichte (etwa 1770–1830).
Die **Sonatenhauptsatzform** oder klassische **Sonatensatzform** bestimmt den 1. Satz zyklischer Formen der Klassik. Sie beruht im Gegensatz zu den bisher genannten Formen auf dem Prinzip der Entwicklung. Das musikalische Material (Motive, Themen) wird nicht nur vorgestellt und aneinandergereiht, sondern der Komponist verarbeitet es, entwickelt aus ihm neue Aspekte, neue Ausdrucksgehalte, neues musikalisches Material. Drei Teile kennzeichnen den Sonatenhauptsatz: Exposition, Durchführung und Reprise. Vor der Exposition erscheint in manchen Werken eine **Einleitung**, an die Reprise kann sich eine Coda anschließen.

In der **Exposition** werden zwei melodisch, harmonisch und rhythmisch oft gegensätzliche Themen vorgestellt, verbunden durch eine **Überleitung** und abgerundet durch eine **Schlußgruppe**. Das **1. Thema** steht auf der Tonika (1. Stufe der zugrundeliegenden Dur- oder Molltonart), das **2. Thema** setzt entweder auf der 5. Stufe ein (Dominante; wenn Thema 1 in Dur steht) oder auf der 3. Stufe (zugehörige Durtonart; wenn Thema 1 in Moll steht). Dieser **Themendualismus** regt zur musikalischen Auseinandersetzung an, die dann in der **Durchführung** stattfindet. Hier werden die beiden Themen oder Motive daraus, oft kombiniert mit Motiven aus Überleitung und Schlußgruppe, gegeneinander ausgespielt, d.h. auseinandergenommen, verändert usw. In der **Reprise** wird auf die Exposition zurückgegriffen; das 2. Thema steht jetzt auch in der Tonika. An die Reprise schließt sich oft eine **Coda** an, ein angehängter Schlußteil mit aus vorangegangenen Teilen bekanntem oder mit neuem Material.
Die 2., 3. und 4. Sätze zyklischer Werke des Zeitraums zwischen etwa 1750 und 1850 sind eigenständig und an verschiedenen anderen Formprinzipien orientiert. Als 2. Satz folgt meist ein langsames Stück liedhaften Charakters, oft in dreiteiliger Form (A B A), an 3. Stelle ein etwas schnellerer tänzerischer (▶ Menuett) oder sehr schneller Satz (▶ Scherzo), und als ▶ Finale ein lebhafter Satz, der als Rondo, Fuge, Variationensatz oder wiederum als Sonatenhauptsatz gestaltet sein kann. Oft lassen sich motivische Ähnlichkeiten zwischen den Sätzen eines Werkes feststellen, so daß ein innerer Zusammenhang das Stück charakterisiert. Dies ist vor allem bei den wichtigsten Vertretern der Klassik und der Sonatenhauptsatzform der Fall, bei Joseph Haydn, Wolfgang Amadeus Mozart und Ludwig van Beethoven.
Besondere Formprinzipien gelten für Gattungen wie die Suite, die ▶ Ouvertüre, die ▶ Variation bzw. den Variationenzyklus und für musikalische ▶ Zyklen generell.

forte (ital.) Abk. **f** Vortragsanweisung: laut spielen; **fortissimo**, Abk. **ff**: sehr laut; **forte fortissimo**, Abk. **fff**: so laut wie möglich; **mezzoforte**, Abk. **mf**: mittellaut; **fortepiano**, Abk. **fp**: erst laut, dann sofort leise.

Foxtrott (engl.: foxtrot = Fuchsgang) Der Gesellschaftstanz im mäßig schnellen 4/4-Takt mit leicht synkopiertem Rhythmus entstand um 1910 in den USA aus dem Ragtime, einem frühen Jazzstil, und dem Onestep, einem schnellen Paartanz mit einfacher Schrittfolge, der in Deutschland auch als **Schieber** bezeichnet wird. Die in den 20er Jahren entstandene Variante des Foxtrotts, der **Quickstep**, ist schneller im Tempo; der langsamere Typ wird **Slowfox** genannt. Beide Formen gehören heute zu den Standardtänzen des internationalen Turnierprogramms. Der Foxtrott liegt vielen Songs bzw. Schlagern zugrunde, so z.B. *Heimweh* (= *Memories Are Made Of This*, 1955), *Sunny* (1965) oder *Bridge Over Troubled Water* (1969). Komponisten wie Ravel und Hindemith nahmen in den ersten Jahrzehnten des 20. Jh.s den Foxtrott in stilisierter Form in ihre Arbeiten auf.

Frau und Musik Der Beitrag von Frauen zur europäischen Musikgeschichte wird oft unterbewertet. Zwar sind zahlreiche Sängerinnen, Pianistinnen, Geigerinnen usw. berühmt geworden, Komponistinnen hingegen sind weitaus weniger bekannt. Seit dem Mittelalter sind jedoch viele **Komponistinnen** mit ihren Werken hervorgetreten, z. B.: im 12. Jh. Hildegard von Bingen, im 17. Jh. Barbara Strozzi, im 18. Jh. Anna Amalie Prinzessin von Preußen und Maria Theresia Paradis, im 19. Jh. Fanny Hensel, Johanna Kinkel und Clara Schumann, im 20. Jh. u.a. Lili und Nadia Boulanger, Grazyna Bacewicz, Ruth Zechlin, Sofia Gubaidulina, Pauline Oliveros und Adriana Hölszky.

In der Funktion des Dirigenten sind Frauen äußerst selten zu finden. Zwar werden zahlreiche Kirchenchöre, Schulorchester usw. von Frauen geleitet, große Sinfonieorchester jedoch nur in Ausnahmefällen. Die deutschen Berufsorchester haben nur etwa 15 % weibliche Mitglieder, obwohl die Hälfte aller Absolventen von Musikhochschulen Frauen sind.

Bis in die 60er Jahre war der Stellenwert von Frauen in der Musikgeschichte für die deutsche Musikwissenschaft kein Thema. In den 70er Jahren begannen – im Gefolge der Frauenbewegung – Wissenschaftlerinnen und Künstlerinnen zu fragen, warum Frauen in der Musik unterrepräsentiert sind. Eine **feministische Musikwissenschaft** entstand, die vor allem die Werke und Biographien von Komponistinnen erforscht sowie den sozialgeschichtlichen Hintergrund der Ausbildung und Berufsausübung von Musikerinnen untersucht. Inzwischen sind zahlreiche Publikationen über die Rolle von Frauen in der deutschen Musikwissenschaft und Musikpädagogik, über Musikerinnen, über geschlechtsspezifische Instrumentenwahl usw. erschienen.

1978 wurde der internationale **Arbeitskreis Frau und Musik** von der Kölner Kirchenmusikerin Elke Mascha Blankenburg gegründet. Er bemüht sich u.a. um die Sammlung und Aufführung von Kompositionen von Frauen und um die Ausrichtung von Frauenmusikfestivals. In dem ihm angeschlossenen **Frauenmusikarchiv** werden Werke von Komponistinnen aller Epochen der Musikgeschichte gesammelt. Ein eigens gegründeter Musikverlag druckt und vertreibt Musikwerke von Frauen sowie Bücher zum Thema Frau und Musik.

Free Jazz entstand um 1960 als eine Form des Jazz, die sich sowohl am afrikanischen Erbe des Jazz als auch an Verfahrensweisen der Neuen Musik orientierte. Der Name geht auf das Plattenalbum *Free Jazz* (1960) von Ornette Coleman zurück. Typisch sind ausgedehnte, freie Improvisationen, die oft keine Bindung mehr an Skalen oder Harmonieschemata haben.

Insbesondere durch das Buch *Blues People* (1963) des schwarzen Schriftstellers Leroi Jones wurde eine Verbindung zwischen Jazz und politischer Black-Power-Bewegung hergestellt. Danach bilden die „blues people“ die schwarze unterdrückte amerikanische Arbeiterklasse, deren Musik der Jazz ist. Der 1965 ermordete Schwarzenführer Malcolm X hatte ebenfalls starken Einfluß auf das politische Bewußtsein schwarzer Musiker wie John Coltrane. Neben ihm sind wichtige Vertreter des amerikanischen Free Jazz u.a. Charles Mingus, Cecil Taylor, Sun Ra und Albert Ayler.

Zeitgleich mit Ornette Colemans Musik entwickelte sich der europäische Free Jazz. Die in London von Joe Harriott gespielte und u.a. auf der LP *Free Form* (1960) veröffentlichte Musik blieb jedoch zunächst unbeachtet. Zu den ersten deutschen Plattenaufnahmen, die die freien Improvisationen vorbereiteten, gehörten *Heartplants* (1964) von Gunter Hampel und *Dream Talk* (1964) von Wolfgang Dauner.

Fretless Bass (engl.: fret = Bund bei Saiteninstrumenten; wörtlich: bundloser Baß) heißt die Baßgitarre ohne Bünde auf dem Griffbrett. Dieser Baß ist zwar wegen der fehlenden Markierungen etwas schwieriger zu spielen, dafür ist die Greifhand beweglicher, und der Klang des Instruments ist weicher als beim E-Baß mit Bünden. Deshalb wird der Fretless Bass bevorzugt im Jazz und im Jazzrock eingesetzt.

Fugato bedeutet fugenartig, d.h. wie eine ▶ Fuge gearbeitet. Der Begriff bezieht sich auf die Gestaltung bestimmter Teile von Musikwerken, so z.B. Abschnitte innerhalb der Durchführung in einer ▶ Sonate bzw. einem der klassischen Sonatenhauptsatzform entsprechenden Stück. Wie in der Fuge setzen hier die Stimmen nacheinander mit dem gleichen Thema auf unterschiedlichen Tonhöhen ein. Es folgt jedoch keine vollständige Fuge, sondern die kontrapunktische Satzweise geht in andere Kompositionstechniken über bzw. verbindet sich mit diesen. Die Komponisten der Wiener ▶ Klassik verwendeten das Stilmittel des Fugato häufig, und auch in Werken des 19. und 20. Jh.s kann man es noch finden.

Fuge (lat. und ital.: fuga = Flucht) ist ein Musikstück von 2 bis 4, seltener mehr Stimmen, die einander imitierend hintereinander herlaufen. Eine Fuge beginnt immer einstimmig mit dem Thema, das dann nacheinander in allen Stimmen erscheint, bis Vollstimmigkeit erreicht ist, d.h. alle Stimmen gleichzeitig erklingen. Die Stimmen sind selbständig und gleichberechtigt (▶ Polyphonie) und enthalten das gleiche musikalische Material: ein Thema (**Subjekt**). Dieses Thema erscheint in seiner Grundgestalt (▶ Dux) auf der 1. Stufe/Tonika und als Beantwortung (▶ Comes) auf der 5. Stufe/Dominante. Die Beantwortung kann auf unterschiedliche Weise erfolgen: real, d.h. intervallgetreu eine Quint höher bzw. eine Quart tiefer als der erste Themeneinsatz, oder tonal, d.h. aus harmonischen Gründen mit veränderten Intervallen. Die einzelnen Stimmen werden nach ihrem Einsatz entweder mit einer freien kontrapunktischen Gegenstimme oder mit einem immer wiederkehrenden Gegenthema (**Kontrasubjekt**), dem **beibehaltenen Kontrapunkt**, konfrontiert. Haben alle Stimmen das Thema einmal präsentiert, ist die Exposition (auch 1. Durchführung genannt) beendet und ein freieres Zwischenspiel schließt sich an. Eine Fuge besteht in der Regel aus mehreren Durchführungen und Zwischenspielen. Im Verlauf der Fuge können Subjekt und Kontrasubjekt nach allen Regeln der kontrapunktischen Kunst bearbeitet werden: Vergrößerung (▶ Augmentation), Verkleinerung (▶ Diminution), ▶ Umkehrung, ▶ Krebs und ▶ Engführung lassen das musikalische Material in immer neuem Licht erscheinen. Gegen Ende der Fuge kommt es zu einer Steigerung, in der Möglichkeiten der Themengestaltung in verdichteter Form noch einmal vorgeführt werden.

Eine Fuge mit zwei verschiedenen Themen nennt man **Doppelfuge**. Die beiden Themen können entweder nacheinander vorgestellt, durchgeführt und kombiniert werden oder von Anfang an gemeinsam auftreten und während des ganzen Stückes gekoppelt sein. Eine **Tripelfuge** hat drei verschiedene Themen, die zunächst nacheinander, später gemeinsam verarbeitet werden. Doppel- und Tripelfugen schrieb vor allem Johann Sebastian Bach. Selten ist die **Quadrupelfuge** mit vier Themen. Weitere Formen sind die **Spiegelfuge**, bei der der gesamte ▶ Satz um eine horizontale Achse gespiegelt wird, so daß alle Bewegungen in umgekehrter Richtung erscheinen; ferner die **Gegenfuge**, in der der Comes die melodische Umkehrung des Dux ist, und die **Permutationsfuge**, in der die Stimmen nach einer bestimmten Ordnung getauscht werden.

Die Fuge als eigenständige Gattung existiert seit dem 17. Jh. Sie entstand aus dem ▶ Kanon und anderen auf der Technik der ▶ Imitation beruhenden mehrstimmigen

Bach, Das Wohltemperierte Klavier, Fuge f-moll

Gattungen. Die Merkmale der Fuge treten in verschiedenen instrumentalen und vokalen Gattungen des 17. und 18. Jh.s auf, so z.B. in Choralbearbeitungen, Toccaten, Suiten (▶ Ouvertüre, ▶ Gigue), Triosonaten, Messen.

Im Werk Johann Sebastian Bachs nimmt die Fuge eine zentrale Stellung ein. Bach schrieb Fugen für Chor, Orchester, Orgel, Klavier und kammermusikalische Besetzungen. In seinem Zyklus *Das Wohltemperierte Klavier* (1722/44) legt er zweimal 24 Präludien und Fugen durch alle Tonarten vor, und in der *Kunst der Fuge* (1749/50) demonstriert er sämtliche Möglichkeiten der Gestaltung. In der Musik des späten 18. und des 19. Jh.s spielt die Fuge eine geringere Rolle; sie tritt bei Haydn, Mozart und Beethoven noch öfter, in der Musik der Romantik seltener auf. In der Kirchenmusik hat die Fuge bis heute überlebt. Beispiele für Fugenkompositionen in der Klaviermusik des 20. Jh.s sind u.a. Paul Hindemiths *Ludus tonalis* (1942) und Dmitri Schostakowitschs *24 Präludien und Fugen* (1951).

Funktionelle Musik beschallt sanft und unauffällig die Menschen in Fabrikhallen, Supermärkten, Restaurants, Zahnarztpraxen usw. Sie ist nicht zum konzentrierten Zuhören bestimmt, sondern dient als Klangkulisse für bestimmte Räumlichkeiten und Situationen. Solche Musik ist auf unbewußte Wahrnehmung angelegt, ihr Ziel ist die Erzeugung positiver Gefühle. Am Arbeitsplatz soll funktionelle Musik Unlustgefühlen und Ermüdungserscheinungen entgegenwirken. In Arztpraxen oder auf Flughäfen soll sie Angstgefühle dämpfen und für eine entspannte Atmosphäre sorgen. In Supermärkten zielt ihr Einsatz auf eine längere Verweildauer der Kunden sowie eine größere Bereitschaft zu Spontankäufen.

Für alle Einsatzbereiche werden spezielle Musikprogramme zusammengestellt, die von den Herstellern entweder auf Tonkassetten vertrieben oder von einer firmeneigenen Sendezentrale über eine Leitung der Post direkt in das Netz der Anwender eingespeist werden. Die ausgewählten Musikstücke werden nicht in ihrer Orginalversion wiedergegeben, sondern im Hinblick auf ihre Wirkung bearbeitet, d.h. gekürzt, uminstrumentiert, dynamisch und rhythmisch verändert. So werden Gesangsstimmen durch Instrumente ersetzt, damit der Hörer nicht durch Stimmkolorit oder Text auf die Musik aufmerksam und damit abgelenkt wird. Tempo und Rhythmus werden derjenigen Pulsfrequenz des Menschen angeglichen, die für Entspanntheit oder Anspannung kennzeichnend ist. Große dynamische Unterschiede im Original werden nivelliert, die hohen und tiefen Frequenzen beschnitten, bis ein obertonarmer, gleichförmiger ▶ Sound entsteht. Dieser spezifische Typus von Musik, der in den USA seit den 30er Jahren zunächst als **Arbeitsmusik** entwickelt wurde, wird heute in nahezu allen Bereichen des Alltags eingesetzt. Nach einer der größten Herstellerfirmen wird funktionelle Musik auch als **Muzak** (von Muzak Corporation) bezeichnet.

Funktionsharmonik ist die am weitesten entwickelte Theorie der traditionellen ▶ Harmonielehre. Ihr Hauptvertreter ist der Musikwissenschaftler Hugo Riemann. Die musikalische Wirkung von Akkordverbindungen wird auf die drei Grundakkorde der 1., 4. und 5. Stufe einer Tonleiter zurückgeführt. Diese heißen Tonika, Subdominante und Dominante. Subdominante und Dominante sind von der Tonika abhängig. Die Funktionstheorie erklärt daher letztlich alle harmonischen Erscheinungen in Bezug auf den zentralen 1. Ton einer ▶ Tonleiter, ist also auch eine Theorie der ▶ Tonalität. Die ältere **Stufentheorie** ist weniger stark auf den Grundton der Tonleiter ausgerichtet, sie benutzt 7 verschiedene Grundakkorde, um die harmonischen Zusammenhänge zu erklären.

Furiant ist der Name eines böhmischen Volkstanzes, der seit dem 18. Jh. bekannt ist. Der Furiant ist ein sehr schneller, tem-

Dvořák, op. 46, Nr. 1

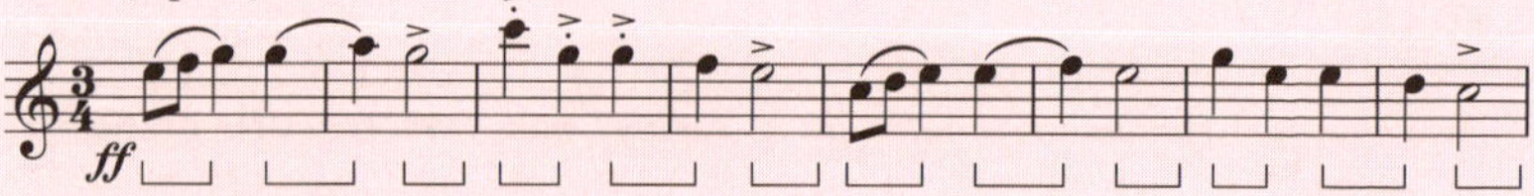

Dvořák, op. 46, Nr. 8

peramentvoller Tanz im 3/4-Takt, der manchmal in den 2/4-Takt wechselt, oft aber nur durch eine besondere Betonung innerhalb des Dreiertaktes einen Taktwechsel suggeriert. Weltbekannt wurde der Furiant durch Antonín Dvořáks *Slawische Tänze* op. 46 (1878), die als erstes und letztes Stück einen Furiant enthalten. Hier treten rhythmische Akzentverschiebungen in Form von Hemiolen auf (Zweiergruppen im Dreiertakt).

furioso (ital.) Vortragsanweisung: erregt und wild zu spielen.

Futurismus (lat.: futurum = Zukunft) heißt die Bewegung einer Gruppe von Künstlern aus allen Kunstsparten, die sich auf das futuristische Manifest von Filippo Tommaso Marinetti beruft. Es erschien 1909 in der Pariser Zeitung *Le Figaro* und enthielt eine Verherrlichung von Fortschritt, Technik und Geschwindigkeit, verbunden mit starker Traditionsfeindlichkeit.
Musikalisch wirkte sich der Futurismus hauptsächlich im **Bruitismus** (franz.: bruit = Lärm, Geräusch) aus, dem Versuch, Geräusche als Musik zu verstehen. Dazu baute Luigi Russolo 1913 spezielle Geräuschmaschinen, die **intonarumori** (ital. = Geräuscherzeuger) und komponierte für sie. Russolo kündigte an: „Hier die 6 Geräuschfamilien des futuristischen Orchesters, die wir bald mechanisch verwirklichen werden: 1. Brummen, Donnern, Bersten, Prasseln, Plumpsen, Dröhnen; 2. Pfeifen, Zischen, Pusten; 3. Flüstern, Murmeln, Brummeln, Surren, Brodeln; 4. Knirschen, Knacken, Knistern, Summen, Knattern, Reiben; 5. Geräusche, die durch das Schlagen auf Metall, Holz, Leder, Steine, Terrakotta usw. entstehen; 6. Tier- und Menschenstimmen: Rufe, Schreie, Stöhnen, Gebrüll, Geheul, Gelächter, Röcheln, Schluchzen.
In dieser Aufstellung sind die charakteristischen Grundgeräusche enthalten; alle anderen sind nur Verbindungen und Kombinationen von ihnen".
Neben Russolo war Balilla Pratella der führende Musiker der Futuristen. Seine *Musica Futurista* für Orchester wurde 1913 in Rom uraufgeführt.
Der Einfluß der Futuristen wirkte weit hinein in die Bürgerschreck-Epoche der Neuen Musik, als Komponisten wie Eric Satie und Edgar Varèse versuchten, den normalen Konzertbetrieb schockartig zu verändern. Satie verlangte Schreibmaschinen und Dynamos für sein Ballett *Parade* (1917), Varèse 41 Schlaginstrumente und Klavier für *Ionisation* (1931).

Die Intonarumori, links Luigi Russolo

G

Galliarde (ital.: gagliardo = rüstig, stark) heißt ein schneller, lebhafter Tanz in ungeradem Takt, der im 15. und 16. Jh. vor allem in Italien und Frankreich als Werbetanz für Paare verbreitet war. Eine Galliarde folgte meist auf einen langsameren, geradtaktigen Tanz, z.B. die ▶ Pavane. Der Kombination Pavane-Galliarde liegt meist das gleiche musikalische Material zugrunde. Im 17. Jh. findet sich die Galliarde auch in der Kunstmusik: Sie ist einer der Sätze der ▶ Suite (z.B. bei den deutschen Komponisten Johann Hermann Schein und Melchior Franck) oder ein selbständiges Instrumentalstück (etwa bei den Engländern William Byrd und Orlando Gibbons).

Galopp Von Wien ausgehend wurde dieser im 19. Jh. überaus populäre Gesellschaftstanz im schnellen 2/4-Takt auch in anderen europäischen Ländern sehr beliebt. Er bildete oft den ausgelassenen Abschluß von Tanzveranstaltungen. Die Paare durchqueren dabei hüpfend den Saal oder vollführen schnelle Drehbewegungen. Oft wurden zum Anfeuern der Tanzenden akustische Effekte wie Peitschenknallen, Sektkorkenknallen oder Pistolenschüsse eingesetzt. Zahlreiche Galoppkompositionen schrieb Johann Strauß; besonders bekannt ist u.a. der Galopp aus dem Finale des 2. Aktes seiner Operette *Die Fledermaus* von 1874. Auch Jacques Offenbachs Cancan aus der Operette *Orpheus in der Unterwelt* von 1858 ist ein Galopp (*Galop infernal* = Höllengalopp).

Gamelan Der Begriff bezeichnet ein Instrumentalensemble, das seit dem 14. Jh. auf Bali und Java den wesentlichen Bestandteil der Musikkultur bildet. Das Gamelanorchester besteht aus verschieden großen hängenden Gongs und aus nebeneinander auf einem Gestell montierten, von oben angeschlagenen Gongs, aus Metallophonen mit Bronzeplatten auf verschiedenartigen Resonanzkörpern, ferner aus Xylophon, Trommeln, Zither, Laute und Flöte. Hinzu tritt solistischer oder Chorgesang.
Gamelanmusik klingt für europäische Ohren nicht nur aufgrund der fremdartigen Instrumente ungewohnt und exotisch, sondern auch wegen des ihr zugrundeliegenden anderen Tonsystems. Gamelanmusik basiert auf verschiedenen, jeweils eigenen Skalen (Tonleitern), die von den uns vertrauten erheblich abweichen. Die bekanntesten dieser Skalen sind Pélog und Slendro. **Pélog** ist eine siebenstufige Skala, **Slendro** eine fünfstufige. Die Intervalle, in die diese Skalen die Oktave teilen, sind nicht identisch mit den in der europäischen Musik gebräuchlichen und in unserem Notensystem nur unzureichend notierbar. Gamelanmusik wird u.a. zu Tanz, Theater und Kulthandlungen gespielt. Ihre wesentlichen Melodien und formalen Regeln sind schriftlich fixiert; in der Praxis wird über diese Vorgaben improvisiert.

Ganzton nennt man die aus zwei Halbtonschritten bestehende große Sekunde

(▶ Intervall) – im Unterschied zur kleinen Sekunde, die aus nur einem Halbtonschritt besteht. In der Durtonleiter befinden sich überwiegend Ganztonabstände, mit Ausnahme der Halbtonschritte zwischen der 3. und 4. sowie der 7. und 8. Stufe. Eine Skala ausschließlich aus Ganztönen heißt **Ganztonleiter**; die Oktave wird dabei in 6 gleiche

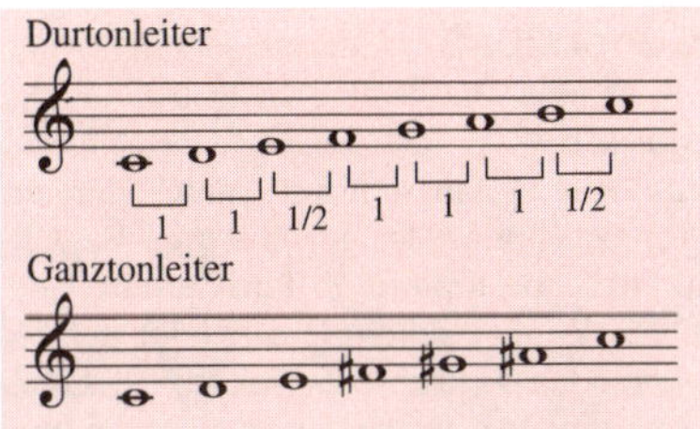

Teile unterteilt. Die Ganztonleiter spielt in der Musik des 20. Jh.s sowohl bei Komponisten wie Claude Debussy, Arnold Schönberg oder Ferruccio Busoni als auch im modernen Jazz eine Rolle.

Gavotte Dieser alte französische Volkstanz für Paare im 2/2-Takt mit seinem charakteristischen Auftakt aus zwei Vierteln ist bis heute in einigen Gebieten Frankreichs lebendig. Im 17. Jh. wurde die Gavotte zum höfischen Modetanz und ging auch als tänzerischer Satz in stilisierter Form in die Konzertmusik ein. Sie wurde Bestandteil der ▶ Suite, eingeschoben zwischen Sarabande und Gigue. Besonders bekannt wurden die Gavotten aus Johann Sebastian Bachs Solosuiten für Violine, für Violoncello sowie für Cembalo. Im 19. Jh. war die Gavotte vor allem als Gesellschaftstanz populär; davon zeugen zahlreiche Kompositionen aus der damaligen Unterhaltungsmusik. In der Kunstmusik tritt die Gavotte auch im 20. Jh. gelegentlich auf.

Gegenbewegung Eine allen Klavierspielern bekannte Übung besteht darin, Tonleitern oder zwei unterschiedliche Stimmen mit der rechten und linken Hand gleichzeitig, aber in entgegengesetzter Richtung zu spielen, also entweder aufeinander zu oder voneinander weg. In dieser Art können sich auch Solostimmen oder Stimmen in einer Orchesterpartitur verhalten. Im kompositionstechnischen Sinn spielt die Gegenbewegung im vierstimmigen Satz eine Rolle, dessen strenge Regeln Gegenbewegung der Außenstimmen (Sopran und Baß) fordern.

Gehör Dem physiologischen Gehör, das uns den akustischen Kontakt mit der Umwelt erlaubt, wird oft in übertragenem Sinn das **innere Gehör** gegenübergestellt. Damit ist die Vorstellung gemeint, die z.B. ein Komponist von seinem Werk hat, ohne Zuhilfenahme eines Instrumentes. Von Beethoven weiß man, daß er trotz seines fortschreitenden Ertaubens noch komponieren konnte – allein mit dem „inneren Ohr“.
Eine besondere Begabung ist das **absolute Gehör**. Menschen mit dieser Fähigkeit können direkt die Tonhöhe erkennen und sofort jeden Ton benennen. Von besonderer Bedeutung für den Musiker ist ein gutes **relatives Gehör**. Es erlaubt das Erkennen von Melodien, Intervallen und Akkorden, auch wenn man ihre genauen Tonhöhen nicht kennt. Ein gutes relatives Gehör erkennt z.B. eine Quarte, wenn die Töne c-f erklingen, auch wenn die absolute Tonhöhe c-f nicht erkannt wird. Auch bei den Komponisten kommen beide Gehörtypen vor: Mozart hörte absolut, Wagner dagegen nur relativ.

Gehörbildung Jede gute Musikausbildung sollte auch Gehörbildung sein. In der klassischen Musik entstanden im Verlauf der Entwicklung des musikalischen Handwerks Methoden, die es auch Musikern mit durchschnittlichem, ja sogar schlechtem

Gehör ermöglichten, Musik zu machen, z. B. beim ▶ Generalbaß oder im Harmonisieren von Volkslied und Choral. Beherrscht man diese Methoden, kann man sie automatisch anwenden, ohne vorher wissen zu müssen, wie die Musik klingt. Andere Musikarten, z. B. Jazz, werden häufig durch rein gehörmäßiges Nachspielen erlernt, so daß dabei das Gehör automatisch trainiert wird. Grundlegende Übungen zur Bildung des Gehörs sind das Hören und Singen von Intervallen, Melodien und Akkorden, sowie das Aufschreiben des Gehörten im **Musikdiktat**.

Geige ist heute die gebräuchliche deutschsprachige Bezeichnung für ▶ Violine. Im Mittelalter werden bogengestrichene Saiteninstrumente allgemein als Geige (gíga) bezeichnet und der Begriff häufig als bedeutungsgleich mit ▶ Fiedel verwendet.

GEMA ist die Abkürzung für *Gesellschaft für musikalische Aufführungs- und mechanische Vervielfältigungsrechte.* Die GEMA entstand 1947 aus mehreren Einzelgesellschaften und nimmt die Rechte von Komponisten, Textdichtern und Musikverlegern wahr (▶ Urheberrecht). Diese Rechte entstehen hauptsächlich bei der öffentlichen Aufführung, beim Verkauf von Noten, beim Abspielen von Tonträgern wie Schallplatte, Tonband, CD usw., und werden der GEMA übertragen. Die Mitgliederversammlung der GEMA legt den Plan fest, nach dem die eingenommenen Gelder verteilt werden, dabei werden u. a. auch Versorgungseinrichtungen für Komponisten unterstützt, z. B. durch eine eigene Sozialkasse. Die Tantiemen eines Schlagers werden z. B. so verteilt: 4/12 bekommt der Komponist, 3/12 der Texter, 1/12 oder 2/12 der Arrangeur, 3/12 oder 4/12 der Verleger. Der an die GEMA zu zahlende Betrag hängt von der Art der Musik ab, z. B. ob es sich um E- oder U-Musik (d. h. „ernste" oder „Unterhaltungs"-Musik) handelt, aber auch von der Art der Besetzung, von der Größe des Konzertsaals usw. Die Einteilung in U- und E-Musik, die die GEMA vornimmt, ist künstlerisch oft fragwürdig, da z. B. avantgardistischer Jazz als U-Musik eingeordnet wird, seichte klassische Musik dagegen als E-Musik.

Generalbaß nannte man im 17. und 18. Jh. die Baßstimme in instrumentaler Musik bzw. in instrumentalen Begleitsätzen von Gesangsstücken, unter der zur Kennzeichnung der gewünschten Begleitakkorde bestimmte Ziffern notiert sind. Diese Zahlen geben dem Spieler des begleitenden Instruments (Cembalo, Orgel o. ä.) genau an, welche Intervalle er zu spielen hat, d. h. welcher Akkord auf dem notierten Baßton aufzubauen ist. Die Zahlen werden übereinander geschrieben und von unten nach oben gelesen. Neben den Ziffern stehen Vorzeichen wie ♭ oder # für Töne, die um einen Halbton erniedrigt bzw. erhöht werden sollen. Stehen keine Ziffern unter einem Baßton, wird der leitereigene Dreiklang über diesem Ton gespielt (die Ziffern 3 und 5 werden in der Regel nicht notiert, die entsprechenden Töne aber trotzdem gespielt). Steht nur ein Versetzungszeichen unter dem Baßton, so bezieht es sich immer auf die Terz des Dreiklangs. Die Generalbaß-Bezifferung gibt dem Spieler zwar die gewünschten Intervalle an,

Nicht notierte, aber möglicherweise gespielte Akkorde

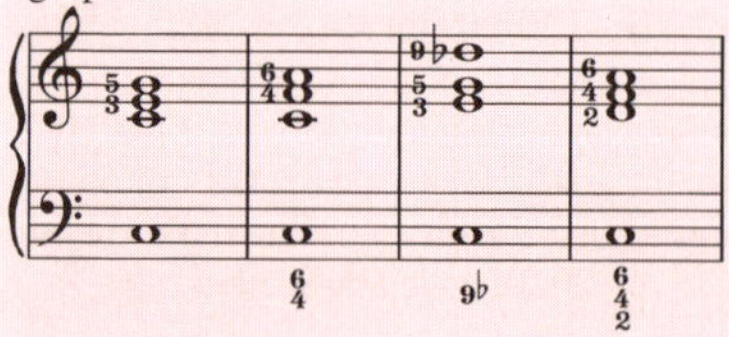

Notierte Baßstimme mit Generalbaß-Bezifferung

aber nicht die Lage, in der sie zu spielen sind. Hier wie auch z.B. beim Hinzufügen von ▶ Durchgangsnoten zwischen den einzelnen Akkorden kann der Spieler relativ frei vorgehen. Einige Freiheiten hat der Spieler u.a. auch beim Eingehen auf die Solostimmen, bei der Übernahme motivischer Elemente aus der Solostimme usw. Hier kommt die improvisatorische Seite der Musik dieser Epoche zur Geltung.
Die Baßtöne werden in der Regel von einem Baßinstrument mitgespielt, z.B. von einem Violoncello, einem Fagott oder einer Posaune. Baßlinie und Akkordbegleitung zusammen (bzw. Baß- und Akkordinstrument) bezeichnet man auch als **Continuo** (von ▶ basso continuo). In den meisten Musikstücken des 17. und 18. Jh.s ist nicht vorgeschrieben, welche Instrumente den Generalbaß spielen. Man verwendete das gerade verfügbare Instrumentarium. Es durfte nur nicht den zu begleitenden (meist einstimmigen) Gesang oder das bzw. die Soloinstrumente übertönen.
Nach der Generalbaßpraxis wurde eine ganze Epoche der Musikgeschichte benannt: das **Generalbaßzeitalter**, wie man die Barockepoche auch nennt (▶ Barock). Seit Mitte des 18. Jh.s schreiben die Komponisten die Begleitsätze zunehmend selbst aus. Das ▶ obligate Akkompagnement wird üblich, bei dem alles genau festgelegt ist. Der Generalbaß hat ausgedient und lebt heute nur noch in der Aufführungspraxis alter Musik sowie in der ▶ Harmonielehre weiter.

Generalpause (Abk.: G.P.) Wenn alle an einem Musikstück beteiligten Spieler und Sänger gleichzeitig pausieren – meist einen ganzen Takt lang –, so entsteht ein deutlicher Einschnitt im Ablauf eines Stückes. Diese Generalpause – als kompositorisches Mittel eingesetzt – erzeugt beim Hörer Spannung und neue Aufmerksamkeit für den weiteren Verlauf des Werkes.

Geräusch In der traditionellen Musik gelten Geräusche als störend, lassen sich aber nicht immer vermeiden, z.B. Spielgeräusche wie das Rutschen eines Fingers auf der Violin- oder Gitarren-Saite, die Geräusche einer Orgelmechanik oder Anblasgeräusche bei Blasinstrumenten. Unerwünschtes, technisch bedingtes **Bandrauschen** entsteht beim Betrieb eines Tonbandgerätes.
Lange Zeit betrachtete man Geräusche als das Gegenteil von Musik. Erst im ▶ Futurismus und in der ▶ elektronischen Musik wurden sie systematisch zu musikalischen Zwecken eingesetzt. So benutzte die **musique concrète** (▶ elektronische Musik) Umweltgeräusche als Ausgangsmaterial für Kompositionen, die auf Tonbandmanipulationen beruhten.
Die elektronische Musik arbeitete viel mit **weißem Rauschen**, einem sehr dichten Gemisch von Schallwellen, das sich über den gesamten menschlichen Hörbereich erstreckt, und von einem **Rauschgenerator** erzeugt wird. Den Klangeindruck beschreibt der Komponist Werner Kaegi als „Wasserfall, dessen immerwährendes, monotones Rauschen die Anwohner längst vergessen haben“. Wie Licht durch ein Prisma in Farben aufgespaltet wird, so lassen sich auch Geräusche mittels elektronischer ▶ Filter zerlegen. Beim farbigen Rauschen werden bestimmte Frequenzen aus dem weißen Rauschen ausgefiltert.
In modernen Synthesizern braucht man Rauschen zur elektronischen Nachbildung von Effekt-Geräuschen wie Eisenbahnpfiffen und zur Schlagzeugnachahmung. In der Meßtechnik benutzt man weißes Rauschen, um z.B. das akustische Verhalten eines Raumes auszumessen.

Gesellschaftstanz umfaßt Tänze, die der Unterhaltung und Geselligkeit dienen, im Gegensatz etwa zum Bühnen- oder Sakraltanz. Allgemein werden mit diesem

Begriff auch die gesellschaftlich üblichen Tänze einer Epoche zusammengefaßt. Der Gesellschaftstanz wird häufig paarweise getanzt und durch feste Vorschriften für das Verhalten der Tänzer geregelt. Zunächst ein Vergnügen adelig-höfischer und im 19. Jh. bürgerlicher Kreise, hat sich der Gesellschaftstanz inzwischen in allen Gesellschaftsschichten durchgesetzt.
Als Turniertanz nahm der Gesellschaftstanz besonders seit der Gründung des *Reichsverbands für Tanzsport* (1921) sportliche Formen an. Für Tanzsportveranstaltungen und Tanzturniere wurden die Gesellschaftstänze standardisiert und ihre Schritte international festgelegt. Bei nicht-europäischen Tänzen handelt es sich dabei nie um die originale Tanzform, wie sie in den Herkunftsländern der Tänze üblich ist, sondern um eine den europäischen Konventionen angepaßte Vereinfachung.
Die Gesellschaftstänze lassen sich in 3 Gruppen einteilen:
1. **Standardtänze** mit Foxtrott, langsamem Walzer, Wiener Walzer und Tango;
2. **latein- und nordamerikanische Tänze**, z.B. Cha-Cha-Cha, Rumba, Samba;
3. **Modetänze**, z.B. Beat-Fox, Rock 'n' Roll, Lambada.
Eine wichtige Voraussetzung dafür, daß auf einer Gesellschaft viele Paare in einem Raum tanzen können, ohne sich zu behindern, ist die Tanzrichtung. Sie verläuft entgegen dem Uhrzeigersinn, die Paare bewegen sich also nach rechts durch den Raum. Das Rechteck des Tanzsaals soll möglichst weit ausgetanzt werden.

Gesellschaft und Musik Kaum jemand, der zu seinem Vergnügen Musik hört, macht sich darüber Gedanken, unter welchen gesellschaftlichen und politischen Bedingungen diese Musik entstanden ist. Das Nachdenken über solche Zusammenhänge würde vom Genuß der Musik ablenken; es würde einen Bezug zur Realität herstellen, der man mit Hilfe der Musik gerne entflieht. Zwar interessieren sich viele Fans brennend für das Leben und den Alltag ihres Idols (ob Popstar, Komponist oder Dirigent), jedoch wird dessen Leben nur selten mit der gesellschaftlichen Realität in Verbindung gebracht. Erst recht weit entfernt und abgehoben von solchen Bezügen erscheinen vielen Musikliebhabern die Komponisten und Werke vergangener Jahrhunderte. Dabei kann und konnte zu keiner Zeit ein Ton notiert, gespielt oder gehört werden, ohne daß gesellschaftliche Institutionen und ökonomische Faktoren dazu unmittelbar beigetragen hätten. Das beginnt bei der Gesellschaftsform, die die Position des Komponisten wie des Künstlers überhaupt bestimmt – z.B. als Angestellter an einem Fürstenhof oder als freischaffender Künstler – und geht bis zu der öffentlichen Wertschätzung – verbunden mit Marktwert und Preisen –, die dem Musiker heute entgegengebracht wird. Das bezieht sich auf die konkreten sozialen und ökonomischen Bedingungen, die z.B. Notendruck und Instrumentenbau, das öffentliche Konzertwesen und die schulische Musikerziehung hervorgebracht haben. Dies schließt auch die politischen und gesellschaftlichen Hintergründe für die verschiedenen Verwendungsweisen, Funktionen und Wirkungen von Musik ein, die in engem Zusammenhang z.B. mit der Entstehung musikalischer Formen, Gattungen und Rezeptionsweisen stehen.
Mit Problemen und Fragestellungen solcher Art beschäftigen sich Musiksoziologie und Musikpsychologie (▶ Musikwissenschaft); die historische Musikwissenschaft

nur insofern, als sie sich sozialgeschichtlicher Ansätze bedient. Ein sozialgeschichtlicher Blickwinkel auf kulturelle und ästhetische Errungenschaften und Ausdrucksformen fragt nach den materiellen, ökonomischen und sozialen Grundlagen der Kulturgeschichte. Solche Forschungsansätze wurden auch für die Musik entwickelt. Gemeinsam ist diesen musiksoziologischen Forschungsrichtungen das Interesse an Entstehungszusammenhängen, Existenz- und Gebrauchsweisen musikalischer Strukturen innerhalb bestimmter sozialer Systeme und die Beschreibung, Systematisierung, Analyse und Interpretation musikalischer Ausdrucksformen im Zusammenhang mit ihren gesellschaftlichen Hintergründen.
Eine zentrale Fragestellung ist die nach den Funktionen von Musik. Ändern sich die politischen und ökonomischen Grundlagen einer Gesellschaft, so ändert sich auch die Funktion von Musik. Der Funktionswandel führt zu Veränderungen in der Musik selbst, in ihrem Material und ihren Strukturen. Dieser Prozeß läßt sich z.B. am Übergang vom ▶ Barock zur ▶ Klassik im 18. Jh. aufzeigen. Politisch herrschte der Adel, ökonomische Veränderungen wurden vom erstarkenden Bürgertum getragen (z.B. Manufaktur, Städte). So wurde die gesamte Gesellschaft zunehmend „verbürgerlicht", d.h. nach den Interessen und Bedürfnissen des Bürgertums eingerichtet. Für die Musik bedeutete dies, daß sie ihre Funktion als Repräsentationsobjekt für die Feudalherren verlor. Wurden beispielsweise barocke Suiten noch vor einem exklusiven Kreis von Angehörigen eines Fürstenhofes gespielt, so ist die klassische Serenade schon fester Bestandteil eines öffentlichen Musiklebens, kompo-

Die Alte Oper in Frankfurt am Main, 1988

„Rock gegen Rechts" in Frankfurt am Main am13. Dezember 1992

niert zur Unterhaltung von Musikliebhabern aller Schichten. Der komplizierten polyphonen Struktur der höfischen und kirchlichen Repräsentationsmusik des 18. Jh.s stehen auf seiten der bürgerlichen Musik homophoner Satz und volkstümliche Melodik gegenüber: Das neue **Publikum** (lat. = Öffentlichkeit) verlangte Musik, in der es seine eigenen Gefühle und Ideale wiederfand.

Auch die nicht zweckgebundene, autonome Musik, wie sie sich in der Epoche der Klassik vor allem im Streichquartett oder in der Sinfonie ausprägt, ist letzlich direkt

von gesamtgesellschaftlichen Entwicklungen abhängig. Sie verdankt ihre Existenz der Tatsache, daß es einen Markt für sie gab: eine wachsende Gruppe gebildeter Musikkenner und -liebhaber, die die Kompositionen in Auftrag gaben, drucken ließen, per Subskription (Vorbestellung) finanzierten und die Konzertkarten kauften. Gestützt auf diese Schicht ökonomisch potenter und musikbegeisterter Bürger, die das in die Musik investierte Geld ihren Gewinnen aus Handel und Industrie entnahmen, konnte sich im 19. Jh. in Deutschland eine Musikkultur entwickeln, die weltberühmte Komponisten und Musikwerke, prachtvolle Opernhäuser und Konzertsäle sowie beispielhafte Institutionen des Musiklebens wie z.B. Musikvereine und Konservatorien hervorbrachte.
In Ländern mit anderer Gesellschaftsstruktur oder in weniger begüterten Bevölkerungsschichten entstanden andere Musizierformen und Musikgattungen, prägte sich eine andere Musikkultur heraus. In den Südstaaten der USA beispielsweise, wo die meisten Sklaven lebten, entstand eine Musik, die unmittelbar in der Lebenswirklichkeit der Schwarzen wurzelt: der ▶ Blues. Dessen Vorformen, rhythmische Rufe und Wechselgesänge bei der Feldarbeit, dienten der Rhythmisierung der Arbeitsvorgänge und der Verständigung der Sklaven untereinander. In den gemeinsamen Mußestunden der schwarzen Arbeiter wurden Lieder mit einfacher Form und allen verständlichem Inhalt gesungen und mit billigen Instrumenten begleitet. Nach der Sklavenbefreiung wanderten viele Farbige in die Städte ab, die Landarbeit wurde gegen Fabrikarbeit eingetauscht, die soziale Gruppe, in der der Blues ursprünglich zu Hause war, änderte ihre Struktur. In den Kneipen, wo man nun den Abend verbrachte, entwickelte sich eine städtische Form des Blues: rauher, lauter, aggressiver, mit mehr und besseren Instrumenten kunstvoller begleitet, später auch elektrisch verstärkt.
In den 20er Jahren des 20. Jh.s wurde der Blues von der Schallplattenindustrie entdeckt und vermarktet. Seitdem entstand auf seiner Basis eine weltweite Jazz-, Rock- und Popkultur, deren jeweils neue Stilrichtungen fast regelhaft immer wieder die gleiche Entwicklung wie der Blues durchleben: von der Ausdrucksform einer umgrenzten sozialen Gruppe, geschaffen z. T. aus materieller Armut und aus dem Überdruß bzw. der Kritik an bestehenden gesellschaftlichen Zuständen heraus, zu einem anerkannten, festen Bestandteil der vormals kritisierten, weltweiten Musikkultur. Auf den Stationen dieses Weges wirken sich die Gesetze des Marktes auf die Musik selbst aus und verändern diese bis in ihre Strukturen hinein (z.B. Länge der Stücke, Texte, Form, Instrumentation, Sound) – um der Verkäuflichkeit willen.
An mancher ästhetischen Ausdrucksform ist jedoch nicht nur die Prägung durch die gesellschaftlichen Bedingungen erkennbar, sondern auch eine gegenläufige Bewegung. Eine Besonderheit der Kunst – und damit auch der Musik – besteht darin, daß sie den Menschen Vorstellungen von einer anderen, besseren Welt und manchmal auch die Kraft zur Verwirklichung dieser positiven Utopie vermitteln kann. Diese Eigenschaft der Kunst liegt in ihrem widerständigen, nicht angepaßten, quer zu den Erfordernissen des Alltags und der gesellschaftlichen Nützlichkeit liegenden Potential begründet.

Gig (engl. = offener Einspänner, Ruderboot) in Jazz-, Rock- und Popmusik umgangssprachlich für Job, Auftritt.

Gigue (franz.) Ein schneller Tanz in ungeradem Takt (3/4-, 6/4-, 3/8- oder 6/8-Takt), der auf einen altenglischen bzw. altirischen oder altschottischen Tanzliedtypus namens Jig zurückgeht. Die Jig wurde in die englische und französische Hofmusik sowie in die ▶ Suite übernommen und dort umgeformt, d.h. takt- und tempomäßig verändert.
Im 17. und 18. Jh. bildeten sich verschiedene Modelle der Gigue heraus, die vor allem in Lauten- und Klaviersuiten einen festen Platz als Schlußsatz einnahmen. In der französischen Lautensuite der Barockzeit ist überwiegend die Gigue im 4/4-Takt mit punktierten Rhythmus vertreten. In der französischen Klaviersuite findet sich meist die Gigue im Dreiertakt mit ihrem charakteristischen Wechsel von langen und kurzen Notenwerten. Der italienische Typ der Gigue, Giga genannt, findet sich vor allem in Werken von Giovanni Battista Vitali und Arcangelo Corelli. Er zeichnet sich durch sehr schnelles Tempo und einen durchlaufenden Achtelrhythmus im 12/8-Takt aus, kann aber auch einen punktierten Rhythmus haben und im 4/4-Takt stehen. Stilbildend für diesen Typ war die virtuose italienische Violingiga. Die deutschen Komponisten der Epoche prägten einen Typ der Gigue, der auf ▶ Imitation beruht. Johann Sebastian Bach gestaltete die Gigue als Fuge, wobei er alle gängigen Gigue-Typen verwendete.
Als Kernsatz der instrumentalen Suite der Barockzeit steht die Gigue hinter Allemande, Courante und Sarabande. In der Musik des 19. Jh.s spielte die Gigue keine Rolle. Zu Beginn des 20. Jh.s wurde sie von einigen Komponisten wiederbelebt, z.B. in Suiten von Max Reger und Arnold Schönberg.

Gitarre (span.) Zupfinstrument mit achtförmig gebuchtetem Korpus mit Zargen, flachem Boden und Decke mit Schalloch, Griffbrett mit Bünden, Wirbelkasten und 6 Saiten. Diese moderne Form der Gitarre ist auf E-A-d-g-h-e' gestimmt. Gitarrennoten werden eine Oktave höher notiert als es dem Klang entspricht, darauf weist die kleine 8 unter dem Violinschlüssel hin. Die Gitarre hat eine lange Geschichte, die bis ins mittelalterliche Spanien zurückzuverfolgen ist. Im Laufe der Zeit wurden verschiedene Formen und Bauweisen entwickelt. Im 16./17. Jh. gab es z.B. doppelchörige Gitarren mit je 2 auf den gleichen Ton gestimmten Saiten. In dieser Epoche wurde die Gitarre das zentrale Instrument der spanischen Kunstmusik.

Gitarre (links oben)

Konzertgitarre (rechts oben)

Westerngitarre (links unten)

Im 18. Jh. kam die heute gebräuchliche sechssaitige Bespannung auf. In Spanien und Italien entstand eine Fülle virtuoser Gitarrenliteratur, so z.B. von Mauro Giuliani, Niccolò Paganini und Fernando Sor. Im 19. und 20. Jh. waren es Komponisten wie Isaac Albeniz, Enrique Granados und Joaquin Turina, die die Gitarrenliteratur um viele anspruchsvolle und populäre Werke bereicherten. Die breite Palette der klassischen Gitarrenmusik wurde vor allem von Interpreten wie Julian Bream, John Williams, Andres Segovia und Pepe Romero bekanntgemacht.
Neben der klassischen Konzertgitarre existieren heute zahlreiche weitere Formen, die im Jazz, in der Rockmusik und in der Volksmusik eine wichtige Rolle spielen.
Zu Anfang des 20. Jh.s wurde die Gitarre in Deutschland von den Vertretern der ▶ Jugendmusikbewegung „wiederentdeckt". Die **Klampfe** oder **Zupfgeige** wurde zum bevorzugten Instrument für die Liedbegleitung.
In Amerika, wohin die Gitarre mit den Einwanderern aus Europa gelangte, entwickelten sich eigene Bauformen für die Lied- und Tanzbegleitung. In der Musik der Afroamerikaner diente die Gitarre zunächst als Begleitinstrument der Bluessänger. Die für den ▶ Blues charakteristische Technik des **talking instrument**, in der die Gitarre zum Dialogpartner des Sängers wird, verlangte ihr neue, differenziertere Ausdrucksqualitäten ab. So entwickelten die Bluesspieler spezielle Spieltechniken wie z.B. **dirty notes**, ▶ off pitch, ▶ glissando usw., die für Jazz und Rockmusik grundlegend wurden. In der „weißen" Volksmusik Amerikas, der ▶ Country Music, werden häufig die 12saitige **Westerngitarre** und die **Hawaiigitarre** (heute: Steel Guitar) verwendet. Die Hawaii-Gitarre besitzt Stahlsaiten und bringt starke Glissando- und Vibrato-Effekte hervor (gleitende Übergänge zwischen den Tönen und hörbar vibrierender Klang). Sie wird flach auf den Knien liegend mit einer Art Kamm gespielt.
In der Spieltechnik unterscheidet sich die in Blues und Folk Music eingesetzte Gitarre erheblich von der klassischen. Während in der klassischen Spieltechnik die Saiten mit Fingerkuppen oder Fingernägeln einzeln gezupft werden, stehen in anderen Musikbereichen das Schlagen der Saiten oder das Spiel mit verschiedenen Hilfsmitteln im Vordergrund. Ein gebräuchliches Hilfsmittel in der populären Musik ist der **Kapodaster**, ein verschiebbarer Sattel, der auf den Gitarrenhals geschraubt wird und das Spiel schwieriger Tonarten durch automatisches Transponieren in leichter zu spielende Tonarten erheblich vereinfacht. Die wichtigste Zupftechnik ist das **Finger Picking**, bei dem die Baßtöne mit dem Daumen gezupft und die Begleitakkorde auf Zeige-, Mittel- und Ringfinger verteilt werden.

Glasharmonika

Bei dem im 18. Jh. sehr beliebten Instrument werden eine Reihe tonlich abgestimmter Gläser durch Reiben der Ränder in Schwingungen versetzt. Von Benjamin Franklin (1762) stammt das bis heute verwendete Patent, bei dem die Gläser in Form breiter, flacher Glocken ineinandergeschachtelt werden. Die Achse, auf der die Glasschalen sitzen, wird durch eine Pedalmechanik gedreht; die Ränder der Gläser werden mit angefeuchteten Fingern gerieben. Der zarte, fast überirdisch wirkende Klang der Glasharmonika kam dem Musikgeschmack des 18. Jh.s entge-

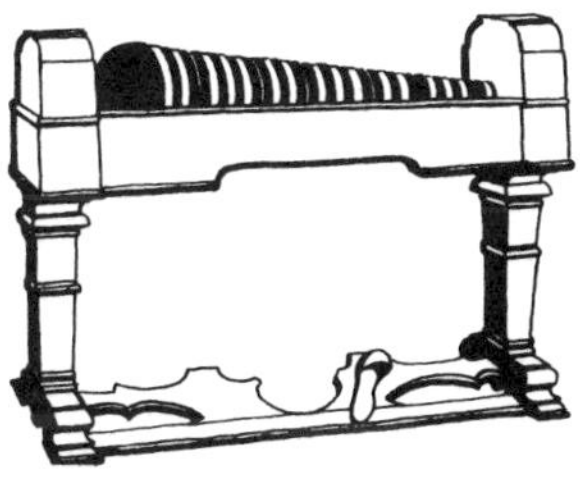

gen: Kompositionen schrieben u.a. Wolfgang Amadeus Mozart, Ludwig van Beethoven und Johann Gottlieb Naumann. Eine einfachere Form des Glasspiels ist die **Glasharfe**. Sie besteht aus nebeneinander auf einem Resonanzboden aufgestellten Glasglocken, die mit angefeuchteten Fingerspitzen angerieben werden.

glissando (ital. = gleitend) Abkürzung **gliss.**, ist das Aufwärts- oder Abwärtsgleiten von einem Ton zu einem weiter entfernten. Bei der menschlichen Stimme, bei Streichinstrumenten, bei der Zugposaune und bei der Pedalpauke z.B. ist das Glissando ohne feste Tonstufen möglich – die exakten Tonhöhen werden verschleift. Der Klavierspieler erzielt ein Glissando, indem er schnell mit der Nagelseite der Finger über eine Reihe von Tasten fährt. Berühmt und sehr spannungsreich ist das Glissando der Solo-Klarinette zu Beginn der *Rhapsody in Blue* (1924) von George Gershwin.

Glockenspiel Im modernen Orchester besteht das Glockenspiel aus zwei Reihen Stahlplatten, die chromatisch (im Halbtonabstand) angeordnet und auf einem Resonanzkasten montiert sind. Die Platten werden mit speziellen Schlägeln angeschlagen. Der durchdringende, silbrige Klang kann mit einem in Fußhöhe angebrachten Dämpfer abgemildert werden. Geringeren Tonumfang und eine weniger komfortable Ausstattung besitzt das aus dem ▶ Orff-Instrumentarium bekannte Glockenspiel. Es wird in Sopran-, Alt- und Tenorlage gebaut und gehört zu den Stabspielen.

Ursprünglich wurden die Töne beim Glockenspiel nicht durch Stahlplättchen, sondern mit Glocken erzeugt. Im Mittelalter wurden in einem Rahmen aufgehängte, tonlich abgestimmte kleine Glocken mit Hämmerchen angeschlagen. In den Kirchtürmen befanden sich ähnliche Glockenspiele mit großen Glocken. Diese Turm-

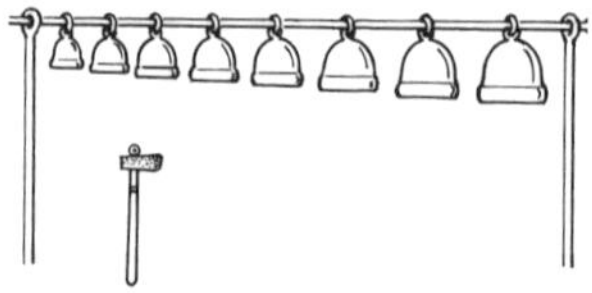

Glockenspiel aus dem 12. Jh.

glockenspiele hatten schon früh einen mechanischen Antrieb, z.B. über Stiftwalzen. Im 16. Jh. wurden Klaviaturen entwickelt, über die durch Tastendruck eine Zugmechanik in Gang gesetzt wurde, die den Schlag eines Hämmerchens gegen die gewünschte Glocke auslöste.

Für den Einsatz im Konzert erhielt das Glockenspiel gegen Ende des 18. Jh.s ein handlicheres Format. Ein solches Glockenspiel verwendet Wolfgang Amadeus Mozart in seiner Oper *Die Zauberflöte* (1791) zur Begleitung von Papagenos *Komm du schönes Glockenspiel* und *Klinget Glöckchen, klinget*. Im 19. Jh. wurden die Glocken durch Metallstäbe bzw. -platten ersetzt; das Glockenspiel etablierte sich

Schulglockenspiel

im Sinfonieorchester. Sein spitzer, heller Klang wurde von vielen Komponisten in großen Orchesterpartituren als musikalischer „Glitzereffekt“ genutzt, so z.B. von Paul Dukas in seinem Scherzo *Der Zauberlehrling* (1897).

Als eine weitere Bauform des Glockenspiels existiert die tragbare **Lyra** der Militärkapellen. Dieses Instrument wird seit dem 19. Jh. für Freiluftmusik verwendet. Es besteht aus Stahlplatten in einem Rahmen,

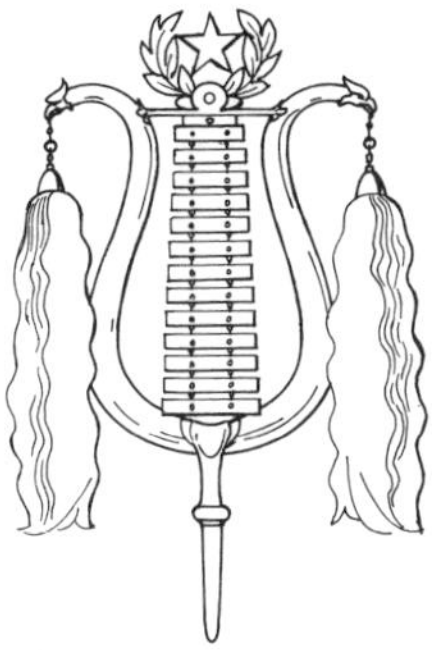

Lyra

der der griechischen Lyra (Saiteninstrument) nachgebildet ist, wird vom Spieler während des Gehens oder im Stand hochgehalten und mit einem Hämmerchen angeschlagen.

Glottisschlag (griech.: glottis = das aus beiden Stimmlippen bzw. Stimmbändern im Kehlkopf bestehende Stimmorgan, auch die von ihnen gebildete Stimmritze) bezeichnet beim ▶ Singen und Sprechen (im Gegensatz zum gehauchten oder weichen) den harten Stimmeinsatz. Er entsteht bei starkem Atemdruck und Vokalansatz durch schlagartiges Öffnen der Stimmbänder und ist mit einem kurzen Knall verbunden. In der Stimmbildung wird der Glottisschlag wegen seiner schädigenden Wirkung vermieden.

Gong Dieses Schlaginstrument erhielt seinen Namen nach dem Klang, den es erzeugt. Der Gong stammt aus Südostasien, wo er in vielen Formen existiert und auch als Melodieinstrument verwendet wird (▶ Gamelan). Er besteht aus einer runden Bronzescheibe, deren Rand nach hinten gebogen ist. Beim javanischen Gong ist die Anschlagstelle in der Mitte gewölbt, der chinesische Gong ist flach. Gongs können unterschiedliche Durchmesser und damit verschiedene Tonhöhen haben. Sie werden mit besonderen Schlägeln angeschlagen, die – je nach erwünschtem Klang – einen Kopf aus Filz, Holz, Metall oder Kunststoff haben. In den Musikkulturen Südostasiens tritt der Gong auch in Form von Gongspielen mit Instrumenten verschiedener, in Skalen abgestimmter Tonhöhen auf.

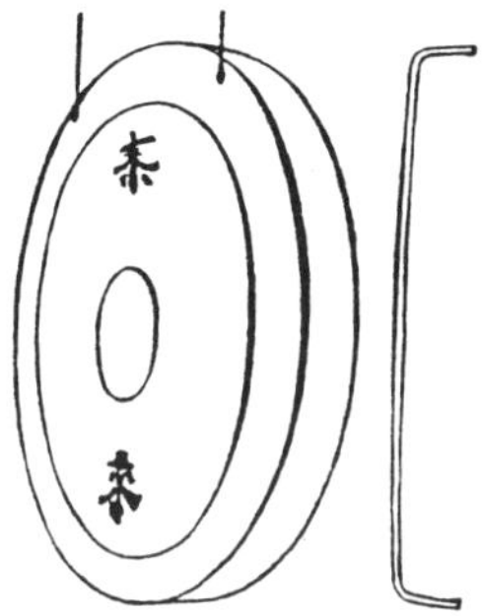

Gong mit Querschnitt

Ein erheblich größeres Gonginstrument mit unbestimmter Tonhöhe ist das **Tamtam**, das seit Ende des 18. Jh.s in europäischen Orchestern verwendet wird. Es kann bis zu 150 cm Durchmesser haben. Sein Klang ist dunkel, dröhnend und rauschend und klingt sehr lange nach. Einen besonderen Effekt erzielt man durch Eintauchen eines angeschlagenen Tamtams oder Gongs in eine mit Wasser gefüllte Zinkwanne: Die Tonhöhe sinkt stufenlos.

Graduale (lat.: gradus = Stufe) 1. Der auf den Stufen des Lesepults gesungene zweite Teil des Proprium missae, d.h. derjenigen Stücke der Messe, die je nach Anlaß im Kirchenjahr wechseln. Das Graduale ist **responsorisch** angelegt, es wird also im Wechsel von Solist(en) und Chor gesungen. Es gehört zu den ältesten Teilen der Liturgie. Ursprünglich sang man einen ganzen Psalm; seit dem Mittelalter beschränkt sich das Graduale auf einen Vers,

der nach der Lesung gesungen wird. Zuerst wird das **Responsorium** (lat.: responsare = antworten, widerhallen) von den Solisten vorgetragen, dann vom Chor wiederholt; danach folgt der von den Solisten gesungene Psalmvers und wieder das Responsorium des Chores.
2. Auch das Choralbuch der katholischen Kirche wird als Graduale bezeichnet. Es enthält diejenigen Meßgesänge, die nicht vom Priester selbst gesungen werden.

grave (ital. = schwer, feierlich, ernst) Satz- und Tempobezeichnung bei langsamen Musikstücken. Ein je nach Charakter des Stückes schwermütig-pathetischer oder würdevoll-ernster Ausdruck wird von Komponisten des 18. und 19. Jh.s häufig für Eröffnungssätze oder Trauermärsche vorgeschrieben.

grazioso (ital.) Vortragsanweisung: anmutig, liebenswürdig.

Groove bedeutet wörtlich „Rille“ und „groovy“ in der Rockmusik der 60er und 70er Jahre so viel wie „gut aufgelegt“, „doll“. Eine gut klingende oder rhythmisch mitreißende Musikpassage „groovt“. Mit „groove“ bezeichnet man auch ein positives musikalisches Grundgefühl, das eine Musiknummer vermittelt, oder eine sich ständig wiederholende, die Musik prägende rhythmisch-harmonische Passage.

Guidonische Hand Dem italienischen Musiktheoretiker Guido von Arezzo (11. Jh.) wird die Erfindung dieses Hilfsmittels für den Musikunterricht zugeschrieben. Die Hand wurde zur Veranschaulichung des Tonsystems des Mittelalters bis ins 17. Jh. eingesetzt. Auf Fingerspitzen und -gliedern sind die Tonnamen der diatonischen Tonleiter verteilt. Die Schüler erhalten damit eine Gedächtnisstütze beim Erlernen der Noten und Intervalle.

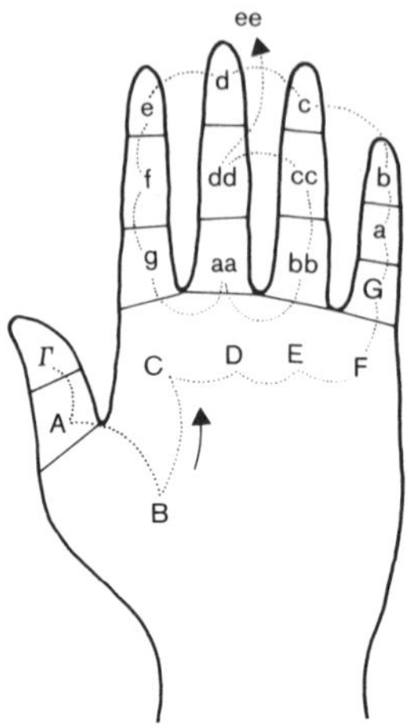

Guiro oder **Guero** (span. = Flaschenkürbis) stammt aus der indianisch-mittelamerikanischen Folklore und gehört heute zum lateinamerikanischen Perkussionsinstrumentarium. Der Guiro wurde ursprünglich aus einem getrockneten und ausgehöhlten Flaschenkürbis hergestellt, besteht heute jedoch meist aus Holz oder Kunststoff. Auf seiner Oberseite sind viele Rillen eingekerbt, über die der Spieler mit einem Holzstäbchen fährt. Diese Schrapbewegung kann schneller oder langsamer, mit mehr oder weniger starkem Druck durchgeführt werden; der trockene, schnarrende Klang des Guiro wird dadurch in gewissen Grenzen veränderbar.

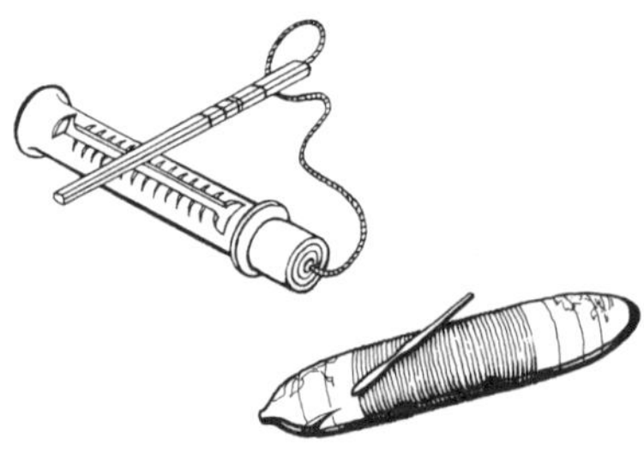

H

Habanera Nach dem spanischen Namen der der kubanischen Hauptstadt Havanna ist dieser Tanz in mäßig schnellem 2/4-Takt benannt. Viele Komponisten griffen die Habanera auf, nachdem sie im 19. Jh. in Spanien sehr populär geworden war. Das bekannteste Beispiel ist die Habanera der Carmen *Ja die Liebe hat bunte Flügel* aus der Oper *Carmen* von Georges Bizet (1875). Der amerikanische Komponist Louis Moreau Gottschalk verwendete in seinen virtuosen Klavierstücken den Habanera-Rhythmus schon mehr als 20 Jahre früher (z.B. in *Souvenir de la Porto Rico*). Rhythmische Elemente der Habanera finden sich auch im ▶ Tango.

Hackbrett heißt ein Saiteninstrument aus der Zither-Familie, dessen Metallsaiten nicht gezupft, sondern mit Klöppeln angeschlagen werden. Es besteht aus einem trapezförmigen, hölzernen Resonanzkörper, auf den über zwei lange Stege etwa 100 mehrchörige Metallsaiten gespannt sind (jeweils mehrere auf den gleichen Ton gestimmte Saiten nebeneinander). Das Hackbrett ist seit dem 15. Jh. bekannt und wird seit dem 16. Jh. als Volksmusikinstrument verwendet. Heute findet man es häufig bei alpenländischen Volksmusikgruppen.

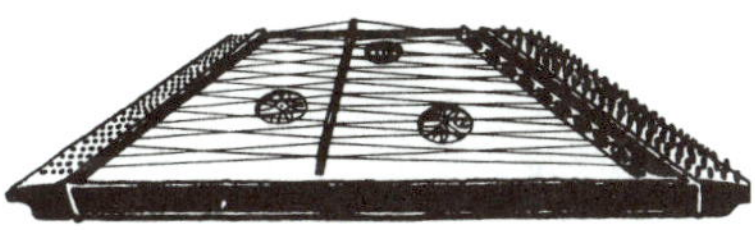

Halbton nennt man die kleine Sekunde (▶ Intervall), also z.B. den Abstand e-f oder h-c. Es ist der kleinste Abstand zwischen zwei Tönen, der in der europäischen Kunstmusik vorkommt. In vielen anderen Musikkulturen (z.B. in der Türkei oder in Indien) werden kleinere Tonabstände verwendet. In unseren Breiten arbeiten Komponisten bisher nur vereinzelt mit Tonsystemen mit kleineren Abständen, so z.B. Alois Hába mit Vierteltönen (▶ Neue Musik). Diese Versuche haben sich allerdings nicht durchgesetzt. Für den größten Teil der Neuen Musik sowie für alle anderen Musiksparten ist bis heute die über 200 Jahre alte temperierte Stimmung (▶ Temperatur) verbindlich, bei der die Oktave in 12 gleich große Halbtöne eingeteilt wird.

Hall Natürlicher Hall (Nachhall) entsteht dadurch, daß Schallwellen von den Gegenständen oder Wänden eines umgebenden Raumes (z.B. Zimmer, Kirche, Bühne) oft mehrfach zurückgeworfen werden und dadurch verzögert und abgeschwächt zu ihrem Ausgangspunkt zurückgelangen. Die elektronische Nachbildung dieser Naturerscheinung gehört zu den wichtigsten technischen Einrichtungen im Studio, da sie entscheidende Bedeutung für den Klang einer Musikproduktion hat. Meist wird die Musik möglichst „trocken“, also ohne

natürlichen Hall aufgezeichnet, und danach mit künstlichem veredelt.
Bei der technischen Umsetzung natürlicher Halleffekte ist vor allem die Länge der Verzögerung (**Delay**) und die Rückführung und Beimischung des Effektsignals zum Ausgangsklang für die Art eines Effektes entscheidend. **Echo** entsteht durch lange Verzögerungszeiten (oft mehrere Sekunden) und mehrfache Wiederholung des Reflexionsprozesses. Dabei wird das Echo immer leiser. Liegt die Verzögerung jedoch im Bereich kurzer Verzögerungszeiten von einigen Tausendstel Sekunden, z.B. 10–30 Millisekunden, entstehen Chor-ähnliche Effekte wie Chorus und Phasing. Auch der „röhrende" Flanging-Gitarren-Effekt liegt in diesem Verzögerungsbereich, jedoch wird bei ihm die Rückkopplung des Signals verstärkt (▶ Effektgeräte). Kurze Delays beeinflußen stark die Phase von Klängen, d.h. die Töne werden gegeneinander minimal verschoben (▶ Akustik). In der ▶ Minimal Music von Steve Reich gibt es viele Kompositionen, die diesen Effekt ausnutzen, z.B. in *Piano Phase* (1967).
Die Studiotechnik hat auch Halleffekte entwickelt, die es in der Natur nicht gibt, z.B. abgeschnittene Hallvorgänge bei der Bearbeitung des Schlagzeugs im Studio (engl. = gated-reverb) oder umgekehrte Hallverläufe, die das natürliche Leiserwerden des Halls durch Lauterwerden ersetzen (engl. = reverse-reverb).

Harfe Sie ist eines der ältesten Musikinstrumente überhaupt, ein Saiteninstrument, das gezupft wird. Schon in vorchristlichen Kulturen spielte man Harfe, z.B. in Ägypten und in Babylon. Das Grundprinzip der alten Harfen: ein gebogener Stab, verbunden mit einem schmalen, länglichen Resonanzkörper, zwischen Stab und Resonanzkörper gespannte Saiten. Die frühen Harfen waren Bogen- oder Winkelharfen, so genannt nach der Art, wie Stab und Re-

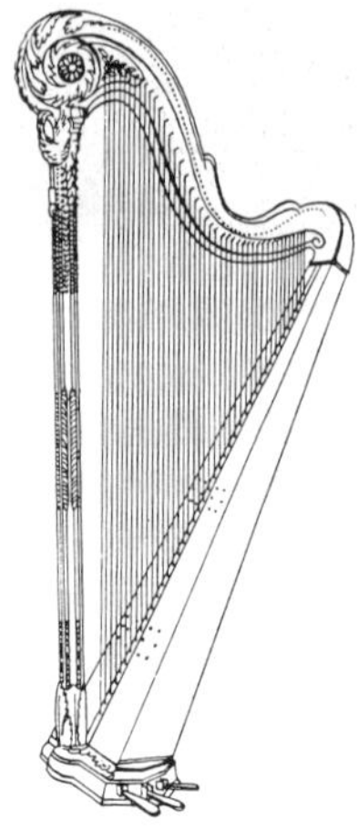

sonanzkörper zusammengefügt waren. Die Rahmenharfe, bei der Stab und Resonanzkörper mit einer Stange verbunden sind, kam aus dem Orient nach Europa und setzte sich dort durch. Seit dem 8. Jh. findet man sie auf den britischen Inseln, um 1000 auf dem Festland. Sie wurde zum Begleitinstrument der Minnesänger (▶ Lied).
Seit dem 14. Jh. erhielt die Harfe in vielen Schritten allmählich ihre heutige Form. Zunächst wurde der Rahmen dreieckig und größer; die Anzahl der Saiten und damit der Tonumfang wurde erhöht (die Harfe besitzt pro Ton eine Saite). Aus Gründen der Handhabbarkeit konnte man die Zahl der Saiten nicht beliebig erhöhen. Zunächst baute man diatonische Harfen; im 17. Jh. in C-Dur gestimmte mit einem Tonumfang von 3–4 Oktaven. Zur Erzeugung chromatischer Töne (aller Halbtöne innerhalb der Oktave) wurden verschiedene Techniken erfunden. Den Durchbruch erzielte die **Pedalharfe**, mit der durch 5–7 Pedale die Saiten während des Spiels umgestimmt werden können (um 1720). Die Pedalharfe wurde in mehreren Grundstimmungen gebaut. Die heute gebräuchliche

Doppelpedalharfe wurde im 19. Jh. entwickelt. Mit ihren 7 Pedalen kann der Spieler die diatonisch in Ces-Dur gestimmten 47 Saiten jeweils um 2 Halbtöne höher stimmen. Damit ist chromatisches Spiel uneingeschränkt möglich. Der Tonumfang der modernen Harfe reicht von Ces_1 bis ges^4.
Die Saiten der Harfe bestehen aus Darm oder Nylon, die tiefen Saiten sind aus umwickeltem Stahl. Zur Orientierung für den Spieler sind einige Saiten (C und F) gefärbt. Je nachdem, an welcher Stelle oder auf welche Weise die Saiten gezupft werden, entsteht eine spezifische Klangfarbe. Die Harfe wird mit beiden Händen gespielt; der Anschlag erfolgt mit den Fingerkuppen von Daumen, Zeige-, Mittel- und Ringfinger. Die Harfe wird in zwei Systemen wie das Klavier notiert. Im 17./18. Jh. wurde sie oft als Generalbaßinstrument (▶ Generalbaß) eingesetzt. Die moderne chromatische Harfe hat seit dem 19. Jh. ihren Platz im Orchester; auch Solowerke und Kammermusik wurden für sie geschrieben. Populär wurde die Harfe vor allem durch die tonmalerischen Reize ihres Klanges.
In der Volksmusik, vor allem in Irland, Schottland, Wales und der Bretagne spielt die Harfe eine wichtige Rolle als Solo- und Begleitinstrument. Der Folkrock der siebziger Jahre entdeckte die alten Harfenformen wieder und machte sie einem breiten Publikum bekannt (z. B. die irische Gruppe Clannad oder Alain Stivell aus Frankreich). In den achtziger Jahren trat Andreas Vollenweider mit elektrisch verstärkten und verfremdeten Harfenklängen auf.

Harmonielehre ist die Lehre vom Zusammenklang mehrerer Töne zu einem **Akkord** und der Verbindung der Akkorde untereinander. Viele hochentwickelte nichteuropäische Musikarten (z. B. die arabische und chinesische) kennen für ihre Musik keine Harmonielehre im europäischen Sinne. Sie sind im wesentlichen Melodie- und Rhythmuslehren.
Die moderne Form der europäischen Harmonielehre hat sich besonders in der Romantik herausgebildet und beherrscht heute nicht nur die traditionelle Konzertmusik, sondern auch Jazz und Popmusik. Selbst Neuentwicklungen wie die ▶ Zwölftonmusik beziehen sich letztlich auf die im vorigen Jahrhundert entwickelten Lehren der **Stufentheorie** und vor allem der ▶ Funktionsharmonik. Wenn im Folgenden die Jazzharmonielehre als relativ selbstständig dargestellt wird, darf man nicht vergessen, daß ihre Zielsetzung eine rein handwerkliche ist. Sie ist im Grunde eine noch sehr junge Improvisationslehre. Dagegen ist die allgemeine europäische Harmonielehre Handwerkslehre und selbständige Theorie, die eine jahrhundertelange Entwicklung hinter sich hat. Sie ist im wesentlichen eine Kompositionslehre. Die Jazzharmonielehre ist nur für den Musiker gedacht, die Funktionsharmonik jedoch auch für Wissenschaftler, Musikphilosophen und -ästhetiker.

Grundprinzipien

Die Harmonielehre beschreibt die musikalischen Zusammenhänge in ihrer vertikalen Struktur (Akkorde) und in ihrer horizontalen Entfaltung (Melodie). Die Harmonielehre ergänzt die ältere Melodielehre des ▶ Kontrapunkts. Indem man mehrere Töne der Tonleiter gleichzeitig spielt, entstehen die **leitereigenen** Akkorde. Dabei werden nicht wahllos Tontrauben zusammengestellt, sondern es gilt das Prinzip des **Terzaufbaus** (Terzenschichtung): der Akkord entsteht dadurch, daß man jeweils einen Ton der Leiter ausläßt. Ein weiteres Grundprinzip, das erst im 20. Jh. in Frage gestellt wurde, ist die ▶ Tonalität. Es verlangt, daß alle Töne harmonisch sinnvolle Beziehungen zu einem gemeinsamen Grundton haben.

Stufen- und Funktionsharmonik

Als wichtigste Formen der modernen Harmonielehre haben sich Stufentheorie und Funktionsharmonik herausgebildet. Die Funktionsharmonik, deren wichtigster Theoretiker Hugo Riemann war, erlaubt eine starke theoretische Vereinheitlichung, die allerdings nicht von allen Komponisten akzeptiert wurde. Arnold Schönberg benutzte z.B. in seiner Harmonielehre von 1911 auch die Stufentheorie.
Die **Stufentheorie**, aus der ▶ Generalbaßlehre entstanden, führt alle harmonischen Erscheinungen auf die 7 Akkorde zurück, welche man aus den **Stammtönen** einer Durtonleiter bilden kann. Die **Funktionsharmonik** leitet dagegen alle harmonischen Erscheinungen nur aus den 3 Akkorden der Kadenz ab. Diese besteht aus **Tonika** (T), **Subdominante** (S) und **Dominante** (D), den Dreiklängen auf der 1., 4. und 5. Stufe einer Tonleiter.

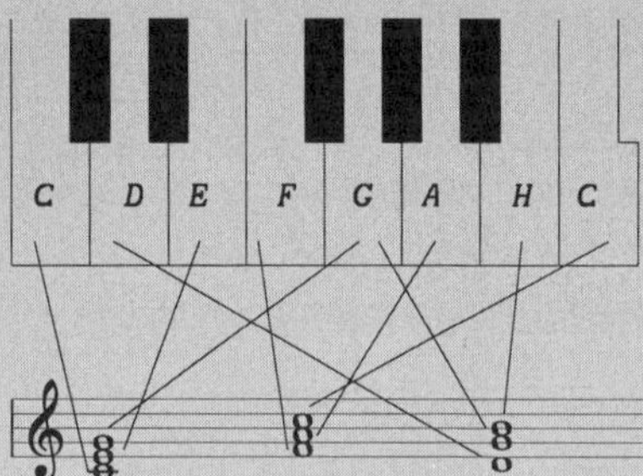

Tonika (T) Subdominate (S) Dominante (D)

Diese drei **Hauptdreiklänge** sind die „Visitenkarte" einer jeden Tonart – sie enthalten alle ihre Töne. T, S, D sind Durakkorde. Andere Dreiklänge, die man aus den leitereigenen Tönen der Durtonleiter bilden kann, sind die Mollakkorde. Sie heißen Nebendreiklänge, nämlich **Subdominantparallele** (Sp, auf der 2. Stufe), **Tonikaparallele** (Tp, auf der 6. Stufe), **Dominantparallele** (Dp, auf der 3. Stufe). Sie sind mit Subdominante, Tonika bzw. Dominante **terzverwandt**. Der **verminderte Dreiklang** auf der 7. Stufe besteht aus zwei übereinanderliegenden kleinen Terzen. Die Beendigung eines Musikstücks oder eines musikalischen Abschnitts mit der Tonika nennt man **Ganzschluß** im Gegensatz zum **Halbschluß** auf der Dominante oder dem **Trugschluß** auf der Tonikaparallele.

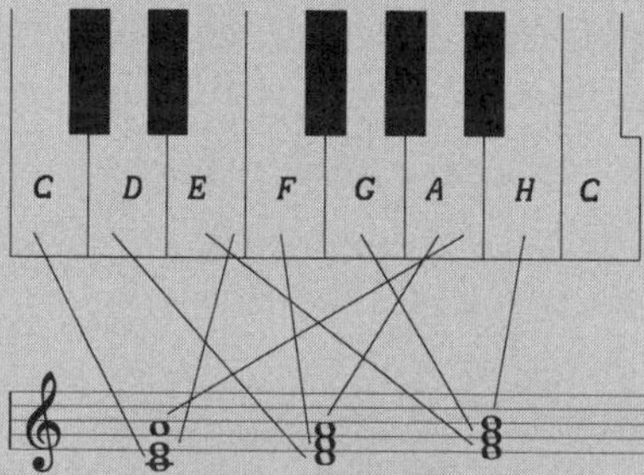

Tonikaparallele (Tp) a-moll Subdominatparallele (Sp) d-moll Dominantparallele (Dp) e-moll

Liegen die Töne eines Akkords so, daß kein anderer Akkordton mehr dazwischen paßt, tritt der Akkord in **enger Lage** auf (▶ Lage). Für die harmonische Deutung ist das jedoch unwichtig. Dafür muß bei allen Akkorden zwischen dem **Grundton** des Akkords, der ihm den Namen gibt, und dem **Baßton**, dem tiefsten Akkordton, unterschieden werden. So erscheint etwa der G-Dur-Akkord g-h-d nicht nur in Grundstellung, sondern auch in der 1. **Umkehrung** als **Sextakkord**, Baßton ist dann h, Grundton aber bleibt das g. Die 2. Umkehrung hat d im Baß und heißt **Quartsextakkord**. Die Namen kommen von den Intervallen, die für diese Akkorde typisch sind, immer vom Baßton aus gerechnet.
Aus den leitereigenen Haupt- und Parallelakkorden werden durch **Alteration**, d. h. Erhöhung oder Erniedrigung von Akkordtönen, weitere Akkorde wie der **übermäßige Dreiklang** (z. B. c-e-gis) abgeleitet, deren Töne **leiterfremd** sind. Dabei entstehen auch sehr komplizierte Gebilde, die man aber stets durch die Verwandtschaftsverhältnisse zu den Hauptfunktionen erklärt.
Die harmonische Spannung wird außerdem dadurch gesteigert, daß dem Dreiklang weitere Töne hinzugefügt werden, die ihn zum Vierklang oder Fünfklang machen. Eine besonders wichtige Rolle spielt dabei die sieben Leiterschritte vom Akkord-Grundton entfernte Septime. Sie führt zur Bildung von **Septakkorden**. In Verbindung mit der Dominante (in C-Dur g-h-d-f) tritt sie besonders häufig auf im **Dominantseptakkord** und dessen Umkehrungen **Sekundakkord**, **Terzquartakkord** und **Quintsextakkord**.
Eine weitere Steigerung bedeutet das Hinzufügen der None, die 9 Schritte von Grundton des Akkords entfernt ist, im **Nonenakkord**. Diese Akkorde können wie die Dreiklänge auch alteriert werden, wobei die Zahl der Möglichkeiten mit der Anzahl der Akkordtöne beträchtlich wächst. Alterationen, die zu verminderten Septakkorden führen, sind besonders beliebt. Diese bestehen aus lauter kleinen Terzen, und der Akkord bleibt in jeder Umkehrung gleich. Besonders im modernen

Jazz wird häufig außer dem Sept- und Nonenakkord noch der **Undezimenakkord** (hinzugefügter 11. Ton der Tonleiter) und der **Terzdezimenakkord** (hinzugefügter 13. Ton) mit entsprechenden Alterationen verwendet. Damit ist der Terzaufbau erschöpft, weil eine weitere Terz, also das Hinzufügen des 15. Tons, wieder den Grundton ergibt.

Modulation

Ein wichtiger Zweig von Funktionsharmonik und Stufentheorie ist die Lehre von der ▶ Modulation, dem Tonartwechsel. Eine einfache Modulation kann zum Beispiel in C-Dur über die Dominante der Dominante, die **Wechseldominante** (d-fis-a in C-Dur), nach G-Dur führen. Die Modulation findet meist in drei Schritten statt: 1. Befestigung der Ausgangstonart durch eine Kadenz, 2. Umdeutung eines Akkords im Sinne der neuen Tonart, 3. Befestigung der neuen Tonart. Nicht leitereigene Dominantakkorde wie die Wechseldominante können kurzfristig innerhalb einer Tonart auftreten, man bezeichnet sie dann als **Zwischendominanten**.
Der Tonika in der Kadenz entspricht die Grundtonart eines Musikstücks, die nächst verwandte Tonart ist dann die Tonart der Dominante bzw. Unterdominante (S). So ergibt sich ein „Kreis" von Quinten, der **Quintenzirkel**. In ihm kann man sich im Uhrzeigersinn oder gegen ihn bewegen, je nachdem, ob man die Quinte nach oben oder unten nimmt. Der Quintenzirkel nach unten, z.B. c-f-b-es usw. spielt im Jazz eine grundlegende Rolle, während die klassische Musik sich eher am Quintenzirkel nach oben orientiert. Modulation ist eng mit der Formenlehre verbunden, da Formeinschnitte z.B. in Sinfonie und Sonate häufig mit Modulationen verbunden sind. Hier besteht ein großer Unterschied zum modernen Jazz, der ständig in kürzesten Zeitabständen moduliert.

Jazzharmonik

Die harmonischen und rhythmischen Eigenarten des Jazz wurden zunächst nicht richtig erkannt und allzu schnell der gängigen Musiklehre untergeordnet. Als in den 20er Jahren die erste deutsche Jazzharmonielehre von Alfred Baresel erschien, rechnete man beispielweise noch den harmonisch und rhythmisch vollkommen anders gearteten Tango zum Jazz. Ebenso falsch verstanden wurde die Jazz-Synkope (▶ Rhythmus).
Seit etwa 1940 entwickelte sich die tonale Jazzharmonik außerordentlich weiter, sodaß man im modernen Jazz über dieselben komplizierten Akkorde improvisiert, mit denen die Klassiker der Moderne komponierten. Überhaupt spielt Komposition im klassischen Sinn im Jazz eine geringere Rolle. Sie wird weitgehend durch Improvisation, Arrangement und **Reharmonisation** (neue Harmonien für alte Melodien) ersetzt.
Ein Hauptziel der Jazzharmonielehre ist es, vorgegebene Harmonien melodisch aufzulösen und der Improvisation zur Verfügung zu stellen. Sie legt fest, welche Tonleitern, engl. scales, zu bestimmten Akkorden passen. Moderne Jazzharmonie-

Die Jazzkadenz

Die Jazzkadenz bei Bach…

Wohltemperiertes Klavier I, Fuge C-Dur

…bei Beethoven…

Klaviersonate op. 2, Nr. 3, erster Satz

…und im Jazz.

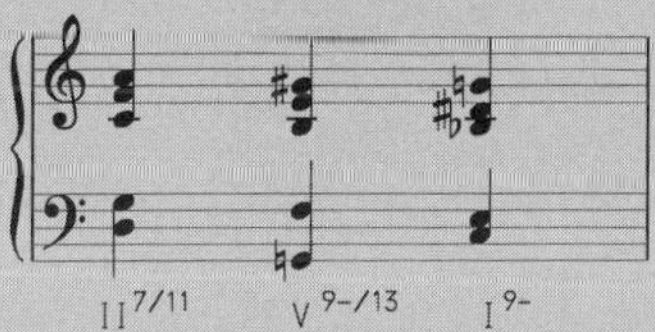

Grund-Jazz-Akkorde (C-Dur)

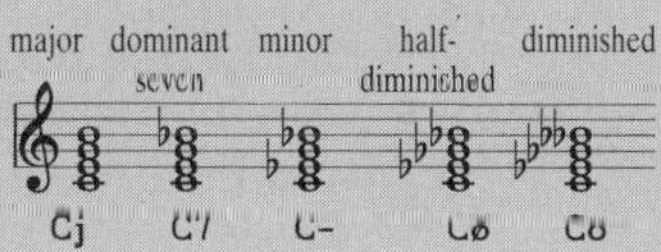

lehren bedienen sich dabei der Namen mittelalterlicher ▶ Kirchentonarten (äolisch, mixolydisch, lokrisch usw.). Ziel ist das Beherrschen von festen Standard-Melodieteilen, engl. **patterns**, und gängigen Harmoniefolgen, engl. **changes**.
Die Harmoniefolge T-Sp-D-T, also die Akkorde der 1., 2. und 5. Stufe kommen im Jazz so häufig vor, daß sie oft als **Jazzkadenz** bezeichnet werden. Sie haben aber auch in der alten Musik seit Bach eine lange Tradition. Die Grundlage der Jazzharmonik bilden Septakkorde, **chords**, sowie harmonisch-melodische Erscheinungen afroamerikanischer Herkunft wie die **blue notes** (▶ Blues).
Der Jazz macht von einem Akkord-Bezeichnungs-System Gebrauch, das nicht ganz einheitlich ist. 5 Akkordtypen mit festen englischen Namen spielen dabei eine herausragende Rolle:

- ○ Durdreiklang mit großer Septime: **major**,
- ○ Dominantseptakkord: **dominant**,
- ○ Moll mit kleiner Septime: **minor**,
- ○ Moll mit erniedrigter Quinte: **half-diminished**,
- ○ verminderter Septakkord: **diminished**.

Der typische Jazzklang kommt erst durch verschiedene Umkehrungen und besondere Lagen dieser Akkorde und ihrer Verbindungen zustande, wodurch das **voicing**, d.h. die Aufteilung der Akkordtöne auf bestimmte Stimmen (Stimmführung), zu einer zentralen Frage wird.

Harmonika (griech.) Zu den Harmonikainstrumenten gehören so unterschiedlich klingende Instrumente wie das Akkordeon, die Glasharmonika, das Harmonium und die Mundharmonika. Das gemeinsame Prinzip dieser Instrumente ist, daß der Ton durch eine Reihe aufeinander abgestimmter Metallzungen, Platten, Gläser oder Stäbe erzeugt wird. Diese werden auf unterschiedliche Weise in Schwingungen versetzt: durch Luft (Winddruckerzeugung durch einen Balg oder direktes Anblasen), durch Anreiben oder durch Anschlagen. Mehrstimmiges Spiel ist auf allen Harmonikainstrumenten möglich.

Harmonium Tasteninstrument mit orgelähnlichem Klang, dessen Töne durch im Luftstrom schwingende Metallzungen erzeugt werden. Der Spieler erzeugt den Wind selbst, indem er während des Spiels mit den Füßen über zwei Pedale einen Blasebalg betätigt. Gespielt wird auf einem, seltener zwei Manualen (Klaviaturen). Unterschiedliche Klangfarben können mit Hilfe von ▶ Registern erzielt werden. Das Harmonium wurde Mitte des 19. Jh.s erstmals gebaut und wird seitdem vor allem in kleineren kirchlichen Räumen (z.B. in Friedhofskapellen und Gemeindesälen) anstelle einer ▶ Orgel verwendet.

Hauptsatz ist ein Begriff aus der musikalischen Formenlehre (▶ Form). Er bezeichnet das 1. Thema im 1. Satz einer Sinfonie oder eines anderen Instrumentalstückes, dem die klassische Sonatenform zugrunde liegt. Das 2. Thema, das sich in der Regel nach einer Überleitung anschließt, wird als **Seitensatz** bezeichnet.

Hausmusik ist keine bestimmte Musikgattung, sondern das gemeinsame Musizieren innerhalb der Familie oder im privaten Kreis, das seit dem 19. Jh. in Deutschland außerordentlich beliebt ist. Das Bürgertum des 19. Jh.s ließ seine Kinder an Instrumenten ausbilden – die Töchter vor allem am Klavier –, und das Kleinbürgertum tat es ihm nach. Leicht spielbare Klavierstücke, Lieder und ▶ Bearbeitungen bilden den größten Teil des Repertoires der Hausmusik. Spezielle Sammlungen von Musikstücken für das häusliche Musizieren kamen auf den Markt (z.B. *Sang und Klang*). Nach dem Niedergang der Hausmusik im 1. Weltkrieg versuchten Musikpädagogen in den zwanziger Jahren, das gemeinsame Musizieren wiederzubeleben. 1932 wurde der 24. November als „Tag der Hausmusik" eingerichtet, der bis heute begangen wird. Neben Kunstmusik werden heute auch andere Musikrichtungen in der Hausmusik gepflegt.

Hemiole (griech.: hemiolios = anderthalb = 3/2) Ein kompositorisches Gestaltungsmittel, mit dem die rhythmischen Akzente in ungeraden Taktarten verschoben werden. In einem 6/8-Takt mit seinen Betonungen auf dem 1. und 4. Achtel setzt die Hemiole die Akzente auf 1, 3 und 5. Die Irritation ist meist von kurzer Dauer, denn der nächste Takt hat wieder die „normalen" Schwerpunkte. Dieser Effekt wird häufig in Tänzen oder am Schluß von Musikstücken benutzt.

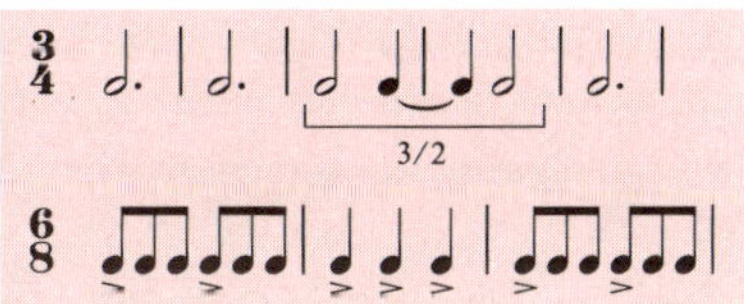

Hexachord (griech.: hex = sechs) Der Musiktheoretiker Guido von Arezzo beschrieb im 11. Jh. mit dem Hexachord eine Vorstufe unserer heutigen Dur-Tonleiter: eine Sechstonskala mit festgelegten Tonabständen, deren einzelne Stufen Namen aus Silben erhielten (▶ Solmisation). Das Hexachord besteht aus der Folge von Ganzton, Ganzton, Halbton, Ganzton, Ganzton; die Namen der Töne sind ut, re, mi, fa, sol, la. Auf konkrete Tonhöhen bezogen konnte mit drei Hexachord-Formen der Tonvorrat der Musik des frühen Mittelalters systematisch geordnet werden.

Hi-Fi (engl.: high fidelity = hohe Treue) Technik zur Erzielung von höchster Wiedergabequalität bei Musikaufnahmen. Das Wort wurde bereits 1934 beim amerikanischen Rundfunk für besonders gute Musikaufnahmen benutzt und kam Mitte der 50er Jahre nach Deutschland. Die Mindestanforderungen wurden in der deutschen Industrienorm DIN 45500 festgelegt.
Ein Maß für die Güte von Wiedergabegeräten ist der **Klirrfaktor**. Er drückt den Prozentsatz der Verzerrungen in einem Musiksignal aus. Je kleiner er ist, desto sauberer die Wiedergabe. War noch bis Ende der 60er Jahre ein Klirrfaktor von 1% durchaus üblich, so konnte er bei guten Verstärkern inzwischen auf unter 0.01% gesenkt werden, insbesondere nach Einführung der Digitaltechnik.

Hitparade Eine Programmform bei Rundfunk und Fernsehsendern, die gezielt nach Musikgeschmack und Lebensgewohnheiten bestimmter Publikumsgruppen (v. a. Jugendlicher) plaziert wird. Hitparaden kamen in den 30er Jahren in den USA auf. Bestimmte Sender strahlten allwöchentlich die Top Ten (die zehn meistgespielten Hits) der Woche aus. Heute werden die Hitlisten oder ▶ Charts von der Musikindustrie ermittelt: Sie dokumentieren die Beliebtheit aktueller Titel der Popmusik, der volkstümlichen Musik und anderer Musikarten anhand von Verkaufszahlen und Sendehäufigkeit.
Hitlisten sind vor allem Bestsellerlisten. Schon die Bezeichnung Hit (engl.: hit = Treffer, Glücksfall) geht von einem Erfolg des Titels aus, was wiederum viele Menschen zum Kauf der Platte anregt. Die Ver-

kaufszahlen sind von Außenstehenden nicht überprüfbar; lediglich anläßlich der Verleihung einer **Goldenen Schallplatte** (in Deutschland für 250.000 im Inland verkaufte Exemplare einer LP/MC/CD oder 500.000 Singles; in den USA gelten höhere Zahlen) werden die Dimensionen der Verbreitung eines Titels annähernd deutlich. Die Goldene Schallplatte wird von der Musikindustrie verliehen und besteht aus einer vergoldeten Schallplatten-Matrize. Für die doppelte Anzahl verkaufter Tonträger wird eine **Platin-Schallplatte** verliehen.

Hoboken-Verzeichnis Der niederländische Musikforscher Anthony van Hoboken veröffentlichte 1957 und 1971 einen thematischen Katalog der Kompositionen von Joseph Haydn. Dieses Werkverzeichnis ist seitdem die Grundlage für die Zählung und Datierung der Werke Haydns.

Hofkapelle Im 15.–18. Jh. besaß jeder größere Fürstenhof ein eigenes Vokal- und Instrumentalensemble, die Hofkapelle. Der Ehrgeiz jedes Fürsten ging dahin, möglichst prominente Musiker aus verschiedenen europäischen Ländern zu verpflichten, wobei die Vorlieben für die einzelnen Länder wechselten. Eine hervorragende Hofkapelle erhöhte das Ansehen des Hofes. Bedeutende Hofkapellen waren z.B. die des Kaisers Maximilian I. in Innsbruck, die päpstliche Kapelle in Rom oder die Kapelle am Hofe der Medici in Florenz. Diese und andere Höfe waren in der ▶ Renaissance Zentren des europäischen Musiklebens. Der ständige Austausch von Musikern – Instrumentalisten, Sängern und Komponisten – zwischen den einzelnen Zentren brachte immer neue Ideen und Gestaltungsformen hervor und trug erheblich zur Verbreitung von Kompositionsstilen und Gattungen bei.

Holzblasinstrumente ist der Oberbegriff für die Gruppe von Orchesterinstrumenten, der Querflöte, Oboe, Klarinette, Fagott und Saxophon mit ihren Familien angehören. Nicht alle Holzblasinstrumente sind aus Holz gefertigt: Querflöte (sie wurde früher aus Holz hergestellt) und Saxo-

Hofmusiker in Florenz, um 1700

phon bestehen aus Metall. Die Bezeichnung Holzblasinstrumente meint alle Instrumente, die mit einem Einfach- oder Doppelrohrblatt oder über ein Mundloch angeblasen werden. Vor allem die Anblas- und Spieltechnik unterscheidet die Holz- von den Blechblasinstrumenten.

Holzblocktrommel Ein kleines Schlaginstrument in Form eines flachen Quaders mit je einem Schlitz an den Längsseiten (chinesische Holzblocktrommel). Eine weitere Form, die amerikanische **Röhrenholztrommel**, ist eine runde, aus zwei verschieden ausgebohrten kleinen Zylindern zusammengesetzte Holzröhre mit einem schmaleren Schaft in der Mitte. Beide werden meist mit Holzschlägeln angeschlagen. Die Holzblocktrommel wird in drei Größen gebaut (hoch, mittel, tief). Auf der Röhrenholztrommel kann man zwei verschieden hohe Klänge erzeugen – je nachdem, auf welche Seite man schlägt. Mit dem Instrument läßt sich u. a. das Geräusch galoppierender Pferde nachahmen. Als **Wood Block** spielt die Holzblocktrommel im Jazz und in der Tanzmusik eine Rolle.

Homophonie (griech.: homos = gleich, wörtl. Gleichklang) Ein wichtiges Stilprinzip der abendländischen Musik. Homophon ist ein Musikstück, wenn es eine (meist oben liegende) Hauptmelodie hat, die von anderen Stimmen oder Instrumenten blockartig begleitet wird. Es führt also eine Stimme, die anderen ordnen sich ihr unter. Das Gegenteil von Homophonie ist ▶ Polyphonie. Bei einer polyphonen Komposition sind alle Stimmen wenigstens prinzipiell gleichberechtigt.
Beispiele für homophone Musikformen und -stile: Volkslied, Choral, Blues, Rock, Tango im Gegensatz zu polyphonen wie Kanon oder Fuge. Die Zuordnung ist oft schwierig, da die Übergänge fließend sind. In der klassischen Musik überwiegt ab etwa 1750 das homophone Prinzip.

Honky Tonk ist seit dem 19. Jh. eine Sammelbezeichnung für Kneipen in den Südstaaten der USA, die überwiegend von Farbigen besucht wurden. In diesen Lokalen wurde Live-Musik gespielt, vor allem auf dem – meist verstimmten – Klavier. Honky Tonk wurde so zu einem Begriff für einen bestimmten Klavierstil, etwa bedeutungsgleich mit ▶ Barrelhouse Piano.

Hootenanny Eine gesellige Veranstaltung wie z.B. eine Party unter Freunden nannte man im 18./19. Jh. im mittleren Westen der USA Hootenanny. Die amerikanische Gewerkschaftsbewegung gab dem Begriff eine politische Bedeutung: ein Treffen politisch Gleichgesinnter. Die Folklore-Sänger der 40er Jahre, allen voran Pete Seeger und Woodie Guthrie, übertrugen den Begriff auf Konzertveranstaltungen, bei denen vor allem politische Lieder gesungen wurden – eine Art offenes Singen unter Einbeziehung der Zuhörer. Für die Folkbewegung der 50er bis 70er Jahre wurden die Hootenannies zur typischen Konzertform. Hier präsentierte sich kein einzelner Star, sondern mehrere Interpreten traten auf, sangen solistisch und im Ensemble sowie gemeinsam mit dem Publikum.

Horn Ein Blechblasinstrument mit sehr langer Geschichte ist das Horn. Schon in vorgeschichtlicher Zeit wurden Hörner geblasen, vor allem zur Jagd oder im Krieg. Man benutzte dazu Tierhörner oder entsprechend geformte Muscheln.
Seit dem frühen Mittelalter ist in der europäischen Musikgeschichte das Horn im heutigen Sinne (wenn auch noch nicht in

seiner heutigen Gestalt) belegt: als Blasinstrument mit engem, gebogenem Rohr, bei dem der Ton im wesentlichen durch die Lippen des Spielers erzeugt wird. Bis ins 18. Jh. hinein konnte man auf den verschiedenen Formen des Horns nur Naturtöne spielen, also diejenigen Töne, die in der Obertonreihe vorkommen. Das bedeutet, daß im unteren Bereich sehr große Abstände zwischen den Tönen bestanden und erst in der hohen Lage diatonisches Spiel möglich war. Trotzdem war das **Naturhorn** im 17. und 18. Jh. Orchester- und Soloinstrument. Die Spieler versuchten die fehlenden Töne durch **Stopfen** (das Einführen der geballten Faust in den Schalltrichter) zu erzielen, oder sie verwendeten aufsetzbare Bügel, die das Rohr des Horns verlängerten und damit zu einem tieferen Klang führten. Man baute Hörner in allen erdenklichen

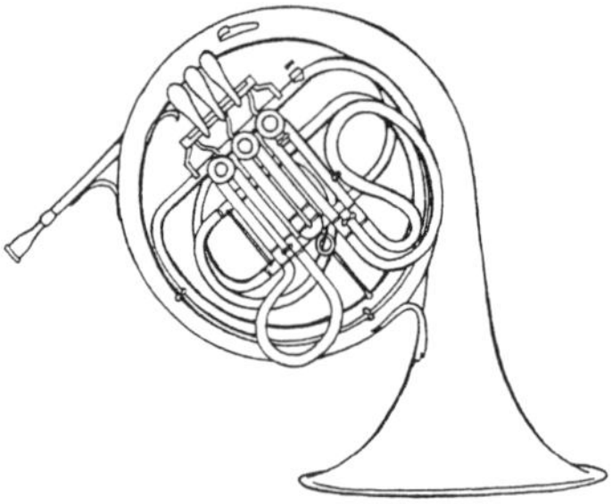

Stimmungen (auf den verschiedensten Grundtönen), um dem Mangel des geringen Tonrepertoires abzuhelfen.

Das heute gebräuchliche **Waldhorn** besitzt drei Ventile, mit deren Hilfe die beim Naturhorn fehlenden und die chromatischen Töne (alle 12 Halbtöne der Oktave in allen Lagen) gespielt werden können. Das auch **Ventilhorn** genannte Instrument, 1818 patentiert, setzte sich im 19. Jh. allmählich durch. Das **Doppelhorn** kann als Horn in F und in B genutzt und durch ein die Schallröhre verkürzendes Ventil in weitere Stimmungen umgestimmt werden. Das Horn gehört zu den ▶ transponierenden Instrumenten, d. h. es wird (aus praktischen Gründen) anders notiert als es klingt (Notierung in C-Dur im Violinschlüssel). Sein Tonumfang reicht von B_1 bis f^2 (bzw. Es bis b^2). Der Klang des Horns ist weich und voll; er mischt sich gut mit dem anderer Instrumente.

Im modernen Sinfonieorchester sitzen 2 bis 4 Hornisten, bei größeren Besetzungen bis zu acht. Sie spielen solistisch oder im mehrstimmigen Satz. In der Orchestermusik spielt das Horn seit der ▶ Vorklassik eine bedeutende Rolle. Solokonzerte für Horn und Orchester schrieben u.a. Joseph Haydn, Carl Maria von Weber und Richard Strauss. Berühmt wurde auch Benjamin Brittens *Serenade für Tenor, Horn und Streichorchester* (1943).

Hornpipe (engl.) 1. Schalmeiähnliches Blasinstrument, das aus der walisischen und baskischen Volksmusik bekannt ist. Es besteht aus einer Röhre aus Holz oder Knochen und einem Schallstück aus Tierhorn und wird über ein einfaches Rohrblatt angeblasen (▶ Rohrblattinstrumente). Die Hornpipe kann einzeln oder als Melodiepfeife eines Dudelsacks gespielt werden.

2. Ein alter englischer Volkstanz im 3/2-Takt (später bisweilen auch 4/4-Takt). Im 18. Jh. wurde die Hornpipe – wie viele europäische Volkstänze der damaligen Zeit – in die Kunstmusik übernommen. Der englische Komponist Henry Purcell sowie Georg Friedrich Händel, der viele Jahre in England lebte, bauten die Hornpipe als Satz in ihre Orchestersuiten ein. Sehr populär wurde die Hornpipe aus Händels *Wassermusik* von 1717.

Horst Wessel-Lied Von dem Nationalsozialisten Horst Wessel 1927 getextetes vierstrophiges Lied mit einer sentimentalen, zweiteiligen Melodie vom Typus Küchenlied oder Leierkastenlied, das nach dem Tod des Verfassers 1930 zum zentralen Lied der Nationalsozialisten wurde. Die vier Strophen des Liedes, von denen laut Vorschrift die 1. und 4. „mit erhobenem rechtem Arm“ gesungen werden mußten, sind ein Aufruf zum Kampf – sowohl zum Straßenkampf als auch zum Krieg. Dieses Lied wurde bei allen Veranstaltungen der Nationalsozialisten gesungen. Seit 1933 folgte es bei offiziellen Anlässen stets auf das Deutschlandlied. 1945 wurde es von den Alliierten verboten.

Hosenrolle heißt in der Oper eine Männerrolle, die von einer Frau gespielt und gesungen wird. Die hohe Stimme der Sängerin (Sopran, Mezzosopran oder Alt) symbolisiert meist die Jugend der dargestellten Figur, z.B. des Cherubino in *Die Hochzeit des Figaro* von Wolfgang Amadeus Mozart (1786) und des Octavian in *Der Rosenkavalier* von Richard Strauss (1911).

Humoreske ist ein Musikstück mit heiterer, scherzhafter Grundstimmung. Die Humoreske zählt zur Gattung des ▶ Charakterstücks und erfreute sich vor allem im 19. Jh. großer Beliebtheit. Berühmt wurde die *Humoreske* in Ges-Dur von Antonín Dvořák (1894).

I

Imitation (lat.: imitatio = Nachahmung) meint die Nachahmung eines Motivs oder einer Melodie in den verschiedenen Stimmen eines polyphonen Musikstücks (▶ Kontrapunkt), z.B. einer Fuge. Die Tonfolge wird dabei identisch oder ähnlich wiedergegeben. Die Imitation ist eine Kompositionstechnik, die von der mehrstimmigen Musik des Mittelalters bis zur Wiener Klassik zu finden ist, seltener in späteren Epochen.

Impressionismus (franz.: impression = Eindruck) Der aus der Malerei stammende Begriff wird für die französische Musik um 1900 verwendet und überwiegend auf das Werk von Claude Debussy und Maurice Ravel bezogen. Deren Kompositionen gehen meist von einer außermusikalischen Idee (Programm) aus; die Themen sind häufig der Natur abgeschaut (z.B. *Jeux d'eau* – Wasserspiele – von Ravel, 1901) und zeichnen Stimmungen nach (z.B. *Clair de Lune* – Mondschein – von Debussy, 1905). Auch musikalische Formen (z.B. in *La Valse* – Walzer – von Ravel, 1919/20) oder Märchen (z.B. in *Ma Mère l'Oye* – Meine Mutter Gans – von Ravel, 1908/10) werden zur Grundlage von Tonmalereien. Impressionistische Musik ist frei in der Form, reich an orchestralen Klangfarben, zwar tonal gebunden, aber schon jenseits der traditionellen ▶ Harmonielehre mit ihren Funktionen. Sie liefert Klanggemälde, die – ähnlich wie impressionistische Malerei – Eindrücke vermitteln, Assoziationen und Vorstellungen hervorrufen. Dazu bedienen sich Debussy und Ravel kompositorischer Mittel wie z.B. der Parallelverschiebung von Akkorden, Dissonanzen, Ganztonskalen, Pentatonik, Kirchentonarten und Elemente orientalischer, insbeson-

Maurice Ravel, um 1930

Claude Debussy, um 1900

dere javanischer Musik, die zwar teilweise archaisch sind, aber im Kontrast zu den romantischen Klangwelten des 19. Jh.s neu, reizvoll, fremd bis exotisch wirken. Der Begriff Klangfarbe erhält bei den Impressionisten einen neuen Sinn: Alle musikalischen Elemente werden nach ihren Klangfarbenwerten eingesetzt.

Impromptu (franz. = improvisiert) bezeichnet im 19. Jh. ein ▶ Charakterstück für Klavier. Bekannt sind vor allem die Impromptus von Franz Schubert, Frédéric Chopin und Robert Schumann. Ein Impromptu ist an kein Formschema gebunden; der Komponist kann hier seine gestalterischen Mittel frei einsetzen.

Improvisation (lat.: ex improviso = unversehens, in unvorhersehbarer Weise) ist das freie, spontane Ausführen von Musik. Ihr Gegenteil ist die Komposition, an deren Beginn jedoch häufig auch Improvisation steht. Freies Fantasieren auf dem Klavier war beispielsweise die Vorstufe vieler Sonaten Beethovens. Bach pflegte auf der Orgel zu improvisieren, Mozart auf dem Klavier. Sie alle hatten viele unvorhergesehene, ungeplante, improvisierte Ideen, die sie erst später in Notenschrift festhielten und zu Kompositionen ausbauten.

In der klassischen Musik haben sich im Laufe der historischen Entwicklung die improvisatorischen Musikformen zurückgebildet. Sie ist in der Hauptsache eine komponierte Musik und dem Prinzip der Werktreue verpflichtet. Freiheiten gibt es nur bei der Interpretation, aber selten durch Hinzufügen neuer Noten.

Das war nicht immer so. Noch im ▶ Generalbaßzeitalter hatte z.B. der Cembalo-Spieler verschiedene Möglichkeiten, einen vorgeschriebenen Akkord auszuführen. An bestimmten Stellen im Solo-Konzert, der (Solo-)Kadenz, erhielt früher der Solist Gelegenheit, sein Können durch eine Improvisation unter Beweis zu stellen. Ähnliche Möglichkeiten hatten in der italienischen Oper auch die Sängerinnen. Ein Haltepunkt, die Fermate, am Ende einer Arie erlaubte improvisierte, brillante Läufe.

Im 20. Jh. starb diese Kunst fast aus, und im normalen Konzert wird in der Regel nicht mehr improvisiert. In einem Klavierkonzert übernimmt beispielsweise der Pianist meist eine Kadenz, die der Komponist selbst geschrieben hat.

Ganz anders ist es im Jazz. Hier ist die Improvisation die Grundlage der Musizierpraxis, Komposition spielt eine geringere Rolle und wird meist durch das ▶ Arrangement ersetzt. Jazzkompositionen haben oft

nur den Sinn, einen Rahmen und Startpunkt für die Improvisation zu liefern. Die Improvisation in traditionellen Jazz-Stilen und in der Tanzmusik ist streng geregelt, damit mehrere Musiker bei einer Kollektivimprovisation zusammenspielen können. Dazu müssen die Harmonien (**changes**) vorher festliegen und allen Teilnehmern bekannt sein, ebenso Thema, Grundrhythmus und Formablauf, der u. a. den Wechsel zwischen Kollektiv- und **Soloimprovisation** regelt. Ein kompletter Durchgang der changes heißt im Jazz **chorus**.
In der Praxis haben sich Grundtypen herausgebildet, die häufig vorkommen. Harmonisch sind dabei die Akkorde der 2., 5. und 1. Stufe (Harmoniefolge II-V-I, die Jazzkadenz) wichtig, formal und melodisch das 4x8taktige Standard-Formschema (32 Takte) in Verbindung mit bestimmten Standardrhythmen wie Swing oder Latin.
Ein Beispiel aus der Praxis: Die Vereinbarung „rhythm-changes in F" ermöglicht sofort eine gemeinsame Standardimprovisation der Jazzband. Der Ausdruck bedeutet: Improvisation über das Harmonieschema I-VI-II-V (auch „1625" genannt), das nach dem Hit *I Got Rhythm* von George Gershwin so getauft wurde. In F-Dur sind das die Akkorde F-Dur (I), D-moll (VI), G-moll (II) und C7 (V). Jetzt muß nur noch die Taktlänge für jeden Akkord und die Abfolge der Improvisationen festgelegt werden. Zuerst könnte das Saxophon improvisieren, dann das Klavier usw., während alle anderen begleiten. Natürlich kann auch das Schlagzeug drankommen, das auf die Akkordfolge nur bei Formeinschnitten, nach 32 Takten z. B., Rücksicht nehmen muß. Es liefert auch den anderen Mitspielern durch **breaks**, das sind charakteristische Melodieteile an Übergangsstellen, Hinweise, **cues**, auf den Formverlauf. Die Standardimprovisation hat dazu geführt, daß sich viele feste melodische Floskeln ausgebildet haben, auf die ein Musiker beim Improvisieren bewußt oder unbewußt zurückgreift. Das birgt die Gefahr, daß abgestandene Klischees entstehen, weil sie zu oft zum Einsatz kommen.
Improvisation beruht also meist auf mehr oder minder stillschweigenden Voraussetzungen und ordnenden Absprachen. Wie weit eine völlig voraussetzungslose **freie Improvisation** überhaupt möglich ist, ist umstritten. Vertreter avangardistischer Stilrichtungen behaupten es oft. Im Free Jazz hat das Improvisieren ohne genaue Absprachen seinen festen Platz, ebenso in der Neuen Musik. Auch die Rockmusik kennt diese Art der Improvisation.
Auf improvisatorische Formen gehen zurück u. a. das ▶ Präludium, die ▶ Toccata, das ▶ Impromptu, die Fantasie.

Instrumentalmusik nennt man alle Musik, die ohne Gesang oder sonstige Bindung an Sprache nur von Instrumenten ausgeführt wird. In der Geschichte der abendländischen Kunstmusik, die stark von der Kirchenmusik geprägt ist, dominierte anfangs die für Sakralmusik charakteristische Vokalmusik (Musik für Gesangsstimmen) ohne Begleitung durch Instrumente. Im frühen Mittelalter war Instrumentalmusik – mit wenigen Ausnahmen – den kirchlichen Machthabern suspekt; sie galt als sinnlich aufreizend, als heidnischen oder gar teuflischen Ursprungs.
Unberührt von der Ächtung durch die Kirche spielten die Menschen jedoch auch damals schon Tanzmusik auf Instrumenten und begleiteten ihre Lieder instrumental. Die frühesten schriftlich überlieferten Instrumentalstücke sind Tänze aus dem 13. und 14. Jh. Stücke für Orgel und für Laute folgten im 15. Jh., zum Teil kunstvolle Auszierungen von bekannten Melodien, zum Teil freie Kompositionen. Im 16. Jh. entstanden in England zahlreiche eigenständige Kompositionen für das Virginal (eine frühe Form des Cembalos bzw. Klaviers). Um

diese Zeit wurde die Instrumentalmusik selbständig, d.h. es entstanden nun Gattungen ohne jede Bindung an Gesang oder Kirche. Mit Werken für mehrere Instrumente (Blas- und Streichinstrumente), die als ein Gegengewicht zu der hoch entwickelten Vokalmusik jener Zeit gelten können, trat als einer der ersten Giovanni Gabrieli hervor. Er übertrug das Prinzip der vokalen Mehrchörigkeit auf Instrumente und schuf damit die Grundlagen einiger Formen der barocken Instrumentalmusik (Canzona, Sonata). Eigenständige Formen der barocken Instrumentalmusik sind z.B. das Concerto und die Suite bzw. Ouvertüre. In der Epoche der Vorklassik und der Wiener Klassik wurde die Sinfonie zur zentralen Gattung. Im 19. Jh. entfalteten sich besonders Programmusik und sinfonische Dichtung; auch verschiedene Formen und Gattungen innerhalb der Klaviermusik nahmen einen breiten Raum ein. Vom 18. Jh. bis ins 20. Jh. spielte auch die Kammermusik eine bedeutende Rolle, ferner alle Arten von Konzertstücken für ein Soloinstrument und Orchester.

Instrumentation oder **Orchestrierung** nennt man die Aufbereitung eines Musikstücks für die Instrumente des Orchesters. Manche Komponisten orchestrieren ihre Kompositionen sofort, andere fixieren zunächst Vorstadien für ein oder mehrere Instrumente, die sie dann in einem späteren Arbeitsgang für das gesamte Orchester ausarbeiten. Von Orchestrierung spricht man auch dann, wenn etwa ein Chorsatz oder ein Klavierstück in eine Orchesterfassung übertragen wird.
Die Arbeit mit dem Instrumentarium des Orchesters stellt besonders hohe Anforderungen an den Komponisten. Er muß die Klang- und Ausdrucksmöglichkeiten aller Orchesterinstrumente genau kennen und sie der Struktur seines Werkes entsprechend einsetzen. So nutzt der Komponist beispielsweise die Klangfarbe und Lautstärke der verschiedenen Instrumentengruppen für Kontrastbildungen (z.B. Streicher gegen Bläser), bestimmte Charakteristika einzelner Instrumente für besondere Effekte (z.B. die höchste Lage des Fagotts für komische Wirkungen, das Glockenspiel für einen „Glitzereffekt“, den Gong für dunkle, unheimliche Stimmungen). Er weiß, welche Instrumente oder Instrumentengruppen klanglich miteinander verschmelzen (**Verschmelzungsklang**) und welche nicht (**Spaltklang**).
Komponisten aller Epochen haben versucht, mit ihren Kompositionen die technischen Möglichkeiten der vorhandenen Instrumente auszuschöpfen und die spezifische Klangfarbe jedes Instruments optimal zur Geltung zu bringen. Gesteigerte Anforderungen an die Instrumente führten oftmals zur Weiterentwicklung vorhandener und zur Erfindung neuer, leistungsfähigerer Instrumente. Im 20. Jh. eröffnen vor allem die elektronischen Musikinstrumente neue Klangwelten. Instrumentalklänge können damit nachgeahmt, aber auch gänzlich neue Klänge realisiert werden. Ebenso liegen in der Kombination von Orchesterinstrumenten und bespielten Tonbändern reizvolle neue Instrumentationsmöglichkeiten. Auch durch ungewöhnliche Spieltechniken akustischer Instrumente entstehende Klangfarben (z.B. mit Papier oder Nägeln präpariertes Klavier, Querflöte ohne Mundstück gespielt, Violine mit dem Holz des Bogens geschlagen) bringen neue Aspekte für die Instrumentation.
Zur Instruktion für ihre Kollegen schrieben einige Komponisten Instrumentationslehren. Berühmt ist die Instrumentationslehre von Hector Berlioz (1844) und ihre Ergänzung durch Richard Strauss (1905).

Instrumente (lat.: instrumentum = Werkzeug) sind Geräte und Apparaturen, mit denen man Töne und Klänge hervor-

bringen, also Musik machen kann. Auch die menschliche Stimme ist im weiteren Sinne ein Instrument.
Ausgrabungen belegen, daß die Menschen schon in der Steinzeit Musikinstrumente benutzten. Die ältesten Instrumente sind Hörner und Flöten, Rasseln und Trommeln. Im Altertum kannte man bereits Zupfinstrumente, Trompeten und Doppelrohrblattinstrumente. Die Entwicklung unserer heutigen Orchesterinstrumente begann in der Renaissance (15./16. Jh.) und war im 19. Jh. im wesentlichen abgeschlossen. Bis ins 20. Jh. hinein war das Klangideal eine möglichst geräuscharme, saubere und ausgeglichene Tongebung. Neue Spieltechniken, die Einflüsse anderer Musikkulturen und die Entwicklung elektronischer Instrumente weiteten die instrumentale Vielfalt im 20. Jh. erheblich aus.
Die **Instrumentenkunde**, Teildisziplin der Musikwissenschaft, teilt die heute gebräuchlichen Instrumente in 5 Gruppen ein:
Idiophone (Selbstklinger); hierzu gehören z.B. Glocken, Xylophon, Kastagnetten, Becken, Gong, Glasharmonika – Instrumente also, deren Körper selbst schwingt und Töne erzeugt. Sie bestehen aus Holz, Metall, Stein oder Glas und werden durch Schlagen, Schütteln, Schrapen oder Reiben in Schwingungen versetzt.
Membranophone (Fellklinger); hierzu gehören einfellige und zweifellige Trommeln und die Pauke. Der Ton wird durch eine Membran erzeugt, die durch Schlagen oder Reiben in Schwingungen versetzt wird.
Chordophone (Saitenklinger); hierzu gehören alle Zupf- und Streichinstrumente sowie Tasteninstrumente mit Saiten (Cembalo, Klavier). Der Ton entsteht durch Saiten, die durch Anreißen, Anschlagen, Reiben oder Streichen in Schwingungen versetzt werden.
Aerophone (Luftklinger); hierzu gehören alle Holz- und Blechblasinstrumente, die Orgel und das Akkordeon mit ihren Verwandten. In Aerophonen schwingt eine Luftsäule, deren Länge durch Klappen, Tasten oder Ventile verändert wird.
Elektrophone (▶ Elektronische Instrumente); hierzu gehören z.B. Hammondorgel, E-Piano und Synthesizer. Der Ton wird entweder direkt auf elektronischem Wege gebildet oder durch die elektronische Verstärkung mechanisch erzeugter Klänge.
Der **Instrumentenbau** ist ein bedeutender Wirtschaftszweig – heute vor allem durch die weite Verbreitung des elektronischen Instrumentariums in der populären Musik. Der Geigenbau besitzt vor allem in Italien eine Tradition, die bis ins 16. Jh. zurückreicht; der Orgelbau blühte im 16.–19. Jh. vor allem in Spanien, Frankreich und Deutschland. Klavierbauer (d.h. auch die Hersteller von Cembali, Klavichorden, Virginalen usw.) gab es bereits im 15. Jh. Die heute angesehensten Klavierfabrikate werden seit Mitte des 19. Jh.s gebaut.

Interludium (lat. = Zwischenspiel) oder **Intermedium** nannte man im 15.–18. Jh. ein Musikstück, das in einen größeren Zusammenhang eingefügt wurde, z.B. zwischen zwei Akte eines Schauspiels oder einer Oper, auch zwischen einzelne Sätze von Suiten und Sonaten oder zwischen die gesungenen Strophen eines Kirchenliedes. Ein Interludium kann improvisiert oder komponiert sein, es kann rein instrumental, vokal oder gemischt besetzt sein. In szenischer Form oder als Tanz tritt es häufig in der Oper des 17./18. Jh.s auf – als Pausenfüller oder zur Überbrückung des Umbaus auf der Bühne – und besitzt oft eine eigene, abgeschlossene Handlung. Vom 18. Jh. an wird das Intermedium zu einem selbständigen Stück. Als **Intermezzo** (ital. = Zwischenakt) tritt es z.B. als heiterer Einschub in ernsten Opern (Opera seria) auf. Aus diesem heiteren Zwischenspiel entwickelte sich die Opera buffa (▶ Oper). Im 19. Jh. bezeichnet Intermezzo allgemein ein instrumentales Zwischenspiel und speziell auch ein ▶ Charakterstück für Klavier. Bekannte Beispiele stammen von Robert Schumann und Johannes Brahms.

Internationale, Die „Völker hört die Signale! Auf zum letzten Gefecht! Die Internationale erkämpft das Menschenrecht!" Diese Worte bilden den Refrain des bekanntesten Kampfliedes der internationalen sozialistischen Arbeiterbewegung. In Frankreich zur Zeit der Pariser Kommune entstanden – Text: Eugène Pottier (1871), Melodie: Pierre Degeyter (1888) –, wurde das Lied in viele Sprachen übersetzt und war von 1918 bis 1943 Nationalhymne der Sowjetunion.

Interpretieren und Verstehen von Musik Wir erleben und genießen gerne Musik, hören uns hinein in ihre Klänge und Rhythmen und lassen uns auf das Angebot ein, in eine Welt der Träume einzutauchen, die weit entfernt scheint von den Anstrengungen unseres Alltags. Musik besänftigt uns, erregt uns, stimmt uns feierlich oder animiert uns, Musik wirkt – so oder so – auf uns, ohne daß wir uns bewußt sind, auf welche Weise dies geschieht. Es ist auch nebensächlich, ob wir als Liebhaber klassischer Musik auf „schöne Stellen" lauern oder der Faszination eines Pop-Stars erliegen, unsere Emotionen diktieren unser Verhalten. Dabei ist es keineswegs so, daß die Wirkung von Musik ausschließlich als psychisch-emotionaler Vorgang stattfindet, auch verstandesgeleitete Prozesse laufen bei der Wahrnehmung von Musik im Hörer ab, wir registrieren dies nur recht selten.
Daß die Wirkung von Musik kalkulierbar und kalkuliert ist, bemerken wir im Supermarkt spätestens an der Kasse, wenn uns die kaum wahrnehmbare dezente Hintergrundmusik in angenehm empfundene Kauflaune versetzt hat. Als ▶ funktionelle Musik dient hier im Kaufhaus oder anderswo die musikalische Berieselung einer ausgetüftelten Verkaufsstrategie. Die Musik, die wir hören, ist gekoppelt an Absichten und Interessen (Intentionen). Musik erfüllt eine Funktion.
Einmal aufmerksam geworden, stellen wir diesen Sachverhalt auch bei anderen Gelegenheiten fest. In der Kirche oder bei vergleichbaren Anlässen verstärkt Musik die religiöse Aufnahmebereitschaft der Gläubigen. Musik löst feierliche und ernste Gefühle aus und macht diese z.B. der Verherrlichung eines Heiligen oder eines Monarchen dienstbar. Musik steht nicht für sich, sondern übernimmt auch hier Funktionen. Sie verhilft auch ideologischem Gedankengut zu Durchsetzung und Anerkennung, indem sie Gemeinschaftssinn in sozialen Gruppen schafft – sei es beim Singen der Nationalhymne, im Popkonzert oder als Kampflied. Sie kann also als Hilfsmittel für die Herstellung von Kollektivverhalten ebenso wie als Fluchtburg aus dem Alltag dienen.
Die Einsicht, daß Musik in Funktionszusammenhängen auftritt, wirft nicht nur ein besonderes Licht auf die Vorgänge beim Hören (Rezeption), sondern richtet auch das Augenmerk auf die Produktion eines musikalischen Werkes. Uns begegnet es zunächst als von allen Zusammenhängen losgelöstes Werk, als Kunstwerk. Aber sind Gestalt und Inhalt nicht auch abhängig von ihrer Funktion? Und wie steht es mit dem Komponisten, der es mit einer Mitteilungsabsicht, einer „Botschaft", versehen hat, die wir entschlüsseln sollen? Wollen wir, daß sein Werk bei uns richtig

(d.h. im Sinne des Komponisten) ankommt, müssen wir zu verstehen versuchen, was die Voraussetzungen und Bedingungen unseres Hörerlebnisses sind.
Dem Vorgang des Verstehens liegt zunächst eine einfache Ausgangssituation zugrunde: Ein Komponist setzt sich ans Klavier, erfindet ein Musikstück und spielt es einem unmittelbar anwesenden Zuhörer (Rezipient) vor (s. Abb. 1). Zwischen Komponist und Hörer gibt es eine direkte Kommunikation. Die Kommunikationssituation, die beide Personen umfaßt, ist sowohl Entstehungssituation des Werkes (mit Blick auf den Komponisten) als auch Rezeptionssituation (mit Blick auf den Hörer). Und sie ist zugleich auch Aufführungssituation (Komponist spielt Klavier). Für das Verstehen des Werks liegen optimale Bedingungen vor: Der Hörer kann unmittelbar nachfragen, der Komponist kann unmittelbar die Wirkung seines Werkes wahrnehmen und kontrollieren, der Vortrag des Werkes durch ihn selbst ist zudem originalgetreu. Eine solche mündliche Kommunikation, in der Intentionen des Komponisten und Erwartungen des Hörers, Produktions- und Rezeptionsbedingungen direkt miteinander in Verbindung treten, ist allerdings nicht die Regel.
Normalfall der Rezeption ist die zeitliche Trennung von Hörer und Komponist (s. Abb. 2). Das Werk liegt als Notentext vor, muß also gelesen oder aufgeführt werden. Rezeptionssituation und Aufführungssituation fallen zusammen, davon abgetrennt durch zeitlichen Abstand ist die Entstehungssituation.

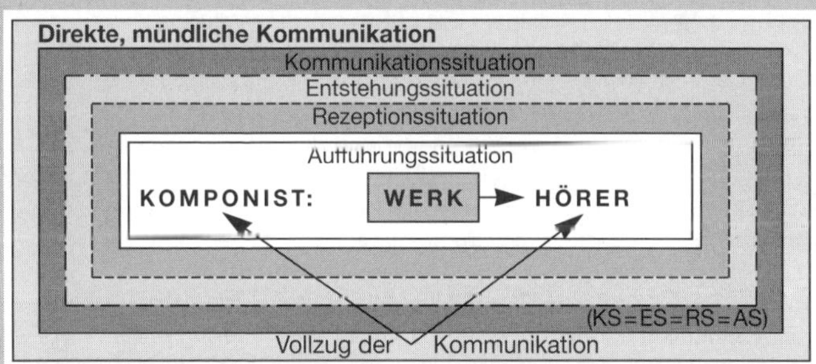

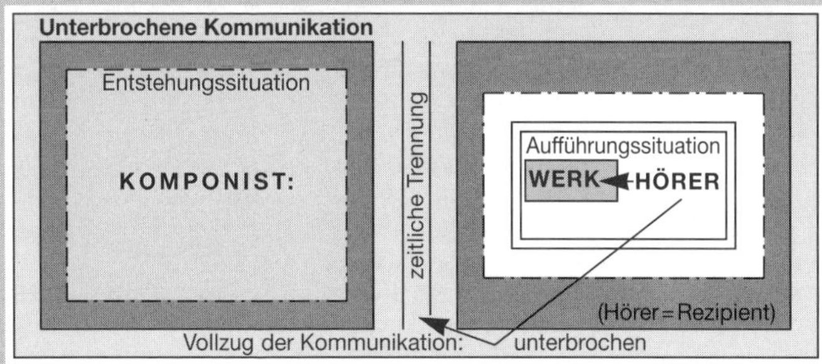

Der Rezipient hat also nur das durch die Aufführung vermittelte Werk vor sich. Er kann nicht mehr auf den Komponisten zurückgreifen, um Auskünfte zu erhalten. Er muß interpretieren, d.h. er muß das Werk befragen, muß es auslegen und erklären. Er kann dabei davon ausgehen, daß der Komponist sein Werk so gestaltet hat, daß auch ohne seine Anwesenheit und erklärende Mitwirkung seine „Botschaft", seine Mitteilungsabsicht verstanden werden kann.
Aber selbst wenn der Rezipient alle vom Komponisten eingesetzten Gestaltungsmittel kennt, so ist das Werk damit noch nicht erklärt. Der zeitliche Abstand und die Besonderheit einer Rezeptionssituation werfen grundsätzliche Fragen auf.
Der Hörer ist ein Kind seiner eigenen Zeit, sein Kunstgeschmack, seine Wertmaßstäbe, auch seine allgemeinen Lebenserfahrungen sind andere als die des Komponisten. Was haben wir mit Bach oder Schubert gemeinsam? Der Rezipient kann nicht einfach seine biographischen und gesellschaftlichen Erfahrungen beiseite schieben, wenn er sich als Hörer auf ein Musikstück einläßt, und voraussetzungslos in die Rolle eines Menschen und Künstlers aus dem 18. Jh. schlüpfen. Aus solchen Voraussetzungen aber entsteht ein Vor-Verständnis, das das Hörerlebnis beeinflußt und das die Werkdeutung mitbestimmt. Wissen, Erfahrungen und Einflüsse aus der Gegenwart des Rezipienten, seine Rezeptionsbedingungen, fließen ein in den Prozeß des Verstehens und der Auslegung. Der Hörer rezipiert zwar das Werk und nimmt dabei die Mitteilungsabsicht des Komponisten wahr, aber alles, was er hört und empfindet, geht gleichsam durch den Filter seiner eigenen gegenwärtigen Wirklichkeitserfahrung. Der Hörer aktiviert das gehörte Werk mit Bezug auf sich selbst und setzt es auch in Beziehung zu seiner Lebenswirklichkeit.
Ein Kunstgenuß, der sich dieser Voraussetzungen nicht bewußt ist, gerät leicht in Gefahr, die eigenen Gefühle, so wie sie beim Hören ausgelöst werden, mit den Intentionen des gehörten Werkes bzw. seines Komponisten zu verwechseln. Das Interpretieren eines Werkes ist stets an das Wechselverhältnis von Rezeptionssituation und Werk gebunden. Verstehen ist gleichzeitig immer Verstehen des Werks und Verstehen der (Verstehens-)Voraussetzungen. Zwei unterschiedliche *historische* Situationen (Rezeptionssituation und Entstehungssituation des Werkes) treffen aufeinander und müssen miteinander in Verbindung gebracht werden. Eine solche Vermittlung als Grundlage des Verstehensprozesses bewußt zu machen, ist auch Aufgabe der ästhetischen Erziehung. Dadurch wird die Rezeption des musikalischen Kunstwerks (wie eines jeden anderen auch) mehr als nur eine bloß gefühlsmäßige Wahrnehmung. Der Hörer erkennt die Elemente von Kritik und Reflexion, die jedes Kunstwerk auch enthält. Dem bewußten Hörer muß es deshalb wichtig sein, sich Klarheit über Grundlagen und Voraussetzungen des Verstehens von Musik zu verschaffen.
Die bewußte Aneignung erscheint um so dringlicher, als die Rezeption in hohem Maße von der Aufführung beeinflußt wird. ▶ Aufführungspraxis aber ist Interpretation. Gerade die populäre Musikszene – aber nicht nur diese – liefert genug Beispiele für die übermächtig wirkende visuelle Inszenierung von Musik (Rockmusik, Videoclip, Schlager-Show), die die visuelle und akustische Wahrnehmung des Hörers total besetzt und damit auch die Funktionalisierung der Musik beliebig betreiben kann.

Intervall (lat.: intervallum = Zwischenraum, Entfernung) nennt man den Abstand zwischen zwei Tönen und zugleich deren Verhältnis zueinander. Intervalle können nacheinander erklingen, z. B. in einer **Melodie**, oder gleichzeitig, z. B. in einem **Akkord**. Die Intervalle werden nach den lateinischen Ordnungszahlen benannt. Üblich ist die Zählung von 1 (Prime) bis 8 (Oktave); alle größeren Intervalle sind zusammengesetzte Intervalle (z. B. Oktave plus Sekunde = None, Oktave plus Terz = Dezime usw.). Je weiter zwei Töne über eine Oktave hinaus auseinanderliegen, desto weniger werden sie vom Gehör als zusammengehörig erfaßt. Man unterscheidet zwischen reinen, großen und kleinen Intervallen. Reine Intervalle sind Prime, Quarte, Quinte, Oktave, Undezime. Als große oder kleine Intervalle können Sekunde, Terz, Sexte, Septime, None und Dezime auftreten. Durch die Erweiterung um einen Halbton werden reine und große Intervalle zu übermäßigen Intervallen. Verkleinert man reine und kleine Intervalle um einen Halbton, so werden sie zu verminderten Intervallen.

Die Intervalle, bezogen auf den Grundton c: (r = rein, ü = übermäßig, v = vermindert, g = groß, k = klein)

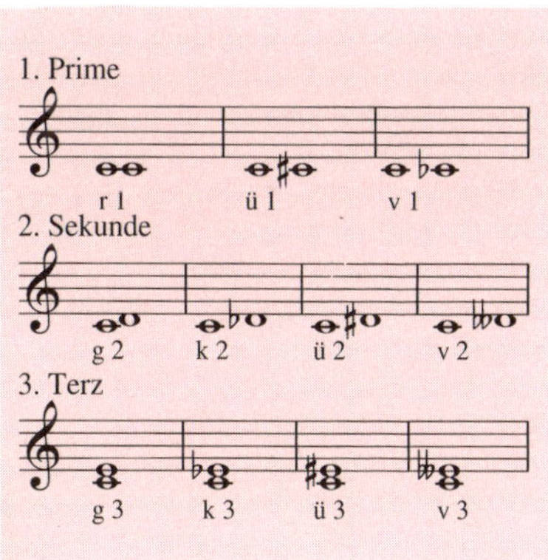

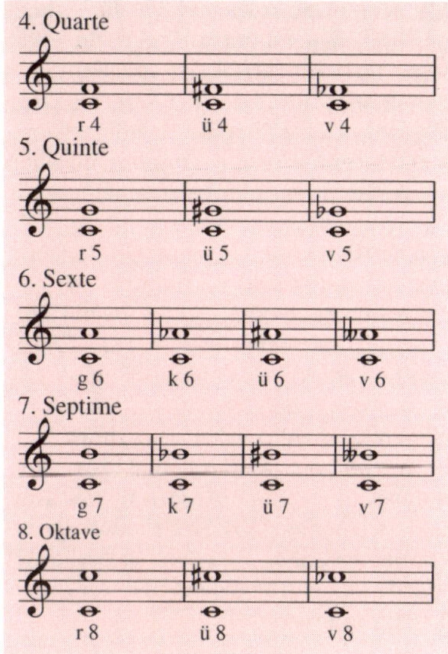

Manche der hier aufgezeichneten Intervalle sind vom Klang her gleich, werden aber unterschiedlich notiert und eingeordnet (z. B. die übermäßige Prime und die kleine Sekunde oder die reine Quinte und die verminderte Sexte). Die Logik der ▶ Harmonielehre erfordert diese Unterscheidung.

Eine zusätzliche Bezeichnung wird für die übermäßige Quarte verwendet: **Tritonus**, das aus 3 Ganztönen bestehende Intervall, auch „diabolus in musica" (lat. = Teufel in der Musik) genannt. Der Tritonus erzeugt eine besonders starke harmonische Spannung. In der Musikgeschichte nimmt er eine Sonderstellung ein; zeitweise galt er als extrem dissonant (▶ Dissonanz).

Im Mittelalter war es den Komponisten verboten, diesen Intervall zu verwenden. Seit dem 18. Jh. wird der Tritonus – melodisch oder in Akkordbildungen – vorzugsweise zur musikalischen Darstellung von Klage, Tod, Schrecken und Unheimlichem verwendet.

Als Komplementärintervalle bezeichnet man diejenigen Intervalle, die ein gegebenes Intervall zur Oktave ergänzen (das Komplementärintervall der großen Sekunde ist die kleine Septime, das der kleinen Sexte die große Terz, das der übermäßigen Quarte ist die verminderte Quinte usw.).

Intonation (lat.: intonare = losdonnern, laut ertönen lassen) bedeutet 1. das Anstimmen eines Gesanges (z. B. beim Chorsingen), 2. eine kurze instrumentale Einleitung (z. B. durch die Orgel zur Hinführung der Gemeinde auf den Anfangston des folgenden Kirchenliedes), 3. das richtige Treffen der Tonhöhe bei Vokal- und Instrumentalmusik, 4. auch die Ansprache des Tons bei Instrumenten (z. B. Streich- und Blasinstrumenten), 5. im Jazz die spezifische Art und Weise der Tongebung und Tongestaltung (z. B. dirty).

Intrada (lat.: intrare = hineingehen) Ein Stück, das zur Eröffnung eines musikalischen oder anderen Ereignisses (zum Einzug der Ehrengäste, des Publikums, der Schauspieler) erklingt, wird seit dem 16. Jh. als Intrada bezeichnet. Ausgehend von einem Trompetensignal wurde die Intrada im 17. Jh. zu einem selbständigen Musikstück feierlichen Charakters, oft im Marschrhythmus, mit signalartiger Melodik und im homophonen Satz (einfache akkordische Begleitung).

Introduktion (lat.: introductio = das Einführen) oder **Intro** nennt man ein kurzes Vorspiel bzw. eine instrumentale Einleitung. Längere Introduktionen treten z. B. bei Walzern von Johann Strauß auf; hier wird der Hörer sehr intensiv auf das Kommende vorbereitet: Vorstellung von Teilen der Melodie, sich steigernde Dynamik, Spannung erzeugenden Rhythmus.

Introitus (lat. = Eingang, Eintritt) ist der Gesang, der zu Beginn der Messe erklingt und den Gang des Priesters zum Altar begleitet. Es handelt sich in der Regel um einen Psalm mit Antiphon (wiederholter Vers). Im Gottesdienst reformierter Gemeinden der evangelischen Kirche ist der Introitus das Eingangslied nach dem Orgelvorspiel, in der Regel ein Choral auf der Basis eines Psalmtextes.

Invention (lat.: inventio = Erfindung) Der Begriff stammt aus der antiken Rhetorik (der Redekunst) und wird seit dem 16. Jh. auch in Musiktheorie und Musikpraxis verwendet. In der Musik des 17. und 18. Jh.s ist die Invention ein formal freies Instrumentalstück. Berühmt sind Johann Sebastian Bachs zwei- und dreistimmige Inventionen für Klavier von 1722/23, in denen er verschiedene Techniken demonstriert, um eine musikalische Erfindung, einen musikalischen Gedanken zu formulieren, auszuarbeiten und in eine Form zu bringen.

J

Jam Session (engl.: jam = Gedränge, session = Sitzung) zwangloses Musizieren und Improvisieren von Jazzmusikern. Die Jam Session kann sich zufällig und spontan, z. B. in einem Jazzkeller ergeben, oder auch von Jazzklubs veranstaltet werden. Größere Konzerte, bei denen mehrere Gruppen auftreten, enden manchmal mit einer gemeinsamen Jam Session.

Janitscharenmusik, auch **türkische Musik** genannt, stammt von einer türkischen Militärtruppe des 14. Jh.s, die durch die Türkenkriege in Mitteleuropa bekannt und deren Musik insbesondere im 18. Jh. sehr beliebt wurde. Mit ihrer grellen, fremdländischen und kriegerisch wirkenden Klangfarbe und ihrem dröhnend geschlagenen Rhythmus wirkte sie bis in die Kunstmusik von Oper und Sinfonie des 18. Jh.s hinein. Teile des Janitscharen-Instrumentariums fanden erstmals Verwendung im Orchester des 18. Jh.s.
In der Militärmusik bedeutet die Einführung der von den Janitscharentruppen benutzten Instrumente (große und kleine Trommel, Becken, Tamburin, Triangel, Schellenbaum) etwa seit 1720 eine bemerkenswerte Neuerung. Mit der Verwendung dieser Schlaginstrumente gewinnt die Militärmusik für Parademarsch und Formationsbewegung die bisher fehlende rhythmische Exaktheit.
Beispiele für die Wirkung der Janitscharenmusik auf die Kunstmusik des 18.Jh.s sind Christoph Willibald Glucks Oper *Iphigenie*

Janitscharenmusiker mit Schalmei, kleiner Pauke und Trommel, 1819

auf Tauris (1779) und das Singspiel *Die Entführung aus dem Serail* (1782) von Wolfgang Amadeus Mozart. Mozarts Klaviersonate A-Dur von 1778 huldigt der Türkenmode mit der Bezeichnung *alla turca*. Joseph Haydns G-dur-Sinfonie von 1794, die sog. *Militär-Sinfonie*, verwendet Elemente der Janitscharenmusik. 'Alla turca' ist eine musikalische Mode, die in der populären Musik weiterwirkt, z. B. bei den auf Jahrmärkten beliebten mechanischen Instrumenten.

Jazz ist eine Musik, in der sich die Musik europäischer Auswanderer mit der Musik der von ihnen versklavten Afrikaner auf nordamerikanischem Boden mischt. Hinzu kommen südamerikanische Einflüsse. Woher das Wort „jazz“ kommt, auch manchmal „jass“ oder „rass“ geschrieben, ist unklar. Vermutlich ist es verwandt mit „jasm“, einer Amerikanisierung des französischen Wortes „chasser“ in der Bedeutung „jagen“. Ab 1860 ist es so in der nordamerikanischen Literatur nachweisbar.
In der zweiten Hälfte des 19. Jh.s entstanden die ersten Formen des **Archaic Jazz**. Der ▶ Ragtime gilt als eine direkte Vorform des Jazz und ist die älteste komponierte instrumentale Musikform der Schwarzen in den USA, noch stark beeinflußt von europäischen Märschen, Menuetten, Polkas und Walzern. Schon ab 1800 wurde die Musik der Schwarzen durch schwarz geschminkte Weiße nachgeahmt in den **Minstrel-Shows**. Unter dem Einfluß besonders französischer Militärmärsche entstanden vor 1850 Kapellen, hauptsächlich mit Blasinstrumenten besetzt. Der Ragtime beeinflußte stark die Musik dieser **Street Bands** und **Marching Bands**. Hinzu kamen die Frühformen des ländlichen Country Blues sowie der christlich-religiösen schwarzen **Gospel Songs** und ▶ Spirituals.
Um die Jahrhundertwende wurde New Orleans zu einer multikulturellen Hauptstadt des Jazz. Mindestens drei verschiedene Bevölkerungsgruppen trugen wesentlich dazu bei. Außer den Schwarzen waren es Kreolen, Nachkommen der über Südamerika eingewanderten Spanier, und französischstämmige Weiße. Anfangs war der Jazz eine reine Unterhaltungsmusik für Karneval, Hochzeiten, Festtage, Tanz, Straßenfeste, Wahlversammlungen, Picknicks. Als erster eigentlicher Jazzstil gilt der **New Orleans-Stil**, der ab etwa 1895 bis zur großen Wirtschaftskrise der Jahre 1929–32 eine Blütezeit erlebte. Seine Standardbesetzung ist Kornett (Trompete), Posaune, Klarinette, Banjo (Gitarre), Kontrabaß (Tuba) und Schlagzeug. Es ist der erste Stil des Jazz, der auf Gruppen-Improvisation beruht.
In seiner weißen Variante, dem **Chicago-Stil**, kommt um 1916 das Saxophon hinzu. Der deutsch-stämmige Trompeter Bix Beiderbecke wurde auch vielen schwarzen Musikern zum Vorbild. Ragtime und New-Orleans-Stil wurden im weißen **Dixieland Jazz** nachgeahmt. Der Name soll von den Zehn-Dollar-Banknoten kommen, auf die im zweisprachigen New Orleans neben englisch „ten“ auch französisch „dix“ gedruckt war. Nach einer anderen Erklärung ist Dixieland ein Synonym für den Süden der USA. Heute bezeichnet man oft Ragtime, New Orleans Jazz und Chicago Jazz zusammenfassend als Dixieland Jazz. Die frühen Jazz-Stile sind, musikalisch gesehen, **Two Beat Jazz** mit starker Betonung der Grundschläge des Vierertakts, überlagert von Betonungen auf 1 und 3.

Louis Armstrong, um 1960

Dagegen lebte der um 1930 aufkommende ▶ Swing von der gleichmäßigen Betonung der 4 Taktschläge. Die Bedeutung dieses Wandels kann nicht genug betont werden. Erst dadurch streifte der Jazz rhythmische Überbleibsel der europäischen Unterhaltungsmusik mit ihren starren Taktbetonungen ab. Auch für die Freisetzung des afrikanischen Erbteils war dies eine wichtige Voraussetzung (▶ Rhythmus). Im Swing gewann der Jazz die federnde, energische und doch entspannte rhythmische Qualität, die ihn weltberühmt machte.
Der Swing errang als erster Jazzstil weltweit riesige kommerzielle Erfolge, wenn auch zunächst fast ausschließlich als weißer Stil. Als „König des Swing" eroberte der Klarinettist Benny Goodman 1938 die New Yorker Carnegie Hall, einen Konzertsaal, der bis dahin nur der klassischen Musik vorbehalten war. Zwar war schon 1924 in der Aeolian Hall in New York die *Rhapsody in Blue* von George Gershwin aufgeführt worden, ein Werk des **Symphonic Jazz**. Aber dieser Stil gehörte weniger zum Jazz als zur populären Unterhaltungsmusik. Erst mit dem Swing wurde ein echter Jazz-Stil „gesellschaftsfähig". Durch Goodmans *Bach Goes to Town* (1937) wurde auch der Baroque Jazz populär, der Musikstücke aus der Barockzeit verjazzte. Es entstanden zahlreiche Jazzorchester und Big Bands, in denen die Klassiker des Jazz spielten, darunter Count Basie, Duke Ellington, Louis Armstrong. Glenn Miller erfand den **Glenn Miller-Sound** aus 4 Saxophonen und führender Klarinette, der noch heute bei den Tanzorchestern beliebt ist. Bedeutende Swing-Saxophonisten

waren Coleman Hawkins und Lester Young. Europa hatte mit dem französischen Gitarristen Django Reinhardt einen führenden Swing-Musiker, der sogar von den Amerikanern anerkannt wurde. Gegen Ende der 30er Jahre zeichnete sich eine neue Entwicklung ab, die teilweise eine Reaktion auf den immer kommerzieller werdenden Swing-Stil war – damals das größte Musikgeschäft aller Zeiten.
Das Ende der Swing-Ära bedeutet einen wichtigen Einschnitt in der Jazzentwicklung. Die neuen Richtungen Bebop, Cool Jazz und Hard Bop faßt man als **Modern Jazz** zusammen. Man improvisierte in den 40er Jahren in kleinen Gruppen über die aktuellen Schlager- und Musical-Melodien, weitete dabei aber die Harmonik und Rhythmik so aus, daß sie oft nur noch von Insidern zu erkennen waren. Dieser Stil wurde **Bebop** genannt und war zunächst eine „Musik für Musiker". Sein Name soll von den Silben herkommen, die Musiker beim Vorsingen ihrer Melodien gebrauchen (wie im Deutschen etwa „lalala"). Hinzu trat ein starkes Interesse für die europäische Neue Musik. Typisch für den Bebop sind sowohl rasende Läufe und nervöse Melodiesprünge als auch äußerst sparsame Melodielinien, in denen alles Überflüssige weggelassen wird. Das bezog sich auch auf die Besetzung der Jazz-Combo. Im Minimalfall bestand sie nur aus Melodieinstrument (z. B. Saxophon) und Rhythmusgruppe (Baß und Schlagzeug). Nicht selten entfiel das Harmonieinstrument (meist Klavier), weil die Improvisationen des Melodieinstrumentes die harmonischen Zusammenhänge ausreichend darstellten. Bis heute üben Musiker wie der Trompeter Dizzy Gillespie, der Pianist Thelonius Monk und der Altsaxophonist Charlie Parker einen nicht wegzudenkenden Einfluß auf jeden Jazzmusiker aus.
Die frühen Stilarten des Jazz und der Swing galten als hot (= heiß). In den 20er und 30er Jahren war **Hot Jazz** geradezu gleichbedeutend mit Swing, der große Konzerthallen und Tanzsäle zum Kochen brachte. Im Bebop dagegen schlug sich das Heiße am Jazz in wenig populären komplizierten Harmonien und nervösen Rhythmen nieder. Gegen Ende der 40er Jahre spaltete er sich in verschiedene Richtungen auf, die zum Teil einen kühlen, von manchen gar als kalt empfundenen Jazz propagierten.
Der **Cool Jazz** bevorzugt entspannte Melodiebögen mit sparsamer Schlagzeugbegleitung. Man spielt mit wenig Vibrato und verhaltener, fast dynamikloser Tongebung. 1951 gründete der Pianist Lennie Tristano in New York die „New School Of Music", die intuitives und kühles Musizieren zu verbinden suchte und mit der ▶ Zwölftonmusik experimentierte. Jazz wurde nun auch zur Modemusik der Intellektuellen.
Durch den Saxophonisten Stan Getz, Vorbild unzähliger Cool-Saxophonisten, verstärkten sich die Einflüsse der süd-amerikanischen Musik, im Jazz als **Latin** bezeichnet. Aus der Begegnung von Cool Jazz und brasilianischer Samba entstand der ▶ Bossa Nova, der durch Getz anfangs der 60er Jahre eine weltweite Erfolgswelle erlebte.
Das Interesse am Jazz verlagerte sich Mitte der 50er Jahre vorübergehend an die amerikanische Westküste nach Los Angeles und San Francisco durch Musiker wie den Schlagzeuger Shelley Manne und den Klarinettisten Jimmy Giuffre. Die Schallplattenindustrie sprach von **West Coast Jazz**.

Im vitalen **Hard Bop** oder **East Coast Jazz** gingen der Trompeter Miles Davis und vor allem der Saxophonist John Coltrane wesentlich weiter. Sie lösten sich von der reinen Akkordimprovisation und legten oft nur eine einzelne Tonleiter zugrunde, auf deren Stufen sie beliebige Akkorde bildeten. Mit dem Schlagzeuger Art Blakey, dem Tenorsaxophonist Sonny Rollins und dem Pianisten Horace Silver kamen ungerade Taktarten wie 3/4- und 5/4-Takt in den Jazz. Coltrane betonte stark die afrikanische Tradition bis hin zum Religiösen und setzte sie in seiner Musik um. Ab 1965 wandte er sich nach Experimenten mit indischer und arabischer Musik dem ▶ Free Jazz zu.
1960 veröffentlichte der Saxophonist Ornette Coleman ein Schallplatten-Album, das einer neuen Richtung den Namen gab: Free Jazz. Man kann nun in dem Sinne von Neuem Jazz sprechen, wie man das von Neuer Musik tut: die modernsten Techniken der Musikentwicklung, darunter Atonalität und Zwölftontechnik, kommen seither auch im Jazz zur Anwendung. Das zeigt seine erstaunliche Fähigkeit, sich mit ganz anders gearteten Musikarten zu verbinden. Während die Begegnungen mit der Neuen Musik mehr den Charakter von Einzelexperimenten hatten, waren die Verbindungen zwischen Jazz und Rock wesentlich enger.
Es entstanden vielseitige Formen von **Jazz Rock** und sogenannter **Fusion Music** unter Einbeziehung außereuropäischer und außeramerikanischer Musikarten. Eins der ersten Jazz Rock-Alben war *Bitches Brew* (1970) von Miles Davis, der bereits den Bebop maßgeblich geprägt hatte. Seitens der Rockmusik gingen aus den Gruppen um Frank Zappa, darunter die Mothers of Invention, viele bekannte Jazzmusiker hervor.
Inzwischen hat die Jazzmusik, zunächst rein praktisch ausgerichtet, auch eine entsprechende Jazztheorie aufgestellt, die besonders in New York und Boston (Berklee School) gelehrt wird. Die moderne Jazztheorie läßt sich durch 4 Punkte charakterisieren:
1. Die rhythmische Eigenart des Jazz besteht nicht so sehr in dem, was die europäische Musiklehre als ▶ Synkope bezeichnet, sondern im typischen geringfügigen Vor- und Nachverlagern der Töne, dem ▶ Off Beat. Dadurch entsteht das swing-Gefühl. Rhythmisch ist der Jazz von der afrikanischen Musik ebenso weit entfernt wie von der Musik Bachs und Beethovens.
2. ist der Jazz auch weitgehend eine ganz bestimmte Spielweise, d.h. eine spezielle Art zu phrasieren und zu artikulieren. Hinzu kommen expressive Eigenheiten wie die **dirty notes** („schmutzige" Noten, d.h. absichtlich unsauber intonierte Töne), Growl-Effekte (instrumentale Nachahmungen der dirty notes), ▶ Scatgesang (auf rhythmischen Silben ohne inhaltliche Bedeutung), sowie harmonisch-melodische Besonderheiten wie die blue notes (▶ Blues). Überträgt man das alles auf Nicht-Jazz-Musik, so kann diese jazzig klingen und swingen, wie z.B. die Play Bach-Mode der 50er und 60er Jahre zeigte.
3. Das Standard-Repertoire des Jazz hat sich derart ausgeweitet, daß wie in der klassischen Musik eine Arbeitsteilung zwischen ausübenden Musikern und Komponisten bzw. Arrangeuren eingetreten ist.
4. Für die Improvisation gibt es inzwischen ausgefeilte Jazz-Harmonielehren, die es bis zu einem gewissen Grade jedem ermöglichen, die musikalische Sprache des

Jazz zu erlernen. Seit Mozarts Zeiten hat es keinen musikalisch so umfassend gebildeten Musikertypus gegeben wie den modernen Musiker eines großen Unterhaltungsorchesters: Meist ist er ein hervorragender Jazzer, kann gut von Blatt spielen, improvisiert nach Akkordsymbolen und beherrscht zudem auch die klassische Stilistik. Innerhalb der Tanzmusik muß er sich außerdem noch in einer Vielfalt von Richtungen vom Walzer bis zum Rock 'n' Roll auskennen.

Jazz Dance ist eine Tanzform sowohl der afroamerikanischen Musik als auch des modernen Balletts, eine Verschmelzung afrikanischer Tanzbewegungen mit nordamerikanischer und europäischer Musik. Der Begriff taucht 1917 zum erstenmal auf.
Der Jazz Dance verlangt eine hohe Beweglichkeit der einzelnen Körperteile. Kopf, Unterleib, Rumpf, Beine und Arme werden isoliert, d.h. zu großer Unabhängigkeit in der Bewegung ausgebildet. Dazu gehört eine insgesamt entspannte Körperhaltung mit vorgebeugtem Rumpf, gekrümmter Wirbelsäule und gebeugten Knien.
Auch die Tanzformen populärer Musik wie Shimmy, Charleston, Rock 'n' Roll, Twist oder Boogie-Woogie spiegeln seit den 30er und 40er Jahren den Einfluß des Jazz Dance wieder. Für die weltweit erfolgreiche Verbindung von Jazz Dance, Ballett und jazzbeeinflußter Unterhaltungsmusik ist der Film *West Side Story* (1961) typisch.
Eine Sonderform des Jazz Dance ist der **Tap Dance** (engl.: tap = klopfen), in dem sich alte irische und englische (Holzschuh-) Tänze mit der afrikanischen Technik verbinden. Als **Step Dance**, getanzt mit speziellen Eisen auf den Schuhsohlen, die beim Tanzen Rhythmen erzeugen, wurde der Tap Dance durch Ginger Rodgers, Fred Astaire und Gene Kelly weltberühmt.

Tanzszene aus dem Film „West Side Story", 1960

Jingle (engl./amerik. = Geklingel) oder **Trailer** nennt man im Rundfunk ein kurzes Musikstück, das als akustisches Erkennungs- oder Markenzeichen dient. Ein Jingle ist jeweils einem bestimmten Sender bzw. einer speziellen Sendung zugeordnet und in Inhalt (Vorspann, Kurzinformation, Nachspann), Länge und musikalischer Gestaltung auf die Zielgruppe zugeschnitten, an die sich die Sendung richtet. Der Jingle wird stets zu Beginn und Ende des jeweiligen Programms „gefahren". Oft wird er auch ins laufende Rundfunkprogramm eingeblendet, um für die Sendung zu werben.

Jitterbug (amerik. = Nervenbündel) Der in den 40er Jahren in den USA aufgekommene Gesellschaftstanz wurde zu Swing-Nummern, Boogie-Woogie und Rock'n'Roll getanzt. Die ursprünglich von Afroamerikanern geschaffenen Tanzbewegungen hatten viele akrobatische Elemente und gaben dem Jitterbug den Charakter eines Showtanzes. Unter dem Namen Jive wurde ein weniger akrobatischer Jitterbug in das internationale Turniertanzprogramm aufgenommen.

Jodeln ist eine in den Alpenländern gepflegte volkstümliche Singpraxis, die auf bestimmten Silben (jo, di, la usw.) und charakteristischen Intervallen (vor allem Dreiklangs- und Septakkordtönen) basiert. Typisch für das Jodeln ist außerdem der ständige Wechsel zwischen Brust- und Falsettstimme. Das Jodeln war ursprünglich ein Verständigungsmittel über weite Entfernungen. Als Jodler ging es als Kehrreim nach jeder Strophe eines Liedes in die Volksmusik und die volkstümliche Musik ein. Außer in Europa findet man das Jodeln vor allem in der amerikanischen Country Music, z. B. bei Jimmy Rodgers.

Jug (engl. = Krug) Der Jug, ein Tonkrug mit engem Hals, wird durch Hineinsingen „gespielt". Er dient vor allem als Resonanzkörper bzw. Verstärker für rhythmisch akzentuierte Baßtöne. Das Instrument wurde vor 1900 von Afroamerikanern entwickelt, die meist mehrere Jugs zu Gruppen zusammenfaßten und mit diesen **Jug Bands** Blaskapellen nachahmten.

Jugendmusikbewegung Um 1900 entstand in Deutschland vor allem unter jungen Menschen die **Jugendbewegung**, die gegen die Zwänge des bürgerlichen Lebens in einer zunehmend industrialisierten Welt das einfache Leben im Einklang mit der Natur setzte. Als Alternative zum Leben in anonymen Großgruppen (Schule, Kirche, Betrieb, Staat) wurden Bünde gegründet (z. B. der „Wandervogel" 1907), in denen gleichgesinnte Jugendliche und junge Erwachsene ihren Idealen gemäß zusammenlebten. Gemeinsame Aktivitäten waren u. a. Wanderungen, Lagerleben, Singen und Laienspiel. Die musikalische Betätigung nahm einen breiten Raum ein, vor allem die Pflege des Volksliedes.

In der Jugendmusikbewegung mit ihren eigenen Bünden, vor allem der „Musikantengilde" (Leitung: Fritz Jöde), der „Wickersdorfer Schulgemeinde" (Leitung: Gustav Wyneken) und dem „Finkensteiner Bund" (Leitung: Walter Hensel) fühlte man sich insbesondere dem alten deutschen Lied des 16. bis 18. Jh.s verpflichtet, entdeckte alte Instrumente wie Laute, Fiedel und Blockflöte wieder und gab vergessene Originalliteratur für diese Instrumente neu heraus. Singewochen wurden veranstaltet, Fachzeitschriften gegründet, Liederbücher herausgegeben (z. B. der *Zupfgeigenhansl*, 1909); Komponisten (z. B. Paul Hindemith) wurden angeregt, mit Neukompositionen das vokale und instrumentale Repertoire der Jugendmusikbewegung zu erweitern.

Der Einfluß der Jugendmusikbewegung auf verschiedene Bereiche des Musiklebens im ersten Drittel des 20. Jh.s war groß. Die Musikwissenschaft profitierte u.a. von den Bemühungen um alte Musik und deren Aufführungspraxis; die Schulmusik erhielt neue Impulse durch Kompositionen für Schulchor und -orchester, ferner durch Schulopern und Lehrstücke (▶ Kindermusiktheater); die evangelische Kirchenmusik erfuhr Unterstützung in ihren Reformbestrebungen (Rückbesinnung auf das protestantische Kirchenlied und den historischen Orgelbau, neue Chorliteratur); die Idee der Jugendmusikschule wurde geboren (▶ Musikschule). Musikverlage und Instrumentenhersteller konnten Produktion und Umsatz erheblich steigern. Ab 1933 ging ein großer Teil der Jugendmusikbewegung in den Gruppierungen des NS-Staates auf. Nach 1945 erfolgte eine Wiederbegründung der „Musikantengilde" sowie die Neugründung des „Arbeitskreis für Hausmusik", der heute „Internationaler Arbeitskreis für Musik" heißt. Beide gaben bzw. geben Zeitschriften heraus, die bis heute einen starken Einfluß auf die Musikerziehung ausüben.

K

Kabarett oder **Cabaret** (franz.: cabaret = Kneipe) **Literarisches Kabarett** ist eine unterhaltende theatralische Form, deren Geschichte in Pariser Künstlerkneipen Ende des 19. Jh.s begann. Satirisch-kritische Texte, Gedichte und Lieder zu aktuellen politischen, gesellschaftlichen und künstlerischen Problemen und Ereignissen sind Inhalt der Kabarettprogramme. Das erste deutsche Kabarett wurde 1901 unter dem Namen „Überbrettl" in Berlin gegründet. Bedeutende Dichter schrieben Kabarett-Texte, so z.B. Frank Wedekind, Kurt Tucholsky und Erich Kästner. Für die Musik sorgten bekannte Komponisten, und zwar nicht ausschließlich Unterhaltungsmusik-Spezialisten wie Oscar Straus oder Leo Fall, sondern zeitweise auch der Avantgardist Arnold Schönberg und der politisch engagierte Hanns Eisler. Einige der bekanntesten Lieder komponierte Friedrich Hollaender. Das nationalsozialistische Regime beendete die Arbeit des deutschen literarisch-politischen Kaba-

Otto Reutter, Vortragskünstler der Weimarer Republik

retts. Viele Dichter, Komponisten und Sänger waren Juden und emigrierten 1933. **Politisches Kabarett** mit dem Schwerpunkt auf pointiert satirischer Auseinandersetzung mit dem aktuellen Zeitgeschehen begann in Deutschland nach 1945 neu. Feste Ensembles wie die „Münchner Lach- und Schießgesellschaft“, die Berliner „Stachelschweine“ und das Düsseldorfer „Kommödchen“ wurden gegründet. Die Musik tritt gegenüber den Sketches und Szenen in den Hintergrund; Komponisten von Rang sind heute nicht mehr für das Kabarett tätig. Eigene Kabarett-Formen mit Musik praktiziert der Österreicher Georg Kreisler. In seinem Solo-Kabarett spielt die Musik eine tragende Rolle und wird bisweilen zur Dialogpartnerin des Textes.

Kadenz (lat. cadere = fallen) hat verschiedene Bedeutungen.
1. Akkordfolge in der ▶ Harmonielehre. Die wichtigste besteht aus den Akkorden auf Stufe 1, 4 und 5 einer Tonleiter, in abgekürzter Schreibweise der Stufenfolge: I-IV-V-I. Sie ist ein Modell für das Zusammenwirken der Hauptakkorde Tonika, Subdominante und Dominante (auf der 1., 4. und 5. Stufe der Durtonleiter). Diese Grundkadenz ist oft gemeint, wenn im Rahmen der Harmonielehre nur von Kadenz die Rede ist. In der Praxis wird sie häufig durch zusätzliche Harmonien erweitert. Die klassische Harmonielehre denkt in Kadenzen, ihr Gegenstand ist die **Kadenzharmonik**.
Kadenzen stehen häufig am Ende eines Musikstücks. Als **authentischen Schluß** bezeichnet man dabei die Harmoniefolge V-I, als **plagalen Schluß** die weniger gebräuchliche Wendung IV-I. Beim Tonartwechsel, der ▶ Modulation, stärkt die Kadenz das Gefühl für die neue Tonart. Im **Trugschluß** tritt statt der schließenden I überraschend ein anderer Akkord ein, oft der parallele Molldreiklang (der Dreiklang auf der 6. Stufe), also I-IV-V-VI, wobei die Erwartung des Hörers „getrogen“ wird. Bleibt die Kadenz vorübergehend auf der V stehen, so spricht man von Halbschluß. Im Jazz wird die Harmoniefolge II-V-I oft Jazzkadenz genannt.
2. Im Solokonzert (z.B. Klavierkonzert) bereitet ein Halbschluß gegen Ende eines Satzes oft eine längere Passage des Solisten vor, bei dem das Orchester schweigt oder nur ganz sparsam begleitet. Hier bedeutet Kadenz das solistische, meist virtuose freie Fantasieren oder Improvisieren über Themen des jeweiligen Konzertes. Das läuft häufig so ab, daß das Orchester nach einem Quartsextakkord pausiert, bis der Solist seine **Solo-Kadenz** auf der Dominante beendet. Heute ist es üblich, auskomponierte Kadenzen, die oft vom Komponisten selbst stammen, zu verwenden.

Kakophonie (griech. = Mißklang) Bezeichnung, die zu Beginn des 20. Jh.s für eine neue Art der Verwendung von ▶ Dissonanzen in Melodieverläufen oder Akkorden aufkam. Der Begriff spielt in der Neuen Musik eine Rolle.

Kammermusik Der Begriff bezeichnet zum einen kleinere Ensembles von Instrumentalisten oder Vokalisten, vom Duo bis zum Kammerorchester bzw. -chor, zum anderen auch Musikwerke für diese Besetzungen. Der Ursprung des Begriffs liegt in der höfischen Musikpraxis der Renaissance. Die fürstliche „Kammer“ war der Aufführungsort eher intimer, solistisch besetzter, besonders kunstvoller Musikwerke. Zählten im 16. und 17. Jh. anfangs u.a. das Madrigal, die **Kammersonate** (Sonata da camera) und manche Liedform zur Kammermusik, so sind es seit dem 18. Jh.
○ **Trio** (Streichtrio aus Violine, Viola und Violoncello; Klaviertrio aus Klavier, Violine und Violoncello; ferner andere Dreierkombinationen, etwa aus Bläsern),

○ **Quartett** (Streichquartett aus 2 Violinen, Viola und Violoncello; Klavierquartett; Bläserquartett verschiedener Besetzung),
○ **Quintett** (Streichquintett aus 2 Violinen, 2 Violen und Violoncello; ein Streichquartett mit zusätzlichem Instrument wie Klarinette oder Klavier wird als Klarinettenquintett bzw. Klavierquintett bezeichnet; Bläserquintett aus 5 verschiedenen Blasinstrumenten),
○ **Sextett** (6 Streich- oder Blasinstrumente, z.B. 2 Oboen, 2 Klarinetten, 2 Fagotte),
○ **Septett** (für 7 Solisten, meist gemischte Streicher-Bläser-Besetzung),
○ **Oktett** (8 Soloinstrumente, z.B. 2 Violinen, Viola, Violoncello, Kontrabaß, Klarinette, Horn, Fagott wie in Franz Schuberts Oktett op. 166), und das seltene
○ **Nonett** (9 Streich- und Blasinstrumente).
Diese Besetzungsgrößen existieren auch für Gesangsstimmen. Vom Duett bis zum größeren Ensemble (etwa in der Oper) reicht die Besetzung der zahlreichen kammermusikalischen Werke.
Die Kammermusik war in Barock und Klassik ein wichtiges Experimentierfeld der Komponisten. Zunächst vor einem kleinen, exklusiven Kreis aufgeführt, manchmal sogar unter Mitwirkung des musikalisch ausgebildeten Fürsten oder Gastgebers, konnten hier neue Formen entwickelt und ein hohes spiel- und satztechnisches Niveau entfaltet werden. Im 19. Jh. gelangte die Kammermusik auch in die Konzertsäle. Das häusliche Musizieren dehnte sich auf breitere soziale Schichten aus und verlagerte sich auf die weniger anspruchsvolle Hausmusik in kleinen kammermusikalischen Besetzungen.

Kammersänger/in Staatlicher Ehrentitel für verdiente Opernsänger, verliehen für die langjährige Zugehörigkeit zu einem Opernhaus.

Kammerton heißt der Ton a^1, der heute für das Stimmen von Instrumenten verwendet wird. Hersteller und Stimmer von Instrumenten mit feststehenden Tonhöhen, wie z.B. Klavieren, Cembali und Orgeln, richten die Instrumente auf diesen Ton ein. Der Kammerton – ursprünglich Stimmton für Kammermusik – wurde 1939 international auf die heute gültige Frequenz 440 Hz festgelegt, nachdem seine Höhe in früheren Jahrhunderten stark geschwankt hatte. Allerdings verwenden einige Länder inzwischen wieder abweichende Frequenzen. Der Kammerton wird mit der Stimmgabel oder der Stimmpfeife angegeben; beide Geräte sind fest auf diesen Ton eingestellt und daher für die Musikpraxis verbindlich. Inzwischen gibt es auch elektronische Stimmgeräte. Vor jedem Orchesterkonzert und jeder Opernaufführung gibt die Oboe den Kammerton an, und alle Musiker überprüfen daran noch einmal die Stimmung ihrer Instrumente.

Kanon wird ein mehrstimmiges polyphones Musikstück genannt, in dem alle Stimmen nacheinander mit der gleichen Melodie einsetzen. Der älteste bekannte Kanon, der sog. Sommerkanon, ist aus dem 13. Jh. überliefert. Ähnliche Formen sind die italienische **Caccia** und die französische **Chasse**, in denen der Aspekt des Hintereinander-Herlaufens der Stimmen auf Jagdszenen übertragen wird, die im Text dargestellt und musikalisch abgebildet werden. Im Werk von Johann Sebastian Bach treten verschiedene Formen des Kanons auf, z.B. als Variationstechnik in dem Werk *Kanonische Veränderungen über das Weihnachtslied „Vom Himmel hoch“* oder auch als fugenartige Gebilde mit Stimmeinsätzen auf anderen Tonhöhen als dem Ausgangston (z.B. Kanon in der Oberquarte o.ä.).
Der Kanon als geselliges Lied, wie wir ihn aus der Singpraxis des 20. Jh.s kennen, ist

meist ein **Zirkelkanon**, d.h. jede Stimme beginnt nach einem Durchgang wieder von vorn. Nach Vereinbarung oder Angabe durch einen Dirigenten wird der Kanon auf einem der mit einer ▶ Fermate gekennzeichneten Töne beendet: so entsteht in der Regel als Schlußakkord der Tonika-Dreiklang der Ausgangstonart. Die geselligen Kanons sind harmonisch gedacht: Die Melodieführung der Stimmen ergänzt sich zu Akkorden, die in jeder Phase des Kanons in immer gleicher Abfolge erklingen.

Kantate (lat.: cantare = singen), eine ursprünglich solistische, später auch chorisch besetzte Gattung der Vokalmusik mit Instrumentalbegleitung. Die Kantate entstand um 1600 in Italien, etwa zur gleichen Zeit wie die Oper. Im Gegensatz zu den bis dahin vorherrschenden unbegleiteten polyphonen Gattungen – mehrstimmige Werke für Gesang mit relativ selbständigen Stimmen – war die Kantate ein Sologesangsstück in strophischer Form mit einem instrumentalen Begleitsatz. Im 17. Jh. dominierte in Italien die weltliche Kantate. Im 18. Jh. wurde die Kantate in Deutschland zu einer der wichtigsten Gattungen der evangelischen Kirchenmusik. Von Johann Sebastian Bach sind etwa 200 Kantaten überliefert, die meisten zu Jahreszyklen geordnet (für jeden Sonntag des Kirchenjahres eine Kantate, und das gleich mehrfach!). Georg Philipp Telemann hinterließ sogar etwa 1400 Kirchenkantaten und 70 weltliche Kantaten. Typisch für die Kantate des 17. und 18. Jh.s ist ihr Aufbau aus Rezitativen und Arien; bei Kirchenkantaten mit Chor und Solisten treten Choräle und freie Chorsätze hinzu. Im 19. Jh. erhielt die Kantate als Konzert-Kantate wieder weltlichen Charakter und mischte sich mit anderen Formen. Im 20. Jh. finden wir sowohl die Kirchenkantate – etwa bei Hugo Distler – als auch die von der Volksmusik beeinflußte weltliche Kantate sowie die neue Form der **szenischen Kantate**, z.B. bei Cesar Bresgen. Auch politische Inhalte werden nun in Kantaten behandelt, etwa bei Hanns Eisler und Paul Dessau.

Kantele (finn.; Betonung auf der 1. Silbe) Das finnische Nationalinstrument gehört zur Familie der Zithern. Es hat einen flachen, dreieckigen oder flügelförmigen Resonanzkörper aus Holz, auf dem bis zu 30 Saiten gespannt sind. Die Kantele wird zum Spielen auf den Tisch oder auf die Knie gelegt; ihre Saiten werden mit den Fingern gezupft. Eine einfache Form der Kantele mit nur wenigen Saiten wird in Waldorfschulen für die Musikerziehung im Elementarbereich eingesetzt.

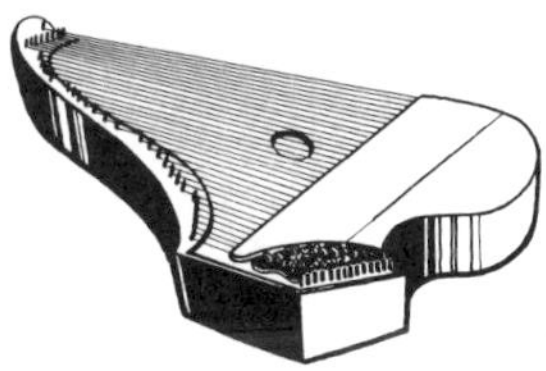

Kantilene (lat.: cantare = singen) nennt man eine lyrische, gesangliche Melodie in vokaler und instrumentaler Musik. Im Mittelalter wurden als **Cantilena** verschiedene liedhafte Musikgattungen der weltlichen Musik bezeichnet. Der Begriff **Kantilenensatz** bezeichnet die mehrstimmige Liedkunst des 14. und 15. Jh.s, bestehend aus einer solistisch gesungenen Oberstimme und ein bis drei instrumental ausgeführten Begleitstimmen.

Kantor (lat.: cantor = Sänger) Im heutigen Sprachgebrauch ist Kantor die Berufsbezeichnung für den Kirchenmusiker, der Organist und Chorleiter ist. Im Mittelalter war der Kantor der Vorsänger einer Gruppe von Knaben bzw. Männern, die in Gottesdiensten die liturgischen Gesänge vortrugen (= **Schola**). Im 17./18. Jh. war es in der protestantischen Kirche üblich, daß ein Kantor gleichzeitig als (Musik-)Lehrer, Chorleiter, Organist und Komponist arbeitete, so z.B. Johann Sebastian Bach, der von 1723–50 als Thomaskantor in Leipzig (Musikinternat und Kirche St. Thomae) tätig war.

Kantorei Heute Bezeichnung für einen (kleineren) Laienchor im kirchlichen Bereich, früher für eine Sängergruppe mit meist ausgebildeten Stimmen, die im Mittelalter im Kirchendienst, später auch in höfischen oder städtischen Zusammenhängen tätig war. Eine gute Kantorei, wie z.B. die Leipziger Thomaskantorei (▶ Kantor), war ein wichtiges Aushängeschild für die Musikszene ihrer Stadt und hat Leipzig als kulturelles Zentrum mitgeprägt und bekannt gemacht. Im heutigen Musikleben treten u.a. die Gächinger Kantorei und die Westfälische Kantorei mit Konzerten und Platteneinspielungen hervor.

Kanzone (ital.: canzone = Lied) heißt eine mittelalterliche Liedgattung, die besonders in Italien sehr beliebt war. Während der Begriff vom 13. bis 16. Jh. in der Musik ausschließlich auf Vokalmusik angewandt wurde, erhielten im 17. Jh. auch Instrumentalstücke diesen Namen. Es waren dies zunächst überwiegend instrumentale Versionen von französischen Chansons, später auch neu komponierte Stücke mit sprachähnlicher Melodieführung. Die instrumentale Kanzone war deutlich gegliedert in langsame und schnelle, homophone und polyphone Abschnitte (▶ Homophonie, ▶ Polyphonie). Ein Kennzeichen der instrumentalen Kanzone ist die fortlaufende Wiederholung von Themen und Motiven in allen Stimmen (▶ Imitation). Dieses dominierende Kompositionsprinzip macht die Kanzone zu einer Vorläuferin der ▶ Fuge. Seit dem 18. Jh. wird der Begriff allgemein für ein vokales oder instrumentales Musikstück mit lyrischem oder liedhaften Charakter verwendet.

Kapelle (spätlat.: capella = kleines Gotteshaus) Der Begriff wurde schon im Mittelalter für die Gruppe von Geistlichen verwendet, die als Sänger für die musikalische Gestaltung des Gottesdienstes an päpstlichen oder fürstlichen Höfen verantwortlich waren. Die jeweils 20–25 Capellani bildeten außerdem Sängerknaben aus (Kapellknaben, Chorknaben). Das Repertoire der Kapellen bestand aus anspruchsvoller geistlicher und weltlicher Vokalmusik. Im 16. Jh. traten auch Instrumentalisten in die Kapellen ein; sie begleiteten den Gesang. Als sich die Instrumentalmusik immer stärker von der Vokalmusik löste und auch der Einfluß der geistlichen Musik zurückging, wurde der Begriff Kapelle immer mehr zu einer Bezeichnung für das Orchester. Auch deren Standorte waren zunächst Höfe geistlicher und weltlicher Fürsten, bis schließlich Städte, Theater, Regimenter usw. Träger der Kapellen wurden. Heute bezeichnet man vor allem Kurorchester und Tanzmusikgruppen als Kapelle.

Karaoke ist das Mitsingen bekannter Popmusiktitel zum Playback vor Publikum in Diskotheken. Begriff und Praxis stammen aus Japan und kamen Ende der 80er Jahre nach Deutschland. In gut ausgestatteten Diskotheken stehen für Karaoke Hunderte von Titeln zur Verfügung. Als Karaoke-Sänger kann jeder Besucher auftreten und sich präsentieren. Ein Karaoke-Sänger singt entweder nach einer Playback-Aufnahme (mit ausgesparter Gesangsstimme) oder nach der Originalversion mit der stark in den Hintergrund gedrängten Stimme des Original-Interpreten. Für Karaoke werden in den Diskotheken eigens Podien aufgebaut, Mikrophone installiert und die Texte der ausgewählten Titel über Monitore zum Ablesen eingeblendet. Karaoke-

Sänger imitieren oft nicht nur die Stimme eines Stars, sondern auch seine Bewegungen, seine Kleidung und sein Verhalten.

Karnevalslied Diese spezielle Form des deutschen Schlagers ist an die Karnevalssaison vom 11.11. bis zum Aschermittwoch gebunden und wird vor allem im Rheinland gepflegt. Die Karnevalsgesellschaften vergeben regelmäßig Aufträge für neue Lieder an spezialisierte Komponisten und Texter. Die meist mundartlich gefärbten Texte drehen sich um den Karneval, den Rhein, das Trinken, um Geld, Humor und Nonsense, sie sind oft zweideutig und derb. Karnevalslieder sind musikalisch meist als Marsch, Foxtrott, Polka oder langsamer Walzer zum Schunkeln gestaltet. Formal ist das Karnevalslied am ▶ Couplet orientiert. Der Refrain ist besonders eingängig, damit das Publikum ihn sofort mitsingen kann. Im Unterschied zum normalen Schlager veralten Karnevalslieder kaum; sie bleiben oft über Jahre lebendig und werden gelegentlich zum festen Ritual von Karnevalsveranstaltungen. So werden die Hits der 50er und 60er Jahre noch heute gesungen, wie z. B. *Wer soll das bezahlen?* (1950), *Am Aschermittwoch ist alles vorbei* (1952) oder *Humba täterä* (1964).

Kasatschok bzw. **Casatschok** ist ein russischer Tanz, der in den 60er Jahren in Deutschland zum Modetanz wurde. Bekannt machten ihn vor allem die Konzertreisen des Don-Kosaken-Chors – des berühmtesten russischen Männerchors –, aber auch dessen ehemaliges Mitglied, der deutsche Sänger Iwan Rebroff und seine folkloristischen Auftritte. Der Kasatschok stammt aus der Ukraine und wurde ursprünglich von den dortigen Kosaken getanzt. Er steht im 2/4-Takt. Sein Tempo nimmt im Verlauf des Tanzes stetig zu, und die Bewegungen steigern sich bis ins Sportlich-Akrobatische.

Kassation ist die Bezeichnung für ein mehrsätziges Musikstück für mehrere Instrumente, das zur unterhaltenden Musik des 18. Jh.s gehört. Der Begriff wird oft bedeutungsgleich mit ▶ Divertimento und ▶ Serenade verwendet.

Kastagnetten (span. = kleine Kastanie) Das Rhythmusinstrument wird in Spanien seit dem Altertum zur Lied- und Tanzbegleitung verwendet. Es besteht aus zwei kleinen, gewölbten, runden bis muschelförmigen Holzschalen, die locker an einer Schnur hängen. Die Schnur wird um ein oder zwei Finger des Spielers gelegt, mit den anderen Fingern werden die Holzschalen in der Handfläche gegeneinandergeschlagen. Die Kastagnetten bringen ein klapperndes Geräusch hervor, mit dem die spanischen Tänze rhythmisch begleitet werden. Die Tänzer oder Tänzerinnen spielen die Kastagnetten oft selbst (mit jeder Hand ein Paar), wobei die Spielbewegungen in die des Tanzes einbezogen werden. Im Orchester sind die leichter handhabbaren Stielkastagnetten gebräuchlich.

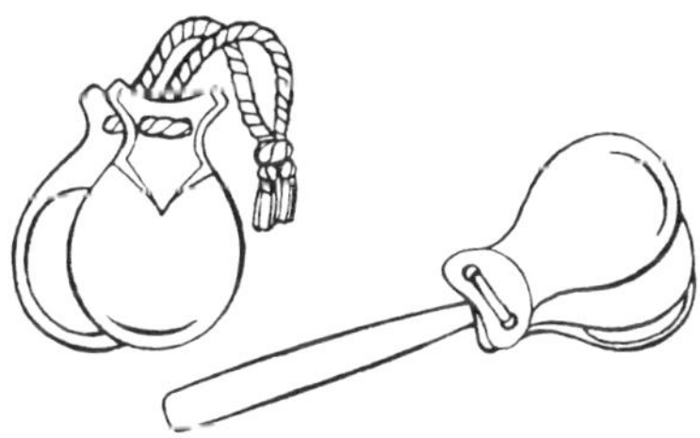

Kastrat (lat.: castrare = verschneiden) Ein Sänger, dem schon als Kind die Hoden entfernt wurden, der deshalb nie in den Stimmbruch kommen konnte und lebenslang seinen Knabensopran bzw. Knabenalt behielt. Vor allem im 17. und 18. Jh. schätzte man die hohen Stimmen der Kastraten wegen ihrer Beweglichkeit und Künstlichkeit. In der italienischen Oper der Barockzeit waren viele Rollen eigens für Kastraten geschrieben; hier gab es regelrechte Stars unter den Sängern. Im 19. Jh. spielt der Kastratengesang in der Oper keine Rolle mehr. Die Stimme des letzten Kastraten (Alessandro Moreschi, 1858–1922) ist auf Schallplatte der Nachwelt überliefert. Er gehörte zur päpstlichen Kapelle in Rom, in der vom 16. bis 20. Jh. Kastraten tätig waren, obwohl die Kirche bereits 1587 die Kastration verboten hatte.

Kazoo (engl.) oder **Mirliton** (franz.) nennt man ein einfaches Kinderinstrument in Form einer Röhre, in die hineingesungen oder -gesummt wird. Die Röhre ist mit einer Membran verschlossen, die in Schwingungen versetzt wird und den Ton verstärkt. Gleichzeitig wird die Stimme verzerrt, so daß ein näselnder, schnarrender Klang entsteht. Instrumente dieses Typs findet man in vielen Kulturen, u.a. in Afrika und im Mittelmeerraum. In der afroamerikanischen Musik wird das Kazoo vor allem für die Bluesbegleitung verwendet; es dient hier als Melodieinstrument.

Keyboard (engl.: key = Taste) heißt im Jazz und in der Rockmusik alles, was Klaviertasten hat, vom normalen Klavier bis zum Synthesizer. Keyboards können reine Steuerfunktionen haben. Die Tasten müssen auch nicht wie beim echten Klavier mit festen Tonhöhen belegt sein. Sie können Geräusche und Steuerbefehle auslösen und beliebigen Tonschritten zugeordnet werden. Das ermöglicht u.a., daß beim Anschlag benachbarter Tasten nicht ein Halbtonschritt erklingt, sondern beispielsweise ein Viertelton.
Als **Masterkeyboard** wird eine Tastatur bezeichnet, die einen oder mehrere Synthesizer oder andere elektronische Geräte zentral bedient. Vor der Einführung der ▶ MIDI-Norm hatte jeder Synthesizer seine eigene Tastatur, was besonders beim Bühneneinsatz umständlich und platzraubend war. Über das Masterkeyboard kann man durch einfaches Umschalten mehrere Synthesizer spielen. Ein Synthesizer ohne Tastatur heißt **Expander** (engl.: to expand = erweitern).

Kindermusiktheater Die im Begriff des Musiktheaters zusammengefaßte Vielzahl von musikalisch begleiteten theatralischen Formen gilt auch für das Kindermusiktheater, das sich an Kinder in doppelter Hinsicht richtet: als Publikum und als Akteure, die selber ein Stück aufführen. Seine Formenvielfalt reicht von der szenischen ▶ Kantate bis zur Schuloper, vom Theaterstück mit Songs und Musikeinlagen bis zur abendfüllenden Märchenoper, die das Stadttheater aufführt. Es umfaßt Singspiele, Musicals oder Tanzstücke. Da gibt es einfache Spielkreis-Musik, die mit wenigen kindernahen Instrumenten aus dem Orffschen Schulwerk (Blockflöte, Rassel, Tamburin, Xylophon, Trommel usw.) gespielt wird ebenso wie Rock- und Popmusik oder die Klangwelt einer großen Oper, wie im populärsten Beispiel, der Märchenoper *Hänsel und Gretel* (1893) von Engelbert Humperdinck. Märchenfiguren sind die bevorzugten Helden des Kindermusiktheaters, aber auch Tiergeschichten werden erzählt oder – heute vor allem – Alltagsstories aus der Lebenswirklichkeit der Kinder. Tummelten sich auf der Schulbühne des 18. Jh.s noch die griechischen Götter, wie etwa in Wolfgang Amadeus Mozarts Schuloper *Apollo und Hyacinthus* (1767), so spiegelt das Rockmusical *Linie 1* von Birger Heymann und Volker Ludwig (1986) in den Szenen und Stationen entlang einer Berliner U-Bahn Großstadterfahrungen, Träume, Hoffnungen, Enttäuschungen und Ängste heutiger Jugendlicher.
Der Begriff Kindermusiktheater ist jung, die Wurzeln der Einzelformen reichen allerdings zurück bis zum lateinischsprachi-

Szene aus „Linie 1", Hannover 1988

gen Schuldrama der Humanisten im 15. Jh. und zum Ordenstheater der Jesuiten. Diese hatten bis zur Auflösung des Ordens 1773 ein üppiges, am Ausstattungsreichtum des Barocktheaters orientiertes Schultheater entwickelt, das neben Sprechtheater auch allegorische Ballette (Tanzaufführungen mit sinnbildlichen Darstellungen aus der Götterwelt) und sogar Opern zur Aufführung brachte. Es handelte sich um Theater, das von Schülern ausgeführt wurde.

Die Weiterentwicklung der Hoftheater und die Gründung von Stadttheatern im 19. Jh. im Rahmen der neu entstehenden bürgerlichen Theater- und Musikkultur, die an Bildung, Erbauung und Repräsentation, aber auch an Unterhaltung orientiert war, verdrängte das Theaterspielen der Kinder in die Privatsphäre des familiären Hauskonzerts oder der Vereinsbühne. In der Schule bediente man sich des musikalischen Festspiels zur Ausschmückung von vaterländischen Veranstaltungen und nationalen Gedenktagen, ließ Gedichte und Lieder vortragen, führte Huldigungsbilder (mit religiösem oder geschichtlichem Bezug) als lebende Bilder (Standbilder aus sich nicht bewegenden Darstellern) auf. An den Stadttheatern entwickelten sich im 19. Jh. auch die speziell für Kinder produzierten, mit Bühnenmusik ausgestatteten Weihnachtsmärchen und Märchenopern.

Zu Beginn des 20. Jh.s erhält das musikalische Theater für junge Spieler neue Impulse durch die Jugendbewegung, die Reformpädagogik und die Laienspielbewegung. Musikalisches Handeln in der Gemeinschaft und die Förderung schöpferischer Kräfte bei Kindern und Jugendlichen stehen beim szenisch-musikalischen Spiel im Mittelpunkt. Mit der **Schuloper** *Der Jasager* (1930) von Kurt Weill auf der Grundlage von Bertolt Brechts Lehrstück setzt eine kurze Wiederbelebung dieser Gattung ein, an der auch Komponisten wie Paul Hindemith (*Wir bauen eine Stadt*, 1930), Wolfgang Fortner (*Cress ertrinkt*, 1930) oder Paul Dessau (*Das Eisenbahnspiel*, 1932) beteiligt sind. Die politischen Ziele, die sozial engagierten Lernformen, der geringe szenische Aufwand der von Laien aufführbaren Schulopern und Lehrstücke waren den Nationalsozialisten mißliebig. Sie machten sich zwar einzelne Formelemente (z.B. das chorische Sprechen und Spielen) für ihre Erziehungsabsichten zunutze, verboten aber Spielformen, die dem Brechtschen Lehrstückkonzept folgten oder an die sozialistischen Traditionen der Arbeiterbewegung anknüpften.

Nach dem Ende des 2. Weltkriegs entstanden in der DDR wieder Kindermusiktheaterstücke in bewußter Nachfolge Brechts. Kurt Schwaen schrieb zahlreiche Werke, die zum Teil sogar in die Lehrpläne der Schulen eingegangen sind, wie *König Midas* (1961) mit dem Text von Günter Kunert, oder Opern für Kinder, die zum Repertoire der Berufstheater gehörten (*Pinocchios Abenteuer*, 1969; *Alle helfen Häppi*, 1971). In der BRD griffen Komponisten wie Cesar Bresgen und Eberhard Werdin thematisch vor allem wieder Märchenstoffe, musikalisch überwiegend Spielmusik auf der Grundlage des Orffschen Schulwerks auf.

Seit den sechziger Jahren versuchen Komponisten wie Benjamin Britten (*Let's Make an Opera*, 1967), Giancarlo Menotti (*Help, Help, the Globolinks*, 1969) Hans Werner Henze (*Pollicino*, 1980), oder Peter Maxwell Davies (*Cinderella*, 1980) mit ihren Musiktheaterstücken auch Neue Musik für Kinder und Jugendliche zugänglich zu machen.

Obgleich sich jüngere Komponisten wie Wilfried Hiller (gemeinsam mit dem Schriftsteller Michael Ende), Violeta Dinescu oder Jens-Peter Ostendorf für das Musiktheater für Kinder engagieren, finden sich ihre Werke dennoch kaum in den Spielplänen der großen Opernhäuser. Diese greifen eher zu „Bearbeitungen für Kinder“ auf der Basis beliebter Repertoirestücke (*Die kleine Zauberflöte* o.ä.) oder wiederholen die bekannten Märchenopern. Auch das professionelle Kindertheater bevorzugt Sprechstücke, so daß die aktuelle Entwicklung des Kindermusiktheaters vor allem durch eine stark expandierende und überwiegend pädagogisch motivierte Spielpraxis an Musikschulen und allgemeinbildenden Schulen geprägt ist.

Dies hängt auch mit dem zweiten derzeit beobachtbaren Entwicklungsstrang des Kindermusiktheaters zusammen, nämlich mit jenen Stücken, die an den musikalischen Vorlieben und Gewohnheiten der Kinder anknüpfen, Rock, Pop, Schlager oder Folk einbeziehen und sich auch inhaltlich an aktuellen und realitätsnahen Situationen orientieren. Hier hat vor allem das Musical, insbesondere auch das Rockmusical der sechziger Jahre, Pate gestanden.

Kinothek Vor der Erfindung des Tonfilms Ende der zwanziger Jahre wurde die Musik zum Film live gespielt. In den Kinos waren Musiker beschäftigt – je nach Größe des Kinos vom einzelnen Pianisten bis zum Orchester -, die zum laufenden Film die passende Musik spielten. Dabei halfen ihnen die Kinotheken, Sammlungen von eigens für bestimmte Filmszenen komponierten begleitenden Musikstücken. Die Kinotheken sind thematisch geordnet und enthalten Musik für alle Arten von Situationen und Stimmungen, von der Liebesszene über die Flucht bis hin zur Katastrophe und zur Gerichtsszene. In der bekanntesten Kinothek, der von Giovanni Becce (1929), finden sich Titel wie *Bauchtanz für orientalische Szenen* oder *Der Schritt des Schicksals*, für *Einschlagendes Ereignis* oder *Furchtbare Schreckenskatastrophe*.

Die Stücke der Kinotheken zeigen zum einen typische Merkmale der aktuellen populären Musik, zum anderen enthalten sie Elemente aus der Kunstmusik vergangener Epochen (z. B. Seufzermotive für Klagen, Streichertremolo bei Liebesszenen, Tritonus oder verminderter Septakkord bei Angst und Grauen).

Kirchenmusik In der Entwicklung der mitteleuropäischen Musik spielt die Kirche eine entscheidende Rolle: nicht nur, weil die erste schriftlich überlieferte Musik Kirchenmusik ist, sondern vor allem, weil über Jahrhunderte Musikpflege und -überlieferung ausschließlich in den Händen von Mönchen bzw. Geistlichen lag. Bis heute schreiben Komponisten Musik für den Gottesdienst. Das Repertoire geistlicher Musik seit dem Mittelalter ist fast unübersehbar groß.
Die frühesten Zeugnisse der abendländischen Musik, die **Gregorianischen Gesänge**, sind einstimmige liturgische Meßgesänge der katholischen Kirche, die auf das Wirken des Papstes Gregor I. (Amtszeit 590–604) zurückgeführt werden. Sie wurden zunächst in Neumen aufgeschrieben, einer Vorform unserer heutigen Notenschrift. Die Möglichkeiten der ▶ Notation wurden ständig verbessert und verfeinert, so daß auch die seit dem 9. Jh. im Bereich der Kirchenmusik aufkommende mehrstimmige Musik aufgezeichnet werden konnte.

Gattungen mehrstimmiger Kirchenmusik

Die älteste schriftlich überlieferte mehrstimmige Musik (seit etwa 900) ist das **Organum** (mit Betonung auf der ersten Silbe). Im Organum verläuft die 2. Stimme entweder in parallelen Quarten oder Quinten zum Cantus firmus oder wird selbständig geführt. Der **Cantus firmus** (lat. = feststehender Gesang) ist in der mittelalterlichen Musik die Hauptstimme: meist eine Melodie aus dem Repertoire des Gregorianischen Chorals, später aber auch aus weltlichen Liedern. Um 1200 konzentrierte sich die Kunst des Organums in Paris, in der **Schule von Notre Dame**. Im Umkreis dieser berühmten gotischen Kathedrale wirkten verschiedene Komponisten, deren Namen und Lebensdaten allerdings nicht alle bekannt sind. Die beiden herausragenden Komponisten von Organa in der 2. Hälfte des 12. Jh.s waren Leonin(us) und Perotin(us). Sie gaben dem Organum, das bis dahin rhythmisch frei war, eine strenge metrische, also nach Zeiteinheiten gegliederte Ordnung. Beide prägten auch weitere Formen geistlicher Musik, wie z. B. die Motette.
Die ▶ Motette entstand um 1200 durch die Textierung der verschiedenen Stimmen des Organums. Diese Texte waren nicht mehr, wie die des Gregorianischen Chorals, in lateinischer Sprache geschrieben, sondern konnten auch englisch oder französisch sein. In weltlichen Motetten wurden später sogar Texte unterschiedlichen Inhalts in verschiedenen Sprachen miteinander kombiniert. Die Stimmen der Motette wurden im Laufe der Zeit immer selbständiger. So wurde diese Gattung für die Komponisten zu einem interessanten Experimentierfeld und erfreute sich bis ins 18. Jh. hinein großer Beliebtheit.

Diese Entwicklung spiegelt eine Verselbständigung der Musik als Kunst wider. Es wurde nicht mehr nur für den Gottesdienst komponiert, sondern immer mehr weltliche Musikformen entstanden. Auch diese wurden nun schriftlich festgehalten. Die im 14. und 15. Jh. entwickelte Mensuralnotation ermöglichte die genaue Notierung von Tonhöhen und Tondauern. Dies wiederum animierte die Komponisten zu rhythmisch und melodisch immer schwierigeren Werken, für die sie zunehmend öffentliche Anerkennung fanden. Immer mehr Komponisten wurden namentlich bekannt – früher waren viele anonym geblieben.
Die überragende Machtstellung der Kirche hatte die Komponisten des Mittelalters stark an Kirche und Kirchenmusik gebunden. Die Vertonung des Textes der ▶ Messe blieb lange vorrangige Aufgabe.

Blüte der vokalen Kirchenmusik

Die Mehrstimmigkeit war im späten Mittelalter voll entfaltet: Vier und mehr gleichberechtigte Stimmen wurden zur Vertonung der Texte eingesetzt. Da es sich überwiegend um Gesangsstimmen handelte – die Werke wurden von Mönchen oder von der an der jeweiligen Kirchen tätigen Schola cantorum, einem Chor aus Knaben und Männern, gesungen -, spricht man von Vokalpolyphonie (▶ Vokalmusik, ▶ Polyphonie). Hier taten sich besonders Komponisten aus Frankreich und den Niederlanden hervor; daher bezeichnet man die Zeitspanne von etwa 1430 bis 1560 auch als Frankoflämische Schule oder, mit einem älteren Begriff, als Epoche der ▶ Niederländer. Als Höhepunkt der Vokalpolyphonie und zugleich der gesamten Kirchenmusik vor 1600 gilt das Werk von Giovanni Pierluigi da Palestrina. Sein Stil wurde vom Konzil von Trient (1545–63) als mustergültig für die katholische Kirchenmusik herausgestellt und seine sechsstimmige *Missa Papae Marcelli* zum verbindlichen Vorbild erklärt. Die Kirchenvertreter legten großen Wert auf Textverständlichkeit. Daher durfte die Musik nicht zu kunstvoll und polyphon gestaltet sein, denn das hätte die Aufmerksamkeit der Zuhörer vom Text und damit von der christlichen Botschaft abgelenkt.
Überhaupt – das Weltliche, die Sinnenfreude, das Vergnügen: Einzelne Kleriker hatten durchaus nichts gegen gewisse Formen des Lebensgenusses, die Institution Kirche stand jedoch besonders während des Mittelalters mit jeglicher Form von Sinnenlust auf Kriegsfuß. Sie verdammte Liebeslieder, Tanz und Instrumentalmusik als Werke des Teufels. Daher wurde weltliche Musik auch erst sehr viel später in schriftlicher Form überliefert als geistliche. Freilich nutzten die Komponisten die Beliebtheit weltlicher Melodien gelegentlich gerne und bauten diese in ihre geistlichen Kompositionen ein, obwohl ihnen dies offiziell nicht gestattet war. Ein berühmtes Beispiel ist die Messe *L'Homme armé* von Josquin Desprez, der ein seinerzeit überaus populäres Lied zugrundeliegt. Einen Schritt weiter ging die bis ins 18. Jh. übliche Praxis der **Parodie** oder **Kontrafaktur** (▶ Bearbeitung), bei der einer weltlichen Melodie ein neuer, geistlicher Text unterlegt wurde. Auf diese Weise wurden viele schöne und beliebte Melodien aus der weltlichen Sphäre in die Kirchenmusik überführt.

Martin Luther und der Wandel der Kirchenmusik

Auch der Reformator Martin Luther übernahm einige Melodien weltlicher Lieder, um sie mit neuen deutschen Texten zu unterlegen und sie zusammen mit von ihm umgetexteten geistlichen Liedern verschiedener Herkunft in seine Sammlungen neuer deutschsprachiger Gemeindelieder aufzunehmen. Damit war das **evangelische Kirchenlied**, der **protestantische Choral**, als neue kirchenmusikalische Gattung geboren. Luther reformierte auch den Gottesdienst und führte die deutschsprachige Messe ein. Dies animierte wiederum Komponisten, den deutschen Messetext zu vertonen. Auf der Basis der deutschsprachigen geistlichen Texte, der Melodien und mehrstimmigen Liedsätze der Lutherzeit entstand eine protestantische Kirchenmusik, die sich von der katholischen teilweise deutlich unterschied. Letztere wurde unter dem Einfluß der italienischen Musik, vor allem der Oper, immer weltlicher, d.h. sinnlicher in der Melodik und üppiger im Klang.
Typische Gattungen evangelischer Kirchenmusik sind Kantate und Passion. In der ▶ Kantate werden Choräle mit frei komponierten Stücken auf Texte zu biblischen oder allgemein religiösen Themen miteinander kombiniert. Kirchenkantaten waren in Nord- und Mitteldeutschland Bestandteil des Sonntagsgottesdienstes. Neben Johann Sebastian Bach ist Dietrich Buxtehude ein bedeutender Kantatenkomponist; etwa 120 Kantaten von Buxtehude sind erhalten (von Bach sind es etwa 200).

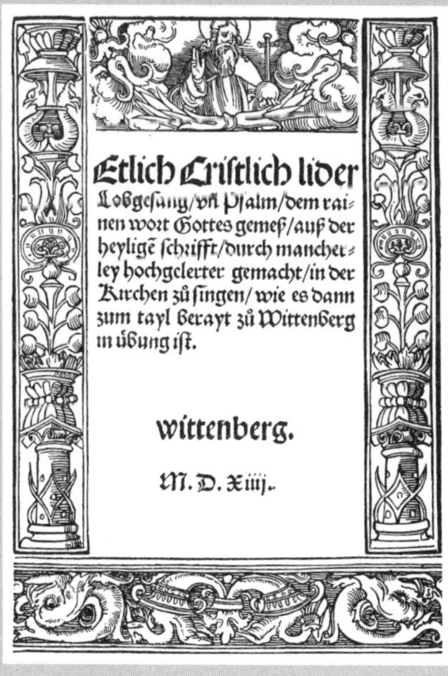

Lieder von Martin Luther in einer Ausgabe von 1524

Die ▶ Passion als Kompositionsgattung ist die vertonte Leidensgeschichte Christi nach den Evangelien des Neuen Testaments. Zunächst einstimmig und unbegleitet wie der Gregorianische Choral, war die Passion eine mit verteilten Rollen gesungene Lesung der Passionsgeschichte. Seit dem 16. Jh. wurde der Passionstext auch durchgehend mehrstimmig vertont. Heinrich Schütz ist der bedeutendste Komponist von Passionen in der Zeit vor Bach.
Wie die Passion, so ist auch das ▶ Oratorium eine Form geistlicher Musik, die nicht direkt mit dem Gottesdienst in Verbindung steht. Im Oratorium werden meist biblische Geschichten mit allen kompositorischen Mitteln der jeweiligen Zeit, also auch mit solchen der weltlichen Musik wie z. B. der Oper, gestaltet.
In dem Zeitraum, in dem die Kirche als Institution die stärkste gesellschaftliche Macht neben dem Adel war, also bis etwa 1600, war Kirchenmusik prägend für die abendländische Musikentwicklung. Als dann, bedingt durch die wachsende Bedeutung des Handels, das Bürgertum und damit die Städte an Macht und Einfluß gewannen, wie etwa in Italien im 15. und 16. Jh., übernahmen andere musikalische Strömungen die Führung. Oper und Instrumentalmusik gewannen an Bedeutung und wurden seit dem 18. Jh. zu den zentralen Tätigkeitsfeldern der Komponisten.

Kirchentonarten nennt man die zunächst 8 Tonleitern der mittelalterlichen Musik: 4 davon werden als **authentisch** (ursprünglich), die anderen als **plagal** (abgeleitet) bezeichnet. Die Skalen sind nach griechischen Namen, meist nach Volksstämmen, benannt. Außerdem werden sie durchnumeriert, wobei die ungeraden Zahlen jeweils die authentischen Skalen, die geraden Zahlen die plagalen Skalen kennzeichnen (also z. B. 1. = dorisch, 2. = hypodorisch usw.). Die Vorsilbe „hypo" bedeutet im Griechischen „unter", d. h., die so bezeichneten plagalen Skalen beginnen jeweils eine Quarte unter dem Grundton der authentischen Skalen. Im 15./16. Jh. kamen zu den 8 Tonleitern 4 weitere hinzu: äolisch und ionisch sowie die von ihnen abgeleiteten Skalen. Die **lokrische** Kirchentonart (auf h) existierte nur in der Theorie, wo sie der Vervollständigung des Systems diente; in der Praxis wurde sie nicht verwendet.
Die 12 Kirchentonarten (durch den Zusatz von Klammer und 1/2 wird in den Abbildungen die Lage der Halbtonschritte, das wichtigste Merkmal der Kirchentonarten, angegeben):

1. dorisch

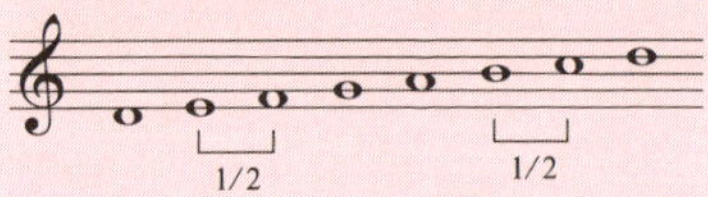

2. hypodorisch

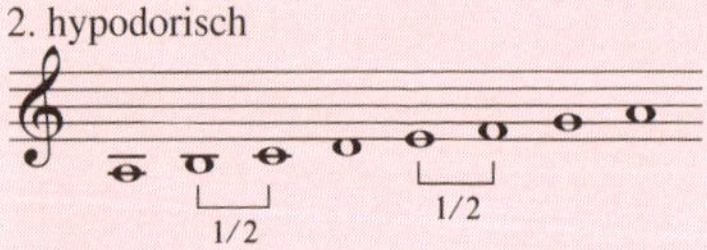

3. phrygisch

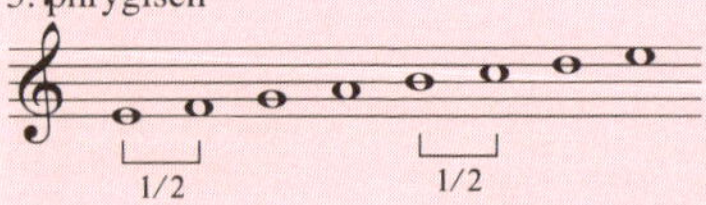

4. hypophrygisch

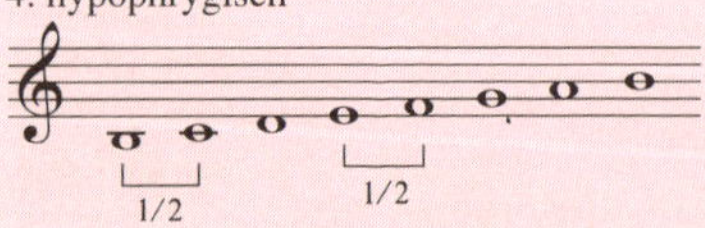

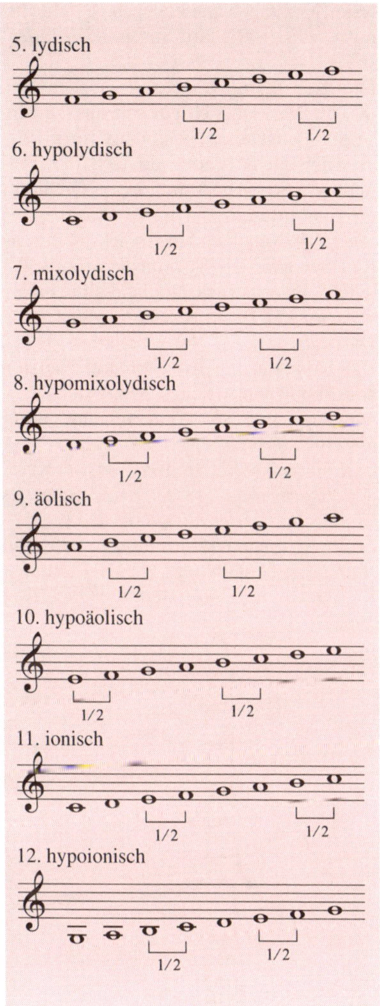

Im 17. Jh. entwickelte sich daraus das Dur-Moll-System (ionisch = Dur, äolisch = Moll). Die Kirchentonarten spielten später dann eine Rolle, wenn Komponisten sie in historisierender Absicht verwendeten. Im 20. Jh. erhalten sie in verschiedenen Zusammenhängen neue Bedeutung, z.B. in Werken von Komponisten, die der ▶ Jugendmusikbewegung nahestanden; auch manche Lieder der ▶ Arbeitermusikbewegung basieren auf Kirchentonarten.

Im modernen Jazz seit den 50er Jahren spielen die Kirchentonarten unter der Bezeichnung **modale Skalen** (oder modale Leitern) eine wichtige Rolle. Vertreter des **Modal Jazz** nutzten bestimmte Kirchentonarten als Improvisationsgrundlage. Damit konnte die Fixierung auf Dur und Moll vermieden werden, und neue harmonische Möglichkeiten eröffneten sich. Zu den wichtigsten Musikern des Modal Jazz gehörten Miles Davis und John Coltrane.

Auch in der Volksmusik europäischer Länder (z.B. Irland, Schottland, einige Balkanländer) sind modale Leitern vertreten. So steht das bekannte Lied *What shall we do with the drunken sailor* in dorisch, ebenso wie *Scarborough Fair*. Musiker wie die Beatles, Cat Stevens und Mike Oldfield griffen diese Tradition auf und führten die modalen Leitern in die Rockmusik ein. Bekannte Beispiele von den Beatles sind u.a. *Norwegian Wood* (1965), mixolydisch, oder *Eleanor Rigby* (1966), dorisch.

Klang heißt in der ▶ Akustik die Summe einfacher, periodischer Einzelschwingungen. Das menschliche Ohr unterscheidet z.B. Instrumente aufgrund ihres unterschiedlichen Klangs. In der Musiktheorie wird meist von ▶ Ton gesprochen. Beide Begriffe dienen dazu, den Gegensatz zum ▶ Geräusch, das aus unregelmäßigen Schwingungen besteht, auszudrücken.

In der traditionellen Lehre von der ▶ Instrumentation spricht man von **Klangfarbe**, um einen aus der Kombination von verschiedenen Instrumenten neu entstehenden Klang zu charakterisieren. Spielen z.B. Flöte und Oboe gleichzeitig dieselben Töne, so verschmelzen sie zu einer neuen

Klangfarbe. Der Begriff **Klangfarbenmelodie** geht auf einen Vergleich des Komponisten Arnold Schönberg zurück. In seiner *Harmonielehre* (1911) vergleicht er eine Melodie, also eine Folge von Tonhöhen, mit einer „Melodie“, die durch eine Folge von Klangfarben entsteht.

Klarinette

Klarinette (lat.: clarus = klar, hell, schallend) Das Holzblasinstrument mit einfachem Rohrblatt und zylindrisch gebohrtem Rohr wurde um 1700 aus einem Volksmusikinstrument entwickelt. Die Klarinette besteht aus einem schnabelförmigen Mundstück, an dem das Rohrblatt befestigt ist, dem Kopfstück (Birne), dem Oberstück und dem Unterstück (mit Tonlöchern und Klappen) sowie dem trichterförmigen Schallbecher. Das Instrument wird in verschiedenen Größen bzw. Stimmungen gebaut. Die Klarinette in B (Tonumfang d-b^3) und die Klarinette in A (cis-a^3) werden am häufigsten eingesetzt, gefolgt von der Klarinette in C, der Altklarinette in Es oder F, dem ▶ Bassetthorn, und der Baßklarinette in B. Die Kontrabaßklarinette in B/Es sowie die Kleine Klarinette in Es und die Hohe Klarinette in As werden seltener gebraucht. Die Klarinette gehört zu den ▶ transponierenden Instrumenten.

Die Klangfarben der verschiedenen Klarinetten sind sehr unterschiedlich. Schon die normale Klarinette in B oder A besitzt drei ausgeprägte Register (Klangfarbenbereiche): In der Tiefe klingt sie sonor, kräftig und bisweilen geheimnisvoll-dämonisch, in der Mittellage weich, voll und der menschlichen Stimme ähnlich, in der Höhe leicht schrill und spitz. Für besonders in der Musik der Klassik und Romantik hervortretende ausdrucksvolle gesangliche Linien eignet sich die Mittellage ebenso gut wie für die typischen gluckernden Dreiklangbrechungen und Triller der Salon-, Unterhaltungs- und volkstümlichen Musik. Die hohe Lage der Klarinette wird gerne für groteske Wirkungen und komische Effekte benutzt (z.B. in Richard Strauss' *Till Eulenspiegel*, 1895).

Die Klarinette ist sehr beweglich und mischt sich klanglich gut mit anderen Instrumenten. Daher begann ihre Karriere in der Kunstmusik schon bald nach ihrer „Erfindung“. Schon im Mannheimer Orchester um die Mitte des 18. Jh.s ist sie vertreten. Wolfgang Amadeus Mozart schrieb für die Klarinette Werke, in denen die gesamte Palette ihrer Ausdrucksmöglichkeiten eingesetzt wird (z.B. im *Klarinettenkonzert A-Dur*, 1791, oder in der Oper *Titus*, 1791). Die Komponisten der Romantik setzten dem sinnlichen, warmen Klang der Klarinette in vielen Solokonzerten und Kammermusikwerken ein Denkmal, so z.B. Carl Maria von Weber in seinen drei Klarinettenkonzerten (1811) und Johannes Brahms im *Klavierquintett* op. 115 (1891).

Im 20. Jh. spielt die Klarinette vor allem im Jazz eine bedeutende Rolle. Berühmte Klarinettisten sind Benny Goodman,

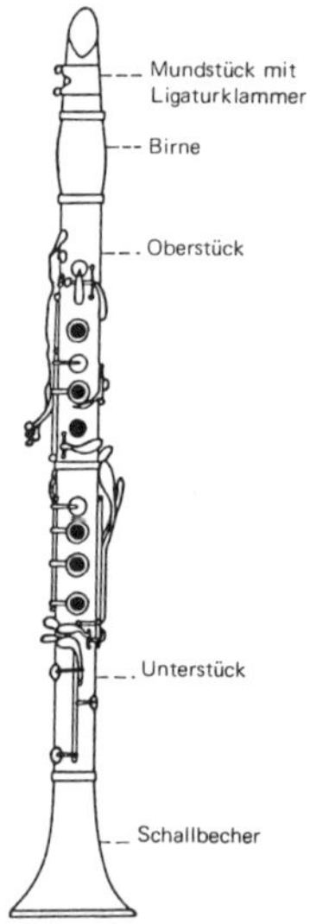

Woody Herman, Mr. Acker Bilk oder Giora Feidman. Der Übergang vom Jazz zu anderen Musikbereichen (Klassik, populäre Musik usw.) ist hier bisweilen fließend.

Klassik bezeichnet den Zeitabschnitt etwa zwischen 1760 und 1820 und damit jene Epoche der europäischen Musikgeschichte, die die Schaffensphasen der Komponisten Joseph Haydn, Wolfgang Amadeus Mozart und Ludwig van Beethoven umfaßt. Da das Lebenszentrum dieser Komponisten Wien war, nennt man diese Epoche auch **Wiener Klassik**. Der Begriff Klassik wurde rückblickend auf die bezeichnete Epoche angewandt. Er kennzeichnet auch etwas Erstrangiges, Vorbildhaftes, Formvollendetes, Mustergültiges – allgemein wie auf die Musik bezogen. Darin drückt sich die Bewunderung der Nachwelt für das Lebenswerk der drei genannten Komponisten aus sowie die zentrale und überragende Bedeutung, die diesem im Rahmen der Musikgeschichte beigemessen wird.
Die gesellschaftlichen Entwicklungen, die schon für die ▶ Vorklassik ausschlaggebend waren, intensivierten sich gegen Ende des 18. Jh.s. Die Französische Revolution leitete weitreichende Veränderungen in Europa ein: Gedanken der Aufklärung verbreiteten sich, der Einfluß der Kirche ging zurück, das Bürgertum erstarkte. Neue, breitere Publikumskreise verlangten von den öffentlichen Konzerten allgemein verständliche, emotional ansprechende und im besten Sinne unterhaltende Musik. Das Berufsmusikertum und der freie Markt für Komponisten und ihre Werke sind Konsequenzen dieser Entwicklung, die man an Leben und Werk Mozarts beispielhaft nachvollziehen kann.
Der Stil der Wiener Klassik läßt sich mit den Begriffen Natürlichkeit, Klarheit, Ausgewogenheit, Übereinstimmung von Form und Inhalt nur grob charakterisieren; zu vielfältig sind seine Merkmale im einzelnen. Die wichtigsten Neuerungen sind die Entwicklung und Vervollkommnung der Sonatenhauptsatzform (▶ Sonate, ▶ Form) durch Joseph Haydn, die Herausbildung neuer Gattungen und Formen wie Solokonzert, Sinfonie, Streichquartett und anderer Kammermusikformen und damit die Emanzipation der Instrumentalmusik, die Perfektionierung des Orchesterklangs und die Schaffung des modernen Orchesters. Die Oper wird zum Musikdrama weiterentwickelt, in dem es um tatsächliche Gefühle geht. Die Vollendung der symmetrischen Bauweise aus kleinen Sinneinheiten (Motiv, Thema, Periode, ▶ Form) ist typisch für die Epoche der Klassik. Ebenfalls charakteristisch ist die Ausprägung der motivisch-thematischen Arbeit. Die Kompo-

Joseph Haydn, um 1791

Wolfgang Amadeus Mozart, Gemälde von 1819

Ludwig van Beethoven, 1819

nisten streben mit Blick auf das Ideal des Volksliedes nach Perfektionierung der volkstümlichen Melodik. Gleichzeitig erweitern sie die harmonischen Gestaltungsmittel durch den Einsatz von Chromatik, Dissonanz und Modulation.
Die Werke der klassischen Epoche sind bis heute zentraler Bestandteil der Spielpläne von Orchestern und Opernhäusern, der Programme der Rundfunkanstalten sowie des Repertoires der Tonträgerindustrie. Sie haben die Musikauffassung und das kulturelle Selbstverständnis Mitteleuropas entscheidend geprägt.

Klassische Musik ist ein vieldeutiger Ausdruck. Mit „klassisch" bezeichnet man allgemein eine vorbildliche, Maßstäbe setzende, mustergültige Sache. In der Musikgeschichte heißt die Zeit von 1760–1820 mit der Musik von Haydn, Mozart und Beethoven die Epoche der Klassik. Es ist die Wiener Klassik oder Erste Wiener Schule im Gegensatz zur Zweiten Wiener Schule von Arnold Schönberg zu Beginn des 20. Jh.s. (▶ Neue Musik).
Der Ausdruck klassische Musik wird auch benutzt, um einen wichtigen Teil der europäischen Kunstmusik, ab etwa 1680 bis ca. 1950 zu kennzeichnen und sie gegenüber anderen Musiktraditionen wie dem Jazz abzusetzen.

Taucht also der Ausdruck klassische Musik auf, muß aus dem Zusammenhang entschieden werden, ob die Musik der drei großen Klassiker oder die umfassende europäische Epoche gemeint ist.

Klassizismus nennt man Strömungen in der Musikgeschichte, die sich auf eine als klassisch verstandene Epoche zurückbeziehen. Das kann die ▶ Klassik sein, aber auch andere abgeschlossene Epochen mit ihren Stilmerkmalen werden zum Vorbild genommen (▶ Renaissance, ▶ Barock). Im 19. Jh. sind es vor allem Felix Mendelssohn Bartholdy und Johannes Brahms, die sich in vielen ihrer Kompositionen deutlich auf Formprinzipien früherer Epochen beziehen. Im 20. Jh. schreiben vor allem Igor Strawinski und Paul Hindemith Werke, die

Felix Mendelssohn Bartholdy, um 1830

Elemente klassischer bzw. barocker Musik zitieren, verfremden und neu beleuchten. Man bezeichnet diese kompositorische Auseinandersetzung mit der Vergangenheit als **Neoklassizismus**. Beide Begriffe – Klassizismus wie Neoklassizismus – sind unscharf und umstritten und haben z. B. in der englischen Sprache keine Entsprechung.

Klaviatur (lat.: clavis = Schlüssel, Holzstück, Riegel) Eine Reihe von Tasten, wie sie für das Klavier und andere Tasteninstrumente charakteristisch ist (z.B. auch für Cembalo, Orgel, Akkordeon). Eine Klaviatur kann als Manual (mit den Händen zu spielen) oder als Pedal (mit den Füßen zu spielen) gebaut sein und besteht aus Unter- und Obertasten.

Klavier (lat.: clavis = Schlüssel, Holzstück, Riegel) Im heutigen Sprachgebrauch bezeichnet der Begriff das Tasteninstrument mit Hammermechanik und vertikal verlaufenden Saiten in rechteckigem Resonanzkasten, das in vielen Wohnzimmern steht und das eigentlich **Pianino** heißt (ital. Verkleinerungsform von Piano). Diese Einengung des Begriffs hat sich in der 2. Hälfte des 19. Jh.s durchgesetzt. Bis weit ins 18. Jh. hinein wurde als Klavier alles bezeichnet, was eine Klaviatur (eine lange Tastenreihe) besaß, also auch das Cembalo, das Clavichord oder die Orgel. Das Klavier im heutigen Sinne, nach der Art des Anschlags der Saiten (mit Hämmerchen) **Hammerklavier** genannt, wurde im 1. Drittel des 18. Jh.s „erfunden" und in den darauffolgenden 150 Jahren zum Konzertflügel weiterentwickelt. Die ersten Hammerklavierbauer (z.B. Bartolomeo Cristofori und Gottfried Silbermann) übernahmen die flügelähnliche Form des Instruments vom Cembalo. Neu daran ist, daß die Saiten durch eine Hammermechanik angeschlagen werden (die Saiten des Cembalos werden angerissen). Zunächst war der Klang des Hammerklaviers etwas dünn, vor allem im oberen Bereich. Dynamik und Ausdrucksfähigkeit steigerten sich jedoch mit der Verbesserung der Mechanik, der Erweiterung des Tonumfangs (heute: A_2-c^5), mit der mehrchörigen Besaitung (jeder Taste sind – außer in der Baßlage – drei dicht nebeneinander laufende, gleich gestimmte Saiten zugeordnet) und dem um 1825 eingeführten gußeisernen Rahmen. Nun erst wurde das **Pianoforte**, wie das Klavier im 19. Jh. genannt wurde (Kurzform: **Piano**), seinem Namen gerecht: die gesamte dynamische Palette von piano (leise) bis forte (laut) stand jetzt zur Verfügung, durch die Kraft des Anschlags vom Spieler individuell gestaltbar. Der moderne **Konzertflügel**, kurz **Flügel** genannt, war geboren. Um die Mitte des 19. Jh.s begann die Produktion der berühmten Klavierfabriken wie Bech-

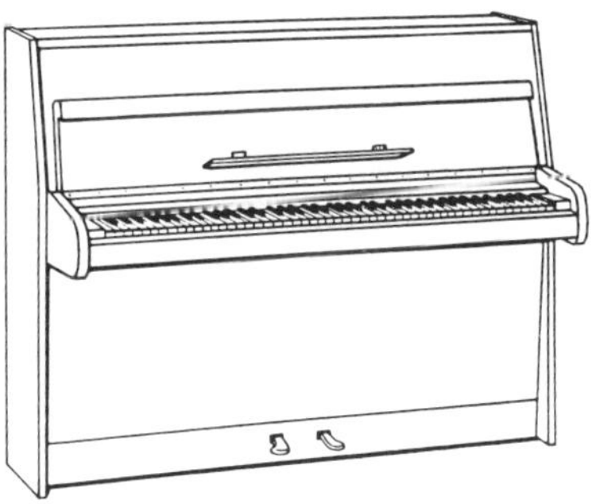

Klavier (Pianino)

Konzertflügel

stein, Blüthner, Bösendorfer, Grotrian-Steinweg oder Steinway.
Der Flügel – als Konzertflügel bis 2,90 m lang – besitzt gegenüber dem Klavier (Pianino) eine weitaus größere Klangfülle. Der Flügel hat meist drei Pedale. Das linke verschiebt Klaviatur und Mechanik so, daß pro Ton eine Saite weniger angeschlagen wird; das rechte läßt alle Saiten frei schwingen und mitklingen, wodurch die Töne ineinander verschwimmen. Das mittlere Pedal ist das Tonhaltepedal: Es läßt nur die gerade gespielten Töne ungedämpft.
Hatte es schon im 18. Jh. eine Fülle von Kompositionen für Tasteninstrumente gegeben, so erlebte das 19. Jh. einen Boom der Klavierliteratur. Das Klavier wurde zum beliebtesten Instrument der Kunstmusik wie der Salon- und der Hausmusik. Nahezu jeder Komponist schrieb Werke für Klavier – mancher sogar ausschließlich für Klavier –, und gefeierte Virtuosen trugen den Ruhm des Instruments und seiner Komponisten von Mitteleuropa aus in alle Welt. In der zweiten Jahrhunderthälfte gehörte das Klavier in Deutschland fest zur Einrichtung des bürgerlichen Hauses, und das Klavierspiel war eine Selbstverständlichkeit in der Mädchenerziehung der gehobenen Schichten.
In Amerika wurde das Klavier im letzten Drittel des 19. Jh.s zum wichtigsten Instrument der musikalischen Massenkultur. Es stand in Veranstaltungsräumen und Gasthäusern aller Kategorien und wurde von Pianisten der unterschiedlichsten Herkunft und Ausbildung gespielt. In den 70er Jahren des 19. Jh.s wurde das mechanische Klavier, das **Pianola**, erfunden. Dieses Instrument war ein Wiedergabegerät für **Pianorollen** bzw. **Klavierrollen**. Auf diesen Rollen aus festem Papier waren (teilweise von berühmten Pianisten eingespielte) Klavierstücke in Lochform eingestanzt. Der Abspielmechanismus der Pianola setzte durch Luftdruck die Tasten oder Hämmerchen direkt in Bewegung – in der Reihenfolge, die das Lochsystem der Rolle vorgab. Dank solcher Einspielungen auf Pianorollen können wir heute noch das Klavierspiel z.B. von George Gershwin und Scott Joplin im Original hören.
Im 20. Jh. setzte das Klavier seinen Siegeszug in der populären Musik und im Jazz fort. In der Neuen Musik verlagerte sich der Akzent von der virtuosen solistischen Rolle des Klaviers auf die Realisierung neuartiger Klänge und Effekte, z.B. auf die perkussiven Elemente des Klavierklangs. Einer der radikalsten Neuerer, der Komponist John Cage, schuf das präparierte Klavier, indem er zwischen den Saiten Schrauben, Münzen, Löffel, Gummistücke usw. befestigte.
In der Rockmusik wird überwiegend das ▶ E-Piano eingesetzt.

Klezmer-Musik (jiddisch: Klezmer = Musiker) ist die traditionelle Instrumentalmusik der in Osteuropa lebenden Juden. Der Begriff ist seit Ende der 30er Jahre des 20. Jh.s in Gebrauch, die Musik selbst ist seit dem 16. Jh. nachweisbar. Die frühen Klezmer-Ensembles waren meist mit Hackbrett, Geige und Kontrabaß besetzt. Sie spielten vor allem bei Hochzeiten und anderen Festen der jüdischen Gemeinden, ferner in Wirtshäusern, auf Bällen, in Kurorten, in Hinterhöfen usw. Oft spielten Klezmer-Gruppen auch bei nichtjüdischen Festen auf. Elemente der Volksmusik verschiedener Regionen, der Zigeunermusik und der populären Musik gelangten so in das Klezmer-Repertoire. Ebenso beeinflußten der frühe Jazz, die amerikanische Unterhaltungsmusik und der Tango die nach Amerika ausgewanderten jüdischen Musiker. Dem breiteren Repertoire entsprechend vergrößerten sich auch die Ensembles. Klarinette, Saxophon, Blechblasinstrumente, Akkordeon, Klavier und Schlagzeug traten zu den traditionellen

Streichinstrumenten hinzu oder verdrängten diese.
Seit den 70er Jahren wird vor allem in den USA auf breiter Basis alte Klezmer-Musik gepflegt und neue geschaffen. Seit Mitte der 80er Jahre wird – vor allem durch Interpreten wie den argentinisch-israelischen Klarinettisten Giora Feidman – Klezmer-Musik auch in Deutschland bekannt.

Köchel-Verzeichnis, abgekürzt **KV**, heißt das von Ludwig Ritter von Köchel erstellte *Chronologisch-thematische Verzeichnis sämtlicher Tonwerke Wolfgang Amade Mozarts* (seit 1862). Mozarts 626 erhaltene Kompositionen sind hier in der Reihenfolge ihrer Entstehung geordnet. Die Themen aller Werke, bei mehrsätzigen Werken die Themen der einzelnen Sätze, bei Opern die Anfänge aller Arien und Chöre, sind zur schnellen Orientierung abgedruckt.

Kodály-Methode nennt man die von dem ungarischen Komponisten, Musikforscher und Musikpädagogen Zoltan Kodály entwickelte Methode für den Musikunterricht an allgemeinbildenden Schulen. Sie beruht auf dem Singen muttersprachlicher Volkslieder und der Schulung des relativen Gehörs mit Hilfe von Tonsilben (▶ Solmisation). Diese Silben sind kein Ersatz für die absoluten Tonnamen (z. B. c, d, e), sondern stehen für bestimmte Stufen in allen Tonleitern. Sie erleichtern die Orientierung in Melodieverläufen, indem sie das Verhältnis zwischen den einzelnen ▶ Intervallen schon beim Hören erkennen lassen. Die Fähigkeit des Hörens in Intervall-Relationen kommt nicht nur dem Singen, sondern auch dem Instrumentalspiel zugute; sie erleichtert vor allem das Erlernen von Streichinstrumenten. Seine Methode schließt auch Übungen zum Schreiben und Lesen von Musik ein – ohne Notenkenntnis, so Kodály, gibt es kein adäquates Hören.
Die Kodály-Methode setzte sich nach 1945 in Ungarn mit großem Erfolg durch und wurde in anderen europäischen Ländern übernommen.

Konservatorium (lat.: conservare = bewahren, erhalten) nennt man seit dem 16. Jh. eine Ausbildungsstätte für Musiker. Der Begriff kam in Italien auf und bezeichnete zunächst eine Erziehungsanstalt für musikalisch begabte Waisenkinder. An einem solchen Institut arbeitete der Komponist Antonio Vivaldi von 1703 bis 1740 und schrieb für die dort Studierenden zahlreiche Solokonzerte. Im 18. und 19. Jh. wurden in ganz Europa und in den USA Konservatorien im heutigen Sinne gegründet. Zu den ältesten gehören das Pariser Conservatoire (gegr. 1795) und die Berliner Ordentliche Singschule (gegr. 1804 von Carl Friedrich Zelter). Im 20. Jh. wurden viele Konservatorien in staatliche ▶ Musikhochschulen umgewandelt, wo neben Orchestermusikern und Sängern auch Musiklehrer ausgebildet werden. Konservatorien existieren jedoch weiterhin, darunter so bekannte wie das Richard Strauss-Konservatorium in München oder Dr. Hoch's Konservatorium in Frankfurt. Man kann dort ein Instrument oder Gesang, Musiktheorie, Dirigieren usw. studieren – als Berufsausbildung oder ohne bestimmtes Ziel.

Konsonanz (lat.: consonare = zusammentönen) ist das als wohllautend empfundene gleichzeitige Erklingen von zwei oder mehr Tönen. Welche Klänge als konsonant empfunden werden und welche nicht (▶ Dissonanz), hängt von der jeweiligen Musikkultur und vom musikalischen Bezugssystem des Hörers ab. In der türkischen Musik werden andere Zusammenklänge als konsonant empfunden als in der balinesischen, und Hörer von Modern Jazz und Fans von volkstümlicher Musik unterscheiden sich erheblich in ihrem Kon-

sonanzempfinden. Außerdem kann der gleiche Akkord in verschiedenen musikalischen Zusammenhängen konsonant oder dissonant wirken.
In der Musiklehre der Antike und des Mittelalters galten nur Quarte, Quinte und Oktave als konsonant, was mathematisch aus den Schwingungsverhältnissen dieser ▶ Intervalle abgeleitet wurde. Erst seit dem 15. Jh. gilt die bis heute von den meisten Menschen als besonders wohlklingend empfundene Terz als Konsonanz.

Kontrabaß heißt das tiefste der Streichinstrumente. Mit ca. 1,20 m Korpuslänge nebst Griffbrett, Wirbelkasten und Schnecke überragt er die meisten seiner Spieler und wird daher entweder im Stehen oder auf einem Spezialhocker sitzend gespielt. Der Kontrabaß stammt von der ▶ Viola da gamba ab und wurde erst allmählich in der Form an die ▶ Violine angeglichen. Von der Viola da gamba sind ihm vor allem die abfallenden Schultern und die Saitenzahl geblieben, ferner die Bogenhaltung (von unten). Kontrabässe können vier oder fünf Saiten haben, und auch die Form der Instrumente kann unterschiedlich sein. Die Saiten sind auf E_1, A_1, D und G gestimmt; der Tonumfang reicht in der Höhe bis d^1, im ▶ Flageolett noch höher. Der Kontrabaß klingt eine Oktave tiefer als notiert. Alle Spielarten der Streichinstrumente sind auch auf dem Kontrabaß möglich. Sein Klang ist voll und erdig, in der Mittellage samtig weich. Im Flageolett, das fast ausschließlich in virtuosen Konzertstücken verwendet wird, ist der Klang flötenähnlich. Als Soloinstrument tritt der Kontrabaß allerdings selten auf. Als Orchesterinstrument ist er seit dem 18. Jh. das Fundament der Streicher.
Als Baßinstrument des Jazz wird der Kontrabaß nicht gestrichen, sondern gezupft. Verschiedene Techniken sind jazztypisch, so z.B. der **slap bass** (der Spieler zupft die

Saiten an und läßt sie auf das Griffbrett zurückschnellen, wodurch sich ein knallendes bis peitschendes, an ein Schlagzeug erinnerndes Geräusch ergibt; meist auf den Zählzeiten 1 und 3 eingesetzt), oder der **walking bass** (eine „gehende“, melodisch selbständige Baßlinie, die gleichzeitig rhythmisches und harmonisches Fundament für die anderen Instrumente ist).

Kontrapunkt (lat.: punctus contra punctum = Note gegen Note) bezeichnet eine Kompositionstechnik der mehrstimmigen Musik seit dem 14. Jh. Als Satzpraxis bzw. Satzlehre regelt der Kontrapunkt ursprünglich das Verhältnis der Stimmen eines ▶ Satzes zueinander. Er bestimmt, welche Intervalle zusammen erklingen dürfen (▶ Konsonanz) und welche Bewegungen die Stimmen vollführen können. Nachdem in der Musiktheorie des 14. Jh.s nur das strenge Prinzip „Note gegen Note“ galt, wurde der Kontrapunkt im 15. und 16. Jh. immer mehr auf die Kombination selbständiger und gleichberechtigter Stimmen bezogen und entwickelte sich zum Gestaltungsprinzip polyphoner Musik (▶ Polyphonie) schlechthin. Nach dem Tode

Johann Sebastian Bachs (▶ Fuge) trat die kontrapunktische Satztechnik in den Hintergrund. In der ▶ durchbrochenen Arbeit der Wiener Klassiker und auch in vielen Werken des 19. und 20. Jh.s hat der Kontrapunkt jedoch überlebt.

Kontretanz heißt eine Tanzform, die im 17. und 18. Jh. in den mitteleuropäischen Ländern sehr beliebt war. Man tanzte den Kontretanz (auch **Kontratanz** oder **Kontertanz**) an den Fürstenhöfen ebenso wie auf den Festen der bürgerlichen Gesellschaft. Die bekanntesten Komponisten der Epoche schrieben Kontretänze, so z.B. Jean Philippe Rameau, Joseph Haydn, Wolfgang Amadeus Mozart und Ludwig van Beethoven. Musikalisch ist der Kontretanz vor allem durch seine gerade Taktart (meist 2/4-Takt) und durch Achtel und Sechzehntel in der Melodie gekennzeichnet; Durtonarten sind die Regel.

Konzert (ital.: concerto = Konzert, Übereinkommen, Einverständnis) bezeichnet zweierlei:
1. ein mehrsätziges Musikwerk für ein oder mehrere Soloinstrumente und Orchester (▶ Concerto). Der Begriff wird seit Ende des 18. Jh.s meist gleichbedeutend mit **Solokonzert** verwendet. Hier wird ein Soloinstrument – besonders häufig: Klavier und Violine – mit all seinen klanglichen und technischen Möglichkeiten im Wechselspiel mit und im Kontrast zum Orchester vorgestellt. Der 1. Satz des in der Regel dreisätzigen Solokonzerts ist in der klassischen und romantischen Epoche meist als Sonatenhauptsatzform (▶ Form) komponiert, der 2. (langsame) Satz besitzt eine liedähnliche Form, und der Schlußsatz (häufig in Rondoform) ist schnell und besonders brillant.
Das Solokonzert war vor allem um die Mitte des 19. Jh.s beliebt bei Virtuosen. Insbesondere die Kadenz (eine längere Solopassage am Ende des 1. Satzes, manchmal in allen drei Sätzen) dient dem Spieler zur Demonstration seines technischen Könnens. Ein Konzert mit zwei Soloinstrumenten wird als **Doppelkonzert** bezeichnet, ein Konzert mit drei Soloinstrumenten als **Tripelkonzert**, eines mit vier Solisten als **Quadrupelkonzert**. Im 18. Jh. nannte man Werke für mehrere Soloinstrumente und Orchester auch **Symphonie concertante** (franz.) bzw. **Sinfonia concertante** (ital.), also konzertante Sinfonie. Das Konzert für Orchester, in dem alle Orchesterinstrumente solistische Aufgaben übernehmen, ist erst eine Erscheinung des 20. Jh.s.
2. eine Veranstaltung des öffentlichen Musiklebens, in der eine kleine oder größere Gruppe von Musikern in einem eigens zu diesem Zweck eingerichteten Raum ein vorher angekündigtes Programm aus verschiedenen Musikstücken vor einem Publikum spielt, das Eintritt gezahlt hat und am Ende Beifall klatscht. Der Begriff wird quer durch alle Musiksparten benutzt.
Das öffentliche **Konzertwesen** begann Ende des 17. Jh.s in London, zunächst in Privathäusern. Zuvor waren Musikaufführungen stets einem kleinen, exklusiven Hörerkreis in Kirchen, Klöstern und Fürstenhöfen vorbehalten gewesen. In Deutschland waren es zuerst die großen Städte wie Frankfurt, Leipzig oder Hamburg, in denen öffentliche Konzerte veranstaltet wurden. Mit wachsender Beliebtheit solcher Veranstaltungen in den bürgerlichen Schichten begann man um die Mitte des 18. Jh.s mit dem Bau von Konzertsälen. Vorreiter war wiederum England, wo Konzertgärten mit Pavillons und Hallen entstanden, in denen außer Konzerten auch Bälle und andere Lustbarkeiten veranstaltet wurden. Große Säle, in denen ausschließlich Konzerte stattfinden, existieren seit Mitte des 19. Jh.s. Dies geschah meist auf Betreiben von Konzertgesellschaften, die in jeder größeren Stadt seit Anfang des 19. Jh.s ge-

Under the Immediate Patronage of

His Majesty

PHILHARMONIC SOCIETY.

SECOND CONCERT, MONDAY, 20TH MARCH, 1820.

ACT I.

Sinfonia, No. 5 . . . . *Haydn.*
Aria, "Arder Mai", Miss Goodall . . . . *Mozart.*
Concerto Piano-forte, Mr. Cipriani Potter . . . . *Mozart.*
Recit. ed Aria, MS. "Dolce pietoso Amore", Mrs. Salmon . . . . *Garcia.*
Violino Obligato, Mr. Spagnoletti . . . .
Overture, Egmont . . . . *Beethoven.*

[Several persons having improperly gained admission to the last Concert, the Directors are most reluctantly obliged to trouble the Subscribers to shew their Tickets at the door in future.]

ACT II.

Sinfonia in E flat, MS (composed for this Society) . . . . *Ries.*
Aria, "Guardami", Signor Bianchi . . . . *Zingarelli.*
Quartetto, two Violins, Viola, and Violoncello, Messrs. Spohr, Watts, Cooke and Lindley . . . . *Spohr.*
Overture, Les deux Journées . . . . *Cherubini.*

Leader, Mr. Spagnoletti – Conductor, Mr. Cramer.

The Subscribers are most earnestly entreated to observe, that the Tickets are not transferable, and that any violation of this rule will incur a total forfeiture of the subscription.

The Coachmen are to be directed to SET DOWN AND TAKE UP *with the horses' heads towards Oxford-street.*

The Programme of each Concert will be placed in the lower Saloon of the Royal Harmonic Institution for the inspection of the Subscribers, on the morning previous to the performance.

The next Concert will be on Monday the 10th of April.

The door is now open in *Little Argyll-street* for the egress of the Company.

Konzertprogramm der Londoner Philharmonic Society von 1820

gründet wurden. Einer der größten und schönsten Konzertsäle ist der 1870 fertiggestellte „Goldene Saal“ im Gebäude des Musikvereins in Wien.

Ausführende der Konzerte waren bis weit ins 18. Jh. hinein neben einzelnen Musikern auch Vereinigungen bürgerlicher Musikliebhaber (▶ Collegium musicum), Veranstalter waren u.a. Konzertgesellschaften (z.B. die Gesellschaft der Musikfreunde Wien). Mit der Durchsetzung des Berufsmusikertums und der Gründung professio-

neller Orchester in vielen Städten etablierte sich das Konzert im 19. Jh. als eine der tragenden Säulen des Musiklebens. Seit Ende des 19. Jh.s werden **Konzertdirektionen** tätig, die als privatwirtschaftliche Unternehmen Konzerte organisieren und oft in Verbindung mit **Konzertagenturen** die Künstler vermitteln und engagieren. Das Programm mußte so attraktiv sein, daß es sich „verkaufen" ließ. Konzertdirektionen und Abnehmer prägten auf diese Weise die Musikkultur entscheidend mit.
Das Programm der Konzerte des 18. und frühen 19. Jh.s war eine bunte Folge von Arien, Sinfoniesätzen, Solostücken, Ouvertüren u.a. Erst in der zweiten Jahrhunderthälfte setzte sich die Programmfolge des **Sinfoniekonzerts** durch, wie sie bis heute üblich ist: ein bis zwei Sinfonien, oder eine Sinfonie und ein Solokonzert, dazu ein kürzeres Orchesterwerk wie z.B. eine Ouvertüre. Für die Aufführung kammermusikalischer Werke wurde die Form des **Kammerkonzerts** geschaffen. Ein **Solistenkonzert** oder **Recital** wird von einem einzelnen Musiker gegeben.
Konzerte werden überwiegend abends veranstaltet, jedoch sind auch **Matineen** häufig, die in der Regel am späten Vormittag stattfinden. **Kinder- und Jugendkonzerte** finden ebenfalls meist vormittags statt.

Konzertina Das Harmonikainstrument mit quadratischem oder sechseckigem Gehäuse wurde 1828 erstmals in England, ab 1834 in Deutschland gebaut. Die rechte und linke Hand des Spielers betätigen Knöpfe: Rechts wird die Melodie, links die Begleitung (Akkorde oder Einzeltöne) gespielt. Seit 1924 wird in Deutschland die Konzertina einheitlich mit 128 Tönen gebaut. Das Instrument wird in der Volks- und Unterhaltungsmusik verwendet. Es ist allerdings heute durch das vielseitigere und klangvollere Akkordeon weitgehend verdrängt.

Konzertmeister nennt man den 1. Geiger eines Orchesters, also den am 1. Pult in der 1. Reihe der Violinen sitzenden Musiker. Der Konzertmeister leitet das Anstimmen vor Beginn der Probe und des Konzerts, spielt die Solostellen und vertritt gelegentlich den Dirigenten.

Kornett (franz.: cornet à pistons = kleines Horn mit Pumpventilen) Blechblasinstrument, das Anfang des 19. Jh.s in Frankreich aus dem Posthorn entwickelt wurde. Das auch **Piston** genannte Instrument ist in der Form der Trompete ähnlich, seine Mensur (Verhältnis von Länge zu Weite des Rohrs) ist etwas weiter als die der Trompete; der Klang ist entsprechend weicher. Die Kornettfamilie besteht aus dem Pikkolo-Kornett (Cornettino in Es), dem Sopran-Kornett (in B, C oder A) und dem Alt-Kornett (meist in Es, eine Oktave tiefer als das Pikkolo-Kornett). Das Kornett wird überwiegend in der Blasmusik und im frühen Jazz verwendet.

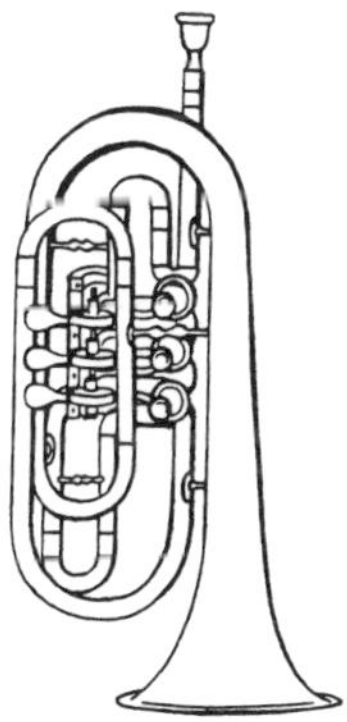

Korrepetitor (lat.: con = zusammen und repetitio = Wiederholung) ist ein Musiker, der vom Klavier aus mit Sängern und Ballettänzern ihre Gesangs- oder Tanzrollen einstudiert. Der Beruf gehört zu den ersten Stufen einer Pianisten- oder Dirigentenkarriere und ist im Theaterbetrieb für das Rollenstudium unentbehrlich.

Krakowiak (franz.: Cracovienne = Krakauerin) Polnischer Tanz im schnellen 2/4-Takt mit synkopischem Rhythmus (Betonungsverschiebungen), der aus der Gegend um Krakau stammt. Bereits in der Musik des 17. und 18. Jh.s waren polnische Tänze sehr beliebt. Berühmt wurde der Krakowiak jedoch erst durch Frédéric Chopins *Krakowiak* für Klavier und Orchester F-Dur op. 14 (um 1831).

Krebs nennt man eine Tonfolge, die entsteht, wenn ein Motiv oder eine Melodie von hinten nach vorne gespielt wird. Die Originalgestalt wird um eine vertikale Achse gedreht. Der Krebs kommt vor allem in polyphoner Musik, z. B. in der ▶ Fuge, vor. In der ▶ Zwölftonmusik ist der Krebs eine der vier Erscheinungsformen der Reihe.

Krummhorn Dieses Holzblasinstrument mit Doppelrohrblatt und spazierstockförmig gebogenem Rohr war im 16. und 17. Jh. in Deutschland eines der meistverwendeten Instrumente. Der kräftige, näselnde Klang der in fünf Größen gebauten Krummhörner ist typisch für die Musik der Renaissance. Der Tonumfang der Krummhornfamilie insgesamt reicht von B_1 bis d^3; jedes Einzelinstrument hat den Umfang einer ▶ None. Die Griffweise entspricht der der Blockflöte. Die unteren Löcher werden nicht mit den Fingern abgedeckt, sondern mit Schiebern, die der Regulierung der beim Krummhorn problematischen Tonreinheit dienen. Das Krummhorn wird durch eine Windkapsel angeblasen, die über das Doppelrohrblatt gestülpt wird.

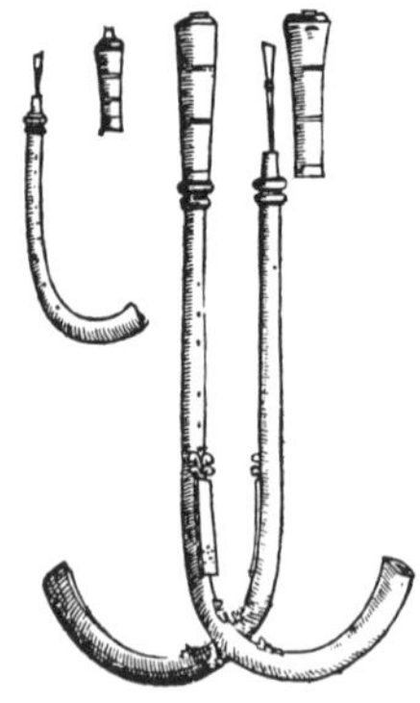

Kunstmusik ist ein häufig verwendeter Hilfsbegriff, der „klassische“ oder „ernste“ Musik von der populären oder Unterhaltungsmusik abgrenzen soll. Er bezieht sich auf Kriterien wie künstlerischer Gehalt oder ästhetisches Niveau und betont in besonderer Weise den in sich geschlossenen (autonomen) Werkcharakter eines Musikstückes.
Mit dem Begriff Kunstmusik wird der Wert eines Musikstückes an einer als überzeitlich definierten Norm (Kunst) gemessen. Die damit schon in dem Begriff enthaltene Wertung macht es schwer, Musikstücke aus anderen Bereichen, etwa aus dem Jazz, angemessen zu beschreiben.

Kurrende (lat.: currere = laufen) So bezeichnete man vom 16. bis 18. Jh. Knabenchöre, die mit ihrem Gesang auf Straßen oder bei Festlichkeiten Geld sammelten, um den Schulbesuch bedürftiger Mitglieder zu finanzieren. Heute bezeichnen sich manche evangelischen Jugendchöre so.

L

Lage Der Begriff hat vier Bedeutungen:
1. Bei Streich- und Zupfinstrumenten bezeichnet man damit die Position der linken Hand auf dem Griffbrett. Je nach Stellung des 1. Fingers (Zeigefinger) zählt man die verschiedenen Lagen (beginnend mit der ersten). Der flüssige Wechsel und die Verwendung höherer Lagen sind für spieltechnisch anspruchsvolle Werke unentbehrlich.
2. In der ▶ Harmonielehre bezeichnet man als Lage die Anordnung eines Dreiklangs im Blick auf seinen höchsten Ton. Liegt die Terz zuoberst, so handelt es sich um die Terzlage des Akkords; entsprechendes gilt für Quinte und Oktave.
3. Ebenfalls in der Harmonielehre sind die Begriffe **enge Lage** und **weite Lage** zu Hause. Von der engen Lage eines Akkords spricht man, wenn die drei oberen Akkordtöne so nahe beieinander liegen, daß kein weiterer Akkordton mehr dazwischenpaßt. Weite Lage heißt demgegenüber die Anordnung der Akkordtöne in größeren Abständen.
4. Bei der menschlichen Stimme unterscheidet man nach Stimmlagen und meint damit Höhe und Klangcharakteristik, z.B. Sopranlage, Altlage usw. Auch bei Instrumenten spricht man in diesem Sinne von der hohen, mittleren und tiefen Lage z.B. der Flöte, der Klarinette oder des Kontrabasses.

Lamento (ital. = Klage, Jammer) bezeichnet ein Musikstück mit klagendem Charakter, als einzelnes Werk oder innerhalb eines größeren Zusammenhangs (z.B. in einer Oper).

Ländler Ein Volkstanz aus Oberösterreich (aus dem „Landl"), der unter dieser Bezeichnung seit dem 18. Jh. bekannt ist. Der zweiteilige Tanz im ruhigen Dreiertakt verbreitete sich rasch über Österreich hinaus. Dabei entstanden z. T. regionale Sonderformen wie der **Schuhplattler** in Bayern, bei dem sich die Männer während des Tanzens laut auf Oberschenkel und Schuhsohlen schlagen. Mit dem Ländler verbunden waren häufig die **Schnadahüpfl** oder Schnaderhüpfl – Liedstrophen, die ursprünglich als Einleitung des Tanzes dienten. Ende des 18. und Anfang des 19. Jh.s war der Ländler so populär, daß Komponisten wie Wolfgang Amadeus Mozart und Franz Schubert zahlreiche Ländler schrieben.

largo (ital.) Tempovorschrift und Vortragsanweisung: sehr langsam, breit, gedehnt. Ein **Largo** ist ein Stück oder Satz in langsamem Zeitmaß.

Laute (arab.) Das Zupfinstrument wurde im 13./14. Jh. in Spanien aus einem arabischen Saiteninstrument entwickelt. Charakteristisch für die Laute ist ihr Korpus in Form einer halbierten Birne, das Griffbrett mit Bünden und abgeknicktem Wirbelkasten, das Schalloch mit Rosette und die große Zahl der Saiten (anfangs vier, später elf). Die Stimmung der Saiten bzw. Saitenpaare (Chöre) ist seit Mitte des 16. Jh.s auf

A d f a d^1 f^1 festgelegt. Um den Tonumfang nach unten zu vergrößern, fügte man der Laute bisweilen einige zusätzliche Bordunsaiten (mitschwingende, nicht gegriffene Saiten) hinzu, die an einem zweiten Wirbelkasten befestigt waren. Die Laute wird mit den Fingerspitzen gezupft und besitzt einen obertonreichen, vollen und weichen Klang. Wegen ihrer Klangschönheit und Vielseitigkeit (einstimmiges, mehrstimmiges polyphones Spiel und Akkordspiel sind auf der Laute möglich) galt sie bis zum 17. Jh. als Königin der Musikinstrumente.

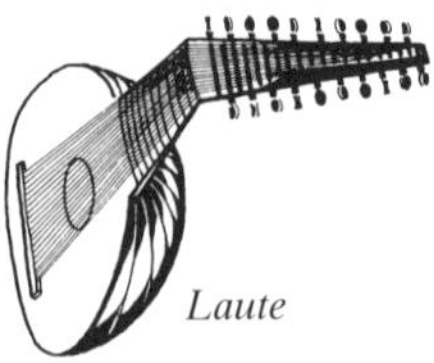

Laute

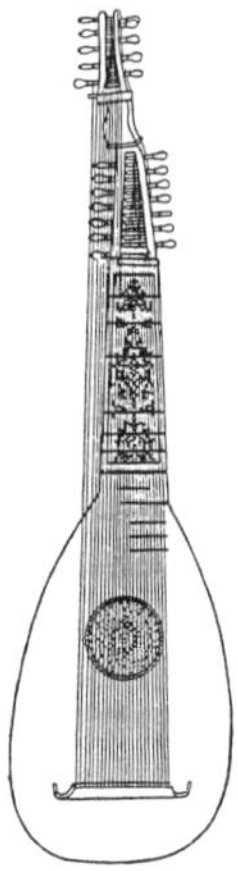

Theorbe

In der Musik des Barock spielte neben der Laute auch die **Theorbe**, die Baßlaute, eine wichtige Rolle. Sie diente bis zum 18. Jh. als Generalbaßinstrument (▶ Generalbaß), wurde dann aber von den Tasteninstrumenten verdrängt. Im 19. Jh. war die Laute im Musikleben nicht mehr präsent. Anfang des 20. Jh.s wurde das Instrument wiederentdeckt und nachgebaut. Heute ist sie in Konzerten mit Musik der Renaissance und des Barock häufig zu hören.

Die Notierung von Lautenmusik geschah bis ins 18. Jh. hinein mit einer speziellen Schrift, der **Tabulatur**. Eine Lautentabulatur ist eine Griffschrift, die angibt, wo die zu greifenden Töne liegen (im Blick auf die Saiten, nicht auf Notenlinien). Welche Tondauern (Notenwerte) zu spielen sind, kann bei polyphonen Stücken durch die Tabulatur nur unzureichend angegeben werden. Die in heutigen Gitarrenschulen übliche Griffschrift (Akkordgriffe) beruht auf dem gleichen Prinzip wie die Lautentabulatur.

Lead-Sänger (engl.: lead = führen) wird der führende Sänger einer Rockgruppe genannt; der **Lead-Gitarrist** ist der melodieführende Gitarrenspieler einer Band.

legato (ital.) Vortragsanweisung: gebunden spielen, d.h. die Töne aneinander binden, ohne zwischen ihnen abzusetzen. Legato wird meist durch den Legatobogen (▶ Bogen) in den Noten angezeigt.

leggiero (ital.) Vortragsanweisung: leicht, spielerisch.

Leier ist ein Oberbegriff für ▶ Zupfinstrumente, die wie Lyra, Kithara oder Crwth aus Resonanzkörper und Seitenarmen bestehen und deren Saiten durch ein zwischen diesen Armen befestigtes Querjoch laufen. Die Saiten werden nicht durch Greifen verkürzt, sondern schwingen in ganzer Länge, so daß der Tonvorrat relativ klein ist. Die Drehleier gehört nicht zu den Leierinstrumenten.

Leitereigen nennt man alle Töne, die zu einer bestimmten Tonleiter (und damit zu einer bestimmten Tonart) gehören; **leiterfremd** sind alle dieser Tonart nicht zugehörigen Töne. In C-Dur sind leitereigen: c d e f g a h; leiterfremd wären fis, as, b und alle anderen alterierten (um einen Halbton nach oben oder unten versetzten) Töne.

Leitmotiv ist ein musikalisches Motiv, das den Zuhörer zu einer bestimmten, meist außermusikalischen Vorstellung hinleitet und im Verlauf eines größeren Musikwerks, z.B. einer Oper, häufig wiederkehrt. Es kann eine Melodie, ein Rhythmus, eine Akkordverbindung oder ein Orchestereffekt sein, der fest an eine bestimmte Bedeutung gebunden wird. Oft handelt es sich dabei tatsächlich nur um ein Motiv, d.h. ein relativ kurzes und prägnantes Stück Musik. Das Wort wurde zuerst von Friedrich Wilhelm Jähns im thematischen Verzeichnis der Werke Carl Maria von Webers (1871) und von Heinrich von Wolzogen mit Bezug auf Richard Wagners Musik gebraucht. Seitdem spielt das Leitmotiv eine wichtige Rolle bei der Analyse der Opern von Wagner – Wagner selbst sprach jedoch meist vom „Grundthema".

Wenn z.B. in Wagners Oper *Siegfried* (1851–71) vom Titelhelden die Rede ist, erklingt im Orchester das Siegfried-Motiv. Ein solches Motiv wandelt bei Wagner ständig seine Gestalt und kann z.B. statt in Dur in Moll erklingen, um statt Freude Trauer auszudrücken. Dadurch sollen u.a. psychologische Effekte erzielt werden, die über die einfache Signalwirkungen wie die Ankündigung eines Königs durch Pauken und Trompeten hinausgehen. In *Die Walküre* (1852–56) wird die Vorstellung von ehelicher Treue und Geschwisterliebe, aber auch das Bild eines Schwertes, eines Eids, eines Fluchs an immer wiederkehrende Motive gebunden. Die Leitmotive sollen eine bedeutungsvolle Charakterisierung ermöglichen, die über die normale thematische Verarbeitung hinausgeht. In seinen *Meistersingern* (1862–67) benutzte Wagner etwa 40 Leitmotive.

Verwandt mit dem Leitmotiv ist die **idée fixe** (franz. = fester, beibehaltener Gedanke) als Grundthema eines umfangreichen Musikstücks, mit der besonders Hector Berlioz in seiner *Symphonie fantastique* (1830) arbeitete. Obwohl es z.B. bei Johann Sebastian Bach ebenfalls viele Motive gibt, die in größeren Werken ständig wiederkehren, etwa die Choralthemen in der *Matthäuspassion* (1729), spricht man in diesen Fällen nicht von Leitmotiven. Sie sind nicht im Sinne der romantischen Musik psychologisch gemeint, sondern Ausdruck der älteren Affektenlehre, die den menschlichen Gefühlen bestimmte musikalische Ausdrucksgesten zuordnet.

Leitton heißt im allgemeinen der 7. Ton der Tonleiter im Dur-Moll-System, dessen Abstand zum Grundton (Zielton) eine kleine Sekunde (Halbtonschritt) beträgt und der zur Auflösung in den Grundton drängt. Melodisch und harmonisch wird durch den Leitton eine starke Spannung hervorgerufen. In der ▶ Kadenz führt der Leitton die Auflösung in die Grundtonart herbei. Mit dem Leitton verbindet sich deshalb der Eindruck einer Schlußwirkung.

Bei Verwendung komplexer Harmonien, d.h. vor allem auf chromatischer Basis, kann nahezu jeder Akkordton als Leitton definiert werden. Den Komponisten erschließen sich damit harmonisch vieldeutige Übergänge und Grenzüberschreitungen im Tonartensystem. Der dadurch entstehende Farbenreichtum ist charakteristisch für die Musik des späten 19. Jh.s.

lento (ital.) Tempovorschrift: langsam, etwa wie ▶ adagio oder ▶ largo.

Libretto (ital. = kleines Buch) ist das in handlichem Format gedruckte Textbuch einer Oper, Operette oder eines anderen Bühnenwerks mit Musik (z.B. Szenarium eines Balletts). Das Libretto ist in der Regel als Gebrauchstext (original verfaßt oder Bearbeitung eines literarischen Werks) mit geringem literarischem Anspruch für die besonderen Anforderungen einer Vertonung (Bühnenwirksamkeit, Raum für Musik, Arien und Ensembles) eingerichtet.

Gedruckte Textbücher zum Mitlesen für Opernbesucher gibt es seit dem Anfängen der Oper um 1700. Die Bezeichnung Libretto hat sich erst im 19. Jh. allgemein durchgesetzt. Lange Zeit nahm man die Textdichter weniger ernst als die Komponisten. Allerdings zeigen zahlreiche Beispiele aus der Operngeschichte (z.B. Lorenzo da Ponte und Mozart; Arrigo Boïto und Verdi; Hugo von Hofmannsthal und Richard Strauss; Bertolt Brecht und Kurt Weill), wie wichtig ein gut gebauter und sprachlich anspruchvoller Text für die Qualität eines Musiktheaterwerkes ist. Mit Richard Wagners Konzeption des Musikdramas als Gesamtkunstwerk setzt sich auch der Grundsatz der Gleichrangigkeit von Text und Musik durch.

Lied Für viele Menschen ist „Musik" gleich „Lied". Sie meinen mit Lied alles, was gesungen wird bzw. alles, was aus Text, Melodie und Begleitung besteht. Diese Auffassung basiert darauf, daß die heutige populäre Musik – eben die Musik, die die meisten Menschen ausschließlich hören – durchweg nach diesem Muster angelegt ist. Eine oder mehrere Stimmen singen einen Text und ein einzelnes Instrument oder eine Gruppe unterschiedlicher Instrumente unterlegt Harmonien, Rhythmen und einen jeweils passenden Sound.
Lied bezeichnet zunächst einen in strophischer Form vertonten Text – meist ein Gedicht mit Endreimen. Die Liedweise (Melodie) ist genau auf den Text zugeschnitten, d.h. seiner Sprachmelodik und seinem Sprachrhythmus angenähert (Wort-Ton-Verhältnis), so daß sich Text und Musik fest miteinander verbinden. Dies wird z.B. deutlich an bekannten Liedern wie *Yesterday* oder *Es war ein König in Thule*, bei denen man sich kaum eine andere Melodie vorstellen kann als die von Paul McCartney bzw. Carl Friedrich Zelter.

Geschichtliches

Liedartige Formen hat es bereits in der Antike gegeben; allerdings ist nur sehr wenig aus dieser Zeit erhalten. Aus dem Mittelalter sind viele kirchliche lateinische Gesänge in Strophenform überliefert. Liedähnlich ist hier etwa die Form des Hymnus (feierlicher Lob- und Preisgesang), dessen Text Endreime besitzt. Unter anderem auf diesen alten liturgischen Gesängen basiert das **Kirchenlied**. Kirchenlieder haben im Gegensatz zu den Gesängen der lateinischen Liturgie einen deutschsprachigen Text. Während die katholischen Kirchenlieder bis ins 16. Jh. hinein sich überwiegend aus lateinischen Gesängen speisten, nahmen die evangelischen Kirchenlieder, angeregt durch Martin Luther, auch weltliche musikalische Einflüsse in sich auf. Im 18. und 19. Jh. wurden die Kirchenlieder beider Konfessionen durch Volkslied, Arie und volkstümliches Lied beeinflußt (vgl. z.B. *O du fröhliche, Tochter Zion* und *Jesus, dir leb ich*).
Seit dem 12. Jh. sind deutschsprachige Lieder mit weltlichem Text überliefert. Es handelt sich um kunstvoll gebaute, einstimmig gesungene Lieder in mittelhochdeutscher Sprache, die die höfische Liebe besingen. Dieser **Minnesang** meist adeliger Sänger des 12. bis 15. Jh.s wird durch Künstler wie Walther von der Vogelweide

Walther von der Vogelweide, Malerei aus der Manessischen Handschrift, 14. Jh.

oder Neidhart von Reuental repräsentiert. Den **Meistersang** des 15. und 16. Jh.s trugen städtische Bürger, die meist einen handwerklichen Beruf hatten und sich als Meistersinger zunftmäßig organisierten. In ihren Singschulen wurden die Regeln des Dichtens und Komponierens von Liedern gelehrt, entstanden Liedersammlungen (Liederhandschriften) und Berichte über die Arbeit der Singschulen.
Eine andere Art von Liedkunst dieser Zeit war mehrstimmig. Schon im 13. und 14. Jh. hatte es einige liedartige, mehrstimmig zu singende Musikformen gegeben, z.B. in Frankreich und Italien (Chanson, Madrigal). In Deutschland war zwischen dem 15. und 16. Jh. das mehrstimmige Lied (meist für vier Solostimmen oder Chor) eine der wichtigsten Gattungen überhaupt. Allerdings lag bei diesen Liedern die Melodie nicht in der oberen Stimme, wie wir es heute gewohnt sind, sondern meist in einer der unteren Stimmen (Tenorlied) und wurde von den restlichen Stimmen umspielt. Ab etwa 1600 wurden überwiegend einstimmige, d.h. jetzt instrumental begleitete Sololieder komponiert. Diese Praxis hat sich im Grunde bis heute in allen Liedgattungen erhalten.

Liedgattungen

Bisher war nur von solchen Liedern die Rede, die man zur Kunstmusik rechnet. Daneben existierten jedoch wohl zu allen Zeiten auch solche Lieder, die von einfachen Leuten zur Unterhaltung, zum Tanz oder zu sonstigen geselligen Anlässen ge-

sungen wurden, Lieder, die z.B. auch den Alltag der Bauern, Tagelöhner, Handwerker und Soldaten, also der damals unteren Gesellschaftsschichten, zum Thema hatten. Diese Liedformen, die unter dem Begriff **Volkslied** zusammenzufassen sind, wurden über lange Zeit nicht schriftlich festgehalten, sondern nur mündlich überliefert (▶ Volksmusik).
Die Grenzen zwischen Volkslied und volkstümlichem Lied sind fließend. Das **volkstümliche Lied** geht auf eine musikästhetische Strömung gegen Ende des 18. Jh.s zurück, die das Populäre in der Musik zur Richtschnur des Komponierens erklärte. Auf Liedkompositionen ließ sich diese Idee am besten anwenden, und so entstanden im letzten Viertel des 18. Jh.s zahlreiche Lieder, die sich formal und inhaltlich stark an das Volkslied anlehnten. Der Komponist Johann Abraham Peter Schulz schuf für solche Lieder aus seiner Feder die griffige Bezeichnung *Lieder im Volkston*. Seine Sammlung mit diesem Titel (erschienen 1782–90) enthält u.a. das bekannte Lied *Der Mond ist aufgegangen*. Charakteristisch für diesen Liedtypus ist der „Schein des Bekannten", wie Schulz es nennt, das Vertraute, Allgemeinverständliche und Anheimelnde, die Schlichtheit und Singbarkeit der Melodie.
Der Begriff „volkstümliches Lied" taucht zuerst in der 1. Hälfte des 19. Jh.s auf und wird dort für neuere, populär gewordene Lieder verwendet. Solche Lieder wurden in speziellen Liedersammlungen (Liederbüchern) veröffentlicht und auch auf Flugblättern bzw. in Heftchenform von Bänkelsängern verbreitet. Dazu zählen z.B. **Gassenhauer** – Lieder verschiedener Herkunft, die überaus populär waren und deshalb oft mit neuen, parodistischen, frechen, frivolen oder vulgären Texten versehen wurden (vgl. etwa das Lied *Freut euch des Lebens*). Ferner werden **Moritaten** bzw. ▶ Bänkellieder – erzählende Lieder mit moralisierender Schlußstrophe, die meist von Sensationen, Katastrophen oder menschlichen Untaten handeln, dazugerechnet.
Zu Tanz- und Unterhaltungszwecken komponiert ist der ▶ Schlager, der entweder gezielt als einzelnes Lied geschrieben oder aus einem größeren Zusammenhang wie z.B. einer Operette, einem Film oder einem Musical entnommen sein kann. Er hat alle Merkmale des volkstümlichen Liedes: die Form Strophe – Refrain, eine eingängige, leicht nachsingbare Melodie, schlichte Harmonik und einen ebensolchen Rhythmus. Neu gegenüber früheren Liedtypen sind beim Schlager das Arrangement, der modische Sound und die Art und Weise seiner Vermarktung.
Im Zuge der Amerikanisierung der deutschen Sprache hat es sich eingebürgert, umgangssprachlich unterschiedslos jede Art von Lied als **Song** zu bezeichnen. „Song" ist der englische Begriff für Lied oder Gesang, der sich im Laufe des 19. und 20. Jh.s mit bestimmten Liedgattungen besonders eng verbunden hat. Er bezeichnet zunächst das unterhaltende Vortragslied, bestehend aus Strophen und Refrain, das seine Heimat im englischen und amerikanischen Amüsierbetrieb des 19. Jh.s hat. Verlegt und vertrieben durch spezialisierte Verlage (▶ Tin Pan Alley), wird der Song ab Anfang des 20. Jh.s formal standardisiert. Er erhält die für viele amerikanische Schlager und Jazztitel typische 32taktige Form, in der der Refrain (▶ Chorus) das wichtigste Element ist.
In Deutschland erhielt der Song ein eigenes Gepräge. Als pointiertes Vortragslied eignete er sich besonders gut für ▶ Kabarett und ▶ Varieté. Von dort, wo Kompo-

nisten wie Friedrich Hollaender und Rudolf Nelson tätig waren, wurde der Song in den 20er Jahren von Kurt Weill und Hanns Eisler für ihre Zwecke übernommen. Er fand einen festen Platz in den Theaterstücken von Bertolt Brecht mit den Bühnenmusiken von Weill und Eisler. Die bekannte und eingängige Form des Songs wurde hier benutzt, um Inhalte und ästhetische Prinzipien zu transportieren, insbesondere, um Kritik am herrschenden Musik- und Theaterbetrieb, aber auch an der politisch-gesellschaftlichen Situation in Deutschland wirkungsvoll zu artikulieren. Nach diesem Verständnis ist der Song kein gefühlsbetontes Unterhaltungslied, sondern ein den Intellekt ansprechendes Mittel der Bewußtmachung und der Beeinflussung (Agitation). Im Zusammenhang mit den Vertonungen Brechtscher Texte durch Weill und Eisler spricht man von einem spezifischen **Song-Stil** (Beispiel: *Mackie Messer-Song* aus der *Dreigroschenoper* von Brecht und Weill, 1928).
Der französische Begriff für Lied ist ▶ Chanson (lat.: cantio = Gesang). Chanson ist Unterhaltungskunst, die vom Hörer Mitdenken und Mitfühlen verlangt.
Das **Kunstlied**, oft auch als **klavierbegleitetes Sololied** bezeichnet, ist eine spezifisch deutsche Schöpfung. So unübersetzbar ist dieser Begriff, daß man in Frankreich von „le lied" spricht. Diese Liedgattung gehört in den Bereich der Kunstmusik. Sie erlebte ihre Blütezeit im 19. Jh., wo alle Komponisten von Rang auch Lieder schrieben (allein Franz Schubert schrieb über 600). Das Kunstlied ist formal nicht an das Schema Strophe – Refrain gebunden. Zwar ist der zugrundeliegende Gedichttext meist strophisch, die Musik verzichtet aber oft auf die Strophengliederung zugunsten einer durchkomponierten Form (**durchkomponiertes Lied**; Beispiel: *Das Veilchen* von Wolfgang Amadeus Mozart). Das **variierte Strophenlied** zeigt eine in den einzelnen Strophen jeweils veränderte musikalische Gestaltung, läßt aber die Strophenform noch durchscheinen (Beispiel: *Der Lindenbaum* von Franz Schubert).
Im Kunstlied ist der Zusammenhang zwischen Text und Musik besonders eng. Die Komponisten versuchen, Inhalt und Gefühlswelt des Textes musikalisch zu deuten und Stimmungen in oft tonmalerischer Weise wiederzuspiegeln. Die Klavierbegleitung übernimmt dabei eine wichtige Rolle. In vielen Liedern Franz Schuberts, Robert Schumanns und anderer Komponisten der Romantik wird sie zur gleichbe-

Franz Schubert, 1846

rechtigten Partnerin der Gesangsstimme. Ausgedehnte Vor- und Nachspiele lassen dies schon auf den ersten Blick erkennen. Oft werden mehrere Kunstlieder in Zyklen zusammengefaßt, deren Basis thematisch gleiche oder ähnliche Gedichttexte sind (z.B. *Die Winterreise* von Schubert oder *Dichterliebe* von Schumann). Kunstlieder können nicht von Hobbymusikern gesungen werden; sie setzen ausgebildete Sänger und Pianisten als Interpreten voraus. Ein Konzert, in dem nur Kunstlieder auf dem Programm stehen, wird als **Liederabend** bezeichnet.

Liederspiel ist eine kleine, dem ▶ Singspiel nahestehende und vor allem im ersten Drittel des 19. Jh.s beliebte theatralische Form; die gesprochene Handlung wird mit volkstümlichen Liedern angereichert.

Liedertafel ist eine Bezeichnung für Männerchöre, die sich in Vereinen organisieren (▶ Chor, ▶ Singakademie). Die erste Liedertafel wurde 1809 in Berlin von dem Komponisten Carl Friedrich Zelter gegründet. Sie bildet zugleich den Beginn des deutschen ▶ Männerchores. Vor allem im 19. und 20. Jh. entstanden zahlreiche Kompositionen für Männerchor. Einer der bekanntesten Komponisten für dieses Genre ist Friedrich Silcher.

Light Show ist die Unterhaltungs- oder Rockkonzerte begleitende Bühnenbeleuchtung. Sie kann über eine Lichtorgel elektronisch im Takt der Musik gesteuert werden und hat, zusammen mit anderen Show-Effekten, für den Charakter und Erfolg eines Konzertes große Bedeutung. Beliebte Effekte sind die Lichtblitze des Stroboskops, das ruckartige Bewegungen wie in einem Trickfilm vortäuscht, und sich drehende Spiegelkugeln, die einen künstlichen Lichterhimmel erzeugen.

l'istesso tempo (ital.) Spielanweisung: gleiches Tempo wie zuvor, nach Tempo- oder Taktwechsel.

Litanei (griech.) Anrufung, Bittgesang (zu Gott, Christus, Heiligen) in der katholischen Liturgie. Litaneitexte wurden bis ins 18. Jh. hinein von vielen Komponisten vertont, u.a. von Wolfgang Amadeus Mozart.

Lochamer Liederbuch Eine Sammlung von 42 deutschsprachigen, ein- bis dreistimmigen Liedern zum geselligen Gebrauch aus dem 15. Jh. Die Handschrift trägt den Namen ihres ersten Besitzers, Wölflin von Lochamer. Sie enthält u.a. das Lied *All mein Gedanken die ich hab*. Das Lochamer Liederbuch ist eine der wichtigsten Quellen des alten deutschen Liedes.

Loure (franz.) nennt man eine Form des ▶ Dudelsacks, der vom Mittelalter bis ins 20. Jh. hinein in Frankreich gespielt wurde. Später bezeichnete man auch einen ländlichen Tanz im 6/4-Takt als Loure. Wie viele andere Volkstänze wurde auch die Loure im 17. und 18. Jh. in die höfische Instrumentalmusik übernommen. Als Bestandteil der ▶ Suite finden wir sie z.B. bei Johann Sebastian Bach und François Couperin.

LP (engl.: Long Play = lange Spieldauer) Schallplatte von 30 cm Durchmesser, die bei 33 Umdrehungen pro Minute abgespielt wird und bis zu etwa 2 x 30 Minuten Musik faßt. Seit den 60er Jahren war sie der wichtigste Tonträger für die Verbreitung von Musik aller Art. Im Gegensatz zur

▶ Single mit ihren zwei möglichen Titeln, erlaubt die LP eine repräsentative Auswahl von Musikstücken, die z.B. für eine Rockgruppe typisch sind, sowie die Wiedergabe längerer Werke.

Lure Ein Blasinstrument aus germanischer Vorzeit (13.–7. Jh. v. Chr.), das von Form und Tonerzeugung her ein ▶ Horn ist. Die Lure besteht aus einem stark gebogenen, etwa 2 m langen konisch gebohrten (nach unten weiter werdenden) Rohr aus Bronze mit kesselförmigem Mundstück

und einer flachen, verzierten Scheibe am Rohrende. Der Klang des Instruments ist posaunenähnlich. Man nimmt an, daß Luren immer mindestens paarweise gespielt wurden und daß sie bei kultischen Handlungen erklangen.

Lyra (griech.) heißt ein Zupfinstrument der griechischen Antike. Die Lyra gilt als das Instrument der Dichter und Sänger. Der Resonanzkörper der Lyra bestand ursprünglich aus einem Schildkrötenpanzer, später aus Holz. Die charakteristische Form erhielt die Lyra durch ihre meist geschwungenen Seitenarme. Die 3–7 Saiten der Lyra wurden mit einem harten Plättchen, einem Plektrum, gezupft. Mit der Lyra verwandt ist die **Kithara** mit ihren bis zu 12 Saiten. Die Kithara wurde auch als Soloinstrument gespielt und galt in der Antike

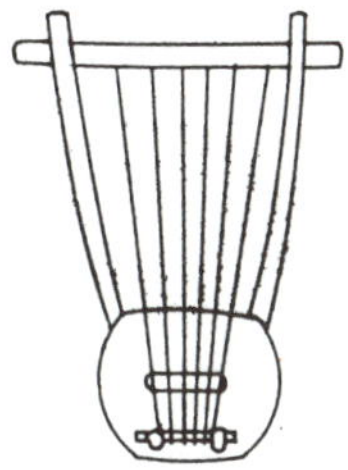

als das Saiteninstrument der Virtuosen, während die Lyra überwiegend zur Liedbegleitung eingesetzt wurde. Im 18. Jh. wurde im Rückblick auf die Antike die **Lyragitarre** erfunden, eine Mischung aus Lyra und Kithara mit Schallöchern.

M

Madrigal (ital.: madre = Mutter; etwa: Lied in der Muttersprache) Eine mehrstimmige strophische Liedgattung, deren Ursprung im 14. Jh. in Italien liegt. Zunächst war das Madrigal eine formal und inhaltlich vielseitige, volkssprachliche literarische Gattung. Später wurde es eine der wichtigsten musikalischen Formen der Vokalmusik der Renaissance und des Barock in Mitteleuropa. Seine Blütezeit erlebte das Madrigal im 16. und 17. Jh. Als eine Art vokaler ▶ Kammermusik für einen exklusiven

Hörerkreis aus Adel und gebildetem Bürgertum war das Madrigal für die Komponisten ein Experimentierfeld, auf dem die jeweils neuesten musikalischen Gestaltungsmittel erprobt wurden. Polyphonie, Monodie, homophone Satzweise mit neuartiger, farbiger Harmonik und tonmalerische Klangeffekte (Madrigalismen) machten das Madrigal zur anspruchsvollsten weltlichen Vokalkunst der Epoche.
Madrigale wurden seinerzeit so gesungen, wie es heute Vokalensembles wie die King's Singers vorführen: solistisch und a cappella (unbegleitet). Erst im Zuge der Wiederentdeckung der alten Musik in Deutschland zu Anfang des 20. Jh.s wurde das Madrigal als Chormusik aufgefaßt. Seitdem erfreuen sich die Madrigale von Orlando di Lasso, Carlo Gesualdo, Thomas Morley, Hans Leo Haßler und anderen Komponisten des 16. und 17. Jh.s großer Beliebtheit. Neue Beiträge zur Gattung schrieben im 20. Jh. u.a. Paul Hindemith und Ernst Pepping.

maestoso (ital.) Vortragsanweisung: majestätisch, würdevoll; oft verbunden mit einer Tempobezeichnung, z.B. allegro maestoso.

maggiore (ital. = größer) Bezeichnung für Dur (wegen des für Dur charakteristischen Intervalls der großen Terz). Besitzt ein ansonsten in Moll stehender Satz einen Zwischenteil in Dur, so wird dieser mit Maggiore überschrieben. Das Gegenteil von maggiore ist ▶ minore (Moll).

Magnificat (lat.: magnificat anima mea dominum = meine Seele rühmt den Herrn) heißt der Lobgesang der Mutter Jesu aus dem Lukas-Evangelium, wie er in der katholischen Kirche in der Vesper gesungen wird. Auch die evangelische Kirche kennt das Magnificat. Ursprünglich einstimmig in der Art der Psalmodie (gehobener Sprechgesang auf wenigen Tönen) vorgetragen, wurde das Magnificat seit dem 15. Jh. auch mehrstimmig vertont, z.B. von Guillaume Dufay und Orlando di Lasso. Aus späterer Zeit sind vor allem die Kompositionen von Johann Sebastian Bach (1723/30) und Wolfgang Amadeus Mozart (1779) berühmt geworden.

Mainstream (engl. = Hauptstrom) bezeichnet im Jazz den gemeinsamen Nenner, auf den die charakteristischen Merkmale des Jazz vom New Orleans-Stil bis zum Modern Jazz, Free Jazz und Rock Jazz von manchen Musikern gebracht werden, die damit eine Art zeitlosen Swing, d.h. einen für viele Geschmacksrichtungen passenden stilübergreifenden Sound entwickeln. Im weiteren Sinne wird der Begriff auch in der Rock- und Popmusik verwendet. Hier erhält er oft den Beigeschmack des Stromlinienförmigen und Marktgängigen.

Mallet-Instrumente (engl.: mallet = Schlegel) ist der Oberbegriff für Schlaginstrumente, deren meist klaviaturmäßig angeordnete Stäbe, Platten oder Röhren mit Schlegeln angeschlagen werden. Sie sind als Melodie-, Akkord- und Rhythmusinstrumente einsetzbar. Zu den Mallet-Instrumenten gehören: Glockenspiel, Xylophon, Marimbaphon, Vibraphon, Röhrenglocken, Cymbales antiques (Zimbel), Steinspiel, Gongspiel und Hackbrett. Die meisten dieser Instrumente stammen aus asiatischen Ländern und fanden erst im 19. oder 20. Jh. Eingang in das europäische Instrumentarium. Die Mallets werden überwiegend in der populären Musik und im Jazz eingesetzt.

Mambo (span./kreol.) Ein lateinamerikanischer Tanz afro-kubanischen Ursprungs in mittlerem bis schnellem Tempo (meist 4/4-Takt). Um 1940 entstanden, gelangte der Mambo Anfang der 50er Jahre nach Europa und wurde hier für kurze Zeit zum Modetanz. Typisch für den Mambo ist die Kombination des Tresillo (eine Teilung des Vierertaktes in drei Teile) mit anderen Rhythmen, die im Zusammenklang eine komplexe rhythmische Struktur ergeben. Melodisch und harmonisch zeigt der Mambo viele Elemente des Jazz.

Mandoline (ital.) Ein Zupfinstrument mit stark bauchigem Korpus, kurzem Hals mit Bünden, leicht abgeknicktem Wirbelkasten, Schalloch und vier Doppelsaiten (Stimmung: g d^1 a^1 e^2). Von den unterschiedlichen Mandolinentypen, die sich in verschiedenen Regionen Italiens entwickelten, setzte sich die neapolitanische Form durch. Ihre Blütezeit erlebte die Mandoline im 18. Jh., wo sie außer in der Volksmusik auch in Oper und Konzert eingesetzt wurde. Komponisten wie Antonio Vivaldi und Wolfgang Amadeus Mozart nutzten die Möglichkeiten des Melodiespiels und des mehrstimmigen Spiels auf der Mandoline, die beim Zupfen mit den Fingern bestehen. In der Volksmusik und im Mandolinenorchester wird die Mandoline mit einem harten Plättchen, dem Plektrum, angeschlagen und zur Verlängerung des Tons mit dem typischen Tremolo gespielt. Auch im Jazz, in der Country Music und im Folk Rock kommt die Mandoline gelegentlich vor. Neben der Mandoline gibt es die eine Oktave tiefere **Mandola** sowie die Baßinstrumente **Mandolone** und **Mandoloncello**.

Männerchor Eine Gruppe von Männern, die sich zum Chorsingen zusammengeschlossen haben (▶ Chor). Die Laien-Männerchöre, wie wir sie heute kennen, gibt es seit dem frühen 19. Jh. vorwiegend in Deutschland. Viele Komponisten des 19. Jh.s schrieben Werke für diese Formation aus 1. und 2. Tenor, 1. und 2. Baß, so z.B. Friedrich Silcher, Franz Schubert oder Felix Mendelssohn Bartholdy.
Ausschließlich aus Männerstimmen zusammengesetzte Chöre gab es bereits im Mittelalter. In der Kirchenmusik waren damals nur Männer als Ausübende geduldet. Die hohen Stimmen wurden im ▶ Falsett gesungen und in späteren Jahrhunderten von Knabenstimmen übernommen.
Noch heute gibt es professionelle männliche Vokalensembles, die vier- bis sechsstimmige Chorsätze – ansonsten die Domäne der gemischten Chöre – virtuos vortragen. Hier sind vor allem die King's Singers zu nennen, die aus einer spezifisch englischen Chortradition kommen. Die Sopran- und Altlage ist hier durch je einen ▶ Countertenor besetzt.

Manual (lat.: manus = Hand) heißt die ▶ Klaviatur bei Tasteninstrumenten, die mit den Händen gespielt wird (im Gegensatz zum ▶ Pedal, das man mit den Füßen betätigt). Vor allem beim Cembalo und bei der Orgel spricht man von Manualen. Ein Cembalo kann bis zu drei, eine Orgel bis zu fünf übereinander liegende Manuale haben. Findet man in einer Komposition für Orgel die Anweisung **manualiter**, so wird dieses Stück nur auf dem Manual, ohne Pedal, gespielt.

Maracas (portug.) spielen in der Tanzmusik Lateinamerikas und im Jazz eine wichtige Rolle. Die auch als **Rumba-Rasseln** oder **Rumba-Kugeln** bezeichneten, stets paarweise verwendeten Maracas bestehen aus Holz- oder Kunststoffkugeln mit

Stiel (ursprünglich ausgehöhlten Kürbissen) und sind mit Steinchen oder Kernen gefüllt. Bei ruckartigen Bewegungen oder beim Schütteln geben sie ein durchdringendes Rasselgeräusch von sich.

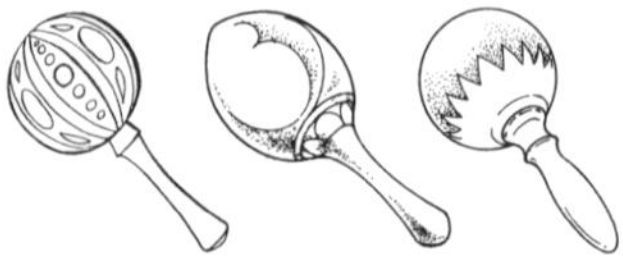

marcato (ital.), Abkürzung **marc.**, ist eine Vortragsanweisung: betont, akzentuiert, markiert bzw. markant zu spielen.

Marimba (afrik./span.) heißt ein altes afrikanisches Schlaginstrument. Es besteht aus verschieden großen, der Länge nach geordneten Holzplatten, die auf einem Rahmen befestigt und mit je einem getrockneten Kürbis pro Platte als Resonanzkörper verbunden sind. Die Platten werden mit Hämmerchen angeschlagen. Die afrikanischen Sklaven brachten die Marimba nach Amerika, wo sie vor allem in der Tanzmusik ihren Platz fand.
Bei der modernen Form der Marimba, dem **Marimbaphon**, sind die Kürbisse durch Metallröhren ersetzt. Die Platten werden mit weichen Schlegeln angeschlagen. Der Tonumfang des Marimbaphons reicht von c bis c^4. Der Klang des Instruments ist weich, aber kernig und farbig. Außer in der Tanzmusik wird das Marimbaphon häufig im Jazz verwendet; auch in der Neuen Musik ist es gelegentlich zu finden.

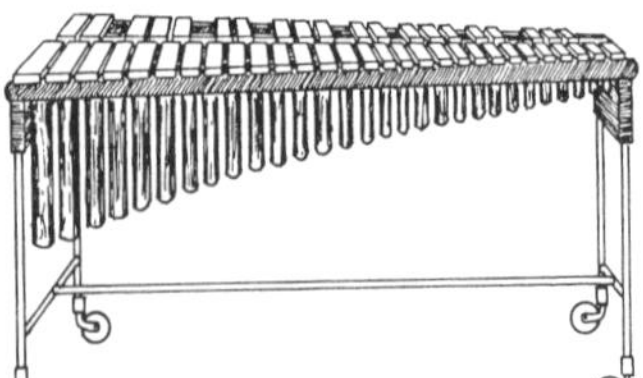

Marimbaphon

Marsch (franz.: marcher = schreiten, marschieren) Wegen seines stark betonten Rhythmus' wird der Marsch meist mit der Militärmusik in Verbindung gebracht. Die Wirkung des Marsches, viele Menschen in Bewegung zu bringen, wurde seit der griechischen Antike genutzt, etwa beim Einzug des Chores ins Theater. Marschartige Umzüge, bei denen z. B. Landsknechtslieder gesungen und mit Trommeln und Pfeifen begleitet wurden, waren im Mittelalter populär. Solche Veranstaltungen gehörten damals zu den wenigen öffentlichen Musikdarbietungen. Die eigentliche Militärmusik kam erst im 16./17. Jh. unter dem Einfluß der ▶ Janitscharenmusik auf. Zur Regelung des Gleichschritts einer Gruppe von Soldaten bei verschiedenen Anlässen wurden im Preußen Friedrich Wilhelms I. Gattungen wie Parademarsch, Präsentiermarsch, Geschwindmarsch, Reitermarsch u. a. geschaffen.
Gerade Taktarten wie 2/4- und 4/4-Takt sind beim Marsch die Regel; Reitermärsche stehen im 6/8-Takt. Formal besteht der Marsch aus zwei Teilen; der zweite Teil, Trio genannt, besitzt oft eine Melodie, die zum Mitsingen animiert. Soldaten haben über Jahrhunderte eigene Texte dazu erfunden, die – parodistisch, sentimental oder zotig – Stimmung und Einstellung der Truppen widerspiegeln. Während des Marschierens gesungen, halfen solche Marschlieder den Soldaten, ihre Angst und die Greuel des Krieges zu verdrängen.
Neben dem **Kleinen Spiel** aus Trommeln und Pfeifen wurde in der preußischen Militärmusik immer häufiger das **Große Spiel** eingesetzt, ein bis zur Orchestergröße reichendes Ensemble aus Holz- und Blechblasinstrumenten mit Schlagzeug. Vor allem in den Metropolen und Garnisonsstädten spielten die großen Militärorchester (▶ Blasmusik) seit dem 19. Jh. auf öffentlichen Plätzen. Auch Militärparaden trugen zur Verbreitung und Popularisierung des Marsches bei.

Im letzten Drittel des 19. Jh.s fand der Marsch Eingang in die populäre Musik. Zahlreiche Märsche wurden seitdem für das Konzert- und Tanzmusikrepertoire komponiert, z. B. von Paul Lincke, dessen Märsche bis heute sehr populär sind (z. B. *Berliner Luft*, 1904). Heute ist der Marsch häufig Grundlage von Karnevalsliedern oder volkstümlichen Schlagern. Er regt das Publikum zum Mitklatschen an.
In die Kunstmusik wurde der Marsch schon im 17. Jh. aufgenommen. In stilisierter Form ist er in vielen Suiten und Opern zu finden, auch in der Serenade und vielen anderen Musikgattungen bis ins 20. Jh.

Maultrommel heißt ein in Europa seit dem Mittelalter verwendetes kleines Instrument der Volksmusik. Die Maultrommel oder das **Brummeisen** besteht aus einem hufeisenförmig gebogenen Stahlbügel mit parallelen Enden, zwischen denen eine dünne Stahlzunge frei schwingt. Zum Spielen fixiert man den schmaleren Teil des Rahmens mit den Lippen vor der offenen Mundhöhle, hält den breiteren mit einer Hand fest und zupft mit einem Finger der anderen Hand an der Stahlzunge. Durch Veränderung der Mundstellung (etwa wie beim Singen) kann der Spieler die Tonhöhe beeinflussen. Die Töne sind sehr leise; präzise Tonhöhen sind erst mit einiger Übung zu erzielen. Der Mundraum wirkt zugleich als Resonanzraum.

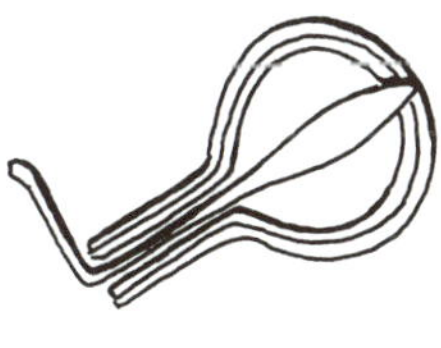

Mazurka (poln.) ist ein Tanz im 3/4- oder 3/8-Takt mit punktiertem Rhythmus und Betonung der Zählzeiten 2 oder 3. Die Mazurka gilt als polnischer Nationaltanz, der nach der Niederschlagung des Aufstandes von 1831 zum Symbol für den Freiheitswillen des polnischen Volkes wurde. Seit 1600 in Polen verbreitet, war die Mazurka vor allem im 19. Jh. als Gesellschaftstanz auch in anderen europäischen Ländern sehr beliebt. Vielfach wurde sie in Opern und Ballettmusiken eingebaut. Vor allem Frédéric Chopin beschwor in seinen Klavierstücken musikalisch immer wieder die Mazurka seiner Heimat herauf.

MC (Abkürzung für Musik-Cassette oder MusiCassette) Tonträger für Tonband-Cassetten-Geräte: Ein 4 Millimeter breites Tonband befindet sich zusammen mit einem Spulenmechanismus in einem Plastikgehäuse. Neben der Schallplatte wurde die MC zum wichtigsten Massentonträger der 70er und 80er Jahre, bekam dann jedoch Konkurrenz durch die Compaktdisc (▶ CD) und das digitale Gegenstück zur MC, die ▶ DAT-Cassette.

Mechanische Musikinstrumente sind Apparate zur mechanischen Wiedergabe von Musikstücken. Solche auch als **Musikautomaten** bezeichneten Geräte haben die Phantasie der Menschen seit jeher beschäftigt. Die ältesten Zeugnisse für die Existenz mechanischer Musikwerke stammen aus dem Mittelalter; hier waren es vor allem in Kirchtürmen angebrachte Glockenspiele, die von Hämmerchen angeschlagen wurden. Die drehbare **Stiftwalze** (Walze mit auf der Oberfläche angebrachten Stiften, die beim Drehen Ventile öffnen, Federn auslösen oder Zungen anreißen) ist charakteristisch für die meisten mechanischen Musikinstrumente bis weit ins 19. Jh. hinein.
Im 18. Jh. erlebten Musikautomaten wie

die **Flötenuhr**, im 19. und 20. Jh. ▶ Drehorgeln eine Blütezeit. Bei beiden Instrumentenformen wird mit einem Blasebalg Wind an eine oder mehrere Pfeifenreihen herangeführt. Der Ton wird wie bei der Orgel erzeugt. Das größte dieser Instrumente ist das **Orchestrion**, eine Konzertorgel mit Flöten- und Geigenstimmen (manchmal auch Klavierklängen) sowie eingebautem Schlagwerk, die heute noch auf manchem Kirmesplatz anzutreffen ist. An die Stelle der Stiftwalze trat hier die perforierte Papierrolle oder der gelochte, gefaltete Kartonstreifen; durch Druckluft werden die Pfeifen bzw. die Ventile geöffnet. Der Antrieb erfolgt bei den Instrumenten des 20. Jh.s allerdings nicht mehr durch das Kurbeln von Hand, sondern durch einen Elektromotor, der das „Notenmaterial" und die Blasebälge bewegt.

Das Orchestrion war überwiegend für die Wiedergabe populärer Musik eingerichtet. Mit dem Welte-Mignon-Reproduktions-Piano (1904) und der Welte-Philharmonie-Orgel (1913) der Firma Welte in Freiburg und ähnlichen Apparaten wurden für die Reproduktion von Kunstmusik geeignete Instrumente geschaffen. Berühmte Musiker wie z.B. Max Reger, Claude Debussy oder Ferruccio Busoni bespielten Notenrollen für diese Instrumente – einzigartige Dokumente mit Original-Einspielungen vor der Erfindung der Schallplatte.

Für den Hausgebrauch und für das Kinderzimmer wurden seit dem 18. Jh. Spieldosen und Spieluhren gefertigt. Bei der **Spieldose** entstehen die Töne durch Metallzungen, die von den Stiften einer sich drehenden Walze oder Scheibe angezupft werden. Eine Kombination von Spieldose und Uhrwerk bezeichnet man als **Spieluhr**.

Für die verschiedenen Arten mechanischer Instrumente komponierten viele bekannte Komponisten des 18. und 19. Jh.s, z.B. Joseph Haydn und Wolfgang Amadeus Mozart. Ludwig van Beethovens Konzertstück *Wellingtons Sieg oder die Schlacht bei Vittoria* op. 91 (1813) war vom Komponisten ursprünglich für das „Panharmonicon", ein großes Orchestrion, geschrieben worden.

Mediante

Mediante (lat. medius = in der Mitte) heißt der 3. Ton der Tonleiter, weil er zwischen dem 1. (der Prime) und dem 5. (der Quinte) liegt, also auch gleichzeitig der mittlere Ton des Tonika-Dreiklanges ist (Dreiklang auf der 1. Stufe einer Tonleiter, ▶ Harmonielehre). Die Mediante bestimmt das Tongeschlecht, d.h., sie legt fest, ob eine Tonleiter Dur oder Moll ist. Der Begriff wurde im 17. Jh. in der französischen Musiktheorie entwickelt und später vom einzelnen Ton auf einen ▶ Dreiklang übertragen, der im Terzverhältnis zum Tonikadreiklang steht, also 2 Tonleiterschritte von ihr entfernt ist. Je nachdem, ob die Terz über oder unter der Tonika liegt, spricht man von **Obermediante** bzw. **Untermediante**.

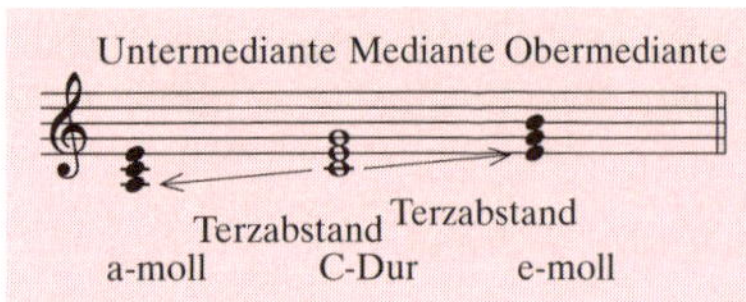

Die Medianten gehören zu den **Nebendreiklängen**. Sie können in Dur oder Moll stehen und auch von anderen Akkorden als der Tonika gebildet werden. Terzverwandte Klänge waren u.a. in der Romantik ein beliebtes Ausdrucksmittel.

Mehrchörigkeit

Mehrchörigkeit ist eine Kompositionstechnik, bei der zwei oder mehr Chöre in einem Musikwerk miteinander kombiniert werden. Dieses Prinzip kam Ende des 16. Jh.s in Venedig auf. Die zwei Orgelemporen des dortigen Markusdoms animierten die Komponisten, auf jeder Empore einen Chor zu plazieren und dadurch – bei abwechselndem oder gleichzeitigem Einsatz – eine raumfüllende Klangwirkung zu erzielen (**Doppelchörigkeit** als eine Art früher Stereophonie). Die bekanntesten Werke aus der Frühzeit der Mehrchörigkeit stammen von Andrea Gabrieli und seinem Neffen Giovanni Gabrieli; letzterer kombinierte bis zu vier Chöre und fünf Instrumentalensembles. Dies kam der Neigung des Barockzeitalters zu Üppigkeit und Prachtentfaltung sehr entgegen, so daß sich die Mehrchörigkeit schnell auch in Frankreich und Deutschland verbreitete. Außerdem kam hiermit erstmals der Klang reiner Instrumentalgruppen voll zur Geltung – bis dahin waren Instrumente meist nur zur Begleitung des Gesangs eingesetzt worden. So gab die Mehrchörigkeit auch einen entscheidenden Anstoß zur Entwicklung der Instrumentalmusik. Vokale Mehrchörigkeit finden wir z. B. in Werken von Heinrich Schütz, in Johann Sebastian Bachs *Matthäuspassion* (1729), in Wolfgang Amadeus Mozarts *Messe c-moll* (1782/83) oder Anton Bruckners *Messe e-moll* (1866).

melismatisch (griech.: melisma = Gesang, Lied) Wenn in einer Melodie auf eine Textsilbe mehrere Töne verschiedener Tonhöhe kommen, spricht man von Melismen. Das Gegenteil von melismatisch ist **syllabisch**. Hier kommt auf jede Textsilbe ein Melodieton. **Melismatik** ist vor allem typisch für die Musik vieler orientalischer Völker. Von dort gelangte sie in die Musik des südlichen Balkans und Spaniens. Auch in der mitteleuropäischen Musik seit dem Mittelalter ist Melismatik häufig zu finden.

Melodica Das Blasinstrument mit schnabelförmigem Mundstück und einer Tastenreihe hat meist zwei Oktaven Umfang (Sopran: c^1-c^3, Alt: f-f^2). Die Melodica gehört zur Gruppe der Harmonika-Instrumente, da der Ton mit Wind und durch-

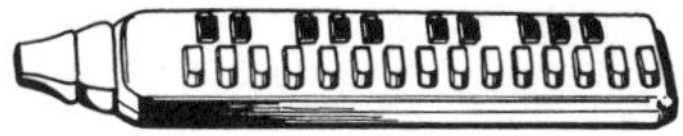

schlagenden Zungen erzeugt wird. Das Instrument ermöglicht ein- und mehrstimmiges Spiel und ist dank seiner Anblas- und Spieltechnik leicht zu erlernen. Als Anfangsinstrument für Kinder entwickelt, spielt die Melodica in der Musikerziehung eine gewisse Rolle.

Melodie (griech.: melos = Lied) Als Melodie bezeichnet man eine zusammenhängende Folge von Tönen, die formal geschlossen wirkt, eine unverwechselbare Gestalt besitzt, verständlich und nachvollziehbar ist und sich zum Singen eignet. Die Melodiebildung, wie auch die historische Entstehung der Melodie überhaupt, hängt eng mit Sprache und Gesang zusammen. Auch der Rhythmus – neben dem Tonhöhenverlauf eine weitere wichtige Komponente der Melodie – ist stark von der zugrundeliegenden Sprache geprägt. Aus der Nähe zum gesungenen Text ergibt sich auch eine Tendenz zu periodischem Bau (Entsprechungen von Melodieteilen, Vorder- und Nachsatz-Gliederung) sowie rhythmischer Gliederung (Akzentbildung, Wiederholung).

Die Gliederung eines vertonten Textes ist oft Grundlage für die **Phrasierung** einer Gesangsmelodie, d.h. ihre Einteilung in kleinere oder größere Sinneinheiten (Phrasen). Dieses Prinzip ging später auch auf die textunabhängige Instrumentalmusik über.

Im Laufe der abendländischen Musikgeschichte haben sich die Auffassungen über Melodik stark gewandelt. In den verschiedenen europäischen Ländern sowie in den außereuropäischen Kulturen herrschen jeweils eigene Typen und Formen vor.

Typisch für die Melodik der mitteleuropäischen Volksmusik und der populären Musik sind Kurzgliedrigkeit (jeweils 2 bis 4

Takte bilden eine Phrase), Symmetrie (periodische Bauweise, d.h. meist Teile von 4, 8 oder 16 Takten Länge) und häufige Wiederholungen. Während die mitteleuropäische Melodik auf Ganz- und Halbtönen basiert, finden sich in der orientalischen und asiatischen Musik häufig Viertel- und Achteltöne. Die Melodik ist hier stark vom jeweiligen Ausdruck des Stückes abhängig, liegt nicht von vornherein fest und kann von den Sängern freier gehandhabt werden.

Im Jazz wird die europäische Melodik durch einen freien Umgang mit den Tonstufen (blue notes, dirty), durch eigenwillige Artikulation und Phrasierung verändert (▶ Blues). In der ▶ Neuen Musik des 20. Jh.s wird die Melodie auf Harmonie, Rhythmus und Klangfarbe ausgedehnt (in der seriellen Musik) und von ihrer traditionellen Bindung an Singbarkeit und Wiederholung befreit.

Melodram (griech.: melos = Lied, drama = Handlung) Der Wechsel von gesprochenem Wort und begleitender Musik oder der über eine illustrierend unterlegte Musik gesprochene Text ist das charakteristische Merkmal des Melodrams, einer Gattung musikalischer Schauergeschichten, die im 18. und 19. Jh. zu den populärsten Formen der Musik- und Theatergeschichte gehörte. Die Wurzeln des Melodrams reichen bis in die Antike zurück. Seinen eigentlichen Aufschwung nimmt es mit Jean-Jacques Rousseaus 1762 entstandenem *Pygmalion*. In Deutschland erfreuten sich bis weit in das 19. Jh. hinein die Melodramen *Ariadne auf Naxos* (1775) und *Medea* (1778) des in Berlin wirkenden Georg Benda großer Beliebtheit und regten zahlreiche Komponisten des 19. Jh.s wie Franz Schubert, Robert Schumann, Richard Wagner, Franz Liszt zu ähnlichen Werken an.

Das **Konzertmelodram** entwickelte sich nach den eher galant-empfindsamen Anfängen im 18. Jh. zur virtuosen Rezitationskunst mit Klavier- oder Orchesterbegleitung. Alle Register des Schockierenden und Grauenhaften, die die als Textgrundlage bevorzugten Balladen seit dem Sturm und Drang bieten, werden eingesetzt. Eine schaurige Mordszenerie entwirft z.B. Robert Schumanns Musik zur *Ballade vom Haideknaben* (1852) von Friedrich Hebbel und bietet so zugleich feinsinnigen Kunstgenuß und deftige Unterhaltung.

Massenunterhaltung, Theaterspektakel und Trivialkunst ist jedoch das Melodram im 19. Jh. vor allem auf den zahlreichen Vorstadtbühnen der europäischen Großstädte, allen voran London und Paris. Es ist Sensationskunst mit Lust an den Kriminalfällen der Zeit und den Schauergeschichten der Volksüberlieferung.

Die illustrierende Funktion der Musik im Melodram findet sich in der Filmmusik der Stummfilmzeit ebenso wieder wie später z.B. im klassischen Western.

Komponisten des 20. Jh.s haben sich mit melodramatischer Darstellungstechnik in verschiedenen Zusammenhängen auseinandergesetzt. Beispiele finden sich bei Arnold Schönberg (*Gurrelieder*, 1910–11 und *Ein Überlebender aus Warschau*, 1947), in Alban Bergs Opern (*Wozzeck*, 1915–21 und *Lulu*, 1928–34) oder in der *Lukas-Passion* von Krzysztof Penderecki (1965/66).

Menuett (franz.: menu = klein) Der um die Mitte des 17. Jh.s in Frankreich entstandene höfische Tanz wurde als Gesellschaftstanz, als Teil des Balletts und als Satz der Suite wie der Sinfonie zu einem zentralen Element der Musik des Barock und der Klassik.

Als Paartanz war das Menuett im 18. Jh. und bis zu Beginn des 19. Jh.s an den Höfen und bei großbürgerlichen Tanzfesten einer der beliebtesten Gesellschaftstänze. Als historischer Tanz wird das Menuett an manchen Tanzschulen noch heute unterrichtet. Das Menuett steht im Dreivierteltakt, die

erste Taktzeit ist betont. Das Tempo ist in den verschiedenen Epochen und Funktionszusammenhängen unterschiedlich. Formal besteht das Menuett aus zwei Teilen, von denen jeder 4, 8 oder 16 Takte hat und wiederholt wird.
Schon gegen Ende des 17. Jh.s taucht das Menuett als Satz der Suite auf, einer Folge von Instrumentalstücken auf der Basis von Tanzrhythmen, die jedoch nicht mehr zum Tanzen bestimmt sind. In dieser Form wird das Menuett auch Teil der Sinfonie. In der vorklassischen und klassischen Sinfonie ist das Menuett in der Regel der 3. Satz. Es wird hier meist durch ein **Trio** ergänzt, einen kontrastierenden Teil, auf den die Wiederholung des Menuetts folgt. Bei Joseph Haydn und Wolfgang Amadeus Mozart findet sich das Menuett auch in Streichquartetten, Divertimenti und Serenaden.
Während das Menuett noch immer gern getanzt wurde, verschwand es im ersten Drittel des 19. Jh.s als Satz aus Sinfonie und Kammermusik. Bei Ludwig van Beethoven und Franz Schubert tritt das Scherzo an seine Stelle. In späteren Kompositionen erinnert noch die Tempobezeichnung „tempo di minuetto“ an das Menuett.

Meringue heißt ein lateinamerikanischer Tanz, der in der Karibik, vor allem auf Haiti und in der Dominikanischen Republik, seit Mitte des 19. Jh.s bekannt ist. Der Meringue oder **Merengue** wurde in allen Gesellschaftsschichten getanzt, lebte aber vor allem als städtische Folklore in der Verbindung von Lied und Tanz. Rhythmisch ist der Meringue der ▶ Habanera ähnlich.

Messe (lat.: missa) Mit den Worten „Geht, ihr seid entlassen“ („Ite, missa est“) beendet der Priester in der römisch-katholischen Kirche den Hauptgottesdienst, die Messe. Die liturgischen Texte sind in zwei Gruppen gegliedert: das **Proprium missae** (die wechselnden Texte, je nach Sonn- oder Festtag unterschiedlich) und das **Ordinarium missae** (die feststehenden, immer gleichbleibenden Teile der Messe). Zum Proprium gehören Introitus, Graduale, Alleluja, Offertorium und Communio, zum Ordinarium Kyrie, Gloria, Credo, Sanctus und Agnus Dei.
Für die Musikgeschichte ist vor allem das Ordinarium von Bedeutung. Seit dem 14. Jh. wurden Ordinariums-Messen komponiert. Eine der bekanntesten ist die um 1364 entstandene Messe von Guillaume de Machaut. Die Messe als Gattung wurde in den folgenden Epochen ständig kompositorisch weiterentwickelt. So wurde Vierstimmigkeit des Satzes üblich – viele Komponisten überschritten diesen Rahmen jedoch und schrieben Messen für 6 oder 8 Stimmen. Als Rekord und zugleich Kuriosum gilt die Messe, die Orazio Benevoli zur Einweihung des Salzburger Domes 1628 schrieb: Sie hatte 53 (gleichzeitig erklingende) Stimmen.
Messen des 15. und 16. Jh.s sind häufig **Cantus-firmus-Messen**, d. h., ihren verschiedenen Teilen liegt jeweils die gleiche Melodie zugrunde (meist ein Gregorianischer Choral, oft aber auch ein weltliches Lied). Diese Kompositionstechnik, die einen starken musikalischen Zusammenhang zwischen den Sätzen einer Messe herstellt, macht solche Messen zu zyklischen Werken. Der Cantus firmus liegt in dieser Epoche üblicherweise im Tenor (lat.: tenere = halten); der Begriff **Tenor-Messe** (Betonung auf der 1. Silbe) bedeutet, daß hier im Tenor ein solcher Cantus firmus verwendet wird. Tenor-Messen wurden u. a. komponiert von Josquin Desprez und Heinrich Isaac.
Bei der **Parodie-Messe** ist der zugrundeliegende Cantus firmus ein weltliches Lied, z. B. bei der Messe *L'Homme armé* von Josquin Desprez. Die Kirche, die damals streng über die Trennung der weltlichen

und der geistlichen Sphäre wachte, verbot durch das Konzil von Trient (1545–63) Messen auf der Basis weltlicher Vorlagen. Gleichzeitig wurde der a-cappella-Stil (unbegleiteter Chorgesang) des Komponisten Giovanni Pierluigi da Palestrina, vor allem seine *Missa Papae Marcelli* (um 1562) als vorbildlich für die katholische Kirchenmusik erklärt.

Im 17. Jh. gingen immer mehr Elemente aus der Oper in die Messe ein, so z.B. der instrumental begleitete Sologesang. Diese Vermischung der Sphären führte zur Ausprägung verschiedener Stilrichtungen in der katholischen Kirchenmusik. So existierten im 17. Jh. nebeneinander der konzertierende Stil (stile concertato), der alle damaligen klanglichen Mittel vom Solo und kleinen Ensemble bis zum vielstimmigen Chor und zum Orchestersatz ausschöpfte, und der kontrapunktische Satz (stile antico), d.h. der polyphone Chorstil alter Art (▶ Polyphonie). Zwischen beiden gab es zahlreiche Mischungen.

Im 18. Jh. war der gemischte Stil dominierend, der konzertierende und kontrapunktische Elemente vereinigte. Die Messen der Wiener Klassiker Joseph Haydn, Wolfgang Amadeus Mozart und Ludwig van Beethoven weisen keinen speziellen kirchenmusikalischen Stil mehr auf. Vielmehr zeigen die 14 Messen Haydns, die 19 Messen Mozarts und die 2 Messen Beethovens den jeweils unverwechselbaren Personalstil des einzelnen Komponisten. Im 19. Jh. schrieben u.a. Franz Schubert 6 Messen, Charles Gounod und Anton Bruckner je 6 Messen. Im 20. Jh. wurde die Gattung u.a. von Leoš Janáček und Igor Strawinski aufgegriffen.

Eine Sonderform der Messe ist die **Orgelmesse**, eine Zusammenstellung von Orgelstücken (**Versetten**) für die instrumentale Ausführung des Ordinariums. Bis ins 17. Jh. hinein schufen Komponisten zu diesem Zweck instrumentale Choralbearbeitungen (▶ Bearbeitung), die an die Stelle der jeweiligen, sonst gesungenen Choräle traten. Üblich war es, Chor und Orgel **alternatim** (lat. = wechselweise) musizieren zu lassen: 1. Strophe (Versett) Orgel, 2. Strophe Chor, 3. Strophe Orgel usw.

Metallophon nennt man ein Stabspiel, das aus einer klaviaturartig angeordneten Reihe schmaler Metallplatten auf einem Rahmen besteht. Das Metallophon gehört zum ▶ Orff-Instrumentarium und wird in Sopran-, Alt-, Tenor- und Baß-Lage gebaut. Sein Klang ist kräftig, durchdringend und hell; die Töne klingen lange nach.

mezza voce (ital.: mezzo = halb) Mit halber Stimme, also verhalten singen. Die Bezeichnung wird auch in der Instrumentalmusik verwendet.

mezzo (ital. = halb, mittel) findet man in Vortragsbezeichnungen in Kombinationen wie mezzoforte (mf) = mittellaut oder mezzopiano (mp) = halbleise.

MIDI (engl.: Musical Instrument Digital Interface = digitale Schnittstelle für Musikinstrumente) Eine Norm für die Verbindung zwischen Computern und elektronischen Musikinstrumenten, seit 1983 in der Version 1 gültig. Die Schnittstelle überträgt Daten mit einer Geschwindigkeit von 31.25 kBaud, das sind 31250 Bit pro Sekunde. Die Übertragung einer MIDI-Informationseinheit ist 10 Bit lang und dauert 0.32 Millisekunden.

Eine MIDI-**Meldung**, auch MIDI-Befehl oder MIDI-Kommando genannt, besteht aus 1–3 Byte. Das erste Byte heißt Statusbyte, ihm folgen meistens mehrere Datenbytes. Das Statusbyte zeigt die Aktion an, z.B. „Ton an“, und auf welchem Kanal sie stattfinden soll, die Datenbytes enthalten die einzustellenden Werte. Die MIDI-Implementation ist ein Verzeichnis aller MIDI-Nachrichten, die ein Gerät versteht, da

nicht immer alle Funktionen von MIDI eingebaut werden. Die Implementation befindet sich meist am Ende der Bedienungsanleitung eines Gerätes.
Beispiel für eine MIDI-Nachricht: die hexadezimale Byte-Folge 90h 35h 7Fh bedeutet Note an auf Kanal 1 (90h) mit der Tonhöhe c^1 (35h) in höchster Lautstärke (7Fh).

Mikrofon Ein Mikrofon wandelt Schallereignisse in elektro-magnetische Schwingungen um. Diese kann man dann auf Tonträger aufzeichnen. Der umgekehrte Prozeß erlaubt die Wiedergabe des aufgezeichneten Schalls über Lautsprecher. Die ersten Mikrofone wurden von Philipp Reis (1860) und Graham Bell (1876) bei der Entwicklung des Fernsprechers eingesetzt.
Je nach Verwendungszweck, benötigt man unterschiedliche Mikrofontypen. Bei Musikaufnahmen werden in der Regel **Luftmikrofone** eingesetzt, die auf den Schall reagieren. **Kontaktmikrofone** werden an Instrumenten oder am Körper eines Spielers direkt befestigt. Besonders wichtig ist die Richtwirkung eines Mikrofons. Mikrofone mit Kugelcharakteristik nehmen den Schall aus allen Richtungen auf, Mikrofone mit Nierencharakteristik dagegen nur den Schall, der von vorne kommt.

Milonga (brasil.) heißt ein lateinamerikanischer Paartanz, der seit Mitte des 19. Jh.s in Brasilien und Argentinien populär wurde. Die Milonga war vor allem bei der ärmeren Bevölkerung der Städte als Lied und Tanz beliebt. Rhythmisch ähnlich wie ▶ Habanera und ▶ Meringue, bildet die Milonga eine der Traditionslinien des ▶ Tango. Typisch für beide ist eine körpernahe Haltung der Tanzenden.

Minimal Music entstand Mitte der 60er Jahre in den USA unter dem Einfluß von Minimal Art, indischer und meditativer Musik, Rock und Neuer Musik. Der Name drückt das Bestreben aus, durch minimale Änderungen in längeren musikalischen Abläufen flächenhafte Wirkungen zu erreichen. Das kann z.B. durch das ständige Wiederholen und Verschieben eines einfachen Motivs geschehen. Hauptvertreter sind La Monte Young, Terry Riley, Steve Reich, Philipp Glass. Wichtige Werke der Minimal Music sind *In C* (1964) von Terry Riley, *1+1* (1968) von Philipp Glass und *The Desert Music* (1984) von Steve Reich.

minore (ital. = kleiner) Bezeichnung für Moll wegen des für Moll charakteristischen Intervalls der kleinen Terz. Ein Moll-Teil in einem ansonsten in Dur stehenden Satz wird mit Minore überschrieben. Das Gegenteil von minore ist ▶ maggiore (Dur).

Mittelalter ist kein direkt auf Musik bezogener Begriff, kennzeichnet aber eine Epoche der abendländischen Geschichte, in der sich musikhistorisch gesehen entscheidende Entwicklungen vollzogen haben. Als zeitliche Begrenzung des Mittelalters kann man grob das 5./6. Jh. n. Chr. bis etwa 1500 ansetzen.
Zunächst dominierte die einstimmige vokale Kirchenmusik. Der **Gregorianische Gesang**, benannt nach Papst Gregor dem Großen, der um 600 in der römischen Kirche die Liturgie reformierte, hatte sich um die Mitte des 9. Jh.s weitgehend durchgesetzt und bildete die allgemein verbindliche Richtschnur für die musikalische Gestaltung des Gottesdienstes. Das einstimmige liturgische Repertoire wurde von einer Knaben- bzw. Männergruppe, der **Schola**, im Wechsel mit dem ▶ Kantor (Vorsänger und Leiter der Schola) a cappella (unbegleitet) gesungen. Es bestand vor allem aus den Teilen der Messe, die im Laufe der Zeit musikalisch immer weiter entwickelt und ausgeformt wurden.

Flötenspieler und Fiedler, Manessische Handschrift, 14. Jh.

Doch nicht alle Musik des Mittelalters ist einstimmig und unbegleitet. Schon im 9. Jh. trat das ▶ Organum auf, bei dem die Hauptstimme durch bis zu drei meist parallel geführte Stimmen ergänzt wird. Das Organum gilt als Beginn der **Mehrstimmigkeit** in der europäischen Musik (▶ Ars antiqua). In mehrstimmigen Musikstücken erklingen meist zwei oder mehr Töne gleichzeitig, von verschiedenen Stimmen gesungen oder von unterschiedlichen Instrumenten gespielt. Die Stimmen können selbständig geführt, improvisiert oder stark voneinander abhängig sein (Parallelbewegung). Auch der ▶ Conductus ist eine mehrstimmige vokale Gattung, die in den Kirchen und Klöstern des Mittelalters entwickelt und gepflegt wurde. In den frühen Formen der ▶ Notation sind die mittelalterlichen Musikformen schriftlich überliefert; in musiktheoretischen Schriften, z.B. in dem Musiktraktat des Johannes de Grocheo (entstanden um 1300) wurden sie systematisiert, theoretisch fundiert und analysiert.

Volks- und Tanzmusik ist erst seit dem späten Mittelalter schriftlich überliefert. Die Kirche stand der weltlichen Musizierpraxis reserviert gegenüber, weil sie Amüsement und Sinnenlust für Teufelswerk hielt. Lange Zeit waren Instrumente in der Kirchenmusik nicht erlaubt. Die Orgel und einige Blasinstrumente waren die ersten im Kirchenraum zugelassenen Instrumente, weitere folgten nach.

Die wichtigste Form der weltlichen Musik des Mittelalters war zunächst das einstimmige, instrumental begleitete Lied. In Frankreich waren es die **Troubadours** (südfranzösische meist adlige Dichter und Komponisten des 12. und 13. Jh.s) und die **Trouvères** (ihre nordfranzösischen Kollegen), die ihre Lieder in ihrer Muttersprache vortrugen. In ihren Texten besangen sie die Liebe zu verehrungswürdigen Frauen aus höfischen Kreisen. Ähnlich wie im deutschen **Minnesang** handelt es sich bei der Kunst der Troubadours und Trouvères um anspruchsvolle Liebeslyrik mit erotischen Sinnbildern, die sich nicht, wie die Volksdichtung, einer derb-sinnlichen Sprache bedient. Der **Meistersang**, die städtische, bürgerliche Liedkunst des 15. und 16. Jh.s, lehnt sich formal und inhaltlich an den Minnesang an, nimmt aber mehr und mehr erbauliche und lehrhafte Züge an (▶ Lied).

Alle diese „Liedermacher“ des Mittelalters ließen sich nicht nur von der geistlichen Hochkultur inspirieren, sondern bedienten sich auch der Volks- und Tanzmusik ihrer Zeit. Deren Melodien, Rhythmen und Inhalte wurden übernommen, bearbeitet, verfeinert und stilisiert; dort verwendete Instrumente wurden weiterentwickelt und technisch perfektioniert. So wurde die Fiedel zur Violine weiterentwickelt, die Flöte als Block- und Querflöte ausgeprägt, und die Trompete der fahrenden Spielleute

wurde zu einem hoffähigen Instrument.
Die **Spielleute** waren fahrende Sänger und Gaukler, die von ihrem sozialen Status her nicht in das feste Gesellschaftsgefüge des Mittelalters paßten und daher als recht- und ehrlos galten. Sie sangen und spielten zur Unterhaltung und zum Tanz auf den Straßen, in Wirtshäusern und auf städtischen und dörflichen Festen.
Die streng organisierten städtischen Musikerzünfte der **Stadtpfeifer** etablierten sich in den Städten seit dem 14. Jh. Sie waren für die musikalische Gestaltung öffentlicher Feste zuständig und bildeten den Nachwuchs der Instrumentalmusiker aus – in der Art der Handwerker und Meistersinger mit den Stufen Lehrling, Geselle und Meister.
Am Übergang vom Mittelalter zur Neuzeit gab es auf der einen Seite die dominierende, überwiegend vokale Kirchenmusik, auf der anderen Seite ein straff organisiertes weltliches, vom städtischen Bürgertum getragenes Musikleben, in dem Instrumental- und Vokalmusik gleichermaßen vertreten waren.

moderato

moderato (ital.) Tempovorschrift: gemäßigt, maßvoll spielen; häufig in Kombinationen wie allegro moderato (nicht zu schnell). Mit **Moderato** kann auch ein Musikstück oder ein Satz in gemäßigtem Tempo bezeichnet sein.

Modulation

Modulation (lat.: modulari = spielen, singen) 1. in der ▶ Harmonielehre das Wechseln in eine andere Tonart. Das geschieht meist über einen **Akkord**, den die alte und die neue Tonart gemeinsam haben und der im Sinne der neuen Tonart umgedeutet wird. In C-Dur steht z. B. der G-Dur-Akkord auf der Stufe V der Tonleiter, er ist die Dominante. In G-Dur steht er auf der Stufe I als Tonika. Hat man den gemeinsamen Akkord erreicht, wird das Gefühl für die neue Tonart mit ihren charakteristischen Akkorden (▶ Kadenz) befestigt. Eine Modulation, die wie in diesem Beispiel die Funktion eines Akkords umdeutet, heißt **diatonische** Modulation. Die **enharmonische** Modulation deutet unterschiedlich geschriebene Töne um, z. B. den Akkord h-d-*gis* in a-moll zu h-d-as in c-moll. Die **chromatische** Modulation läßt die gemeinsamen Töne zweier Akkorde liegen und schreitet in den übrigen Stimmen chromatisch, d. h. in Halbtonschritten, fort.
2. Als physikalischer Begriff bedeutet Modulation die Überlagerung verschiedener Schwingungsvorgänge, z. B. um das Vibrato eines Synthesizers zu erzeugen. Dazu gehört eine Trägerschwingung, die von einer modulierenden Schwingung, dem **Modulator**, beeinflußt wird.

Moll

Moll (lat.: mollis = weich) und Dur sind die beiden Tongeschlechter, auf denen die Harmonielehre aufbaut. Der Mollcharakter wird durch die kleine Terz als dritte Stufe einer Tonleiter festgelegt im Gegensatz zur großen Durterz (a-c für a-moll, dagegen a-cis für A-Dur). Der Moll-Dreiklang besteht aus Grundton, kleiner Terz und Quinte, z. B. a-c-e in a-moll.
Moll-Tonleitern haben drei verschiedene Formen. **Reines** oder **natürliches** Moll geht auf die alte ▶ Kirchentonart äolisch zurück, charakteristisch ist die kleine Sexte, z. B. in a-moll a-f. Im **harmonischen** Moll ist der 7. Ton zum Leitton erhöht (in a-moll gis statt g). Das **melodische** Moll erhöht außerdem noch den 6. Ton (in a-moll f zu fis), wobei diese Form meist nur für die aufwärts

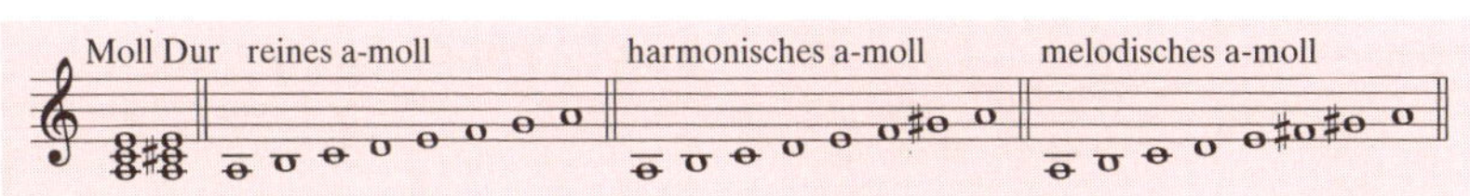

gerichtete Tonleiter gebraucht wird, für die Abwärtsbewegung ist äolisches Moll üblich.

molto (ital. = viel) findet man häufig in Kombination mit Tempo- und Vortragsanweisungen wie z.B. molto allegro (sehr schnell) oder molto legato (stark gebunden).

Moriskentanz (span.: morisco = Mohr, Maure) Die Bedeutung des mittelalterlichen Tanzes schwankt zwischen Fruchtbarkeitsritual und Kampfsimulation. Auch eine aus der griechischen Antike stammende Überlieferung wirkt sich aus: der Narr des antiken Theaters, der Alltagsszenen vorführt, treibt im Moriskentanz mit Masken vor dem Gesicht und Schellen an den Fußgelenken sein Possenspiel. Im 15. Jh. ist der auch **Moresca** genannte Tanz eine Mischung aus diesen Elementen, ein Schwerttanz in Gruppen, mit Masken, geschwärzten Gesichtern und Schellen. Vielfach wurde eine Moresca zu einem Tanzspiel ausgeweitet und als Intermedium (Zwischenspiel) in Theaterstücke und Opern eingefügt. Noch im Schlußballett von Claudio Monteverdis Oper *Orfeo* (1607) findet man eine Moresca.

mosso (ital.) Vortragsbezeichnung: bewegt, lebhaft spielen. Oft finden sich hier die Zusätze **più** (= mehr), also: bewegter, schneller, oder **meno** (= weniger), also: weniger bewegt, langsamer.

Motette (franz.: mot = Wort) ist eine um 1200 entstandene Gattung der Vokalmusik. In einem frühen Stadium der mehrstimmigen Musik kamen einige Komponisten auf die Idee, der 2. und 3. Stimme eines kirchenmusikalischen Satzes – die Hauptstimme besaß meist bereits einen festgelegten Text – jeweils eigene, neue Texte zu unterlegen. Dieses Verfahren eröffnete vielfältige Möglichkeiten für die kompositorische Gestaltung; die ursprünglich untergeordneten Zusatzstimmen (in der Regel Oberstimmen) wurden selbständiger. Dafür, daß der Einsatz verschiedener Texte – manchmal sogar in unterschiedlichen Sprachen – das Stück nicht unverständlich machte oder auseinanderfallen ließ, sorgte die melodische und rhythmische Gestaltung. In der **isorhythmischen** Motette des 14. und 15. Jh.s (griech.: isos = gleich) geschah dies durch die Wiederholung bestimmter melodisch und rhythmisch gleichbleibender Abschnitte. Als eine der vielseitigsten Gattungen der Kirchenmusik wurde die Motette – in solistischer oder chorischer Besetzung, a cappella (unbegleitet) oder mit Instrumentalbegleitung – bis ins 18. Jh. hinein von nahezu allen namhaften Komponisten in Italien, Frankreich und Deutschland geschätzt und weiterentwickelt.
Die heute bekanntesten Motetten stammen von Johann Sebastian Bach, darunter *Singet dem Herrn ein neues Lied* und *Jesu, meine Freude*. Hier steht die Motette auf dem Gipfel ihrer Entwicklung als polyphone Gesangskunst (▶ Polyphonie). Auch im 19. Jh. wurden noch Motetten komponiert, etwa von Johannes Brahms oder Max Reger. Im 20. Jh. orientierten sich viele Komponisten wieder an alten Vorbildern aus der Renaissance und dem Barockzeitalter und griffen auch auf die Motette zurück. So schrieben u. a. Johann Nepomuk David und Ernst Krenek Motetten.

Mucke In der Umgangssprache der klassischen Musiker soviel wie (Gelegenheits-)Job, Auftritt, Konzert. Das Spielen bei einer Beerdigung ist eine „Gruftmucke“.

Mundharmonika Das kleine Harmonikainstrument wird mit dem Mund angeblasen. Töne entstehen sowohl beim Ausals auch beim Einatmen durch die Einwir-

kung des Luftdrucks auf in Tonkanälen angebrachte durchschlagende Zungen, von denen die einen auf Druck und die anderen auf Zug ansprechen. Die diatonische Mundharmonika steht jeweils in einer bestimmten Tonart, während die chromatische Mundharmonika mit Hilfe eines Schiebers alle Halbtöne hervorbringen kann (▶ Chromatik).
Das Instrument wurde 1821 in Deutschland erfunden – ursprünglich als Werkzeug zur Kontrolle der Tonhöhe beim Klavierstimmen. Die leicht erlernbare Spielweise und der niedrige Preis machten die Mundharmonika schnell zum Volksinstrument. 1857 begann der Uhrmacher Matthias Hohner in Trossingen/Baden-Württemberg mit der fabrikmäßigen Produktion von Mundharmonikas. Noch heute ist die Firma Hohner weltweit eine der größten Produzenten von Harmonikainstrumenten.

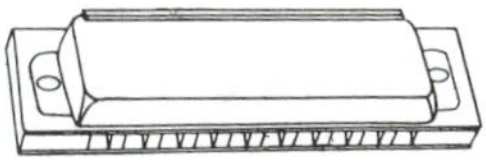

Außer in der europäischen und amerikanischen „weißen" Volksmusik spielt die diatonische Mundharmonika auch im „schwarzen" Folk Blues eine bedeutende Rolle. Dort wird sie als **Blues Harp** bezeichnet und z. T. mit völlig neuen Anblastechniken gespielt, die auch stufenlose, gleitende Übergänge (Glissandi), blue notes, Tremolo und andere klangliche Effekte ermöglichen. Berühmte Bluessänger und Liedermacher benutzten oft einen Mundharmonikaständer, um die Hände zum Gitarrespielen frei zu haben, und konnten so beide Instrumente gleichzeitig spielen. Das bekannteste Blues-Harp-Solo hat Ennio Morricone für den Italo-Western *Spiel mir das Lied vom Tod* (1968) geschrieben.

Mundorgel Das asiatische Blasinstrument aus Bambus besteht aus verschieden langen, senkrecht auf einer Windkammer (Kästchen, in das Wind hineingedrückt wird) stehenden Pfeifen. In den Pfeifen befinden sich durchschlagende Zungen, die durch die hineinströmende Luft (Druck- wie Saugwind) in Schwingungen versetzt werden. Jede Pfeife besitzt nur ein Griffloch. Die Mundorgel wird in verschiedenen Formen gebaut und für unterschiedliche Zwecke genutzt: als Volksmusikinstrument, zur Begleitung des Gesangs oder als Instrument der Kunstmusik. Sie ist als Melodie- und als Akkordinstrument einsetzbar.

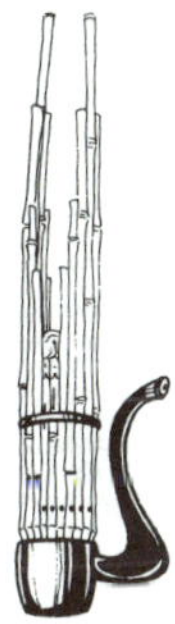

Murkybässe werden im Musikerjargon Baßfiguren genannt, die aus ständig wiederholten gebrochenen Oktaven bestehen. **Murkys** werden vor allem in der Klaviermusik verwendet; zur Liedbegleitung und in laienhaften Kompositionen finden sich Murkybässe ebenso wie in manchen Klavierschulen.

Musical Der Begriff ist eine Kurzform von **musical play** oder **musical comedy** und bezeichnet eine Gattung des Musiktheaters des 20. Jh.s. Das Musical ist ein unterhaltendes Genre und wird der ▶ populären Musik zugerechnet. Musik, Drama, Tanz und Show bilden eine Einheit, deshalb müssen Musical-Darsteller gleichzeitig Schauspieler, Sänger und Tänzer sein.
Die musikalischen Stilmittel des Musicals sind vielfältig: europäische und amerikanische Folklore und populäre Songs, Jazz, Operette, Revue und viele Formen volkstümlicher musikalischer Unterhaltung fließen im Musical zusammen.
Der Text eines Musicals kann Alltagskonflikte, Märchen, Bibelgeschichten oder aktualisierte literarische Stoffe zum Inhalt haben. Dramaturgisch ist fast alles möglich: Lose aneinandergereihte Szenen oder eine abgeschlossene Handlung, Phantastik oder Realismus, auch Elemente des epischen Theaters können eingesetzt werden. Textvorlage und Dramaturgie müssen stets die zentrale Bedeutung der Show berücksichtigen. Ob Sozialkritik oder Märchen: Musical ist in erster Linie Unterhaltung. Die Geschichte des Musicals zeigt, daß das Publikum auch kritische und schwierige Themen akzeptiert, wenn sie in attraktiver Verpackung dargeboten werden.
Mit dem Begriff Musical verbindet sich der Name der berühmten New Yorker Theater-Meile **Broadway**. Hier wurden seit den 20er Jahren die bekanntesten amerikanischen Musicals produziert und uraufgeführt. Die erfolgreichsten Musicals der 20er bis 60er Jahre wurden von George Gershwin (*Lady be good*, 1924), Jerome Kern (*Show Boat*, 1927), Kurt Weill (*Lady in the Dark*, 1941), Richard Rogers (*Oklahoma!*, 1943), Irving Berlin (*Annie get your gun*, 1946), Cole Porter (*Kiss me Kate*, 1948), Frederic Loewe (*My fair Lady*, 1956), Leonhard Bernstein (*West Side Story*, 1957), Jerry Bock (*Fiddler on the Roof*, deutsch *Anatevka*, 1964) und John Kander (*Cabaret*, 1966) komponiert.
Mit *Hair* von Gail MacDermot (1967) begann die Ära des **Rockmusicals**. Die Rockmusik ergänzte nun als neue und oft dominierende Farbe das Spektrum der musikalischen Stilmittel des Musicals. Die erfolgreichsten Rockmusicals stammen von Andrew Lloyd Webber (*Jesus Christ Superstar;* 1971, *Evita*, 1978; *Cats*, 1982; *Starlight Express*, 1984; *The Phantom of the Opera*, 1986) und Marvin Hamlisch (*A Chorus Line*, 1975). Populärstes deutsches Musical ist Ende der 80er/Anfang der 90er Jahre Birger Heymanns *Linie 1* (1986).
Neben den Theatern am New Yorker Broadway sind heute die Bühnen im Londoner **West End** die wichtigsten Uraufführungsorte für Musicals. Hier wurden vor allem die Stücke von Webber „gemacht“. Viele heute sehr populäre Musicals, wie z.B. *Godspell* von Stephen Schwartz

Szene aus „Phantom der Oper“, Hamburg 1990

(1971), wurden in kleineren New Yorker Theatern mit geringerem finanziellem Aufwand aus der Taufe gehoben; für diese Stücke hat sich der Begriff **Off Broadway Musicals** eingebürgert.
In Deutschland sind Hamburg und Bochum Musical-Zentren, in Österreich ist Wien die Hauptstadt des Musicals.
In der Regel ist die Produktion eines neuen Musicals sehr kostenintensiv und zeitaufwendig. Autor und Komponist legen kein fertiges Werk vor, sondern erarbeiten das Musical in enger Kooperation mit dem Produzenten und mit Theaterpraktikern wie Choreographen, Bühnen- und Kostümbildnern und Lighting Designern. Lange vor der Premiere werden Songs und Dialoge in **Tryouts** vor einem Publikum außerhalb New Yorks oder Londons auf ihre Wirkung getestet. An dem entstehenden Musical wird so lange gefeilt, bis abzusehen ist, daß es beim Publikum ankommen wird. Vor der Uraufführung sorgen **Previews** (Voraufführungen) für die letzte Gewißheit, daß das neue Musical ein Erfolg werden und die hohen Produktionskosten einspielen wird. So manches Musical ist auf diese Weise zu einem „Dauerbrenner" geworden, der über Jahre jeden Abend – **en suite** – gespielt wurde bzw. wird, wie z.B. *Cats* oder *A Chorus Line*.
Viele Musicals wurden verfilmt, z.B. *West Side Story* oder *The Rocky Horror Show* (Richard O'Brien; als Film *The Rocky Horror Picture Show*).

Musicbox ist ein Wiedergabegerät für Schallplatten, das nach Münzeinwurf automatisch den gewählten Titel auflegt und abspielt. Der Apparat mit den Ausmaßen einer Kommode enthält zwischen 12 und 200 Singles, eine Wähleinrichtung, eine Transportmechanik, einen Plattenspieler sowie Verstärker und Lautsprecher.
Die Musicbox oder **Juke Box** wurde um 1906 in den USA erfunden. Erst in den 20er Jahren gelang der Durchbruch auf dem Unterhaltungsmarkt, zuerst in den Lokalen der schwarzen Amerikaner. Juke Boxes („juke" steht wie „Rock'n'Roll" für Sex, Tanz und Musik) wurden dort aufgestellt, wo das Geld für eine live spielende Band fehlte, und entsprechend den Vorlieben des farbigen Publikums waren sie zunächst mit Blues- und Jazz-Platten bestückt. Mehrere Firmen stiegen in das Geschäft ein, und schon in den 30er Jahren war die Musicbox in ganz Amerika verbreitet. Die bekanntesten Firmen, z.B. Wurlitzer, Seeburg und Rockola, exportierten auch nach Europa.
Die Musicbox spielte bis zur Mitte der 60er Jahre eine herausragende Rolle im internationalen Musikgeschäft. Lokale mit Musicbox waren Treffpunkt vor allem junger Menschen. Dort konnte man für wenig Geld die neuesten Titel aus den verschiedenen Bereichen der populären Musik hören und dazu tanzen.
Die Automatenaufsteller waren bis weit in die 50er Jahre hinein Hauptabnehmer von Schallplatten. Eine Zählvorrichtung in den Geräten hielt fest, wie oft jede Platte gespielt worden war. Die dadurch meßbar gewordene Beliebtheit bestimmter Titel bzw.

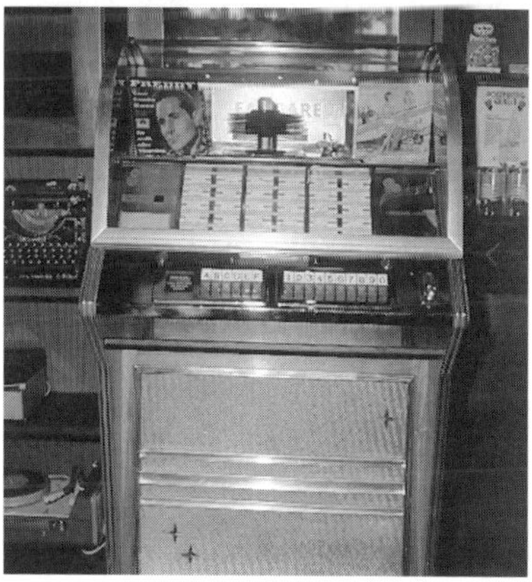

Musicbox aus den 50er Jahren

Stilrichtungen diente als Orientierungshilfe für die Zusammensetzung regelmäßig ausgewechselter Plattenbestände. So wurden über die Musicbox (1942 waren allein in den USA etwa 450000 Juke Boxes in Betrieb) Plattenmarkt und Publikumsgeschmack entscheidend beeinflußt.

Music Hall In England beheimatete Form des ▶ Varietés; auch Bezeichnung für das Gebäude, in dem solche unterhaltenden Veranstaltungen stattfanden. Alle Formen volkstümlicher Unterhaltung wurden hier im 19. Jh. dargeboten, von Songs über groteske Szenen bis hin zur Zurschaustellung von Zwergwüchsigen und anderen Sensationen. Auch in den USA wurden Music Halls gebaut. Für die Verbreitung der verschiedenen Formen der populären Musik spielte die Music Hall eine bedeutende Rolle.

Musikalität Umgangssprachlich besitzt Musikalität, wer „musikalisch ist", wer über eine Begabung verfügt, die sich z.B. beim Spiel eines Instruments oder in guten sängerischen Fähigkeiten äußert. Oft wird auch ein Mensch als musikalisch bezeichnet, der Musik nur hört oder liebt und diese kompetent beurteilen kann.
Erste wichtige Anregungen für die moderne Musikalitätsforschung gingen von der Schrift *Wer ist musikalisch* (posthum 1895) des Wiener Chirurgen und Musikliebhabers Theodor Billroth aus. Experimentelle Untersuchungen wurden um 1915 in Amerika von Carl E. Seashore und 1920 in Deutschland von Géza Révész durchgeführt. 1938 versuchte Albert Wellek eine *Typologie der Musikbegabung im deutschen Volke* aufzustellen.
Musikwissenschaftler und Psychologen haben versucht, den weitgefaßten Begriff der Musikalität zu präzisieren, was schwierig ist, weil eine Menge unterschiedlichster menschlicher Fähigkeiten ins Spiel kommen. Dazu gehört das Vermögen, Tonhöhen, Akkorde und Rhythmen zu erkennen und zu behalten, was z.B. bei der Aufnahmeprüfung an einer Musikhochschule als ein Maß für Musikalität bewertet wird. Zur Musikalität gehört außerdem das Vermögen, Musik erleben, gestalten und ästhetisch beurteilen zu können. Musikalität kann also nicht einfach mit instrumentaltechnischem Können oder einem gut ausgebildeten Gehör gleichgesetzt werden. Auch das **absolute Gehör**, d.h. die Fähigkeit, Tonhöhen auf Anhieb zu erkennen, ist keine zwingende Voraussetzung für Musikalität, da viele große Komponisten (z.B. Richard Wagner) sie nicht besaßen.
Zu den elementaren Voraussetzungen von Musikalität gehören: 1. das Erkennen einfacher melodischer Figuren, 2. die Fähigkeit, Melodietöne genau zu erinnern, 3. das Unterscheidungsvermögen für Tonhöhenänderungen, die feiner als eine Halbtonschritt sind (z.B. beim Stimmen von Instrumenten), 4. die Fähigkeit zur Wahrnehmung von Klängen und Akkorden anderer Spieler beim Ensemblespiel.
Das gänzliche Fehlen elementarer musikalischer Fähigkeiten wie Singen oder rhythmisches Spielen und den Begabungs- oder Funktionsausfall im Bereich der Kunst nennt man **Amusie**. Sie kann durch Krankheiten (Gehirn, Ohr) bedingt sein.

Musikelektronik ist eine Sammelbezeichnung für Aufnahme- und Wiedergabegeräte der Unterhaltungselektronik (wie Plattenspieler, Tonbandgeräte, MC-Musikkassetten, CD-Player, DAT-Rekorder) und elektronische Musikinstrumente (z.B. Synthesizer, Elektroorgeln).

Musikfestspiele sind meistens mehrtägige, periodisch wiederkehrende Veranstaltungen aus besonderem Anlaß (Gedenktage, Pflege des Gesamtwerks eines Komponisten, Leistungsschau, exemplari-

sche Aufführung eines herausragenden Werkes). Häufig finden Musikfestspiele in Verbindung mit anderen Künsten, insbesondere Theateraufführungen statt (Opernfestspiele).
Festspiele gab es schon als kultische und religiöse Feiern mit Musik und Theater in der Antike (Dionysos-Feste) und im Mittelalter (Osterspiele, Weihnachtsspiele). Höfische Festspiele des 16.–18. Jh.s waren aufwendige Inszenierungen zur Verherrlichung des Fürsten mit Beteiligung aller Künste. Etwas von dieser Besonderheit ist auch den bürgerlichen und nationalen Festen und Festspielen des 19. und 20. Jh.s zu eigen geblieben. Aus dem Alltag herausgehoben, bieten sie in ihrer Massenwirkung (z.B. bei den Sängerfesten des 19. Jh.s) gemeinschaftsstiftende Identifikation. So unterschiedlich auch ihre Anlässe gewesen sein mögen, im herausgehobenen künstlerischen Erlebnis lag neben der gemeinschaftsstiftenden Wirkung immer auch der Schau-Charakter politischer Selbstdarstellung.
Im Kunstbetrieb der Gegenwart werden Festspiele zur touristischen Attraktion. Dies gilt für die „klassischen" Festivals ebenso wie für die Pop-, Jazz- oder Folk-Festivals. Inszenierungen eines „Gesamtkunstwerks" aus hochbezahlten Stars, klassisch populärem Konzertprogramm, ästhetisch aufbereiteten Schauplätzen im Landschloß oder der renovierten Scheune eines Gutshofs, verbunden mit idyllischer Natur und Erlebnisgastronomie – wie dies z.B. beim **Schleswig-Holstein-Festival** arrangiert ist – holt etwas vom feudalen Ambiente eines versunkenen Barockfestes in unsere Welt des Festivaltourismus herein. Im Massenangebot unzähliger Festivals allerdings erstickt heute die von Richard Wagner bei der Gründung der ▶ Bayreuther Festspiele 1876 ebenso wie 1920 von Hugo von Hofmannsthal und Max Reinhardt bei der Eröffnung der **Salzburger Festspiele** geäußerte Hoffnung auf die jenseits des Alltags wirkende einheitstiftende und lebenssteigernde Kraft der Kunst.

Musikhochschule ist eine staatlich anerkannte Fachhochschule für die Ausbildung von Musikern. Wichtige Studiengänge sind u. a. Schulmusik, Kirchenmusik und Orchestermusik, sowie Klassen zum Instrumental- und Vokalunterricht. Einige Hochschulen verfügen auch über Jazz-Klassen. In der Regel ist zum Besuch einer Hochschule eine **Aufnahmeprüfung** notwendig, die das Instrumentalspiel und die allgemeinmusikalische Begabung des Bewerbers prüft. Die Prüfungsbedingungen der einzelnen Hochschulen variieren stark. Meist besteht die Aufnahmeprüfung aus mündlichem, schriftlichem und praktischem Teil. Durch ein- bis zweistimmige Musik- und Rhythmusdiktate, sowie durch Intervall- und Vom-Blatt-Singen wird die allgemeine Begabung geprüft. Für einige Studiengänge ist das Abitur Voraussetzung (z.B. Schulmusik).

Musikkorps (franz.: corps = Körper) nennt man ein größeres Blasorchester (Holz- und Blechbläser, Schlagzeug), das einer militärischen Einheit, einer Waffengattung oder einem militärischen Standort zugeordnet ist (z.B. das Heeresmusikkorps der Bundeswehr in Münster oder das Marinemusikkorps in Kiel). Ein Musikkorps spielt zu Paraden und anderen öffentlichen Veranstaltungen und gibt auch Konzerte. Sein Repertoire besteht aus Märschen, Potpourris, Bearbeitungen populärer Stücke aus allen Musikbereichen bis hin zu Popsongs und Big Band-Titeln. Die Bundeswehr bildet den Nachwuchs für ihre Musikkorps in einem Ausbildungsmusikkorps aus. Junge Musiker mit einer Ausbildung auf den entsprechenden Instrumenten können ihren Militärdienst auch bei einem Musikkorps ableisten.

Musikkritik (griech.: kritike = Kunst der Betrachtung) ist ein fester Bestandteil von Zeitungen, Zeitschriften, Hörfunk- und Fernsehsendungen. Musikkritik will einerseits im Sinne von Berichterstattung den Leser über musikalisch interessante Ereignisse informieren, andererseits aber auch den künstlerischen Rang z.B. eines Konzertes bewerten und kommentieren. Große Zeitungen oder vielgesehene Fernsehsendungen haben einen beträchtlichen Einfluß auf das Publikum und sind daher von großer Bedeutung für alle Künstler. Oft entscheidet ihre Kritik über die Karriere eines Künstlers.

Kritik begleitete die Künstler seit der Erfindung des Buchdrucks, ihre moderne Entwicklung begann aber erst im 18. und 19. Jh. Unter dem Einfluß englischer Wochenschriften wie *The Guardian* (ab 1709) und den lexikonähnlichen Enzyklopädien der französischen Aufklärung (z.B. *Dictionnaire historique et critique*, 1695) verfaßte Johann Mattheson in Hamburg seine *Critica musica* (1722–25). Johann Adolf Scheibe gab 1737–40 die Wochenzeitschrift *Der critische Musicus* heraus, die 1738 durch einen Meinungsstreit über die Musik Bachs bekannt wurde. Die ersten Musikzeitschriften waren in Frankreich das *Journal de musique française et italienne* (1764–68) und in England *The New Musical Magazine* und das *Universal Magazine* (1774).

Den ersten „reinen" Musikkritiker soll die englische Zeitung *Times* beschäftigt haben. Auch viele bedeutende Komponisten waren als Kritiker aktiv, z.B. Carl Maria von Weber, Hector Berlioz, Robert Schumann und Richard Wagner. Berühmte musikkritische und publizistische Fehden sind die Streitereien zwischen Anhängern verschiedener Opernkomponisten in Frankreich (Buffonistenstreit 1752/54, Opernreformstreit 1776/9), der Kampf des Philosophen Friedrich Nietzsche gegen die Musik Wagners (u.a. *Der Fall Wagner*, 1888) und die Polemik des Musikphilosophen Theodor W. Adornos gegen Strawinski (*Strawinsky und die Reaktion*, 1949).

Musiklehre nennt man die Gesamtheit der Erkenntnisse über die Grundelemente der Musik, wie Notation, Intervalle, Akkorde, Tonarten, Rhythmik, Metrik, Dynamik, Tempo. Zur allgemeinen Musiklehre gehören ferner die Grundlagen von Formenlehre, Akustik und Musikgeschichte. Angehende Berufsmusiker sollten sich vor Aufnahme eines Studiums Grundkenntnisse in diesen Bereichen aneignen; je nach Studiengang werden sie in der Aufnahmeprüfung vorausgesetzt.

Musikpädagogik hat eine wechselvolle Geschichte, in der sie zwischen Theorie und Praxis, Ideologie und Wissenschaft pendelte. Heute definiert sie sich als Wissenschaft vom Musik-Lernen. Musikpädagogisches Nachdenken und Forschen bezieht sich keineswegs nur auf Schule, sondern auf alle Formen musikalischer Lern- und Vermittlungsprozesse. Musikpädagogen erforschen z.B. das Phänomen der musikalischen Begabung, die Bedingungen und Voraussetzungen von Musikvorlieben, den Einfluß von Wissen über ein Musikstück auf dessen Bewertung durch die Hörer oder die historischen Veränderungen im Berufsbild des Musiklehrers, um nur einige Themen zu nennen.

Musikpädagogik hat somit – ebenso wie die Musikwissenschaft – historische und systematische Aspekte. Ihre Methoden stammen aus den verschiedensten Wissenschaftsbereichen, wie Geschichte, Philosophie, Psychologie, Pädagogik, Soziologie.

Musikpädagogik reflektiert auch die Praxis des Musik-Lernens, etwa die Vorgänge beim Erlernen eines Instruments. Musikpädagogik ist – last, not least – die Fachrichtung, die ein Student, der Musiklehrer werden möchte, an Universitäten oder Musikhochschulen studiert (▶ Schulmusik).

Bis in die 70er Jahre hinein wurden die Begriffe Musikpädagogik, **Musikerziehung** und **Musikdidaktik** meist gleichbedeutend verwendet. Von der Antike bis weit ins 20. Jh. machten sich Philosophen, Pädagogen und auch Politiker Gedanken über die Möglichkeiten der Erziehung des Menschen *durch* Musik. Hierbei diente die Musik oft nur als Mittel zum Zweck, so z.B. für die Erziehung zur Vaterlandsliebe vom Wilhelminischen Kaiserreich bis 1945. Ende der 60er Jahre des 20. Jh.s begann ein Umdenkungsprozeß in Richtung auf eine Erziehung *zur* Musik, d.h., das Erziehungsziel war nun das Verstehen von Musik und der handelnde Umgang mit Musik aus Vergangenheit und Gegenwart.

Der Begriff Musikdidaktik wird heute überwiegend im Blick auf den Musikunterricht an allgemeinbildenden Schulen und in der Musiklehrerausbildung verwendet. Musikdidaktik ist die Theorie der Lehr- und Lernprozesse im Bereich Musik; sie analysiert die Bedingungen, Prozesse und Gegenstände des Musikunterrichts. Sie reflektiert auch die Methoden der Vermittlung und ist damit unmittelbar Grundlage der Unterrichtspraxis.

Musikschule Hier erhalten Kinder, Jugendliche und Erwachsene Musikunterricht. Gegen ein bestimmtes Entgelt nehmen Musikschüler einmal wöchentlich am Einzel- oder Gruppenunterricht teil. Das Programm der Musikschulen beginnt mit der musikalischen Früherziehung, Kursen für Vorschulkinder. Die Grundausbildung schließt sich an, in der sich Kinder z.B. mit der Notenschrift, einzelnen Instrumenten, elementaren musikalischen Formen und Rhythmen vertraut machen können. Anschließend kann ein Instrument erlernt werden: Klavier, Gitarre oder ein Orchesterinstrument, an einigen Musikschulen auch Volksmusikinstrumente, historische Instrumente oder die der Rock- und Popmusik. Zum Angebot der Musikschulen gehören außerdem Chor, Orchester und kleinere Instrumentalensembles, gelegentlich auch Big Band und Musiktheatergruppe. Zusätzlich können Ergänzungsfächer wie Musiktheorie, Harmonielehre usw. belegt werden.

Die Musikschulen wollen mit ihrer Arbeit breiten Kreisen eine musikalische Grundbildung vermitteln, das Laien- und Liebhabermusizieren fördern, besondere Begabungen unter jungen Menschen finden und fördern sowie ggf. auf ein Studium an Musikhochschulen vorbereiten.

Die erste Musikschule in Deutschland wurde 1923 von Fritz Jöde gegründet. Die **Jugend- und Volksmusikschulen**, wie sie anfangs hießen, gehen auf die ▶ Jugendmusikbewegung zurück, die dem Singen und Musizieren große Bedeutung beimaß. 1966 wurde der **Verband deutscher Musikschulen (VDM)** gegründet, dem vor allem die Musikschulen öffentlicher Träger (Städte, Kreise) angehören. 1993 waren rund 1000 Musikschulen Mitglied im VDM. Außerdem existieren zahlreiche private Institute als eingetragener Verein oder auf kommerzieller Basis. 1973 schlossen sich die Musikschulverbände von 14 europäischen Ländern zur **Europäischen Musikschul-Union (EMU)** zusammen.

Musiktheorie ist die systematische Darstellung aller Elemente und Strukturen von Musik. Mit dem Versuch griechischer Philosophen und Mathematiker, alle musikalischen Phänomene begrifflich zu erfassen und systematisch zu ordnen, wurde in der Antike der Grundstein der ▶ Musikwissenschaft gelegt. Im Laufe der Jahrhunderte wechselten die Schwerpunkte der Musiktheorie: von dem philosophischen

Ansatz ihres Beginns bis zur handwerklichen Gestaltungslehre.

Musiktherapie Die Methode zur Behandlung vor allem psychischer und psychosomatischer Krankheiten beruht auf medizinischen, psychologischen und musikwissenschaftlichen Erkenntnissen. Musiktherapie wird z. B. in der Arbeit mit körperlich oder geistig Behinderten sowie in der Rehabilitation von Herz-, Nerven- oder Suchtkranken eingesetzt. Auf der spannungslösenden Wirkung von Musik auf die Psyche basieren Versuche, vor bzw. bei Operationen oder Zahnbehandlungen Musik anstelle von (oder zusätzlich zu) beruhigenden Medikamenten einzusetzen.
Musiktherapie kann aktiv oder rezeptiv sein. Bei rezeptiver Musiktherapie hört der Patient ausgewählte Musikstücke, die in ihm bestimmte heilungsfördernde Empfindungen auslösen sollen. Aktive Musiktherapie beruht auf der musikalischen Aktion, auf dem Musikmachen. Die Patienten können durch das Musizieren auf einfachen Instrumenten mit dem Therapeuten oder in der Gruppe ihre Kommunikationsprobleme überwinden, ihr Selbstwertgefühl stärken und ihre Kreativität entdecken. Sinnliches Erleben wird möglich durch Hören, Spielen, Bewegen zur Musik, Malen zur Musik. Viele Menschen finden dadurch erst einen Zugang zu ästhetischen Bereichen. Die durch Musiktherapie geförderten Fähigkeiten können dazu beitragen, daß die Patienten neue Energien für die Lebensbewältigung entwickeln.

Musikverlage sind privatwirtschaftliche Unternehmen, die Noten und Literatur über Musik herstellen und vertreiben. Sie verleihen außerdem gegen Gebühren Aufführungsmaterialien (Partituren, Klavierauszüge, Orchester- und Chorstimmen) an Chöre, Orchester, Theater usw., die bestimmte Werke aus ihrem Verlagsprogramm aufführen wollen.
Die ersten Musikverlage entstanden zu Beginn des 16. Jh.s, z.B. in Venedig (Ottaviano Petrucci, 1501) und Lyon (Pierre Attaignant, 1528). Das deutsche Musikverlagswesen begann mit Erhard Oeglin in Augsburg (ab 1507) und Peter Schöffer in Mainz (ab 1512) und erlebte im 18. Jh. eine Blütezeit. Noch heute bekannte Musikverlage wurden im 18. Jh. gegründet, so z.B. Breitkopf & Härtel (1719), B. Schott's Söhne (1770), Johann André (1774) und C. F. Peters (1800). Die persönliche Bekanntschaft mit Verlegern war für viele Komponisten des 18. und 19. Jh.s lebensnotwendig, hing doch davon entscheidend die Förderung ihrer Werke ab. Heute sind viele Musikverlage auf bestimmte Gattungen, Epochen, Besetzungen oder Bereiche spezialisiert, etwa auf Bühnenwerke, geistliche Chormusik, Tanz- und Unterhaltungsmusik usw.

Musikwettbewerbe In den meisten Ländern der Welt werden Musikwettbewerbe veranstaltet, bei denen in der jeweiligen Musikszene hoch geachtete Preise zu gewinnen sind. Es gibt Wettbewerbe für Gesang, für einzelne Instrumente wie Klavier oder Violine, für Chöre oder Orchester, für Komposition, Dirigieren usw. Wettbewerbe haben meist das Ziel, hervorragende professionelle Nachwuchsmusiker zu entdecken und zu fördern. Diesem Ziel dienen nicht nur der Geldbetrag oder das Stipendium, mit dem der Sieger geehrt wird, sondern auch die Preisträgerkonzerte, durch die die Öffentlichkeit auf die jungen Musiker aufmerksam wird. Einer der angesehensten Wettbewerbe ist der Internationale Wettbewerb der Rundfunkanstalten der Bundesrepublik Deutschland (**ARD-Wettbewerb**), der seit 1952 durchgeführt wird.
Speziell für Kinder und Jugendliche wird seit 1963 vom Deutschen Musikrat der Wettbewerb **Jugend musiziert** veranstaltet.

In vier Altersstufen von 8 bis 21 Jahren werden Leistungen in wechselnden Instrumentalfächern bewertet und jeweils die Regional-, Landes- und Bundessieger der verschiedenen Altersgruppen und Instrumente ermittelt. Hier sind die Geldpreise zwar klein, wirken aber zusammen mit Stipendien und Förderkursen sowie der möglichen Aufnahme in das Bundesjugendorchester oder in eines der Landesjugendorchester sehr motivierend auf die Teilnehmer. Weitere Jugend-Musikwettbewerbe für Nicht-Profis sind **Jugend jazzt**, **Jugend singt** und **Jugend komponiert**.

Musikwissenschaft ist diejenige wissenschaftliche Disziplin, die sich mit Musik in all ihren Erscheinungsformen, ihrer Geschichte, ihren Funktionen und Wirkungen beschäftigt.

Geschichte der Musikwissenschaft

Bereits in der Antike wurde über Musik nachgedacht. Schon im 6. Jh. v. Chr. stellten griechische Gelehrte physikalische Berechnungen an, mit denen sie das Tonsystem erfassen konnten. Sie entdeckten u.a. die Proportionen, die in den ▶ Intervallen wirksam werden. Mit Hilfe eines Monochords (einsaitiges Instrument) maßen sie die genauen Längenverhältnisse der schwingenden Teile der Saite bei den verschiedenen Tonhöhen und Intervallen. Bei der Oktave ist das Verhältnis 1:2, bei der Quint 2:3, bei der Quart 3:4 usw. Die griechischen Theoretiker leiteten aus den Zahlenverhältnissen auch Aussagen über die Wirkung von Klängen auf den Menschen ab.
Im Mittelalter gehörte die **Ars musica** (lat. = musikalische Kunst, musikalische Lehre) zu den sieben freien Künsten. Sie bildete neben Grammatik, Rhetorik, Dialektik, Arithmetik, Geometrie und Astronomie den Grundstock jeder gelehrten Bildung, d.h., sie war obligatorisches Fach für alle Klosterschüler und Studenten. Berühmte musiktheoretische Abhandlungen sind u.a. überliefert von Guido von Arezzo (11. Jh.) und Johannes de Grocheo (14. Jh.). Die mittelalterlichen Gelehrten beschäftigten sich mit den naturwissenschaftlichen Grundlagen der Musik, mit der Notation (der schriftlichen Fixierung von Musik) und mit dem Musikleben ihrer Zeit. Dem christlichen Gedankengut des Mittelalters eng verbunden, wirkten sich die Erkenntnisse der frühen Musiktheoretiker direkt auf die kirchenmusikalische Praxis aus.
Im 15. und 16. Jh., unter dem Einfluß des Humanismus, erweiterte sich der Themenkatalog der Musiktheoretiker. Die antike Tradition wurde verstärkt für musikpraktische Neuerungen aufgegriffen und wiederbelebt (▶ Chromatik), Kompositionsregeln wurden aufgestellt, physikalische Experimente zur Erweiterung des Tonvorrats und des Instrumentariums durchgeführt, zu vertonende Texte nach neuen Kriterien ausgewählt und behandelt. Ihren Rang als eigenständige Universitätsdisziplin verlor die Musiktheorie aufgrund ihres starken Praxisbezuges nun für eine Weile, jedoch nicht ihren wissenschaftlichen Anspruch.
Das 17. Jh. und die ersten Jahrzehnte des 18. Jh.s lassen in den musiktheoretischen Schriften neue Schwerpunkte erkennen: Neben den naturwissenschaftlichen

Grundlagen der Musik werden psychologische und rhetorische Funktionen der Musik untersucht (▶ Affektenlehre, Figuren), werden Instrumentenkunde und musikalische Begrifflichkeit systematisiert und ausgebaut, wird die Geschichtlichkeit der Musik zum Thema der Musikwissenschaft.
Ab Mitte des 18. Jh.s begann sich die Musikwissenschaft als universitäre Disziplin zu profilieren. Johann Nikolaus Forkel hielt seit 1772 Vorlesungen über Musik an der Universität Göttingen. Er prägte die historische Musikwissenschaft weit über seine Zeit hinaus, u. a. indem er die erste Monographie (Gesamtdarstellung von Leben und Werk) über Johann Sebastian Bach schrieb (1802). Musikwissenschaftliche Fragestellungen und Methoden waren mittlerweile über verschiedene natur- und geisteswissenschaftliche Disziplinen verbreitet. Die Aufteilung in historische und systematische Musikwissenschaft zeichnete sich bereits ab.
Im 19. Jh. setzte sich die Musikwissenschaft an den deutschen Universitäten durch. Es entstanden mehr und mehr musikwissenschaftliche Professuren. Zunächst dominierte der historische Schwerpunkt. Mit dem im letzten Drittel des 19. Jh.s zunehmenden Interesse an kultur- und sozialgeschichtlichen Fragestellungen entstand ein Forschungsschwerpunkt, der bis in unsere Tage aktuell geblieben ist. Mit rasch wachsender Themenvielfalt etablierte sich im 20. Jh. die Aufgliederung der Musikwissenschaft.

Historische und systematische Musikwissenschaft

Die Aufgliederung der einzelnen Bereiche wird nicht einheitlich gehandhabt. Zu bedenken ist vor allem, daß ja auch die Themen der systematischen Musikwissenschaft historische Dimensionen besitzen, und daß mit den Bereichen Musikpsychologie, Musiksoziologie und Musikethnologie auch sozialwissenschaftliches Terrain betreten wird.
Zur **historischen Musikwissenschaft** gehören: Notationskunde, Geschichte der Musiktheorie, Philologie des Musikschrifttums, Instrumentenkunde, musikalische Ikonographie, Aufführungspraxis. Ihre Methoden stammen überwiegend aus Philologie und Geschichtswissenschaft. Für die Analyse von Musikwerken bedient sich die Musikwissenschaft eines breiten Spektrums methodischer Zugriffsweisen: von der Struktur- bis zur Inhaltsanalyse, von semiotischen bis zu informationstheoretischen Ansätzen.
Zur **systematischen Musikwissenschaft** gehören: musikalische Akustik, Physiologie der Tonerzeugung und Tonwahrnehmung, Ton- und Hörpsychologie, Musikpsychologie, Musikästhetik, Musiksoziologie, Musikethnologie. Auch in diesen Bereichen ist das Methodenspektrum breit gefächert; es schließt vor allem empirische Methoden natur- und sozialwissenschaftlicher Herkunft ein.

Gegenstände musikwissenschaftlicher Forschung

Ein Beispiel aus der historischen Musikwissenschaft: Ein Forscher hat in einem Archiv eine Komposition entdeckt, die für ein nicht ausdrücklich genanntes Instru-

ment in einer altertümlichen Notenschrift von einem nicht namentlich verzeichneten Komponisten handschriftlich aufgezeichnet wurde. Der Forscher muß nun herausfinden, welche Art von ▶ Notation vorliegt, um die Komposition ungefähr zeitlich einordnen zu können. Handelt es sich um eine Spezialnotation wie z. B. eine Tabulaturschrift, so ist das Instrument, für das die Komposition verfaßt wurde, bald ermittelt (z. B. Laute, Orgel). Kennt man die ungefähre Entstehungszeit des Werkes – die im übrigen bei Autographen (Original-Handschriften) auch anhand chemischer Analysen des Papiers und der Tinte näher bestimmt werden kann -, so kann man durch Vergleiche der Handschrift, des musikalischen Stils und der Besetzung des Werkes mit anderen Kompositionen der gleichen Epoche eventuell schon den Verfasser herausfinden oder zumindest die „Schule" (bestimmte Tradition oder Komponistengruppe), der er angehört. Außer den Quellen (Handschriften oder Drucke von Kompositionen, Briefe und andere schriftliche Zeugnisse des Komponisten selbst) muß der Forscher systematisch die vorhandene Sekundärliteratur (alle schriftlichen Äußerungen über das untersuchte Objekt und dessen Umfeld von anderen Personen als dem Verfasser von der Entstehungszeit bis heute) ermitteln und auswerten. Das bedeutet, daß er oft jahrelang in Archiven, Sammlungen und Bibliotheken nach allem Schriftlichen sucht, das in irgendeiner Weise mit seinem Thema zu tun hat.
Gelingt es ihm, den Namen des Komponisten herauszufinden, so hat unser Forscher möglicherweise eine für die Fachwelt sehr aufregende Entdeckung gemacht: Ein bisher unbekanntes oder als verschollen geltendes Werk etwa von Bach oder Mozart „auszugraben" ist der Traum aller historisch arbeitenden Musikwissenschaftler. Ist in einem anderen Fall der Name des Komponisten ermittelt und handelt es sich um einen bisher unbekannten Meister der Tonkunst, so sucht der Forscher nach weiteren Werken desselben Verfassers. Dabei nimmt er sowohl die vergleichbaren Musikstücke aus der Zeit des Komponisten als auch das relevante theoretische, biographische, historische und ästhetische Schrifttum, das sich mit der Epoche beschäftigt, zu Hilfe.
Fragestellungen aus der systematischen Musikwissenschaft betreffen z. B. die Obertöne bzw. Klangfarben von Instrumenten (▶ Akustik), die physiologische und psychologische Wirkung alles Hörbaren auf den Menschen, die ästhetischen Normen und Wertkriterien, denen Musik unterliegt, oder die Zusammenhänge zwischen gesellschaftlichen und musikalischen Phänomenen.
Musikpsychologen beschäftigen sich derzeit beispielsweise mit der Frage, wie das Musikhören im Auto das Fahrverhalten des Autofahrers beeinflußt; sie untersuchen den Einfluß der visuellen Aufmachung von Musikern auf die Beurteilung ihrer musikalischen Leistung durch den Fernsehzuschauer oder die Wirkung von Videoclips auf Jugendliche. Dies sind nur wenige Beispiele aus einer breiten Palette von Fragestellungen, die vor allem durch die wachsende Bedeutung der audiovisuellen Medien für das Musikerleben breiter Bevölkerungsschichten bedingt sind.
Die Musikethnologie erforscht die Musikkulturen außereuropäischer Länder, und zwar deren Kunstmusik ebenso wie rituell gebundene Musik, Tanz- oder populäre Musik.

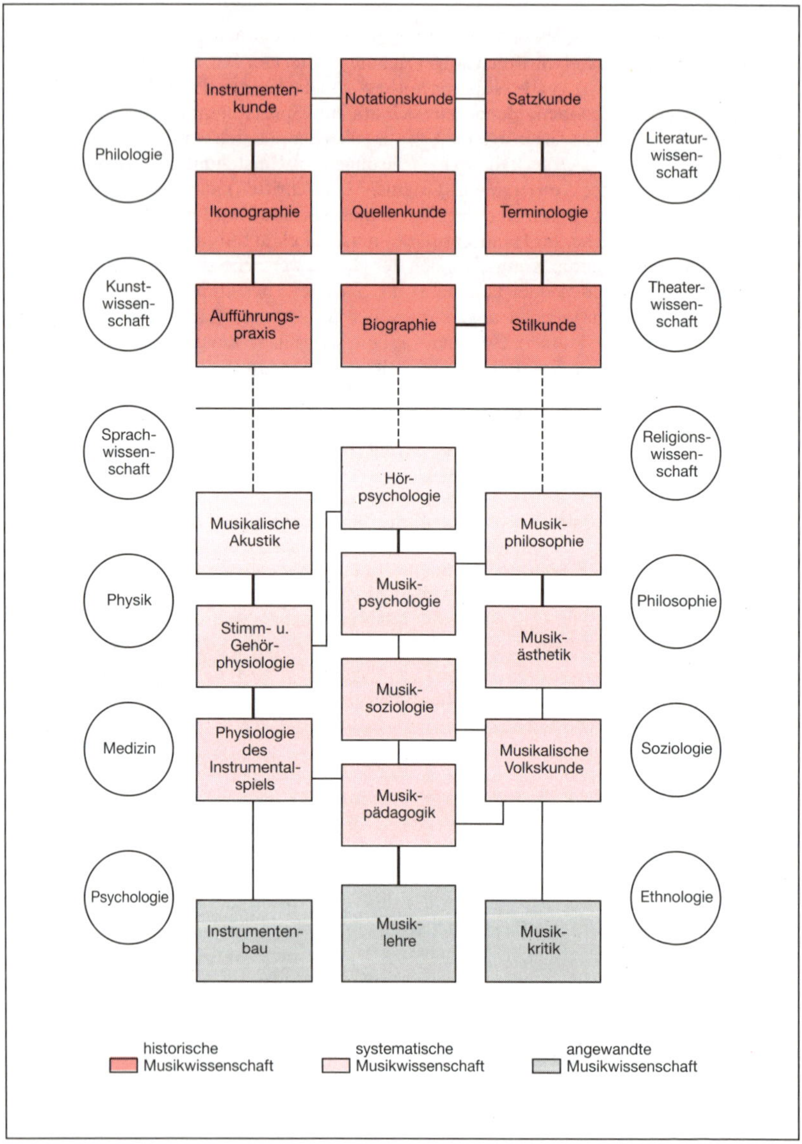

Teilgebiete und Hilfswissenschaften

Für die Formen der europäischen und afroamerikanischen ▶ populären Musik, die die Musikentwicklung in unserem Jahrhundert entscheidend mitgeprägt haben, interessiert sich die Musikwissenschaft in zunehmendem Maße. Die Annäherung erfolgt meist über musiksoziologische Ansätze, etwa die Frage nach den sozialen Funktionen einer bestimmten populären Musikgattung (z.B. des Schlagers) oder die Frage nach der Entwicklung einer Musikrichtung (wie z.B. des Punk) unter dem Einfluß politischer und ökonomischer Interessen.
Eine strikte Trennung von historischer und systematischer Musikwissenschaft läßt sich heute nur noch schwer aufrechterhalten. Die komplexen Probleme, die heute von der Musikwissenschaft bearbeitet werden, bedürfen interdisziplinärer Forschung.

Musikzeitschriften sind regelmäßig erscheinende Fachorgane, die Themen aus allen Bereichen der Musik behandeln. Als erste deutsche Musikzeitschrift gelten die von Johann Adam Hiller 1766–70 herausgegebenen *Wöchentlichen Nachrichten und Anmerkungen die Musik betreffend*. Sie enthielten Nachrichten aus dem Musikleben, Besprechungen von neu erschienenen Musikbüchern oder Noten sowie Aufsätze zur Musiktheorie und Musikpraxis. Die bekannteste Musikzeitschrift des 19. Jh.s war die von Robert Schumann herausgegebene *Neue Zeitschrift für Musik* (seit 1834), die bis heute erscheint. Schon im 19. Jh. gliederten sich die Musikzeitschriften in Fachorgane für bestimmte Musikbereiche auf. So existieren u.a. Zeitschriften für Kirchenmusik, Volksmusik, Oper, Instrumentenbau, Musikpädagogik oder Musiktherapie. Einige Beispiele: *Archiv für Musikwissenschaft* (seit 1918), *Jazz Podium* (seit 1952), *Der Musikmarkt* (seit 1959), *Opernwelt* (seit 1961), *Musik und Bildung* (seit 1969).
Eine spezielle Form von regelmäßig erscheinenden Veröffentlichungen sind die Jahrbücher. Sie erscheinen in der Regel jährlich und enthalten die neuesten wissenschaftlichen Erkenntnisse ihres Forschungsgebiets. Viele Jahrbücher sind einem Komponisten oder einer bestimmten Musiksparte zugeordnet und werden z.B. von wissenschaftlichen Gesellschaften oder anderen Institutionen herausgegeben, die sich dem Lebenswerk eines Komponisten widmen. Beispiele: *Mozart-Jahrbuch* (zuerst 1923), *Jahrbuch für Volksliedforschung* (seit 1928).

N

Nationalhymne ist ein feierliches Lied oder Instrumentalstück, das einen Staat symbolisch repräsentiert, d.h. in dem dieser Staat sein nationales Selbstverständnis ausgedrückt findet. Die Nationalhymne dient der Darstellung des Staates nach innen wie nach außen. Sie wird bei Staatsakten, bei Siegerehrungen von Sportwettbewerben und anderen offiziellen Anlässen gespielt. Im Text werden nationale Besonderheiten (Landschaft, Geschichte) bzw. für wichtig gehaltene Einstellungen, Eigenschaften und Verhaltensweisen der Bürger dieses Staates thematisiert, oftmals mit Appellcharakter. Die Musik unterstreicht die Textaussage, wobei charakteristische Elemente aus der jeweiligen Musikkultur eher selten vorkommen. Marschrhythmus, überschaubare Form, Refrain, Dur-Melodik und eine auf wenige Akkorde beschränkte Harmonik finden sich in sehr vielen Nationalhymnen. Ihre Herkunft ist sehr unterschiedlich: von Volksliedern über religiöse oder revolutionäre Gesänge bis hin zu Stücken aus Opern reicht die Palette.
Das *Deutschlandlied*, die deutsche Nationalhymne, wurde von August Heinrich Hoffmann von Fallersleben als *Lied der Deutschen* 1841 im Exil auf der Insel Helgoland geschrieben. Der Text wird auf die Melodie des von Joseph Haydn komponierten Huldigungsliedes für den österreichischen Kaiser Franz II., *Gott erhalte Franz den Kaiser*, gesungen. Haydn verwendete diese Melodie als Thema des Variationensatzes seines Streichquartetts C-Dur op. 76 Nr.3 (Kaiserquartett, 1797). Als Fallersleben das Lied schrieb, war Deutschland in viele Kleinstaaten zerrissen, die ihren Bürgern kaum politische Mitspracherechte gewährten. Ziele der oppositionellen Kräfte waren ein geeintes Deutschland und mehr Freiheiten; diese Sehnsucht vieler Zeitgenossen drückt das Lied aus. Aus seinem Entstehungszusammenhang gerissen und in einer veränderten politischen Situation bekam das Lied im 20. Jh. einen nationalistischen Anstrich. Verszeilen wie „Deutschland, Deutschland, über alles, über alles in der Welt" wurden zur politischen Propaganda mißbraucht.
1922 wurde das Deutschlandlied vom Reichspräsidenten Friedrich Ebert zur deutschen Nationalhymne erklärt. Die Nationalsozialisten verbanden die erste Strophe des Liedes mit dem ▶ Horst Wessel-Lied. Nach dem Zusammenbruch des 3. Reiches verboten die Siegermächte alle nationalsozialistischen Lieder und mit ihnen das Deutschlandlied. Nach heftigen politischen Auseinandersetzungen wurde 1952 die 3. Strophe des Liedes zur deutschen Nationalhymne bestimmt.
Nach der Vereinigung der Bundesrepublik und der Deutschen Demokratischen Republik 1990 wurde die ehemalige Nationalhymne der DDR, *Auferstanden aus Ruinen* (Text: Johannes R. Becher; Musik: Hanns Eisler) zugunsten der 3. Strophe des Deutschlandliedes als gemeinsamer Nationalhymne aufgegeben. Bei offiziellen An-

lässen erklingt die Hymne nun meist in einer instrumentalen Version.
Marseillaise heißt die französische Nationalhymne (seit 1795) mit Text und Musik von Claude-Joseph Rouget de l'Isle, die 1792 als *Chant de guerre pour l'armée du Rhin* entstand. Die Marseillaise (so genannt, weil Kriegsfreiwillige aus der südfranzösischen Stadt Marseille die Hymne zuerst als Kampflied benutzt hatten) entstand während der Pariser Kommune und hat einen kämpferischen Charakter.
God save the King (bzw. *the Queen*) ist der Titel der englischen Nationalhymne, die aus dem 18. Jh. stammt. Die Melodie im 3/4-Takt hat einen feierlichen, choralartigen Charakter und ist zum Marschieren nicht geeignet. Sie wurde bis 1918 auch in Deutschland – auf den Text *Heil dir im Siegerkranz* – gesungen und diente erst Preußen, dann dem deutschen Reich als Nationalhymne. In England erklingt die Nationalhymne noch heute nach jeder Theater- und Kinovorstellung.
Wilhelmus von Nassouwe, die niederländische Nationalhymne, ist die älteste Nationalhymne überhaupt. Sie stammt aus dem 16. (Text) bzw. 17. Jh. (Melodie), wurde jedoch erst 1932 zur holländischen Nationalhymne erklärt. Charakteristisch für ihre Melodie sind die häufigen Taktwechsel.
Land der Berge, Land am Strome, die österreichische Nationalhymne (seit 1947), wird auf die Melodie des als *Bundeslied* bekanntgewordenen Liedes aus der *Freimaurerkantate* von Wolfgang Amadeus Mozart (1791) gesungen. Auch sie hat einen feierlich-choralartigen Charakter und steht im 3/4-Takt.
The Star Spangled Banner, die amerikanische Nationalhymne (seit 1916), wurde 1814, während des englisch-amerikanischen Krieges, geschrieben. Wie viele andere Nationalhymnen wird sie in zahlreichen Musikstücken zitiert bzw. bearbeitet. Die bekannteste Bearbeitung ist die Version des amerikanischen Rock-Gitarristen Jimi Hendrix von 1967. In ihr wird die Hymne musikalisch in kleine Teile zerrissen und von kreischenden Rückkopplungen überschrieen. Sie endet in einem Maschinengewehrfeuer-Sound, der den Vietnamkrieg symbolisiert.

Naturtonreihe meint bei Blasinstrumenten die sich auf dem Grundton des Instruments aufbauenden natürlichen Obertöne, die ohne Benutzung von Klappen oder Löchern durch Überblasen gespielt werden können (▶ Schwingungsformen).

Neapolitanischer Sextakkord

(kurz: Neapolitaner) Die neapolitanische Schule, eine Gruppe von Opernkomponisten, die zwischen 1650 und 1750 in Neapel lebte (Francesco Durante, Alessandro

Naturtonreihe der Trompete

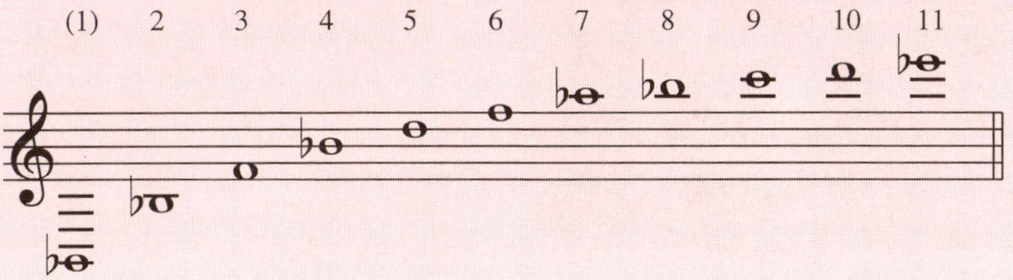

Scarlatti), machte von einem bestimmten Akkord so häufig Gebrauch, daß dieser als neapolitanischer Sextakkord bezeichnet wurde. Es ist der Mollakkord auf der vierten Stufe der Tonleiter (Subdominante, ▶ Harmonielehre) mit erniedrigter Sexte anstatt der Quinte. In a-moll lautet er d-f-b, in C-Dur f-as-des.

Neapolitanischer Sextakkord in C-Dur

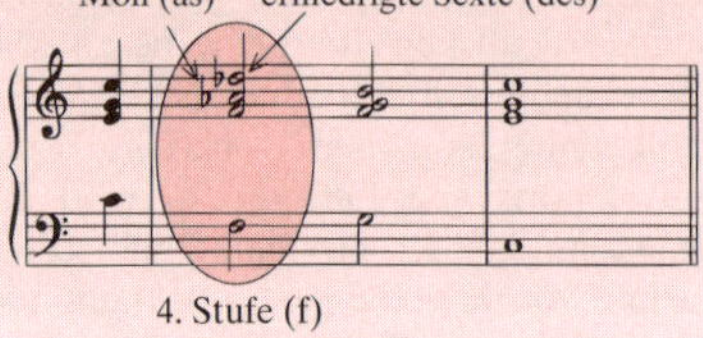

Neudeutsche Schule

Neudeutsche Schule Diesen Namen gab sich 1859 eine Gruppe von Musikern um Franz Liszt (u. a. Peter Cornelius, Hans von Bülow und Joachim Raff), die sich als fortschrittlich verstanden. Zielscheibe ihrer Kritik waren als konservativ und rückwärtsgewandt bezeichnete Komponisten wie Felix Mendelssohn Bartholdy, Robert Schumann oder Johannes Brahms mit ihrer Orientierung an der Wiener Klassik. Die Kritisierten wehrten sich, indem sie die Neudeutschen als „Zukunftsmusiker" titulierten, die mit ihren neuen Gattungen

Franz Liszt, um 1880

und Ausdrucksformen den Boden der Realität verlassen hätten. Das Interesse der Neudeutschen galt vor allem den Werken von Richard Wagner, Hector Berlioz und Franz Liszt sowie den neuen Gattungen ▶ Musikdrama und ▶ sinfonische Dichtung. In diesen sahen die Anhänger der Neudeutschen Schule ihre Vorstellungen von einer neuartigen Verbindung zwischen Poesie und Musik in radikaler Weise verwirklicht.

Neue Musik

Neue Musik ist ein vager Begriff für eine Vielzahl unterschiedlicher Richtungen innerhalb der Kunstmusik des 20. Jh.s.

Arnold Schönbergs freie ▶ Atonalität brach zu Beginn des 20. Jh.s radikal mit der Tradition und gab ein Prinzip auf, das in allen vorangegangenen Jahrhunderten niemals in Frage gestellt wurde: die ▶ Tonalität. Diese bezieht alle Töne einer Tonart auf einen Grundton. Zunächst hatte Schönberg noch in der Nachfolge Wagners und Mahlers komponiert (Streichsextett *Verklärte Nacht*, 1899). Dann entstanden aber eine Reihe atonaler Werke, darunter die *3 Klavierstücke* op.11 (1908) und *Pierrot Lunaire* op. 21 (1912). Weiter entwickelte Schönberg ein neues Musiksystem, die ▶ Zwölftonmusik, die er 1923 in *5 Klavierstücke op.23* und in der *Klaviersuite op.25* erstmals verwendete. Er gab den Bezug auf einen tonalen Grundton auf und erklärte alle Töne für gleichberechtigt. Für Schönberg selbst war damit allerdings das alte tonale System noch nicht erledigt, er benutzte es bis zu seinem Tod 1951 sogar häufiger als die Zwölftontechnik.

Wesentlich strenger hielten sich seine Schüler Anton von Webern und Alban Berg an die Regeln der Zwölftonmusik. Sie bildeten zusammen mit Schönberg die **Zweite Wiener Schule** (1. Wiener Schule = Haydn, Mozart und Beethoven). Auf Webern berief sich später in den 50er und 60er Jahren besonders die serielle Schule

Anton von Webern, um 1935

Alban Berg, um 1930

Olivier Messiaen, 1963

Pierre Boulez, 1974

um Olivier Messiaen und Pierre Boulez. Die ▶ serielle Musik ist eine Weiterentwicklung der Zwölftonmusik. Sie übertrug die „Gleichberechtigung" der Tonhöhen im Zwölftonsystem auch auf andere Elemente (▶ Parameter) von Musik wie Tondauern und Tonstärken.

Zur Schönberg Schule in scharfem Kontrast standen Komponisten, die das tonale System nicht aufgeben wollten. Schönberg ging es um eine Musik um der Musik willen, die sich bei ihm in scheinbar spröden, hochkomplizierten Kunstwerken niederschlug. Dagegen strebten die **Neoklassizisten** einen Ausbruch der Musik aus ihrem Elfenbeinturm an. Musik sollte sich an moderner Technik, an Kabarett, Music-Hall, Theater und Jazz orientieren. Sie begannen nicht selten als „Bürgerschreck", gelten aber heute als Klassiker der Neuen Musik. Aufsehen erregten Béla Bartóks programmatisches Klavierstück *Allegro barbaro* (1911) und Igor Strawinskis *Le Sacre du Printemps* (franz. = Frühlingsopfer) für großes Orchester (1913). In Deutschland schockte Paul Hindemith mit seiner Oper *Mörder, Hoffnung der Frauen* (1921) das Publikum. Der Protest dieser Komponisten galt der kitschigen Seite der Spätromantik zwischen 1850 und 1900. Sie knüpften bewußt an ältere Traditionen an, insbesondere an Bach.

Für die französischen Komponisten der Neuen Musik waren u. a. Claude Debussy und insbesondere der von den Verrücktheiten des ▶ Futurismus geprägte Eric Satie

Igor Strawinski, um 1934

Paul Hindemith, undatiert

Arthur Honegger, um 1950

Kurt Weill, um 1940

wichtige Vorbilder. Sein Ballett *Parade* entfesselte 1917 einen Sturm der Entrüstung. Satie ließ sich von lärmenden Maschinen wie Sirenen, Flugzeugen und Schreibmaschinen, vom Jahrmarktslärm und den Schlagern der Music-Hall inspirieren. Um 1920 bildete sich die Gruppe *Les Six* (franz. = die Sechs) u. a. mit Darius Milhaud und Arthur Honegger. Milhaud baute die ▶ Polytonalität aus, bei der in mehreren Tonarten gleichzeitig gespielt wird.

Andererseits wurde aber auch der Wert lebendiger Volksmusik entdeckt. Einige Länder hatten folkloristische Traditionen, aus denen in Ungarn Bartók, in der Tschechoslowakei Leoš Janáček und in Spanien Manuel de Falla schöpften. Sie begründeten eigenständige nationale Schulen, die Folklore und Neue Musik verbanden. In Deutschland versuchte Hanns Eisler, das in der Arbeiterbewegung entstandene politische Lied in die Neue Musik zu integrieren. Durch die Nationalsozialisten wurde die Entwicklung der Neuen Musik in Deutschland brutal unterbrochen. Einige Komponisten wie Schönberg, Weill und Eisler mußten ins Exil gehen, anderen blieb nur die innere Emigration – wie dem bis heute wenig gespielten Sinfoniker Karl Amadeus Hartmann. In der Düsseldorfer Ausstellung *Entartete Musik* (1938) wurde die Neue Musik zusammen mit dem Jazz der „entarteten Kunst“ zugeordnet (▶ „entartete Musik“).

Während alle bisher erwähnten Komponisten die Halbton-Organisation des Tonsy-

stems in 12 Töne pro Oktave übernahmen, versuchten andere eine Erneuerung der Tonsprache über die Erweiterung des Tonvorrates zur ▶ Vierteltonmusik. Alois Hába schrieb 1929 eine Vierteltonoper, in der er 24 Töne pro Oktave benutzte.
1958 machte der Amerikaner John Cage die Europäer mit einer Methode bekannt, die allen europäischen Traditionen ins Gesicht schlug. Dem streng geplanten elektronischen und seriellen Komponieren setzte er seine ▶ Aleatorik, d.h. Zufallsmusik, entgegen, die weitgehend auf persönlichen Ausdruck und Kunstwerkcharakter verzichtete. Auch die ▶ Minimal Music arbeitete mit Zufallsmanipulationen an sich nur geringfügig ändernden Klangflächen.

Niederländer nennt man die Komponisten, die von etwa 1430 bis 1560 in dem Gebiet der heutigen Benelux-Länder und Nordfrankreichs lebten und wirkten und die Musik der Zeit maßgeblich prägten. Die Epoche der Niederländer bzw. der **niederländischen Schule** wird in folgende Phasen eingeteilt, die sich um verschiedene kulturelle Zentren – auch außerhalb der eigentlichen Niederlande – gruppieren:
1. die burgundische Musik (etwa 1420–77), benannt nach dem burgundischen Hof, der das Zentrum der Musikpflege war. Komponisten wie Guillaume Dufay oder Gilles Binchois lebten hier und schrieben in erster Linie Messen, Motetten und Chansons;
2. die frankoflämische Schule, die Blütezeit, mit Komponisten wie Johannes Ockeghem, Jacob Obrecht und Josquin Desprez.
Bei den Niederländern stand die Vokalmusik im Vordergrund; eine Instrumentalmusik vergleichbaren Niveaus existiert erst seit dem 17. Jh. Die Niederländer komponierten polyphon, d.h. sie schrieben Sätze mit mehreren rhythmisch und melodisch selbständigen, aber dennoch aufeinander bezogenen und miteinander harmonierenden Stimmen. Als Ausführende standen ihnen die gut ausgebildeten Sänger der Hofkapellen zur Verfügung, die die technisch und musikalisch sehr hohen Anforderungen der mehrstimmig zu singenden Werke (**Vokalpolyphonie**) bewältigen konnten. Die Mehrstimmigkeit wurde von den Komponisten stark aufgefächert; sechsstimmige Werke sind in dieser Zeit keine Seltenheit. Im Laufe des 16. Jh.s wurden mehr und mehr italienische Einflüsse aufgenommen (größere Bedeutung des Melodischen, sinnlicherer Klangcharakter, Formen weltlicher Vokalmusik mit volkstümlichem Einschlag). Diese Entwicklung gipfelt in den Werken von Orlando di Lasso und Giovanni Pierluigi da Palestrina, die den strengen kontrapunktischen Satz (▶ Kontrapunkt) traditioneller Prägung mit neuen musikalischen Ausdrucksformen verbanden. Ihre Kompositionen zeigen eine ausgeprägte Melodik, Kadenzharmonik (▶ Harmonielehre) und Akzentstufentakt (▶ Akzent) und sind damit für die damalige Zeit sehr modern. Noch deutlicher zeigt sich der Übergang zu einer neuen Epoche bei dem Niederländer Jan Pieterszoon Sweelinck, der neben Vokalmusik vor allem Orgelwerke schrieb und damit einen deutlichen Akzent in der Geschichte der Instrumentalmusik setzte.

Nocturne (franz. = nächtlich) nennt man im 19. Jh. ein Klavierstück (▶ Charakterstück) mit träumerischem Ausdruck, ruhigem Tempo und sanft-elegischer bis melancholischer Melodik. Das Nocturne als Gattung wurde vor allem durch die Komponisten John Field und Frédéric Chopin bekannt.
Die deutsche Bezeichnung **Nachtstück** kam im 19. Jh. auf und wurde u.a. von Robert Schumann und Max Reger verwendet. In der Musik des 20. Jh.s taucht der Begriff selten auf und bezeichnet nicht mehr

nur Klavierstücke. So schrieb z.B. Hans Werner Henze im Jahre 1957 *Nachtstücke und Arien für Sopran und Orchester*.

None (lat.: nona = die Neunte) heißt das ▶ Intervall, das in der diatonischen Tonleiter 9 Tonstufen umfaßt, also z.B. c^1-d^2 (d^2 ist in der C-Dur-Tonleiter die 9. Stufe vom Grundton c^1 aus).

non troppo (ital.) Vortragsanweisung: nicht zuviel, nicht zu sehr. Der Begriff findet sich in Kombination mit Tempobezeichnungen wie z.B. allegro (ma) non troppo (nicht zu schnell).

Notturno (ital. = Nachtstück) bezeichnete im 18. Jh. ein Instrumentalstück mit dem Charakter eines nächtlichen Ständchens, ähnlich der ▶ Serenade und verwandten Gattungen. Bei Wolfgang Amadeus Mozart taucht der Name in seinem *Notturno* KV 286 und in seiner *Serenata notturna* KV 239 auf. In der Übersetzung als **Nachtmusik** finden wir den Begriff bei Mozart gleich mehrmals, u.a. in der berühmten Serenade KV 525 *Eine kleine Nachtmusik* (1787).

Notation ist der zusammenfassende Begriff für die schriftliche Aufzeichnung von Musik; er umfaßt Noten, Notenschrift und ihre Entwicklungsstufen.

Alte Notenschriften

Die Notation der überlieferten abendländischen Musik beginnt mit den Neumen etwa im 9. Jh. **Neumen** sind die Zeichen, mit denen die Kirchenmusik vor der Entstehung der auf einem Liniensystem aufbauenden Notenschrift notiert wurde. Die auf frühchristliche Handzeichen und auf Betonungszeichen der griechischen Grammatik zurückgehenden Neumen geben nicht die genaue Tonhöhe oder Tondauer an, sondern die Richtung der Tonbewegung. In der frühen mittelalterlichen Musik (etwa um 900) wurden den Neumen die jeweiligen Tonbuchstaben oder Intervallzeichen beigefügt. Die **adiastematischen** (linienlosen) Neumen wurden mit der Einführung des Liniensystems seit dem 10./11. Jh. allmählich durch die **diastematischen** Neumen abgelöst, die Tonhöhe und Tonabstände sichtbar machten. Die Neumen tragen Bezeichnungen wie Punctum, Tractulus, Virga, Pes, Flexa usw., die jeweils bestimmte Bewegungsformen der Stimme angeben.
Aus den Neumen wurde durch verschiedene graphische Veränderungen die römische **Choralnotation** (**Quadratnotation**) und **Hufnagelschrift** der deutschen oder gotischen Choralnotation. Für die Aufzeichnung der sich seit dem 10./11. Jh. rapide entwickelnden mehrstimmigen Musik reichten diese Zeichensysteme jedoch nicht aus. Erst mit der Einführung des Liniensystems und der Schlüssel durch Guido von Arezzo (um 1025) konnte man die Tonhöhe des Notierten genau fixieren.
Die präzise Erfassung der Tondauern gelang erst mit der **Mensuralnotation** (lat.: mensura = Maß). Dieses im 13. Jh. ausgebildete Zeichensystem zeigt die rhythmischen Werte der Töne durch die Form der Noten an. Das Frühstadium der voll aus-

gebildeten Mensuralnotation fällt in die Epoche der ▶ Ars Antiqua; das Ende der Epoche der Mensuralnotation in die Zeit um 1600.
Die Mensuralnotation beruht auf einem Taktverständnis, das die durchgängige Unterteilung eines zugrundeliegenden großen Notenwertes in drei gleiche kleinere Notenwerte als Tempus perfectum (perfektes Zeitmaß), die Unterteilung in zwei gleiche Werte als Tempus imperfectum bezeichnete. Die Symbole für diese beiden Zeitmaße sind ○ bzw. C. Diese **Mensurzeichen** sind die Vorläufer der modernen Taktangaben. Die wichtigsten Notenzeichen der Mensuralnotation (um 1500) sind:

Maxima	Minima
Longa	Semiminima
Brevis	Fusa
Semibrevis	

Zwei oder mehr graphisch zu einer Einheit zusammengefaßte Notenzeichen werden als **Ligatur** bezeichnet; sie verdeutlichen die Auf- oder Abwärtsbewegung der Melodie in dem jeweils zugrundeliegenden Zeitmaß. Zur Verfeinerung der Notenschrift diente der Einsatz unterschiedlicher Farben: Normalerweise wurden die Noten mit schwarzer Farbe und mit ausgefüllten Köpfen geschrieben; unter bestimmten Umständen konnten aber auch rote oder weiße (unausgefüllte) Notenköpfe eingesetzt werden. Schon im späten Stadium der Mensuralnotation wurden die Notenköpfe bisweilen rund statt eckig geschrieben. Dies führte um 1600 auf direktem Wege zu unserer heutigen Notenschrift.
Mit Neumen und Mensuralnotation wurde Vokalmusik notiert. Für die Instrumentalmusik existierten bis ins 18. Jh. hinein eigene Notationssysteme. Diese **Tabulaturen** sind vor allem für Zupfinstrumente (insbesondere für die Laute) und für Tasteninstrumente (hier vor allem für die Orgel) überliefert. Tabulaturen sind Griffschriften mit Ziffern und Buchstaben; sie zeigen vor allem die Position der Finger auf den Saiten bzw. Tasten an.

Lautentabulatur

Die heutige Notenschrift

Die moderne **Notenschrift** (lat. nota = Zeichen) gibt die genaue Tondauer und Tonhöhe an. Die wichtigsten Notenzeichen und die ihnen entsprechenden Pausenzeichen:

ganze Note 𝅝
ganze Pause 𝄻
halbe Note 𝅗𝅥
halbe Pause 𝄼
Viertelnote ♩
Viertelpause 𝄽
Achtelnote ♪
Achtelpause 𝄾
Sechzehntelnote 𝅘𝅥𝅯
Sechzehntelpause 𝄿
Zweiunddreißigstelnote 𝅘𝅥𝅰
Zweiunddreißigstelpause 𝅀

Die Bestandteile der Notenzeichen heißen **Notenkopf**, **Notenhals** und **Fähnchen**. Ein **Punkt** rechts neben der Note verlängert diese um die Hälfte ihres Wertes; gleiches gilt für die Pausen. Zum Beispiel:

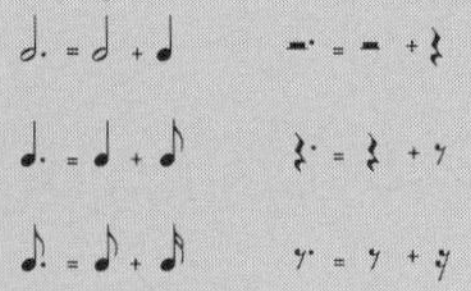

Balken verbinden zusammengehörige Notengruppen:

Bindebogen verbinden 2 Noten auch über den Taktstrich hinaus:

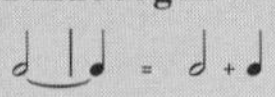

Die exakte Tonhöhe ist aus der Position der Zeichen innerhalb des Liniensystems und anhand der vorangestellten **Notenschlüssel** zu ersehen. Die wichtigsten Schlüssel sind der G-Schlüssel, der F-Schlüssel und der C-Schlüssel. Der heute gebräuchliche **Violinschlüssel** ist ein G-Schlüssel: er zeigt die Lage des Tons g^1 an. Der F-Schlüssel wird heute vor allem für die Baßlage benutzt; man bezeichnet ihn daher auch als **Baßschlüssel**. Er zeigt die Lage des Tons f an. Den C-Schlüssel finden wir heute vor allem als **Altschlüssel** (auch **Bratschenschlüssel** genannt, da er gewöhnlich der Bratschenstimme vorangestellt wird); hier zeigt er die Lage des Tons c^1 an. In alter Musik tritt der C-Schlüssel außerdem als Sopran-Schlüssel, Mezzosopran-Schlüssel, Tenor-Schlüssel und Bariton-Schlüssel auf.

Zur Notation gehören neben den Notenlinien, den Zeichen für die Taktart, den Taktstrichen, den Schlüsseln und den Noten- und Pausenzeichen auch die Angaben zur Art des Vortrags (Vortragsbezeichnungen), d. h. zur Dynamik, zum Tempo, zur Phrasierung, ferner die Zeichen für Verzierungen, für die Stricharten und Fingersätze. Diese zusätzlichen Angaben sind für die Aufführungspraxis von zentraler Bedeutung.

Für die Notation der ▶ Neuen Musik des 20. Jh.s wurden von den Komponisten teilweise neue Zeichenssysteme entwickelt, da die überlieferte Notenschrift für die neuen Anforderungen oft nicht ausreichte. **Graphische Notation** und **musikalische Graphik** sind im Gegensatz zur traditionellen Notenschrift mehrdeutig und individuell auslegbar. Sie bestehen aus Zeichnungen, Symbolen und mehr oder weniger genauen Angaben zum Verlauf.

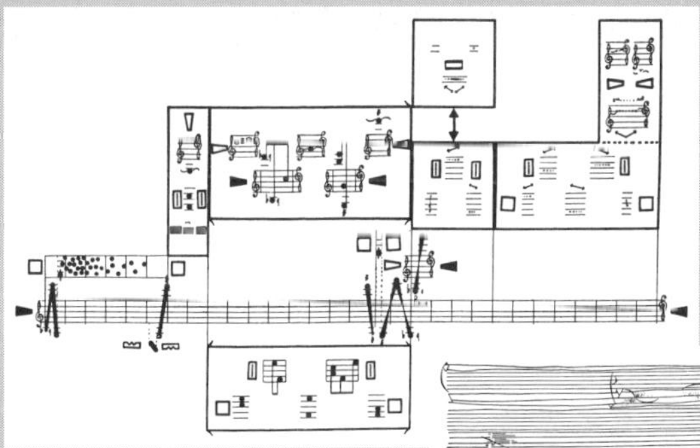

„Zyklus für einen Schlagzeuger" von Karlheinz Stockhausen

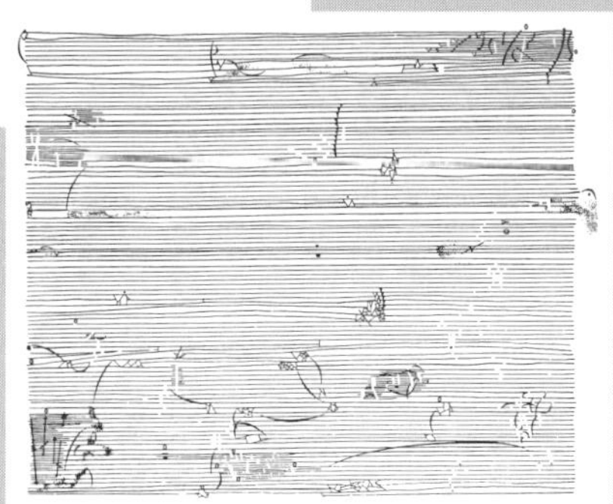

„Pièces de Chaire II" von Sylvano Bussotti

Notendruck Vor seiner Erfindung wurden Kompositionen durch Abschreiben vervielfältigt. Im letzten Drittel des 15. Jh.s erschienen die ersten gedruckten Notenausgaben, die, wie beim Buchdruck, mit beweglichen Typen hergestellt wurden. Linien und Notenköpfe mußten in mühsamer Arbeit aneinandergefügt werden. Mit dem Blockdruck wurde ein neues Verfahren entwickelt, bei dem die Linien und Noten im Zusammenhang (z.B. zeilenweise) reliefartig (wie ein Stempel) aus einer Holzplatte herausgeschnitten wurden. Seit Ende des 16. Jh.s wurde die Technik des **Notenstichs** verwendet, bei der die Linien und Noten wie beim Kupferstich in eine Metallplatte eingraviert werden (die Druckfarbe sammelt sich in den Vertiefungen). Im 19. Jh. trat die Lithographie (Steindruck) hinzu, bei der die Zeichen mit chemischen Mitteln in eine Steinplatte geätzt werden. Im 20. Jh. wird überwiegend das Offsetdruck-Verfahren angewendet.
In den letzten Jahren sind es vor allem Computerprogramme, die die Notenherstellung vereinfachen und für verschiedene Zwecke anwendbar sind. Viele dieser Programme setzen auf einem angeschlossenen Keyboard gespielte Töne direkt auf dem Bildschirm in Notenzeichen um.

O

Obligates Akkompagnement (lat./franz.) ist eine besondere Art der Begleitung, die vor allem in den Werken der Wiener Klassiker Joseph Haydn, Wolfgang Amadeus Mozart und Ludwig van Beethoven zu finden ist (▶ durchbrochene Arbeit). Die Begleitstimmen sind hier – im Gegensatz zum Generalbaß – weitgehend selbständig (obligat) und werden meist linear-melodisch geführt. Mit Hilfe dieser Technik werden Motive und Themen eines Musikwerkes verarbeitet, d.h. zerlegt, verändert und ständig neu kombiniert (**motivisch-thematische Arbeit**).

Oboe (franz.: haut bois = hohes oder lautes Holz; Hautbois ist der ursprüngliche Name der Oboe) Ein Holzblasinstrument mit Doppelrohrblatt am Mundstück, konischer Bohrung, Tonlöchern und Klappen. Das Rohr der Oboe ist 64,5 cm lang; ihr Tonumfang reicht von b bis a^3. Der Klang der Oboe ist dank ihres Obertonreichtums und der Art der Tonbildung durch das Doppelrohrblatt sehr durchdringend. Jedes Orchester stimmt deshalb nach dem von der Oboe angegebenen Kammerton a. Ihr Klang wird als näselnd, klagend, in manchen Lagen aber auch als spitz und von skurriler Wirkung bezeichnet.
Als Vorläuferin der Oboe gilt die **Schalmei**, die im Mittelalter wegen ihres weit tragenden Klangs zum Instrument der Spielleute und Turmbläser wurde. Als Volksmusikinstrument findet man die Schalmei heute noch auf dem Balkan und im Orient.
Aus der Schalmei wurde im 15. Jh. der **Pommer** entwickelt, der bereits einige Klappen besaß. Der Pommer wurde als Familie mit je einem Instrument im Diskant (Sopran), Alt, Tenor und Baß sowie als Großbaß gebaut und auch in dieser Kom-

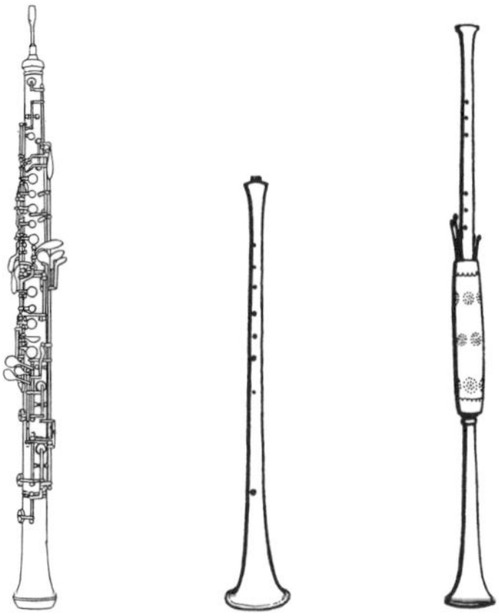

(Von links nach rechts): Oboe, Schalmei, Pommer

bination gespielt. Das Instrument wird heute für die Pflege alter Musik wieder nachgebaut.
Im 18. Jh. wurden die **Oboe d'amore** (Liebesoboe) und die **Oboe da caccia** (Jagdoboe) gebaut, Instrumente in Altlage mit weichem, sattem, der menschlichen Stimme ähnlichen Klang. Vor allem in Werken von Johann Sebastian Bach begegnen uns diese Formen häufig. Das heutige Alt-Instrument der Oboenfamilie ist das ▶ Englischhorn, das Baritoninstrument das 1904 erfundene, sehr selten verwendete **Heckelphon**; das Baßinstrument ist das ▶ Fagott.
Im 17. und 18. Jh. wurde die Oboe – außer im Orchester – häufig als Soloinstrument eingesetzt. Berühmte Solokonzerte für Oboe schrieben in dieser Zeit u. a. Antonio Vivaldi, Benedetto Marcello und Johann Christian Fischer.

off beat ist ein für Jazz und Rockmusik charakteristisches rhythmisches Gestaltungsmittel, das auf die „Störung" des Grundschlags (beat) zielt. Betonte Melodietöne fallen nicht mit dem beat zusammen, sondern werden geringfügig vorgezogen. Seltener ist die Variante des off beat, bei der der Ton dem beat leicht nachhängt. Vor allem durch die Technik der Vorwegnahme entsteht ein Spannungsverhältnis zwischen Grundschlag und Melodie, das beim Hören als starker Reiz empfunden wird (swing, drive).

off pitch ist ein typisches Stilmittel des Jazz und der Rockmusik: die Verschleierung der exakten Tonhöhe (pitch) durch bewußt unsaubere Tongebung (dirty intonation), „Heranschmieren" an den Ton, absichtliches Herunterziehen der Tonhöhe usw.

Okarina (ital.: oca = Gans) Die kleine, geschlossene Gefäßflöte aus gebranntem Ton (8–10 Grifflöcher) ist seit dem 19. Jh. in der italienischen Folklore gebräuchlich. Sie wird über ein Schnabelmundstück angeblasen. Da die Luftsäule in einem geschlossenen Raum schwingt, ist der Klang der Okarina sehr leise und dumpf.

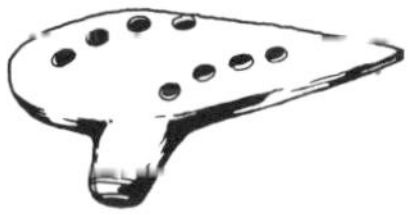

Onestep (engl. = ein Schritt) ist ein amerikanischer Gesellschaftstanz, der um 1910 nach Europa kam. Er zeichnet sich durch schnelles Tempo – meist im 2/4-Takt – und eine relativ einfache Schrittfolge aus: auf jede Zählzeit einen Schritt. In Deutschland erhielt der Tanz eine Beimischung von Marschelementen und wurde – vor allem bei den Tanzvergnügungen der unteren sozialen Schichten – als **Schieber** bezeichnet. Diese Variante galt zunächst als anstößig, wurde dadurch aber umso populärer.
Der Onestep löste den schon um 1900 nach Europa gekommenen Twostep als Modetanz ab. Der **Twostep** ist mit dem Ragtime

verwandt, besitzt wie dieser viele Synkopen (rhythmische Akzentverschiebungen), steht im 2/4-Takt und wird in schnellem Tempo getanzt.

Oper (lat.: opus = Werk) ist eine Gattung des Theaters, in der sich Dichtung und Musik, Gesang, Darstellungskunst, Bühnenbild- und Kostümkunst sowie Bühnenarchitektur zu einem Gesamtkunstwerk eng verbinden. Ihre Entstehung am Ende des 16. Jh.s setzt mit dem Versuch einer Gruppe gelehrter Männer in Florenz ein (der Florentiner Camerata), das griechische Drama zu erneuern. Man interessierte sich für die vermutlich enge Verbindung von Wort und Musik beim griechischen Drama und bewunderte den von der Kithara (einem leierähnlichen Zupfinstrument) begleiteten Sologesang (**Monodie**). Als „dramma per musica" wurde 1598 die erste erhalten gebliebene Oper *Dafne* von Ottavio Rinuccini (Text) und Jacopo Peri (Musik) in Florenz uraufgeführt. Obgleich es durchaus Vorformen der Oper im geistlichen Spiel des Mittelalters, den weltlichen Schäferspielen oder den Madrigalkomödien mit verschiedenen Verbindungen von Musik und Text (Chören, Einzelliedern, Zwischenmusiken, auch Tänzen) gibt, unterscheidet sich der Neuansatz um 1600 in wesentlichen Punkten von den Vorläufern. Er ist geprägt durch die eindeutige Ausrichtung der Musik auf die Handlung. Die die Handlung vorantreibenden Dialoge werden als ▶ Rezitative (Sprechgesang mit für die damalige Zeit neuer ▶ Generalbaß-Begleitung) komponiert und wechseln mit Chören und Sologesängen ab.

Bereits mit dem ersten herausragenden Komponisten der Operngeschichte, mit Claudio Monteverdi (dessen *Orfeo*, 1607, als die erste wirkliche Oper gilt), wird die strenge Orientierung am Wort ergänzt durch eine starke Erweiterung des Orchesters und seiner Ausdrucksmittel. In dieser überaus reichen Formenvielfalt findet die Oper ihre eigentliche Gestalt, die vor allem dem Repräsentationsbedürfnis der Barockepoche entspricht. Zu den Sologesängen (▶ Arien) kommen Duette, Ensemble-Nummern, umfangreiche Chorszenen hinzu, auch der erweiterte Orchesterapparat trägt dazu bei, daß zur Darstellung von Gefühlen und zur Deutung des Geschehens eine kühne musikalische Sprache möglich wird. Die szenische Darbie-

Claudio Monteverdi, 1609

tung entwickelt sich zu ausgeprägtem Prunk und opulenter Prachtentfaltung. Die Stoffe aus der antiken Götter- und Heldenwelt befriedigen die Wünsche der Fürsten nach Verherrlichung. Die Oper ist in dieser Zeit im wesentlichen höfische Kunst. In der **Opera seria**, der ernsten und tragischen, ganz auf Ausstattung, virtuose Gesangskunst und den Vorrang der musikalischen Einzelnummern vor der Handlung ausgerichteten, bis weit ins 18. Jh. bevorzugten italienischen Variante der Oper spiegelt sich das Selbstverständnis der Epoche wider.
Italienische Theatertruppen verbreiten die neue Kunstform in ganz Europa. Nationale Entwicklungen setzen dagegen nur zögernd ein. So entwickelt sich erst in der zweiten Hälfte des 17. Jh.s die das Ballett einbeziehende französische Oper (Opéra-ballet), deren wichtigster Komponist Jean Baptiste Lully ist. Die auf höfischen Maskenspielen (**Masque**) des 16./17. Jh.s und auf Henry Purcell (*Dido and Aeneas*, 1689) gründende englische Operngeschichte wird zu Beginn des 18. Jh.s von Georg Friedrich Händel zu einem glanzvollen, eng an der italienischen Opera seria orientierten Höhepunkt geführt. Aus der Kritik an der hochstilisierten Opera seria entstand in England die ▶ Ballad opera mit volkstümlichen Stoffen und Liedern, Arienparodien und possenhaft derben Texten. Bekanntestes Beispiel ist die 1728 uraufgeführte *Beggar's opera* von Johann Christoph Pepusch (Musik) und John Gay (Text), deren Handlung unter Bettlern, Huren und Straßenräubern spielt und drastische Gesellschaftskritik übt – wie 200 Jahre später dann auch die nach diesem Vorbild von Kurt Weill (auf die Bearbeitung von Bertolt Brecht) komponierte *Dreigroschenoper* (1928).
Gesellschaftlicher Erfolg und Popularität der Ballad opera zeigen, ähnlich wie die rasante Ausbreitung der Oper im Italien des 17. Jh.s, daß die frühe Operngeschichte nicht nur im abgehobenen sozialen Umfeld der Fürstenhöfe stattfand. Die Eröffnung eines kommerziell betriebenen Opernhauses 1637 in Venedig machte die Oper für damalige Verhältnisse geradezu zum „Massenunterhaltungsmittel". Die heftige Konkurrenz der Opernhäuser untereinander (bis zu einem Dutzend in einer Stadt) und die Rücksicht auf das zahlende Publikum steigerten die Nachfrage nach neuen Stücken. In die ernsten Opernhandlungen wurden Zwischenspiele aus den volkstümlichen Stegreifkomödien (Commedia dell'Arte) eingefügt, Lustspielstoffe wurden veropert, Mischformen aus ernsten und heiteren Stücken (**Opera semiseria**) entstanden. Die **Opera buffa**, die komisch-burleske, alltagsnahe Szenen aufgreift, sprachlich dem Dialekt nahe ist und deftige Charaktertypen gestaltet, entstand und wurde zum Theatervergnügen auch bürgerlicher Schichten. In Hamburg wurde 1678 das erste deutsche öffentliche Opernhaus am Gänsemarkt eröffnet und behauptete sich neben den in allen wichtigen Residenzen entstehenden Hoftheatern 50 Jahre lang.
Verschiedene Traditionsstränge laufen im Deutschland des 18. Jh.s zusammen und führen 1791 mit Wolfgang Amadeus Mozarts Oper *Die Zauberflöte* zum Durchbruch einer deutschen Oper. Mozarts musikdramatisches Werk ist Vollendung und Neubeginn zugleich. Es steht für die Vollendung der Opera seria (*Idomeneo*, 1781, *La clemenza di Tito*, 1791) ebenso wie für die Verwandlung der Opera buffa zur zeitkritischen musikalischen Komödie (Die *Hochzeit des Figaro*, 1786, *Cosi fan*

tutte, 1790). Das schnell in Mode gekommene deutsche **Singspiel**, von Johann Adam Hiller begründet und charakterisiert durch gesprochenen Dialog, Lieder, kleine Arien, Ensembles und einem Rundgesang mit Refrain (▶ Vaudeville) am Schluß, wirkt über das 18. Jh. hinaus in der deutschen **Spieloper** des 19. Jh.s weiter (Carl Maria v. Weber, Albert Lortzing, Friedrich v. Flotow, Otto Nicolai).

Christoph Willibald Gluck, 1775

Bedeutende Neuerungen gingen im 18. Jh. von Christoph Willibald Gluck aus. Er wandte sich gegen die formal erstarrte italienische und französische Oper und versuchte sie auf der Basis eines klassischen Ideentheaters zu reformieren. Gluck forderte die Darstellung sittlicher Ideen in dramaturgisch einheitlicher Handlung, die Orientierung an Natürlichkeit, Einfachheit und dramatischer Wahrheit (statt Prunk und hohler Virtuosität). Musik und Text sind ihm gleichrangig. Auch proklamiert er eine übernationale musikalische Sprache.
Mozarts Versuch, Menschen statt Typen auf die Bühne zu stellen und musikdramatisch zu gestalten, hatte nachhaltige Konsequenzen für die Operngeschichte. Eine neue Entwicklung setzte ein, die über die romantische Oper (Carl Maria v. Weber) in der Mitte des 19. Jh.s in Deutschland zum **Musikdrama** Richard Wagners und seiner Konzeption eines alle Künste vereinigenden und durchkomponierten mu-

Giuseppe Verdi, um 1895

siktheatralen Gesamtkunstwerks führt. In Italien sind es die auf dem Belcanto gründenden Gesangsopern Giuseppe Verdis und der **Verismo** (ital.: vero = wahr; realistische, auch sozialkritische Darstellung der Welt ohne romantische Schnörkel und falsche Idealisierung) von Pietro Mascagni, Ruggiero Leoncavallo und Giacomo Puccini, auf die diese Entwicklung zuläuft.

Giacomo Puccini, um 1920

Nach den sich bis zum monumentalen Bühnenweihfestspiel steigernden Großformen der Musikdramatik Richard Wagners (an vier Abenden aufzuführender, vierteiliger Zyklus *Der Ring des Nibelungen*, 1876; *Parsifal*, 1882) wurde die Kunstform Oper seit Beginn des 20. Jh.s zunehmend in Frage gestellt.

Richard Strauss gelingt es, der Gefahr der epigonalen Wagner-Nachfolge durch die enge Zusammenarbeit mit Hugo von Hofmannsthal zu entgehen und eine Reihe von bedeutenden Opern (*Elektra*, 1909; *Der Rosenkavalier*, 1911; *Ariadne auf Naxos*, 1912/1916) zu schaffen. Der Versuch, die Oper durch einen anspruchsvollen, literarischen Text aufzuwerten, führt zur **Literaturoper**, die auf Dramen des Sprechtheaters zurückgreift (Oscar Wilde: *Salome*, durch Richard Strauss, 1905; Georg Büchner: *Woyzeck* durch Alban Berg, 1925; Jakob Michael Reinhold Lenz: *Die Soldaten* durch Bernd Alois Zimmermann, 1965).

Richard Wagner, 1871

Richard Strauss, um 1948

Der Prachtentfaltung auf der Opernbühne wurden radikale experimentelle Formen entgegengestellt, die aus einem neuen gesellschaftlichen wie künstlerischen Theaterverständnis und den Positionen der ▶ Neuen Musik herrührten. **Musiktheater** als Gegenbegriff zur Oper greift das breite Repertoire historischer Formen der Operngeschichte auf, legt entgegen früherer Opernpraxis, die auf den Text im allgemeinen wenig Sorgfalt verwandte, Wert auf dessen Qualität. Ebenso wird die Vielfalt der musikalisch-szenischen Gestaltungsweisen betont, die sich aus dem Sprech- oder Tanztheater, dem Oratorium und dem Film, auch der Pantomime oder dem Melodram ergeben. In der Wahl der Themen ist das zeitgenössische Musiktheater bevorzugt zeitkritisch. Sein Aufführungsstil wird von am Sprechtheater geschulten Regisseuren entscheidend mitgeprägt. Heutiges Musiktheater verlangt auch von den Sängern große schauspielerische Fähigkeiten und bezieht die oft für das Opernpublikum provozierende Auseinandersetzung mit älteren Werken in die Aufführungspraxis mit ein.

Operette (ital.: operetta = kleines Werk, kleine Oper) ist eine vor allem im 19. Jh. zur Blüte gekommene Gattung des heiter-populären, unterhaltenden Musiktheaters. Die Operette benutzt Grundformen und musikalische Dramaturgie der Oper (gesprochener Dialog, Lied- und Tanznummern), geht aber in der Stoffwahl (märchenhaft-triviale Liebesgeschichten), der Handlungsführung (Happy end) und den musikalischen Mitteln (populäre Tanz- und Marschmusik) auf die Unterhaltungsbedürfnisse und Erwartungen eines breiten Publikums ein. Vorläufer der Operette finden sich im 17. und 18. Jh. in den italienischen und französischen Formen der komischen Oper (opera buffa, opéra comique) und im Singspiel. Die satirischen und parodistischen Möglichkeiten der Operette, mit Schärfe auf aktuelle politische und gesellschaftliche Ereignisse zu reagieren, werden wenig genutzt. Jacques Offenbachs in Paris entstandene satirische Operetten (*Orpheus in der Unterwelt*, 1858; *Die schöne Helena*, 1864) oder die in London entstandenen von Arthur Sullivan (*The Mikado*, 1885) sind eher die Ausnahme in der walzerseligen, gemütvoll-volkstümlichen Operettengeschichte. Die bei der Oper oft zu beobachtende Diskrepanz von sorglos

Titelblatt zu „Berliner Luft“, 1904

ausgewähltem Text und anspruchsvoller Musik gilt verstärkt für die Operette, die in den Werken des „Walzerkönigs“ Johann Strauß (Sohn) (*Die Fledermaus*, 1874, *Eine Nacht in Venedig*, 1883) oder Franz Léhars (*Das Land des Lächelns*, 1929) musikalische Meisterwerke der Gattung kennt. Neben Wien als Zentrum der Operette entwickelte sich in Berlin um Paul Lincke (*Frau Luna*, 1899; *Berliner Luft*, 1904) und Walter Kollo (*Wie einst im Mai*, 1913) der Typus der revuenahen Berliner Operette. Die spanische Variante, die ▶ Zarzuela, blieb in Deutschland fast unbekannt. In der Mitte des 20. Jh.s verliert die Operette als Massenunterhaltung an Bedeutung gegenüber dem ▶ Musical.

Ophikleide (griech. = Schlangenklappe; sprich: e-i) ist ein heute kaum mehr gebräuchliches tiefes Blechblasinstrument aus der Militärmusik des 19. Jh.s. Sie gehörte zu den Klappenhörnern und hatte einen Tonumfang von H_1 bis c^1 (C-Stimmung) bzw. von A_1 bis b^1 (B-Stimmung). Spieltechnisch und klanglich konnte die Ophikleide nicht voll befriedigen. Mitte des 19. Jh.s wurde sie von der Tuba verdrängt.

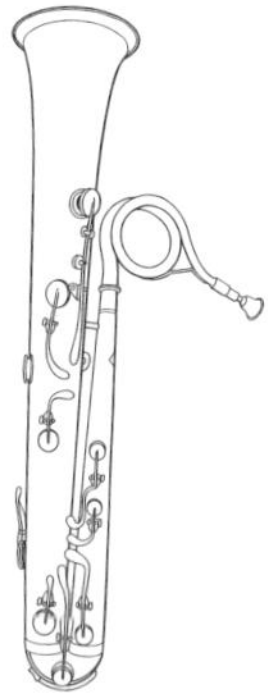

opus (lat. = Werk, Arbeit), Abk.: op. Seit dem 15. Jh. wird das musikalische Kunstwerk in der vom Komponisten schriftlich fixierten Gestalt mit diesem Begriff bezeichnet. In Verbindung mit einer fortlaufenden Zahl kennzeichnen Musikverleger bereits seit dem 17. Jh. die zeitliche Reihenfolge der von ihnen gedruckten Werke eines Komponisten. Seit Ludwig van Beethoven versehen die meisten Komponisten ihre Werke bei der Veröffentlichung oder Niederschrift selbst mit Opus-Zahlen. Eine solche Praxis erleichtert die entstehungsgeschichtliche Einordnung einer Komposition. Werke aus dem Nachlaß eines verstorbenen Komponisten, sog. nachgelassene Werke, bezeichnet man als **opus posthumum** (op. posth.).

Oratorium (lat.: orare = beten, bitten; oratorio wurde der Betsaal italienischer Klöster genannt) ist eine im 17. Jh. in Italien entstandene musikalische Gattung auf der Basis geistlicher Texte. Das Oratorium in italienischer Sprache geht, ebenso wie das lateinische, von dem gesungenen Bericht eines Erzählers aus. Es stellt jedoch stärker als

das lateinische Oratorium Formen aus der Oper in den Mittelpunkt, wie z.B. Rezitative, Arien und Instrumentalsätze. Chöre dominieren das musikalische Geschehen.
Von Italien aus verbreitete sich das volkssprachliche Oratorium in ganz Mitteleuropa. Georg Friedrich Händel führte die Gattung in England ein und schrieb dort selbst einige bedeutende Oratorien, z.B. *Der Messias* (1742) und *Israel in Ägypten* (1739). Joseph Haydn wurde durch englische Vorlagen zu seinen beiden Oratorien *Die Schöpfung* (1798) und *Die Jahreszeiten* (1801) angeregt.

Im 19. Jh. wurden in Deutschland u.a. die Oratorien *Paulus* (1836) und *Elias* (1846) von Felix Mendelssohn Bartholdy sowie *Die Legende von der heiligen Elisabeth* (1857–62) und *Christus* (1862–67) von Franz Liszt bekannt. Im 20. Jh. wurden Form und Themen des Oratoriums individueller gestaltet; die Bindung an den biblischen Text wurde teilweise aufgegeben. Arnold Schönbergs *Ein Überlebender aus Warschau* (1947) oder Luigi Nonos *Il canto sospeso* (1956) wurden durch ihre Thematik zu musikalischen Dokumenten ihrer Zeit.

Orchester (griech.) Der Begriff orchestra bezeichnete im antiken Theater den halbrunden Tanzplatz des Chores vor der Szene (Bühne). Im 17. und 18. Jh. ging die Bezeichnung auf das vor der Bühne spielende Instrumentalensemble über. Seit dem 18. Jh. bezeichnet man in der abendländischen Musik als Orchester eine größere Gruppe von Instrumentalisten, in dem die meisten Instrumente mehrfach (chorisch) besetzt sind. Die Instrumente sind nach Gruppen geordnet und haben eine bestimmte Sitzordnung. Das Orchester wird von einem Dirigenten geleitet.
Wenn wir heute vom Orchester sprechen, ist zumeist das **Sinfonieorchester** gemeint, das Konzerte und Opern spielt. Es hat normalerweise folgende Besetzung:
Streichinstrumente: 12–16 Erste Violinen, 10–14 Zweite Violinen, 8–12 Bratschen, 8–10 Violoncelli, 6–8 Kontrabässe;
Holzblasinstrumente, auch Holz genannt: 1 Piccoloflöte, 3 große Flöten (Querflöten), 3 Oboen, 1 Englischhorn, 3 Klarinetten, 1 Baßklarinette, 3 Fagotte, 1 Kontrafagott;
Blechblasinstrumente, auch Blech genannt: 6 Hörner, 4 Trompeten, 4 Posaunen, 1 Baßtuba;
Schlaginstrumente: 4 Pauken, Große und Kleine Trommel, Becken, Triangel, Xylophon, Glockenspiel, Röhrenglocken, Gong u.a.
Hinzu kommen nach Bedarf Harfe, Klavier, Orgel u.a.
Im Orchester herrscht eine bestimmte Sitzordnung, die eine optimale Klangmischung garantiert. Diese Sitzordnung gilt sowohl für Konzerte auf offener Bühne als auch für das Spiel im **Orchestergraben**, etwa bei Opernaufführungen. Durch den abgesenkten, teilweise überdachten Orchestergraben wird der Klang gedämpft und so gelenkt, daß im Publikum jede Instrumentengruppe und jedes Soloinstrument deutlich zu hören ist und dennoch die Stimmen der Sänger auf der Bühne gut über das Orchester hinweg tragen.
Neben dem Sinfonieorchester gibt es zahlreiche weitere Orchestertypen, die nach Besetzung oder Zweck unterschieden werden: das **Kammerorchester** (ein kleineres Orchester mit einigen solistisch besetzten Instrumenten), das **Streichorchester** (nur aus Streichinstrumenten bestehend), das **Blasorchester** (nur Bläser), das **Unterhal-**

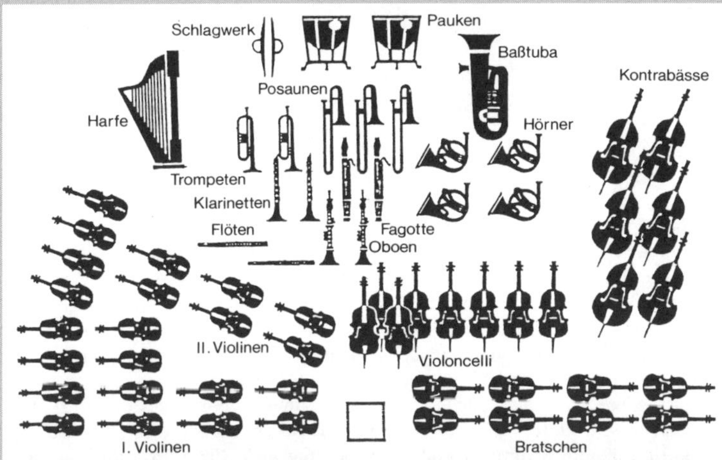

Moderner Sitzplan eines Orchesters

tungsorchester oder ▶ Tanzorchester (Streicher, Bläser mit Saxophonen, Schlagzeug) und das **Kurorchester** (kleineres Ensemble aus Streichern, Bläsern, Schlagzeug, Klavier für Konzerte mit populärer Musik und Salonmusik in Kurorten). Das **Jazzorchester** bezeichnet man als Big Band. Opern- und Rundfunkorchester sind nach dem Ort ihres Wirkens benannt; sie sind in der Regel Sinfonieorchester. **Schulorchester** haben die Besetzung, die sich durch die Mitwirkenden ergibt; häufig sind hier Kammerorchester oder Big Band vertreten.

Berühmte Sinfonieorchester der Gegenwart sind u. a. die Wiener und die Berliner Philharmoniker, das London Philharmonic Orchestra, das Chicago Symphony Orchestra, das Concertgebouw Orchester Amsterdam. Bekannte Kammerorchester sind I Musici di Roma, Academy of St. Martin in the Fields oder La Petite Bande.

Entstehung und Entwicklung des Orchesters sind zentrale Bestandteile der Musikgeschichte Mitteleuropas. Die Vokalmusik des Mittelalters und der Renaissance wurde von Vokalensembles ausgeführt, die man als ▶ Kapelle bezeichnete. Sie wurden gelegentlich durch Instrumente verstärkt. Mit dem Vordringen einer selbständigen Instrumentalmusik im 16./17. Jh. ging der Begriff cappella auch auf Instrumentalensembles über (▶ Hofkapelle). Damals war die Auswahl der Instrumente eher zufällig und beschränkte sich in der Regel auf Bläser. Erst seit Ende des 16. Jh.s wurden solche ad libitum-Besetzungen (nach Belieben zusammengestellte Instrumente) durch vom Komponisten vorgeschriebene ersetzt. Anfangs herrschte dabei noch das Ideal des Spaltklangs vor (der Klang der einzelnen Instrumente mischt sich nicht), erst allmählich setzte sich im 17. Jh. der Verschmelzungsklang durch (▶ Instrumentation), für den vor allem die verbesserten Streichinstrumente und die Holzblasinstrumente sorgten.

Das Orchester des Barock bestand aus den Instrumenten des ▶ Generalbaß, wie Violoncello, Fagott oder Theorbe für die Baßstimme und Laute, Cembalo oder Orgel für die akkordische Begleitung, ferner aus Melodieinstrumenten wie Violine, Flöte, Oboe usw. Eine verbindliche Besetzung gab es nicht. An Johann Sebastian Bachs Orchesterwerken kann man nachvollziehen, wie vielgestaltig die Orchesterbesetzung sein konnte.
Das klassische Orchester geht im wesentlichen auf die Komponisten der Mannheimer Schule ab Mitte des 18. Jh.s zurück (▶ Vorklassik). Es bestand aus den mehrfach besetzten Streichern (1. und 2. Violine, Viola, Violoncello, Kontrabaß), 2 Flöten, 2 Oboen, 2 Klarinetten (neu eingeführt), 2 Fagotten, 2 Hörnern; seit Ende des 18. Jh.s traten 2 Trompeten und 2 Pauken hinzu. In solcher Besetzung wurde ein großer Teil der Werke Joseph Haydns und Wolfgang Amadeus Mozarts gespielt. Für Ludwig van Beethovens Sinfonien erweiterte man das Orchester um Piccoloflöte, Kontrafagott, Posaunen, Hörner, Triangel, Becken und Große Trommel.
Verglichen mit dem modernen Sinfonieorchester war das klassische Orchester klein. Haydns Orchester auf Schloß Eszterháza am Neusiedler See bestand aus nur 23 Musikern. Im 19. Jh. wurde die Besetzung des Orchesters vergrößert. Durch die Einführung neuer Instrumente und die Anhebung der Zahl der Instrumente insgesamt, vor allem der Streicher und Bläser, entstand der riesige Klangkörper, wie wir ihn heute kennen. Dieses romantische Orchester des 19. Jh.s wurde in seinem Klang maßgeblich von Hector Berlioz und Richard Wagner geprägt. Bei Wagner sind es vor allem die tiefen Blechblasinstrumente, die das Fundament verstärken und damit die Klangfarbe des Orchesters besonders prägen.
Im 20. Jh. wurde das Schlaginstrumentarium im Orchester erweitert und ausdifferenziert. Die Orchesterbesetzung in der Musik des 20. Jh.s ist variabel und richtet sich nach den genauen Vorgaben der Komponisten. In der Neuen Musik ist eine große Freiheit in der Kombination von Instrumenten zu beobachten.
Das große Sinfonieorchester wird heute für die Aufführung von Musikwerken des späten 18. bis frühen 20. Jh.s eingesetzt; seine Domäne ist die Konzertliteratur des 19. Jh.s.

Orff-Instrumentarium heißt die Gruppe von Instrumenten, die der Komponist Carl Orff zusammen mit dem Instrumentenbauer Karl Maendler in den 20er Jahren des 20. Jh.s zu pädagogischen Zwecken enwickelte. Das Orff-Instrumentarium besteht überwiegend aus **Stabspielen**: Glockenspielen in Sopran- und Altlage, Xylophonen in Sopran-, Alt- und Baßlage, Metallophonen gleichfalls in diesen Lagen, sowie Klingenden Stäben (Klangstäbe für Einzeltöne) von der Sopran- bis zur Baßlage. Alle diese Stabspiele werden mit Schlägeln gespielt. Hinzu kommen Pauken, verschiedene Trommeln, Tambourin, Schlitztrommel, Schellentrommel, Schellenring, Holzblocktrommel, Kastagnetten, Becken, Gong und Triangel. Als Melodieinstrument tritt die Blockflöte hinzu.
Für Orff waren diese Instrumente Teil seines musikpädagogischen Konzepts: Rhythmus und Bewegung sind das Elementare in der Musik. Tanz, Musik und Sprache bilden eine Einheit, die im Kind noch von Natur

Carl Orff, 1947

aus angelegt ist. Deshalb steht das nach Orff urtümlichste Instrumentarium, das Schlagwerk, im Zentrum eines spielerischen Zugangs zur Musik. Die Orff-Instrumente sind einzeln relativ leicht erlernbar – auch wenn sie im Zusammenspiel größte Präzision erfordern – und sind daher jedem auch ohne musikalische Vorkenntnisse zugänglich. In fünf Bänden erschien 1950–54 das Orff-Schulwerk, eine Sammlung von Musiziervorlagen für Übung, Spiel und Improvisation. Das **Orff-Schulwerk** stellt eine systematische Einführung in die Grundlagen der Musik dar, die sich Kinder unter Anleitung spielend erschließen sollen. Es wurde in den 50er und 60er Jahren vor allem in den Grundschulen und in den ersten Jahrgangsstufen der weiterführenden Schulen zur elementaren Musikerziehung eingesetzt. Das Orff-Instrumentarium ist seither in den meisten Schulen und Musikschulen verbreitet.

Orgel

Orgel (lat.: organum = Werkzeug, Instrument) 1. **Kirchenorgel**: Tasteninstrument, das zur Gruppe der Aerophone (Luftklinger) gehört, da sein Klang durch Winddruck und Pfeifen erzeugt wird; 2. **Elektronenorgel** (elektronische Orgel, E-Orgel): Tasteninstrument mit elektronischer Klangerzeugung, das vor allem in der Unterhaltungsmusik verwendet wird.

1. **Kirchenorgel**. Die ersten Orgeln kamen im 8. und 9. Jh. als Geschenke des byzantinischen Kaisers nach Deutschland. Im 10. Jh. setzte sich die Orgel als Kircheninstrument durch. Aufgrund ihrer Vielseitigkeit und Klangfülle erfreute sie sich bald großer Beliebtheit bei den Komponisten. Daher entstand über die Jahrhunderte eine Fülle von Orgelliteratur für den Gottesdienst und für das Konzert.
Wenn man vor einer Orgel steht, sieht man zunächst in verschiedenen Höhen angeordnete Pfeifenreihen in einem mehr oder weniger reich verzierten Gehäuse. Diese Vorderansicht der Orgel wird **Prospekt** genannt. In der Mitte des Prospekts stehen Pfeifen, die zum **Hauptwerk** gehören, darüber stehen Pfeifen des **Oberwerks**, darunter solche des **Brustwerks**. Hauptwerk, Oberwerk und Brustwerk – manchmal tritt

als viertes Werk das **Rückpositiv** hinzu – werden von drei terrassenartig übereinander angeordneten ▶ Manualen (Tastaturen) vom **Spieltisch** aus bedient. Zu Füßen des Spieltischs sind die ▶ Pedale angeordnet, eine komplette Klaviatur von beson-

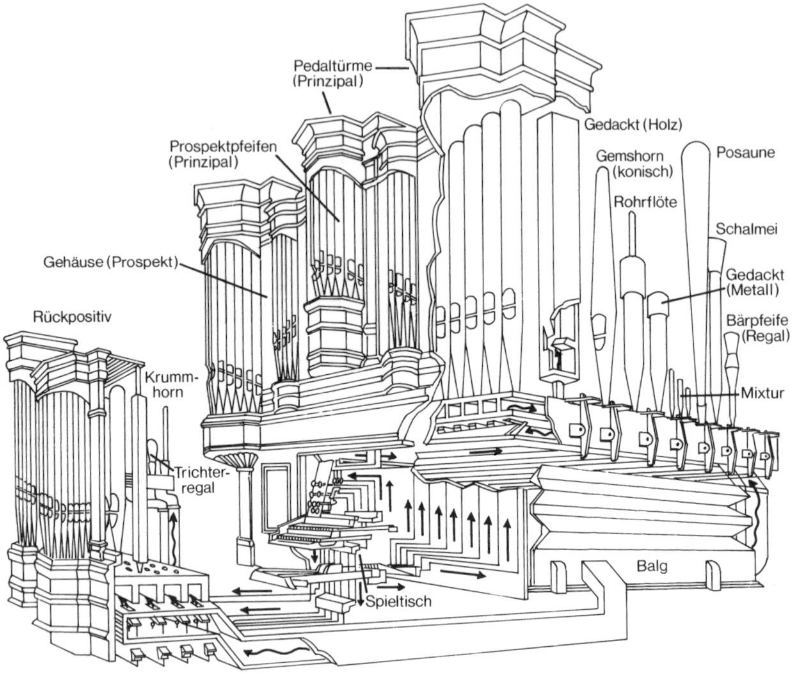

Teile einer Orgel

ders langen „Tasten", die der Organist mit den Füßen spielt. Die Pedaltöne sind die Baßtöne der Orgel, daher gehören zu ihnen die dicksten und längsten Pfeifen, die im Prospekt meist rechts und links außen angeordnet sind und dort die **Pedaltürme** bilden. Bevor der erste Ton erklingt, muß Luft in die Orgel strömen. Wurden in früheren Jahrhunderten zu diesem Zweck eigens Balgtreter (Kalkanten) engagiert, die Blasebälge treten mußten, so wird der Wind heute durch ein elektrisch betriebenes Gebläse erzeugt. Der Wind wird durch Windkanäle in die Windkammern und Windladen geleitet. Auf den Windladen stehen die Pfeifen aufgereiht, mit dem Anblasloch nach unten. Tausende von Pfeifen – von der Größe einer Kugelschreibermine bis zum 10 Meter langen Rohr – befinden sich in einer großen Orgel. Sie stehen nach ▶ Registern (Klangfarben) geordnet in verschiedenen Stockwerken des Orgelgehäuses hinter dem Prospekt. Die einzelnen Pfeifenreihen stehen auf hölzernen Kästchen, den **Tonkanzellen**. Daß nicht alle Pfeifen auf einer Tonkanzelle sofort und gleichzeitig erklingen, wenn Luft in die Kanzelle strömt, wird durch ein ausgeklügeltes System von Ventilen und Absperrungen erreicht. Im Laufe der Jahrhunderte wurden verschiedene Bauprinzipien entwickelt, nach denen die Luftzufuhr zu den Pfeifen reguliert wird. Die Verbindung zwischen den Tasten der Manuale und Pedale und

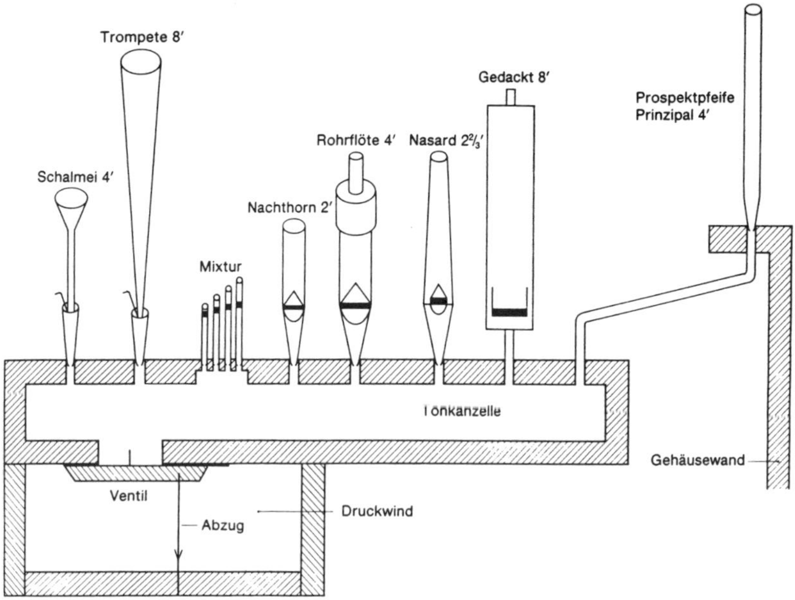

Windlade einer Orgel mit Registern

den Tonventilen in der Windlade wird als **Traktur** (Zugvorrichtung) bezeichnet. Auch hierfür wurden in den verschiedenen Epochen des Orgelbaus unterschiedliche Prinzipien entwickelt.

Die Pfeifen der Orgel werden nach ihrer Bauart in Lippen- und Zungenpfeifen unterschieden. **Lippenpfeifen (Labialpfeifen)** funktionieren wie eine Blockflöte: Der Luftstrom fließt durch eine Kernspalte und teilt sich am Aufschnitt. Ein Teil der Luftsäule wird am Kern vorbeigeleitet und schwingt im Pfeifeninneren. Bei **Zungenpfeifen** (**Lingualpfeifen**) gerät durch das Anblasen eine Metallzunge in Schwingungen, die in Kontakt mit einem Schallbecher steht. Die Klangfarbe der Zungenpfeifen ist oboenartig näselnd oder auch schnarrend, während die Lippenpfeifen eher wie Flöten klingen.

Für die Klangfarben einer Orgel sind neben der Art der Tonerzeugung auch die Materialien verantwortlich, aus denen die Pfeifen bestehen (Holz oder Metall), außerdem die Form der Pfeifen (zylindrisch oder konisch) und ihr Durchmesser (Mensur).

Die Länge einer Pfeife bestimmt ihre Tonhöhe. Man mißt die Länge heute noch mit dem alten Längenmaß **Fuß** ('). Normalerweise befinden sich in einer Orgel Pfeifen zwischen 1' und 16', in größeren Orgeln auch 32'. Für solche sehr langen Pfeifen (32' = etwa 10 m) verwendet man oft eine besondere, platz- und materialsparende Bauweise: man baut sie nur halb so lang und verschließt sie oben mit einem Deckel (**gedackt**). So klingen sie eine Oktave tiefer, d.h. eine 16' gedackte Pfeife hat die gleiche Tonhöhe wie eine offene 8'-Pfeife.

Um verschiedene Klangfarben zu erhalten, kann man Register einstellen, die jeweils bestimmte Kombinationen von Pfeifen aktivieren. Meist handelt es sich um raffinierte Mischungen von Obertönen, die den Klang charakteristisch einfärben. Die Namen der Register beziehen sich auf Instrumente (z.B. Trompete, Posaune, Schalmei), ferner auf Fußlängen oder Bauweise (wie bei Gedackt 8'), auf Obertoncharakteristik (z.B. bei Terzian oder Quintadena) oder auf Phantasievorstellungen (wie z.B. Vox celestis oder Unda maris). Bei modernen Orgeln können Register vorher programmiert werden; bei älteren Modellen werden sie durch Hebel oder Züge von Hand eingestellt.
Die Registeranordnung einer Orgel wird als **Disposition** bezeichnet. Sie bestimmt den charakteristischen Klang einer Orgel. Fachleute erkennen an der Disposition einer Orgel, in welcher Epoche oder gar von welchem Orgelbaumeister das Instrument gebaut wurde. Die berühmtesten **Orgelbauer** des 18. Jh. in Deutschland waren Arp Schnitger und Andreas und Gottfried Silbermann.
Die größte Konzertorgel der Welt steht in einem Kaufhaus in Atlantic City, USA. Sie hat 935 Register, 7 Manuale und mehr als 50000 Pfeifen. Die Orgel im Passauer Dom ist die größte Kirchenorgel der Welt; sie hat 215 Register, 5 Manuale und etwa 16500 Pfeifen.
2. Die **Elektronenorgel** oder **E-Orgel** ist ein elektronisches Tasteninstrument, dessen Klang und Bauweise denen der Pfeifenorgel ähneln, deren Töne jedoch durch elektronisch erzeugte Schwingungen (Sinus-, Rechteck-, Sägezahnschwingungen) entstehen. Auch die elektromechanische **Hammond-Orgel** und die **Wurlitzer-Orgel**, bei denen die Töne noch über Zahnradgeneratoren (rotierende Profilscheiben aus Metall) und Tonabnehmer erzeugt werden, gehören zu den E-Orgeln. Sie spielen in der populären Musik seit den 30er Jahren eine bedeutende Rolle.
Die E-Orgel besitzt wie die Pfeifenorgel einen Spieltisch mit terrassenförmig angeordneten Manualen sowie Pedale, Register und sogar Fußzahlen. E-Orgel-Register können den Klang verschiedener Blas- und Streichinstrumente, des Klaviers und des Cembalos nachahmen. Zusätzliche Effekte sind z.B. Hall (Nachhall) und Vibrato (minimale Tonhöhenschwankungen in sehr schneller Folge), in modernen Orgeln auch Phaser und Wah Wah (▶ Effektgeräte). In den heute auf dem Markt befindlichen E-Orgeln ist in der Regel eine Begleitautomatik eingebaut, die auf den gespielten Baßtönen Akkorde bildet, sowie ein Rhythmusgerät, das automatisch verschiedene Tanzrhythmen (z.B. Samba, Rock'n'Roll, Swing) einspielt.
Eine E-Orgel kann heute, dank der Chip-Technik, mit der man zahlreiche Sounds erzeugen kann, eine ganze Band ersetzen. Daher ist sie nicht nur ein beliebtes Hausmusikinstrument, sondern auch das typische Instrument des Alleinunterhalters, etwa auf Festen. In der Pop- und Rockmusik ist sie seit den 70er Jahren durch den Synthesizer und das E-Piano etwas zurückgedrängt worden.

Orgelpunkt nennt man einen lang ausgehaltenen oder über einen längeren Zeitraum ständig wiederholten Baßton, der verschiedene Funktionen haben kann, z.B. Fundament, Steigerungsmittel oder wirkungsvolles Element der Schlußbildung. Die Spannung, die ein Orgelpunkt erzeugt, entsteht vor allem dadurch, daß sich die übrigen Stimmen über dem gleichbleibenden Baßton frei bewegen, d.h. rhythmisch, melodisch und harmonisch einen starken Kontrast zum Orgelpunkt bilden können.

Ostinato (lat.: obstinatus = hartnäckig, beharrlich) Eine melodische oder rhythmische Figur, meist in der Baßstimme eines Musikstücks, die ständig wiederholt wird, bezeichnet man als Ostinato. Eine solche Tonfolge bildet das Fundament, auf dem sich die anderen Stimmen entfalten. Diese Technik ist seit dem Mittelalter bekannt und führte zur Entwicklung spezieller Formen wie der Folia oder der Chaconne bzw. Passacaglia. Hier werden über dem ostinaten Baß ▶ Variationen entwickelt, wie z.B. in der *Passacaglia c-moll* für Orgel von Johann Sebastian Bach (um 1717). Auch in späteren Jahrhunderten wird die Ostinatotechnik wieder aufgegriffen, so z.B. von Johannes Brahms im 4. Satz seiner 4. Sinfonie (1885) oder in Maurice Ravels *Boléro* (1928).

Ouvertüre (franz. = Öffnung, Eröffnung) nennt man das Einleitungsstück zu Opern, Oratorien und anderen Bühnenwerken. Die **französische Ouvertüre**, das Eröffnungsstück der auch im ganzen als Ouvertüre bezeichneten französischen ▶ Suite des 17. und 18. Jh.s, ist durch die Aufeinanderfolge von drei Teilen gekennzeichnet. Dem langsamen, feierlichen 1. Teil in punktiertem Rhythmus folgt ein 2. Teil in schnellerem Tempo, oft als ▶ Fugato angelegt; daran schließt sich als 3. Teil die Wiederholung oder verkürzte Wiederholung des 1. Teils an. Diese Form der Ouvertüre wurde auch als repräsentative Eröffnungsmusik für feierliche Anlässe an Adelshöfen verwendet.
Zu Beginn ihrer Entwicklung, gegen Ende des 16. Jh.s, hatte die Ouvertüre keinen erkennbaren inhaltlichen oder thematischen Bezug zur Musik des folgenden Bühnenwerkes. Im 18. Jh. begannen viele Komponisten, Motive und Themen aus der folgenden Oper in die Ouvertüre einzuarbeiten und damit die Hörer auf das Werk einzustimmen. Dadurch wurde die Ouvertüre – z.B. bei Jean Philippe Rameau und Christoph Willibald Gluck – zu einem substantiellen Bestandteil des nachfolgenden Werkes. Auch bei Wolfgang Amadeus Mozart finden wir solche thematischen Bezüge. Mozart legte seine Ouvertüren oft als Sonatenhauptsatz an (▶ Form) und erhob die Ouvertüre damit in den Rang eines in sich geschlossenen Kunstwerks.
Im 19. Jh. entstanden **Konzertouvertüren**, eigenständige Werke ohne Zuordnung zu einem Bühnenwerk (Beispiel: *Die Hebriden* von Felix Mendelssohn Bartholdy, 1830/32)). Die Opern-Ouvertüre wird im 19. Jh. allmählich durch andere Formen der Einleitung, wie das ▶ Vorspiel (z.B. bei Richard Wagner), abgelöst; in Opern des 20. Jh.s entfällt oft eine Einleitung.

P

PA-Anlage (engl.: public adress = öffentliches Ansprechen) ist ein System von Verstärkern und Lautsprechern, das z.B. bei einem Rockkonzert die Musik von der Bühne ins Publikum abstrahlt im Gegensatz zu dem Teil der Gesamtanlage, der nur für die Musiker auf der Bühne bestimmt ist (wie Monitorverstärker und Monitorlautsprecher). PA-Anlagen arbeiten mit Lautsprechern, die auf bestimmte Frequenzbereiche spezialisiert sind, z.B. werden **Tieftöner** für tiefe Frequenzen, **Hochtöner** für hohe eingesetzt. Verglichen mit einer Heim-Stereoanlage ist für professionelle PAs typisch, daß die Funktionseinheiten oder **Module**, als Einzelgeräte, z.B. als Mischpult mit mehreren Endstufen (Endverstärkern) ausgeführt werden.

Panflöte (benannt nach dem griechischen Gott Pan) oder **Syrinx** heißt ein Blasinstrument, das aus einer Reihe verschieden langer, zusammengebundener Röhren besteht, die an einem Ende offen und am anderen geschlossen sind. Die Röhren – meist aus Schilfrohr, Bambus oder Holz – sind nach Tonhöhen abgestufte Pfeifen, die am offenen Rand angeblasen werden. Das Instrument wird mit beiden Händen gehalten und an den Lippen des Spielers vorbeigeführt. Der Klang der Panflöte ist durchdringend, aber weich und sehr hauchig. Panflöten gibt es in allen Kulturen und Epochen der Musikgeschichte. In Mitteleuropa ist die Panflöte seit dem Mittelalter vor allem in der Volksmusik nachweisbar. In den 70er Jahren des 20. Jh.s wurde der rumänische Panflötist George Zamfir mit Interpretationen von Folklore, populärer Musik und Klassik-Bearbeitungen sowie eigenen Improvisationen (Panflöte und Orgel) bekannt.

Parameter (griech.: parametrein = an etwas messen) In der Physik bedeutet Parameter eine freie, unabhängige Variable, die innerhalb vorgegebener Grenzen beliebige Werte annehmen kann. Besonders in der seriellen und elektronischen Musik betrachtete man in den 50er und 60er Jahren die bestimmenden Werte eines Tons wie Tonhöhe, -dauer, -stärke und Klangfarbe, als voneinander unabhängige Größen und bezeichnete sie im Anschluß an mathematische und physikalische Betrachtungsweisen als Parameter. In der ▶ seriellen Musik galten z.B. Tonhöhe, Tondauer und Tonstärke als Parameter, die durch Zwölftonreihen (▶ Zwölftonmusik) gesteuert werden können. Eine solche Reihe bestimmt dann z.B. nicht nur die Melodie, sondern auch den Rhythmus und die Lautstärke.

Paraphrase (griech. = Umschreibung) nennt man ein Musikstück, in dem sich der Komponist eines anderen Werkes als Vorlage oder Ausgangsmaterial bedient, das er zumeist recht frei bearbeitet (▶ Bearbeitung). In der virtuosen Klaviermusik des 19. Jh.s wird der Begriff für große Konzertfantasien über bekannte Melodien aller Art verwendet. Franz Liszt schrieb u.a. *Totentanz. Paraphrase über „Dies irae" für Klavier und Orchester* (1849). In der Unterhaltungsmusik des 19. Jh.s waren insbesondere Paraphrasen über bekannte Opernmelodien beim Publikum beliebt.

Parlando (ital. = sprechend) ist eine spezielle Vortragsweise für Sänger, bezeichnet aber zugleich auch eine Kompositionsweise, in der mit musikalischen Mitteln das schnelle, aufgeregte Sprechen nachgeahmt wird (häufige Wort- und Tonwiederholungen). Diese erfordern vom Sänger präzise Gesangstechnik und rhythmische Exaktheit. Parlando findet man häufig in Arien italienischer Opern des 18. und 19. Jh.s, insbesondere in der komischen Oper.

Partita (lat.: partire = teilen) nannte man im 16.–18. Jh. ein mehrsätziges Musikstück, das aus einer Reihe von ▶ Variationen über ein vorangestelltes Thema besteht. Im

18. Jh. wurde der Begriff auch gleichbedeutend mit ▶ Suite verwendet.

Partitur (lat. [s]partire = teilen, einteilen, mit der Bedeutung: in Takteinheiten) ist die schriftliche Form mehrstimmiger, in Notenschrift aufgezeichneter Musik. Jede Stimme wird auf einem einzelnen System (Notenzeile) notiert. Die gleichzeitig erklingenden Noten werden so übereinander geschrieben und durch senkrechte Ordnungsstriche (Taktstriche) gegliedert, daß jederzeit sowohl der Verlauf der einzelnen Stimmen der Instrumente oder Sänger als auch der jeweilige Zusammenklang aller Stimmen abgelesen werden kann.

Im Regelfall werden die Stimmen in einer Partitur (s. den Auszug von Smetana „Die Moldau“ auf der folgenden Seite) nach den Instrumentengruppen angeordnet (von oben nach unten zu lesen):

○ Holzblasinstrumente (Flöte, Oboe, Klarinette, Fagott)
○ Blechblasinstrumente (Horn, Trompete, Posaune)
○ Schlaginstrumente
○ u. U. Gesangsstimmen (Soli und Chor)
○ Streichinstrumente (Violine, Viola, Violoncello, Kontrabaß).

Bis ins 18. Jh. war die Notierung mehrstimmiger Musik in Form einer Partitur nicht üblich. Zwar erfolgte die Aufzeichnung mehrstimmiger Musik seit dem Mittelalter in verschiedenenen Vorformen und auch schon nach partiturähnlichen Ordnungsprinzipien. Die Entstehung der Partitur im heutigen Sinne begann im 16. Jh. in der Vokalmusik und setzte sich auch in dieser Zeit in verschiedenen Lehrwerken des Kontrapunktes durch. Eine erste gedruckte Orchesterpartitur erschien 1582 in Paris. Sie enthält das *Ballet comique de la Royne*, das noch überwiegend Chorlieder, aber auch zwei größere Instumentalsätze umfaßt.

Als unentbehrliche Grundlage für die Aufführung setzt sich die Partitur erst in Verbindung mit dem entstehenden Berufsdirigententum im 19. Jh. durch.

Neben der großformatigen **Dirigierpartitur** ist seit Ende des 19. Jh.s. die **Taschen-** oder **Studienpartitur** in Gebrauch (im Taschenbuchformat, auch für den Musikliebhaber gedacht, erstmals 1886 als Eulenburg-Taschenpartitur).

Das **Partiturlesen** wird erschwert durch die Verwendung verschiedener Notenschlüssel und eine Notierung verschiedener Instrumente als ▶ Transponierende Instrumente (z. B. Klarinette in B, Horn in F, d. h. die von solchen Instrumenten erzeugten Töne klingen anders als sie notiert sind).

Das Spielen des Orchestersatzes auf dem Klavier zum Studium oder zur Einstudierung direkt aus der Partitur erfordert intensive Übung. Das **Partiturspiel** ist Pflichtfach im Hochschulstudium von Dirigenten und Schulmusikern.

Im **Klavierauszug** werden die wesentlichen Stimmen einer Partitur nach den Möglichkeiten eines Klaviers (zwei Notensysteme) zusammengefaßt. Klavierauszüge sind vor allem beim Einstudieren von Bühnen- oder Chorwerken ein wichtiges Hilfsmittel, da schon aus Kostengründen die ständige Anwesenheit eines Orchesters nicht möglich, im Probenprozeß aber auch nicht sinnvoll ist.

Eine besondere Form der Partitur ist das **Particell**, in dem der Komponist den Entwurf einer größeren Komposition vor deren endgültiger Ausarbeitung auf wenigen Systemen notiert. Das Particell als „Kurzfassung“ einer Partitur, in der die differenzierte Festlegung der Instrumente (die ▶ Instrumentation) noch nicht vorgeschrieben ist, erlaubt in der Aufführungspraxis auch einen je nach Situation und Bedarf unterschiedlichen Einsatz von Instrumenten (z. B. in der Tanz- und Unterhaltungsmusik).

Die Partitur verzeichnet den **Notentext** des vom Komponisten geschriebenen Werkes

Die Moldau strömt breit dahin (Siroký tok Vitavy).

vollständig und werkgenau, sie ist das schriftlich fixierte Zeichen eines Werkes, aber nicht identisch mit dem durch die Aufführung realisierten und vom Hörer rezipierten Werk.
Über den Notentext hinaus finden wir in ihr aufführungsbezogene Bemerkungen, Hinweise auf Besonderheiten des Vortrags oder des Tempos, der Besetzung usw. Diese Angaben treten in der Form von Buchstaben – im Gegensatz zu den Noten – auf und dienen der Präzisierung der Aufführung. So geben uns die Noten z. B. Auskunft über Tonhöhe, Tondauer oder die (betonte oder unbetonte) Stellung innerhalb eines ▶ Taktes, aber noch nicht über die Klangfarbe (welches Instrument spielt?), die Lautstärke oder das Tempo.
Die Unterscheidung von aufgeführter und als Partitur schriftlich fixierter Komposition führt zu wichtigen Fragen der Musikästhetik, insbesondere des Werkcharakters der musikalischen Komposition.

Paso doble (span. = Doppelschritt) ist ein Gesellschaftstanz spanischer Herkunft, der seit etwa 1910 europaweit verbreitet ist und heute zum internationalen Turniertanzprogramm gehört. Das Tempo des Paso doble ist lebhaft, seine Form ist meist zweiteilig. Die Taktart ist entweder 2/4 (Turniertanz) oder 3/4.

Passepied (franz.) ist ein schneller französischer Rundtanz aus der Bretagne, der seit dem 17. Jh. vor allem als höfischer Tanz vorkommt. Er steht in ungeradem Takt (3/4 oder 3/8). Die für den Passepied typischen rhythmischen Verschiebungen entstehen durch Doppeltakte, in denen die Betonung wechselt (statt 2 mal 3/4 werden 3 mal 2/4 akzentuiert).
Der Passepied fand im 18. Jh. in stilisierter Form bisweilen Eingang in die ▶ Suite, wo er zwischen Sarabande und Gigue eingeschoben wurde.

Passion (lat.: passio = Leiden) ist die vertonte Geschichte des Leidens und Sterbens Christi nach den Texten der vier Evangelien des Neuen Testaments. In ihren Anfängen war die Passion eine in lateinischer Sprache gesungene Lesung mit verteilten Rollen, einstimmig wie der Gregorianische Choral. Die verschiedenen Beteiligten – der Evangelist als Erzähler des Geschehens, Christus, Petrus und andere Einzelpersonen (**Soliloquenten**) und Personengruppen wie Jünger, Juden usw. (**Turbae**) – sangen jeweils in einer bestimmten, festgelegten Tonlage. Diese besondere Vortragsweise des frühen Passionstyps wird **Passionston** genannt.
Seit dem 15. Jh. sind mehrstimmige Passionskompositionen bekannt. Bis zum 17. Jh. herrschte die **responsoriale** Passion vor, bei der nur die Worte des Evangelisten einstimmig, die der anderen Personen aber mehrstimmig gesetzt sind. Der Begriff responsorial ist abgeleitet von Responsorium, dem Wechselgesang zwischen Liturg und Gemeinde. Mit der Übernahme der Passion in die protestantische Kirchenmusik wurde der Passionstext deutschspra-

chig. Johann Walter war mit seinen beiden Passionen der erste wichtige Vertreter dieser neuen Form.
Im Bereich der katholischen Kirchenmusik entstand die **durchkomponierte Passion**, bei der auch die Worte des Evangelisten mehrstimmig gesetzt waren. In der **motettischen Passion**, z.B. bei Leonhard Lechner, werden Elemente der ursprünglichen lateinischen Passion mit der freien, stark wortbezogenen Gestaltungstechnik der Motette kombiniert. Die oratorische Passion ist charakteristisch für die protestantischen Passionskompositionen des 17. und 18. Jh.s. Der Evangelistenbericht wird hier in Form von Rezitativen gestaltet, Arien und Instrumentalsätze werden einbezogen. Neben diesen aus dem Oratorium stammenden musikalischen Gestaltungsmitteln bleiben Bibeltext und Choräle als liturgische Elemente bestimmend. Die bedeutendsten Passionen dieses Typs sind die *Johannespassion* (1724) und die *Matthäuspassion* (1729) von Johann Sebastian Bach.
Nach Bach griffen nur wenige Komponisten die Passion als kirchenmusikalische Form wieder auf. Im 20. Jh. schufen z.B. Hugo Distler, Ernst Pepping und Krzysztof Penderecki neue Werke.

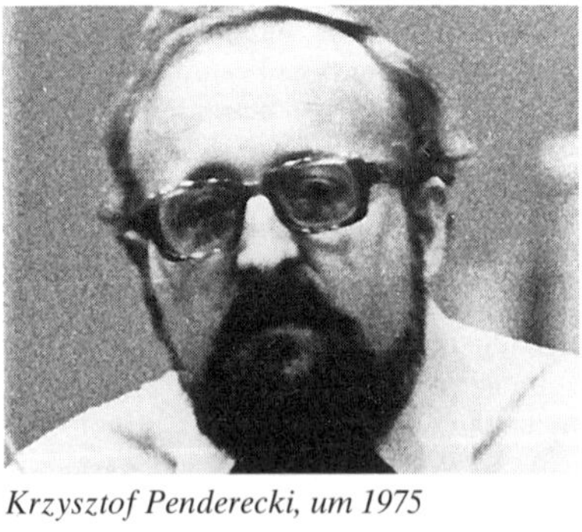

Krzysztof Penderecki, um 1975

pathétique (franz. = pathetisch, leidenschaftlich) oder **patetico** (ital.) gibt die Anweisung, ein Musikstück mit leidenschaftlichem Ausdruck zu spielen, kraftvoll und mit starker Akzentuierung. Bekannt wurden einige Werke mit dieser Bezeichnung, vor allem die Klaviersonate c-Moll op. 13, die *Grande Sonate pathétique* (1798/99), kurz *Pathétique* genannt, von Ludwig van Beethoven, und die 6. Sinfonie op. 74 (1893) von Peter I. Tschaikowsky, die der Komponist *Symphonie pathétique* nannte.

Pauke ist das älteste und wichtigste Schlaginstrument des Orchesters. Im Mittelalter aus dem Orient gekommen, wurde die **Kesselpauke** – so ihr zweiter Name – in Mitteleuropa zunächst zusammen mit der Trompete als Instrument der Ritter und Fürsten sowie des Heeres eingesetzt. Im 17. Jh. wurde die Pauke Orchesterinstrument und erhielt zunehmend anspruchsvollere Aufgaben. In Partituren werden die Paukenstimmen mit dem italienischen Begriff **Timpani** gekennzeichnet.
Die Pauke gehört zur Familie der Membranophone. Ihr über einen Metall- oder Fiberglas-Kessel gespanntes Fell wird mit Schlägeln in Schwingungen versetzt. Im Unterschied zu Trommeln und anderen Membranophonen besitzt die Pauke eine bestimmte Tonhöhe; sie ist präzise stimmbar. Dies geschieht heute mit Hilfe eines Pedals, mit dem ein Schraubenmechanismus betätigt wird, der das Fell blitzschnell spannt (höher stimmt) oder lockert (tiefer stimmt). Auch der Felldurchmesser (zwischen 42 und 80 cm) beeinflußt die Tonhöhe. Durch das Spiel mit unterschiedlichen Schlägeln, durch verschiedene Schlagtechniken und das Spielen auf verschiedenen Anschlagstellen kann die Klangfarbe verändert werden.
Pauken werden im Orchester paarweise verwendet; je nach Werk sind 2 bis 16 Pauken im Einsatz (zwei auf Tonika und Dominante gestimmte z.B. im *Weihnachtsoratorium* von Johann Sebastian Bach,

1734; 16 Pauken in der *Grande Messe des Morts*, dem *Requiem* von Hector Berlioz, 1837).

Pauke

Pedalpauke

Pavane (ital.) Der langsame Schreittanz, seit dem 16. Jh. als höfischer Tanz in ganz Europa bekannt, ist nach der Stadt Padua benannt. Die geradtaktige, gravitätische Pavane wurde meist mit einem ungeradtaktigen, schnellen Tanz, etwa der ▶ Galliarde, kombiniert. Dieses Tanzpaar kommt im 17. Jh. auch in der ▶ Suite vor.

Pedal (lat.; pes = Fuß) Klaviatur oder Hebel, die mit den Füßen gespielt oder betätigt werden. Pedale finden sich an verschiedenen Instrumenten: bei der Orgel, bei der Harfe, bei der Pauke und bei Tasteninstrumenten wie Cembalo und Klavier. Eine komplette chromatische Pedal-Klaviatur (mit allen Halbtönen) hat nur die Orgel. Bei Harfe und Pauke werden mit Hilfe der Fußhebel die Saiten bzw. Felle schnell umgestimmt, um einen größeren Tonumfang zu erzielen. Beim Klavier dienen die (2–3) Pedale zum Dämpfen der Saiten und zur Aufhebung der Dämpfung bzw. zum verstärkten Nachklingen der gespielten Töne.

Pentatonik (griech. = Fünftönigkeit) Eine fünfstufige Tonleiter ohne Halbtöne, z.B. c-d-e-g-a, oder ein auf einer fünftönigen Skala beruhendes Tonsystem wird als pentatonisch bzw. Pentatonik bezeichnet. Pentatonische Melodien sind in der Volksmusik verschiedener Länder zu finden: außer in Europa auch in Asien, Afrika und Amerika. Im deutschsprachigen Raum liegt vielen Kinderliedern eine pentatonische Leiter zugrunde (z.B. *Backe, backe Kuchen*).

Percussion heißt ein Ensemble aus ▶ Schlaginstrumenten, dessen Zusammensetzung vom Standard (im Jazz z.B. große und kleine Trommel, Becken, Hi-Hat) abweicht. Percussionsinstrumente sind u.a. Congas, Bongos, Holzblocktrommel, Agogo, Gong, auch Xylophon und Marimbaphon. Im Jazz spielen Percussionsinstrumente besonders bei den lateinamerikanischen Rhythmen eine Rolle.
In der Neuen Musik hat u.a. der Komponist Edgar Varèse Kompositionen für reine Schlagzeug-Ensembles geschrieben, z.B. *Ionisation* (1931).

Phon Maßeinheit für die Lautstärke. Sie ist keine rein physikalische Größe, sondern dient der Bewertung der subjektiven Lautstärkeempfindungen des Menschen mit Bezug auf den in Dezibel gemessenen Druck des Schalls (▶ Akustik). Auf den Menschen können nämlich zwei Töne, die verschieden hoch sind, aber gleichen Schalldruckpegel haben, unterschiedlich laut wirken. 80 phon bedeutet z.B. einen Schall beliebiger Tonhöhe (Frequenz), der als ebenso laut empfunden wird wie ein Sinuston (▶ Schwingungsformen) mit einer Frequenz von 1000 Hertz und einem Schalldruckpegel von 80 Dezibel.

piano (ital.), Abk. **p**, Vortragsanweisung: leise. **Pianissimo**, Abk. **pp**: sehr leise; **piano pianissimo**, Abk. **ppp**: so leise wie möglich; **mezzopiano**, Abk. **mp**: halbleise.
Piano ist auch eine umgangssprachliche Kurzform für Klavier (Pianoforte).

pizzicato (ital.: pizzicare = kneifen, zupfen), Abkürzung **pizz.**: Spielweise eines Streichinstruments, bei der die Saiten mit den Fingern gezupft werden. Das Pizzicato wird beendet durch den Hinweis [coll'] ▶ arco (mit dem Bogen).

Platerspiel (mittelhochdeutsch = Blasenpfeife) Ein vom 13. bis 17. Jh. häufig verwendetes Blasinstrument mit Doppelrohrblatt, kugelförmigem Windbehälter (Tierblase) im Kopfteil, 6 Grifflöchern und gebogenem Unterteil. Das Platerspiel hat einen durchdringenden, näselnden, dudelsackartigen Klang.

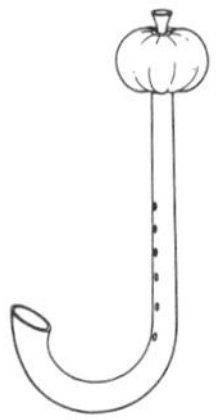

Plattencover (engl.: to cover = bedecken) ist die äußere Verpackung, die Plattentasche einer Schallplatte. Das Cover hat eine wichtige Funktion für den Verkauf und die Verbreitung einer Schallplatte.
Die ersten **Schellackplatten** in den 20er und 30er Jahren steckte man noch in relativ einfache, genormte Plattentaschen aus einfarbigem Papier oder Karton. Daraus entwickelte sich das Plattencover zu einem individuellen Werbeträger und einer eigenen Kunstform.
Seit den 50er Jahren druckte man nicht nur technische Informationen auf das Cover, sondern versuchte, es durch künstlerische und graphische Mittel zu einem werbewirksamen Augenfang für den Käufer zu machen. Damit wird das Plattencover auch zu einem typischen Zeitdokument, an dem man oft bereits Stil und Form des musikalischen Inhalts erkennen kann.

Playback (engl. = zurückspielen) begleitet einen Interpreten durch eine vorbereitete Musikkonserve auf Tonband, Platte, CD oder mit einem ▶ Sequenzer im Gegensatz zu einer Live-Begleitung. Man unterscheidet zwischen Halb-Playback und Voll-Playback, je nachdem, ob die Stimme des Interpreten auf dem Playback bereits vorhanden ist, oder ob nur die Begleitung abgespielt wird.
In der Tonaufnahmetechnik bedeutet Playbackverfahren, daß die unterschiedlichen Stimmen eines Musikstücks einzeln oder in Gruppen nacheinander aufgezeichnet werden. Bei Fehlern müssen nur einzelne Spuren verbessert werden. Dieses Verfahren senkt die Produktionskosten, da z. B. ein Geiger eine ganze Geigengruppe ersetzen kann, indem er nacheinander verschiedene Stimmen einspielt.

Plektrum (lat.) Ein Plättchen, mit dem die Saiten von Zupfinstrumenten wie Gitarre, Mandoline oder Zither angerissen werden. Ein Plektrum (auch Plectrum oder Plektron) kann aus Holz, Horn, Elfenbein, Metall oder Kunststoff bestehen. Es wird zwischen den Fingern gehalten. Durch die Haltung beim Spielen und durch das Material des Plektrums kann der Klang der gezupften Töne beeinflußt werden.

poco (ital. = wenig, gering) ist ein Zusatz zu Tempo- und Vortragsbezeichnungen, z. B. in poco allegro (ein wenig schnell), poco forte (weniger laut) oder als poco a poco (nach und nach, allmählich; bei Steigerung oder Reduzierung).

Politisches Lied Eine Liedgattung mit überwiegend aufklärerischem oder agitatorischem Charakter, in jedem Falle mit einer politischen Botschaft, meist in bestimmten historischen Situationen entstanden (z.B. der Französischen Revolution 1789, der Revolution von 1848 in Deutschland oder der Anti-Atomkraftbewegung der 70er/80er Jahre des 20. Jh.s). Politische Lieder haben in der Regel gesellschaftliche Mißstände zum Thema, kritisieren diese und machen sie als veränderbare bewußt. Sie richten sich damit meist an eine Gruppe von Menschen, die sich mit dem Inhalt der Lieder identifizieren sollen bzw. können. Politische Lieder, die zur Mobilisierung breiter Bevölkerungsschichten gegen ein alle betreffendes Unrecht (z.B. Ausbeutung, Unterdrückung, Krieg) dienen und die auch von großen Gruppen gesungen werden sollen, nennt man Massenlieder. Das **Massenlied** spielt vor allem in (klassen-)kämpferischen Auseinandersetzungen eine Rolle und wird von seinen Verfassern oft als Waffe verstanden. Beispiele aus der Arbeiterbewegung sind: *Brüder, zur Sonne, zur Freiheit* (Leonid P. Radin, 1897), das *Solidaritätslied* (Hanns Eisler/ Bertolt Brecht, 1931) oder *Roter Wedding* (Hanns Eisler/ Erich Weinert, 1929).
Nahezu jede politische Gruppierung nutzte und nutzt das Lied für ihre Zwecke. Diktatorische Machthaber fördern und verordnen von jeher gezielt solche Lieder, die das bestehende politische System stabilisieren sollen. Die Nationalsozialisten setzten das Lied zur Indoktrinierung und Manipulation der Massen ein (▶ Horst Wessel-Lied). Sie benutzten dazu auch umgetextete Massenlieder der Arbeiterbewegung. In solchen Fällen haben politische Lieder keine aufklärerische, sondern die entgegengesetzte Wirkung. Auch Lieder ohne direkte politische Aussage können so eingesetzt werden, daß sie einer politischen Absicht dienen (z.B. *Kein schöner Land in dieser Zeit* im Rahmen einer Demonstration gegen Umweltzerstörung). Es kommt also auch auf die Funktion eines Liedes im jeweiligen politischen Umfeld an.

Polka (tschech.) Der Paartanz böhmischen Ursprungs wurde im 19. Jh. rasch in ganz Europa populär. Der schnelle Tanz im 2/4-Takt verkörperte in der Zeit des erwachenden Nationalbewußtseins der slawischen Völker die tschechische Musik. Zunächst Volkstanz, dann Gesellschaftstanz, fand die Polka auch in die Kunstmusik Eingang, etwa im Werk von Bedřich Smetana. Die bekanntesten Kompositionen stammen von Johann Strauß (Sohn), z.B. die *Tritsch-Tratsch-Polka* (1858) oder die Schnellpolka *Unter Donner und Blitz* (1868).

Polonaise (franz. = „Polnischer") Der ruhige Paartanz stammt aus Polen und ist seit dem 16. Jh. bekannt. Der Tanz mit dem meist geraden Takt und dem charakteristischen Rhythmus breitete sich schnell in ganz Europa aus und ging im 17. Jh. in die höfische Musik ein. Dort, als Instrumentalstück innerhalb der ▶ Suite, steht die Polonaise oft im 3/4-Takt. Im 19. Jh. wird die instrumentale Polonaise selbständig und tritt bei Komponisten wie Frédéric Chopin als ▶ Charakterstück mit tänzerischem Zuschnitt auf.

Polyphonie (griech.: polyphonia = Vielstimmigkeit) Das Prinzip der Polyphonie fordert die melodische Selbständigkeit aller gleichzeitig erklingenden Stimmen in einer Komposition. Ein Kanon ist eine polyphone Form, weil hier dieselbe Melodie phasenverschoben in allen Stimmen erklingt. Neben dem Kanon ist die ▶ Fuge eine der wichtigsten polyphonen Gattungen. Das Gegenteil von Polyphonie ist ▶ Homophonie. Eine einfache vierstimmige Volksliedbegleitung ist homophon, weil einige Stimmen ihre Selbständigkeit aufgeben und sich einer Melodie als Begleitstimmen unterordnen.

Zu den durch polyphone Musik bestimmten Epochen der Musikgeschichte gehört die Zeit der **niederländischen Vokalpolyphonie** im 15. und 16. Jh. mit den franko-flämischen Komponisten Guillaume Dufay, Josquin Desprez und Orlando di Lasso. Seit etwa 1750 hat sich in der abendländischen Musik das homophone Prinzip durchgesetzt.

Beide Prinzipien schließen sich nicht etwa aus, sondern können sich gegenseitig ergänzen. In der *Wanderer-Fantasie* (1822) von Franz Schubert z. B. löst sich das polyphone Fugato in eine homophone Satztechnik auf. Die *Variationen und Fuge über ein Thema von Händel* op. 24 (1861) von Johannes Brahms hingegen beginnen homophon und schließen mit einer großen Fuge, also polyphon.

Im allgemeinen gelten polyphone Formen als schwierig für Komponisten und Zuhörer. Sie sind historisch oft mit Gattungen wie Messe, Motette, kunstvoller oder gelehrter Unterrichtsmusik verbunden – z. B. mit Johann Sebastian Bachs *Kunst der Fuge* oder Paul Hindemiths *Ludus tonalis* (1942).

Polytonalität (griech.: polys = viel) bedeutet das gleichzeitige Spielen in zwei oder mehr verschiedenen Tonarten. Äußerlich sind polytonale Werke manchmal daran zu erkennen, daß in zwei übereinanderliegenden Notensystemen verschiedene Vorzeichen auftauchen, z. B. in einigen Stücken des *Mikrokosmos* (1926–37) von Béla Bartók. Sind es genau zwei Tonarten, die gleichzeitig erklingen, spricht man von **Bitonalität** (lat.: bis = zwei, zweimal).

Es ist musikpsychologisch umstritten, ob es überhaupt möglich ist, Bitonalität wirklich mit dem Ohr wahrzunehmen, geschweige denn Polytonalität. Das menschliche Ohr hat die Tendenz, alle Töne auf *eine* Tonart hin zurechtzuhören. Manche Komponisten halten daher echte Polytonalität für unmöglich, z. B. Paul Hindemith, der Polytonalität nur als ein Schlagwort der Zeit nach dem Ersten Weltkrieg und als ein „nettes, unterhaltendes Spiel für den Komponisten“ betrachtete.

Populäre Musik Laut Duden steht „populär“ für „gemeinverständlich, volkstümlich“, „beliebt, allgemein bekannt“, „Anklang, Beifall, Zustimmung findend“. Populäre Musik ist demnach Musik, die diese Bedingungen erfüllt. Damit ist noch nichts über bestimmte Musikgattungen oder Musikbereiche gesagt. Ganz gleich ob Schlager, Opernarie, Jazz-Standard, Kirchenlied, Konzertstück, ob Musical, Filmmusik oder Sinfonie: In jedem dieser Genres gibt es populäre Beispiele – ebenso wie unpopuläre. Der Begriff „populäre Musik“ ist also unscharf. Im alltäglichen Sprachgebrauch und in den Medien wird er häufig mit den Begriffen **Popmusik**, **Unterhaltungsmusik** oder **leichte Musik** gleichgesetzt; die musikwissenschaftliche und musikpädagogische Literatur verwendet auch die Begriffe Trivialmusik und

Popularmusik. Diese Begriffe sind jedoch entweder wertend, eingrenzend oder noch weniger klar umrissen als die Bezeichnung populäre Musik. Zudem sind sie alle erst im 20. Jh. entstanden.

Fernsehauftritt von Peter Alexander mit Lucia Popp, Ireen Sheer und Tony Marshall, 1974

Historisches

Der Begriff populär hingegen war schon im 18. Jh. in der Diskussion. Leopold Mozart ermahnte 1777 seinen Sohn Wolfgang Amadeus in einem Brief, beim Komponieren „das natürliche, für jedermann leicht faßliche Populare" nicht zu vergessen. Mozart scheint diese Anregung befolgt zu haben, denn einige seiner Werke wurden die größten „Hits" der klassischen Musik, z.B. die Serenade *Eine kleine Nachtmusik* von 1787 oder die Oper *Die Zauberflöte* aus dem Jahr 1791, die zu den meistgespielten Werken überhaupt gehören. Populär waren Ende des 18. Jh. vor allem Lieder: vom Volkslied bis zum zeitgenössischen Kunstlied. Bekannte Komponisten der Epoche forderten und schrieben Lieder, die leicht eingängig, faßlich und auch von Laien gut singbar waren. Das bekannteste Beispiel ist *Der Mond ist aufgegangen* von Johann Abraham Peter Schulz (1790). Diese Lieder haben mit den im 19. und 20. Jh. entstandenen, populär gewordenen Liedern vieles gemeinsam: den „Schein des Bekannten", wie Schulz es nennt, eine eingängige Melodie, die aus kurzen, oft wiederholten Abschnitten besteht, eine regelmäßige Bauweise mit Strophen (oft mit Refrain), einen zugrundeliegenden Tanzrhythmus, eine Begleitung aus wenigen

verschiedenen Akkorden (▶ Kadenz) und weitere möglichst gut wiedererkennbare Merkmale (heute z.B. bestimmte Sound-Effekte). Auch die populäre Instrumentalmusik, vor allem die Tanzmusik, gehorcht diesen Regeln.
Etwa ab Mitte des 19. Jh.s gab es Komponisten, die sich auf populäre Musik spezialisierten, z.B. Johann Strauß (Vater), Johann Strauß (Sohn), Joseph Lanner und Emil Waldteufel. Sie schrieben nicht, wie Mozart, Beethoven oder Schubert, *auch* Populäres, sondern *ausschließlich* Tänze, volkstümliche Lieder, Charakterstücke u.ä. Diese Entwicklung hatte vor allem ökonomische Ursachen. Die Technik des Notendrucks wurde im 19. Jh. erheblich verbessert und vereinfacht, so daß die Musikverlage Noten schneller und billiger herstellen konnten als früher. Damit diese Noten verkauft werden konnten, mußten Notenblätter und Alben aber nicht nur erschwinglich sein, sondern auch attraktive neue Stücke enthalten. Dieser erhöhte Bedarf an Musik war die Existenzgrundlage für eine wachsende Zahl von Komponisten und Bearbeitern, die vor allem schnell produzieren mußten. Den verbesserten Produktionsbedingungen stand eine rasch steigende Nachfrage nach Musik gegenüber. Ein breiteres Publikum wollte immer mehr Musik hören; zunehmend wurde in bürgerlichen Familien auch selbst musiziert. Diese Bedingungen waren der ideale Nährboden für Musikstücke, die von vornherein auf Verständlichkeit, Eingängigkeit und Nachvollziehbarkeit abzielten. Nicht schwierige, anspruchsvolle Werke für Spezialisten waren gefragt, sondern kurze, handliche und wirkungsvolle Stücke, die einem breiten Publikum gefielen. Die Menschen kauften die Stücke, hörten und spielten sie und bekamen bald Lust auf neue Stücke. Populär war schon im 19. Jh. das, was von möglichst vielen Menschen gekannt, geliebt und konsumiert wurde, z.B. Salonmusik, Operetten und Singspiele bzw. Teile daraus, Gassenhauer, Schlager, Tänze aller Art, vor allem die jeweils gerade in Mode befindlichen Tanzformen. Dies hat sich bis heute kaum geändert.

Populäre Musik heute

Im 20. Jh. haben Rundfunk, Tonfilm, Schallplatte und Videoclip die Verbreitung von Musik übernommen. Dank Massenmedien und Musikindustrie wird Musik aller Art heute viel schneller und weiter verbreitet als jemals zuvor. Popularität bemißt sich heute an Verkaufsziffern und Sendehäufigkeit. Populäre Musik ist die am meisten gehörte und damit zwangsläufig die am stärksten kommerzialisierte Musik, also das, was allwöchentlich nach Addition der Verkaufs- und Sendezahlen in den verschiedenen Hitparaden aufgelistet wird: Schlager, Popmusik, volkstümliche Musik. Zur populären Musik gehört auch das Repertoire beliebter Rundfunk- und Fernseh-Musiksendungen wie z.B. von Wunschkonzerten, die ein Millionenpublikum erreichen, der Inhalt der Musikboxen und das Repertoire der zahlreichen Blasmusikvereinigungen. Diese Musikbereiche sind, bezogen auf die gesamte Bevölkerung Deutschlands, heute die populärsten überhaupt.
Die musikalischen Grundelemente der populären Musik, z.B. Melodik und Harmonik, haben sich seit etwa 150 Jahren nur wenig verändert. Enorme Entwicklungen durch den technischen Fortschritt haben hingegen im Bereich des ▶ Sound

stattgefunden. Die elektronischen Möglichkeiten der Klangerzeugung, -gestaltung und -manipulation sind heute fast unbegrenzt. Jeder erwünschte stimmliche und instrumentale Effekt kann im Tonstudio hergestellt werden. So ist es z.B. möglich, ein altes Musikstück in einen neuen Sound zu kleiden, es also technisch zu „recyclen“, und es als neuen Hit zu präsentieren. Die historischen Dimensionen der populären Musik werden durch diese Praxis mehr und mehr verwischt.
Ein weiteres Merkmal heutiger populärer Musik ist ihre nahezu beliebige Funktionalisierbarkeit. Dies betrifft die Rezeptionsebene der populären Musik. Vielen Hörern geht es oft weniger um die jeweilige Musik selbst als darum, wie sie mit Musik bestimmte Bedürfnisse befriedigen können, z.B. Erinnerungen wachrufen, träumen, erwünschte Stimmungen erzeugen oder eine alltägliche Verrichtung begleiten (z.B. Hausarbeit, Schulaufgaben). Wenn Musik für solche und andere Zwecke eingesetzt wird, erfüllt sie bestimmte Funktionen. Eine dieser Funktionen klingt in dem Begriff Unterhaltungsmusik an. Zur Unterhaltung, zum Spaß, zum Tanzen, zur Untermalung, zur Erzeugung von Stimmungen bis hin zu rauschähnlichen Zuständen oder zur zeitweiligen Flucht aus der Realität läßt sich am besten Musik verwenden, die nicht alle Aufmerksamkeit auf sich zieht, Musik, die sich aufgrund ihrer Struktur nebenbei hören läßt oder die eine Art Klangtapete bildet. Das ist in der Regel bei populärer Musik der Fall. Jeder kann sie so benutzen, wie es ihm gefällt, da populäre Musik keine Anforderungen an den Hörer stellt und keine bestimmten Verhaltensweisen von ihm verlangt.

Portamento ist die Bezeichnung für das gleitende Ansingen oder Anspielen eines Tones und für den gleitenden Übergang von einem Ton in den anderen. Das Portamento ist ein Stilmittel, das Sänger und Instrumentalisten seit dem 17. Jh. einsetzen, um die Wirkung ihres Vortrags zu steigern. Vom Komponisten ist das Portamento in der Regel nicht vorgeschrieben.

Portativ (lat.: portare = tragen) Eine kleine tragbare Orgel mit Labialpfeifen (Lippenpfeifen), die etwa vom 12. bis 15. Jh. sehr häufig in der Kirchenmusik und der weltlichen Instrumentalmusik verwendet wurde. Auf alten Gemälden findet man auf einem Portativ musizierende Engel. Die rechte Hand bedient die Klaviatur, die linke den Blasebalg, der die Luft ansaugt und in die Windlade unter den Pfeifen leitet. Der Klang des Portativs ist weich und

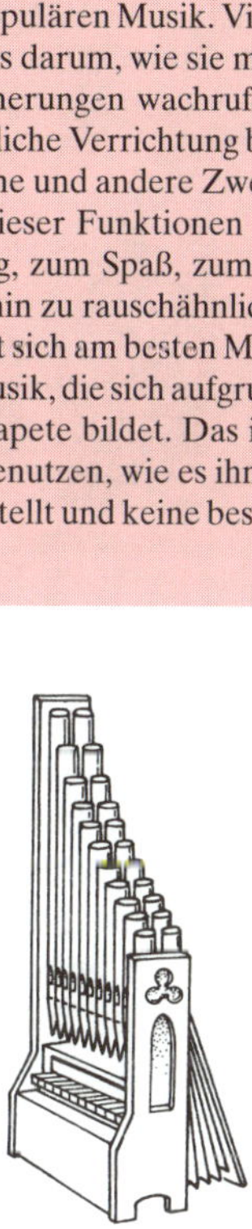

Portativ

flötenartig und verschmilzt gut mit dem anderer Instrumente. Daher wurde es meist als Begleitinstrument eingesetzt.
Im 17./18. Jh. wurde das Portativ vom **Positiv** abgelöst (lat.: ponere = stellen), einer kleinen Standorgel mit einem Manual (Kla-

viatur) und ohne Pedal. Der Spieler benötigt einen Helfer, der den Blasebalg für die Windzufuhr bedient. Das Positiv besitzt meist nur Labialpfeifen, die oft gedackt, also oben mit einem Deckel verschlossen, gebaut werden. Eine Pfeife mit geschlossener Luftsäule bringt einen tieferen, dafür aber leiseren Ton hervor. So konnte man platzsparend auch die Baßlage bauen. Das Positiv spielt im wesentlichen als Begleitinstrument eine Rolle. Man findet es häufig in der Kirchen-, Kammer- und Hausmusik.

Positiv

portato (ital. = getragen) bezeichnet eine Art der ▶ Artikulation, bei der die Töne weder abgehackt (staccato) noch gebunden (legato) gespielt werden, sondern jeder Ton für sich mit leichtem Nachdruck. Notiert wird portato entweder mit Pünktchen oder Strichen unter den mit einem Bindebogen verbundenen Noten.

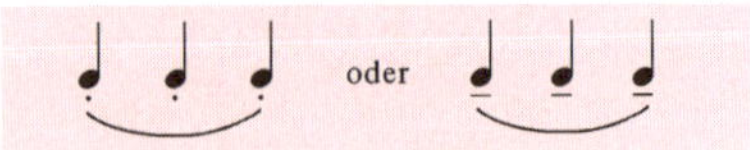

Posaune (lat.: bucina; ital.: trombone = große Trompete, von tromba = Trompete) Tiefes Blechblasinstrument mit überwiegend zylindrischem, doppelt u-förmig gebogenem, langem Rohr, breiter Stürze (Schallstück am Rohrende) und Kesselmundstück. Das Rohr kann durch eine Zugvorrichtung stufenlos verlängert werden (daher stammt der Name Zugposaune). Dadurch werden alle Halbtöne (die chromatische Skala) fast lückenlos spielbar. Das Instrument wird als Alt- (H-a^2), Tenor- (Umfang E-d^2), Baß- (H$_1$-f^1) und Kontrabaßposaune (E$_1$-d^1) gebaut. Die seltener verwendete Diskant- oder Sopranposaune (c^1-b^2) benötigt man vor allem bei Aufführungen von Musik des Mittelalters und der Renaissance.

Die Posaune wurde aus mittelalterlichen Zuginstrumenten wie der Busine und der Zugtrompete entwickelt. Der heute gebräuchliche Zug in U-Form ist vermutlich eine französische Erfindung des 15. Jh.s. Im 19. Jh. wurde die Form der Posaune entwickelt, die wir heute hauptsächlich verwenden. Das im modernen Orchester eingesetzte Instrument ist in B gestimmt (▶ Transponierende Instrumente). Die Posaune besitzt in jeder Lage unterhalb ihres Tonumfangs noch 2 bis 3 tiefere Einzeltöne, die Pedaltöne.

Der Klang der Posaune ist weich und voll; er verschmilzt gut mit anderen Instrumental- oder Vokalklängen. In vielen Werken der Kirchenmusik findet man Posaunen, die die Stimmen der Chorsätze mitspielen (▶ colla parte). Der **Posaunenchor** ist vor

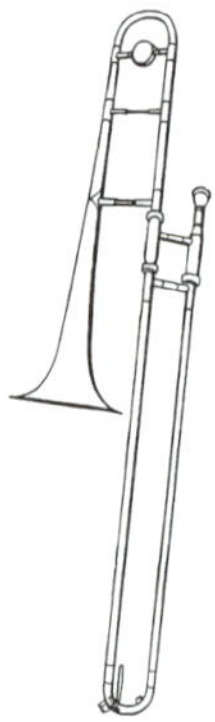

allem in der evangelischen Kirchenmusik zu Hause, wo Posaunen zusammen mit anderen Trompeteninstrumenten u.a. zum vierstimmigen Choralspiel eingesetzt werden.
Wegen ihrer Klangfülle, ihrer Beweglichkeit und ihrer Vielseitigkeit erfreut sich die Posaune seit dem 16. Jh. in den verschiedensten Musiksparten großer Beliebheit. Ob Turmmusik, Kirchenmusik, Sinfonik oder Blasmusik – überall hat die Posaune wichtige melodische, harmonische oder Fundament-Funktionen.
Auch im Jazz spielte die Posaune von Anfang an eine bedeutende Rolle. Zur ▶ Big Band gehören 4 Posaunen. Einer der berühmtesten amerikanischen Jazz-Posaunisten war Jack Teagarden, einer der bekanntesten deutschen ist Albert Mangelsdorff.

Potpourri (franz. = „Allerlei" oder „Ragout") ist ein Musikstück, das aus einer Aneinanderreihung der populärsten Themen und Teile eines größeren Werkes (z.B. einer Oper oder Operette) oder der bekanntesten Melodien eines Komponisten besteht. Man nennt eine solche Zusammenstellung auch Medley. Zu einem **Medley** können auch Volkslieder, Schlager, Walzer, Märsche o.ä. verarbeitet werden. Die schönsten und bekanntesten Stellen, z.B. die Refrains, werden aus ihrem ursprünglichen Zusammenhang herausgelöst und mit möglichst kurzen Überleitungen aneinandergefügt, so daß die beliebten Melodien dem Publikum wie auf einer Perlenkette aufgereiht präsentiert werden können.

Präludium (lat. = Vorspiel) ist ein instrumentales Einleitungsstück, das oft am Anfang einer Satzfolge steht. Auch am Beginn eines Gottesdienstes wird ein Präludium oder **Praeambulum** (lat. = das Vorangehende) meist auf der Orgel gespielt, um die Gemeinde einzustimmen. Johann Sebastian Bach kombinierte das formal freie Präludium mit der strenger konzipierten Fuge, z.B. in seinem *Wohltemperierten Klavier* (1722/44) und in seinen Orgelwerken.
Der Ursprung des Präludiums liegt in der frühen, stark improvisatorischen Klavier- und Lautenmusik des 15. Jh.s. Das Präludium ist aufgrund seiner Funktion in der Regel effektvoll gestaltet. Typisch für viele Präludien ist der Wechsel von wirkungsvollem Lauf- und Rankenwerk mit Akkordblöcken und imitatorischen Abschnitten.
Das **Prélude** (franz.) des 19. und 20. Jh.s gehört zur Gattung des ▶ Charakterstücks. Komponisten wie Frédéric Chopin, Claude Debussy und Alexandr Skrjabin legten zahlreiche Préludes für Klavier vor.

presto (ital.) Tempobezeichnung: schnell (schneller als ▶ allegro). In der Musik der Wiener Klassik (etwa 1760–1820) sind häufig die Schlußsätze von Sonaten oder Sinfonien mit presto überschrieben. Zusätze: presto assai und presto molto = sehr schnell, presto ma non troppo und presto ma non tanto = nicht zu schnell. **Prestissimo** bedeutet so schnell wie möglich.

prima vista (ital. = auf den ersten Blick) spielen heißt, vom (Noten-)Blatt spielen oder singen, ohne das Musikstück vorher geübt zu haben.

Programmusik ist der Oberbegriff für Instrumentalmusik vor allem des 19. Jh.s, der außermusikalische Ideen bzw. Inhalte zugrundeliegen. Das jeweilige „Programm" wird vom Komponisten im Titel des Werkes, in Erläuterungen, auch in der Partitur, angegeben (z.B. in Bedřich Smetanas sinfonischer Dichtung *Die Moldau*, 1874). Oft werden Literaturvorlagen und literarische Figuren mit musikalischen Mitteln gestaltet und charakterisiert (z.B. *Der Zauberlehrling* von Paul Dukas, 1897, nach Goethes Ballade, oder *Till Eulenspiegel* von Richard Strauss, 1895). Häufig werden

Bedřich Smetana, um 1880

Hector Berlioz, 1845

auch Landschaftseindrücke musikalisch gestaltet (z.B. in der Ouvertüre *Die Hebriden* von Felix Mendelssohn Bartholdy, 1830/32, oder im *Capriccio italien* von Peter Tschaikowsky, 1880). Großangelegte Szenen entwarfen Hector Berlioz in seiner *Symphonie fantastique* (Untertitel: *Episoden aus dem Leben eines Künstlers*, 1830) oder Modest Mussorgsky in *Eine Nacht auf dem kahlen Berge* (1867). Ausgehend von Gemälden des Malers Viktor Hartmann schrieb Mussorgsky seinen Zyklus *Bilder einer Ausstellung* (1874). Auch technische Phänomene sind musikalisch dargestellt worden, z.B. von Arthur Honegger in seinem Porträt einer Lokomotive, *Pacific 231* (1923). Kompositionen auf der Basis nationaler Epen oder Sagen stellen meist spezifische nationale Musikelemente heraus bzw. skizzieren einen musikalischen Nationalcharakter, z.B. *Nächte in spanischen Gärten* von Manuel de Falla (1911–15) oder *Finlandia* und *Karelia* von Jean Sibelius (1899 bzw. 1893).

Vorläufer der im wesentlichen auf die Komponisten der romantischen und spätromantischen Epoche beschränkten Programmusik sind u.a. Klavierstücke des 18. Jh.s mit programmatischen Titeln wie *La poule* (Die Henne, 1728) von Jean Philippe Rameau, instrumentale Hirten- und Jagdszenen, Totenklagen und Schlachtengemälde. Auch in Antonio Vivaldis *Vier Jahreszeiten* (1725) werden mit rein instru-

Modest Mussorgsky, 1872

Manuel de Falla, um 1930

mentalen Mitteln außermusikalische Inhalte dargestellt, z.B. die flirrende Sommerhitze oder ein Gewitter. Ludwig van Beethoven überschreibt den 1. Satz seiner 6. Sinfonie, der *Sinfonia pastorale* (1808), mit „Erwachen heiterer Gefühle bei der Ankunft auf dem Lande". Naturschilderungen erweisen sich als besonders dankbares Thema der frühen Programmmusik. Hier werden oft mit Mitteln der **Tonmalerei** Höreindrücke, Gefühle oder Stimmungen wiedergegeben, die auf Ereignisse oder Erlebnisse in der Natur zurückgehen. Viele der verwendeten musikalischen Gestaltungsmittel (z.B. Tonsymbole und Figuren) gehen auf die barocke ▶ Affektenlehre zurück und sind auch noch heutigen Hörern verständlich und vertraut.

Psalmodie nennt man eine Art von Sprechgesang, die vor allem in den liturgischen Gesängen des Gottesdienstes zu Hause ist. Der Begriff ist abgeleitet von **Psalmen** (Lieder, deren Texte im Alten Testament überliefert sind); diese machen in der katholischen Liturgie einen großen Teil der Gesangstexte aus. Melodien im heutigen Sinne sind für Psalmen nicht überliefert. Stattdessen werden die Texte in einem zwischen Singen und Sprechen angesiedelten Stil wiedergegeben, bei dem vor allem die Textverständlichkeit erhalten bleibt. Psalmodie ist eher **Rezitation** als Gesang.
Im Mittelalter bürgerten sich die **Psalmtöne** ein, ein System melodischer Floskeln für den Vortrag der Psalmtexte. Die 8 Psalmtöne unterscheiden sich vor allem durch Anfangs- und Schlußformeln. Über weite Strecken wird der Text auf gleichbleibender Tonhöhe rezitiert. Der Rhythmus des Vortrags entspricht genau dem des Textes und wird nicht eigens notiert.
In der gottesdienstlichen Praxis kommt die Psalmodie auch als Wechselgesang zwischen ▶ Kantor (bzw. Liturg) und Gemeinde (oder einem sie vertretenden kleinen Chor) vor: das „Volk" antwortet dem Vorsänger mit einem gleichbleibenden Kehrreim (**Responsorium**, **Antiphon**).

Psalterium (griech.) Das Zupfinstrument, verwandt mit der Zither, hat bis zu 30 unterschiedlich lange Saiten, die über einen flachen Resonanzkörper mit Schallöchern gespannt sind und mit den Fingern oder einem ▶ Plektrum gezupft werden. Im Laufe seiner Entwicklung (etwa 8.–16. Jh.) änderte das Instrument mehrmals seine Form: vom Dreieck über das Trapez bis hin zur Schweinskopfform und zur halben Schweinskopfform, die als Flügelform später auf das Cembalo und auf den Flügel (▶ Klavier) übertragen wurde. In mittelalterlichen Darstellungen sieht man häufig Könige das Psalterium spielen. Im 16. Jh. war es besonders bei Frauen beliebt, verlor aber allmählich an Ansehen und wurde im 17. Jh. kaum noch verwendet.

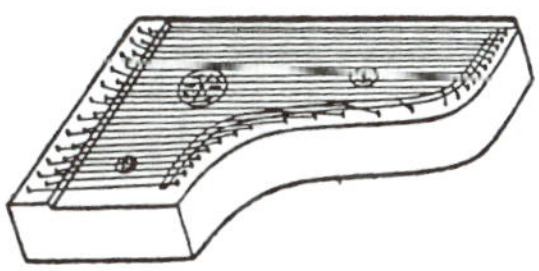

punktierter Rhythmus Lang-kurz-Rhythmus, bei dessen Notation Punkte im Notenbild auftreten. Der Punkt verlängert

Bach, Gigue aus der Französischen Suite II

die Notendauer um die Hälfte, z. B. ist eine punktierte Achtelnote 3 Sechzehntel lang. Die vorangehende Note wird also auf Kosten der nachfolgenden im Verhältnis 3:1 verlängert. Eine bereits punktierte Note kann nochmals punktiert werden, so daß zwei Punkte hinter dem Notenkopf entstehen (doppelt punktierte Note).

Q

Quadrille (franz.: quadrilatère = Viereck, vierseitig) Der Tanz wird von mehreren Paaren im Karree getanzt. Er stammt vom ▶ Kontretanz ab und war ursprünglich in Paris beheimatet. Als Gesellschaftstanz erfreute er sich während des 19. Jh.s auch in den deutschsprachigen Ländern großer Beliebtheit. Musikalisch besteht die Quadrille aus 5 bis 6 aneinandergereihten Stücken im 2/4- oder 6/8-Takt von je 32 Takten Länge in meist schnellem Tempo. In der Quadrille wurden jeweils einige der populärsten Musikstücke der Zeit – oft Lieder und Tänze aus Operetten – zu einem Potpourri zusammengestellt. Bekannte Quadrillen-Kompositionen stammen z. B. von Jacques Offenbach und Johann Strauß.

Quartenakkord Akkord, dessen Töne ausschließlich oder vorwiegend einen Abstand von 4 Tonleiterschritten (= Quarte) voneinander haben. Die grundlegenden Akkorde des abendländischen Harmoniesystems entstehen normalerweise durch Übereinanderschichten von Terzen (▶ Harmonielehre). Quartenakkorde sind harmonisch sehr vieldeutig und begegnen z. B. häufig bei Komponisten des Impressionismus (Claude Debussy) und der Neuen Musik (Arnold Schönberg, Béla Bartók). Auch im modernen Jazz spielen sie eine wichtige Rolle, z. B. bei Bill Evans, Chick Corea.

Quempas bezeichnet eine Sammlung von Weihnachtsliedern mit gemischt latei-

Quartenakkorde bei Debussy und im Jazz

nisch-deutschen Texten. Der Name ist aus den ersten Worten des lateinischen Weihnachtshymnus *Quem pastores laudavere* (Den die Hirten gelobt haben) zusammengezogen. Quempas-Singen ist ein alter Brauch am ersten Weihnachtstag: In der Frühmette werden überlieferte lateinisch-deutsche Weihnachtslieder gesungen und dazu in Abschnitten die Weihnachtsgeschichte vorgetragen.

Querflöte heißt die große Flöte des Orchesters. Sie hat ein zylindrisches Rohr, 15 Klappen und ein Mundloch am oben geschlossenen Kopfstück. Die Querflöte gehört zu den Holzblasinstrumenten, obwohl sie heute aus Metall (meist Silber) besteht. Der Tonumfang der Querflöte reicht von c^1 bis c^4. Der Ton wird von den Lippen des Spielers gebildet. Sie formen aus dem Atem einen schmalen Luftstrom und leiten ihn in das Mundloch, an dessen Kante er sich bricht und in das Flöteninnere fließt. Das Mundloch ist in einen flachen Wulst im Kopfstück, der Mundlochplatte, eingearbeitet. Beim Spielen müssen die Lippen stets beweglich bleiben, um den richtigen Ansatz für die Tonbildung zu erzielen.

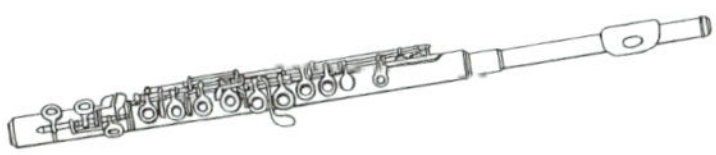

In Deutschland ist seit dem Mittelalter die **Querpfeife** verbreitet; sie gehörte mit der Trommel zum Instrumentarium der Stadtpfeifer, später der Militärmusik und wird bis heute im Spielmannszug verwendet.
Seit dem 17. Jh. wurde die Querflöte, die man damals als **Traversflöte** oder **Traverso** (ital.) bezeichnete, in der Kunstmusik heimisch; hierfür wurde ihr Bau ständig verbessert und ihre Spieltechnik den wachsenden Anforderungen angepaßt. Im 18. Jh. war die Querflöte bereits ein überaus beliebtes Soloinstrument. Sie bestand aus Holz, war konisch gebohrt und besaß noch keine Klappen. Ihr Klang war obertonreich, hell, sanft und leise. Die heutige Form der Querflöte wurde 1847 von Theobald Boehm entwickelt. Sie besitzt einen größeren Tonumfang und einen stärkeren, gleichmäßigeren und brillanteren Klang als das Traverso.
Neben der Querflöte wird im heutigen Orchester die **Piccoloflöte** verwendet, die mit ihrem Tonumfang von d^2 bis c^5 das höchste Register im Orchesterklang bildet und auch bei großer Besetzung deutlich herauszuhören ist. Alt- und Baßflöte werden nur sehr selten gebraucht; bei ihnen ist das Rohr verlängert und u-förmig gebogen.

Querstand heißt eine auf zwei Stimmen verteilte Fortschreitung im Halbton- oder **Tritonus**-Abstand (= drei Ganztonschritte). Der Querstand führt insbesondere im Chorgesang zu Ausführungsschwierigkeiten, in der Instrumentalmusik hat er keine Bedeutung. In der strengen Satzlehre älterer Musik war er nur in Ausnahmefällen erlaubt, z.B. um Schmerz auszudrücken.

Quintole (lat.) nennt man eine Folge von fünf Tönen gleicher Länge, die den gleichen Zeitraum in Anspruch nehmen wie

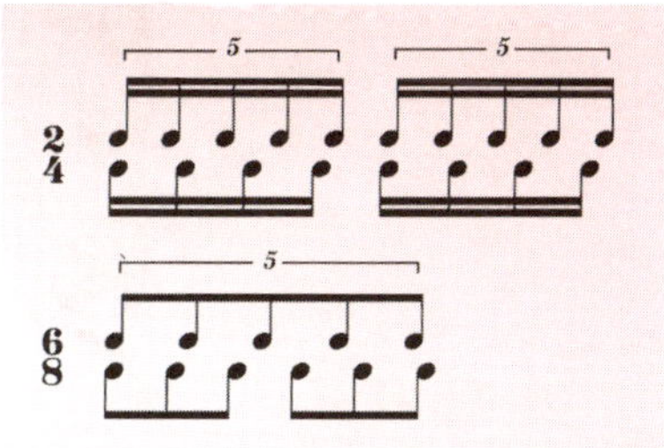

drei, vier oder sechs Töne des gleichen Zeitwertes (je nach Taktart). Die Quintole wird durch eine Klammer und die kleine Ziffer 5 gekennzeichnet.

Quodlibet (lat. = was beliebt) bezeichnet eine Kombination verschiedener Lieder, die gleichzeitig gesungen werden: eine meist scherzhafte mehrstimmige Musizierpraxis im geselligen Kreis. Das Quodlibet geht auf mittelalterliche Vorbilder zurück. Schon im 13. Jh. wurden in mehrstimmigen Vokalkompositionen wie z.B. Motetten verschiedene Liedmelodien und -texte miteinander kombiniert. Während des 16. und 17. Jh.s waren Quodlibets besonders populär. Die Jugendmusikbewegung zu Beginn des 20. Jh.s entdeckte das Quodlibet wieder; seitdem hat es in der Schul- und Laienmusik seinen Platz.

R

Raga (Sanskrit) ist das „Herz der indischen Musik", wie es Ravi Shankar, Meister des indischen Zupfinstrumentes Sitar, ausdrückt. Das Wort, das im Deutschen sowohl weiblich als auch männlich gebraucht wird, taucht zwischen dem 5. und 7. Jh. auf und wird im Sanskrit poetisch definiert als „das, was den Geist färbt". Raga war zuerst ein Ausdruck für die Gefühlsqualität bestimmter Töne, die bei Rezitationen und im Theater verwendet wurden. Zwischen dem 9. und 13. Jh. beschrieb man damit ein indisches Tonleitersystem.

Die Raga basiert auf den 72 Ursprungstonleitern der indischen Musik. Zu jeder Raga gehört eine Tonleiter, und der Musiker darf nur die in dieser Tonleiter vorkommenden Töne verwenden und mit ihnen improvisie-

Ravi Shankar mit George Harrison von den Beatles, 1967

ren. Jede Raga soll einen eigenen Ausdruckscharakter haben, der auf der indischen Lehre von den 9 Gefühlen beruht. Sie reichen von Fröhlichkeit über Komik bis zum Erschrecken.
Shankar gab schon 1956 sein erstes Konzert in Amerika und gründete eine Schule für indische Musik in Los Angeles. 1965 nahm George Harrison von den Beatles bei ihm Unterricht und löste damit einen Raga-Boom aus, in dessen Folge vom Raga beeinflußte Rock-Stile entstanden, z.B. Raga-Rock und Meditationsmusik.

Ragtime (engl. = zerrissene Zeit) Der afroamerikanische Klavierstil entstand im letzten Drittel des 19. Jh.s im mittleren Westen der USA. Die Bezeichnung bezieht sich auf die charakteristischen Synkopen in der rechten Hand. Die Spannung zwischen der synkopischen Melodik und dem durchgeschlagenen Beat im Baß macht den spezifischen Reiz des Ragtime aus. Im Ragtime verbinden sich musikalische Elemente europäischer und afroamerikanischer Herkunft: Marsch und Salonmusik mischen sich mit Cakewalk und Blues-Elementen. Der bekannteste Komponist von Piano-Ragtimes ist Scott Joplin. Sein Ragtime *The Entertainer* wurde als Titelmusik des Films *Der Clou* Mitte der 70er Jahre weltweit bekannt.
Ragtimes wurden auch für Blaskapellen arrangiert. Der Band-Ragtime ist eine der frühesten Formen des Jazz. Auch der Piano Rag beeinflußte spätere Jazz-Spielweisen erheblich.

rallentando (ital.), Abkürzung **rall.** oder **rallent**. Vortragsanweisung: langsamer werden.

Rankett ist der aus dem Mittelhochdeutschen stammende Name eines alten Doppelrohrblattinstruments, das im 16. und 17. Jh. als Familie in den Tonlagen Diskant, Tenor-Alt, Baß und Großbaß gebaut wurde. Das **Rankett** besteht aus einem Holzzylinder von 12–36 cm Länge und 5–11 cm Durchmesser. In diesen Zylinder ist ein mehrfach geknickter langer Windkanal gebohrt, der in 6–10 Parallelen in Längsrichtung verläuft. Außen auf dem Korpus befinden sich die Grifflöcher und einige Tonlöcher. Das Rankett oder Rackett, wie es auch heißt, wird durch ein trichterförmiges Mundstück, bei jüngeren Instrumenten durch ein aufgesetztes s-förmiges Röhrchen angeblasen. Sein Klang ist näselnd, aber recht leise, da das Instrument geschlossen ist und die Luft nur an wenigen Stellen heraustreten kann.

Rap (amerik. Slang = quasseln) Ein Stil der Rockmusik, der Ende der 70er Jahre in den USA aufkam. Er ist der vor allem in den „schwarzen" Diskotheken üblichen Schnellsprechpraxis der Discjockeys abgelauscht. Der Text eines Musikstückes wird stark rhythmisiert gesprochen, eine Melodie tritt nicht mehr auf. Die Stimme wird im Rap von ihrer Klangfarbe her wie ein Schlaginstrument präsentiert; der Gesang erhält somit perkussiven Charakter. Rap ist bis heute in der Rockmusik „in".

Rassel Zu den Schlaginstrumenten gehörendes Schüttel-Idiophon (Selbstklinger), bestehend aus einem mit kleinen Steinchen oder getrockneten Kernen locker gefüllten Hohlkörper aus Holz, Kunststoff o.ä. Rasseln mit Stiel sind ▶ Cabaza und ▶ Maracas. Sie werden vor allem in der lateinamerikanischen Tanzmusik verwendet.

Ratsche heißt ein Schrapinstrument aus Holz, das zum Schlaginstrumentarium des Orchesters gehört. Die Ratsche oder **Knarre** besteht aus einem Stab, an dem ein Zahnrad befestigt ist, und einem beweglichen Rahmen mit einer Holzzunge. Beim Drehen oder Schwenken der Ratsche wird der Rahmen bewegt, die daran einseitig befestigte Zunge streicht (schrapt) über das Zahnrad, so daß ein knarrendes, knatterndes Geräusch entsteht. Die Ratsche wird seit dem Mittelalter in der katholischen Kirche in der Liturgie der Karwoche als Ersatz für das Läuten der Meßdienerglocken eingesetzt. In manchen Gegenden hat sich dieser Brauch bis heute erhalten.

Reel (engl.) heißt ein alter englischer, auch in Irland und Schottland verbreiteter Volkstanz im 2/4-, 4/4- oder 6/4-Takt mit betonter 1. Taktzeit. Dieser schnelle Paartanz besitzt eine meist achttaktige Melodie, die sich durch ständige Wiederholung gut einprägt. Britische Emigranten nahmen den Reel mit nach Amerika, wo er sowohl in der Tanz- und Unterhaltungsmusik der weißen Bevölkerung als auch in der der schwarzen eine bedeutende Rolle spielt.

Refrain (franz. = Kehrreim) heißt derjenige Abschnitt eines Liedes, der nach jeder Strophe wiederholt wird. Nicht jedes Lied besitzt einen Refrain, aber für den größten Teil der heutigen Liedformen ist der Kehrreim typisch, z. B. für den Schlager oder den Popsong. Dort ist er oft so prägnant und eingängig, daß er bekannter ist als die Strophen des Liedes.

In der Kunstmusik erscheint der Refrain schon in den Liedern des Mittelalters und der Renaissance und setzt sich bis in Liedkompositionen des 19. Jh.s fort. In der Instrumentalmusik des 17. und 18. Jh.s tritt der Refrain als **Ritornell** im ▶ Concerto und als Thema im Rondo auf. Im Jazz tritt der ▶ Chorus an seine Stelle.

Regal heißt eine kleine tragbare Orgel, die ausschließlich Zungenpfeifen besitzt, also solche Pfeifen, an denen eine im Luftstrom schwingende Metallzunge befestigt ist. Das handliche Instrument, das auf einen Tisch oder Ständer gelegt gespielt wird, kam im 11. oder 12. Jh. auf und wurde bis zum 17. Jh. in der Kirchen-, Bühnen- und Tanzmusik eingesetzt. Der Spieler spielt auf der Klaviatur, ein Helfer bedient gleichzeitig die keilförmigen Bälge, mit denen Luft angesaugt und in die Windlade mit den Pfeifen geleitet wird. Diese sind waagerecht unter den Tasten angeordnet. Ein zusammenlegbares Regal in Buchform nannte man **Bibelregal**.

Regal heißt auch ein Orgelregister, das aus Zungenpfeifen besteht und einen charakteristischen, näselnden und schnarrenden Klang besitzt.

Register 1. bei der Orgel eine Reihe von Pfeifen gleicher Klangfarbe (jeweils alle Töne eines Manuals oder des Pedals umfassend), die mit Hilfe eines mechanischen Registerzuges oder eines elektrischen Schalters aktiviert oder ausgeschaltet werden können. Orgelregister tragen u.a. Bezeichnungen, die auf Instrumente hinweisen, deren Klang nachgeahmt wird (z.B. Posaune, Flauto dolce o.ä.). Meist enthalten die Registernamen Angaben zur Tonhöhe (gemessen in dem alten Längenmaß Fuß), oft auch zur Bauweise der jeweiligen Pfeifen.

Unter den zahlreichen Klangfarben der Orgel – Solostimmen und Mischungen – fällt besonders die **Mixtur** auf, ein aus Pfeifen unterschiedlicher Tonhöhen zusammengesetztes Register. Schlägt man eine Taste an, so erklingen zwischen 3 und 8 Pfeifen gleichzeitig: verschiedene Oktaven über dem angeschlagenen Ton, Quinten und Terzen usw. Durch diesen Reichtum an Obertönen wird der Klang nicht nur laut, sondern auch besonders strahlend und farbig. Mit dem Einbau möglichst vieler verschiedener Register erreichen die Orgelbauer eine große Anzahl interessanter Klangfarben und eine Klangfülle, wie sie kein anderes Instrument zu bieten hat. Eine mittelgroße Kirchenorgel hat ca. 30 Register. Die Orgel des Passauer Doms, die als größte Kirchenorgel der Welt gilt, hat 215 Register.

2. Beim Cembalo kann man mit Hilfe von Registerzügen Lautstärke und Tonhöhe verändern, Saiten können gedämpft werden, zusätzliche Saiten können hinzugenommen oder auch „abgeschaltet" werden. Manche Klaviere aus dem 19. Jh. haben ebenfalls Register, z.B. einen Lautenzug (die Saiten werden leicht abgedämpft) oder einen Fagottzug (ein Papierstreifen wird auf die Saiten gedrückt, wodurch die Töne einen schnarrenden Klang erhalten).

3. Auch bei der menschlichen Stimme spricht man von Registern und meint damit die verschiedenen Klangfarben, die sich durch unterschiedliche Resonanzbereiche ergeben. Man differenziert zwischen Brust-Register (Bruststimme) und Kopf-Register (Kopfstimme), Falsett (männliche hohe Kopfstimme) und Pfeif-Register (höchstes Register beim Koloratur-Sopran). Die ausgewogene Mischung von und der bruchlose Übergang zwischen den Registern ist ein wichtiger Bestandteil der Gesangstechnik und der professionellen Gesangskunst.

Renaissance (franz. = Wiedergeburt) nennt man in der Musikgeschichte den Zeitraum zwischen ▶ Mittelalter und ▶ Barock, etwa von der Mitte des 15. Jh.s bis um 1600. Sie umfaßt den größten Teil

Giovanni Pierluigi da Palestrina, undatiert

Orlando di Lasso, undatiert

der Epoche der ▶ Niederländer bis hin zu Giovanni Pierluigi da Palestrina und Orlando di Lasso sowie die deutschen Komponisten von Heinrich Isaac bis Hans Leo Hassler. Der Begriff Renaissance wurde im 19. Jh. aus der Kulturgeschichte übernommen und ist nicht musikspezifisch. Von einer „Wiedergeburt" kann nur insofern die Rede sein, als man sich gegen Ende des 16. Jh.s – wie in anderen Kunstgattungen zuvor – auf die Antike besann. Dies führte zur Monodie (einstimmiger, instrumental begleiteter Gesang) und später zur Oper, weist also auf Barock voraus.

Das Neue in der Musik des 15./16. Jh.s gegenüber der des Mittelalters wird vor allem an folgenden Entwicklungen deutlich: Der Komponist, der in früheren Zeiten oft ano-

nym geblieben war, tritt nun als Person, als verehrungswürdiger Künstler, als Genie hervor. Weltliche Musikgattungen stehen neben der Kirchenmusik. Das Musikleben spaltet sich in „Musica reservata", die für die Gebildeten reservierte Musik, und Musik für das Volk auf. Wie die bildenden Künstler versuchen, die Natur wiederzugeben, d. h. den Menschen und seine Umwelt so naturgetreu wie möglich abzubilden, so bemühen sich die Komponisten um eine musikalische Textausdeutung, die dem natürlichen Klang der Worte und dem Wortsinn möglichst nahekommt. Die Musik stellt zunehmend menschliche Gefühle dar. Die Rückbesinnung auf die griechische Antike mit ihren Tongeschlechtern führt gegen Ende des 16. Jh.s zum intensiven Gebrauch der ▶ Chromatik. Niederländische Vokalpolyphonie verbindet sich mit italienischem Melos. Klar gegliederte, symmetrische Formen setzen sich durch. Das Variationsprinzip wird zu einem wichtigen musikalischen Gestaltungsmittel. Kadenzharmonik und Akzentstufentakt, wie wir sie bis heute benutzen, setzen sich um 1600 durch. Die Erfindung des Notendrucks ermöglicht die schnellere und größere Verbreitung von Musikwerken.
Bedeutende Komponisten der Renaissance sind Guillaume Dufay, Johannes Ockeghem, Josquin Desprez, Heinrich Isaac, Ludwig Senfl, Andrea Gabrieli, Giovanni Pierluigi da Palestrina, Orlando di Lasso, William Byrd, Giovanni Gabrieli, John Dowland und Hans Leo Hassler.

Requiem (lat.: requies = Ruhe) ist die Totenmesse (Seelenamt), dem Anlaß entsprechend ohne die freudigen Teile der Messe wie Gloria oder Alleluja. Der Requiemtext beginnt mit den Worten „Requiem aeternam dona eis, Domine" („Gib ihnen die ewige Ruhe, Herr") und schließt mit derselben Bitte: „Dona eis requiem". Die ältesten mehrstimmigen Vertonungen des Requiemtextes stammen aus dem 15. Jh. Papst Pius V. legte 1570 die Form des Requiems verbindlich fest. Seitdem vertonten fast alle Komponisten, die sich mit der Messe beschäftigten, auch den Requiemtext, z. B. Orlando di Lasso, Alessandro Scarlatti, Marc-Antoine Charpentier und Johann Adolf Hasse. Das bekannteste Requiem ist das unvollendet gebliebene Requiem von Wolfgang Amadeus Mozart, über dem er am 5.12.1791 starb. Im 19. Jh. erlangten die Vertonungen von Hector Berlioz, Giuseppe Verdi und Antonín Dvořák besondere Berühmtheit. Herausragende Werke des 20. Jh.s sind Igor Strawinskis *Requiem canticles* (1965/66), Benjamin Brittens *War Requiem* (1961) und Aribert Reimanns *Requiem* (1982).

Josquin Desprez, undatiert

Benjamin Britten, um 1960

Resonanz (lat.: resonare = widerhallen) ist das Mitschwingen eines Körpers in der Teilschwingung eines anderen. Reißt man eine Saite einmalig an und läßt sie dann frei ausschwingen, so stellt sich heraus, daß diese Schwingung eine bestimmte Eigenfrequenz oder **Resonanzfrequenz** hat, die von Eigenschaften der Saite wie Material, Dicke und Länge abhängig ist. Mit der Eigenfrequenz kann ein Gegenstand besonders leicht zum Schwingen angeregt werden. Wird z.B. eine (hölzerne) Brücke durch Marschtritte zum Schwingen mit ihrer Eigenfrequenz gebracht, so kann sie einstürzen.
Der Klangkörper oder **Resonator** eines Musikinstruments überträgt die Resonanzfrequenz besonders kräftig, alle anderen Frequenzen werden mehr oder weniger stark wiedergegeben, was durch eine **Resonanzkurve** dargestellt wird. Bei der Geige wird die Schwingung der Saite über Steg und Stimmstock auf den **Resonanzkörper** übertragen. Das Klavier hat zur Verstärkung des Tons einen hölzernen **Resonanzboden**.
Resonanz bestimmt entscheidend den Klangcharakter eines Instrumentes und ist stark von seinen Bauteilen und seiner Form abhängig, bei der Geige z.B. sogar vom verwendeten Leim und Lack. Für die menschliche Stimme wirken der Brustraum und die Hohlräume im Kopf, z.B. Stirnhöhle, Nasen- und Nebenhöhle, als Resonanzräume. Sie verstärken und färben die gesungenen Töne.
Bei ▶ elektronischen Musikinstrumenten sind aufwendige Filter-Schaltungen notwendig, um natürliche Instrumente und ihr Resonanzverhalten nachzubilden. Die **elektrische** Resonanz ist eine physikalische Erscheinung beim Zusammenwirken elektronischer Bauteile.

Revue (franz.) ist eine unterhaltende Gattung des Musiktheaters, die ähnlich wie das ▶ Varieté Nummern aus verschiedenen künstlerischen Bereichen aneinanderreiht. Eine durchgehende Handlung ist meist nicht vorhanden. An ihre Stelle tritt ein thematischer Leitgedanke, dem sich die Bilder und Nummern zuordnen lassen. Musik und Tanz stehen im Mittelpunkt, die Ausstattung tritt als wichtiges Element hinzu.
Die Revue hat ihren Ursprung im französischen ▶ Vaudeville um die Mitte des 19. Jh.s. Anfangs war sie zeitkritischer als in späteren Jahren, wo die Show-Elemente stärker hervortraten. Ausstattungsrevuen in eigenen Häusern, wie etwa dem Admiralspalast in Berlin, erfreuten sich wachsender Beliebtheit beim Publikum, nicht zuletzt wegen der aus den USA übernommenen Girl-Tanz-Truppen. Die populären Operetten- und Tanzmusikkomponisten schrieben auch Musik für die Revue, so z.B. Paul Lincke und Walter Kollo. Viele Schlager stammen aus Revuen. In den 30er Jahren übernahm der Tonfilm viele Elemente der Revue (Revuefilm, Musikfilm).

Umschlagtitel des Notendrucks, Leipzig 1925

Rezitativ (ital.: recitare = vortragen) Um 1600 entstand in Italien zusammen mit der Oper ein Sprechgesang, von einem Solisten vorgetragen und von Instrumenten begleitet. Das Rezitativ wurde bald in verschiedene Ausdrucks- und Darbietungsformen unterteilt: **Recitativo accompagnato** und **Recitativo secco**.
Beim Accompagnato-Rezitativ (ital.: accompagnato = begleitet) wird der Gesang zusätzlich zum Generalbaß (Cembalo für die Akkorde und ein tiefes Streichinstrument für die Baßtöne) von Soloinstrumenten begleitet. Die Instrumentalstimmen unterstreichen Stimmung und Ausdruck des Textes. Oft werden hierfür Streichinstrumente verwendet, die mit lang angehaltenen Akkorden ein harmonisches Fundament legen. In der *Matthäuspassion* von Johann Sebastian Bach (1729) werden so z.B. die Jesus-Rezitative gestaltet. Auch Accompagnato-Rezitative mit stärker solistischen Instrumentalparts sind in Oratorien und Passionen der Barockzeit häufig. In der Oper spielt das Recitativo accompagnato eine bedeutende Rolle als dramatische Einleitung zur Arie.
Das Secco-Rezitativ (ital.: secco = trocken) wird ausschließlich von den Generalbaßinstrumenten begleitet. Es enthält im wesentlichen nur die „trockenen“ Akkorde zur Gesangsstimme.

Rhapsodie (griech.) Das an keine Form gebundene Instrumentalstück (▶ Charakterstück) des 19. Jh.s hat oft erzählenden Charakter, wirkt manchmal wie improvisiert und besteht gelegentlich aus einer Aneinanderreihung von Melodien oder Tänzen. Rhapsodien des letzten Typs zählen zu den bekanntesten des Konzertrepertoires, z.B. die *Ungarischen Rhapsodien* von Franz Liszt (1851 ff.) oder die *Rapsodie espagnole* von Maurice Ravel (1907/08).

Rheinländer heißt ein seit Mitte des 19. Jh.s bekannter polkaähnlicher Paartanz im 2/4-Takt mit gemächlichem Tempo. Er liegt vielen volkstümlichen Liedern zugrunde, z.B. *Im Grunewald ist Holzauktion* (Otto Teich, 1891) oder *Immer an der Wand lang* (Walter Kollo, 1907).

Rhythmus (griech.: rhythmos = Gesetz, Form, Schema, vielleicht auch von griech.: rein = fließen) Für den griechischen Philosophen Platon ist Rhythmus die Ordnung der Bewegung. Man spricht allgemein auch vom Rhythmus der Gezeiten, vom Biorhythmus, vom Lebensrhythmus, um auszudrücken, daß etwas einer regelmäßigen Gesetzmäßigkeit unterliegt.
Der Musikwissenschaftler Wilhelm Seidel schildert die Entstehung von Rhythmus so: „Wo niedergehende Tropfen ein völlig unordentliches Geräusch verursachen, denkt man nur: es regnet; wo sie hingegen in regelmäßigen Abständen herunterfallen, merkt man auf und hört mit Wohlgefallen hin... Nun zeigt sich, daß die Menschen eine derartige Folge gleicher Ereignisse nicht lange ungegliedert lassen. Sie beginnen vielmehr, ohne objektiven Anhalt, sie unwillkürlich zu zählen, und zwar nicht in einem fort, sondern in Gruppen konstanter Größe, je nach Zähleinstellung, von zwei, drei oder vier Schlägen.“ Das unwillkürliche Zählen ist noch nicht der Rhythmus selbst, sondern sein **Metrum** (lat. = Maß). Die Zeit wird vom Metrum in gleiche Abschnitte eingeteilt. Genau messen kann man diese mit dem **Metronom**,

das 1816 von Johann Nepomuk Mälzel erfunden wurde (abgekürzt M.M. = Mälzels Metronom). Stellt man z.B. auf dem Metronom die Zahl 60 ein, erklingt 60mal pro Minute ein Tick, also jede Sekunde einer. In der klassischen Musik wird nur zu Übungszwecken nach dem Metronom musiziert, um das Zeitgefühl zu kontrollieren. Es wird nämlich vom musikalischen Ausdruck beeinflußt. Das Metrum kann dadurch zeitlich schwanken und unregelmäßig werden – ein schwerer Fehler z.B. im Jazz und in der afrikanischen Musik.
Rhythmus lebt davon, daß er sich von der mathematisch gleichmäßigen Einteilung der Zeit, die das Metrum schafft, abhebt. Durch den Einsatz des Computers sind in der Unterhaltungs- und Jazzmusik Stilrichtungen entstanden, die auf mathematisch genauer Spielweise beruhen. Ihre Rhythmen kann nur ein Computer spielen, z.B. durch Sequenzer und **Rhythmusgerät**e aufgenommene Discomusik.
Im Allgemeinen setzt man beim musikalischen Rhythmus voraus, daß die Zeiteinheit innerhalb bestimmter Grenzen liegt. Sie darf nicht zu groß, etwa ein Jahr lang, oder zu klein, etwa eine Millionstel Sekunde, sein. Im übertragenen Sinn spricht man jedoch auch von **Großrhythmus**, um die unterschiedlichen Längenverhältnisse z.B. der Sätze innerhalb einer Sinfonie zu charakterisieren.

Rhythmus in der klassischen Musik

Das Metrum ist nicht der Rhythmus selbst, sondern ein vorgestelltes, beim Hören und Spielen von Musik empfundenes Maß, das hinter der tatsächlich ertönenden Musik steht. In einem Walzer von Frédéric Chopin z.B. besteht die Begleitung oft aus 3 gleichmäßigen Schlägen. Sie geht also genau mit dem Metrum des Dreiertaktes zusammen, ist aber nicht das Metrum, sondern ein gleichmäßiger Rhythmus. Die Melodie hebt sich vom Metrum ab, indem die Zeitwerte ihrer Töne manchmal auf die Schläge des Metrums, manchmal dazwischen fallen.
Das Metrum wird vom ▶ Takt überlagert. Er ist ein Betonungs-Schema, das durch die Taktstriche festgelegt wird. **Taktstriche** sind keine „Rhythmusstriche", der Rhythmus muß sich nicht an die Taktgrenzen halten. Im Vierertakt liegen auf 1 eine stärkere und auf 3 eine schwächere Betonung, im Dreiertakt betont man nur auf 1. Die grundlegenden gleichmäßigen und unbetonten Grundschläge des Metrums werden im Jazz manchmal auch Puls genannt. Man denkt dabei an die regelmäßigen Puls- oder Herzschläge des Menschen.
Takt und Rhythmus haben auch starken Einfluß auf die Harmonik und regeln das Entstehen von Akkorden. Akkorde auf betonten Taktteilen sind auffälliger als solche auf unbetonten. Eine betonte ▶ Dissonanz wirkt stärker als eine unbetonte. Es gibt daher Regeln in der klassischen Harmonielehre, die die Stellung der Akkorde im Taktschema betreffen, z.B. bei der Behandlung des **Durchgangs**, wenn ein akkordfremder Ton auf unbetontem Taktteil erscheint. Der Jazz ist da großzügiger. Der Pianist Friedrich Gulda, der den klassischen Klavier-Stil ebenso beherrscht wie den Jazz, hat einmal gesagt, daß die klassische Musik eher rhythmische „Schlamperei" zugunsten der Harmonie dulde, der Jazz dagegen eher harmonische.

Chopin, Grande Valse op.42

Mozart, Don Giovanni, 1. Finale

Jazzrhythmus

Jazz unterscheidet sich rhythmisch grundsätzlich von klassischer Musik, selbst wenn er mit den normalen Taktstrichen notiert wird. Sein Metrum, der **beat** (nicht zu verwechseln mit dem Beat-Stil der 60er Jahre), ist *nicht* an das klassische Betonungsschema gekoppelt. Spielt ein Kontrabassist einen **walking bass** (engl. = gehende Baßlinie), so erklingt eine gleichmäßige Kette von (Viertel-)Noten, die er gefühlsmäßig betont, und die schon durch reine Betonungsakzente rhythmische Spannung erzeugen, d.h. swingen. Weitere rhythmische Spannnung wird durch den ▶ off beat erzeugt, leicht vor oder hinter die Schläge des Metrums gezogene schwache Betonungen. Sie stören nicht den regelmäßigen Ablauf des Metrums.

Die **Synkope** (griech. = zusammenschlagen) entsteht durch das Zusammenbinden zweier Noten zu einer und erzeugt einen Akzent, der gegen die Taktbetonungen

Maple Leaf Rag (Scott Joplin)

gerichtet ist. In der klassischen Musik bewirkt das eine gewollte Störung der regelmäßigen Betonungsfolge. Die Synkope ist harmonischen Ursprungs, ihr rhythmischer Effekt war zunächst Nebensache. Der französische Philosoph Descartes erklärte die Synkope 1618 als ein Mittel, Dissonanzen, also für das Ohr spannende Klänge, zu erzeugen: „Wenn nämlich die Dissonanz gehört wird, wird die Erwartung vermehrt und das Urteil über die Lieblichkeit der Musik gleichsam in der Schwebe gehalten."
Als der Jazz in den 40er Jahren nach Europa kam, setzte man den neuen off beat mit der gewohnten Synkope gleich. Für den klassischen Musiker sind Synkopen eine Art Rechenaufgabe. Er muß die Schläge des Metrums unterteilen, um richtig zu spielen. So wird z.B. 1/4 zu 2/8, und auf dem 2. Achtel muß der Ton sitzen. Der off beat spielt sich in viel kleineren Zeitabständen ab und kann nur mit der richtigen sensomotorischen Einstellung, d.h. dem richtigen Körpergefühl beim Spielen, erreicht werden. Die normale Notenschrift drückt das nur unvollkommen aus. Durch dieses besondere Verhältnis zum Rhythmus unterscheidet sich der Jazz von allen anderen Musikarten, besonders auch von der nicht jazz-beeinflußten Rockmusik. Daneben kennt er jedoch auch die gängige gerade, d.h. nichtswingende Spielweise ohne off-beats, z.B. bei lateinamerikanischen Stilen.

Tanzrhythmus

Oft beherrscht ein einziger Rhythmus ein ganzes Stück, insbesondere bei Tänzen, so in den Sarabanden Johann Sebastian Bachs, den Menuetten Wolfgang Amadeus Mozarts, im Walzer der Tanzmusik, zu der man sich ja rhythmisch bewegen möchte, im Bossa Nova des Jazz, im Tango. Der Rhythmus nimmt gesellschaftliche Funktionen wahr, wenn durch ihn Arbeits- und Bewegungsabläufe geordnet und bestimmt werden. Der Marsch kann den Gleichschritt einer Kompanie lenken, das Wiegenlied durch regelmäßige Bewegung eine einschläfernde Wirkung erzielen und das Arbeitslied eine Arbeitskolonne koordinieren.

Polyrhythmik

Polyrhythmik ist der gleichzeitige Ablauf von mehreren selbständigen Rhythmen. Für die afrikanische Musik ist das eine ganz natürliche Sache, sie lebt von **Kreuzrhythmen**, d.h. von Rhythmen, die einander überlagert werden, sich also „überkreuzen". Echte Polyrhythmik findet sich in der klassischen Musik selten. Zwei rhythmisch auch noch so abwechslungsreiche Stimmen einer Fuge z.B. sind keine Kreuzrythmen, da ihnen das Prinzip der ständigen Wiederholung fehlt. Eine Ausnahme bildet das 1. Finale in Mozarts Oper *Don Giovanni*. Hier werden drei verschiedene Tänze (Menuett, Kontretanz und Deutscher Tanz) im Dreiviertel-, Zweiviertel- und Dreiachtel-Takt übereinander geschichtet.

Im 20. Jh. hat Boris Blacher polymetrische Musik in seiner Technik der **variablen Metren** komponiert. Dabei handelt es sich um eine Art systematischen Taktwechsels, z.B. wechselt die Taktvorschrift in dem Klavierstück *Ornamente* (1950) regelmäßig zwischen 2/8, 3/8, 4/8 bis 9/8. Die Ausführung sehr komplexer Kreuz- und Betonungsrhythmen verlangt die Klavieretüde *Désordre* (1985) von György Ligeti. In der ▶ Minimal Music entstehen Polyrhythmen oft durch minimale Verschiebungen rhythmischer Motive, z.B. in Steve Reichs *Drumming* (1970) für Schlagzeug und Stimmen.

Die ▶ Neue Musik hat in ihren Kompositionen manchmal rhythmische Anforderungen gestellt, die vom Menschen nicht mehr genau realisiert werden können, z.B. Polyrhythmen im Verhältnis 27:40. Dabei sind in zwei verschiedenen Stimmen in der gleichen Zeit 27 und 40 Zeiteinheiten zu spielen. Zu besonders komplizierten Partituren führte die ▶ serielle Musik, als einige Komponisten das Reihenprinzip der ▶ Zwölftontechnik auf die Dauer der Töne ausdehnten.

Nicht nur schwierige Zahlenverhältnisse komplizieren den Rhythmus, sondern auch zu häufig wechselnde rhythmische Figuren, die über längere Zeit hinweg keine Regelmäßigkeit der Bewegung mehr erkennen lassen. In Jazz- und Rockmusik wird daher häufig eine feste Figur ständig wiederholt, es entsteht ein **Riff**. Das Wiederholungsprinzip ist der klassischen Musik nicht ganz fremd, etwa in ▶ Chaconne und ▶ Ostinato. Auch die Neue Musik macht davon häufig Gebrauch.

Ricercar (ital.: ricercare = suchen, forschen) Eine seit Anfang des 16. Jh.s verbreitete Gattungsbezeichnung in der Instrumentalmusik, die sich zunächst auf das „Aufsuchen" der richtigen Saitenstimmung bezog. Vom improvisatorischen Vorspiel entwickelte sich das Ricercar bald zu einem durch ▶ Imitation geprägten, formal also eher gebundenen Typus der Instrumentalmusik (auch für Tasteninstrumente). Im 18. Jh., namentlich bei Johann Sebastian Bach, nähert sich das Ricercar der ▶ Fuge an.

Rigaudon (franz.) Der im 17. und 18. Jh. in Frankreich beliebte Paartanz wurde in Reihen getanzt und stammt – wie viele höfische Modetänze dieser Epoche – aus der Volksmusik (Provence). Er steht im 2/4- oder 4/4-Takt und besitzt ein lebhaftes Tempo. In der Regel besteht er aus einer Folge von drei achttaktigen Abschnitten.

Der Rigaudon wurde von vielen Komponisten der Barockzeit als stilisierte Tanzform in ihre Suiten-, Ballett- und Opernkompositionen aufgenommen.

rinforzando (ital.), Abkürzung **rf** oder **rfz**, Vortragsanweisung: stärker werden, an Lautstärke zunehmen.

ritardando (ital.), Abkürzung **rit.** oder **ritard.** Vortragsanweisung: verzögern, langsamer werden.

ritenuto (ital.), Abkürzung **riten.** Vortragsanweisung: zurückhaltend, maßvoll, vorsichtig spielen; vorübergehende Verzögerung des Tempos.

Rockmusik (engl.: rock = schaukeln, rütteln, erschüttern; im amerik. Slang Bezeichung für Geschlechtsverkehr) ist der Oberbegriff für eine mittlerweile fast unüberschaubar gewordene Fülle von Stilrichtungen und Spielarten der populären Musik, die auf der Verbindung afro-amerikanischer Musikformen und europäischer Musiktraditionen basieren.

Geschichte und typische Merkmale der Rockmusik

Der ▶ Blues, auf den Rock und Jazz letztlich zurückgehen, entstand im 19. Jh. in ländlichen Gegenden des Südens der USA als musikalische Ausdrucksform der schwarzen Lohnarbeiter. Der spätere städtische Blues setzt die Traditionen des ländlichen Blues fort, wird aber auch aggressiver, lauter, härter. In den Kneipen, Bars und Varietés setzen die Bluesmusiker seit den 40er Jahren des 20. Jh.s elektrisch verstärkte Gitarren sowie Klavier und Schlagzeug ein, eine Praxis, die später von Rock'n'Roll Musikern übernommen wird.

Die Bluesmusiker entwickelten zahlreiche regionale Spielarten – vokale und instrumentale – und verarbeiteten darin auch Elemente aus der Volksmusik der weißen Amerikaner, die wiederum auf den verschiedenartigen Erscheinungsformen der Folklore der Einwanderer aus Europa basierte. „Weiße“ und „schwarze“ Musikkultur der unteren sozialen Schichten war zu keiner Zeit streng getrennt; vielerlei Vermischungen sind feststellbar.

Die Rockmusik übernahm diese Praxis der Mischung unterschiedlichster Elemente. Aus dem Blues stammen ferner das typische rauhe Stimmkolorit, die bewußt unreine Intonation (dirty), das shouting (schreiende Singweise) und der Falsettgesang. Dadurch werden Gefühle und Stimmungen unmittelbar und deutlich artikuliert; „schöner“ Gesang im Stil der europäischen Kunstmusik steht nach Auffassung der Blues- und Rockmusiker dem persönlichen Ausdruck im Wege.

Aus dem Blues übernahm die Rockmusik auch das „sprechende Instrument“: Gitarre oder ein Melodieeinstrument spielen in Solopassagen so intensiv und ausdrucksstark, wie es der Sänger vorgegeben hat.

Nach dem zweiten Weltkrieg wurde für den lauter, härter und rhythmischer gewordenen Blues der Begriff **Rhythm and Blues** geschaffen. Während die populäre Musik der weißen Amerikaner vornehmlich aus Schlagern, Country & Western-Songs und Swing-orientierter Tanzmusik bestand, war Rhythm and Blues im Gegensatz

Elvis Presley, 1957

dazu bewußt grob und vulgär, robust und ungeschliffen und wurde laut und mit betontem Tanzrhythmus gespielt. In den 50er Jahren wurde der Begriff Rhythm and Blues durch die Bezeichnung **Rock'n'Roll** ersetzt. Weiße Rock'n'Roll-Stars dämpften die „schwarzen" musikalischen Elemente zwar erheblich ab, für die weißen amerikanischen und seit Ende der 50er Jahre auch die europäischen Jugendlichen verkörperte jedoch selbst der gegenüber dem Rhythm and Blues stark geglättete Rock'n'Roll den Bruch mit den dominierenden Ausdrucksformen europäischer und euro-amerikanischer populärer Musik. Viele „schwarze" Rhythm and Blues-Titel wurden von weißen Interpreten nachproduziert (▶ Cover Version). Bill Haley und Elvis Presley wurden durch solche Cover Versions berühmt. Den vor allem durch diese beiden Musiker repräsentierten frühen Rock'n'Roll-Stil, der Elemente der ▶ Country Music einbezog, bezeichnet man auch als **Rockabilly**.

Mit dem wachsenden Einfluß weißer Volks- und Unterhaltungsmusik auf die neue Richtung der populären Musik ging das Bewußtsein von ihren schwarzen Wurzeln immer mehr zurück. In Abständen entstanden jedoch seither immer wieder Stilrichtungen der Rockmusik, die sich wieder stärker an Blues oder Rock'Roll orientierten.

An die Rock'n'Roll-Ära schloß sich ab etwa 1963 die Beat-Ära an, die von einer Weiterentwicklung des Rock'n'Roll in England ausging. Der ▶ Beat griff Elemente des Rhythm and Blues, des Rock'n'Roll und des ▶ Soul auf. Die führenden Beat-Gruppen, allen voran die Beatles, reicherten diese Traditionen zunehmend mit harmonischen, melodischen und instrumentalen Elementen aus der europäischen Volks- und Kunstmusik an. Viele Beat-Bands prägten im Laufe der 60er Jahre die stark am Schlager orientierte Richtung des „easy listening" oder „middle of the

road"-Beat. Hauptsächlich für diesen Musikstil, der vor allem die jüngsten Konsumenten ansprach und primär als Tanzmusik fungierte, setzte sich der Terminus **Popmusik** durch, der im Laufe der Jahre auf nahezu alle populären Musikformen ausgedehnt wurde.
Eine exakte Abgrenzung der Begriffe Popmusik und Rockmusik ist kaum möglich; es fehlen Kriterien, nach denen unterschieden werden könnte. Konnte man Ende der 60er bis etwa Mitte der 70er Jahre von Rockmusik als einer Musikrichtung sprechen, die sich deutlich auf ihre Ursprünge im Blues zurückbezieht, so fehlen diese Merkmale heute. Die Rockmusik der 80er und 90er Jahre ist durch die Dominanz elektronischer Klangerzeuger gekennzeichnet; Show und Ekstase sind die zentralen Erlebnisqualitäten, die heute im Rock gesucht werden. Für die Popmusik gilt im Prinzip das gleiche; sie setzt bisweilen allerdings andere, „weichere" Mittel dazu ein.
Die geringsten Abweichungen von ihren Ursprüngen zeigt die Rockmusik in der Standardbesetzung ihrer Bands mit zwei Gitarren, Baßgitarre und Schlagzeug sowie ein- bis vierstimmigem Gesang. Hinzu treten heute akustische Instrumente aus der Volks- und Kunstmusik verschiedener Kulturkreise, Percussionsinstrumente aller Art, elektronische Keyboards und Effektgeräte. Die Musiker nehmen Anleihen bei Folklore, Kunstmusik, Avantgarde und Jazz; ein **Revival** (Wiederbelebung älterer Rock-Stile) folgt dem anderen, alte Titel werden neu bearbeitet, von der Single bis zum Konzept-Album finden sich Stücke in jeder Form und zeitlichen Ausdehnung. Auf diese Weise sind heute nahezu alle in der vierzigjährigen Geschichte

Udo Lindenberg in seiner „Dröhnland-Symphonie", 1979

der Rockmusik entwickelten Stilrichtungen gleichzeitig präsent (▶ Rockmusik-Stile).
Die Bandbreite der Rock-Texte ist groß: Sie reicht vom Scat-Gesang über dadaistisch anmutende Sprachgebilde, Nonsense-Texte, konventionell gereimte Liebeslyrik, gesellschaftskritische Aussagen und politische Agitationsparolen bis zu Literaturvertonungen. Inhaltlich zeichnet sich die Rockmusik gegenüber anderen populären Gattungen durch einen stärkeren Bezug zur Realität aus; dieser zeigt sich, außer an den Sujets, an dem Gebrauch der Umgangssprache (seit den 70er Jahren auch der deutschen) in all ihren Formen bis hin zum Dialekt.
Rockmusik ist seit Beginn ihrer Geschichte untrennbar verbunden mit Show-Elementen (Licht, Tanz, Kostüm, Maske) und Sexualität (erotisierende Tanzbewegungen, Sinnenrausch, Ekstase). Die starke visuelle Komponente und der körperliche Aspekt des musikalischen Geschehens sind charakteristisch für die Musikpraxis afrikanischer Kulturen, können also im weiteren Sinne auch als „schwarze" Elemente der Rockmusik verstanden werden.

Rockmusik als ökonomisches und soziales Phänomen

Rockmusik wird meist der Altersgruppe der Jugendlichen zugeordnet, wobei jeweils bestimmte Teil- oder Subkulturen mit bestimmten Rockstilen in Zusammenhang gebracht werden. Heute, nach vierzig Jahren Rockgeschichte, gehören auch immer mehr Menschen zwischen 40 und 50 zu den Fans der Rockmusik. Sie sind allerdings meist auf diejenigen Stile eingeschworen, die zu ihrer Jugendzeit den Markt beherrschten, während Jugendliche sich überwiegend für die jeweils aktuellen neuen Richtungen der Rockmusik begeistern. Dabei stehen die favorisierten Stars keineswegs immer ihren jugendlichen Fans altersmäßig nahe. Entscheidend ist offenbar die Übereinstimmung der Inhalte, des Sounds und der visuellen Präsentation der Rockmusiker mit den eigenen, sozialpsychologisch bedingten und biographisch bedeutsamen Wertvorstellungen der Fans.
Von Beginn der Rockgeschichte Mitte der 50er Jahre bis in die 70er Jahre hinein waren die Jugendlichen alleinige Adressaten und Konsumenten des Rock'n'Roll und der darauf folgenden Stilrichtungen. Beginnend mit den Rundfunksendungen des Radio-Discjockeys Alan Freed in den USA wurde der Markt der weißen Jugendlichen erschlossen. Durch immer neue Musikstile und die immer rascher wechselnden Trends und Moden eines schnell wachsenden Konsumgüterangebots rund um die Rockmusik (Tonträger, Wiedergabegeräte, Instrumente, Kleidung, Kosmetika, Presseerzeugnisse, Fahrzeuge usw.) wurde diese zum zentralen Bestandteil eines internationalen jugendspezifischen Kulturbereichs. Mit zunehmender Kaufkraft der Jugendlichen und jungen Erwachsenen erreichte dieser kulturelle Sektor als Wirtschaftsfaktor in den westlichen Industrieländern gigantische Dimensionen. Der Prozeß der Vermarktung setzt bei jeder neuen Rock-Richtung bereits kurze Zeit nach ihrer Entstehung ein. Der neue Stil wird aus dem sozialen Umfeld, in dem und für das er entwickelt wurde, herausgeholt, marktgerecht aufbereitet und dann weltweit verkauft. Dieses Phänomen gehört jedoch zum Wesen der Rockmusik,

denn sie will ein Massenpublikum, die Gemeinschaft der Jugendlichen, erreichen. Rockmusiker können sehr schnell sehr viel Geld verdienen, aber ihr Verschwinden vom Markt ist – außer in einigen wenigen Glücksfällen – nur eine Frage der Zeit. Für die meisten Rockmusiker ist dies allerdings die einzige Möglichkeit des sozialen Aufstiegs und somit auch eine Strategie, die festgefügten gesellschaftlichen Strukturen zu unterlaufen.
Die vielzitierte oppositionelle Funktion der Rockmusik erschöpft sich nicht in den politisch-kritischen Texten engagierter Rockgruppen oder in Konzerten gegen Rassismus. Die systemverändernde Kraft des Rock liegt vielmehr vor allem darin, daß durch diese Musik früher verachtete und bekämpfte Werte wie Hedonismus, Freude an Körperlichkeit und Sexualität, Individualismus und Augenblicksbezogenheit im Bewußtsein nun schon zweier Generationen Platz greifen konnten – mit positiven wie negativen, auf jeden Fall aber weitreichenden sozialen Konsequenzen.

Mick Jagger und Keith Richard von den Rolling Stones bei einem ihren letzten gemeinsamen Auftritte, 1987

Rockmusik-Stile Im Laufe der Geschichte der ▶ Rockmusik haben sich – zahlreiche unterschiedliche Stile und Spielarten ausgeprägt. Im folgenden sind einige der wichtigsten Stile in alphabetischer Reihenfolge aufgeführt; dabei werden sowohl „schwarze“ als auch eher an „weißer“ Musik orientierte Richtungen berücksichtigt.
Baroque Rock oder **Classic Rock** ist eine Stilrichtung, die zwischen 1968 und 1975 von Gruppen wie The Nice, Procol Harum, Ekseption u.a. vertreten wurde. Formen und Stilmittel aus der Kunstmusik vom Barock bis zum Beginn des 20. Jh.s wurden übernommen und mit den Mitteln der Rockmusik aufbereitet bzw. aktualisiert.
Folkrock war einer der wichtigsten Rock-Stile der 70er Jahre. Er knüpfte an das in den 60er Jahren in den USA und in Deutschland wiedererwachte Interesse an

der Volksmusik an und verband lebendige europäische Traditionen, z.B. aus England und Irland, mit Rhythmus und Instrumentation der Rockmusik. Wichtige Gruppen waren Fairport Convention, Steeleye Span, Clannad; in Deutschland Ougenweide und Elster Silberflug.

Funk ist eher eine besondere Spielweise als eine Stilrichtung. Um 1970 unter schwarzen Musikern aufgekommen – in Anlehnung an den Funky Jazz der 50er/60er Jahre -, kennzeichnet Funk ein federnder beat und kurze, abgehackte Phrasen in allen Stimmen; auch Melodie- und Baßstimme werden in erster Linie als rhythmische Phänomene definiert. Mit dem Begriff Funk verhält es sich ähnlich wie mit „Swing"; erklären kann man ihn letztlich kaum, seine Bedeutung erschließt sich erst beim Hören.

Hard Rock ist eine um 1970 aufgekommene Stilrichtung, die durch einen stark und gleichmäßig durchgeschlagenen beat, extreme Lautstärke und die Nähe zum Blues-Schema gekennzeichnet ist. Diese Spielweise wurde und wird von vielen Jugendlichen als Form des Protests gegen Zustände und Zumutungen einer von Erwachsenen zugerichteten Welt verstanden – eine wichtige Komponente der Rockmusik seit ihren Anfängen. In den 60er Jahren hatten Gruppen wie The Who und The Kinks ähnliche Spielarten gepflegt, es folgten u.a. Led Zeppelin, Deep Purple, AC/DC. Bis heute ist Hard Rock bei Jugendlichen, vor allem bei Jungen, sehr beliebt; seit den 80er Jahren läuft er unter den Etiketten Heavy Rock oder **Heavy Metal** (Rock). Mit dieser Bezeichnung verbinden sich oft aggressive, gewaltnahe Präsentationsformen und der Gebrauch gesellschaftlich tabuisierter Symbole und Zeichen.

Jazz Rock ist eine in den 60er Jahren entstandene Mischung von Rock- und Jazz-Elementen, die sich instrumental meist als Kombination einer Rockgruppe mit einem Bläsersatz (Saxophone, Trompeten, Posaunen) präsentiert. Auch die jazztypische Improvisation und die streckenweise Durchbrechung des starren beat wurden von einigen Rockgruppen eingesetzt, z.B. bei Frank Zappas Mothers of Invention, The Cream, Blood, Sweat and Tears oder Chicago. Vom Jazz her kamen u.a. Miles Davis, Chick Corea und John McLaughlin.

Motown Sound ist ebenso wie der **Memphis Sound** eine Anfang der 60er Jahre entstandene Spielart des ▶ Soul. Im Memphis Sound liegt eine Mischung aus Country Blues, Rhythm & Blues und Country & Western vor. Der Motown Sound, benannt nach einem Detroiter Schallplattenkonzern (Detroit, die Autostadt = Motortown), wurde vor allem von schwarzen Vokalgruppen getragen, z.B. Temptations, Supremes, The Jackson Five, und war eine Synthese von Gospel und Popmusik. Mit ihrem federnden, swingenden Rhythmus waren die Motown-Titel gut zum Tanzen geeignet und wurden bei farbigen und weißen Jugendlichen in den USA außerordentlich erfolgreich. Anfang der 70er Jahre wurde der **Phillysound** (Philadelphia als Standort der produzierenden Schallplattenfirma), eine weitere Richtung des Soul und „Nachfolger" des Motown Sound, populär. Überwiegend farbige Sänger brachten hier eine üppig arrangierte, gut tanzbare Musik heraus, z.B. The Three Degrees oder Gloria Gaynor.

Polit-Rock ist eine deutschsprachige Rockrichtung der 70er Jahre mit kritischen, politisch engagierten bis agitatorischen Texten. Bekannte Gruppen sind z.B. Ton Steine Scherben, Floh de Cologne, Bots.

Psychedelic Rock oder **Acid Rock** (engl.: psyche = Psyche, Seele; acid = Säure, LSD) entwickelte sich Ende der 60er Jahre in San Francisco. Erfahrungen mit Drogen wie Marihuana und LSD, die zur Bewußtseinserweiterung führen sollten, spielten bei Musikern wie Fans dieser Musikrichtung eine zentrale Rolle. Bands wie Jefferson

Airplane, Grateful Dead oder Pink Floyd sind die wichtigsten Vertreter des Psychedelic Rock in den 60er und 70er Jahren. Sie entwickelten ein sehr differenziertes Klangbild und bezogen bei Auftritten verstärkt Lichteffekte (Light Show) zur Unterstützung der Musik ein. Auch der **San Francisco Sound** gehört zeitlich, musikalisch und inhaltlich hierher: diejenige Stilrichtung (Mitte bis Ende der 60er Jahre), die mit der Hippie-Bewegung identifiziert wird. „Make love not war" war die Devise der Hippie-Kultur, Bewußseinserweiterung durch Drogen, Literatur und Musik wurde als Weg zur Veränderung der Gesellschaft verstanden. Neben den schon genannten Gruppen ragt hier vor allem Janis Joplin als Sängerin und Kultfigur heraus.

Punk Rock, kurz **Punk**, entstand in England in der zweiten Hälfte der 70er Jahre als musikalischer Ausdruck der sich als underdogs fühlenden Jugendlichen. Die Punk Rocker grenzten sich bewußt von den damaligen Spitzengruppen mit ihrer kunstvollen Musik und ihrem auf Hochglanz polierten Studio-Sound ab und setzten eine sehr einfach strukturierte Musik mit einem rohen Klangbild (Gitarren, Schlagzeug; Verzerrungen und Rückkopplungseffekte als Gestaltungsmittel), extremer Lautstärke und aggressiven Texten dagegen. Sie kultivierten bewußt musikalischen Dilettantismus, Häßlichkeit und Gewalt. Der Punk verstand sich als Kampfansage an Musikindustrie und Gesellschaft und prägte angesichts des desolaten Zustands der Welt den Slogan „No Future". Bekannte Punk-Gruppen waren z. B. The Sex Pistols und The Clash. Die Verbreitung des Punk erfolgte zunächst durch viele unabhängige kleine Labels und spezialisierte, handgefertigte Fan-Magazine (Fanzines), bis schließlich einige große Schallplattenkonzerne Punk-Gruppen unter Vertrag nahmen. Mit der professionellen Vermarktung setzte die Zähmung des Punk ein.

Zahlreiche Stilrichtungen entstanden, die seit Ende der 70er Jahre unter dem Oberbegriff **New Wave** zusammengefaßt werden und die Rockmusik der 80er Jahre wesentlich mitgestalteten. Eine dieser Spielarten ist die **Oi Music**, die um 1980 in London entstand und als musikalische Ausdrucksform der neofaschistischen Skinheads gilt. Roher Sound und gewaltverherrlichende Texte sowie die Zurschaustellung faschistischer Symbole und die entsprechende Ausstattung der Bands machten die Oi Music (benannt nach dem Schlachtruf „Oi oi oi") auch in Deutschland zu einer Artikulationsform der rechtsradikalen Jugendszene. Der deutsche „Ableger" des New Wave wurde als **Neue Deutsche Welle** (seit Ende der 70er Jahre) vermarktet. Auch hier erfolgte die Verbreitung zunächst über unabhängige Labels und erst später durch die großen Plattenfirmen. Nach ein paar Jahren ging die Neue Deutsche Welle teils in der deutschen Popmusik, teils in anspruchsvolleren Formen des Hard Rock auf. Deutschsprachige Rockmusik, die schon vor der Neuen Deutschen Welle mit Musikern wie Kraftwerk oder Udo Lindenberg begann, hat sich seit den 80er Jahren im In- und Ausland durchgesetzt.

Reggae ist eine aus dem **Ska**, einer besonderen Spielweise des Rhythm & Blues auf Jamaika, hervorgegangene Musikrichtung, die auf den komplexen polyrhythmischen Strukturen afrikanischer Musik basiert. An der Realisierung des Rhythmus beteiligen sich alle Instrumente und Stimmen. Akzentuiert werden die Taktzeiten 2 und 4. Reggae ist zugleich musikalischer Ausdruck des Rastafari-Kults, dessen schwarze Anhänger ihre politischen und religiösen Hoffnungen auf Afrika projizierten. Trotz der starken ethnischen Bindung dieser Musik wurde der Reggae in den 70er Jahren auch in Europa außerordentlich populär. Der größte Star des Reggae war Bob Mar-

ley; auch Peter Tosh und Linton Kwesi Johnson wurden weltweit bekannt.
Salsa (span. = Gewürz, Geschmack) ist ein lateinamerikanisch geprägter Rock-Stil, in dem kubanische, mexikanische, jamaikanische und US-amerikanische Musikelemente zusammenfließen. Charakteristisch ist die reich ausgestattete Percussionsgruppe, die komplexe polyrhythmische Strukturen zu bewältigen hat. Zentrum des Salsa war der Stadtteil Spanish Harlem in New York. Seit den 70er Jahren ist der Salsa – inzwischen ein Oberbegriff für verschiedene Stilarten – auch in Europa beliebt.
Soft Rock ist keine bestimmte Stilrichtung, sondern eher ein Sammelbegriff für die verschiedensten Spielarten, die sich durch melodiösen, leisen und ruhigen Duktus als Gegensatz zum Hard Rock darstellen.
Tekkno (von techno/technisch) ist eine Musikrichtung, die um 1990 entstand. Der typische Tekkno-Sound besteht aus elektronisch erzeugten Rhythmen, Melodie- und Soundfetzen, die so angelegt sind, daß sie die Hörer und Tänzer zum Rausch, zur Ekstase bringen sollen. Bewußtseinserweiterung wird mit Hilfe der stampfenden Rhythmen, durch Lautstärke, die die Schmerzgrenze überschreitet und durch zusätzlich konsumierte Designer-Drogen angestrebt.
Underground (engl. = Untergrund), eine Strömung der Rockmusik ab Mitte der 60er Jahre, ist weniger eine Stilrichtung als ein Programm: Musiker wie Frank Zappas Mothers of Invention, Country Joe & the Fish und Jimi Hendrix experimentierten in oft provozierender Weise mit Musik, Texten, Technik und Showelementen und verstanden sich als Bürgerschreck.

Rock-Oper bezeichnet ein ▶ Konzeptalbum oder einen thematischen Song-Zyklus; keine Oper im „klassischen" Sinne und auch kein Rock-Musical ist hier gemeint. Ob zusammenhängende Geschichten oder die Darstellung von Problemen bzw. Konflikten in einzelnen Szenen – als Rock-Oper werden so unterschiedliche Kompositionen wie *Tommy* von The Who (1969) und *The Wall* von Pink Floyd (1979) bezeichnet. Es sind spezifische Formen der Darstellung, auch szenischer Art, die aus der Rockmusik hervorgegangen sind und die nur im Zusammenhang mit dieser rea-

Szene aus „The Wall" von Pink Floyd, Dortmund 1981

lisiert werden können (Show, Lightshow, Choreographie, Maske, Filme, Bilder, bestimmte Bewegungsformen usw.).

Rohrblattinstrumente Schon in der griechischen Antike waren Blasinstrumente bekannt, bei denen der Ton folgendermaßen erzeugt wird: ein aus Schilfrohr geschnittenes, unten zusammengebundenes doppeltes Blättchen wird im Mundraum des Spielers durch den Luftdruck in Schwingungen versetzt. Die durch die schnell gegeneinanderschlagenden Blättchen gepreßte Luft gelangt in ein konisch oder zylindrisch gebohrtes Rohr aus Holz (Ausnahme: Saxophon, das aus Metall besteht). Durch Grifflöcher oder Klappen wird die Luftsäule unterschiedlich verkürzt: die Töne erklingen. Man unterscheidet zwischen Instrumenten mit doppeltem (z.B. Oboe, Fagott) und solchen mit einfachem Rohrblatt (z.B. Klarinette, Saxophon). Das Doppelrohrblatt wird durch direkte Einwirkung von Lippenspannung in Schwingungen versetzt, während das einfache Rohrblatt in einer Windkapsel oder auf einem Mundstück sitzt und daher etwas leichter anzublasen ist.
Zu den Rohrblattinstrumenten gehören außerdem: ▶ Englischhorn, Heckelphon (Bariton-Oboe), ▶ Krummhorn, ▶ Rankett, Dulzian (frühe Form des Fagotts, 16./17. Jh.), Kontrafagott, ▶ Bassetthorn, Baßklarinette. Auch die Pfeifen des Dudelsacks enthalten ein einfaches oder doppeltes Rohrblatt.

Röhrenglocken Ein ▶ Mallet-Instrument (Schlaginstrument) aus verschieden langen, an einem Rahmen aufgehängten Stahlröhren (bisweilen auch Stahlplatten oder -stäben), die mit einem hammerähnlichen Schlägel angeschlagen und mit einem Pedalmechanismus gedämpft werden. Im Orchester – vor allem in Musikwerken des 19. und 20. Jh.s – werden Röhrenglocken in den Tonhöhen von C_1 bis f^2 eingesetzt. Röhrenglocken klingen genau wie echte Glocken, deren Verwendung zu kompliziert und zu aufwendig wäre.

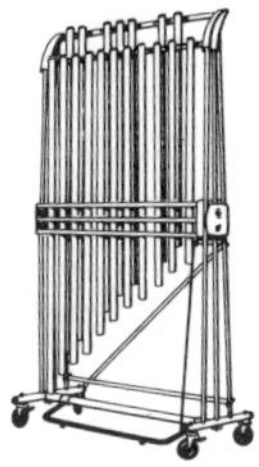

Romantik nennt man die musikhistorische Epoche von etwa 1820 bis in die 80er Jahre des 19. Jh.s. Untergliedert in Früh-, Hoch- und Spätromantik umfaßt sie nahezu das ganze 19. Jh., und mit einigen Epigonen (Nachromantik) reicht sie sogar weit ins 20. Jh. hinein. Die musikalische Romantik beginnt zeitlich erheblich später als die literarische, kündigt sich aber in einzelnen Elementen schon in Werken Wolfgang Amadeus Mozarts und Ludwig van Beethovens deutlich an.
So diffus wie die zeitlichen Grenzen der Romantik sind ihre theoretischen Grundlagen. Entsprechend dem romantischen Prinzip der grenzenlosen Subjektivität sind die Kompositionen und die Äußerungen des

Johannes Brahms, 1883

Frédéric Chopin, undatiert

Antonín Dvořák, um 1900

19. Jh.s zur Musik so facettenreich und widersprüchlich, daß eine systematische Darstellung kaum möglich ist. Unter den Kompositionen finden sich kleine Formen wie Kunstlied oder Charakterstück ebenso wie monumentale Sinfonien, der Klassik verpflichtete Sonatensätze oder freie Fantasien, Fugen und Programmusik, Chöre nach barocken Vorbildern und Melodramen, große Oper, aber auch Salonmusik, Messen und Walzer. Nahezu alle in der Musikgeschichte bis dahin entwickelten Gestaltungsmittel werden aufgegriffen und weiterentwickelt. Die Beschäftigung mit der Vergangenheit bis ins Mittelalter hinein und die Wiederbelebung historischer Stile, auch die Wiederentdeckung „vergessener" Komponisten und die Volksliedverehrung sind charakteristisch für das 19. Jh. Auf der anderen Seite löst man sich aus strengen formalen Bindungen, wie sie etwa in der Sonate gegeben sind, und schafft neue, freiere Ausdrucksformen. Grenzen werden ausgelotet: in Tonalität und Harmonik, in Dynamik und Klangfarbe, in Besetzung und Dauer von Musikwerken werden Extreme aufgesucht.

Poetische und phantastische Elemente ziehen in die Musik ein und bedingen neue Inhalte und Stoffe. Märchen, Sagen, Naturschwärmerei werden zur Grundlage vieler Kompositionen. Die Musik wird idealisiert als die Kunst, die romantisches Ideengut und Lebensgefühl am besten ausdrücken könne. Vielen Menschen wird Musik zum Religionsersatz. Die Schöpfer der so ver-

Robert Schumann, um 1850

Gustav Mahler, 1900

Anton Bruckner, undatiert

herrlichten Musik werden als Genies verehrt. Die Bewunderung für spieltechnische Leistungen läßt das Virtuosentum aufblühen (▶ Virtuose).
Parallel zu diesen von Aristokratie und Bürgertum getragenen Entwicklungen der Kunstmusik, die an ihren Rändern schon Übergänge ins Triviale zeigen (▶ Salonmusik), entsteht für die unteren Bevölkerungsschichten eine massenhaft hergestellte und rezipierte Unterhaltungsmusik (▶ Populäre Musik), in der romantische Gehalte auf Miniaturformat reduziert erscheinen und die in diesem Gestus größtenteils bis heute verharrt (▶ Schlager).
Die Musikauffassung der Romantik hat unser heutiges Musikverständnis stark und auf breiter Basis geprägt. Neben Werken der Klassik stehen in Konzerten und Opernhäusern Kompositionen aus dieser Zeit am häufigsten auf dem Spielplan.
Einige bedeutende Komponisten des 19. Jh.s sind Franz Schubert, Hector Berlioz, Frédéric Chopin, Antonín Dvořák, Robert Schumann, Franz Liszt, Richard Wagner, Giuseppe Verdi, Anton Bruckner, Johannes Brahms und Gustav Mahler.

Romanze (span./franz.) Ursprünglich ein spanisches Heldenlied, bezeichnet Romanze seit dem 18. Jh. ein volkstümliches Lied oder ein liedhaftes Instrumentalstück. Joseph Haydn und Wolfgang Amadeus Mozart betitelten einzelne Sätze ihrer Orchesterwerke als Romanze (z.B. ist der 2. Satz der Serenade *Eine kleine Nachtmusik* von Mozart aus dem Jahr 1787 so überschrieben). Als romantisches ▶ Charakterstück erscheint die Romanze z.B. bei Robert Schumann (u.a. *3 Romanzen für Klavier* op. 28, 1839).

rubato, eigentlich: Tempo rubato (ital. = geraubte Zeit), Vortragsanweisung: frei im Tempo. Beim Vortrag eines Musikstücks sollen Temposchwankungen als Ausdrucksmittel eingesetzt werden. In Musikwerken des 17. und 18. Jh.s wird dies in der Regel so ausgeführt, daß in der Hauptstimme kleine Unregelmäßigkeiten bei der Gestaltung der Tondauern auftreten, während die Baßstimme bzw. Begleitung im exakten Zeitmaß weiterläuft. In vielen Musikstücken des 19. und 20. Jh.s läßt rubato einen freieren Umgang mit dem Faktor Zeit zu, also auch größere Temposchwankungen.

Rückung Unvermitteltes „ruckartiges" Eintreten einer neuen Tonart anstatt des Wechsels in eine andere Tonart über vermittelnde Akkorde (▶ Modulation). Die Rückung wird auch als **Tonalitätssprung** bezeichnet und ist besonders im Schlagerarrangement beliebt, etwa wenn der Refrain plötzlich einen Halbton höher gespielt wird.

Beethoven, Klaviersonate op. 10,2

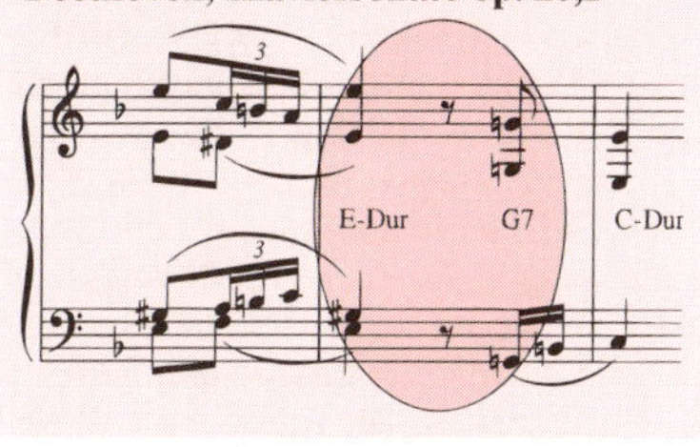

Rumba (span./kuban.) ist der Oberbegriff für eine Reihe kubanischer Tanzformen afrikanischer Herkunft. Die Rumba ist seit etwa 1930 mit vereinfachtem Rhythmus in Europa verbreitet und gehört heute zu den Turniertänzen. In der Rumba sind polyrhythmische Strukturen erkennbar (mehrere verschiedene Rhythmen erklingen gleichzeitig). Der 4/4-Takt wird in Achtelwerte aufgeteilt; betont werden das 1., 4. und 6. Achtel. Hinzu treten weitere Rhythmen (Viertel, punktierte Viertel, Achtel) mit unterschiedlichen Akzenten. Typische Rhythmusinstrumente sind die Rumbakugeln oder ▶ Maracas. Wegen der ausgeprägten Beckenbewegungen der Tanzenden galt die Rumba in Europa zeitweise als anstößig; die Nationalsozialisten verboten den Tanz.

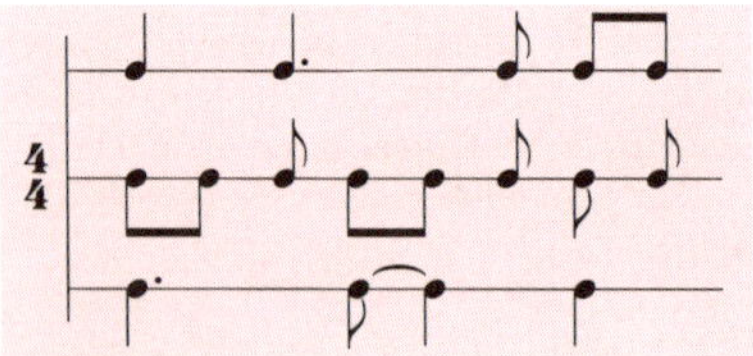

Rundfunk ist eine Einrichtung zur drahtlosen Ton- und Wortübermittlung durch elektromagnetische Wellen. Die technischen und wissenschaftlichen Voraussetzungen dafür wurden nach der Entdeckung des Elektromagnetismus bereits ab 1830 geschaffen. Wichtig für den Rundfunk war insbesondere die Erfindung von Telefon, Elektromagnet und Mikrofon (1878). In den USA wurden ab 1913, in Belgien ab 1914 die ersten Sendungen ausgestrahlt. Erste regelmäßigen Radiosendungen kamen 1920 vom US-Sender Pittsburgh. In Deutschland war 1921 die Übertragung der Oper *Madame Butterfly* von Giacomo Puccini aus der Berliner Oper unter den Linden die erste Radiosendung.
Anfangs arbeitete der Rundfunk im Live-Betrieb, alle Sendungen gingen direkt vom Mikrofon auf den Sender. Parallel dazu fand man aber Methoden der Schallaufzeichnung und -konservierung über magnetisierte Stahldraht-, Papier- und später Kunststoffbänder (ab ca. 1898). Daraus entstand das moderne Tonband. Es ist seit 1940 der wichtigste Tonträger des Rundfunks und eine unentbehrliche Vorstufe bei der Produktion von Schallplatte und CD.
Der Rundfunk ist eine nicht wegzudenkende Voraussetzung für die Massenkultur des 20. Jh.s, wurde aber auch z. B. von den Nationalsozialisten zu Propagandazwecken mißbraucht. Neben der Verbreitung von beliebten Schlagern oder Volksmusik nahm der Rundfunk schon frühzeitig die Förderung von Kunst- und Konzertmusik in Minderheitenprogrammen wahr. Die Entwicklung von Jazz, Neuer Musik und Hörspielmusik war z. B. stark vom Rundfunk abhängig. In der Neuen Musik, die nur ein kleines Publikum interessiert, entstanden viele bedeutende Kompositionen durch Rundfunk-Aufträge. Die elektronische Musik wurde anfangs ausschließlich durch den Rundfunk ermöglicht. Der Nordwestdeutsche Rundfunk (später WDR) hatte z. B. 1951 das erste deutsche Studio für Elektronische Musik gegründet. Für die Unterhaltungsindustrie ist der Rundfunk insbesondere durch seinen großen Bedarf an Musiktiteln wichtig. Diese drängten nach der Einführung der Stereophonie in den 60er Jahren reine Wortsendungen in den Hintergrund. Der Rundfunk konnte dadurch auch in der Konkurrenz zum Fernsehen bestehen, das seit 1950 seine Monopolstellung innerhalb der drahtlosen Medien bedrohte und schließlich brach. Es verwies den Rundfunk auf Platz 2 in der Gunst des Publikums.
In Deutschland waren Rundfunk und Fernsehen bis in die 80er Jahre nicht privat. Die Sender waren bis dahin Anstalten des öffentlichen Rechts und unterstanden der

Kontrolle der politischen Parteien, die zusammen mit anderen gesellschaftlich relevanten Gruppen wie Kirche und Gewerkschaften den **Rundfunkrat** bildeten. Damit sollen die Pflichten des öffentlich-rechtlichen Rundfunks überwacht werden, zu denen die politische Information und ein ausgewogenes Programm für alle Teile der Bevölkerung gehören. In den 80er Jahre sind zahlreiche private Rundfunkanstalten hinzugekommen, die sich vor allem über Werbeeinnahmen finanzieren.

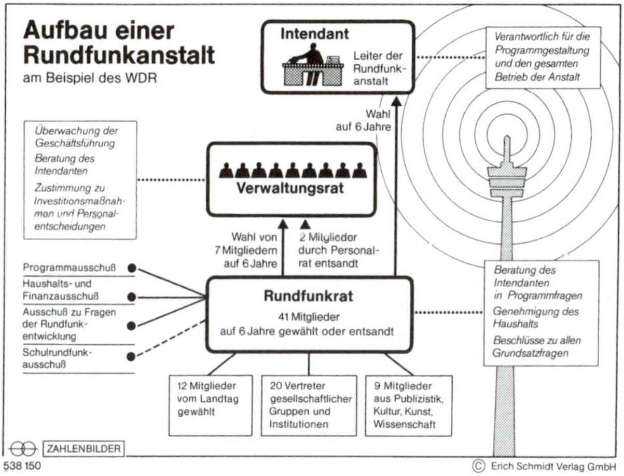

S

Saiteninstrumente nennt man alle Musikinstrumente mit gespannten Saiten als Tonerzeuger. Die **Chordophone** (griech. = Saitenklinger) werden je nach Art der Tonerzeugung unterteilt in Streichinstrumente (z.B. Violine, Violoncello) und Zupfinstrumente (z.B. Gitarre, Harfe, Zither); außerdem gehören auch solche Instrumente dazu, deren Saiten angeschlagen werden (z.B. Hackbrett, Klavier). Der Ton wird mit einem Bogen, einem Plektrum, Fingernägeln bzw. -spitzen, Hämmerchen, bei alten Tasteninstrumenten durch Kiele (kleine Häkchen, beim Cembalo) oder Tangenten (Metallstifte, beim Clavichord) erzeugt. Die Anzahl der Saiten ist je nach Instrument sehr unterschiedlich und reicht von vier bei der Violine bis über 200 beim Konzertflügel. Die Tonhöhe der Saiten ist abhängig von deren Länge und Spannung. Beim **Stimmen** werden die Saiten durch Spannen oder Entspannen auf bestimmte

Tonhöhen gebracht und mit Wirbeln fixiert, damit sie die eingestellte Spannung behalten.
Das Umstimmen der Saiten, d.h. die Veränderung der Intervallabstände zwischen den Saiten, bezeichnet man als **Scordatura**. Dieser Technik bedient man sich bei der Gitarre, um bestimmte Akkorde besser greifen zu können; auch die Klangfarbe verändert sich dabei. Die Scordatura war im 17. und 18. Jh. bei Streichinstrumenten häufig.
Die Klangfarbe von Saiteninstrumenten hängt außer von der Länge und Dicke der Saiten und der Beschaffenheit des Resonanzkörpers auch vom Material ab, aus dem die Saiten bestehen. Tiersehnen und -därme, verschiedene Metalle und Kunststoff sind in der europäischen Musikgeschichte vorherrschend; in anderen Kulturen werden auch Pflanzenfasern und Seide verwendet.

Salonmusik Das repräsentative Gesellschaftszimmer des aristokratischen und großbürgerlichen Hauses war im 19. Jh. auch ein wichtiger Aufführungsort für Musik. Die berühmtesten Künstler der Zeit in seinem Salon konzertieren zu lassen, war ein Zeichen für Bildung, Kunstverstand, Reichtum und gesellschaftliche Position des Hausherrn, ein Statussymbol. In den bedeutendsten Salons traten Komponisten und Virtuosen wie Frédéric Chopin, Franz Liszt oder Niccolò Paganini auf. Ihre Musik war technisch meist von höchstem Schwierigkeitsgrad und schöpfte alle klanglichen Möglichkeiten des Instruments voll aus. Die brillante Spielfertigkeit der Solisten, ihre raffinierten Klangeffekte und elegischen Melodien, dazu die oft exzentrische Selbstdarstellung der Künstler und ihre romantische Verklärung durch das Publikum prägten das Bild des großen musikalischen Salons bis zur Mitte des 19. Jh.s.

Musikabend in Leipzig, um 1880

Immer mehr Bürger, auch weniger reiche und vornehme, richteten in ihren Häusern einen Salon ein und veranstalteten dort Konzerte. Den finanziellen Möglichkeiten, der musikalischen Bildung und den Erwartungen des neuen Publikums wurde auch die dort gespielte Musik angepaßt.
Um 1830 wurde Salonmusik zum Gattungsbegriff. Er kennzeichnet vorwiegend ▶ Charakterstücke für Klavier, ▶ Bearbeitungen bekannter Werke aus der Konzert- und Opernliteratur, stilisierte Tanzmusik und gefällige, eingängige Stücke für kleinere Ensembles. Kleine Formen herrschten vor, im Schwierigkeitsgrad den technischen Fähigkeiten der Ausführenden angepaßt. Salonmusik in diesem engeren Sinne ist speziell auf häusliche Konzerte in etwas kleinerem als dem ursprünglich großbürgerlichen Rahmen zugeschnitten. Sie wird nicht mehr von professionellen Künstlern, sondern überwiegend von Liebhabern, also von Laienmusikern gespielt.
Das Erlernen eines Instruments, allen voran des Klaviers, gehörte im 19. Jh. zur Erziehung der höheren Töchter. Je weiter sich dieses Ideal von Bildung und Kultur verbreitete, desto mehr glich sich der Salon dem kleinbürgerlichen Wohnzimmer an (▶ Hausmusik). Die Salonmusik wurde immer populärer. Viele Kompositionen erhielten reißerische Titel, in denen die Komponisten vor allem tonmalerische Mittel einsetzten, wie z.B. in den bekannten Klavierstücken *Gebet einer Jungfrau*, *Das Erwachen des Löwen*, *Die Klosterglocken* oder *Vögleins Abendlied*.
Diese und ähnliche Musikstücke, die bis weit ins 20. Jh. hinein komponiert wurden, hatten und haben künstlerisch einen schlechten Ruf. Musikwissenschaftler und Komponisten werfen ihnen Banalität und Klischeehaftigkeit vor und bewerten sie als **Trivialmusik**.
Die Namen der zahllosen Salonmusik-Komponisten sind heute fast vergessen. Zu den erfolgreichsten Komponisten gehörten Tekla Badarzewska-Baranowska, Richard Eilenberg, Louis Lefébure-Wély und Brinley Richards.
Salonmusik wird bisweilen auch als **Caféhaus-Musik** bezeichnet. Der Name bezieht sich vor allem auf die bis in die 50er Jahre unseres Jh.s in vielen Cafés angebotene Unterhaltungsmusik, die von zwei bis vier Musikern live gespielt wurde. Meist trat ein Geiger auf, der auch als **Stehgeiger** bezeichnet wurde, dazu kamen ein Klavier- oder Akkordeonspieler und ein Bassist, gelegentlich ein zweites Melodieinstrument wie Klarinette oder Saxophon. Das Repertoire der Caféhaus-Musik bestand vor allem aus gefälligen Bearbeitungen populärer Melodien.
Größere Ensembles, die Musik zur Unterhaltung und zum Tanz spielten, etwa in Konzertpavillons von Kurorten oder zur großen Festen, bildeten sich schon im 19. Jh. heraus. Bei diesen **Salonorchestern** sind drei Standardbesetzungen zu unterscheiden, benannt nach den Städten, in denen sich diese Besetzungen ausprägten: **Wiener, Berliner, Pariser** Salonorchester wurden aber in der Praxis so besetzt, wie es gerade auskam.
Das Notenmaterial für Salonorchester besteht aus Arrangements von Liedern, Tänzen, Märschen, Potpourris, aus populären Nummern aus Opern und Operetten und aus Bearbeitungen bekannter Werke der klassischen und romantischen Konzertliteratur.
Etwa von 1850 bis in die 30er Jahre des 20. Jh.s existierten in Deutschland und Österreich viele Salonorchester, danach verschwanden sie für Jahrzehnte fast völlig. In den 70er und 80er Jahren erlebte das Salonorchester ein Comeback mit Gruppen wie dem Salonorchester Cölln. Seither erfreuen sich Salonorchester und Salonmusik besonders bei jungen Musikern und Hörern wachsender Beliebtheit.

Saltarello (ital.: saltare = springen) Der schnelle Springtanz im Dreiertakt (3/8 oder 6/8) stammt aus der italienischen Volksmusik des Mittelalters und ist seit dem 14. Jh. überliefert. Im 16. Jh. erhielt der Saltarello einen Platz in der ▶ Suite, in Verbindung mit einem langsamen geradtaktigen Tanz wie z.B. der ▶ Pavane.

Samba (portug./afrik.) Der Tanz stammt aus Brasilien und ist in seiner heute bekannten Form eine Mischung aus verschiedenen Sambatypen bzw. -spielarten. Die Samba hat afrikanische Wurzeln, die heute noch vor allem in der polyrhythmischen Begleitung erkennbar sind (verschiedene Rhythmen überlagern sich). Im 19. Jh. aufgekommen, gelangte die Samba nach dem 1. Weltkrieg auch nach Europa und wurde dort in den 50er Jahren zum Modetanz.
Die Samba gehört zu den internationalen Turniertänzen. In den 70er Jahren wurde die Samba durch jazzige Versionen z.B. von den Gitarristen Baden Powell oder Carlos Santana erneut populär.

Sampler (engl.: to sample = ein Muster von etwas nehmen) Der Sampler ist eine Weiterentwicklung des ▶ Synthesizers. Er erzeugt aber nicht selbst seine Töne wie der Synthesizer, sondern verarbeitet Wellenformen von anderen Instrumenten. Sie werden meist über Mikrofone aufgenommen und digitalisiert, d.h. computerlesbar gemacht. Nachgeholfen wird mit aufwendiger Klangfiltertechnik.
Beim Erstellen dieser Wellenformen, dem **Sampling** wird in regelmäßigen Zeitabständen eine Probe der Welle festgehalten, z.B. durch Messung der Signalstärke. Das geschieht mit hoher Geschwindigkeit, 1990 waren z.B. 40000–50000 Muster pro Sekunde ein gängiger Wert.
Sampeln ist sehr arbeitsintensiv, da u. a. bei jedem Sample ein **Loop-Punkt** festgelegt werden muß, an dem Töne von vorne anfangen können, wenn sie länger gehalten werden. Viele Musiker greifen daher auf die von der jeweiligen Firma gelieferten Samples zurück. Die Klangdaten sind im Festwertspeicher des Samplers, dem ROM (engl.: read only memory = Speicher nur zum Lesen), abgelegt und müssen nicht wie beim Computer extra geladen werden. Der Besitzer kann dann allerdings auch nicht mehr selbst sampeln und ist auf die Fabrik-Sounds angewiesen.
Mitte der 80er Jahre wurden daher **ROM-Sampler** modern. Außer auf die Wellenformen selbst kann man bei ihnen wie bei einem Synthesizer auf alle wichtigen Funktionen eines Tones Einfluß nehmen und neue Klänge aufbauen. Trotz seines großen Speicherbedarfs und umfangreicher Computertechnologie bietet ein Sampler auch große technische Einsparungen. Es brauchen nur wenige Töne eines Instruments gesampelt werden, im Extremfall sogar nur ein einziger, um Töne für den gesamten Bereich der Tastatur zu gewinnen. Für die meisten Computer-Typen gibt es auch reine Software-Sampler.
Als einen Vorläufer des Samplers kann man das **Mellotron** betrachten, das Anfang der 70er Jahre in der Rockmusik von Grup-

pen wie The Moody Blues, Emerson, Lake & Palmer, Genesis und Yes eingesetzt wurde. Beim Mellotron hatte jede Taste ein eigenes Tonband, das bei Tastendruck abgespielt wurde. Dieses mußte nach kurzer Zeit zurückgefahren werden, da es keinen Loop-Punkt besaß. Dadurch war nur ein musikalisch eingeschränktes Spiel möglich. Das Mellotron diente meist zur Erzielung vollstimmiger Sound-Kulissen. Erst der Sampler konnte die musikalischen Probleme, die das Mellotron aufwarf, z.B. sauberes Stimmen, lösen.

Sarabande (span./franz.) Der Tanz im Dreiertakt mit Akzent auf der 2. Taktzeit ist vor allem als Bestandteil der ▶ Suite bekannt. In Suitenkompositionen des 17. und 18. Jh.s, z.B. in den *Englischen* und *Französischen Suiten* von Johann Sebastian Bach, ist die Sarabande langsam und gravitätisch. Getanzt wurde sie im 16./17. Jh. so lebhaft und wirkte so eindeutig erotisch, daß sie von der Inquisition verboten wurde.

Satz Als Satz bezeichnet man in der Musik verschiedene Erscheinungen:
○ die mehrstimmige Kompositionsweise, die heute als **Tonsatz** (Satztechnik, Satzlehre) an Musikhochschulen gelehrt wird und die z.B. Musik für Chöre (Vokalsatz) oder Orchester und Kammermusikensembles (Instrumentalsatz) umfaßt. Man unterscheidet verschiedene Satzarten (▶ Homophonie, ▶ Polyphonie). Beim Choralsatz spricht man z.B. vom strengen vierstimmigen Satz;
○ einen selbständigen und abgeschlossenen Teil eines mehrteiligen (mehrsätzigen) Musikwerkes, z.B. einer Sinfonie, einer Sonate oder einer Suite;
○ einen Abschnitt einer Komposition, der eine musikalische Sinneinheit bildet, dabei aber sehr kurz sein kann, z.B. vier Takte in einer achttaktigen Periode (▶ Form). Die ersten vier Takte einer solchen Periode heißen **Vordersatz**, die letzten vier **Nachsatz**. Als Sinneinheiten werden auch die beiden Themen in der Sonatenhaupsatzform (▶ Sonate) verstanden, daher bezeichnet man sie auch als **Hauptsatz** (1. Thema) und **Seitensatz** (2. Thema).

Saxophon ist ein Blasinstrument, das um 1846 von Adolphe Sax entwickelt und nach ihm benannt wurde. Es wird mit einfachem Rohrblatt wie eine Klarinette angeblasen, überbläst jedoch im Gegensatz zur Klarinette in der Oktave. Wie die Oboe hat es eine konische, d.h. sich nach unten erweiternde Schallröhre im Gegensatz zur zylindrischen der Klarinette. Seine Griffweise ähnelt ebenfalls der Oboe. Das Saxophon ist aus Metall gebaut, zählt aber im Orchester trotzdem zu den Holzblasinstrumenten.

Zunächst wurde das Saxophon in der französischen und belgischen Militärmusik verwendet, dann auch in der nordamerikanischen. George Bizet versuchte u.a. mit seiner Oper *Carmen* (1875), es dauerhaft in die romantische Musik einzuführen. In Amerika drang es ab etwa 1920 in den Jazz ein und zählt inzwischen zu dessen wichtigsten Instrumenten. Erst in der Jazzmusik fand das Saxophon seine musikalische Vervollkommnung. Berühmte Saxophonisten des Modern Jazz sind Charly Parker, John

Coltrane, Eric Dolphy und Sonny Rollins. Der Tonumfang des Saxophons beträgt etwa 2 1/2 Oktaven. Es ist ein ▶ transponierendes Instrument in B- oder Es-Stimmung. Saxophone gibt es in allen Stimmlagen vom Sopran bis zum Baß. Am häufigsten sind Alt-, Tenor- und Sopransaxophon, wobei das Alt-Saxophon in Es, das Sopran- und Tenorsaxophon in B gestimmt ist. Das Altsaxophon und die tieferen Saxophone sind unterhalb des Mundstücks abgewinkelt und im unteren Rohrteil nach oben gebogen. In der Jazz Big Band spielt der Saxophonsatz eine ähnliche Rolle wie im klassischen Orchester der Streichersatz.

Scat-Gesang ist im Jazz das Singen von improvisierten Silben und Lauten. Oft ahmen sie rhythmisch und ausdrucksmäßig ein Instrument nach, z. B. das Saxophon. Im ▶ Spiritual dient der Scat-Gesang auch der Steigerung des religiösen Ausdrucks. Besonders berühmt wurde der Scat-Gesang von Louis Armstrong und Ella Fitzgerald.

Schallplatte Die Idee, Musik auf einem Trägermaterial festzuhalten, um sie nach Belieben wiedergeben zu können, ist schon sehr alt. Sie reicht zurück bis ins 16. Jh., als man es mit mechanischen Maschinen versuchte. 1877 legte der Komponist Charles Cros der französischen Akademie der Wissenschaften eine Denkschrift über sein **Parléophone** (franz. = Sprachschreiber) vor. Im gleichen Jahr erfand Thomas Alva Edison eine ähnliche Maschine und nannte sie **Phonograph** (griech. = Schallschreiber). Der Apparat verwendete ein Staniolblatt zur Tonaufzeichnung und wurde 1887 durch Emile Berliner verbessert. Berliner führte eine Membran mit Nadel über eine Zinkplatte mit Wachsschicht. Berliners Gerät hieß **Grammophon** (griech. = Buchstabenklinger). 1893 kamen die ersten Schallplatten aus Hartgummi in den Handel. Sie hatten nur 2 Minuten Spieldauer. Später wurde Schellack, eine aus indischen Feigenbäumen gewonnene Harzmasse, das wichtigste Tonträgermaterial.

Besingen der Phonographenwalzen, um 1890

Die ersten Grammophone kratzten stark und nutzten mechanisch schnell die Schallplatten ab. Dies wurde 1942 wesentlich verbessert, nachdem schon seit den 20er Jahren die Aufnahme per Mikrofon, also elektrisch, einen deutlichen Qualitätssprung gebracht hatte. Seit 1945 verlangte man auch für die Schallplatte die ▶ Hifi-Qualitätsnorm, die in den USA bereits ab 1934 für das Radio galt.
Auch die Aufnahmelänge konnte durch Materialverbesserungen erhöht werden. Nach 1947 betrug sie bei den ersten Langspielplatten bereits 25 Minuten (▶ LP). Ab 1957 bereitete man die Markteinführung der ▶ Stereophonic vor, die über zwei Verstärker (Kanäle) eine räumliche Wiedergabe von Musik ermöglichte. Die ersten Stereoplatten erschienen 1960. Die Versuche in den 70er Jahren, mit der **Quadrophonie**, die 4 Kanäle für die Raumwirkung benutzt, einen ähnlichen kommerziellen Erfolg wie mit der Stereophonie zu erreichen, waren nicht erfolgreich.
Mitte der 80er Jahre beginnt eine Schallplattenproduktion mit der Einspielung der Musik auf Band durch ein Tonstudio (▶ Studio). Dieses **Mastertape** wird in einem Überspielstudio auf eine Metallfolie übertragen, die versilbert und zur Muttermatrize umgearbeitet wird. Von dieser preßt man die eigentlichen Schallplatten, die aus einer Kunststoffmasse (Vinyl) bestehen. Parallel dazu werden die Plattenetiketten und das Plattencover gedruckt, das nicht nur als Verpackung dient, sondern auch ein wichtiger Werbeträger ist. Auf dem Cover wird auch die veröffentlichende Firma und die Publikationsreihe, in der die Platte erscheint (engl.: **label** = Etikett) vermerkt.
Die Schallplattentechnik ist zwar seit Berliners Zeiten technisch ständig verbessert worden, blieb aber bis in die 80er Jahre prinzipiell die gleiche. Erst die Entwicklung der Computertechnik brachte eine Revolution der Tonträgertechnik durch die Einführung der ▶ CD. Auf einer beschichteten Plastikscheibe, kleiner als die bisher gebräuchlichen ▶ Singles, läßt sich über 1 Stunde Musik unterbringen. Mechanisch anfällige Rillen gibt es nicht mehr, die Grammophonnadel wird durch einen Laserstrahl ersetzt. Auf der CD ist die Musik in digitaler Form gespeichert.

Schellenbaum Das Schlaginstrument stammt aus der ▶ Janitscharenmusik und wurde um 1700 in die mitteleuropäische Militärmusik übernommen. Der Schellenbaum besteht aus einem Stab, an dem Glöckchen und Schellen unterschiedlicher Größe befestigt sind, die durch Schütteln des Stabes zum Erklingen gebracht werden. Die Spitze des Schellenbaums ziert meist ein Halbmond, der auf die türkische Herkunft des Instruments hinweist. An beiden Seiten des Schellenbaums hängen als Zierrat Pferdeschwänze herab.

Schlager ist eine Gattung aus dem Bereich der ▶ populären Musik: ein deutschsprachiges Lied mit Strophen und Refrain, mit einer eingängigen Melodie, auf der Basis eines Tanzrhythmus. Inhalt der meisten Schlager ist die Liebe. Für Aktualität sorgt meist weniger der Text als der modische ▶ Sound und das Image des Interpreten bzw. der Interpretin.
Schon in seiner Frühzeit war der Schlager eine Gattung, bei der es vor allem auf Verkäuflichkeit ankam. Der Ursprung des Begriffs liegt in der Wiener Kaufmannssprache, wo Schlager um 1850 als Bezeichnung für einen preiswerten, gut verkäuflichen, eben einschlagenden Artikel kursierte. Den Begriff auf beliebte und bekannte Lieder – damals vor allem Nummern aus populären Opern und Operetten, volkstümliche Lieder, mit Text unterlegte Märsche und Tänze – zu übertragen, lag nahe. Je populärer diese Stücke wurden, desto mehr

verdienten sie die Bezeichnung Schlager im ursprünglichen Sinn, denn sie verkauften sich wie von selbst. So wurde Schlager zum Gattungsbegriff für deutschsprachige Gesangsnummern, die auf schnellen Erfolg bei einem breiten Publikum zielten.
Schlager waren schon immer auch ein Spiegelbild ihrer Entstehungszeit. Das ist vor allem am Text erkennbar, der – wenn auch bisweilen verschlüsselt – oft Elemente der jeweils aktuellen sozialen und politischen Wirklichkeit enthält. Wenn man genau hinhört, erkennt man in manchem Schlager aus der Zeit vor dem 1. Weltkrieg den Versuch, die Monarchie und den Militarismus zu verherrlichen – in der Regel auf harmlos-fröhliche Weise z.B. in Marschliedern von Paul Lincke. In vielen Schlagern der 20er Jahre wurden die Lebensbedingungen der kleinen Leute (z.B. die Folgen der Inflation) auf ironische oder parodistische Weise thematisiert, wie etwa in dem Lied *Wir versaufen unser Oma ihr klein' Häuschen* (1923). Während des Dritten Reiches entstanden eher sentimentale, scheinbar weltentrückte Schlager, die aber in den Kriegsjahren oft eine politische Funktion als „Durchhalteschlager" erhielten, wie z.B. *Ich weiß, es wird einmal ein Wunder geschehn* (1942), gesungen von Zarah Leander. In den Jahren des beginnenden deutschen Wirtschaftswunders waren u.a. Titel populär, die mit der einsetzenden Reisewelle korrespondierten, wie etwa *Arrivederci Roma* (1956), gesungen von Lys Assia. In den 70er Jahren finden sich, angeregt durch Liedermacher und Chansonsänger, bisweilen ansatzweise sozialkritische Schlagertexte, wie etwa *Griechischer Wein* von Udo Jürgens (1974).
Auch die Musik mit ihren wechselnden Gestaltungsmitteln zeichnet jeweils aktuelle Entwicklungen nach. So läßt sich an den Schlagern seit der Jahrhundertwende deutlich der wachsende Einfluß amerikanischer Tanzrhythmen verfolgen. Ragtime, Shimmy, Foxtrott, Tango, Rumba, Samba und andere Tänze verbreiteten sich in Europa und wurden von den Schlagerproduzenten sofort aufgesogen. Während des Dritten Reiches wurden diese Tanzformen als „undeutsch" verdrängt und man griff wieder stärker auf Märsche und Volkstänze zurück. Nach 1945 wurde das lange Versäumte nachgeholt und vor allem amerikanische populäre Musik in den deutschen Schlager integriert. Seit Ende der 50er Jahre wird der Schlager auch von den verschiedenen Stilrichtungen der Rockmusik beeinflußt. In seinen Grundzügen ist der Schlager jedoch nach wie vor den Traditionen Mitteleuropas verpflichtet. Melodiebildung, Intonation und Rhythmus des deutschen Schlagers sind in der Regel weit von afroamerikanischen Ausdrucksmitteln entfernt. Zwar lassen manche Musikmoden die Grenzen verschwimmen, doch bleibt der größte Teil der Schlager seinen eigenen, etwa 150 Jahre alten Gesetzen treu (vgl. etwa den Titel *Herzilein* der Wildecker Herzbuben von 1990). Vor allem die **Schnulze**,

Lys Assia, 1961

ein besonders gefühlsseliger Schlagertypus, ist immun gegen wesentliche musikalische Veränderungen.
Charakteristisch für den Schlager ist die Art, wie er produziert wird. Wie bei der Herstellung eines Autos, so wird auch bei der Schlagerproduktion die Arbeit auf viele Personen verteilt: Texter, Komponist, Arrangeur, Interpret und Tontechniker arbeiten jeweils an ihrem Teil des Produkts. Vor allem der Interpret bzw. die Interpretin des Schlagers ist von großer Bedeutung. Sein/ihr Image wird im Rahmen ausgeklügelter Werbestrategien auf jeweils ganz bestimmte Konsumentengruppen ausgerichtet. Die Hörer und Hörerinnen sollen sich mit ihrem Star identifizieren, d.h. dessen Platten kaufen und alles, was sonst an Konsumgütern mit der Person des Stars verknüpft ist.

Schlägel (Schlegel) sind dünne Stäbe mit Kopf, die zum Spielen von Schlaginstrumenten dienen. Für jedes Schlaginstrument (sofern es nicht mit den Händen geschlagen wird) gibt es spezielle Schlägel, deren unterschiedliche Klangwirkung vor allem auf der Größe und dem Material des Kopfes beruht.
Außer Schlägeln mit Köpfen aus Holz, Gummi, Kunststoff oder Leder, mit Filz oder Wolle überzogen und von unterschiedlichen Härtegraden, werden auch Stäbe ohne Kopf – z.B. für Becken und Triangel – sowie Jazzbesen benutzt. Mallet-Instrumente und die Stabspiele des Orff-Instrumentariums spielt man ebenfalls mit jeweils speziellen Schlägeln.

Schlaginstrumente gehören zu den ältesten und am meisten verbreiteten Musikinstrumenten überhaupt. Percussionsinstrumente, wie man sie auch nennt, existieren in einer unübersehbaren Fülle von Formen (▶ Percussion). Gemeinsam ist ihnen die Art der Tonerzeugung durch Schlagen, Schütteln, Reiben oder Reißen. Man unterscheidet zwischen **Idiophonen** (griech. = Selbstklinger) und **Membranophonen** (griech. = Fellklinger). Idiophone sind Instrumente, deren Körper selbst schwingt, wie z.B. Xylophon, Maultrommel, Kastagnetten, Glasharmonika. Bei Membranophonen wird eine Membran (Fell, Pergament) in Schwingung versetzt, etwa bei Trommel, Pauke oder Kazoo. Eine weitere Unterscheidung ist die in Instrumente mit bestimmter Tonhöhe (z.B. Pauke, Röhrenglocken, Marimbaphon) und solche mit unbestimmter Tonhöhe (z.B. Guiro, Holzblocktrommel, Triangel).
Schlaginstrumente haben als Rhythmus- und Geräuschinstrumente in Mitteleuropa seit dem 18. Jh. Eingang in das Orchester gefunden. Lange Zeit setzten die Komponisten fast ausschließlich Pauken ein. Seit Ende des 19. Jh.s werden mehr und mehr Schlaginstrumente einbezogen. Für die Musik des 20. Jh.s ist das erweiterte Schlaginstrumentarium des Orchesters eine wichtige Grundlage für stark rhythmisch ausgerichtete Kompositionen (z.B. von Igor Strawinski und Carl Orff). In der populären Musik stehen seit jeher Schlaginstrumente, z.B. Trommeln, stärker im Vordergrund: Zum Tanzen braucht man rhythmusgebende Instrumente.
In afrikanischen Kulturen spielen Schlaginstrumente eine weitaus wichtigere Rolle als in Europa. Polyrhythmik und Polymetrik (verschiedene Rhythmen bzw. Metren erklingen gleichzeitig, übereinandergeschichtet) sowie ein sehr differenziertes Percussionsinstrumentarium charakterisieren die Musik vieler afrikanischer Kulturen. Das Spiel dieser Instrumente ist meist mit Gesang und Bewegung verbunden; Tanz wird hier von Musikmachen und Musikhören nicht getrennt. Einige dieser Elemente der afrikanischen Musik gingen in die afroamerikanische Musik ein, z.B. in Jazz und Rockmusik.

Das zentrale Instrument von Jazz und Rock, auch von Popmusik und Schlager, ist das **Schlagzeug**, heute kurz ▶ Drums genannt.

Schofar (hebr.) Das Alte Testament erwähnt häufig dieses Blasinstrument aus dem Horn eines Widders, das zum Signalgeben benutzt wurde. Der Schofar hat für die gläubigen Juden bis heute kultische Bedeutung und spielt in der Synagogenmusik eine wichtige Rolle.

Schrammel-Musik Die Brüder Johann und Josef Schrammel machten diese Musik im Wien des ausgehenden 19. Jh.s populär, vor allem das Wiener Lied und andere volkstümliche Liedgattungen, Walzer und Märsche, teilweise von Johann Schrammel selbst komponiert. Das von den Brüdern gegründete Ensemble „d'Schrammeln" spielte vorwiegend in Wiener Weinlokalen. Zwei Violinen, Gitarre und Klarinette (heute meist Akkordeon) sind die typische Besetzung; bis heute bezeichnet man sie als Schrammel-Quartett.

Schulmusik heißt zum einen das Fach, das angehende Musiklehrer für das Gymnasium an Musikhochschulen studieren, zum anderen bezeichnet der Begriff die Praxis der schulischen Musikerziehung. Das Studium dauert 8 Semester und vermittelt künstlerische, musikwissenschaftliche und musikpädagogische Qualifikationen; eine Aufnahmeprüfung ist erforderlich.
Musiklehrerausbildung und Musikerziehung in der Schule sind in ihrer historischen Entwicklung eng miteinander verknüpft. Über Jahrhunderte war der Musikunterricht ausschließlich vom Singen geprägt, da man von der erzieherischen Wirkung des gemeinsamen Singens überzeugt war. Ausgebildete Musiklehrer wurden dafür nicht benötigt. Im besten Fall unterrichteten Organisten und Kantoren die Schüler der höheren Schulen im Nebenamt. Das änderte sich erst in den 20er Jahren des 20. Jh.s mit den Reformen des preußischen Kulturpolitikers Leo Kestenberg. Auf seine Bemühungen um einen systematischen Musikunterricht an allen Schulen und um die künstlerische und wissenschaftliche Ausbildung der Musiklehrer gehen viele der heute gültigen Regelungen zurück.

Schwingungsformen sind physikalisch-mathematische Modelle, die das Verhalten von Schwingungen (u.a. beim elektrischen Strom oder bei Schallwellen) beschreiben. Für elektrisch erzeugte Schwingungsformen gibt es viele praktische Anwendungen. Ein ▶ Synthesizer erzeugt beispielsweise Schwingungsformen, um aus ihnen neue Klänge zu bilden. Schwingungen werden durch Frequenz und Amplitude bestimmt. Schwingungen pro Zeiteinheit nennt man **Frequenz**. Der Kammerton a^1 kann z.B. 440 Schwingungen pro Sekunde haben (▶ Stimmung). Eine Maßeinheit für die Frequenz ist **Hertz**, die Zahl der Schwingungen pro Sekunde. Der Ton im Beispiel hat also eine Frequenz von 440 Hertz. Die (Laut-)Stärke der Schwingung heißt **Amplitude**.
Zeichnet man den Schwingungsvorgang in einem x-y-Funktionsbild auf, so ergibt sich eine Schwingungsform, die je nach ihrem Aussehen z.B. als **Rechteck-**, **Dreieck-** oder **Sägezahnschwingung** bezeichnet wird.
Bei der Betrachtung von Schwingungsvorgängen spielt die **Sinusschwingung** (lat.: sinus = Bogen) eine grundlegende Rolle. Sie kommt in der Natur nicht vor und kann nur durch elektronische Instrumente annäherungsweise erzeugt werden. Sie hört sich klanglich neutral, etwa wie eine Stimmgabel an. Man kann sich jedoch alle natürlichen Töne als aus Sinusschwingungen zusammengesetzt denken und dies mathematisch untersuchen. Die dabei verwendete mathematische Technik heißt **Fourier-**

Analyse und ist von der Atom- bis zur Computer-Theorie in vielen Zweigen der Wissenschaft von Bedeutung.
Um die Zusammensetzung von Schwingungen zu beschreiben, hat man verschiedene Bezeichnungen entwickelt, die leicht zu Verwechslungen führen können. In der ▶ Harmonielehre spielt der Begriff des Grundtons eines Akkords eine wichtige Rolle. Auf die Akustik übertragen, spricht man von einem **Grundton**, der für das Ohr die Tonhöhe bestimmt, und über dem **Obertöne** mitschwingen. Ihre Frequenzen bilden ganzzahlige Vielfache der Grundfrequenz und werden auch als **Harmonische** bezeichnet im Gegensatz zu den **Unharmonischen**, deren Verhältnisse zum Grundton Bruchzahlen sind (z. B. beim Glockenklang oder einem ▶ Geräusch). Für die Harmonischen haben sich auch die Namen **Teilton,**

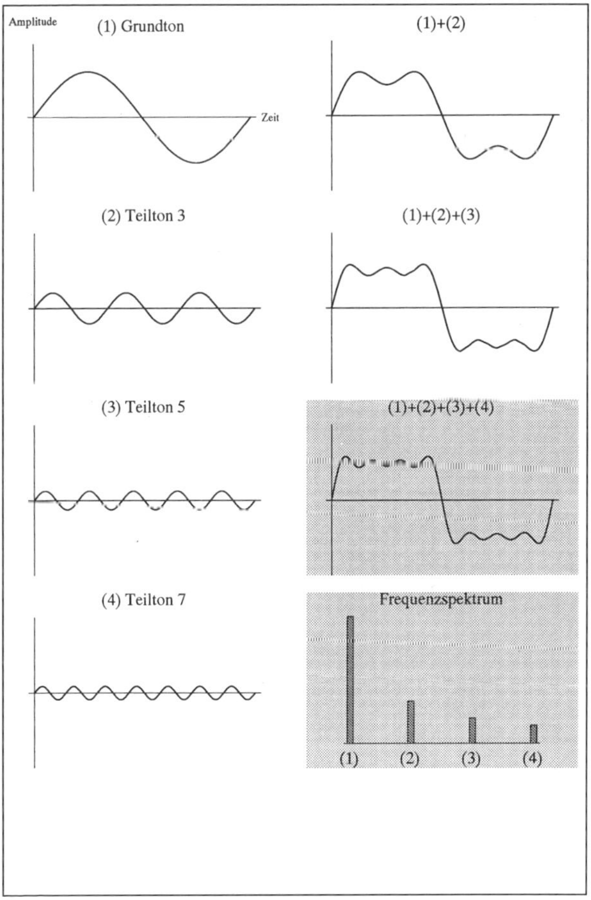

Entstehung einer Rechteckschwingung

Teilschwingung und **Partialton** durchgesetzt. Weitere Bezeichnungen für die Obertöne sind: **Aliquottöne** (lat.: aliquot = einige, ein paar) und **Naturtöne**. Der Grundton einer Schwingung ist demnach die Harmonische mit der Nummer 1 oder der 1. Teilton, der 1. Oberton ist der 2. Teilton usw. Der Akustische Normenausschuß hat empfohlen, aus Gründen der Eindeutigkeit die Bezeichnung Oberton zu vermeiden (DIN 1311). Die Verhältnisse der Obertonreihe finden sich in gespiegelter Form in der experimentell nachweisbaren **Untertonreihe** (Subharmonische) wieder, die jedoch eine geringe Bedeutung für die Musiktheorie hat. Die Teiltöne und ihre Zusammensetzung bestimmen entscheidend die **Klangfarbe** und den Klangcharakter eines Tons.

Schwirrholz heißt ein Instrument aus der Gruppe der Aerophone (griech. = Luftklinger), das aus einem Stab und einem daran mit einer Schnur befestigten schmalen Holzbrettchen besteht. Versetzt man das Hölzchen in eine schnelle kreisende Bewegung um die Stabspitze herum, gibt es einen feinen, heulenden Ton von sich. Das Schwirrholz ist u.a. bei einigen Südseevölkern als Kultinstrument in Gebrauch.

Scratching (engl.: scratch = kratzen) Discjockeys erfanden diese Technik und machten sie zu einem Bestandteil des Sounds der Rockmusik der 80er/90er Jahre: Beim Rückwärtsdrehen eines Plattentellers bei laufender Schallplatte verursacht der Tonabnehmer ein kratzendes bis peitschendes Geräusch. Dieser Effekt kann inzwischen durch ▶ Sampler nachgeahmt werden.

Seguidilla (span.) Komponisten wie Georges Bizet und Isaac Albeniz haben diesen spanischen Tanz im Dreiertakt weltweit bekannt gemacht. Charakteristisch sind der prägnante Rhythmus sowie die ty-

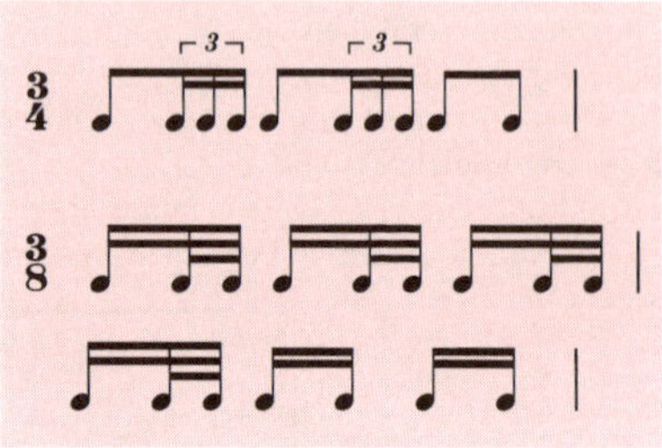

pischen Begleitinstrumente: Gitarre, Kastagnetten, Tamburin.

Septole heißt eine Folge von 7 gleichen Notenwerten, die für 4, 6 oder 8 Noten des gleichen Wertes eintritt.

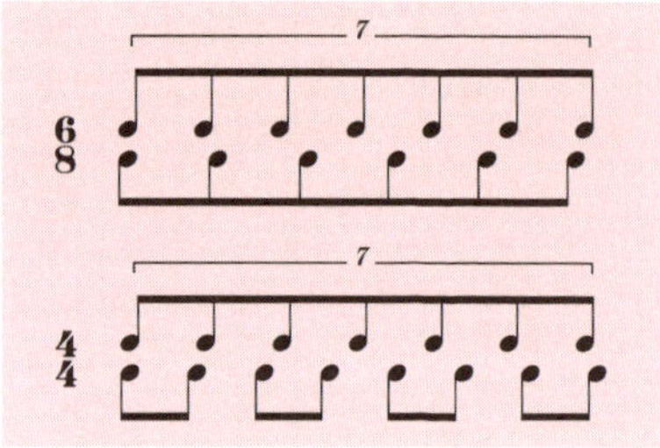

Sequenz (lat.: sequi = folgen, nachfolgen) Heute versteht man unter Sequenz eine Tonfolge, die auf einer höheren oder tieferen Tonstufe wiederholt wird. Die Sequenz ist als Kompositionstechnik seit dem 17. Jh. verbreitet. Sie bewirkt einen Wiedererkennungseffekt beim Hörer und trägt dadurch zum Verstehen des Gehörten bei. Zu häufig hintereinander gebracht können Sequenzen jedoch schnell Überdruß hervorrufen. Viele Volkslieder, Kanons und Schlager enthalten Sequenzen, z.B. der Kanon *Himmel und Erde*.

In der mittelalterlichen Musik hatte der Begriff eine andere Bedeutung. Dort bezeichnete er einen nach bestimmten Gesetzen der Text- und Melodieführung gestalteten liturgischen Gesang. Seit Mitte des 16. Jh.s wurden in der katholischen Liturgie vor allem die Ostersequenz *Victimae paschali laudes*, die Pfingstsequenz *Veni sancte spiritus*, die Fronleichnamssequenz *Lauda Sion salvatorem* und die Sequenz zur Totenmesse, *Dies irae* gesungen. Später trat noch das *Stabat mater dolorosa* hinzu. Diese Sequenz, kurz als **Stabat Mater** bezeichnet, handelt von Maria, der Mutter Jesu, die die Leiden ihres Sohnes am Kreuz miterlebt. Sie gehört zum Fest der Sieben Schmerzen Mariae am 15. September.
Die Sequenzen lieferten über Jahrhunderte unzähligen Komponisten die textliche und musikalische Grundlage für geistliche Vokalkompositionen, so daß sie bis heute im Bewußtsein geblieben sind.

Sequenzer (engl.: sequence = Folge, in der Musik im Sinne von „kurze Tonfolge“) sind Computerprogramme zur Aufzeichnung von elektronischen Musikdaten auf Computer-Basis z.B. aus ▶ Synthesizern, meist im digitalen Format der ▶ MIDI-Norm. Auch Geräte, in denen ein Sequenzer-Programm hardwaremäßig realisiert wurde, heißen Sequenzer. Viele Sequenzer sind weitgehend dem echten Tonbandgerät nachgebildet, z.B. Cubase für die Atari-Computer.
Die Leistungsfähigkeit eines Sequenzers richtet sich wie bei einem Tonbandgerät u.a. nach der Anzahl der gleichzeitig verfügbaren Tonspuren (engl.: = **tracks**, häufig 24–32). Es gibt sowohl reine Software- als auch Hardware-Sequenzer, letztere vorzugsweise für den Bühneneinsatz. Besonders häufig werden im Musikbusiness Computer wie PC-IBM, Mac und (besonders in Europa) Atari eingesetzt.

Serenade (lat.: serenus = heiter) ist ein Musikstück unterhaltenden Charakters mit 4–8 Sätzen, in kleinerer vokaler, instrumentaler oder gemischter Besetzung, das im Umfeld der Wiener Klassik als **Ständchen** zu besonderen Anlässen oder zu Ehren bestimmter Personen gespielt wurde. Serenaden wurden in der Regel abends und im Freien aufgeführt. In der 2. Hälfte des 18. Jh.s, der Blütezeit der Serenade, leisteten alle Komponisten ihren Beitrag zur Gattung. Dabei wurden die Bezeichnungen **Kassation**, **Divertimento** oder **Notturno** gleichbedeutend mit Serenade verwendet.

Wolfgang Amadeus Mozart schrieb insgesamt 45 solcher Werke, davon 20 für reine Bläserbesetzungen. Die bekannteste Serenade der Musikgeschichte und bis heute eines der meistgespielten und populärsten klassischen Stücke überhaupt ist Mozarts Serenade KV 525, *Eine kleine Nachtmusik* (1787). Auch Komponisten des 19. Jh.s schrieben Serenaden, die noch heute zum populären Konzertrepertoire gehören, z.B. Peter Tschaikowsky (*Serenade C-Dur* für Streichorchester, 1880).

serielle Musik (franz.: série = Reihe) In der seriellen Musik wird das Verfahren der ▶ Zwölftonmusik, Melodie und Harmonie einer Komposition aus einer einzigen Reihe von zwölf Tönen abzuleiten, ausgeweitet. Es sollen auch andere wichtige Schichten einer Komposition wie Tondauer (Rhythmus), Klangstärke (Lautstärke), Klangdichte und Klangfarbe durch Reihen bestimmt werden. Die Komponisten sprechen von den ▶ Parametern der Musik.
Ihre Blütezeit erlebte die serielle Musik zwischen 1950 und 1965, seriell komponierten u.a. Olivier Messiaen, Karlheinz Stockhausen, Pierre Boulez und Luigi Nono (▶ Neue Musik).

Luigi Nono, undatiert

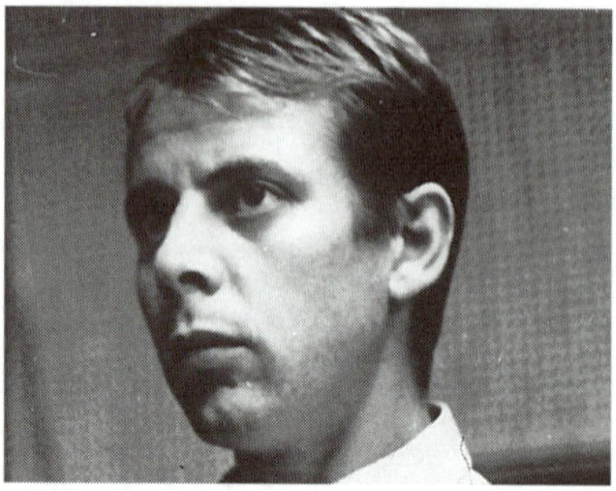

Karlheinz Stockhausen, um 1960

Serpent (franz. = Schlange) Das schlangenförmige Blasinstrument in Baßlage war im 17. und 18. Jh. in Frankreich, England und Deutschland verbreitet. Mit seinem weitmensurierten, konischen, lederumwickelten Rohr aus Holz, das 180–240 cm Länge erreicht, besitzt der Serpent einen Tonumfang von etwa A_1 bis b^1. Die sechs Grifflöcher wurden im 19. Jh. mit Klappen versehen. Der Serpent hat ein Kesselmundstück, das auf einem s-förmigen Röhrchen sitzt. Dieses Mundstück weist den Serpent als Blechblasinstrument aus. Der Serpent stammt vom ▶ Zink ab.

Sextole heißt eine Folge von 6 gleichen Notenwerten, die für 4 Noten des gleichen Wertes eintritt.

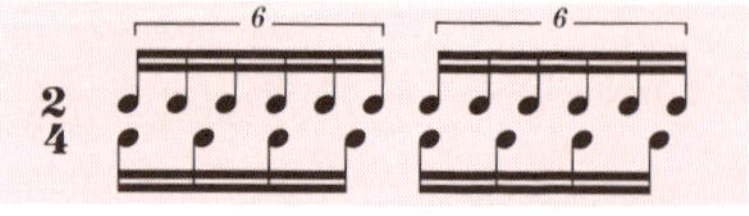

sforzato (ital.), Abkürzung **sf** oder **sfz** Vortragsanweisung: den so gekennzeichneten Ton oder Akkord plötzlich hervorheben, besonders verstärken.

Shanty (engl.: chanty = Matrosenlied) heißt das englischsprachige Arbeitslied der Matrosen auf den Segelschiffen der Handelsflotten im 19. Jh. Im Tempo bzw. Rhythmus der Shanties wurden Segel gesetzt, Anker gehievt, Wasser gepumpt usw. Außerdem wurden Shanties am Abend zur Unterhaltung gesungen. Als Begleitinstrument wurde meist das Akkordeon verwendet. Viele Shanties sind nach dem Prinzip Vorsänger (Strophe) – Chor (Refrain) aufgebaut. So können auch Ungeübte bald mitsingen. Die Themen beziehen sich auf Leben und Gefühle der Seeleute: Arbeit, Heim- und Fernweh, Liebe, Hafenkneipen, Abschied, Rettung aus Seenot usw. Diese Themen machten das Shanty in den 50er Jahren für die Schlagerbranche interessant. Interpreten wie Lolita und Freddy Quinn griffen in ihren Liedern Klischees vom Seemannsleben auf. Im Gegensatz zu diesen Schlagern sind Shanties eher derb und realistisch, z.B. das bekannte *What shall we do with the drunken sailor*.

Shimmy (engl./amerik.) Der Gesellschaftstanz kam Ende des 19. Jh.s in den USA auf und wurde in den 20er Jahren des 20. Jh.s in Europa sehr populär. Er steht im schnellen Zweiertakt und ist mit dem ▶ Foxtrott verwandt. Der ursprünglich mit erotisch aufreizenden Bewegungen getanzte Shimmy erhielt eine „gereinigte" Schrittfolge und wurde zum Modetanz, mit eigens kreierten Frisuren, Kleidern und Schuhen als Accessoires. Der Shimmy ist damit einer der ersten Tänze afroamerikanischen Ursprungs, der im Verbund verschiedener Industriebranchen vermarktet wurde. Er markiert damit den Beginn einer Praxis, die sich bis heute bei jeder neuen Musik- und Tanzmode in immer größerem Ausmaß fortsetzt.

Shouting (engl.: to shout = rufen, schreien) Ein Gesangsstil, der auf rhythmisiertes Rufen oder Schreien zurückgeht. Er stammt aus der afrikanischen Musik und wurde von afroamerikanischen Musikern in den Blues und andere Musikgattungen des Jazz und der Rockmusik eingebracht. Shouting drückt höchste Erregung aus und ist daher für Inhalt und Gefühlswelt vieler Rock-Titel das adäquate Ausdrucksmittel.

Shuffle-Rhythmus (engl.: to shuffle = schieben) regelmäßiger lang-kurz-Rhythmus der Swing-, Tanz- und Rockmusik, als 4/4tel-Takt oder 6/8tel-Takt notiert.

Sinfonie oder **Symphonie** bedeutet im ursprünglichen Wortsinn Zusammenklingen, Übereinstimmung. Seit etwa 1600 wurden in Italien instrumentale Vorspiele und Opern-Ouvertüren als Sinfonia bezeichnet. Die italienische Opernsinfonia wurde zum Ausgangspunkt verschiedener instrumentaler Gattungen, wie Concerto und Triosonate. Auf der dreiteiligen Anlage der italienischen Sinfonia (schnell – langsam – schnell) basiert auch die Sinfonik der Vorklassik, z.B. der Mannheimer Schule. Um die Mitte des 18. Jh.s wurde das Menuett in die Sinfonie aufgenommen; es steht in der Satzfolge an 3. Stelle. Die viersätzige Form wurde verbindlich für die Sinfonie der Klassik und der Romantik.
Als Schöpfer der klassischen Sinfonie gilt Joseph Haydn; er schrieb über 100, von denen ein großer Teil im 1. Satz die für die klassische Sinfonik charakteristische Sonatenhauptsatzform (▶ Form) aufweist. Von Wolfgang Amadeus Mozarts 41 Sinfonien wurden besonders die drei letzten berühmt. Ludwig van Beethoven schrieb 9, die als Höhepunkt der klassischen Sinfonik gelten. Seine 9. Sinfonie (1822–24) enthält im

Schlußsatz die Ode *An die Freude* (Text: Friedrich Schiller), die 1972 zur Europahymne erklärt wurde.
In der Romantik entwickelte sich die Sinfonie allmählich weg von den klassischen Vorbildern. Für immer weniger Komponisten war die Sinfonie der Inbegriff der absoluten Musik. Zunehmend wurden außermusikalische Inhalte und Ideen gestaltet, erhielten Sinfonien programmatische Titel (▶ Programmusik). Nahezu alle bedeutenden Komponisten des 19. Jh.s schrieben Sinfonien, so z.B. Franz Schubert (8 Sinfonien), Robert Schumann (4 Sinfonien), Johannes Brahms (4 Sinfonien) Anton Bruckner (9 Sinfonien), Gustav Mahler (10 Sinfonien).
Im 20. Jh. leisteten u.a. Jean Sibelius (7 Sinfonien), Sergej Prokofjew (7 Sinfonien), Karl Amadeus Hartmann (8 Sinfonien) und Dmitri Schostakowitsch (15 Sinfonien) bedeutende Beiträge zur Gattung. Auch zeitgenössische Komponisten wie Hans Werner Henze, Wolfgang Rihm und Alfred Schnittke schrieben Sinfonien.

Sinfonische Dichtung Seit Mitte des 19. Jh.s übliche Bezeichnung eines Musikstücks für Orchester, das von außermusikalischen Inhalten angeregt wurde bzw. in dem diese dargestellt werden. Der Titel des jeweiligen Werkes weist auf den Inhalt bzw. die Intentionen des Stückes hin (▶ Programmusik). Sinfonische Dichtungen werden meist mit großer Orchesterbesetzung gespielt und besitzen in der Regel eine entsprechend groß dimensionierte, freie Form. Franz Liszt verwendete die Bezeichnung 1854 erstmals für seine Ouvertüre *Tasso*.
Viele sinfonische Dichtungen sind an literarische Werke angelehnt, z.B. *Don Quixote* von Richard Strauss (1898) oder *Penthesilea* von Hugo Wolf (1883–85). Aber auch Werke der bildenden Kunst oder Ereignisse, Figuren und Ideen aus der Kultur- und Geistesgeschichte sowie Landschaftseindrücke können Themen sinfonischer Dichtungen sein, so z.B. in *Vier Tondichtungen nach Arnold Böcklin* von Max Reger (1913) oder *Fontane di Roma* (Römische Brunnen) von Ottorino Respighi (1914–16). Sinfonische Dichtungen bilden einen beim Publikum sehr beliebten Teil des Konzertrepertoires.

Hans Werner Henze, um 1946

Singakademie bezeichnet seit dem 18. Jh. einen Chor, der überwiegend große Musikwerke wie Oratorien, Passionen, Messen usw. aufführt. Singakademien bestehen aus musikbegeisterten Laien. Ihre Aufführungen können es jedoch oft mit denen professioneller Musiker aufnehmen. Die erste Singakademie wurde 1791 in Berlin gegründet. Von den zahlreichen im 19. Jh. gegründeten Singakademien wurde die Wiener Singakademie von 1858 besonders bekannt.

Singen kann jeder Mensch, es sei denn, eine Erkrankung der Stimme macht dies unmöglich. Schon das Kleinkind reagiert auf Musik, versucht, kleine Melodien, anfangs noch lallend, zu wiederholen und übt seine Stimme in der Nachahmung von Liedern oder Instrumentalstücken. Diese frühen Versuche sind für die Entwickling der Stimme und die Fähigkeit zu singen von großer Bedeutung. Im Unterschied zum Sprechen, das überwiegend der Mitteilung von Fakten, der sprachlichen Begleitung von individuellen Handlungen oder der Darstellung von Gedanken dient, ist das Singen vor allem Ausdruck von Gefühlen (wie Freude, Trauer, Sehnsucht, Klage) und Erlebnissen (Feiern, Liebe, Tod, Kampf usw.). Insbesondere das gemeinsame Singen stiftet eine emotionale Identifikation mit der Gruppe und den gesungenen Inhalten. In politischen Zusammenhängen kann das Gruppensingen sogar zur Manipulation mißbraucht werden (revolutionäre Massengesänge, Kampflieder). Das Singen ist in der Regel an Worte und Texte gebunden, aber auch auf sinnlose Laute oder Silben kann gesungen werden (▶ Jodeln, ▶ Scat).

Stimme und Gesang

Neben dem Singen in alltäglichen Lebenszusammenhängen (Arbeit, Fest, Kult) entwickelte sich der **Gesang** schon in der Antike zur anspruchsvollen Kunst. Zu deren technischen Voraussetzungen gehören eine sichere Beherrschung der Stimme einschließlich der ▶ Atemtechnik, eine sorgfältige Artikulation (Lautbildung) und eine saubere Intonation (Tonbildung). In musikalischer Hinsicht erfordert die Kunst des Singens die stilsichere Sinndeutung und Darbietung eines Notentextes. Für den professionellen Sänger ist die Erfassung der musikalischen Form ebenso wichtig wie die schauspielerische und gesangstechnische Fähigkeit, ein Gesangsstück für ein Publikum überzeugend zu gestalten und zu präsentieren.
Bei der Erzeugung von Tönen mit der **Stimme** sind beteiligt:
○ die Lunge und die Atemmuskulatur des Brustkorbs, die für den notwendigen Luftstrom sorgen,
○ die im Kehlkopf befindlichen elastischen Stimmlippen (Stimmbänder), die durch den Luftstrom in Schwingung versetzt werden und
○ die Resonanzräume (Hohlräume) im Kopf- (Stirn, Nase, Mund) und Brustraum (Luftröhre, Lunge), die diese Schwingungen verstärken (Lautstärke) und für die Klangfarbe einer Stimme verantwortlich sind.
Beim Singen (und Sprechen) strömt die unter einem durch Atemtechnik regulierbaren Druck stehende Luft aus der Lunge über die Luftröhre in den Kehlkopf und trifft auf die Stimmlippen. Durch einen in der Größe veränderbaren Spalt zwischen den Stimmlippen, die Stimmritze, kann die Luft entweichen. Der Luftstrom bringt die Stimmbänder zum Schwingen. Ein Klang von unbestimmter bzw. gleitender Tonhöhe (Sprache) oder ein gesungener Ton mit bestimmter Tonhöhe wird erzeugt. Von der Länge der Stimmbänder hängen der Tonumfang sowie die Höhe oder Tiefe einer Stimme ab, die durch innere Muskeln regulierbare Spannung der Stimmbänder beeinflußt zudem die Tonhöhe. Die verschiedenen Tonhöhenbereiche der menschlichen Stimme (Sopran, Alt, Tenor, Bariton, Baß) werden als **Stimmlage** be-

zeichnet. Der Umfang einer Stimme in **Sprechlage** umfaßt etwa eine Quinte; Männerstimmen liegen etwa eine Oktave tiefer als Frauenstimmen. Die geschulte Gesangsstimme erreicht einen Umfang von zwei (und mehr) Oktaven. Berücksichtigt man zusätzlich zur Stimmlage auch die Klangfarbe einer Stimme und den Typ, den sie im Musiktheater verkörpert, so spricht man von **Stimmfach** (z. B. lyrischer oder Heldenbariton, Koloratursopran, dramatischer oder lyrischer Sopran).
Die Vorstellung von dem, was schön klingt, ist bei verschiedenen Völkern und Kulturen, in historischen Epochen oder auch bei unterschiedlichen sozialen Schichten keineswegs einheitlich. So beruht das „schöne" Singen in der europäischen Musik – der Belcanto, wie er sich in der italienischen Oper seit der Barockzeit entwickelt hat – wesentlich auf dem Einsatz von Brust- und Kopfstimme. In anderen Kulturen dagegen gelten z. B. die Kehlstimme (verbunden mit einem „Quetschen" der Töne) oder die Fistelstimme (Überschnappen der Stimme wie beim Jodeln) als Zeichen besonders kultivierten Singens.
Für die Entwicklung der Stimme ist die Phase des **Stimmbruchs** (auch **Stimmwechsel** oder **Mutation**) von Bedeutung. Der Stimmbruch setzt bei Jungen und Mädchen

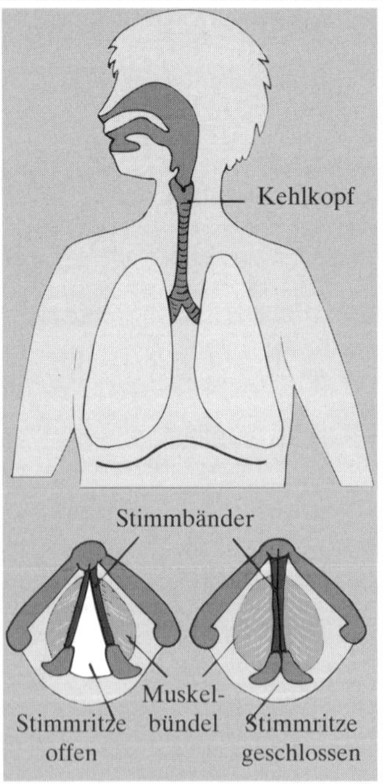

in der Pubertät ein. Hormonale Umstellungen im Körper verursachen ein starkes Wachstum von Kehlkopf und Stimmbändern. Reizungen von Muskeln und Schleimhäuten im Kehlkopf können als spürbare Begleiterscheinungen des Stimmbruchs auftreten. Die Stimme klingt heiser, kippt öfters um, Töne sprechen schwer an. Vor allem bei Jungen setzt ein deutliches Tieferwerden der Stimme ein (bis zu einer Oktave). Dieser Wachstumsvorgang dauert in der Regel wenige Monate, bei schonendem Umgang mit der Stimme verschwinden die Beschwerden schnell wieder. Allerdings können in dieser Zeit durch Überanstrengung der Stimme (wie Schreien oder Grölen) bleibende Schäden (z.B. Heiserkeit) entstehen.
Ein generell sorgfältiger Umgang mit der Stimme und das systematische Training eines bewußt kontrollierten Zusammenspiels aller Funktionen des Stimmapparats ist Ziel der Stimmbildung. **Stimmbildung** ist nicht nur grundlegend für die Ausbildung von Sängern, Schauspielern, Chorleitern oder auch Rednern und Lehrern, sie verhilft jedem Menschen zum richtigen, d.h. unangestrengten, klangvollen und deutlichem Singen und Sprechen. Sie ist als Fähigkeit zum freien und selbstsicheren Ausdruck auch Teil der Persönlichkeitsbildung. Bei Stimmfehlern kann Stimmbildung auch therapeutische Aufgaben übernehmen. Unkontrollierte Versuche oder unsachgemäße Anleitung zu Stimmbildung und Atemtechnik sind nicht nur nutzlos, sie können auch schädlich sein. Gerade im Amateurbereich ist auf die Unterweisung und Kontrolle durch ausgebildete Fachkräfte (Sprecherzieher, Gesangspädagogen) zu achten.

Kunstgesang

Neben dem in Alltagszusammenhänge eingebundenen Gesang entwickelte sich der **Kunstgesang** in Europa seit der Antike. Er wird im frühen Mittelalter zunächst von der Kirche wegen seiner sinnlichen, die Andacht der Gemeinde störenden Reize abgelehnt, dann aber im Gregorianischen Gesang weiterentwickelt (u.a. in besonderen Sängerschulen). Über die höfische Liebeslyrik der mittelalterlichen Minnesänger in Deutschland sowie der provenzalischen Troubadours entstand ein weltlicher Kunstgesang, dessen bürgerliche Fortsetzung dann im 15. und 16. Jh. die Singschulen des Meistersangs vor allem im süddeutschen Raum bildeten.
Für die seit etwa 1600 in Italien entstehende Oper wird der kunstvolle Gesang zu einem der wichtigsten Ausdrucksmittel. Die auf große Virtuosität angelegte Gesangstechnik des Opernsängers führt zu einer immer mehr sich verselbständigenden Kunstfertigkeit, ja Künstlichkeit des Gesangs in der höfischen Oper des 17. und 18. Jh.s. Zahlreiche Läufe, Intervallsprünge und Triller schmücken die gesungene Melodie aus. Die **Koloratur**, die Verzierung, wird wichtiger als das gesungene Wort. Der **Koloraturgesang** in der Oper ist Ideal und Ausdruck des Zeitgeschmacks einer ganzen Kunstepoche; er wird auch in anderen Vokalgattungen wie dem Oratorium und der Kantate gepflegt. Als Stimmfach des Koloratursoprans wirkt dieser Gesangsstil vor allem in der italienischen Oper des 19. Jh.s (Gaëtano Donizetti, Gioacchino Rossini, Vincenzo Bellini, Giuseppe Verdi), aber auch im Musiktheater des 20. Jh.s (Giacomo Puccini, Richard Strauss) nach. Vor allem in der italienischen

Oper des 19. Jh.s dominiert weiterhin der seit dem 16. Jh. sich entwickelnde **Belcanto** (ital. = schöner Gesang) als Idealvorstellung des auf einer klangschönen, beweglichen und ausgewogenen Stimme gründenden Kunstgesangs.
Den Höhepunkt des Ideals der Künstlichkeit im 17. und 18. Jh. stellt der ▶ Kastrat der höfischen Oper dar. Die am Kind vorgenommene Kastration verhindert die Geschlechtsreife und damit den Stimmbruch, so daß der Klang des Knabensoprans (oder der Knaben-Altstimme) beim erwachsenen Sänger erhalten bleibt.
Gegen Ende des 18. Jh.s entstand im Zuge der bürgerlichen Gesellschafts- und Kunstvorstellungen der Aufklärung und der Klassik eine starke Gegenbewegung zur Künstlichkeit des höfischen Gesangs. Natürlichkeit als Ideal des Gesangs wurde nunmehr verlangt. Das deutschsprachige **Kunstlied** des 19. Jh.s (Franz Schubert, Robert Schumann, Johannes Brahms, Hugo Wolf) forderte Textgenauigkeit, lyrische Intensität und Ausdeutung des Sinngehalts der vertonten Gedichte. Die Entwicklungen der ▶ Neuen Musik seit Beginn des 20. Jh.s beeinflussen auch die Gesangskunst, die nunmehr das ganze Spektrum stilistischer Mittel zwischen Singen und Sprechen, vom Chanson, Couplet oder Song bis zum Sprechgesang, einsetzt.
Übergänge vom stilisierten und ausdrucksvoll-feierlichen Sprechen (Deklamieren, Rezitieren) zum kunstvollen Singen ergeben sich bereits beim **Sprechgesang**, dem Sprechen auf einem Ton, verbunden mit einer rhythmischen Gliederung des Gesprochenen (wie z.B. im liturgischen Gesang des Priesters, beim ▶ Psalmodieren). Auch das in Oper und Oratorium für die handlungstragenden Textpartien eingesetzte ▶ Rezitativ ist instrumental begleiteter Sprechgesang. Vokale Deklamation zwischen Singen und Sprechen ist charakteristisches Darstellungsmittel des ▶ Melodrams. Im Musiktheater des 20. Jh.s löst der Sprechgesang häufig den melodienreichen, ariosen Operngesang ab. In der zusätzlichen Verwendung des chorischen Sprechgesangs, dem **Sprechchor**, nimmt die zeitgenössische Oper ein seit der Antike bekanntes, ausdrucksstarkes Darstellungsmittel wieder auf (z.B. bei Carl Orff, Bernd Alois Zimmermann, Krzysztof Penderecki, Aribert Reimann, Wolfgang Rihm). Sprechgesang ist auch in der populären Musik üblich, im Chanson ebenso wie im Jazz oder in der Rockmusik. Besonders im ▶ Rap, dem vom rhythmisierten und atemlosen Dauersprechen des Discjockeys der siebziger Jahre übernommenen Stilmittel der Rockmusik, ist jegliche Melodie zugunsten eines rhythmusbetonten Sprechens abgeschafft.

Singende Säge Wenn man das Sägeblatt einer normalen Holzsäge mit einem Bogen streicht wie die Saite einer Geige, dann entsteht ein durchdringender Ton. Durch Biegen des zwischen den Knien gehaltenen Sägeblatts kann man die Tonhöhe stufenlos verändern. Die singende Säge wird wegen ihres schrill weinerlichen Klangs gern als Effektinstrument im Zirkus und im Varieté eingesetzt.

Single (engl.: single = einzeln) ist eine kleine Schallplatte von 17,5 cm Durchmesser. Sie wird mit 45 Umdrehungen pro Minute abgespielt, und bietet pro Seite meist etwa 3–4 Minuten Musik. Sie ist ein wichtiger Tonträger für die Veröffentlichung von Einzeltiteln auf ihrer A- bzw. B-Seite. Die A-Seite trägt meist den Titel, für den man sich den größten Erfolg erhofft. Eine Sonderform der Single ist die **Maxi-Single**, die so groß wie eine Langspielplatte (LP) ist, aber wie die Single mit 45 Umdrehungen pro Minute abgespielt wird. Dadurch erreicht man eine Verbesserung der Wiedergabe. Erfolgreiche Titel von Langspielplatten werden häufig „ausgekoppelt", d.h., sie erscheinen noch einmal als Einzeltitel auf einer Single. Die meisten Musikboxen verwenden Singles. Mit Aufkommen der CD verlor die Single an Bedeutung.

Sirtaki (griech.) Der griechische Volkstanz in geradem Takt wurde vor allem durch den Film *Alexis Sorbas* mit der Musik von Mikis Theodorakis (1964) weltweit bekannt. Der Sirtaki beginnt langsam und steigert sich bis zu einem atemberaubenden Tempo. Getanzt wird in der Kette oder im Kreis. Zu den typischen Instrumenten Bouzouki, Flöte und Handtrommel tritt das Händeklatschen auf den unbetonten Taktzeiten.

Sitar (persisch) Das Zupfinstrument persischer Herkunft spielt in der indischen Musik eine zentrale Rolle. Die Sitar hat ein birnenförmiges Korpus aus Holz und einen sehr langen Hals mit 16–20 verschiebbaren Metallbünden, 4 Spielsaiten aus Stahl oder Darm und 3 Bordunsaiten mit feststehenden Tönen, dazu bis zu 20 quer gespannte Resonanzsaiten. Am oberen Ende des Halses befindet sich ein kleinerer, runder Resonanzkörper. Die Saiten werden mit einem Plektrum aus Metall gezupft. Das Instrument der klassischen indischen Konzertmusik wurde durch Ravi Shankar und seine Zusammenarbeit mit Größen des europäischen Musiklebens wie dem Geiger Yehudi Menuhin und den Beatles weltweit bekannt. Die Beatles setzten die Sitar in mehreren Stücken ein, z.B. in *Norwegian Wood* und *Within you, without you.*

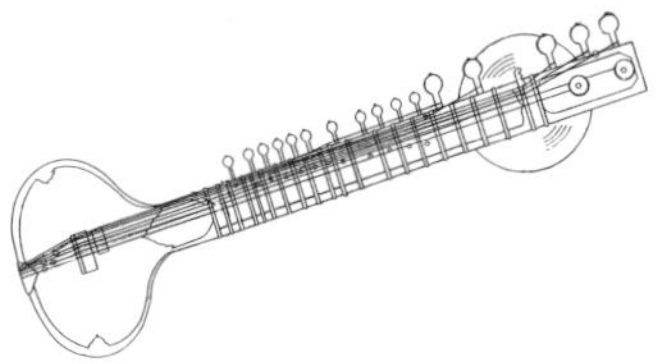

Sixte ajoutée (franz. = hinzugefügte Sexte) Durch das Hinzufügen einer Sexte zum Akkord auf der 4. Stufe einer Tonleiter (Subdominante) entsteht der Akkord mit sixte ajoutée. In C-Dur ist z.B. f-a-c der Dreiklang der Subdominante, und d ist die hinzugefügte Sexte, so daß der Akkord f-a-c-d lautet. Die Bezeichnung sixte ajoutée wurde von dem französischen Philosophen und Musiktheoretiker Jean Philippe Rameau in seiner Harmonielehre *Traité de l'harmonie* (1722) geprägt.

Solmisation (lat.) heißt ein System von Tonbezeichnungen, das der Musiktheoretiker Guido von Arezzo (▶ Guidonische Hand) Anfang des 11. Jh.s entwickelt hat und bei dem die Töne der Tonleiter mit den Silben ut (später do), re, mi, fa, sol, la (statt wie heute mit c, d, e, f, g, a) bezeichnet werden. Die Silben entnahm er dem mittelalterlichen Hymnus *Ut queant laxis.* Dieses System beruht auf dem ▶ Hexachord, einer Sechstonreihe mit festliegenden Tonabständen (2 Ganztöne unten, 1 Halbton in der Mitte, 2 Ganztöne oben). Für den Ton h wurde erst im 16. Jh. die Tonsilbe si ergänzt und das System damit zur Oktave erweitert. Die Bezeichnung der Töne mit Silben gab die relative Tonhöhe (also die gleichbleibenden Intervallabstände) an und diente als Hilfe beim Singen unbekannter Melodien vom Blatt. Die mit Silben bezeichnete Lage der sechs Töne konnte mühelos nachgesungen und auch, wenn

Johannes-Hymnus nach Guido von Arezzo († um 1050)

vom Stimmumfang her nötig, in eine auf einem anderen Grundton aufbauende Sechstonreihe übertragen werden. Dieser Übergang von einem Hexachord zu einem anderen heißt **Mutation**. Insgesamt ergaben sich, bezogen auf das gesamte System, sieben Hexachorde.

In der heutigen Musikkultur leben die Solmisationssilben in den italienischen und französischen Tonartenbezeichnungen fort. Auf der Basis des Tones F (ital.: Fa, franz.: Fa) sieht das so aus:

F-Dur = ital.: Fa maggiore, franz.: Fa majeur;

fis-moll = ital.: Fa diesis minore, franz.: Fa dièse mineur;

Fes-Dur = ital.: Fa bemolle maggiore, franz.: Fa bémol majeur.

Sonate (lat.: sonare = klingen) war im 16. und frühen 17. Jh. zunächst eine Bezeichnung für ein instrumental ausgeführtes, ursprünglich vokales Musikstück. Im 17. Jh. setzte sich die Monodie durch, eine Kompositionstechnik, die strikt zwischen Solostimme (Melodie) und Begleitung trennte. Damit entwickelte sich die **Solosonate** für ein Melodieinstrument (meist Violine) und ▶ Generalbaß (Begleitung) sowie die Triosonate für zwei Melodieinstrumente (z.B. Violine und Flöte) und Generalbaß.

Man unterschied Sonaten auch nach ihren Aufführungsorten, Kirche und Adelshof in **Kirchensonate** (**Sonata da chiesa**) und **Kammersonate** (**Sonata da camera**). Entsprechend ihrem Zweck unterscheiden sich die beiden Sonatenformen der damaligen Zeit in Anlage, Kompositionsstil und Ausdruckscharakter. Die Kirchensonate hat die Satzfolge langsam-schnell-langsam-schnell und ist eher polyphon gestaltet, während die Kammersonate drei Sätze in der Folge schnell-langsam-schnell besitzt und eher homophon und tänzerisch gestaltet ist.

Johann Sebastian Bach übertrug die Stimmen der damals üblichen Generalbaßinstrumente auf das Klavier (Cembalo oder Orgel) und wandelte sie in eine obligate (verbindliche) solistische Klavierstimme um. So entstanden z.B. Sonaten für Flöte und Cembalo. Johann Kuhnau schrieb als erster Sonaten nur für Klavier.

Die Klaviersonate der Klassik wurde von Joseph Haydn, Wolfgang Amadeus Mozart und Ludwig van Beethoven geprägt. Haydn gilt als der Schöpfer der **Sonatenhauptsatzform** (▶ Form), die bis ins 19. Jh. hinein für den 1. Satz von Sonaten aller Art wie auch für Sinfonien, Solokonzerte, Kammermusikwerke usw. verbindlich war. Zwei kontrastierende Themen werden darin nacheinander vorgestellt (**Exposition**), dann verarbeitet (**Durchführung**) und schließlich zu einer Synthese geführt (**Reprise**); oft folgt ein eigenständiger Schlußteil (**Coda**). Am Beginn steht gelegentlich eine (langsame) Einleitung. Die klassische Sonate hat drei oder vier Sätze. Eine kleinere, spieltechnisch leichtere, meist nur zweisätzige Sonate ist die **Sonatine**.
Auch im 19. und 20. Jh. entstanden Sonaten für Klavier und Solosonaten für ein Melodieinstrument und Klavier. Die klassische Sonatenhauptsatzform verlor dabei allmählich ihre Verbindlichkeit. So schrieb z.B. Franz Liszt 1853 seine einsätzige Klaviersonate h-moll. Alexandr Skrjabin und Alban Berg komponierten Anfang des 20. Jh.s Klaviersonaten, in denen sie neben den Formgesetzen der Sonate auch die traditionelle Harmonik in Frage stellten.

Sopran (lat.: superus = oben befindlich, der obere) Bezeichnung für die hohe Frauenstimme in Chorsätzen oder im Solobereich. Der Umfang des Soprans geht bei Laien etwa von c^1 bis a^2, bei ausgebildeten Sängerinnen von a bis c^3 oder f^3. In der Musik des Mittelalters und der Renaissance wurde der Sopran von Knaben oder Falsettisten (▶ Falsett) gesungen, in der Barockzeit auch von ▶ Kastraten.
Frauen auf der Bühne, d.h. im Theater und in der Oper, sind erst seit dem 17./18. Jh. üblich. Hier wird nach Rollenfächern bzw. Stimmfächern unterschieden: lyrischer Sopran (z.B. Pamina aus *Die Zauberflöte* von Wolfgang Amadeus Mozart, 1791), jugendlich-dramatischer Sopran (z.B. Evchen aus *Die Meistersinger von Nürnberg* von Richard Wagner, 1868), hochdramatischer Sopran (z.B. Isolde in *Tristan und Isolde* von Richard Wagner, 1865), Koloratur-Sopran (Zerbinetta in *Ariadne auf Naxos* von Richard Strauss, 1912), Mezzosopran (Carmen in *Carmen* von Georges Bizet, 1875), Soubrette (Aennchen in *Der Freischütz* von Carl Maria von Weber, 1821).
Bei einigen Instrumentenfamilien bezeichnet man mit Sopran das jeweils höchste Instrument, z.B. Sopran-Saxophon, Sopran-Blockflöte.

Maria Callas als Amina in Bellinis „La Sonnambula", 1957

sostenuto (ital.), Abkürzung **sost.** Vortragsanweisung: gehalten, getragen, in verbreitertem Zeitmaß spielen. In Kombination mit Tempobezeichnungen wie z.B. andante sostenuto wird ein etwas ruhigeres Zeitmaß verlangt.

sotto voce (ital. = unter der Stimme) Vortragsanweisung für Sänger: mit gedämpfter Stimme; leiser als ▶ mezza voce. Auch in der Instrumentalmusik, vor allem in Klavierwerken, findet sich sotto voce und bedeutet hier: zurückgenommen, mit verhaltenem Ausdruck spielen.

Soul (engl. = Seele) 1. Soul Jazz oder Funk heißt in den 50er Jahren ein von ▶ Blues und Gospel beeinflußter Stil des Hard Bop (▶ Jazz), der u. a. von Horace Silver und Julian Cannonball Adderley vertreten wurde.
2. Name eines aus Gospelgesang, Blues, Rock und Jazz gemischten Musikstils der schwarzen Popmusik Mitte der 60er Jahre. Er begleitete die Gleichberechtigungsbewegung der Schwarzen in Nordamerika und auch die Frauenbewegung z.B. in den balladenhaften Songs von Nina Simone. Der sozialkritische Inhalt des Soul ging jedoch bald in Kommerzialisierung unter. Eine Popularitätswelle um 1970 machte die Vermarktung des Soulstils als **Phillysound** (nach den Studios in Philadelphia so genannt) zu einem großen Geschäft durch Gruppen wie The O'Jays.

Sound (engl. = Klang, Klangfarbe) 1. Typische Klangeigenschaft oder Klangcharakteristik eines Interpreten, einer Musikgruppe oder eines ganzen Musikstils, z.B. ist Phillysound der in Philadelphia um 1970 produzierte kommerzielle ▶ Soul. Auch größere Zeiträume können ihren eigenen Sound haben (z.B. „Sound der 60er Jahre").
2. Für die Bearbeitung und Produktion von Musiktiteln im Studio wird meist ein bestimmter Studiosound angestrebt, den Effektgeräte, Aufnahmetechniken (Studio- oder Live-Aufnahme), Instrumente und Auswahl der Solisten bestimmen.
3. In der Synthesizer-Technik Bezeichnung für eine höhere Ebene der Klangorganisation, z.B. für das Zusammenwirken mehrerer Synthesizer-Einstellungen in einer Klangfarbe. **Fabriksounds** sind Klänge, die der Hersteller im Gerät mitliefert, **ROM-Sounds** (engl.: Read Only Memory = Speicher, den man nur lesen kann) solche, die sich im nicht beschreibbaren Festwertspeicher des Instruments befinden. Viele Synthesizer lassen sich mittels **Soundkarten** erweitern, auf denen sich Sound-Daten befinden.

Spielmannszug Jeder kennt die marschierenden Flötisten und Trommler in Uniform, die mit ihren populären Märschen und Liedern meist bei Freiluftveranstaltungen auftreten. Allein in Nordrhein-Westfalen gab es 1992 etwa 1100 Spielmannszüge mit 50000 Mitgliedern.
Die Tradition des Spielmannszuges reicht bis ins Mittelalter zurück. Seit dem 10./11. Jh. ist eine Kombination von Einhandflöte und Trommel gebräuchlich, die von einem Spieler gleichzeitig bedient wurde. Im 14. Jh. schlossen sich die Musiker zu Zünften und Gilden zusammen. Diese **Stadtpfeifer** spielten bei offiziellen Anlässen und bildeten den Nachwuchs aus. Außer von den Stadtpfeifern wurden Flöte und Trommel auch von Militärmusikern verwendet. Bei den Landsknechten des 16. Jh.s hießen sie **Schweizerpfeife** und **Landsknechtstrommel** und wurden vielfach als Signalinstrumente benutzt, später auch zur Regulierung des Gleichschritts der marschierenden Truppe. Außerhalb des militärischen Bereichs entwickelten sich die Spielmannszüge seit dem 19. Jh. in Schützenbruderschaften, Freiwilligen Feuerwehren und Turnvereinen weiter und erhielten dort neue Funktionen. Im Dritten Reich wurden sie in die Hitler-Jugend, die SA und andere nationalsozialistische Verbände integriert. Nach dem 2. Weltkrieg wurden in ganz Deutschland viele neue Gruppen gegründet; weitere Instrumente wie Große Trommel, Becken und Lyra so-

wie Flöten im vierstimmigen Satz (Diskant, Sopran, Alt, Tenor) wurden einbezogen und veränderten den „Sound" der Spielmannszüge. Das Repertoire wurde breiter und enthält heute neben alten und neuen Original-Kompositionen Bearbeitungen populärer Melodien der verschiedensten Herkunft sowie aktuelle Pop-Songs. Heute sind, vor allem in kleineren Orten, viele Jugendliche Mitglieder in Spielmannszügen. Sie erhalten dort eine kostenlose Ausbildung am Instrument und werden an das Spiel in der Gruppe herangeführt. Spielmannszüge sind heute vielerorts noch immer ein wichtiger Faktor im Bereich der musikalischen Breitenarbeit, der Brauchtumspflege (z. B. im Karneval) und der Vereinskultur. Außer in Deutschland gibt es Spielmannszüge auch in der Schweiz, in England und in den USA; hier wird die militärische Tradition stärker betont.

Spinett (lat.: spina = Dorn; gemeint ist der Kiel, mit dem die Saite angerissen wird) Eine kleine Form des ▶ Cembalos, drei- oder fünfeckig, mit einem Manual (Klaviatur), je 1 Saite pro Taste und Kielmechanik. Die Saiten verlaufen im spitzen Winkel zu den Tasten, daher ist das Gehäuse des Spinetts relativ klein. Der Tonumfang des Spinetts umfaßt etwa 4 1/2 Oktaven. Der Klang des Instruments ist leise und zart; es eignet sich besonders als Begleitinstrument für Haus- und Kammermusik.

Spiritual (engl.: spiritual = geistlich) oder **Negro Spiritual** ist das religöse Lied der nordamerikanischen Schwarzen. Es ist schon im 18. Jh. nachweisbar und verbindet afrikanische Musikelemente mit christlichen Texten und euroamerikanischen Harmonien und Formen. In den Texten werden oft Bibelmotive mit den amerikanischen Gegebenheiten verbunden, aus dem biblischen Jordan-Fluß wird z. B. der amerikanische Mississippi. Typisch ist der Wechselgesang zwischen Priester und Gemeinde-Chor.

Nach Abschaffung der Sklaverei in den USA (1865) wurden die Spirituals systematisch gesammelt, insbesondere an den schwarzen Universitäten Fisk und Hampton. Bereits 1873 erzielten die Fisk Jubilee Singers in Europas Konzertsälen große Erfolge. Ihr Programm bestand aus Spirituals, die im Sinne der europäischen Kunstmusik melodisch und harmonisch geglättet waren, und man empfand sie damals als „Amerikas ersten eigenen musikalischen Beitrag".

Mahalia Jackson auf ihrer Deutschlandtournee, 1969

Spirituals haben einen starken Einfluß auf Blues und Jazz ausgeübt. Der Jazz der 20er Jahre verband sich mit dem Spiritual im **Gospel Song** (engl.: gospel = Evangelium). Der Gospel Song wurde in den 30er Jahren zum religösen Lied der großstädtischen Schwarzen und beeinflußte seinerseits den Jazz der 50er Jahre sowie die Pop- und Rockmusik. Bekannte Spirituals sind *Nobody Knows The Trouble I've Seen, Deep River, Swing Low Sweet Chariot.* Zur großen Zahl von Spiritual- und Gospel-Interpreten gehören Louis Armstrong, Mahalia Jackson und Odetta.

Square Dance (engl.: square = viereckig; Quadrat) Aus dem ▶ Kontretanz und der ▶ Quadrille entwickelter amerikanischer Volkstanz, der von jeweils vier Personen im Karree getanzt wird. Ein Ansager gibt an, welche Figuren zu tanzen sind. Die Musik wird mit den in der Country Music gebräuchlichen Instrumenten wie Banjo, Fiedel, Akkordeon und Gitarre gespielt.

staccato (ital.), Abkürzung **stacc**. Vortragsanweisung: gestoßen, abgehackt spielen, d. h. die Töne deutlich voneinander absetzen. Staccato wird durch einen Punkt oder Keil unter bzw. über der Note gekennzeichnet.

Steel Drum (engl. = Stahltrommel) ist ein Schlaginstrument aus Trinidad, gefertigt aus einem leeren Ölfaß. Der Faßboden wird entfernt, und in den Deckel werden mehrere verschieden große Tonfelder gehämmert, die beim Spiel mit Schlägeln angeschlagen werden. Exakte Tonhöhen sind nur schwer erreichbar. Der Tonumfang des einzelnen Instrumentes ist in der Regel nicht sehr groß (Ausnahme: die Solo-Lead-Drum mit bis zu 2 Oktaven Umfang), daher werden immer mehrere verschieden große, sich ergänzende Steel Drums zu einer **Steel Band** (mit bis zu 30 Spielern) zusammengestellt. Der Klang der Steel Drums ist gongähnlich weich und voll, singend und leicht unsauber. Aufgrund der großen Lautstärke der Instrumente und der Größe der Bands ist die Steel Band ein ideales Ensemble für Freiluft-Veranstaltungen. In Europa wurden Steel Drums in den 50er Jahren bekannt, als der Calypso Modetanz wurde.

Stereophonie (griech.: stereo = räumlich, phone = Stimme) ist ein Verfahren zur räumlichen Aufnahme und Wiedergabe von Musik. Der Mensch registriert den geringen Laufzeitunterschied, den der Schall auf seinem Weg zum rechten bzw. linken Ohr des Menschen erzeugt. Dadurch wird es möglich, den Schall zu orten. Die Elektrotechnik bildet dieses Prinzip dadurch nach, daß sie auf zwei verschiedenen Kanälen, den menschlichen Ohren entsprechend, die Unterschiede aufnimmt. Kommt bei der Wiedergabe aus beiden Kanälen das gleiche Signal, so hört man den Gesamtklang genau aus der Mitte. Das entspricht einem monophonen Signal, das keine Informationen mehr über seine Raumcharakteristik enthält. Im Studio setzte man 1954 erstmalig Stereo-Tonband-Geräte ein, ab 1957 wurde eine entsprechende Schallplattentechnik entwickelt. Bis dahin wurde Musik nur **monophon** (griech.: monos = allein), d. h. eindimensional, aufgenommen.

Die stereophone Wirkung kann noch durch den Einsatz von **Kopfhörern** gesteigert werden, die dem Ohr räumliche Ereignisse besonders nahe bringen. Die **Kunstkopf-Stereophonie** zeichnet den Schall über 2 Mikrofone auf, die an einem künstlichen Kopf befestigt sind und so die Anordnung der menschlichen Ohren nachbilden.

Einer Erhöhung der Kanalzahl über die 2 Kanäle der Stereophonie hinaus war in der Musikindustrie nicht erfolgreich. 1939–40 hatte schon der Erfinder der Mickey Mouse, Walt Disney, in seinem Film *Fantasia* mit

3 verschiedenen Tonkanälen experimentiert. Eine Steigerung der Raumwirkung erlaubt die **Quadrophonie**, die mit 4 getrennten Kanälen arbeitet.

Stil (lat.: stilus = Schreibstift, Schreibart) Der Begriff wird in der Musik für die charakteristische Ausdrucks- und Darstellungsweise eines bestimmten Komponisten (Personalstil) oder einer Epoche (Epochenstil), für eine Satztechnik (z.B. polyphoner Stil, ▶ Polyphonie) oder eine Darbietungsweise (Vortragsstil) verwendet. Stil kann sich außerdem auf spezielle nationale musikalische Eigenheiten beziehen (die Nationalstile in der Kunstmusik des 19. Jh.s) und, etwa in Blues, Jazz und Rockmusik, auf regionale Besonderheiten (z.B. Mississippi Blues, Chicago Jazz, Mersey Beat). Der Stilbegriff ist oft nur schwer inhaltlich fixierbar. Faßt man ihn weit, etwa indem man ihn an eine Epoche (z.B. die Klassik) koppelt, wird er vage; verbindet man ihn mit einem Werk oder einer Werkgruppe eines bestimmten Komponisten, so verliert man leicht den musikhistorischen Zusammenhang aus dem Blick. Bei Rock- und Popmusikstilen kommt der außermusikalische Aspekt der Prägung durch die verschiedenen Labels bzw. Plattenfirmen (z.B. Phillysound) hinzu. Hier verwischen sich zudem die Grenzen zwischen Stil und ▶ Sound.

Stimmung Festlegung der genauen Tonhöhe eines Instrumentes. In der Kammermusik- und Orchesterpraxis werden alle Instrumente auf einen seit 1885 international festgelegten Stimmton, den Kammerton a¹, eingestimmt, dessen Frequenz zwischen 440 und (in Extremfällen) 460 Hertz (▶ Schwingungsformen) liegt. Bei seiner Einführung hatte der Kammerton 435 Hertz, wurde dann aber immer höher gesetzt, um den Klang der Instrumente brillanter zu machen. Dem entsprechen verschieden hohe **Stimmgabeln**, mit deren Hilfe ein Musiker die richtige Höhe finden kann. Bei Saiteninstrumenten erfolgt das Stimmen durch Änderung der Saitenspannung (bei der Geige z.B. mittels der Wirbel), bei Holzblasinstrumenten oft durch Ausziehen des Mundstücks (Flöte). Die Blechblasinstrumente besitzen zum Teil ausziehbare Zusatzwindungen ihrer Klangröhre.
Der Stimmton dient als Bezugspunkt für das weitere Abgleichen eines Instrumentes. Stimmt man ein Klavier in reiner Stimmung, d.h. so, daß z.B. die Tonart C-Dur sauber klingt, indem man die Intervalle möglichst natürlich im Sinne der ▶ Naturtonreihe wählt, so werden andere Tonarten, im Beispiel etwa d-moll, unsauber. Daher wird so gestimmt, daß zwei benachbarte Tasten einen Halbton, der genau 1/12 einer Oktave ausmacht, auseinanderliegen. Diese Stimmung wird **temperierte** Stimmung genannt und hat sich in einem langen historischen Prozeß entwickelt (▶ Temperatur). Sie ist seit der Zeit Johann Sebastian Bachs Standard für Tasteninstrumente. Bach komponierte sein *Wohltemperiertes Klavier* (1. Teil 1722), um die Möglichkeit des sauberen Spiels in allen Tonarten, die die neue Stimmung bot, zu demonstrieren. Die temperierte Stimmung ist ein Kompromiß, der die Unsauberkeiten, die sich bei reiner Stimmung ergeben, gleichmäßig auf alle Intervalle verteilte.
Auf modernen Synthesizern können ab Ende der 80er Jahre wieder historische Stimmungen wie die reine Stimmung eingestellt werden.

Streichinstrumente sind Musikinstrumente, bei denen der Ton durch Streichen von Saiten mit dem ▶ Bogen erzeugt wird. Sie gehören zur Gruppe der **Chordophone** (griech.: chordae = Saite), deren Ton durch schwingende Saiten erzeugt wird. Streichinstrumente können auch gezupft

werden, diese Art der Tonerzeugung nennt man ▶ pizzicato. Das Zupfen der Saiten wird als besonderes Ausdrucksmittel eingesetzt (z.B. *Pizzicato-Polka* von Johann Strauß (Sohn) und Josef Strauß. Im Jazz wird der Kontrabaß fast ausschließlich gezupft.
Streichinstrumente sind bereits im ausgehenden Mittelalter durch Bilder und in literarischen Zeugnissen belegt. Vorformen kennt man aus dem 10. Jh., die Ursprünge liegen im Arabischen (Mittelasien). Zu den frühen Streichinstrumenten gehören das mittelalterliche Rebec und die Fiedel. Aus der Vielfalt der Violen des 16.–18. Jh.s hat sich im wesentlichen der heute übliche Kernbestand der Violinfamilie (Violine, Viola, Violoncello, Kontrabaß) entwickelt. Als Sonderformen zählen die Drehleier (mit einem Kurbelrad angestrichen) und die Reibtrommel (mit einem Reibstab angestrichen) zu den Streichinstrumenten.
Die Entwicklung der Streichinstrumente in der europäischen Musikgeschichte verlief in verschiedenen Stufen und in großer Formenvielfalt. Sich verändernde Klangideale und wechselnde Spielpraxis führten zu baulichen Veränderungen am Instrument.
Die heute für die Violine charakteristische Bauform besteht aus dem Resonanzkörper (Korpus) mit zwei Einbuchtungen und zwei Schallöchern, einem Hals, der Griffbrett und Wirbelkasten trägt, und einem Steg, über den die Saiten gespannt sind und der sowohl dem Druckausgleich als auch der Schallübertragung dient. Diese Grundform ist Ergebnis einer Jahrhunderte dauernden Entwicklung.
Für die ursprünglich gezupfte (später dann auch gestrichene) Laute genügte es, die Saiten am einen Ende durch drehbare Wirbel (veränderte Spannung ergibt veränderte Tonhöhe), am anderen Ende in einem Querriegel auf der Decke des Resonanzkörpers zu befestigen. Ein Steg war hierzu nicht erforderlich. Eine gestrichene Saite allerdings steht unter höherer Spannung, schwingt stärker – sie wird deshalb über einen Steg geführt. Beim zunächst flachen Steg mittelalterlicher Streichinstrumente erklangen die Saiten gleichzeitig (▶ Bordun). Der Steg mußte entsprechend stärker gewölbt werden, wenn jeweils nur eine einzelne Saite erklingen sollte. Der Korpus erhielt zusätzlich Einbuchtungen, um den nötigen Platz für den Anstrich einzelner Saiten mit dem Bogen zu gewinnen. Die hohe Spannung der über den Steg geführten Saiten erforderte eine Wölbung der Korpusdecke nach oben und Stützen unter dem Steg, um den Druck aufzufangen, auch eine Veränderung der Schallöcher in der Decke des Resonanzkörpers wurde notwendig.
Bis zum 15. Jh. entstanden zwei Grundarten von Streichinstrumenten: die ▶ Viola da gamba, die zwischen den Knien oder auf den Oberschenkeln festgehalten wird, und die ▶ Viola da braccio, die beim Spielen mit dem Arm gegen den Körper gestützt wird und aus der sich Anfang des 16. Jh.s die Violine als Idealtyp des modernen Streichinstruments herausbildete. Die Instrumente der Violinfamilie bilden die Basis des Klangkörpers des modernen Orchesters seit dem ausgehenden 18. Jh.

Streichquartett nennt man sowohl ein Ensemble aus 2 Violinen, Viola und Violoncello als auch eine Komposition für diese kammermusikalische Formation. Die Gattung Streichquartett kam um die Mitte des 18. Jh.s auf und entwickelte sich schnell zu einer der anspruchsvollsten musikalischen Gattungen. Auf die Ausführung durch exzellente Solisten und auf ein kleines Publikum aus Kennern und Musikliebhabern zugeschnitten, war das Streichquartett das zentrale Experimentierfeld, auf dem die Komponisten neue gestalterische Wege beschritten. Joseph Haydn entwickelte das Streichquartett zu einer Form,

Janáček, Streichquartett Nr. 1 e-moll, Anfang des 1. Satzes

die bis weit ins 19. Jh. hinein gültig blieb: vier Sätze, davon der 1. in Sonatenhauptsatzform (▶ Form, ▶ Sonate), der 2. ein langsamer, liedhafter Satz, gelegentlich auch als Variationensatz angelegt (▶ Variation), der 3. ein Menuett oder Scherzo, das Finale ein schneller, oft tänzerischer Satz in Rondoform. Kompositorisch besonders interessant ist der 1. Satz, für den Haydn die Sonatenhauptsatzform festlegte: zwei kontrastierende Themen, die zunächst nacheinander vorgestellt (Exposition), dann verarbeitet (Durchführung) und schließlich zu einer Synthese geführt werden (Reprise). Dazu entwickelte Haydn die Technik der **motivisch-thematischen Arbeit**, bei der die Themen in kleine und kleinste musikalische Sinneinheiten (Motive) zerlegt und diese als selbständige Elemente verarbeitet und weiterentwickelt werden. Dieses kompositorische Prinzip bedingte die Gleichberechtigung aller vier Stimmen, die für das Streichquartett bis heute charakteristisch ist.

Studio Eine Einrichtung, in der Musik und Sprache auf Tonträger aufgenommen und bearbeitet werden kann. Ein Studio besteht im Prinzip aus einem großen Mischpult und angeschlossenem Tonaufzeichnungsgerät, meist mit Magnetband (engl. = **tape**) als Tonträger.

Blick in ein Tonstudio

Das Mischpult wird in zwei wichtigen Funktionen eingesetzt: als Aufnahmemixer und als Mixer bei der Endabmischung. Bei der Aufnahme werden an ihm zuerst die verschiedenen Mikrofone zusammengeführt und ihre Musiksignale, z.B. Stimmen und Instrumentalspiel, auf das Tonbandgerät geleitet. Dieses besitzt mehrere Spuren (engl. = **tracks**), d.h., Abschnitte des Tonbandes, auf denen die einzelnen Signale festgehalten werden. Gängig sind 16 bis 32 Spuren. Diese **Mehrspurtechnik** ermöglicht das **overdubbing** (engl.: to dub = einfetten), ein mehrfaches Überspielen der Spuren.

Beispiele für den Einsatz der Mehrspurtechnik und des Overdubbings finden sich in zahlreichen Rockmusik-Produktionen. Die Beatles kamen 1967 für ihr *Sergeant-Pepper-Album* noch mit einer 4-Spur-Maschine aus. Der Rockmusiker Mike Oldfield produzierte 1973 mehr als 10 Instrumente im Alleingang für seine Platte *Tubular Bells*, wobei über 2500 Overdubs anfielen. Anfang der 90er Jahre benutzte Michael Jackson für die Aufnahme seines Albums *Bad* allein für den Gesang 96 Spuren auf 3 der Master-Maschine untergeordneten Slave-Maschinen (engl.: slave = Sklave).

Ist eine Aufnahme abgeschlossen, so wird das Mischpult auf seine zweite Funktion umgestellt und dient nun zum Mischen der aufgenommenen Signale auf ein weiteres Tonbandgerät, das nur 2 Spuren hat. Dabei können die Signale mit Echo, elektronischen Effekten oder Hall versehen werden. Außerdem wird über **Panoramaregler** jede Spur in das Stereospektrum eingeordnet (▶ Stereophonie).

Studio-Aufnahmen unterscheiden sich wesentlich von **Live-Aufnahmen**, die z.B. direkt bei einem Konzert stattfinden (man spricht dann von **Mitschnitt**). Gegenüber der Live-Technik bietet die Studio-Produktion den Vorteil, daß Fehler ausgebessert oder Klangeffekte hinzugefügt werden können. Eine Gefahr ist, daß durch den übermäßigen Gebrauch von technischen Tricks die unmittelbare Wirkung einer Aufnahme verloren gehen kann oder ein gekünsteltes Klangbild entsteht.

Suite (franz. = Folge) heißt eine mehrsätzige Komposition, die aus einer Folge unterschiedlicher Tänze besteht. Ihre Urform ist die im Mittelalter gebräuchliche Koppelung von Reigen und Nachtanz, von Tänzen in geraden und ungeraden Taktarten, von ruhigen und lebhaften Tanzformen. Mit wachsender Bedeutung der Instrumentalmusik wurden aus den zwei Tänzen mehrere, deren unterschiedliche Charaktere sich immer weiter ausprägten. In Frankreich, Italien und Deutschland entwickelten sich, v. a. gespeist von der jeweiligen Volksmusik, eigene Kombinationen von Tänzen. Im 16./17. Jh. konnten – je nach Land in unterschiedlicher Zusammenstellung – folgende Tänze in einer Suite vorkommen: Pavane, Galliarde, Allemande, Courante, Sarabande, Menuett, Gavotte, Passepied, Bourrée, Rigaudon, Gigue. Der Grundtyp der Suite im 17. Jh. in Deutschland umfaßte Allemande, Courante, Sarabande und Gigue; weitere Tänze oder Doubles (franz. = doppelt; veränderte, verzierte Wiederholungen, Variationen) konnten hinzutreten. Wurden Suiten zunächst noch für höfische Ballettdarbietungen geschrieben, wandelten sie sich im 18. Jh. zu eigenständigen Instrumentalkompositionen mit hohem künstlerischem Anspruch.

sus oder **suspension** (engl. = Aufschub) bedeutet in der Akkordsymbolschrift (▶ Harmonielehre) des Jazz und der populären Musik einen ▶ Vorhalt, d. h., einen Ton, der eigentlich nicht in den Akkord bzw. die Harmonie gehört, in der er erklingt und der darin (bis zu seiner Auflösung in einen akkord- bzw. harmonieeigenen Ton) ein Spannungsmoment bildet. Vorhalte finden sich in Melodien (hier ist es stets ein Einzelton, der den Eintritt des tonleitereigenen Melodietons verzögert) und in Akkorden (wo auch mehrere Vorhaltstöne pro Akkord auftreten können). Sus wird zusammen mit der Ziffer notiert, die den Vorhaltston stufenmäßig lokalisiert, also bei Quartvorhalt 4 (= 4 sus), bei Nonenvorhalt 9 (= 9 sus). Der Einfachheit halber wird statt sus oft die Stufe des Auflösungstons notiert: 4–3, 9–8 usw.

Sustain (engl. = aushalten) 1. Die Phase eines elektronisch erzeugten Klangverlaufs, in der der Klang gehalten wird, bevor er wieder abklingt. 2. Halten von Klängen mit dem Halte-Pedal (vergleichbar dem rechten Pedal am Klavier), z. B. durch ein Sustain-Pedal am Synthesizer.

Swing 1. Stilrichtung des Jazz zwischen 1935 und 1945. Ein typischer Swing-Stil ist die Musik des Klarinettisten Benny Goodman, den man „King Of Swing" nannte. Mit dem Swing gewann der Jazz seine rhythmische Qualität, die ihn weltberühmt machte. 2. Bezeichnung für eine typische Spielweise des Jazz (man sagt „die Musik swingt"), bei der Achtel triolisch gespielt und durch ▶ off beat zeitlich geringfügig verlagert werden. Die Jazzforschung versuchte, die beiden Bedeutungen von „Swing" durch Groß- und Kleinschreibung auseinanderzuhalten (also „Swing" für den Stil, „swing" für die Spielweise), was jedoch nicht konsequent eingehalten wird.

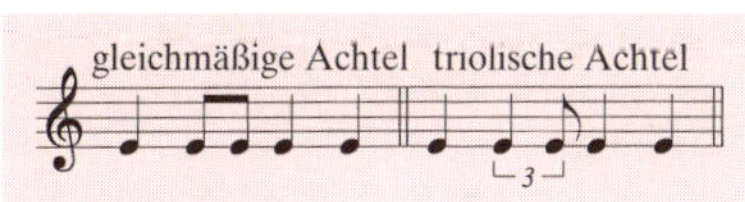

Synthesizer ist ein Musikcomputer zur elektronischen Synthese von Klängen. Obwohl der Synthesizer eine lange Vorgeschichte hat (▶ Elektronische Instrumente), war erst das Konzept des amerikanischen Physikers Bob Moog, der ab 1964 seine Synthesizer-Einheiten baute, erfolgreich. Weil man diese Einheiten frei miteinander kombinieren konnte, bezeichnete Moog sie als **Module**. Sie wurden durch elektrische Spannungen gesteuert (engl. = voltage controlled, abgekürzt VC). Bei den ersten Synthesizern mußten zusammenwirkende Module per Hand über spezielle Steckverbindungen, engl. **patch**, zusammengeschlossen werden.

1966 begann Walter Carlos (später Wendy Carlos), Toningenieur bei einer New Yorker Plattenfirma, einige *Inventionen* von Bach mit Moogs Synthesizer auf Tonband zu produzieren, eine Arbeit, die 3 Jahre dauerte, und 1969 als *Switched-On Bach*, d.h. „angeschalteter Bach", erschien. Sie löste den ersten weltweiten Synthesizer-Boom aus. Der Moog-Synthesizer war ein analoger Synthesizer, d.h. er wurde über zahlreiche Regler und Steckverbindungen bedient und arbeitete noch nicht auf ▶ digitaler Grundlage.

Ein anderer Oszillator-Typ verfeinert den Klang, indem er ihm z.B. ein Vibrato, also eine sehr langsame Schwingung, hinzufügt (LFO = low frequency oscillator). Weitere **Effekte** können hinzukommen, z.B. das langsame Pendeln eines Klanges zwischen zwei Stereo-Kanälen.

Die einzelnen Klänge oder Sounds des Synthesizers werden auf verschiedenen Ebenen zu Bänken zusammengefaßt. Eine Bank besteht aus mehreren Sounds, die Einzelnamen tragen und leicht vom Musiker abzurufen sind. Standard-Sounds sind z.B. Piano, Brass (Bläser-Ensemble), Strings (Streicher-Ensemble), Organ (Orgel) und typische Synthesizer-Sounds mit Fantasienamen wie Lead Synth (engl. führender Synthi) oder Dawn (engl. Dämmerung).

Die ersten Synthesizer waren nur **monophon** (einstimmig), man brauchte also zwei Synthesizer um z.B. eine Melodie mit Baßbegleitung zu spielen. 1976 brachte Moog auch einen der ersten **polyphonen** Synthesizer heraus, auf dem man wie auf einem normalen Klavier spielen kann.

Die Digitaltechnik ermöglichte weitere Fortschritte, so daß z.B. für 73 Klaviertasten nicht auch 73 Einzel-Oszillatoren erforderlich sind, sondern eine Steuerlogik Material sparen hilft. Damit verschwanden auch die vielen Regler der alten Synthesizer. Nun war er programmierbar wie ein Computer und bekam auch ein Gedächtnis für seine vielen unterschiedlichen Einstellungen.

Seit Einführung der ▶ MIDI-Norm 1981 sind moderne Synthesizer mit einer Computer-Verbindung (Schnittstelle) ausgestattet. Damit schließt man mehrere Geräte zu einem Verbund zusammen, so daß sie sich gegenseitig beeinflussen und steuern können. Es werden Signale ausgetauscht über den Zustand der Verbindungsleitungen oder MIDI-Nachrichten, die die Bedienelemente eines Instrumentes betreffen wie Gesamtlautstärke, Haltepedal (rechtes Pedal beim Klavier), Modulationsrad (zum Beeinflussen des Tons), Blaswandler (verwandelt Atemstärke in Lautstärke) und andere Spielhilfen. Der MIDI-Synthesizer läßt sich in verschiedene Zustände (modes) schalten. Besonders wichtig ist der **multi mode**, in dem bis zu 16 separate MIDI-Kanäle gleichzeitig wie 16 voneinander unabhängige Synthesizer mit unterschiedlichen Sounds funktionieren.

Ein Synthesizer ohne Klaviatur heißt **Expander** (engl.: expand = erweitern). Professionelle Keyboarder verwenden meist zahlreiche Expander, die über unterschiedliche MIDI-Kanäle von einer zentralen Klaviatur, dem **Masterkeyboard**, angesteuert werden. **Blaswandler** und **MIDI-Gitarre**n ermöglichen auch nicht-Klavierspielern die Benutzung eines Synthesizers. Expander reduzieren den Umfang eines Synthesizers

erheblich, so daß viele Expander in 19-Zoll-Gehäusen ab 1 Höheneinheit (ca. 4.5 cm) Platz finden.
Die Synthesizer der 90er Jahre sind mit zahlreichen Extras ausgestattet, die weit über die reine Synthesizer-Funktion hinausgehen, oft mit ▶ Sequenzern zur Aufnahme von Musik oder Rhythmusmaschinen für die automatische Begleitung. Für besonders gut bestückte Synthesizer ist auch die Bezeichnung **workstation** üblich.

Szene (griech.: skené = Zelt, Hütte) bezeichnet im antiken griechischen Theater die Bühnenwand, vor der die Schauspieler auftraten und die Bühne bzw. den Schauplatz der dramatischen Handlung generell. Als Formkategorie ist Szene ein Abschnitt in einem Drama oder in einer Oper, der kleiner als der Akt ist. Bei Vincenzo Bellini und Giuseppe Verdi wird die musikdramatische Ausgestaltung der Szene zur Szene und Arie (ital.: scena ed aria), zu einem effektvollen und typischen Formmerkmal der italienischen Oper des 19. Jh.s.
Die **Szene und Arie** ist eine Gesangskomposition, die rezitativische, liedhafte und ariose Teile miteinander verbindet und in ein abschließendes virtuoses Gesangsstück (Arie) mündet. Sie ist fünfteilig und setzt sich zusammen aus Rezitativ (instrumental begleiteter Sprechgesang), Kavatine (lyrisch-empfindsame Arie), Zwischenspiel, Cabaletta (rhythmisch prägnanter und effektvoller Abschluß der Arie) und Koda (Schlußteil).

T

Tabla (ind.) heißt ein indisches Schlaginstrument, eine Trommel, deren Fell in der Tonhöhe verändert werden kann. Die Tabla wird mit Fingern, Handflächen und Handballen geschlagen. In der Mitte des Fells befindet sich eine mit einer speziellen Paste präparierte Kreisfläche, die für den Klang der Tabla von entscheidender Bedeutung ist. Die Tabla wird in der indischen Musik oft gemeinsam mit der ▶ Sitar eingesetzt. Auch in dem Beatles-Song *Within you, without you* (1967) sind Tabla und Sitar zu hören.

tacet (lat. = er/sie/es schweigt), Abkürzung **tac.** Spielanweisung: die Stimme bzw. das Instrument setzt von dieser Stelle an aus.

Tafelmusik wurde in der Zeit der Renaissance und des Barock an Adelshöfen zu den Mahlzeiten gespielt. Kleine Orchester sorgten für die musikalische Untermalung der Bankette. Auch bei städtischen Festessen oder bei Hochzeitsfeiern reicher Kaufleute erklang Tafelmusik im Hintergrund. Viele Komponisten schrieben Instrumentalwerke für diesen Zweck, so z. B. Johann Hermann Schein (*Banchetto musicale*, 1617) und Georg Philipp Telemann (*Musique de Table*, 1733). Tafelmusik durfte die Unterhaltung bei Tisch nicht übertönen oder stören, daher sind es Kompositionen für kleinere Besetzungen.

Takt (lat.: tactus = Schlag) nennt man das musikalische Bezugssystem, das

Maßeinheit und Betonungsschema zugleich ist. Fast jedes Musikstück wird in Takte eingeteilt: untereinander gleich lange Abschnitte, die jeweils rechnerisch mit der gleichen Anzahl von Noten eines bestimmten Notenwertes „gefüllt" und durch senkrechte Taktstriche voneinander getrennt sind. Anzahl und Wert der Zähleinheiten pro Takt werden in der Notenschrift nach dem Notenschlüssel und nach dem Versetzungszeichen festgehalten. Dabei werden oben die Anzahl der Werte pro Takt und unten die Größe des jeweiligen Wertes angegeben.
Man unterscheidet gerade und ungerade **Taktarten**. Gerade Taktarten sind: 2/8, 2/4, 4/4 (für 4/4 häufig auch das Zeichen C), ungerade: 3/8, 3/4, 3/2, 6/8, 9/8. Taktarten, in denen zwei oder mehrere gleiche Taktarten zusammengesetzt sind, nennt man zusammengesetzte Taktarten. Seltenere Taktarten wie 5/4 oder 7/4 mischen verschiedene Taktarten miteinander (5/4 besteht aus 3/4 und 2/4 oder aus 2/4 und 3/4); man nennt sie kombinierte Taktarten.
Von **Taktwechsel** spricht man, wenn in einem Musikstück nacheinander unterschiedliche Taktarten auftreten.
Jeweils die erste Note nach dem Taktstrich wird betont. Im 4/2-, 4/4- und 4/8-Takt (**Viertakt**) wird die 3. Zählzeit etwas schwächer betont als die 1., während die 2. und 4. unbetont bleiben. Im 3/2-, 3/4- oder 3/8-Takt (**Dreiertakt**) wird nur die 1. Zählzeit akzentuiert, ebenso wie im 2/2- oder 2/4-Takt (**Zweiertakt**). Im 6/8-Takt betont man das 1. und 4. Achtel.
Als **Auftakt** wird ein unvollständiger Takt am Anfang eines Stückes bezeichnet. Beginnt ein Stück auftaktig, so wird der Schlußtakt um den Wert des Auftaktes verkürzt, so daß sich Auftakt und Schlußtakt zu einem Volltakt ergänzen. In der Neuen Musik steht anstelle der Taktangabe häufig eine Zeitleiste.

Tambourin (franz.) heißt eine zylinderförmige Handtrommel mit zwei Fellen und einer beim Schlagen mitschwingenden Schnarrsaite. Das Tambourin stammt aus der Provence und wird dort heute noch als Folklore-Instrument gespielt. Im 18. Jh. gelangte das Tambourin in das Orchester. In dieser Zeit war auch ein Tanz mit der Bezeichnung Tambourin populär: ein schneller Tanz im 2/4-Takt, dessen Name sich auf die charakteristischen rhythmischen Begleitfiguren des Instruments Tambourin bezieht.

Tamburin heißt eine flache, einfellige zylindrische Handtrommel. In dem hölzernen Rand des Instruments sind etwa 20 Schellen aus Blech befestigt, die beim Schlagen oder Schütteln laut klirren. Daher nennt man das Tamburin auch **Schellentrommel**. Das Tamburin spielt vor allem in der spanischen und lateinamerikanischen Folklore – beim ▶ Flamenco oder bei der ▶ Samba – eine große Rolle.

Tango ist eine der wenigen Musikarten Lateinamerikas, die sich weltweit als eine eigenständige, über die Folklore hinausgehende Kunstform durchgesetzt hat. Er ist in der zweiten Hälfte des 19. Jh.s aus dem Zusammentreffen verschiedener Kulturkreise entstanden, die sich in Argentinien mit seiner Hauptstadt Buenos Aires und in Uruguay kreuzten. Aus Europa kamen zu dieser Zeit große Auswanderungswellen, wobei für den Tango besonders Spanier, Italiener und Franzosen wichtig wurden. Hinzu traten Einflüsse der kubanischen Musik.
Woher das Wort Tango kommt, ist umstritten. Es wird mit dem portugiesischen Verb tanger = berühren und dem spanischen Wort tango = Lied in Verbindung gebracht. In den argentinischen Tanzlokalen, denen häufig auch Bordelle angeschlossen waren, bestand die typische Tango-Besetzung in der Frühzeit aus Querflöte, Geige und Gitarre, manchmal mit Harfe – zunächst also

ohne Klavier. Schlagzeug ist beim Tango meist ausgeschlossen. Sein Hauptinstrument wurde bald das ▶ Bandoneon. Man nimmt an, daß das vom Krefelder Musiklehrer Heinrich Band erfundene Instrument um 1870 nach Argentinien kam.
In seinen Texten verwendet der Tango vor allem drei Sprachformen: das normale Spanisch, den ländlichen Dialekt der Gauchos (das sind die argentinischen „Cowboys") und den Lunfardo, die argentinisch-uruguayische Umgangssprache. Der Tango wird in der Regel im 4/8-Takt notiert, der frühe oft im 2/4 Takt.

Tantieme (franz. = Gewinnanteil) ist derjenige Anteil an den durch Veröffentlichung (z.B. durch Verlage), Verbreitung (z.B. durch Rundfunkanstalten) und Aufführung (Konzert, Theater) erzielten Einnahmen eines urheberrechtlich geschützten Werks, der an den Urheber (z.B. Komponist, Schriftsteller usw.) bezahlt werden muß. Die rechtlichen Grundlagen regelt das ▶ Urheberrecht. Tantiemen werden von speziell dafür eingerichteten Organisationen (z.B. ▶ GEMA, Verwertungsgesellschaft Wort) eingezogen, die die Einhaltung des Urheberrechts kontrollieren sowie die Einnahmen verwalten und an die Urheber verteilen.

Tanzmusik Tänze wurden zu allen Zeiten musikalisch begleitet: rhythmisch durch Händeklatschen oder Schlaginstrumente, melodisch durch Gesang oder Melodieinstrumente. Tanzlieder oder instrumentale Tanzweisen gehören auch zu den Grundlagen der abendländischen Kunstmusik. Als Wurzeln der Tanzmusik kennt man frühe Formen kultischer und magischer Tänze in Altägypten und Mesopotamien. Zu den kultischen Tänzen zählen Tempel-, Toten-, Fruchtbarkeits-, Opfer- und Waffentänze. Religiöse Tänze kannte auch das Frühchristentum. Sie wurden aber von der Kirche bereits im frühen Mittelalter wegen ihrer Weltlichkeit ebenso abgelehnt wie die derben Tänze der Spielleute und Gaukler. Neben dem Volkstanz entwickelte sich seit dem 15. Jh. der höfisch-aristokratische Gesellschaftstanz, der ein reichhaltiges Repertoire von Tanzformen zur Unterhaltung der Hofgesellschaft ausbildete. Volks- und Gesellschaftstänze dieser Zeit waren in der Regel Gruppentänze mit wechselnden Paarbildungen. Erst für Tanzmusik des 19. Jh.s ist der auch heute noch vorherrschende Einzelpaartanz charakteristisch. Aus der Vielfalt des höfischen Gesellschaftstanzes und seiner immer anspruchsvoller werdenden tänzerischen und musikalischen Ausgestaltung entstand parallel als Kunstgattung der Bühnentanz (▶ Ballett).
Die Form der Tanzmusik ist grundsätzlich von ihrer Funktion geprägt, nämlich die rhythmischen Körperbewegungen des Tanzes aufzunehmen und gegebenenfalls bis zur Ekstase zu unterstützen. Schritt und Gegenschritt des Tanzes bedingen die Grundmuster der Tanzformen, z.B. den Gegensatz von langsam und schnell, von geradem und ungeradem Takt bei der Reihenfolge der Tänze oder von Reihe und Rundtanz bei der Aufstellung der Paare. Symmetrischer Periodenbau in Rhythmik oder Melodik verbindet sich mit dem Prinzip der Wiederholung von einzelnen Abschnitten. Schon die mittelalterliche Tanzmusik bevorzugt den Wechsel von langsamem Schreit-Tanz in geradem Takt und schnellem Spring- oder Dreh-Tanz in ungeradem Takt.
Im heutigen Sprachgebrauch bezeichnet Tanzmusik weitgehend Musik für geselliges Tanzvergnügen. Es ist Gesellschaftstanz und von Ballettmusik, Volks- oder Kulttanz abgegrenzt. Mit der Entstehung der Vergnügungsindustrie im 19. Jh. und der Massenmedien im 20. Jh. erfährt Tanzmusik als Unterhaltungsmusik auch einen Funktionswandel. Sie wird Musik zum Hören und

ist, wie andere Produkte der populären Musikkultur (z.B. der Schlager), auch Stimmung erzeugender Konsumartikel eines Millionenpublikums. Als Massenware wird ihre Vielfalt auf eingängige Grundmuster in Melodie und Rhythmus sowie eine Durchschnittsdauer von zwei bis vier Minuten reduziert.

Tanzorchester ist die eher umgangssprachliche Bezeichnung für ein großes Ensemble der Tanzmusik (▶ Big Band oder sinfonische Besetzung). Auch kleine, variable Besetzungen (Combo) werden als Tanzorchester bezeichnet. Einen besonderen Klangstil besitzt das Tanzstreichorchester. Weltberühmt war in den sechziger Jahren das Orchester Mantovani (benannt nach seinem Leiter) wegen seines schmelzend-halligen Streichersounds. Playback-Technik und Disco-Kultur, aber auch die hohen Kosten haben heute die live gespielte Tanzmusik zurückgedrängt.

Tarantella (ital.: tarantola = Tarantel) heißt ein süditalienischer Volkstanz im schnellen 6/8-Takt. Nach einem alten Volksglauben ist das Tanzen bis zur völligen Erschöpfung das einzige Heilmittel gegen den Tarantismus, eine angeblich durch den Stich der Tarantel-Spinne hervorgerufene Krankheit (Veitstanz). Seit dem 18. Jh. ist die Tarantella als Nachbildung eines solchen wilden Heiltanzes überliefert. Im 19. und 20. Jh.s tritt die Tarantella auch als ▶ Charakterstück auf, z.B. bei Franz Liszt und Stephen Heller.

Tarife Nur für wenige Musiker gibt es feste Tarife, die zwischen Arbeitgebern, Staat, Gewerkschaften und Interessenverbänden ausgehandelt werden. In der Künstler-Enquête des Deutschen Bundestages wurde 1972–74 zum erstenmal die Lage aller Musikschaffenden ausführlich statistisch untersucht.

Komponist, Textdichter und **Musikbearbeiter** sind Berufe, die häufig von hauptberuflichen Instrumentalisten, Sängern, Musikproducern oder Chor- und Orchesterleitern ausgeübt werden. Während nur eine sehr kleine Anzahl international bekannter Komponisten der modernen Kunstmusik allein vom Komponieren leben kann, gibt es gute Verdienstmöglichkeiten in den Bereichen Pop, Jazz sowie Fernseh-, Bühnen- und Filmmusik. Allerdings ist die Konkurrenz besonders hart, und es gibt viele Musiker und Texter, die hier kein nennenswertes Einkommen erzielen. Zu guten Einkünften bringen es die Komponisten und Texter von Operetten und Musicals, wobei der Bezug von Tantiemen erfolgreicher Werke (▶ GEMA) entscheidend ist.

Ebenso vielfältig ist das Berufsbild musikalischer Leiter wie ▶ Dirigenten, **Chorleiter** und Tonmeister (▶ Toningenieur). Für Dirigenten gibt es keine allgemeinen Maßstäbe bei der Besoldung. Diese wird frei ausgehandelt, wobei Größe und Stellung des Orchesters oder Chors und Wichtigkeit des Standorts (Provinz oder Großstadt) beträchtliche finanzielle Unterschiede bedeuten. **Kapellmeister** können sich an den Tarifverträgen des Deutschen Musikerverbandes im Deutschen Gewerkschaftsbund orientieren.

War 1950 noch jeder fünfte Musiker in Deutschland als erwerbslos gemeldet, so konnten mit dem Wirtschaftswunder, das den Musikbedarf steigen ließ, auch die Instrumentalsolisten der klassischen Musik wieder ein gutes Auskommen finden. In den 70er Jahren trat eine Trennung zwischen konzertierenden Künstlern und Musikerziehern ein, wobei die erzieherischen Berufe an Musikschulen und im Lehramt an höheren Schulen besonders attraktiv waren. Bei den kammermusikalischen Ensembles ist die Konkurrenz stark. Solisten auf Platte, CD oder bei Festspielwochen

sind jedoch häufig auch festangestellte Orchestermusiker, die nebenberuflich konzertieren. Gesangssolisten an Opernhäusern arbeiten oft mit Zeit- oder Stückverträgen, wie sie am Theater üblich sind.
Ein festes Tarifsystem haben die Musiker in Kulturorchestern, deren Tarif-Interessen u.a. die Deutsche Orchestervereinigung vertritt, wobei wieder der Rang des Orchesters eine Rolle spielt. Das finanzielle Spektrum reicht vom Gehalt eines Realschullehres bis zum Hochschulprofessor. Daneben beziehen Mitglieder von Kulturorchestern zahlreiche Tätigkeitszulagen (z.B. als Stimmführer oder für Sonderdienste). Mitglieder von bekannten Orchestern können ihr Einkommen über Leistungsschutzrechte (**GVL** = Gesellschaft zur Verwertung von Leistungsschutzrechten) noch um bis zu 50 Prozent erhöhen.
Chorsänger an Opernhäusern und Rundfunkanstalten haben tariflich geregelte Gagen mit üblichen Zulagen (z.B. Kindergeld). Die Nebenverdienstmöglichkeiten sind geringer als bei den Orchestermusikern. Obwohl ein Opernchor gute Verdienstmöglichkeiten bietet, haben die Opernhäuser häufig Schwierigkeiten, ihre Stellen zu besetzen, da ein solcher Chor bei Sängern oft ein schlechtes Image hat und zu Unrecht als „Hintergrundstaffage" angesehen wird.
Fast unmöglich ist es, allgemeine Angaben über das Einkommen von Unterhaltungs-, Tanz- und Jazzmusikern zu machen. Die in der Öffentlichkeit bekannte, relativ kleine Anzahl von Stars und ihre echten oder vermeintlichen Millionenverdienste spielen für den Durchschnittsmusiker kaum eine Rolle. Im Bereich des Schlagers betrug schon 1963, als die Schallplatte noch „etwas Besonderes" war, die Wahrscheinlichkeit, daß eine Plattenaufnahme ein Hit wurde (das hieß damals über 300000 verkaufte Exemplare) nur 0,4 Prozent. Seither ist durch die Schwemme von Platten und CDs die Wahrscheinlichkeit noch geringer geworden. Ein Schlagersänger, der über 5 bis 7 Jahre lang bekannt bleibt, hat nach Branchenmeinung bereits großes Glück.
Im nichtkommerziellen Bereich der Jazz- und Rockmusik existieren zwar viele Klubs und Konzertveranstalter, die für Auftrittsmöglichkeiten sorgen, die Einzelverträge sind jedoch völlig unterschiedlich. Bei Jazz- und Rockgruppen begegnet man kaum jemandem, der eine feste Anstellung hat, die Grenzen zwischen Amateuren und Professionellen sind fließend. Schon 1974 stellte die Künstler-Enquête fest, „daß mit Sicherheit die Einkünfte von Jazz- und Rockmusikern zu den unregelmäßigsten und niedrigsten im gesamten Musik-Bereich gezählt werden müssen". Natürlich gibt es auch hier etablierte Spitzenverdiener, z.B. Studiomusiker, die für Musikproduktionen im ▶ Studio angefordert werden.
Musiker in Kurorchestern verfügen dagegen über feste Tarife, die der Deutsche Musikerverband mit dem Wirtschaftsverband der Heilbäder und Kurorte abgeschlossen hat. Ebenso haben Mitglieder von Musikzügen der Bundeswehr, des Bundesgrenzschutzes und der Polizei ein geregeltes Einkommen.
Ein wichtiger Teil des Musikunterrichts findet als Privatunterricht statt (z.B. das Erlernen eines Instrumentes), der durch Einzelstundenbezahlung abgegolten wird. Diese schwankt von Ort zu Ort beträchtlich. Musterverträge hat der Verband der Musikerzieher und konzertierenden Künstler (**VDMK**) aufgestellt.

Tasteninstrumente

Tasteninstrumente sind solche Instrumente, bei denen der Ton über eine Reihe von Tasten, die **Tastatur**, erzeugt wird. Die Tastatur kann als Manual oder Pedal gebaut, d.h. entweder mit den Händen oder mit den Füßen zu spielen sein.
Tasten funktionieren wie Hebel. Ein Tastendruck setzt einen Mechanismus in Gang, der bei Tasteninstrumenten mit Sai-

ten zum Anreißen (Cembalo) oder Anschlagen (Klavier) der dieser Taste zugeordneten Saite führt, bei Tasteninstrumenten mit Pfeifen (Orgel) zum Öffnen des Ventils für die Windzufuhr zu der jeweiligen Pfeife.

Tedeum (lat.; die Anfangsworte des Lobgesangs *Te Deum laudamus* = Herr Gott, wir loben dich) heißt ein Stück der katholischen Liturgie, das seit dem frühen Mittelalter als Hymnus zum Lobe Gottes sowie als Dank- und Bittgesang überliefert ist. In der Kunstmusik der Renaissance (etwa 1450–1600) wurde das Tedeum mehrstimmig vertont, später tritt es als feierliche, groß angelegte Vokalkomposition, teilweise mit Orchesterbegleitung, auf.

Tempelblocks (engl.) heißt ein aus Korea stammendes Schlaginstrument, das aus einer Reihe ausgehöhlter Hartholzkugeln mit maulförmigem Schlitz besteht. Jeweils 4 oder 5 Tempelblocks unterschiedlicher Tonhöhe sind auf einem Ständer befestigt und werden mit harten Schlägeln angeschlagen. Ihr Klang ist knackig und deutlich konturiert, gleichzeitig aber weich und fast melodisch. Tempelblocks eignen sich gut zur Nachahmung von Pferdegetrappel u.ä. Auch andere exotische Effekte lassen sich mit ihnen erzielen.

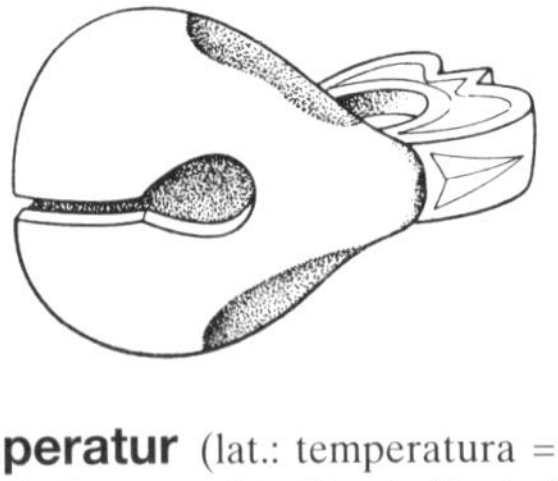

Temperatur (lat.: temperatura = richtige Mischung, rechte Beschaffenheit) Im Verlauf des 16.–18. Jh.s wurde eine einheitliche Regelung für die Intonation und Stimmung von Instrumenten entwickelt, ausgehend von Lauten- und Tasteninstrumenten. Abweichend von der auf der Obertonreihe basierenden **reinen Stimmung** (physikalisch „richtige" Tonhöhen) wird bei der **temperierten** bzw. **gleichschwebenden Stimmung** die Oktave in 12 gleiche Abstände unterteilt. Die sich dadurch ergebenden winzigen akustischen Unreinheiten gegenüber der reinen Stimmung hört sich das Ohr des mitteleuropäischen Hörers dank langer Gewöhnung „zurecht". Vor der Erfindung der temperierten Stimmung waren nur wenige Tonarten verwendbar, konnten die Möglichkeiten der Chromatik (Verwendung aller Halbtöne) und der Modulation schon rein instrumentaltechnisch nicht ausgeschöpft werden. Auf der Grundlage der temperierten Stimmung sind alle 24 Tonarten, was ihre Stimmungsreinheit bzw. -unreinheit angeht, gleich. Die im 18. Jh. ausgereifte Entwicklung schlägt sich z.B. in Johann Sebastian Bachs Werk *Das wohltemperierte Clavier* (1722–44) nieder, worin Präludien und Fugen in allen 24 Tonarten zusammengestellt sind.

Tempobezeichnungen Das Tempo – die Geschwindigkeit eines musikalischen Ablaufs – ist eines der wichtigsten Elemente der Musik. Es kann relativ, also bezogen auf das Verhältnis der einzelnen Tondauern zueinander, definiert werden, aber auch in absoluten Werten. Relative Tempobezeichnungen sind z.B. adagio, allegro, presto; sie werden von den Komponisten als Interpretationshinweise den einzelnen Sätzen eines Werkes vorangestellt. Genaue Tempobezeichnungen sind mit Hilfe des **Metronoms** möglich. Hier sind auf einer Skala verschiedene Tempi angegeben, die die relativen Tempobezeichnungen durch exakte Zeitmaße konkretisieren. So bedeutet die Angabe MM ♩ = 88 (MM = Abkürzung für Mälzels Metronom), daß 88 Viertelnoten (bzw. entsprechend mehr kleinere Notenwerte) pro Minute gespielt werden sollen; das entspricht etwa einem Andante. MM ♩ = 208 gibt mit 208 Vierteln pro Minute ein sehr schnelles Tempo an, ein Prestissimo. Zum Vergleich: die normale Pulsfrequenz des Menschen beträgt 60–80 Schläge pro Minute. Als Grundlage der MM-Angaben können statt der Viertelnote auch andere Notenwerte dienen. MM ♪ = 88 ist genau halb so schnell wie MM ♩ = 88; MM 𝅗𝅥 = 88 doppelt so schnell. Wenn solche absoluten Tempobezeichnungen fehlen, müssen die Interpreten das Tempo unter Einbeziehung musikwissenschaftlicher Erkenntnisse und situationsbezogener Überlegungen selbst festlegen.

Tenor (lat.: tenere = halten) heißt die hohe Männerstimme. Ihr Tonumfang reicht von c bis c^2, wobei das Publikum sich am meisten für die höchsten Töne interessiert (das berühmte „hohe C" des Tenors). In der Oper unterscheidet man aufgrund verschiedener Rollen verschiedene Stimmfächer, z.B.: lyrischer Tenor (Tamino in *Die Zauberflöte* von Wolfgang Amadeus Mozart, 1791), jugendlicher Heldentenor (Florestan in *Fidelio* von Ludwig van Beethoven, 1805, oder Max in *Der Freischütz* von Carl Maria von Weber, 1821), schwerer Heldentenor (Siegfried in *Der Ring des Nibelungen* von Richard Wagner, 1869 ff.), Tenor buffo bzw. Spieltenor (David in *Die Meistersinger von Nürnberg* von Richard Wagner, 1868, oder Pedrillo aus *Die Entführung aus dem Serail* von Wolfgang Amadeus Mozart, 1782).
Tenöre üben auf das Opernpublikum eine geradezu magische Wirkung aus. In den Opern des 18. und 19. Jh.s haben sie oft die Rolle des Liebhabers, des tragischen oder glücklichen Helden. Viele Komponisten haben gerade für Tenorrollen besonders anrührende und effektvolle Arien geschrieben.
Die Geschichte des Tenors beginnt in der Kirchenmusik. Tenor (mit Betonung auf der 1. Silbe) hieß im Mittelalter der zentrale Rezitationston bei der psalmodierenden Vortragsweise in der Liturgie (▶ Psalmodie). In der frühen mehrstimmigen Musik,

Placido Domingo als Chevalier des Grieux in Puccinis „Manon Lescaut", 1991

ab dem 13. Jh., war der Tenor die Stimme, die den cantus firmus, also die eigentliche „Melodie“, sang. Seine dominierende Stellung in der für Chor geschriebenen Musik büßte der Tenor im Laufe der Zeit zugunsten des Soprans ein. Im vierstimmigen gemischten Chorsatz ist der Tenor die 3. Stimme; beim Männerchor sind die beiden oberen Stimmen durch Tenöre besetzt.
Bei einigen Instrumentenfamilien wird das Instrument der Mittellage Tenor genannt, so z. B. Tenorblockflöte, Tenorgambe.

tenuto (ital. = gehalten), Abkürzung **ten.** Spielanweisung: die Töne aushalten, wie es ihrem Wert entspricht.

Terrassendynamik ist die plötzliche, stufenweise Veränderung der Lautstärke beim Vortrag eines Musikstücks. Sie entsteht auch durch unterschiedliche Besetzung, z. B. durch den Wechsel von Solist bzw. Solistengruppe (Concertino) und Orchester (Tutti) beim Concerto grosso oder bei Cembalo und Orgel durch Registerwechsel. Terrassendynamik ist charakteristisch für Barockmusik und läßt wenig Gestaltungsmöglichkeiten im Bereich der Dynamik zu. Im Laufe des 18. Jh.s (▶ Vorklassik, Mannheimer Schule) entsteht eine Dynamik der fließenden, stufenlosen Übergänge zwischen leisen und lauten Tonstärkegraden (anschwellend = crescendo, abschwellend = decrescendo).

Terzett (lat.: tertius = der dritte) heißt eine Komposition für drei Sänger mit oder ohne Instrumentalbegleitung. Das Terzett wird bevorzugt verwendet in größeren Werken des Musiktheaters und der Kirchenmusik. Die ausschließlich vokale Bedeutung des Begriffs geht auf das 19. Jh. zurück. Das dreistimmige Instrumentalstück heißt **Trio**. Im 16./17. Jh. werden dreistimmige Vokal- und Instrumentalsätze als **Tricinium** bezeichnet.

Theater und Musik Es gehört zu unseren selbstverständlichen Gewohnheiten, Theater und Sprechbühne gleichzusetzen. Doch ist Theater wesentlich mehr als das gesprochene Theaterstück. Man sieht und hört zugleich im Theater. Wir sehen Bilder, wir hören Stimmen sprechen und singen, wir hören Instrumente erklingen. Theater wirkt optisch und akustisch zugleich.
Musik ist wie Sprache oder Gestik und Mimik eine der ursprünglichsten Ausdrucksformen des Theaters und ihre Beteiligung an theatralen Aufführungen ist schon in den ältesten Kulturen belegt.
Musik erfüllt im Theater verschiedene Aufgaben. Sie begleitet als Instrumentalmusik tänzerische Auftritte (Ballettmusik), dient der Untermalung des Bühnengeschehens oder verbindet Szenen durch Zwischenspiele (Bühnenmusik). Musik erklingt bei Aufmärschen, zum Tanz oder als Tafelmusik. Als Liedeinlage, Couplet oder Chorgesang ist sie als Vokalmusik in das Geschehen eines Sprechstücks eingebunden. Der Bogen der Beteiligung von Musik an theatralen Aufführungen reicht vom kompositorisch eingesetzten Geräusch bis zum Klanginventar eines großen Orchesters. Selbst der Musiker ist üblicherweise Teil der Aufführung. Daß er, den Blicken der Zuschauer entzogen, im Orchestergraben oder hinter der Bühne plaziert wird, ist eher eine Erscheinung der jüngeren Theaterpraxis. Ursprünglich, und in der asiatischen Theaterkultur auch heute noch, gehörte der sichtbare Auftritt des Instru-

mentalisten ebenso zum festlichen Ereignis einer Aufführung wie die Pantomime, der Einzel- oder Gruppentanz, der Schauspieler oder der Akrobat.
In den bunten Wechsel von heroischen, sentimentalen und komischen Szenen einer dem Alltag entrückten Phantasiewelt des Theaters ist die Musik auf verschiedene Weise und umfassend eingebunden. Sie ist ebenso wie Sprache, Aktion und Bühnenausstattung auf eine Gesamtwirkung ausgerichtet. Auch für die enge Verbindung von Musik und Drama, für die Oper, gilt, daß sie mehr ist als nur ein musikalisches Kunstwerk. Sie ist vor allem auch Theater und damit Teil jenes Gesamtkunstwerks, das sich aus verschiedenen Kunstarten (Sprache, Musik, Tanz, Bild, Szene) zusammensetzt. Der sprachliche Text oder die Partitur einer Oper sind, mögen sie für sich betrachtet, einen noch so hohen künstlerischen Rang besitzen, nur Teil jenes Kunstwerks, das als Aufführung entsteht.

Bühnenbild von Wladimir Tatlin zu Wagners „Der Fliegende Holländer", 1915/18

Zudem sind es lebendige Menschen, die auf der Bühne spielen, und die als Publikum die Aufführung erleben. Jede Aufführung ist deshalb ein einmaliges Ereignis und so unwiederholbar. Theater ereignet sich – wie Musik auch – in der Gegenwart einer Aufführung und wird in dieser erst wirklich. Deshalb kann auch die Aufzeichnung und Überlieferung eines Bühnenwerks als Partitur oder Text nur unvollständig sein. Selbst das Regiebuch, das alle szenischen Arrangements, Auftritte und Abgänge der Akteure, Dekoration, die musikalischen Anteile und anderes genau festlegt, ist nicht die Realisierung des Werks als Aufführung. Für die Interpretation eines Musikstücks sind die Noten eine recht weitgehende Vorgabe und Festlegung des Komponisten. Aber auch hier kann die dem Komponisten vorschwebende Realisierung weder verbindlich vorgeschrieben noch vollkommen erreicht werden. Das schon für die musikalische Aufführung entstehende Problem der **Werktreue** trifft für die Bühnenaufführung verstärkt zu. Dirigent und Regisseur sowie die übrigen Beteiligten „vervollständigen" das von Komponist und Autor mit Blick auf die Bedingungen eines Theaters entworfene, im Grunde „unvollständige" Werk. Damit wird die Bedeutung von Komponist und Autor eingeschränkt, deren überragende Stellung als einmalige Schöpfer eines Kunstwerks erst seit etwa dem 18. Jh. unsere Auffassung von Kunst und Kunstwerk beherrscht. Eigentlich ist Theaterkunst aber

eine Gebrauchskunst, bestimmt für die konkrete und aktuelle Situation der Aufführung. Damit wird freilich nicht der Anteil des Festgelegten (Text, Noten, Inszenierung) generell abgewertet, sondern lediglich der Kult des genialen Dichters oder Musikers relativiert. Das Werk als Vorlage für die theatrale Umsetzung zu akzeptieren, bedeutet zugleich, Theaterkunst in ihrem spezifischen Wesen ernst zu nehmen. Dazu gehört überdies auch die Einsicht, daß Theater zunächst und vor allem – neben religiös-kultischen Aufgaben, die es übernimmt – Unterhaltung ist.
Bedenkt man, wie vielfältig gerade die Verbindung von Musik und Theater im Bereich der Unterhaltung bis heute ist, so wird deutlich, daß z.B. Oper und Musikdrama eher Sondererscheinungen sind. Wir sehen in ihnen heute die herausragenden, hohen Maßstäben genügenden Kunstwerke, während sie ursprünglich der Unterhaltung an den Höfen des Adels dienten.
Unterhaltungstheater für ein Massenpublikum ist häufig genug auch musikalisches Theater. Da spannt sich der Bogen von der schaurig-schönen Vorstadtunterhaltung des Melodrams in den Metropolen des 18. und 19. Jh.s, in Paris und London, bis hin zu den Operetten- und Musicaltheatern der Gegenwart. Musikalische Unterhaltung gehört zu den Attraktionen der Music Hall ebenso wie zu den verschiedenen Tanz-, Ballett- und Revuedarbietungen der verschiedenen Epochen. Höfische Feste des 17. Jh.s am Hofe des Sonnenkönigs Ludwig des XIV. in Versailles oder am Hofe des Preußenkönigs Friedrich des Großen im Potsdamer Schloß Sanssouci verzichteten ebenso wenig auf musikalisch-theatrale Inszenierungen wie proletarische Maifeiern oder patriotisch-nationale Feste im Deutschen Kaiserreich von 1871–1918. Theater und Musik verbinden sich in den Aufführungen der Kleinkunstbühne, im Varieté oder im Kabarett ebenso wie bei den Aufmärschen und Demonstrationen politischer Macht, die totalitäre Staaten mit großem Pomp und überdimensionalen Straßenkulissen zu ihrer Selbstdarstellung inszenieren.
Der Antrieb zum Theaterspiel gründet sich u.a. auf so elementaren Bedürfnissen des Menschen wie Spielen, Nachahmen, Darstellen, Verwandeln und magische Beschwörung. Kein Wunder, daß in die „Spielräume" der Theaterkunst immer wieder und an zentraler Stelle Musik als Darstellungsmedium und Ausdrucksform eingebunden ist. Musik und Theater sind nicht zuletzt deshalb auch in pädagogischen Bereichen von großer Bedeutung, sind doch Erziehungs- und Lernprozesse intensiv und erfolgreich mit musikalisch-spielerischen und theatralen Erfahrungen bei Kindern und Jugendlichen zu gestalten (▶ Kindermusiktheater).

Timbales (span.) sind zylindrische Trommeln aus Metall mit einem Fell, das in der Tonhöhe regulierbar ist. Sie stammen aus Kuba und werden daher auch timbales créoles oder timbales cubani genannt. Timbales sind meist paarweise auf einem Ständer angebracht, wobei die größere, tiefere Trommel links plaziert wird. Sie werden mit Schlägeln (Timbalesstäben) angeschlagen.

Timing (engl.: time = Zeit) 1. In der Jazz- und Rockmusik Ausdruck für das Zeitgefühl beim Spielen, z.B. bedeutet „gutes Timing", daß das rhythmische Zusammenspiel gut klappt. 2. In der Computertechnik allgemeine Bezeichnung für das Zeitverhalten von Maschinen, z.B. bei der Steuerung mehrerer Maschinen über gemeinsame Zeitsignale (Time-Code). Auch die Zeitgestaltung eines Musikstücks durch den Computer gehört zum Timing. Ein Stück kann durch die Bearbeitung seines Timings eine spezielle rhythmische Ausprägung erhalten, z.B. unter Verwendung von **Human-Feeling**-Funktionen (engl. = menschliches Fühlen) bei Schlagzeug-Automaten, die durch „menschliche" Unregelmäßigkeiten das starre Zeitverhalten einer Computeraufnahme auflockern.

Tingeltangel ist die in Berlin aufgekommene saloppe Bezeichnung für die Singhallen, die sich in der zweiten Hälfte des 19. Jh.s nach dem Vorbild der englischen ▶ Music Halls und der Pariser Konzert-Cafés auch in Deutschland etablierten. Ihre Programme boten eine bunte Mischung von Liedern, komischen Wort- und Gesangsnummern, Tanzdarbietungen – alles, was zur vordergründigen Unterhaltung tauglich schien. So wurde auch bald das Wort Tingeltangel gleichbedeutend mit billigem Amüsierbetrieb.

Tin Pan Alley (amerik. = Blechpfannenallee) Um 1900 residierte ein großer Teil der amerikanischen Musikverlage in der 28th Avenue in New York, in der Nähe des Broadway. Wenn ein aufmerksamer Mensch durch die Straße ging, konnte er aus den geöffneten Fenstern der Verlagsbüros das Geklimper der Klaviere hören, auf denen Musiker den Verlegern ihre neusten Produkte vorspielten. Dem Komponisten Monroe H. Rosenfeld klang dies wie das Scheppern von Blechpfannen in den Ohren, und er machte sich im Jahre 1900 öffentlich darüber lustig. Seitdem wurde der Begriff Tin Pan Alley zum Synonym für die amerikanische Musikindustrie der ersten vier Jahrzehnte des 20. Jh.s, und die von ihr veröffentlichten Schlager wurden als Tin-Pan-Alley-Songs bezeichnet. Die Verlage der Tin Pan Alley vertrieben vor allem Notendrucke, die sogenannte Sheet Musik (sheet = Blatt). Rekordauflagen der populärsten Songs überschritten nicht selten die Millionengrenze.

Toccata (ital.: toccare = berühren, treffen) heißt im 16.–18. Jh. eine Gattung der Instrumentalmusik, insbesondere für Tasteninstrumente. In Toccaten zeigen die Komponisten die technischen Möglichkeiten der damals immer weiter perfektionierten Tasteninstrumente (Orgel, Cembalo, Klavier) und die Musiker ihr Können. Die Toccata ist frei in der Form und wirkt wie improvisiert. Akkordische Partien stehen neben Läufen und brillantem Rankenwerk aus Verzierungen, homophone Teile stehen neben ▶ Fugato-Abschnitten, die Tempi wechseln häufig.

Tombeau (franz. = Grab, Grabmal) heißt in der Barockzeit (17./18. Jh.) ein Stück für Tasten- oder Zupfinstrumente, das zu Ehren eines verstorbenen Königs, Musikers oder eines anderen bedeutenden Zeitgenossen komponiert wurde. Die Widmung ist jeweils im Titel des Werkes angegeben.

Tomtom (Tom Tom) ist ein Schlaginstrument chinesischer Herkunft. Es besitzt zylindrische Holzzargen und ein oder zwei in der Tonhöhe regulierbare Felle. Im Jazz oder in der Rockmusik werden häufig mehrere Tomtoms zusammengefaßt, entweder als Stand-Toms auf eigenem Ständer oder als Hänge-Toms in Verbindung mit der Großen Trommel. Sie werden mit Holzschlägeln gespielt.

Ton 1. In der Akustik versteht man unter Ton eine einzelne harmonische Schwingung, z.B. einen Sinuston (▶ Schwingungsformen), wie er annäherungsweise von einer Stimmgabel erzeugt wird, im Unterschied zum ▶ Klang, der ein Schwingungsgemisch ist. 2. In der Musiktheorie bedeutet Ton ein Gemisch von harmonischen Schwingungen. In der Akustik wird dies als „Klang“ bezeichnet. Beim ▶ Geräusch ist das Schwingungsgemisch so beschaffen, daß eine feste Tonhöhe nicht zu erkennen ist (z.B. bei Schlaginstrumenten).

Tonalität Allgemeine Eigenschaft einer Musikart, in der eine Rangfolge der Töne und Klänge besteht. Es gibt einen Grundton, der als tonales Zentrum definiert ist, und zu dem alle anderen Tönen in ein bestimmtes Verhältnis treten. In der Musik von etwa 1600–1900 ist dies der Grundton der jeweiligen Dur- oder Moll-Tonart. Er bildet das tonale Zentrum (Tonika oder 1. Stufe einer Tonleiter) und zusammen mit der Subdominante (4. Stufe) und Dominante (5. Stufe) eine ▶ Kadenz (▶ Harmonielehre). Die 7. Stufe der Dur-Tonleiter heißt ▶ Leitton, weil sie zur Tonika hinleitet. In der ▶ Atonalität sind alle Töne und Akkorde gleichwertig und nicht auf ein tonales Zentrum bezogen.

Toningenieur (engl. = Audio Engineer) Der Toningenieur oder Tonmeister ist im technisch-künstlerischen Bereich bei der elektroakustischen Aufnahme und Übertragung tätig, z.B. beim Funk, beim Fernsehen oder in der Schallplattenbranche. Obwohl der Begriff Toningenieur auch auf Prüf-, Meß-, Schalt- und Entwicklungstätigkeiten im Audiobereich angewendet wird, ist das typische Merkmal des Toningenieur-Berufes seine Mittlerstellung zwischen Kunst und Technik.

Tonleiter Anordnung von aufeinanderfolgenden Tonschritten. Grundlegend für die abendländische Musik des 17. bis 19. Jh.s sind die Dur- und Moll-Tonleitern. Sie bestehen aus der Anordnung von Halb- und Ganztonschritten. Daneben gibt es aber auch seltener gebrauchte Tonleitern wie die **pentatonische** (= fünftönige) Tonleiter. Eine Tonleiter, die nur aus Halbtonschritten besteht, heißt ▶ chromatische Tonleiter. Im Jazz spielen u.a. die Blues-Tonleiter und die Ganzton-Halbton-Tonleiter eine besondere Rolle.

Totentanz Das Bild des Todes, der zum Tanz aufspielt, stammt aus dem Spätmittelalter und existiert bis heute in Literatur, Kunst und Musik. Als zyklische Dichtung gestaltet, betont der Totentanz die Gleichheit der Stände vor dem Tod. Bevorzugtes Darstellungsmittel ist der Dialog zwischen Toten und Tod. Seine Wurzeln liegen in abergläubischen Vorstellungen vom Tanz der Toten auf ihren Gräbern um Mitternacht, die noch Johann Wolfgang Goethe in

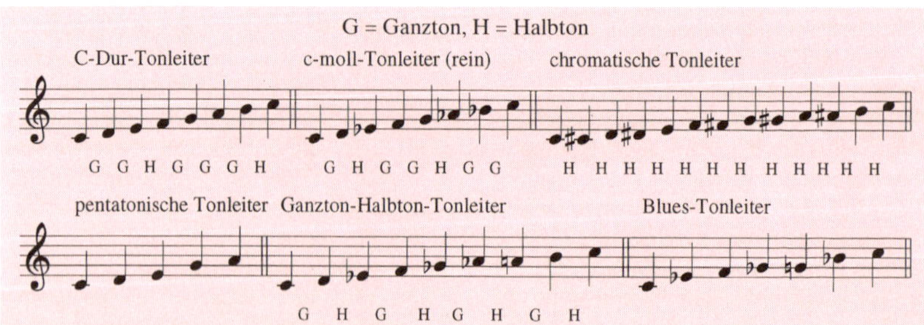

seiner Ballade *Der Totentanz* (1813) beschrieben hat. Anlaß zu Totentanz-Werken gaben auch die Schrecken der im 14. Jh. in Europa wütenden Pest. Seit dem 15. Jh. sind Totentanztexte mit bildlicher Darstellung überliefert (*Totentanz-Alphabet*, 1524, von Hans Holbein d. J.), seit dem 16. Jh. auch in musikalischer Gestaltung. Im Jahr 1849 komponierte Franz Liszt einen Totentanz für Klavier und Orchester (*Paraphrase über „Dies irae"*) in Anlehnung an die Form eines Bilderzyklus. Als Sinfonische Dichtung gestaltete Camille Saint-Saëns das Thema in *La danse macabre* (1874).

Traditional (engl.; Abk. **trad.**) ist eine häufig bei Liedern, vor allem Volksliedern, zu findende Angabe. Sie besagt, daß das Lied über längere Zeit überliefert wurde, wobei der Verfasser des Liedes bzw. der Melodie meist unbekannt ist.

tranquillo (ital.) Vortragsanweisung: ruhig, gelassen spielen.

Transkription (lat.: transcribere = über-, umschreiben) 1. Bezeichnung für die Übertragung eines Musikstücks in eine andere Besetzung, z.B. eines Orchesterwerkes in ein Klavierstück. Der Begriff wurde erstmals von Franz Liszt in den 30er Jahren des 19. Jh.s für seine Übertragungen von Liedern Franz Schuberts für Klavier verwendet.
2. Von Transkription spricht man auch, wenn Musikstücke aus einer alten Notenschrift in die heutige übertragen werden.
3. Bei nicht schriftlich überlieferter Musik, z.B. Folklore oder alten Plattenaufnahmen von Blues und Jazz, verwendet man den Begriff für die Umsetzung des Gehörten in Notenschrift.

transponieren (lat. = versetzen) nennt man das Versetzen eines Musikstücks in eine andere Tonart unter Beibehaltung aller Intervallverhältnisse und sonstiger Bestimmungsmerkmale. Transponieren ist z.B. notwendig, um ein Sololied den verschiedenen Stimmlagen von Sängern anzupassen. Eine Reihe von Instrumenten (vornehmlich Blasinstrumente) werden transponierend notiert, d.h. in der Notenschrift stehen andere Töne als tatsächlich erklingen (▶ Transponierende Instrumente).

Transponierende Instrumente nennt man Instrumente, die in einer anderen Tonhöhe notiert werden als sie tatsächlich erklingen. Das betrifft vor allem Blasinstrumente, die häufig eine Naturskala besitzen, deren Grundton ein anderer als C ist. Bei der Notierung wird der jeweilige Grundton des Instruments (bei Klarinetten z.B. A oder B) stets als C notiert. Für den Spieler bedeutet das eine Erleichterung, vor allem dann, wenn er zwischen mehreren Instrumenten eines Typs mit unterschiedlicher Stimmung wechseln muß (z.B. Horn in F oder in Es): Die Griffweise der einzelnen Stufen der jeweiligen Skala bleibt gleich. In der Partitur sind Klarinetten, Trompeten, Hörner, Saxophone usw. jeweils in anderen Tonarten notiert, die sich aus dem Unterschied zwischen der Tonart des vorliegenden Musikwerks und den Stimmungen der jeweiligen Instrumente ergeben.
Einige Instrumente werden eine Oktave höher bzw. tiefer notiert als sie klingen: die Piccoloflöte tiefer, der Kontrabaß höher. Damit wird die Notierung vereinfacht, d.h. es werden Hilfslinien eingespart, die in zu großer Zahl die Lesbarkeit erschweren.
(Vgl. Übersicht auf der folgenden Seite.)

Tremolo (ital. = zitternd) heißt die sehr schnelle und gleichmäßige Wiederholung des gleichen Tons durch Bogenwechsel bei Streich-, mit Flatterzunge bei Blas- und als Wirbel bei Schlaginstrumenten; beim Klavier durch schnellen und stetigen Wechsel zweier Töne einer Oktave oder mehrerer

Transponierende Instrumente

Stimmung	Instrumente	Transposition a) ausgehend von Notierung b) ausgehend vom Klang	Ton c' (Klang) wird notiert
in C (hoch)	Piccoloflöte, Glockenspiel, Celesta	a) Klang eine reine Oktave höher b) Notierung eine reine Oktave tiefer	c
in Es (hoch)	Kleine Klarinette	a) Klang eine kleine Terz höher b) Notierung eine kleine Terz tiefer	a
in D (hoch)	Kleine Trompete	a) Klang eine große Sekunde höher b) Notierung eine große Sekunde tiefer	b
in C	alle nichttransponierenden Instrumente (z. B. Violine, Klavier, Flöte, Posaune u. a.)	a) Klang wie Notierung b) Notierung wie Klang	c'
in B	Trompete, Flügelhorn, Klarinette, Sopransaxophon	a) Klang eine große Sekunde tiefer b) Notierung eine große Sekunde höher	d'
in A	Klarinette	a) Klang eine kleine Terz tiefer b) Notierung eine kleine Terz höher	es'
in G	Altflöte	a) Klang eine reine Quarte tiefer b) Notierung eine reine Quarte höher	f'
in F	Horn, Englischhorn	a) Klang eine reine Quinte tiefer b) Notierung eine reine Quinte höher	g'
in Es	Altsaxophon, Horn, Althorn, Es-Trompete	a) Klang eine große Sexte tiefer b) Notierung eine große Sexte höher	a'
in C (tief)	Gitarre, Laute, Baßgitarre, Kontrabaß, Kontrafagott	a) Klang eine reine Oktave tiefer b) Notierung eine reine Oktave höher	c''
in B (tief)	Tenorhorn, Tenorsaxophon, Baßklarinette, Baßtrompete	a) Klang eine große None tiefer b) Notierung eine große None höher	d''
in Es (tief)	Baritonsaxophon	a) Klang eine große Terzdezime tiefer b) Notierung eine große Terzdezime höher	a''

Töne eines Akkords. Ein Tremolo kann rhythmisch exakt notiert sein, es kann aber auch frei – und dann so schnell wie möglich – ausgeführt werden. Mit dem Tremolo kann man den einzelnen Ton ausdrucksvoller gestalten oder auch das Verklingen von Tönen bzw. Akkorden hinausschieben, wie z.B. im Boogie Woogie-Klavierstil.

Trepak Der russische Kosakentanz wurde vor allem durch Peter Tschaikowskys Ballettmusik *Der Nußknacker* (1892) bekannt. Der Trepak steht in sehr schnellem Zweiertakt.

Tresillo (span.) heißt eines der beiden charakteristischen Rhythmusmodelle der lateinamerikanischen Tanzmusik. Er findet sich z. B. in der ▶ Samba, der ▶ Rumba und dem ▶ Mambo. Der 4/4-Takt wird hier in 3 Zählzeiten aufgegliedert, die allerdings nicht, wie bei der Triole, genau gleich lang sind, sondern 2 mal 3 Achtel und 1 mal 2 Achtel (= 2 punktierte Viertel und einen Viertelwert) enthalten.

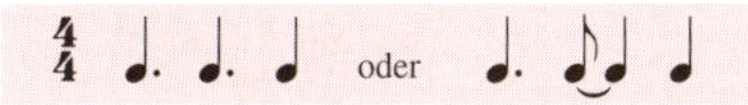

Triangel (lat. = Dreieck) ist ein idiophones (selbstklingendes) Schlaginstrument in Form eines als gleichseitiges Dreieck gebogenen Stahlstabs, der an einem Faden aufgehängt und mit einem Metallstab angeschlagen wird. Der durch Einzelschlag oder als Wirbel erzeugte Ton ist klirrend und durchdringend scharf, in der Tonhöhe nicht bestimmbar und wird seit dem 18. Jh. im Orchesterklang für seltene und spezielle Effekte verwendet.

Triole heißt eine Folge von drei Tönen gleicher Länge, die für zwei oder vier Töne des gleichen Zeitwertes stehen. Die Triole wird durch eine Klammer und die kleine Ziffer 3 gekennzeichnet.

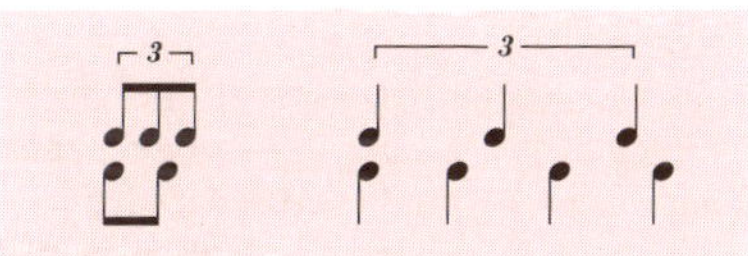

Trommel ist der Oberbegriff für Schlaginstrumente mit Fell (Membranophone). Trommeln sind in der Regel nicht auf präzise Tonhöhen einstellbar. Sie können einoder zweifellig sein (d.h. nur oben oder oben und unten ein Fell haben), hohe oder flache zylinderförmige Zargen (Seitenwände) aus Holz oder Metall besitzen, einzeln oder zu Paaren kombiniert verwendet werden. Es gibt Trommeln mit Schnarrsaiten, die beim Spielen mitschwingen (z.B. die Snare Drum) und solche mit Schellen, ferner Trommeln, die mit Schlägeln und solche, die mit der Hand geschlagen werden. Die **Kleine Trommel** oder **Snare Drum** (engl.) stammt aus der Militärmusik. Sie hat zylindrische Zargen und zwei Felle (ein Schlag- und ein Resonanzfell). Schnarrsaiten aus Darm oder Metall, die bei jedem Schlag mitschwingen, hellen den Klang auf und verleihen ihm seine charakteristische Farbe. Die Größe der Kleinen Trommel ist je nach Verwendung (im Konzert, in der Militärmusik, im Jazz) unterschiedlich; im Durchschnitt beträgt ihr Durchmesser 35 cm und ihre Höhe 10 cm. Die Zargen bestehen in der Regel aus Metall, das Fell aus Kunststoff. Die Kleine Trommel wird mit Holzschlägeln geschlagen.

Die **Große Trommel** ist das größte Trommelinstrument im Orchester. Auch ihre Größe schwankt je nach Verwendungszweck; die Konzerttrommel kann 100 cm Durchmesser bei 56 cm Höhe erreichen. Die Spielweise ist je nach Trommeltyp verschieden. Die Konzerttrommel ist senkrecht auf einem Ständer angebracht und wird mit einem oder zwei Schlägeln mit Holz- oder Filzkopf von beiden Seiten angeschlagen. Die Militärtrommel wird meist nur mit einem Filzschlägel gespielt. Die

Jazztrommel bzw. die Bass Drum der Rockmusik (▶ Drums), wird mit Hilfe einer Pedalmechanik mit dem rechten Fuß gespielt (Fußmaschine).

Trompete (franz.) ist ein Blechblasinstrument mit Kesselmundstück. Ihr Rohr ist mehrfach gebogen, oben zylindrisch, nach unten hin zunehmend konisch geformt. Die Trompete besitzt ein mittelgroßes Schallstück (Stürze) und drei Ventile (Zylinder- oder Pumpventile). Sie ist in der Regel in B gestimmt und wird transponierend notiert (▶ Transponierende Instrumente). Ihr Tonumfang reicht von e bis c^3, bei der Jazztrompete etwas höher. Ferner gibt es Trompeten in C, F und Es sowie solche in hoch B (Clarino) und Baßtrompeten in Es, C oder B.
Die Geschichte der Trompete reicht bis in die Antike zurück. Dort gab es vor allem hölzerne Vorformen der Trompete. In Europa wurde im Mittelalter als erstes Blechblasinstrument die **Busine** gebaut. Das Instrument mit langgestrecktem Rohr und tellerförmigem Schallstück ist die Vorläuferin von Trompete und ▶ Posaune. Zunächst waren auf den frühen Trompetenformen nur die Naturtöne spielbar (▶ Naturtonreihe). Ein solches Instrument bezeichnet man als **Naturtrompete**.
Im Mittelalter war die Trompete Signal- und Militärinstrument und wurde auch für Tanzmusik eingesetzt. Im 15. Jh. wurde die Trompete – gemeinsam mit der Pauke – zum Instrument der Hofmusik; dort erhielt sie den privilegierten Rang eines höfischen Repräsentationsinstruments. In der Redewendung „mit Pauken und Trompeten" ist die Erinnerung an diese herausgehobene Stellung erhalten geblieben.
Um die technischen Möglichkeiten der Trompete zu verbessern, wurde viel experimentiert, bis sie um 1830 mit der Einführung der Ventile zu einem vollchromatischen Instrument wurde (alle Halbtöne waren nun spielbar). Virtuose Solokonzerte und kunstvolle Sätze für mehrere Trompeten, die seit dem 17. Jh. geschrieben wurden, sind auf der Ventiltrompete ohne klangliche Abstriche spielbar. Die berühmtesten Konzerte stammen von Joseph Haydn (1796) und Johann Nepomuk Hummel (1803). Im Orchester bilden die Trompeten mit ihrem strahlenden, kraftvollen Klang seit Mitte des 19. Jh.s das hohe Register der Blechblasinstrumente.
Auch im Jazz spielt die Trompete eine wichtige Rolle. Berühmte Trompeter wie Louis Armstrong, Dizzy Gillespie oder Miles Davis wirkten mit ihrer individuellen Tongebung stilprägend. Die verschiedenen Formen von Dämpfern werden im Jazz zur Gestaltung der Klangfarbe intensiv genutzt. Auch in der Tanzmusik des 20. Jh.s sowie im Schlager und in der volkstümlichen Musik tritt die Trompete immer wieder in den Vordergrund.

Trumscheit (althochdeutsch) heißt ein Streichinstrument, das im 15.–18. Jh. in Deutschland verbreitet war. Es besteht aus einem sich nach unten verbreiternden hölzernen, etwa 2 m langen Korpus mit einer einzigen Saite, die über einen Steg geführt ist. Dieser Steg ist nur einseitig auf dem Korpus befestigt. Beim Spiel auf der Saite wird der freie Fuß des Stegs in Schwingung versetzt und schlägt auf die Decke des Instruments. Dadurch entsteht ein schnarrender, trompetenähnlicher Ton. Das Instrument wurde besonders häufig von Frauen gespielt. Da für Frauen bis ins 19. Jh. hinein

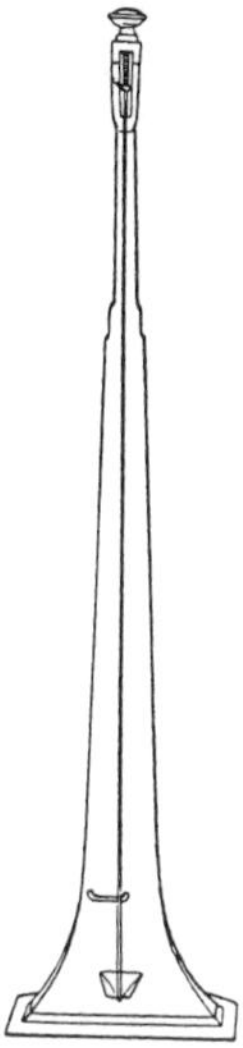

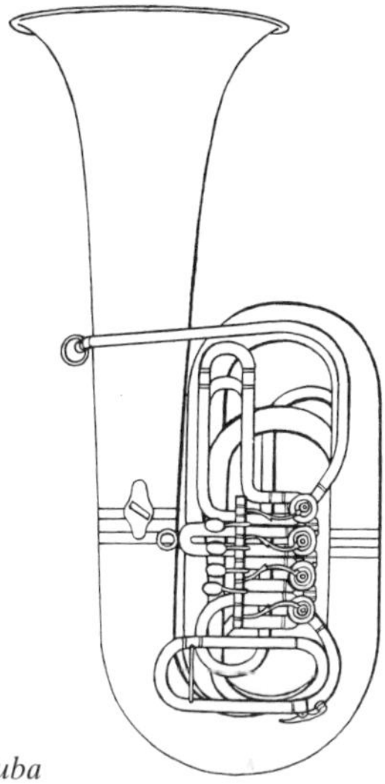

Tuba

das Spiel von Blechblasinstrumenten als unschicklich galt, benutzten Musikerinnen das Trumscheit als Trompeten-Ersatz. So erhielt das Instrument auch den Spitznamen „Nonnengeige“.

Tuba Das Instrument zählt zur Familie der Bügelhörner (Blechblasinstrumente), der auch das Flügelhorn, das Althorn, das Tenorhorn und das Baritonhorn angehören. Bügelhörner sind weit mensuriert (sie haben Rohre mit großem Durchmesser), konisch (die Rohre werden nach unten hin breiter) und haben ein becherförmiges Mundstück. Die Tuba hat ein länglich gebogenes, mehrfach gewundenes Rohr mit 3–5 Ventilen, den Vorrichtungen zur Steuerung des Luftstroms. Ihre Stürze (Schalltrichter) wird beim Spielen nach oben gehalten. Im Sinfonieorchester tritt die Tuba als **Baßtuba** in F auf; eine weitere Bauform, auf Es gestimmt, findet man häufig in Blaskapellen: das **Bombardon**. Noch tiefer als die Baßtuba klingt die **Kontrabaßtuba**. Eine Sonderform der Kontrabaßtuba ist der **Kaiserbaß** mit besonders weiter Mensur und sehr breiter Stürze. Das **Sousaphon**, benannt nach dem amerikanischen Komponisten John

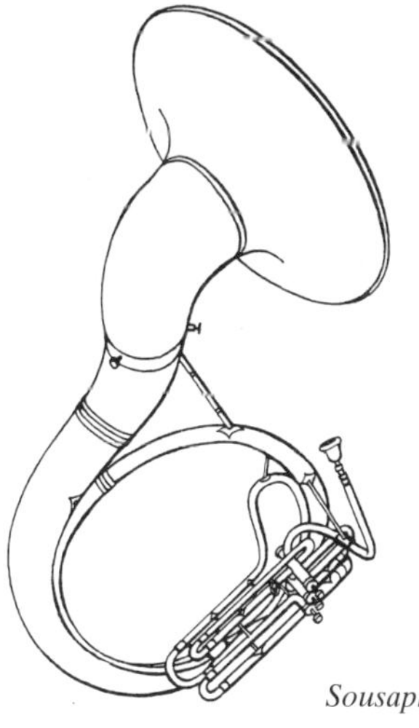

Sousaphon

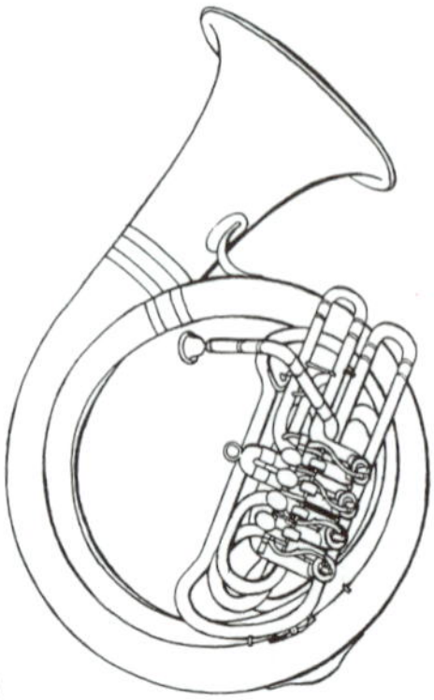

Helikon

Philip Sousa, ist eine Baßtuba zum Umhängen mit kreisrund gebogenem Rohr und extrem breiter Stürze, die in amerikanischen Militärkapellen verwendet wird. Das **Helikon** wird ebenfalls umgehängt und kann beim Marschieren gespielt werden; es hat eine engere Mensur und eine weniger breit ausladende Stürze als das Sousaphon. Die **Wagnertuba** ist eng mensuriert und dient vor allem in Werken von Richard Wagner, auf dessen Anregung hin sie gebaut wurde, als Baß der Hörner im Orchester.

Turmmusik wird von den Türmen der Stadttore, Kirchen und Rathäuser herab zu bestimmten Tageszeiten und Anlässen von Blechbläsern gespielt. Die Tradition reicht bis ins Mittelalter zurück. Damals waren die bei den Städten angestellten Turmbläser oder Stadtpfeifer für die Turmmusik verantwortlich. Sie spielten Signale, Fanfaren, aber auch spezielle Kompositionen für die verschiedenen Bläserbesetzungen. Neben Blechblasinstrumenten wurden auch Rohrblattinstrumente wie Schalmeien und Krummhörner eingesetzt, die wegen ihres durchdringenden Klanges für Freiluftmusik sehr geeignet sind.

Twist (engl. = drehen, winden) kam als Modetanz um 1960 nach Deutschland. Er wird auf Rock'n'Roll-Musik getanzt, wobei der 4/4-Takt in gleichmäßige Achtel unterteilt ist. Typisch für den Twist sind die Bewegungen: Es ist ein Einzeltanz (seinerzeit noch unüblich) mit individuellen Tanzbewegungen. Festgelegt als Grundfigur des Twist ist im wesentlichen nur die drehende, wackelnde Beckenbewegung bei leicht gebeugten Knien.

U

Übersteuerung Wird ein elektrischer Verstärker mit einem überhöhten Eingangssignal, etwa einem Ton von sehr großer Lautstärke, angesteuert, tritt Übersteuerung ein. Sie äußert sich bei Sprach- und Musikverstärkern in hörbaren Verzerrungen und Klangänderungen. Diese können im Falle von ▶ Effektgeräten gewollt sein, z. B. um den Klang einer E-Gitarre zu intensivieren. Um Übersteuerung zu verhindern, muß der Tontechniker entweder die Größe des Signals (engl. = **level**) und den Spitzenausschlag (engl. = **peak**) eines Pegelmessers überwachen, um per Hand die Lautstärke nachzuregeln oder er setzt automatische **Begrenzer** (engl. = **limiter**) ein.

Ukulele heißt ein Zupfinstrument aus Hawaii: eine kleine Gitarre mit vier Stahlsaiten. Die Saiten der Ukulele werden mit einem Metallstab verkürzt und mit einem Metallplektrum angerissen; daher klingt das Instrument etwas blechern, scheppernd und dünn. Ursprünglich aus Portugal stammend, wurde die Ukulele in der Volks- und Tanzmusik Hawaiis heimisch und fand seit den 20er Jahren auch in der amerikanischen Unterhaltungsmusik ihren Platz. Weltberühmt wurde das Instrument durch den Film *Manche mögen's heiß* mit Marilyn Monroe (1958).

Umkehrung bedeutet, melodisch gesehen, die Spiegelung eines Melodieverlaufs mit allen seinen Tönen und Intervallen um eine gedachte horizontale Achse. Alles, was beispielsweise in der Originalgestalt aufwärts gerichtet ist, verläuft in der Umkehrung abwärts. Umkehrung in diesem Sinne ist vor allem in polyphoner Musik, also z. B. in der ▶ Fuge gebräuchlich, kommt aber auch in der motivisch-thematischen Arbeit, etwa in der Durchführung eines Sonatenhauptsatzes der Wiener Klassik, vor. Auch in der Musik des 20. Jh.s spielt die Umkehrung eine Rolle. In der ▶ Zwölftonmusik ist die Umkehrung eine der vier möglichen Formen der Reihe.
Umkehrung eines Intervalls bedeutet, daß ein Ton in die obere oder untere Oktave versetzt wird. Dabei wird die Quint zur Quart, die Sexte zur Terz usw. (komplementäre Intervalle). Auch Akkorde können umgekehrt werden. Dies geschieht, indem man abwechselnd diejenigen Töne eines Dreiklangs oder eines Septakkordes, die nicht Grundton des Akkords sind, zum Baßton (unterster Ton des Akkords) macht (▶ Harmonielehre).

Unisono (ital. = Einklang) nennt man die Parallelführung aller Stimmen eines Musikstücks auf einem Ton oder im Abstand einer oder mehrerer Oktaven. Komponisten des 18. und 19. Jh.s setzten das Unisono häufig ein, um einer Stelle besonderes Gewicht zu verleihen. Oft findet man es am Anfang eines Satzes zur Vorstellung der Themen, oder auch am Ende, um eine besondere Schlußwirkung zu erzielen. Berühmte Unisono-Anfänge finden sich in der Serenade *Eine kleine Nachtmusik* (1787) von Wolfgang Amadeus Mozart und in der *5. Sinfonie* (1808) von Ludwig van Beethoven.

Urheberrecht Das Urheberrecht garantiert dem Schöpfer eines Werkes der Literatur, Musik, Wissenschaft und Kunst Schutz und regelt dessen ideelle und materielle Interessen. Als Werk gilt jedes individuelle geistige Produkt auf dem Gebiet der Kultur, hierzu zählen im weiteren Sinne auch Bauwerke, Filme, Fotografien, Werke der Tanzkunst und des Theaters oder technische Darstellungen wie Karten, Tabellen u. a. Die Werke sind geistiges Eigentum des Urhebers. Aus diesem Eigentumsrecht resultiert der Anspruch des Urhebers, für jede Nutzung seines Werks ein Entgelt zu bekommen. Die Bestimmungen des Urheberrechtsgesetzes gelten für alle geschützten Werke, somit auch für Musikwerke.
Das Urheberrecht schützt im **Urheberpersönlichkeitsrecht** den Urheber in seinen geistigen und persönlichen Beziehungen zum Werk. Hierzu gehören z. B. das Recht, Entstellungen des Werks zu verbieten und das Recht auf Nennung seines Namens. Andererseits dient das Urheberrecht auch dem Schutz der materiellen Interessen

des Urhebers. Es regelt die Verwertungsrechte (das Recht auf Nutzung des Werks). Das **Verwertungsrecht** umfaßt das Recht auf Vervielfältigung, Verbreitung, Aufführung, Bearbeitung, Übersetzung und Übertragung auf Tonträger. Das Urheberrecht ist vererbbar. Es gilt zu Lebzeiten des Urhebers und erlischt 70 Jahre nach seinem Tod. Diese Zeitspanne nennt man Schutzfrist. Nach Ablauf dieser Frist ist das Werk gemeinfrei. Es kann nunmehr verwertet werden, ohne daß dem Urheber (oder seinen Erben) eine Vergütung bezahlt werden muß.
Ein Künstler ist in der Regel nicht imstande, seine Werke wirtschaftlich selbst zu verwerten. Er überträgt deshalb einem (Musik-)Verlag oder einer Verwertungsgesellschaft die Wahrnehmung der Nutzungsrechte. In Deutschland werden vor allem Aufführungs-, Sende- und Vervielfältigungsrechte von der ▶ GEMA (Gesellschaft für musikalische Aufführungs- und mechanische Vervielfältigungsrechte) verwaltet. Die GEMA zieht im Auftrag ihrer Mitglieder (Komponisten, Textdichter, Verleger, Arrangeure) die bei meldepflichtigen öffentlichen Aufführungen (z.B. Konzert, Kino) fällig werdenden Gebühren ein und rechnet sie nach einem festgelegten Schlüssel ab. Der Urheber erhält als Vergütung die ▶ Tantieme.
Im Zusammenhang mit den Aufführungsrechten entsteht bei der Weiterverwertung in anderen Medien (z.B. Sendung von Tonträgern im Hörfunk und Fernsehen, Video oder Film) das Problem des rechtlichen Schutzes von Interpreten (Musiker, Schauspieler, Dirigent, Regisseur) oder Schallplattenfirmen als den weiteren Urhebern einer Aufführung. Das Urheberrechtsgesetz enthält zu dieser Frage keine Bestimmungen. Es gelten statt dessen die wenig präzisen **Leistungsschutz-Rechte**, deren Wahrnehmung bei der Gesellschaft zur Verwertung von Leistungsschutzrechten (**GVL**) liegen.
Das derzeit gültige Urheberrecht in Deutschland beruht auf einem Gesetz von 1965, das 1973 und 1985 den jeweiligen aktuellen Entwicklungen (z.B. der starken Zunahme des Kopierens) angepaßt (novelliert) wurde. Es ist auf internationaler Ebene abgestimmt mit dem Welturheberrechtsabkommen von 1952 und der sogenannten Berner Übereinkunft von 1886 (revidiert 1967). Nach dem Welturheberrechtsabkommen wird ein Werk bei seiner ersten Veröffentlichung mit dem sogenannten **Copyright**-Vermerk, das ist eine Verbindung des Zeichens © mit dem Namen des Inhabers des Urheberrechts und der Jahreszahl der ersten Veröffentlichung, geschützt. Die Bezeichnung Copyright stammt aus dem angloamerikanischen Urheberrecht und galt bis 1978 in den USA als Nachweis dafür, daß ein Werk beim Copyright-Register in Washington gemeldet war. Eine solche Registrierung existiert jedoch heute nicht mehr. Im Zuge der Entwicklung eines Vereinten Europas werden weitere Novellierungen des Urheberrechtsgesetzes erforderlich werden.
Verstöße gegen das Urheberrecht können zivilrechtlich und strafrechtlich verfolgt werden.

Urheberrecht und soziale Stellung des Komponisten

Entstehung und Entwicklung des Urheberrechts hängen eng zusammen mit Veränderungen der gesellschaftlichen Rolle des **Komponisten** seit dem 18. Jh. Solange

der Komponist in den höfischen oder kirchlichen Dienst als Hofkomponist, Kirchenmusiker oder Kantor fest eingebunden war, war seine kompositorische Arbeit zwar von den Wünschen und dem Geschmack seines Dienstherrn, einem weltlichen oder kirchlichen Fürsten, abhängig, auch von dessen Wohlwollen und Gnade, gleichwohl garantierte die feste Anstellung seinen Lebensunterhalt. Mit den gesellschaftlichen Umwälzungen des 18. Jh.s (Französische Revolution, 1789), der Abschaffung der Herrschaft des Adels und mit dem Freiheitsanspruch des Bürgertums veränderte sich auch die gesellschaftliche Stellung des Künstlers.
Kunst, Literatur und Musik dienen im 18. Jh. zunehmend der Selbstfindung des Bürgertums und werden zum Sprachrohr der neuen Entwicklungen. Nicht mehr länger wollen die Künstler mit ihren Werken zur Verherrlichung höfischer Prachtentfaltung oder zum Amüsement einer aristokratischen Gesellschaft beitragen. Auf seine Individualität und auf die Freiheit seines künstlerischen Ausdrucks pocht nunmehr auch der Musiker. Mit welchen Schwierigkeiten die Befreiung aus der Zwangsjacke eines künstlerisch und sozial einengenden Hofdienstes verbunden war, belegt die Lebensgeschichte Wolfgang Amadeus Mozarts. 1781 kündigt er dem Salzburger Erzbischof den Dienst auf und übersiedelt als freier Künstler nach Wien.
Als freier Künstler muß sich der Komponist auf die Gesetze eines in dieser Zeit sich rasch entwickelnden Musikmarktes einlassen. Er muß seine Werke verkaufen in Form von öffentlichen Konzerten, gedruckten Noten oder als bezahlte Aufträge von Liebhabern seiner Musik. Konzertwesen, Hausmusik, Theaterbetrieb werden zum künstlerischen Betätigungsfeld ebenso wie zur finanziellen Einnahmequelle.
Hat man es bis in das 18. Jh. hinein mit dem geistigen Eigentum in der Kunst nicht so genau genommen, die nicht gekennzeichnete Übernahme von Motiven oder Abschnitten aus fremden Werken toleriert, so ändert sich diese Praxis nunmehr grundlegend. Die widerrechtliche Übernahme und Verbreitung von fremdem geistigem Eigentum wird als **Plagiat** (= Diebstahl geistigen Eigentums) zur strafbaren Handlung. Welche wirtschaftliche Bedeutung und finanzielle Größenordnung Plagiatsprozesse heute erreichen können, läßt sich z.B. mit Blick auf den „Geldwert" eines Hits schnell nachvollziehen.
Die Entwicklung eines Urheberrechts verlief, vor allem in Deutschland, recht zögernd. Während es in England bereits 1709 ein erstes Copyright-Gesetz zum Schutze des veröffentlichten Buches gab, entstand das Urheberrecht in Deutschland um 1800 zuerst als Verlagsrecht (1794), das das Verhältnis zwischen Verleger und Autor betraf. Im Badischen Landrecht von 1810 wurden die Ansprüche des Verfassers geschützt, 1837 in einem preußischen Gesetz der Nachdruck verboten. Eine Schutzfrist von 30 Jahren galt bis ins 20. Jh., erst 1934 wurde sie auf 50 Jahre und 1965 auf 70 Jahre ausgeweitet.

Urheberrecht und Schule

Das Urheberrecht gilt nicht nur für den professionellen Bereich, auch bei Schul- und Musikschulaufführungen greifen seine Bestimmungen. Am heikelsten ist das Kopieren von Noten (Vervielfältigungsrecht), das die meisten Probleme aufwirft.

Aber auch die Bearbeitung eines Stückes, z.B. eine Kürzung oder Vereinfachung, selbst wenn sie aus pädagogischen Gründen geschieht, fällt darunter (Bearbeitungsrecht). Wird ein Musikstück mit anderen Kunstgattungen verbunden, z.B. mit Tanz oder mit einem Theaterstück, und zur Aufführung gebracht, so wird zunächst das Recht des Urhebers, eine Werkverbindung zu gestatten (oder zu verbieten), berührt. Für die Aufführung kommt dann noch das Aufführungsrecht hinzu. Hierbei ist von entscheidender Bedeutung, ob eine Aufführung nach den Bestimmungen des Gesetzes öffentlich ist. Die Grenzen zwischen öffentlich und privat allerdings sind eng gesteckt. Das Schulkonzert aus Gründen des Gemeinwohls (kein Eintritt, keine Honorare, keine Erwerbsabsicht beim Veranstalter) bedarf keiner Genehmigung. Nicht aber die Musiktheateraufführung der Schule: sie zählt, auch wenn nur der familiäre Kreis einer Schulgemeinde als Publikum anwesend ist, als öffentlich und ist genehmigungspflichtig.

V

Vaganten (lat.: vagari = umherschweifen) hießen im 12. und 13. Jh. reisende Studenten, fahrende Sänger. Die **Vagantenlieder** sind in mittellateinischer Sprache oder in einer Mischung aus Latein und Deutsch verfaßt. Die Texte handeln von der Liebe, vom Tanzen und Trinken, vom ungebundenen Leben; oft machen sie sich über die Kirche und die herrschende Moral lustig. Die bekannteste Liedersammlung, die **Carmina burana**, entstand im 13. Jh. und ruhte über Jahrhunderte in der Bibliothek des Klosters Benediktbeuren (lat. = Bura Sancti Benedicti; carmina = Lieder). Eine Auswahl von diesen Texten – Melodien sind nicht erhalten – vertonte Carl Orff (*Carmina burana*, 1937) und schuf damit eines der meistgespielten Werke des neueren Konzertrepertoires.

Variante (lat.: variare = verändern) 1. Die alternative Möglichkeit, eine Musikpassage zu spielen, z.B. die vereinfachte Fassung einer schwer spielbaren Stelle in einem Musikstück, heißt Variante oder ital. **ossia**. 2. Die Abweichungen verschiedener Manuskripte oder Drucke ein und desselben Werkes werden in wissenschaftlichen Ausgaben als Varianten vermerkt (▶ Edition). 3. In der Musiktheorie von Hugo Riemann (Funktionsharmonik) heißt die Tonart des anderen Tongeschlechts Variante, z.B. ist c-moll die Variante von C-Dur und umgekehrt (▶ Harmonielehre).

Variation (lat.: variatio = Veränderung) heißt Veränderung eines musikalisch Gegebenen mit kompositorischen Mitteln. Gleichzeitig ist die Variation ein Musikwerk, das auf der Technik des Variierens beruht. Grundlage von Musikstücken mit der Bezeichnung Variation(en) ist eine prägnante musikalische Gestalt: eine Melodie, eine Baßfigur, ein Harmoniemodell oder eine Zwölftonreihe. Auf die Vorstellung des Themas zu Beginn des Werkes folgen mehrere kleinere, in sich geschlossene Stücke (oder Abschnitte innerhalb eines größeren Zusammenhangs), in denen das Thema mit den verschiedensten kompositorischen Techniken verändert und bearbeitet wird.

In einem **Variationenzyklus** werden die einzelnen Variationen mit römischen Ziffern durchnumeriert. Eine solche Folge von Variationen kann ein selbständiges Werk bilden, z.B. bei Wolfgang Amadeus Mozarts Variationen über *Ah, vous dirai-je, Maman* (1778) oder Max Regers *Variationen und Fuge über ein Thema von Mozart* (1914). Aber auch ein Sonaten- oder Sinfoniesatz oder ein Satz eines Kammermusikwerkes kann als Folge von Variationen gestaltet sein, wie z.B. bei Ludwig van Beethoven: *Klaviersonate op. 111*, 2. Satz (1821/22), Joseph Haydn: *Symphonie mit dem Paukenschlag*, 2. Satz (1791), Franz Schubert: *Forellenquintett*, 4. Satz (1819). In beiden Fällen – im Zyklus oder im Variationensatz – ist die Abfolge der einzelnen Variationen so angelegt, daß sich zum Schluß hin eine Steigerung ergibt.

Liegt der Variation eine Melodie zugrunde, was in der Musik des 18. und 19. Jh.s die Regel ist, so kann diese mit Verzierungen versehen (**Kolorierung**, **Figuration**), mit ▶ Durchgangsnoten und ▶ Wechselnoten angereichert, rhythmisch (z.B. durch ▶ Augmentation, ▶ Diminution oder Taktwechsel) oder auch harmonisch oder im Tongeschlecht verändert werden (z.B. von Dur nach Moll).

Ein besonderer Typus der Melodie-Variation ist die **Cantus-Firmus-Variation**. Der **Cantus Firmus** (lat. = feststehender Gesang) ist meist eine Choralmelodie. Diese wird mit Gegenstimmen versehen (üblicherweise drei), die nach den Regeln der Kontrapunktlehre gestaltet sind. Im **Orgelchoral** läuft der Cantus firmus ohne Unterbrechung durch; im **Choralvorspiel** bleibt er stets erkennbar – für die Gottesdienstpraxis ist dies von zentraler Bedeutung. Einen Schritt weiter geht die **Choralvariation** oder **Choralpartita**, die einen Cantus firmus freier behandeln und in mehreren Sätzen sehr facettenreich ausgestalten kann. Zahlreiche Beispiele für diese auf einer Choralmelodie basierenden Variationentypen finden wir in den Orgelwerken Johann Sebastian Bachs.

Ebenfalls aus der Zeit des Barock bekannt sind die **Variationen-Suite**, in deren Sätzen ein und dieselbe Melodie in jeweils anderer rhythmischer Gestalt auftritt, und das **Double**, in dem ein Tanz mit stark verzierter Oberstimme wiederholt wird. In der Musik des 18. und 19. Jh.s dominiert das **Thema mit Variationen**; hier können die Komponisten ungehindert von bestimmten Zweckbindungen alle erdenklichen Gestaltungsmittel einsetzen.

Liegt einer Variation eine Baßfigur zugrunde, die ständig wiederholt wird, so spricht man von einer **Ostinato-Variation**. Dem ostinaten (gleichbleibenden) Baß, der meist mit einem Harmoniemodell gekoppelt ist, treten sich ständig wandelnde Oberstimmen gegenüber. Diese Kompositionstechnik geht auf die Tanzmusikpraxis zurück, in der über bestimmte musikalische Vorgaben improvisiert wurde. Ein Beispiel dafür ist die **Folia**, ein Tanz aus dem 16./17. Jh. (vgl. das Schema auf der folgenden Seite oben).

Im Jazz hat sich diese Praxis bis heute erhalten. Auch hier geht man von einer Melodie (meist mit Tanzcharakter) oder einem Harmoniemodell aus, das durch Improvisation variiert wird, wobei die verschiedenen Soloinstrumente zusätzlich für unterschiedliche Klangfarben sorgen.

Auch die **Ground-Variationen**, die in der englischen Musik des 16./17. Jh.s eine wich-

Faronell, Division on a Ground, Nr. 5 (1685)

tige Rolle spielten, sind Ostinato-Variationen. Aus der spanischen und italienischen Tanzmusik des 16./17. Jh.s stammen die Ostinato-Formen **Chaconne** (**Ciacona**) und **Passacaglia**, die im Werk der Komponisten des Barock mit vielen Beispielen vertreten sind. Das berühmteste Werk dieser Gattung ist Bachs *Passacaglia c* für Orgel. Die Chaconne weist die gleichen musikalischen Merkmale auf wie die Passacaglia; die Begriffe werden weitgehend bedeutungsgleich gebraucht.

In der Epoche der Klassik hat die Ostinato-Variation keine Bedeutung. Erst bei Johannes Brahms, also in der Romantik, taucht die Passacaglia wieder auf: im Finale seiner Variationen über ein Thema von J. Haydn und im Schlußsatz seiner 4. Sinfonie. Im 20. Jh. begegnet uns die Passacaglia u. a. in Werken von Paul Hindemith, Alban Berg und Anton Webern.

Für die ▶ Zwölftonmusik der 1. Hälfte des 20. Jh.s ist die **Reihen-Variation** charakteristisch. Die Grundreihe der 12 Töne wird durch ▶ Krebs, ▶ Umkehrung und Krebsumkehrung sowie durch die ständige Veränderung von Tonhöhe, Dynamik, Rhythmus usw. variiert.

Varieté (franz.) Eine Form des Unterhaltungstheaters, in der unterschiedliche Anteile aus den Bereichen Musik, Tanz, Artistik, Zauberkunst und Tierdressur vereint sind und in Nummernfolge dargeboten werden. Die Musik ist im Varieté meist mit populären Liedern vertreten, die in der Regel von Gesangssolisten vorgetragen werden, ferner durch Begleitmusik zu den tänzerischen und artistischen Aktionen. Eine eigene musikalische Gattung hat das Varieté nicht hervorgebracht.

Vaudeville (franz.: voix de ville = Stimme der Stadt) Volkstümliches Unterhaltungstheater (Komödie, Satire, Zeitkritik) mit populären Musikeinlagen, das vom 17. bis 19. Jh. in Paris bzw. in Frankreich überaus beliebt war. Die Bezeichnung wurde auf die Schlußgesänge der französischen komischen Oper, der Opéra-comique, übertragen: Rundgesänge mit Refrain, den das Publikum mitsingen konnte. Mit populären Melodien wurde hier die Moral des Stückes verkündet. Ein solches Vaudeville ist das Finale des 3. Aufzugs des Singspiels *Die Entführung aus dem Serail* von Wolfgang Amadeus Mozart (1782), dessen Refrain lautet: „Wer so viel Huld vergessen kann, den seh' man mit Verachtung an."

Das Vaudeville als Form des Unterhaltungstheaters wurde im 19. Jh. in Amerika aufgegriffen, vermischte sich dort mit ▶ Varieté und ▶ Music Hall und ging im 20. Jh. in anderen populären Darbietungsformen auf.

Bach, Passacaglia c-moll

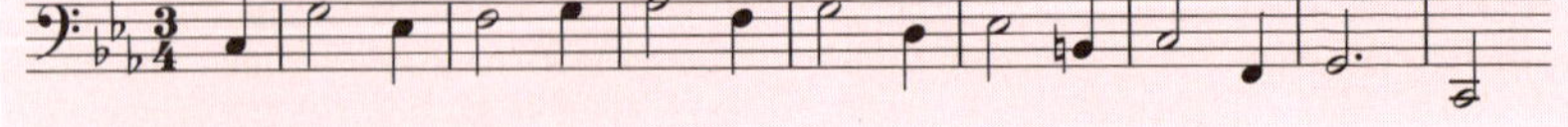

Ventil (lat.: ventus = Wind) ist eine mechanische Vorrichtung an Orgeln und Blechblasinstrumenten zur Steuerung des Luftstroms.
Ventile bewirken durch Öffnen oder Schließen von zusatzlichen Bögen der Schallröhre beim Blechblasinstrument, daß Töne höher oder tiefer erklingen. Ein System von in der Regel drei Ventilen ermöglicht das Spielen aller chromatischen Töne (Halbtonschritte) der Tonskala und erweitert seit Beginn des 19. Jh.s die bisher auf den Intervallen der Naturtonreihe beruhende Spieltechnik erheblich. Lediglich die Posaune verändert die Tonhöhe durch ein Zugsystem.
Verschiedene Ventilsysteme bei Blechblasinstrumenten (Pump- und Drehventile) sind nebeneinander in Gebrauch. Bei der Orgel regulieren verschiedene Ventile den Luftstrom zum Balg (Fang-, Saug- und Schöpfventile) und zu den Windkanälen (Kopfventile).

Versetzungszeichen nennt man die Zeichen, die, einer Note vorangestellt, diese erhöhen oder erniedrigen. Sie werden auch **Vorzeichen** oder **Akzidentien** genannt. Das Vorzeichen **b** (**B**) erniedrigt, das **#** (**Kreuz**) erhöht die Note um einen Halbton; das **bb** (**Doppel-B**) erniedrigt, das **x** (**Doppelkreuz**) erhöht die Note um zwei Halbtöne. Das Zeichen ♮ (**Auflösungszeichen**) vor einer Note macht die zuletzt gültige Erhöhung oder Erniedrigung rückgängig.
Die eine Tonart kennzeichnenden Vorzeichen (b oder # in verschiedener Anzahl) werden in den Noten unmittelbar hinter dem Notenschlüssel angegeben; sie gelten, sofern im Verlauf des Stückes keine zusätzlichen Vorzeichen hinzutreten, für das gesamte Musikstück.

Verstärker In der Musikelektronik allgemein ein Gerät, das elektrische Signale verstärkt (engl. = amplifier). Diese kommen meist von Mikrofonen und elektronischen Musikinstrumenten, es gibt aber auch Verstärker mit ganz anderen Aufgaben, z. B. zur Wartung elektrischer Geräte. Moderne Musikverstärker sind in der Regel doppelt ausgelegt als Stereoverstärker (▶ Stereophonie). Eine Verstärkeranlage für die Übertragung der menschlichen Stimme heißt **Gesangsanlage**.
Die Leistung eines Verstärkers wird in **Watt** gemessen. Dabei unterscheidet man zwischen der **Sinusleistung**, einem Maß für die Dauerbelastung eines Verstärkers durch einen reinen Sinuston, und der höher liegenden **Musikleistung**. Da Musik laute und leise Stellen hat, bedeutet sie meist keine gleichbleibende Belastung für den Verstärker, so daß er weiter „aufgedreht" werden kann. Jimi Hendrix verwendete beim Konzert seiner Gruppe Experience 1969 in der Londoner Royal Albert Hall nur 7 Verstärker mit je 100–200 Watt – inzwischen kommen bei einem Rockkonzert viele tausend Watt auf die Bühne.
In der Rockmusik kann der Verstärker auch musikalische Aufgaben übernehmen, wenn er durch **Rückkopplung** (engl. = feedback) bespielt wird. Dabei hält der Gitarrist die Saiten seines Instrumentes direkt vor die Lautsprecher. Die Schallwellen aus

den Lautsprechern treffen auf die Tonabnehmer der Gitarre, wodurch sie erneut in den Verstärker gelangen, der sich zu Pfeif- und Heultönen aufschaukelt. Ähnlich verhalten sich auch Mikrofone, wenn sie in Richtung Lautsprecher zeigen. Das führt zu unerwünschter Rückkopplung, die auch die Lautsprecher beschädigen kann.

Verzierungen nennt man Töne oder Tonfolgen, die eine Melodie ausschmücken; sie werden im Notenbild durch besondere Zeichen angegeben. Verzierungen können einzelne Töne umspielen oder Tonschritte ausfüllen, den schnell verklingenden Ton z.B. des Cembalos verlängern und eine schlichte Melodielinie aus großen Notenwerten in ein bewegtes Rankenwerk von Ornamenten verwandeln. Die aus der Improvisationspraxis stammenden Verzierungen erlebten vom 16. bis 18. Jh. einen wahren Boom. In den Lehrwerken für Gesang und Instrumentalspiel wurde den sog. „wesentlichen Manieren" und „willkürlichen Veränderungen" ein breiter Raum gegeben; jeder Musiker mußte die Verzierungstechnik beherrschen. Im 19. Jh. verwendeten die Komponisten nur noch wenige der überlieferten Zeichen und schrieben Verzierungen mehr und mehr aus.
Folgende Verzierungen sind bis heute gebräuchlich:

Vibraphon (lat.: vibrare = zittern) heißt ein Metallstabspiel, das in den 20er Jahren in den USA entwickelt wurde. Die Metallplatten des Vibraphons sind klaviaturmäßig angeordnet, der Tonumfang beträgt

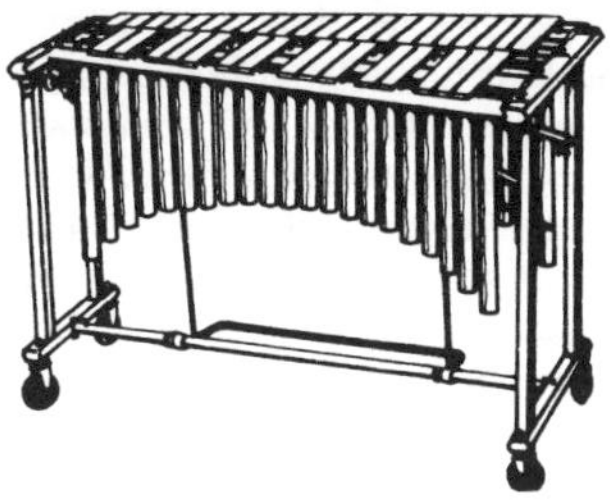

f – f³. Unter jeder Platte ist eine unten geschlossene Metallröhre als Resonanzkörper angebracht, in deren oberem Ende eine drehbare Metallscheibe befestigt ist. Durch einen Elektromotor werden diese Drehklappen in Bewegung versetzt und erzeugen das für das Instrument typische schnelle Vibrato. Die Dämpfung der lange nachhallenden Töne geschieht mit einem Pedalmechanismus, der einen Filzstreifen an die Klangplatten heranführt.
Das Vibraphon wird vor allem im Jazz eingesetzt. Durch die Verwendung verschiedener Schlägel (Gummi-, Filz- oder Lederköpfe), durch unterschiedlich einstellbare Vibrato-Geschwindigkeiten sowie durch den Einsatz als Melodie- und Akkordinstrument ist das Vibraphon sehr vielseitig einsetzbar. Bekannte Vibraphonisten wie Lionel Hampton oder Milt Jackson prägten einige Jazz-Stile entscheidend mit. Auch in der Unterhaltungsmusik, besonders in der Barmusik, ist das Vibraphon zu Hause. In der Neuen Musik wurde es ebenfalls gelegentlich eingesetzt.

Vibrato (ital.: vibrare = schwingen, vibrieren) ist eine charakteristische Tongestaltung durch rasche Aufeinanderfolge von sehr geringen Tonhöhenschwankungen insbesondere bei Sängern und bei Streichinstrumenten (aber auch bei Blas- und Zupfinstrumenten mit Steg). Es entsteht ein besonders voller und pulsierender Ton, der um so intensiver wird, je schneller das Vibrato gespielt wird. Bei elektronischen Instrumenten werden die oft starr (im physikalischen Sinn „akustisch“) klingenden Töne häufig durch ein künstliches Vibrato zum Schwingen gebracht.
In der Barockmusik ist das Vibrato eine Form der ▶ Verzierung. Seit dem 19.Jh. wird es zur Intensivierung des klanglichen Ausdrucks vor allem bei Streichinstrumenten regelmäßig eingesetzt.

Videoclip (lat.: videre = sehen, engl.: clip = schneiden) ist ein Video-Kurzfilm von wenigen Minuten Länge. Er spielt eine große Rolle für die Werbung von Gruppen der Popmusik. Meistens wird der interessanteste Titel einer neuen Schallplatte oder CD, den man als besonders verkaufsfördernd einschätzt, verfilmt, z.B. *Bad* von Michael Jackson. Musikvideos sind ein wichtiges Mittel, das Image einer Gruppe oder von Interpreten zu pflegen. Beispiele sind in den 80er Jahren **Musikclips** wie *Like A Virgin* von Madonna, die bewußt ein Bild des Stars fördern, das zwischen Hure und Jungfrau schwankt. Im nichtkommerziellen Bereich ist der Videoclip eine wichtige Technik neuer Kunstformen.

Vierteltonmusik Die Oktave wird nicht in 12 Halbtöne eingeteilt, sondern in 24 Vierteltöne, z.B. in Werken des Komponisten Alois Hába, der u.a. eine *Suite für Vierteltongitarre* (1946) schrieb. Waren einst komplizierte Apparaturen und Instrumente nötig, um vierteltönige Musik zu realisieren, so kann das seit den 80er Jahren leicht mit Synthesizern geschehen, die zum Teil serienmäßig mit frei stimmbaren Oktaven ausgestattet sind, es also auch erlauben das Gerät in **Vierteltonschritten** zu stimmen (▶ Stimmung).

Villanelle (ital.: villanella = Bauernmädchen, -tanz) Villanellen, mehrstimmige Lieder des 16. bis 18. Jh.s, sind kompositorisch der volkstümlichen Singepraxis nachgestaltet: schlichte Melodien, wenige und einfache Harmonien, Parallelführung von Intervallen (v. a. Quinten). Die Texte handeln vom Leben auf dem Lande. Villanellen sind allerdings keine anspruchslosen Unterhaltungsstücke. Viele der Lieder haben parodistischen Charakter und machen sich aus der Sicht des gebildeten Städters über Bauern und Landleben lustig.

Vina (Sanskrit) heißt ein indisches Zupfinstrument: eine Langhalslaute mit vier Saiten und drei Bordunsaiten (Saiten mit feststehenden Tönen) aus Metall. Das Korpus der Vina oder **Wina** hat die Form eines halben Kürbis; eine zweite Kalebasse ist am Hals des Instruments befestigt und dient als weiterer Resonanzkörper. Die Bünde der Vina sind höher als bei anderen Zupfinstrumenten. Durch seitliches Verschieben der Saiten auf den Bünden kann der Spieler Tonhöhenschwankungen erzielen. Spielt man die Saiten kräftig an (mit Plektrum oder Fingernägeln), so entsteht durch ihre Schwingung am metallenen Steg des Instruments ein perkussives Klirrgeräusch.

Viola ist das in der Orchester- und Kammermusik seit dem 18. Jh. eingesetzte Alt-Instrument aus der Violin-Familie. Sie wird häufig als **Bratsche** bezeichnet (ital.: braccio = Arm, urspr. Viola da braccio) und ist etwas größer, aber in der Grundform gleich gebaut wie die Violine (Korpuslänge 38–42,5 cm), wird in Armhaltung gespielt und besitzt vier im Quintenabstand gestimmte Saiten (c g d^1 a^1). Ihre Stimmung liegt eine Quinte unter der der Violine. Der Resonanzkörper der Viola ist für ihre tiefe Tonlage zu klein, deshalb ist der spezifische Bratschenklang eher gedeckt und manchmal trocken, bei guten Instrumenten auch samtartig weich. Den Reiz dieser Klangfarbe haben vor allem Komponisten seit dem 19. Jh. zu schätzen gewußt, z.B. Hector Berlioz in *Harold in Italien* (Sinfonische Dichtung für Solo-Bratsche und Orchester, 1834) und Richard Strauss in *Don Quixote* (Fantastische Variationen über ein Thema ritterlichen Charakters für großes Orchester, 1897, mit Solo-Bratsche). Die Viola dient im Orchester überwiegend als Füllinstrument, bedingt durch ihre Mittellage und die beherrschende Stellung der Violine. Auch ist die Viola aufgrund ihrer Proportionen spieltechnisch schwerer zu handhaben, und es ist nicht leicht, eine der Violine ebenbürtige Brillanz im Klang und Virtuosität im Spiel zu erreichen. Entsprechend geringer ist auch das Interesse der Komponisten an der Viola als Solo-Instrument. Allerdings bekommt sie seit dem ausgehenden 18. Jh. vor allem in Kammermusikwerken, z.B. Streichquartetten von Wolfgang Amadeus Mozart oder Ludwig van Beethoven, anspruchsvolle und wichtige Aufgaben. Komponisten des 20. Jh.s wie Béla Bartók, Darius Milhaud, Paul Hindemith oder Boris Blacher haben sich verstärkt der Viola zugewandt.
Der Name „Viola“ verweist auf eine lange, weit ins Mittelalter zurückführende Tradition. Viola war in den romanischen Sprachen die Bezeichnung für die mittelalterlichen, mit dem Bogen gestrichenen Saiteninstrumente. Das Wort selbst stammt aus dem Altprovenzalischen. Seit dem 16. Jh. ist Viola dann der Sammelbegriff für verschiedene Streichinstrumente, zu denen

zwei prinzipell nach der Spielhaltung unterscheidbare Instrumentenfamilien gehörten: die in Kniehaltung (ital.: da gamba) gespielte ▶ Viola da gamba (Gambenfamilie) und die in Armhaltung gespielte ▶ Viola da braccio (Violinfamilie).

Viola da braccio (ital.: braccio = Arm, „Armgeige") ist der Sammelname für die um die Mitte des 16. Jh.s aufkommenden Streichinstrumente der **Violinfamilie** (Violine, Viola, als Baßinstrument Violoncello); im engeren Wortsinn die Bezeichnung für das Altinstrument Viola, das heute eingedeutscht meist Bratsche genannt wird. Da ursprünglich in dieser Gruppe ein Instrument in Tenorlage fehlte, versuchte man bis ins 18. Jh. hinein durch Umbau und Vergrößerung des Altinstruments zur **Viola tenore** diesen Mangel auszugleichen. Erst im 18.Jh. wurde das ▶ Violoncello, das zuvor als Baßinstrument eingesetzt war, zum Instrument in Tenorlage weiterentwickelt.
Trotz Namensähnlichkeit unterscheiden sich die Viola-da-braccio-Instrumente von den Instrumenten der ▶ Viola-da-gamba-Familie prinzipiell durch Armhaltung (Instrumente der oberen Stimmlagen), das Fehlen von Bünden (Querleisten auf dem Griffbrett), die Saitenzahl (vier bzw. drei bei Frühformen) und die Stimmung in Quinten.
Der ▶ Kontrabaß als das heute übliche tiefe Baßinstrument der Violinfamilie taucht vereinzelt im 16. Jh. in Viola-da-braccio-Bauweise auf.

Viola da gamba (ital.: gamba = Bein, „Beingeige", Gambe) war im 16./17. Jh. das wichtigste Streichinstrument in der Ensemblemusik. Es hat sechs Saiten in Quart- und Terzstimmung und 7 Bünde (Querleisten) im Abstand von Halbtönen auf dem Griffbrett. Die charakteristische, spitz zulaufende Form des Korpus findet sich häufig noch beim Kontrabaß, dem tiefsten Streichin-

strument des modernen Orchesters. Die Gambenfamilie umfaßt eine breite Palette von Instrumenten von der Diskant- bis zur Baßlage. Ihre Ursprünge gehen auf den **Rebec**, ein kleines, birnenförmiges Streichinstrument arabischer Herkunft (als Tanzinstrument der Spielleute in Gebrauch) und die ▶ Fiedel, ein bogengestrichenes mittelalterliches Saiteninstrument (Vorläufer der Violine) zurück. Vor allem im 18. Jh. wurde die Viola da gamba als Soloinstrument hochgeschätzt und mit Kompositionen z.B. von Dietrich Buxtehude, Georg Philipp Telemann, Johann Sebastian und Carl Philipp Emanuel Bach bedacht.
Eine besonders in Süddeutschland und Österreich im 17. und 18. Jh. beliebte Sonderform der Viola da gamba war das **Baryton** (griech.: Bariton, ital.: **viola di bordone**), eine Tenorgambe, die zu den Griffsaiten noch durchschnittlich 9–15 (im Einzelfall bis 28) **Resonanzsaiten** (▶ Aliquotsaiten) unter dem offenen Griffbrett besitzt. Diese bringen die Obertöne zum Mitschwingen, ohne daß deren Grundton angeschlagen werden muß, können aber auch während des Spiels mit dem Daumen der Greifhand zusätzlich zur Melodie gezupft werden. Von Joseph Haydn stammen zahlreiche Werke für Baryton.

Viola d'amore (ital. = Liebesgeige) ist ein im Barock wegen seines silbrigen Klanges beliebtes Instrument in Altlage aus der ▶ Viola-da-gamba-Familie, das in Armhaltung gespielt wird und – untypisch für die Gamben-Familie – keine Bünde (Querleisten auf dem Griffbrett) besitzt. Seine Größe entspricht etwa der heutigen Bratsche (ca. 40 cm Korpuslänge). Die Viola d'amore hat fünf bis sieben Saiten aus Darm oder Messing, die variabel gestimmt werden können (in Quinten, in der Quart-Terz-Kombination der Gamben, auch in Moll- oder Dur-Akkorden). Weitere sieben bis vierzehn Resonanzsaiten aus Messing verlaufen unter dem Griffbrett und erzeugen mitschwingende Obertöne, die den Klang beeinflussen.

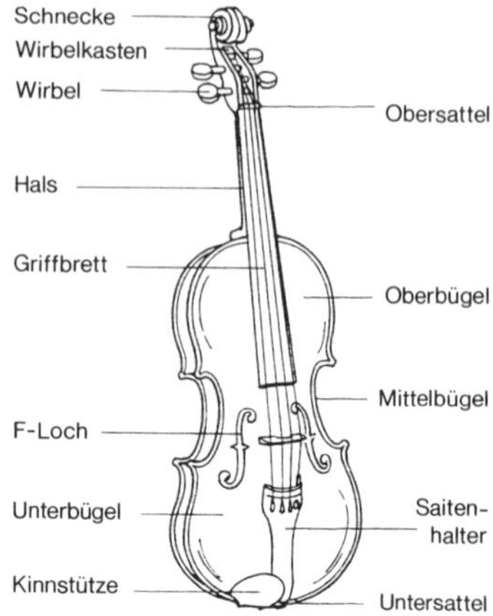

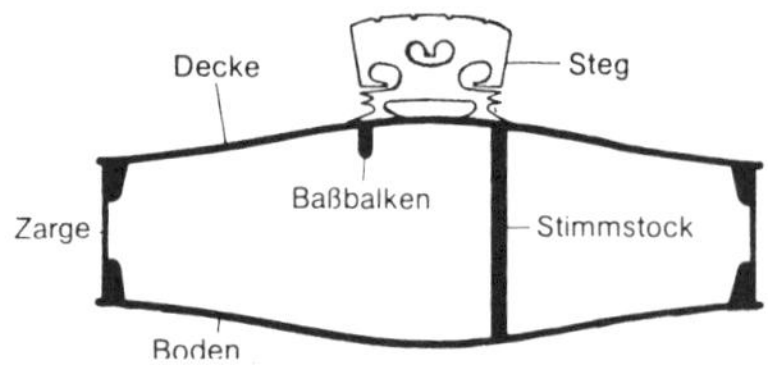

Querschnitt

Violine ist in der heutigen Familie der Streichinstrumente das Sopran- (oder Diskant-) Instrument. Es gilt als das am höchsten entwickelte Streichinstrument und ist seit rund 300 Jahren eines der wichtigsten Instrumente der abendländischen Musikgeschichte. Der Name stammt aus dem Italienischen und belegt den Einfluß der italienischen Instrumentenbauer im 17. Jh. Als Verkleinerungsform von Viola verweist der Name auf die Zugehörigkeit der Violine zur Gruppe der Viola da braccio (= beim Spielen mit dem Arm in Schulterhöhe gehaltenes Streichinstrument). Im deutschen Sprachgebiet setzt sich die Bezeichnung Geige gegenüber Fiedel und Violine durch. Die Violine ist bereits im 16./17. Jh. in ihrer prinzipiellen Gestalt voll entwickelt. Italienische Geigenbauschulen vor allem gaben ihr die klassische, heute noch gültige Form. Zentren des Geigenbaus im 16.–18. Jh. waren Brescia (Gasparo da Salò) und Cremona (die Familien Amati, Stradivari, Guarneri) in Italien, Tirol (Jacob Stainer) und Mittenwald (Matthias, Sebastion und Georg Klotz). So sind heute noch von italienischen Meistern erbaute Violinen sehr begehrte und hoch bezahlte Sammlerstücke und wenigen Geigenvirtuosen als Instrument vorbehalten.

Die vier Saiten der Violine sind im Abstand von jeweils einer Quinte gestimmt (g, d^1, a^1, e^2). Sie werden mit einem ▶ Bogen gestrichen, gelegentlich auch zur Erzielung besonderer Klangeffekte gezupft (▶ pizzicato). Mit Hilfe eines Dämpfers (Klemme, die auf den Steg gesteckt wird), der die Schwingungsübertragung auf Steg und Resonanzkörper vermindert, kann ein etwas fahler und leiser („gedämpfter") Klang erzeugt werden. Ihre Vielseitigkeit in Klangerzeugung und Spieltechnik macht die Violine zum Favoriten auch bei den Komponisten; zahlreiche Orchester- und Kammermusikwerke wie auch Solokompositionen sind hierfür ein deutliches Zeugnis. Wie beliebt das virtuo-

se Spiel auf der Violine ist, belegt die Spannweite ihrer Verwendung im Musikleben: vom klassischen Violinkonzert (z.B. Ludwig van Beethoven, Johannes Brahms, Peter I. Tschaikowsky) bis zum Jazz (z.B. Stéphane Grappelly).
In der Tanz- und Unterhaltungsmusik des 19. Jh.s ist die Violine ebenso dominierend wie die Gitarre heute in der Rockmusik.

Violoncello (ital.; Verkleinerungsform von **Violone**, der im 16./17. Jh. üblichen Bezeichnung für Baß-Streichinstrumente; heute gebräuchliche Kurzform **Cello**) Das Tenor- bzw. Baß-Instrument der Violinfamilie entstand im 16. Jh. und ist mit vier Saiten (C G d a, früher auch fünf- oder sechssaitig gebaut) bespannt. Das Cello ist etwa doppelt so groß wie die Violine (Korpuslänge 75–76 cm). Es wird beim Spielen zwischen den Knien gehalten und, seit dem 19. Jh., zusätzlich mit einem Stachel auf dem Boden aufgestützt.
Das Violoncello dient zunächst als ▶ Generalbaßinstrument zur Unterstützung von Cembalo und Orgel beim ▶ Basso continuo, wird aber schon im 18. Jh. zu einem beliebten Soloinstrument, das aufgrund seiner spieltechnischen Beweglichkeit und Klangfülle der Virtuosität der Violine kaum nachsteht. Berühmt sind die *6 Suiten für Violoncello solo* (um 1720) von Johann Sebastian Bach oder die großen Violoncello-Konzerte des 19. Jh.s von Robert Schumann (1850), Johannes Brahms (Konzert für Violine, Violoncello und Orchester [Doppelkonzert], 1887) und Antonín Dvořák (1895). Seit der Romantik zu Beginn des 19. Jh.s werden insbesondere der sonore Schmelz und das melodiebetonte Spiel in den oberen Lagen beim Publikum geschätzt, während die klangliche und technische Vielseitigkeit dieses Instruments von Komponisten des 20. Jh.s wie Bernd Alois Zimmermann im *Konzert für Cello und Orchester* (1957), György Ligeti im

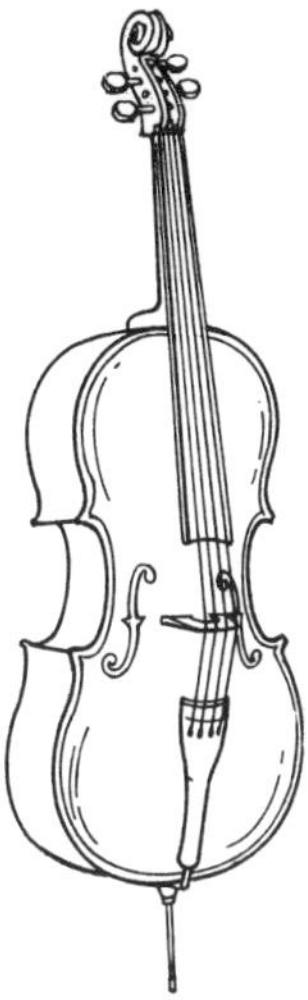

Cellokonzert (1966) und Krzysztof Penderecki im *Cellokonzert* (1971/72) ausgeschöpft wird.

Virtuose (lat.: virtus = Tüchtigkeit, Stärke) war im 16./17. Jh. in Italien eine ehrenvolle Bezeichnung für einen geschätzten Wissenschaftler oder Künstler. Seit Mitte des 18. Jh.s wird der Begriff überwiegend auf bedeutende Musiker angewandt, vor allem auf solche mit überragendem spieltechnischem Können auf ihrem Instrument (z.B. Klaviervirtuose) oder auf brillante Dirigenten („Pultvirtuose"). Im 19. Jh. prägten einige Instrumentalvirtuosen das europäische Musikleben entscheidend mit, z.B. der Geiger Niccolò Paganini und der Pianist Franz Liszt. Im Konzertbetrieb des 19. Jh.s erlebten Virtuosen und virtuose Kompositionen für die verschiedensten Instrumente einen wahren Boom. Das Virtuosentum befriedigte die Sensationslust eines Publikums, für das die artistische Seite der Musik im Vordergrund des Interesses stand.

vivace (ital.) Tempovorschrift: lebhaft, schnell; tritt oft auch als Ergänzung auf (z.B. allegro vivace), um das Tempo zu charakterisieren.

vivacissimo (ital.) Tempovorschrift: sehr schnell.

vivo (ital.) Vortragsanweisung: lebendig spielen.

Vocoder (engl.: VOice-enCODER-decoder = Sprach-Verschlüsseler-Entschlüsseler) Gerät zur Erzeugung und Verschlüsselung von Sprachlauten. Schon um 1790 baute der Erfinder Wolfgang von Kempelen ein mechanisches Gerät, das mit Hilfe von Blasebälgen und Membranen sprachähnliche Laute erzeugte. Auf elektrischer Grundlage wurde um 1900 ein Apparat entwickelt, der einfache Sprachlaute von sich gab. Er bildete die Grundlage für den 1936 patentierten Vocoder von Homer Dudley, einem amerikanischen Ingenieur. Im Zweiten Weltkrieg wurde sein Gerät zur Verschlüsselung von Nachrichten eingesetzt.
1970 baute Robert A. Moog ein Vocodersystem, das von Wendy Carlos in der Filmmusik *A Clockwork Orange* zur Bearbeitung des Chors aus Beethovens 9. Sinfonie eingesetzt wurde.
Zu den musikalisch interessantesten Möglichkeiten zählt die Fähigkeit des Vocoders, eine Verbindung zwischen menschlicher Stimme und einem beliebigen Instrumentalklang zu bilden. Damit können z.B. einem Synthesizer-Klang verständliche Silben, Worte und ganze Textpassagen aufgeprägt werden.
Der Vocoder wird auch zur Sprachschulung, zur Unterrichtung Sprachbehinderter und in der Gruppentherapie verwendet.

Vokalise (franz.: vocaliser = Stimmübungen machen) heißt eine die Stimme trainierende Gesangsübung, die nur aus Vokalen oder Silben besteht; in der Musik des 20. Jh.s wird sie auch als Stilmittel verwendet. Der Jazz kennt improvisiertes Singen von zusammenhanglosen Silben als spezielle Gesangsform unter der Bezeichnung ▶ Scat.

Vokalmusik (lat.: vox = Stimme) Musik, die für die menschliche Stimme komponiert ist, gibt es in jeder Kultur und jeder Epoche – als unmittelbarer Ausdruck von Freude, Trauer usw. und zur Wiedergabe von Texten. In der abendländischen Musik hat sich seit der griechischen Antike die Bindung an die Sprache durchgesetzt. Die Steigerung des Ausdrucks von Dichtung oder liturgischem Text ist die vorrangige Aufgabe der Vertonung.
Zur Vokalmusik gehören sowohl solistische als auch chorische Gattungen. Im Bereich der ▶ Kirchenmusik sind es z.B. der Choral und die Motette, in der weltlichen Musik das Lied in allen seinen Erscheinungsformen. Im 15. Jh. wurde der vierstimmige Satz mit den Stimmgattungen Sopran, Alt, Tenor und Baß zum Grundmodell der Vokalmusik. Der a-cappella-Stil (ohne Instrumentalbegleitung) des Komponisten Giovanni Pierluigi da Palestrina galt lange als Idealfall der Vokalmusik. Freilich wurden vokale Gattungen schon in frühen Entwicklungsstadien oft mit Instrumenten begleitet. Meist spielten die Instrumente die Töne der Gesangsstimmen mit (**colla parte**). Seit dem 17. Jh. entwickelte sich die abendländische Vokalmusik immer stärker zum Instrumentalen hin: ▶ Mehrchörigkeit, ▶ Polyphonie und immer expressiver und virtuoser werdender Sologesang ließen die menschliche Stimme mehr und mehr als Instrument erscheinen. Gleichzeitig näherte sich das Ideal der ▶ Instrumentalmusik zunehmend der menschlichen Stimme mit ihren Ausdrucksmöglichkeiten.
In der Neuen Musik werden sämtliche Aus-

drucksmöglichkeiten der Stimme, also neben Singen z.B. auch Flüstern, Kreischen, Schreien usw. eingesetzt. Herausragende Werke sind *Glossolalie* von Dieter Schnebel (1959/60), die *Lukaspassion* von Krzysztof Penderecki (1962/65) und *Sequenza III* von Luciano Berio (1965).
In der elektronischen Musik wird die Stimme ebenso wie der Instrumentalklang als Material benutzt, das in seine Bestandteile zerlegt, manipuliert und völlig neu zusammengesetzt werden kann – in einer Weise, die ausschließlich über technische Medien zu Gehör gebracht wird. Damit löst sich Vokalmusik auch von der Bindung an Sprache. Ein Beispiel hierfür ist der *Gesang der Jünglinge* von Karlheinz Stockhausen (1955/56).

Volksmusik ist stark situationsbezogene und brauchtumsgebundene Musik, die von Laien gespielt bzw. gesungen wird. Ihr Ursprung liegt im geselligen Leben bestimmter sozialer Gruppen wie z.B. Bauern, Arbeiter, Handwerker. Volksmusik wird nicht in erster Linie zum Zuhören gespielt, sondern zum Mitmachen; sie ist eine Form sozialer Interaktion. Tanzen, gemeinsames Singen, Musizieren in der Gruppe sind Formen der Musikausübung, an der viele teilnehmen können, auch Menschen ohne musikalische Vorbildung.
Volksmusik erhebt keinen Kunstanspruch. Selbst wenn gelegentlich virtuose vokale (z.B. Jodeln) oder instrumentale Fähigkeiten gezeigt werden: Volksmusik strebt keine künstlerische Professionalität im Sinne einer Konzertreife an, sie feiert nicht den herausragenden Star oder das perfekt gelungene Produkt. Zwar gibt es heute dank der Medien Stars der Volksmusik und auch perfekte Einspielungen von Stücken, jedoch stehen diese nicht im Mittelpunkt der lebendigen Volksmusikpflege, sondern stellen Ausnahmeerscheinungen dar. Volksmusik hält den Hörer nicht auf Distanz (hier der Star, dort das Publikum), sondern will ihn aktivieren; sie lebt von der Beteiligung. Diese wird erleichtert durch bewußte Einfachheit in formaler, rhythmischer, melodischer und harmonischer Hinsicht.
Die musikalischen Merkmale europäischer Volksmusik weisen zwischen Skandinavien und Italien, Schottland und dem Balkan erhebliche Unterschiede auf. Was Hörern in Albanien vertraut und selbstverständlich ist, kann in bayrischen Ohren fremd und kompliziert klingen – und umgekehrt. Dies zeigt sich auch an den unterschiedlichen Instrumenten, die in der Volksmusik der verschiedenen Länder verwendet werden. Bestimmte Instrumententypen finden sich jedoch in fast allen europäischen Ländern, so z.B. dudelsackähnliche Instrumente und verschiedene Formen des Akkordeons.
In der Volksmusik spielt die Verfasserfrage eine untergeordnete Rolle. Wer ein Stück komponiert hat, ist nicht wichtig. Entscheidend ist, daß ein Stück oder Lied von der Gruppe akzeptiert wird, deren Gefühle und Bedürfnisse es ausdrückt und in der es bestimmte Funktionen erfüllt.
Das Aufschreiben von Volksmusik war über Jahrhunderte nicht üblich, vielmehr wurden die Stücke gehört und nachgespielt. Dabei ergaben sich vielfach kleinere und größere Veränderungen – ein für Volksmusik charakteristisches Phänomen. Bestimmte musikalische Floskeln wurden über Generationen weitergereicht, eben-

so wie die Praxis der Improvisation über allseits bekannte Modelle. Erst seit dem 19. Jh., als sich Wissenschaftler für die Volksmusik zu interessieren begannen, werden Musikstücke schriftlich festgehalten. Im 20. Jh. erleichtern die technischen Aufnahmeverfahren Dokumentation und Vergleich der lebendigen Volksmusikpraxis. Gleichzeitig ermöglicht das Vordringen der auditiven Medien in die letzten Winkel der Erde die weltweite Verbreitung regionaler Volksmusiken und trägt damit auch zu ihrer Entfremdung bei.

Volksmusik war in der europäischen Musikgeschichte seit dem Mittelalter eine Quelle der Inspiration für Komponisten der Kunstmusik. Diese übernahmen häufig Melodien, Tanzrhythmen oder formale Elemente aus der Volksmusik und integrierten sie in ihre geistlichen und weltlichen Werke, wenn nicht wörtlich, so doch ihrem Sinn oder ihrem Duktus nach. Dabei wurden auch schon früh Elemente der Folklore anderer Völker entlehnt und verarbeitet, so z. B. der Rhythmus der Polonaise (aus Polen) oder der Tarantella (aus Italien) in der deutschen konzertanten Musik des 18. und 19. Jh.s, instrumentale Effekte der türkischen ▶ Janitscharenmusik bei Wolfgang Amadeus Mozart (*Die Entführung aus dem Serail*, 1782) oder spanisches Tanzkolorit bei Georges Bizet (*Carmen*, 1875).

Im 19. Jh. ist, besonders in osteuropäischen Ländern, eine starke Orientierung der Kunstmusik an nationalen volksmusikalischen Charakteristika festzustellen. Die Suche nach der nationalen Identität musikalisch zu unterstützen, empfanden viele Komponisten als eine kulturpolitische Aufgabe von höchster Bedeutung. Vor diesem Hintergrund schrieb z. B. der Tscheche Bedřich Smetana seinen Zyklus sinfonischer Dichtungen *Mein Vaterland* (1874–79). Im 20. Jh. beschäftigten sich Komponisten wie Leoš Janáček, Béla Bartók und Zoltán Kodály intensiv mit der tschechischen bzw. ungarischen und rumänischen Volksmusik. Sie erforschten diese nationalen Musikkulturen, zeichneten mündlich Überliefertes schriftlich auf und verarbeiteten Elemente daraus in ihrem kompositorischen Werk.

Die Industrialisierung und die Entstehung der modernen Gesellschaft im 19. Jh. veränderten die Arbeits- und Lebensbedingungen der sozialen Gruppen, die die Volksmusik bisher getragen hatten. Gemeinsames Singen, Musizieren und Tanzen standen nicht mehr im Mittelpunkt, andere Freizeitbeschäftigungen kamen auf. Die Massenmedien trugen zwar zur Verbreitung, aber auch zur Vereinheitlichung von Volksmusik bei. Volksmusik im eigentlichen Sinne ist heute im wesentlichen nur noch in eng begrenzten, vor allem agrarisch geprägten Regionen präsent und hat dort eine Heimat in regionalen Trachtengruppen, Blaskapellen und Gesangvereinen gefunden.

Seit Ende der 60er Jahre ist eine Entwicklung zu beobachten, die in Ansätzen eine Neubelebung der Volksmusik versucht: Junge, meist politisch engagierte Musikgruppen bedienen sich der Volksmusik, um aktuelle Probleme zu thematisieren und heutiges Lebensgefühl mit vertrauten musikalischen Mitteln zu artikulieren. Dies geschieht vor allem mit Hilfe von Volksliedern.

Das **Volkslied** ist, wie Volksmusik überhaupt, als vokale musikalische Ausdrucksform nicht unabhängig von gesellschaftlichen Gruppen und bestimmten sozialen Situationen denkbar. Genaugenommen gibt es nicht *das* Volkslied, sondern viel-

mehr eine Fülle von Liedtypen verschiedener Gruppen (z.B. Bauern, Soldaten, Bergleute) und mit unterschiedlichen Funktionen (z.B. Heimat-, Kinder-, Tanz-, Scherz- und Spottlieder). Charakteristisch für Volkslieder ist, daß sie über längere Zeiträume im Bewußtsein bleiben, gesungen und mündlich überliefert werden. Es spielt keine wesentliche Rolle, ob der Verfasser eines Liedes bekannt ist oder nicht; entscheidend ist die Art des Umgangs mit dem Lied und der Prozeß seiner Überlieferung. Die aktive Teilnahme und Mitarbeit der jeweils tragenden Gruppen oder Schichten an diesem Prozeß drückt sich in den Veränderungen aus, die im Laufe der Zeit an den Liedern vorgenommen werden. Es entstehen Varianten, die Lieder werden umgesungen und neuen Situationen und Bedürfnissen angepaßt.
Inhalt und Funktion der Volkslieder sind Selbstdarstellung der jeweiligen Gruppe (z.B. in Stände- und Bundesliedern), Lebenssicherung und Abgrenzung (etwa in Kult-, Arbeits- oder Kampfliedern) sowie natürlich Lebensfreude und Unterhaltung (z.B. in Tanz- und Spielliedern, unterhaltenden Liedern aller Art). Zahlreiche überlieferte Lieder, die gegen die Kirche und den Adel gerichtet waren, sind erst in den letzten 20 Jahren ins Bewußtsein einer breiteren Öffentlichkeit getreten. Sie beweisen, daß das Volkslied nicht die vermeintlich heile Welt einer „guten alten Zeit" widerspiegelt. Viele derb-erotische Lieder zeigen, daß das deutsche Volkslied auch keineswegs zur Beschwörung einer entsexualisierten, „sauberen" Idylle benutzt werden kann.
Die Sprache des Volksliedes ist oft realistisch, unkompliziert, aber ausdrucksstark und weist vielfach Dialektanklänge auf. Volksliedmelodien sind in Struktur und Duktus den Texten angepaßt und wurzeln in musikalischen Grundformen, die regional oder national verbreitet und bekannt sind. Eine bedeutende Rolle spielen die nationaltypische Sprechmelodie, der Sprachklang und die Stimmbehandlung. Auch der Rhythmus der Lieder wurzelt in diesen regionalen oder nationalen Voraussetzungen, die zu unterschiedlichen musikalischen Ausdrucksformen innerhalb der Volksmusik der verschiedenen Länder geführt haben.
Formal findet sich im deutschen Volkslied die einteilige, zweiteilige und dreiteilige Liedform, insbesondere die Barform und ihre Varianten (▶ Form). Der Tonraum der Melodien geht selten über die Dezime hinaus. Das Tongeschlecht (Dur, Moll) differiert je nach Alter und landschaftlicher Herkunft des Liedes. Auch Kunstlieder mit volkstümlicher Melodik wurden häufig zu Volksliedern, z.B. *Der Lindenbaum* (*Am Brunnen vor dem Tore*) von Franz Schubert.
Volkslieder wurden in Deutschland erst ab Ende des 18. Jh. schriftlich fixiert und gesammelt. Johann Gottfried Herder schuf den Begriff Volkslied in seiner 1773 erschienenen Sammlung *Stimmen der Völker in Liedern*. Im 19. Jh. setzte eine rege Sammel- und Forschungstätigkeit in Sachen Volkslied ein. 1914 wurde das Deutsche Volksliedarchiv in Freiburg als internationale Dokumentations- und Forschungsstelle gegründet. Seit 1928 erscheint das Jahrbuch für Volksliedforschung.
Heute verwendet man den Begriff Volkslied mit Vorsicht; oft wird lieber von musikalischer **Folklore** oder von ▶ Folk Song gesprochen. Diese englischen Begriffe erscheinen uns unverfänglicher, d.h. weniger ideologisch belastet als der deutsche Begriff und das von ihm Bezeichnete, mit dem im deutschen Kaiserreich und

Titelblatt der ersten Ausgabe von 1806, Band 1

während des Nationalsozialismus Schindluder getrieben wurde. Das deutsche Volkslied wurde damals propagandistisch als Mittel der Erziehung zur Vaterlandsliebe benutzt und zur Erzeugung von Kampfbereitschaft gegen alles nicht Deutsche mißbraucht. Zahlreiche Lieder wurden geschrieben, die wie Volkslieder klangen, aber ausschließlich auf die ideologische Manipulation der Sänger und Hörer zielten (▶ Politisches Lied). Manche bekannten und viel gesungenen Lieder drücken mehr oder weniger verschlüsselt Kriegsbereitschaft aus, so z.B. *Wildgänse rauschen durch die Nacht* oder *Der mächtigste König im Luftrevier.*

Vor diesem Hintergrund wird verständlich, daß nach 1945 in Deutschland nicht bruchlos an die Volksliedtradition angeknüpft werden konnte. Durch Rundfunk und Schallplatten, auch durch Gastarbeiter und Immigranten aus aller Welt kamen Volkslieder anderer Länder nach Deutschland. Englischsprachige Folk Songs und musikalische Folklore vor allem aus europäischen Ländern nehmen heute einen breiten Raum in den Liederbüchern ein und könnten ein neues, positives und unbelastetes Verhältnis zu volksmusikalischen Traditionen begründen helfen.

Volta (ital. = Wendung, Biegung) Die Bezeichnungen prima volta (= 1. Mal) und seconda volta (= 2. Mal) kennzeichnen in Musikstücken mit Wiederholungen einzelner Abschnitte die Reihenfolge, in der deren verschiedene Schlußwendungen zu spielen sind. Die Schlußwendungen sind mit einer oberhalb der Notenlinien gezogenen eckigen Klammer und den jeweiligen Ziffern (1., 2.) gekennzeichnet.

Die zweite Bedeutung des Begriffs bezeichnet einen höfischen Tanz, der im 16. und 17. Jh. in den mitteleuropäischen Ländern sehr beliebt war. Die aus der Provence stammende Volta ist ein schneller Paartanz im Dreiertakt mit Sprüngen und Drehungen beider Partner – eine Vorläuferin des Rock'n'Roll-Tanzes.

Vorhalt In der Harmonielehre verzögertes Eintreten eines Akkordtons in einer oder mehreren Stimmen, während andere Stimmen bereits ihre Akkordtöne erreicht haben. Dabei können harmonische Spannungen entstehen (▶ Dissonanz). Ein Vorhalt heißt frei, wenn der verzögerte Ton nicht in einem vorhergehenden Akkord enthalten ist. Vorhalte sind ein wichtiges Ausdrucksmittel aller Musikstile. Bei Bach dienen sie z.B. dazu, Seufzer auszudrücken, in Wagners Oper *Tristan und Isolde* wird häufig die Liebessehnsucht durch Vorhaltbildung gestaltet.

Bach, Ende der Matthäus-Passion

Vorklassik nennt man die musikgeschichtliche Epoche zwischen etwa 1730 und 1780. Die Vorklassik ist eine Zeit des Übergangs. Formen und Kompositionsprinzipien des ▶ Barock bleiben teilweise gültig, während die ▶ Klassik ihre kompositorischen Neuerungen noch nicht entfaltet hat. Im 18. Jh. tritt das Bürgertum als neuer Stand neben die Aristokratie als Veranstalter und Publikum von Konzerten und Opernaufführungen: das bürgerliche Konzertwesen entsteht und beginnt das höfische Musikleben zu ergänzen bzw. abzulösen. Dementsprechend wird Musik für ein breiteres Publikum komponiert: Musik, die direkt die Gefühle der Hörer anspricht, die auf unmittelbares Verstehen zielt. Die komplizierte barocke ▶ Polyphonie wird als „gelehrt" abgelehnt, gilt als verzopft und altmodisch. Das Publikum will von Musik gerührt und unterhalten werden.

François Couperin, 1735

Die Stilrichtungen der Vorklassik:
Galanter Stil: Er entstand noch in der Barockzeit im Gegensatz zum strengen polyphonen Stil Johann Sebastian Bachs und Georg Friedrich Händels. Die Kompositionen in diesem Stil sind überschaubar in Form und Struktur, meist homophon gesetzt (eine führende Melodiestimme mit Begleitung), haben eine gesangliche Melodik, die meist mit ▶ Verzierungen angereichert ist. Vertreter des galanten Stils sind u. a. Francois Couperin und Domenico und Alessandro Scarlatti.
Empfindsamer Stil: Etwa zwischen 1740 und 1780 setzen viele Komponisten ganz auf den Ausdruck individuellen Gefühls. Starke Kontraste und expressive Dynamik, Tempowechsel, kräftige Instrumentalfarben im Wechsel mit zarten, affektgeladene Formeln wie z.B. Seufzermotive (abwärtsgerichtete, betonte Vorhalte) kennzeichnen die Werke von Carl Philipp Emanuel Bach und seiner Zeitgenossen. Diese Stilrichtung wird auch als musikalischer **Sturm**

Alessandro Scarlatti, undatiert

Carl Philipp Emanuel Bach, 1776

und Drang bezeichnet. Hierher gehören noch viele der frühen Werke Joseph Haydns und Wolfgang Amadeus Mozarts. Die **Mannheimer Schule**, d.h. die Komponisten der Hofkapelle des pfälzischen Kurfürsten Karl Theodor in Mannheim (etwa 1743–77), entwickelte einen völlig neuen Orchesterstil und sorgte für bahnbrechende kompositorische Neuerungen in der Instrumentalmusik. Starke Kontrastbildungen in Besetzung, Klangfarbe und Dynamik, eine gegenüber Baß und Begleitung dominierende Melodik sowie andere Elemente des empfindsamen Stils finden sich auch noch bei den Mannheimern. Typisch sind ferner besonders effektvolle Orchesterfiguren, die als „Walze“ und „Rakete“ bezeichnet werden (Walze = ein Motiv, das bei gleichbleibender Harmonie mehrmals auf höheren Tonstufen wiederholt wird; Rakete = aufwärtsstrebender gebrochener Dreiklang, oft über zwei Oktaven). Besonders nachhaltig wirkte sich jedoch die Erfindung des ▶ Crescendo, des allmählichen, stufenlosen Anschwellens der Lautstärke, aus: es bedeutete die Abkehr von der barocken ▶ Terrassendynamik, dem übergangslosen Wechsel zwischen lauten und leisen Abschnitten. Im Orchester bekamen die Bläser, vor allem die Holzbläser, mehr selbständige Aufgaben. Die Klarinette wurde neu in das Orchester aufgenommen. Auch formale und strukturelle Neuerungen gehen auf die Mannheimer Schule zurück, vor allem die Ausprägung des Themendualismus in der Sinfonik. Ganz im Sinne des Kontrastprinzips werden im 1. Satz der Sinfonie nun zwei unterschiedliche Themen gegenübergestellt und in einer Durchführung musikalisch verarbeitet (▶ Sonate). Auch die konsequente Gliederung in musikalische Sinneinheiten von jeweils 2, 4 oder 8 Takten Länge (Periode) geht auf die Mannheimer zurück. Bedeutende Vertreter sind u.a. Johann, Carl und Anton Stamitz, Franz Xaver Richter und Christian Cannabich.

Da die Vertreter des empfindsamen Stils und der Mannheimer Schule mit vielen ihrer Neuerungen weit in die Klassik hineinreichten und diese entscheidend prägten, faßt man diese Stilrichtungen auch unter der Bezeichnung **Frühklassik** zusammen.

Vorspiel ist die instrumentale Einleitung eines Musikstücks und dient der Vorbereitung und Einstimmung, auch der Festlegung der Tonart sowie der Vorbereitung von Melodie und Rhythmus für gemeinsames Tanzen oder Singen. Im engeren Sinn bezeichnet Vorspiel die Orchestereinleitung zu Richard Wagners Musikdramen seit *Lohengrin* (1850). Im Gegensatz zur in

sich abgeschlossenen Ouvertüre einer Oper ist das Vorspiel thematisch und musikalisch eng auf die folgende Handlung bezogen und mit dem 1. Akt ohne Unterbrechung verbunden. Die Abkehr von der Opern-Ouvertüre ist Konsequenz von Wagners Konzeption des von einer einheitlichen künstlerischen Idee getragenen (Musik-)Dramas, die er in der Schrift *Oper und Drama* (1851) entwickelt hat.
Vorformen des Vorspiels sind in der französischen Großen Oper bei Giacomo Meyerbeer zu beobachten (*Die Hugenotten*, 1836 und *Die Afrikanerin*, 1865).
Im Rahmen einer Bewerbung z. B. um eine Stelle als Orchestermusiker meint Vorspiel auch eine Eignungsprüfung zum Nachweis der geforderten Fähigkeiten. Für das Vorspiel werden in der Regel **Pflichtstücke** (bestimmte für Instrument und künftige Aufgabe charakteristische Werke oder Teile eines Werkes) vorgeschrieben. Das Vorspiel findet vor einer Auswahlkommission statt. Für Sänger gibt es das **Vorsingen**.

Vortragsbezeichnungen nennt man die Zusätze in Form von Worten, Abkürzungen oder Zeichen, die dem Notentext beigefügt sind. Sie geben an, wie ein Musikstück oder ein Abschnitt daraus in bezug auf Tempo, Dynamik, Ausdruck, Spieltechnik usw. zu interpretieren ist. Die Vortragsbezeichnungen entstanden seit dem 17. Jh. in Italien und Frankreich und wurden in Deutschland in der jeweiligen Originalsprache übernommen, z. B. ▶ andante, ▶ crescendo, ▶ forte, ▶ legato, ▶ presto, ▶ rubato.

W

Walzer ist ein Ende des 18. Jh.s in Süddeutschland und Österreich aufgekommener Tanz im 3/4-Takt, der sich aus ländlich-volkstümlichen Tänzen wie dem Deutschen Tanz, dem Schleifer und dem Ländler entwickelte. Der Walzer ist ein Paartanz, bei dem die Paare sich um sich selbst drehen und dabei einen weiten Kreis um die Tanzfläche beschreiben. Wegen seiner bäuerlichen Herkunft und seiner typischen Bewegungen – am Boden schleifende Füße, enger Körperkontakt der Partner – galt der Walzer zunächst als derb und vulgär und wurde mehrmals verboten. Dennoch verbreitete sich der Tanz sehr schnell und fand bald auch in adeligen und bürgerlichen Kreisen begeisterte Aufnahme.
Ab 1811 wurde der Tanz als **Wiener Walzer** bezeichnet. In dieser Zeit bestand der Walzer aus zwei mehrfach wiederholten Teilen von je acht Takten Länge (Perioden). Nachdem sich immer mehr Komponisten mit dem Walzer beschäftigten, bildete sich auch eine Konzertform des Walzers mit langsamer Einleitung, fünf aneinandergereihten Walzern (Walzerkette) und einer Coda (Schlußstück) heraus. Schöpfer und Meister dieser Form sind Joseph Lanner und Johann Strauß (Vater und Sohn).
Während der Walzer in die Kunstmusik Eingang fand, z. B. bei Frédéric Chopin und Johannes Brahms, entwickelten sich in der Unterhaltungsmusik neue Tanzformen: der langsame Walzer (▶ Boston, ▶ English

Johann Strauß (Sohn), um 1885

Waltz), der französische und der spanische Walzertyp.
Der Wiener Walzer gehört bis heute zu den beliebtesten Gesellschaftstänzen. Er ist – ebenso wie der langsame Walzer – Teil des internationalen Turniertanzprogramms. Vielen Operetten- und Schlagermelodien liegt der Walzerrhythmus zugrunde.

Wechselnote nennt man die unmittelbar oberhalb oder unterhalb eines Tons liegende Nebennote, die in einer Melodie oder einem Akkord auf unbetonter Taktzeit angespielt wird und wieder zum Ausgangston zurückführt.

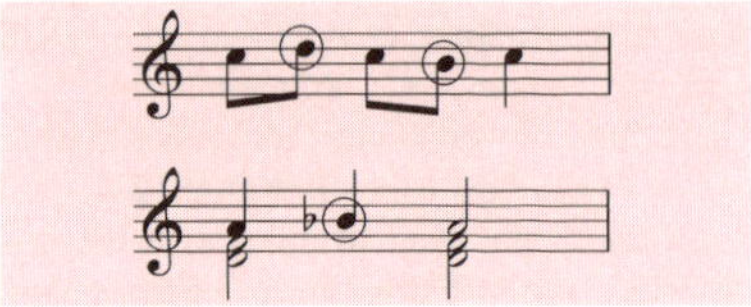

Y

Xylophon (griech. = Holzklinger) heißt ein Stabspiel mit schmalen Platten aus Holz, das mit Holzschlägeln angeschlagen wird. Die Platten sind in zwei chromatischen Reihen klaviaturmäßig auf einem hölzernen Resonanzkasten angeordnet und liegen auf kleinen Gummistücken auf. Xylophon bzw. xylophonähnliche Instrumente sind seit der Antike bekannt. Auch in afrikanischen, südamerikanischen und asiatischen Kulturen gibt es verschiedene Stabspiele aus Holz mit Resonanzkörpern unter den Stäben (▶ Marimba). In der alpenländischen Volksmusik sowie in der Tanz- und Unterhaltungsmusik werden Xylophone verwendet, deren Platten nicht klaviaturmäßig und parallel zum Spieler angeordnet sind, sondern in vier ineinandergreifenden Reihen auf den Spieler zulaufen. Diese Form des Xylophons wich in der Kunstmusik der klaviaturmäßigen Form, die seit Ende des 19. Jh.s zum Schlaginstrumentarium des Orchesters gehört.

Hier tritt das Xylophon in drei Größen auf: als Sopran-Xylophon (Umfang c^2-g^3), Tenor-Xylophon (a-d^3) und Baß-Xylophon (G-g^1). Im Musikunterricht wird das Xylophon häufig genutzt; es gehört zum ▶ Orff-Instrumentarium.

Z

Zapfenstreich ist ein militärisches Signal per Fanfare (früher auch Trommelsignal oder Signalhornruf), das die Soldaten zur Rückkehr in die Unterkunft aufforderte; heute nur noch symbolisch verwendet. Ursprünglich bezog sich im 17. Jh. Zapfenstreich ganz konkret auf die Beendigung des Ausschanks in den Soldatenlagern durch Verschließen der Fässer mit einem Schlag auf den Zapfen (Streich = Schlag). Die Kombination verschiedener Zapfenstreichsignale mit anderen Musikstücken (z.B. Gebet, Deutschlandlied) führte seit dem 17. Jh. zu einer größeren musikalischen Form, dem **Großen Zapfenstreich**. 1838 erstmals aufgeführt, ist er heute Bestandteil des militärischen Zeremoniells. Heute wird auch ein Serenade und Großen Zapfenstreich verbindendes Militärkonzert als Großer Zapfenstreich bezeichnet.

Zarzuela (span.) ist eine dem Singspiel ähnliche Gattung des spanischen Musiktheaters im 17. und 18. Jh., die als Sonderform des hofischen Festspiels entstand und in den Anfängen mythologische und heroische Stoffe bevorzugte. Ihren Namen erhielt die Zarzuela vom Ort der ersten Aufführungen, dem Palacio de Zarzuela, einem Lustschloß König Philipps IV. in der Nähe von Madrid. Charakteristisch sind die zweiaktige Form und der Wechsel von Gesang und gesprochenem Dialog. In der Mitte des 19. Jh.s erlebt die Zarzuela eine erneute Blüte, wird in nunmehr dreiaktiger Form und mit Musik der spanischen Folklore bis in die Gegenwart zum populären Unterhaltungstheater, das selbst mit Revuen und Musicals konkurrieren kann.

Zigeunermusik ist seit dem 15. Jh. bekannt. In dieser Zeit prägten sich unter den Sinti und Roma Südosteuropas eigene Musizierformen und -gattungen aus. Obwohl Sinti und Roma in vielen europäischen Ländern lebten, hat sich in der Musik bis ins 20. Jh. die feste Verbindung Zigeunermusik = ungarische Musik im Bewußtsein gehalten. Dies ist vor allem auf die Operetten des 19. Jh.s zurückzuführen, in denen „ungarisches Zigeunermilieu" beliebt war: Hier wurden Tänze wie der Csárdás und Ensembles aus Geige, Klarinette, Baß und Cimbal, die für die Tanz- und Unterhaltungsmusik der Sinti und Roma typisch sind, zum exotischen Hintergrund für rührselige Liebesgeschichten. Auch die zahlreichen ungarischen Tänze und Rhapsodien der Kunstmusik des 19. Jh.s trugen zum Klischee von der Zigeunermusik bei. Die Musik dieses Volkes ist jedoch formal und stilistisch sehr viel breiter. Die spanische Variante basiert auf Elementen orientalischer Folklore, die mit den arabischen Eroberern im 8. Jh. nach Spanien kamen. Hier wird die Gitarre als Begleitinstrument für den Ge-

sang verwendet, Kastagnetten und Tamburin begleiten den Tanz (▶ Flamenco).
Seit den 30er Jahren des 20. Jh.s wurde der **Zigeunerjazz** populär. Von dem Gitarristen Django Reinhard oder dem Häns'che Weiss Quintett wurden originelle und künstlerisch anspruchsvolle Stilrichtungen zwischen Jazz und Folklore geschaffen.
Ähnlich wie ▶ Klezmer, die Musik der osteuropäischen Juden, ist die „Zigeunermusik" ein Beispiel für den produktiven Umgang von Musikern einer ethnischen Minderheit mit ihrer eigenen musikalischen Tradition und derjenigen ihrer Umgebung. Die Verschmelzung der verschiedenen Musikkulturen hat sowohl Kunstmusik als auch Tanz- und Unterhaltungsmusik und Jazz bereichert.

Zigeunertonleiter nennt man eine Molltonleiter, die zwei übermäßige Sekundschritte enthält. Sie wird in der Volksmusik der südosteuropäischen Länder verwendet. Im 19. Jh. wurde besonders die Musik der in Ungarn lebenden Sinti und Roma mit dieser Tonleiter in Verbindung gebracht; seitdem hat sich der Begriff **Zigeunermoll** durchgesetzt.

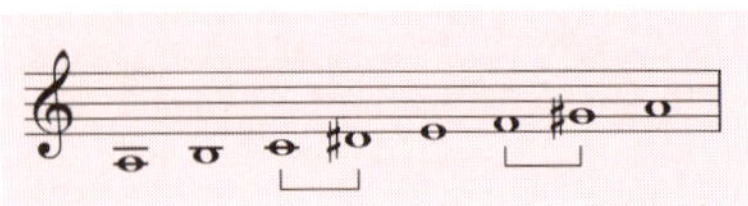

Zimbeln sind im antiken und vorderasiatischen Kulturraum viel benutzte Schlaginstrumente. Sie bestehen aus kleinen, dünnen, runden Metallscheiben (5–10 cm Durchmesser), meistens mit kleiner halbkugeliger Wölbung, an Lederschlaufen hängend oder in Klaviatur-Anordnung aufgebaut. Als Orchesterinstrument wurden sie von Hector Berlioz wiederentdeckt und mit der Bezeichnung **Cymbales antiques** (antike Becken) in seinem Werk *Romeo und Julia* (1839) eingesetzt. Seit Beginn des 20. Jh.s gehört die Klangwirkung der Zimbeln von Claude Debussy, Maurice Ravel, Igor Strawinski bis Carl Orff und Pierre Boulez zum festen Bestand des Percussions-Instrumentariums der neueren Musik. Als ▶ Becken gehören Zimbeln zur Grundausstattung des Schlagzeugs im Jazz und in der populären Musik.

Zink (mhdt.: rinke = Hörnchen) heißt eine Gattung von Blasinstrumenten des 16.–18. Jh.s. Die Grundform besteht aus einem konischen (nach unten weiter werdenden) Rohr, das beim krummen Zink leicht gebogen ist. **Krummer Zink** und **Gerader Zink** besitzen ein Trompetenmundstück (Kesselmundstück); ihr Klang ist dadurch dem eines Blechblasinstruments ähnlich, obwohl ihr Rohr in der Regel aus Holz besteht. Den Blechblasinstrumenten seiner

Zeit war der Zink spieltechnisch überlegen. Mit Hilfe der Grifflöcher konnten sämtliche Tonstufen gespielt werden, während auf der damaligen Trompete z.B. nur die ▶ Naturtonreihe spielbar war. Daher wurde der Zink oft zusammen mit Posaunen oder auch als Instrument für die Turmmusik eingesetzt.
Der Krumme Zink wurde in vier Stimmlagen gebaut: Diskant, Alt, Tenor und Baß (▶ Serpent). Der Gerade Zink wurde in Diskant- und Altlage eingesetzt.
Eine Sonderform des Geraden Zinks, der **Stille Zink**, existierte ebenfalls in Diskant- und Altlage. Sein Klang ist aufgrund seines besonders kleinen, innenliegenden Mundstücks und der engen Bohrung seines Rohrs sehr leise.

Zitat (lat.: citare = anführen, sich auf eine Zeugenaussage berufen, erwähnen) ist die wörtliche Übernahme von Elementen und

Teilen (z.B. Melodie, Harmoniefolge, charakteristischer Akkord) aus einer fremden oder eigenen Komposition in ein neues Werk. Im Gegensatz zum Zitat in der Literatur kann das musikalische Zitat nicht durch Anführungszeichen oder Quellenangaben so gekennzeichnet werden, daß es beim Hören unmittelbar erkennbar ist. Das musikalische Zitat setzt also eine Bekanntheit des Zitierten voraus, damit der beabsichtigte Effekt eintreten kann. Der Reiz des Zitats beruht auf seiner Anspielung. Es kann, wenn es nicht erkennbar bzw. als nicht erkennbar beabsichtigt ist, in die Nähe des **Plagiats** (= Diebstahl geistigen Eigentums) geraten.

Das Zitat kann unterschiedlich eingesetzt werden: Als Mittel der Komik durch das veränderte Umfeld wie beim Tristan-Akkord aus dem Musikdrama *Tristan und Isolde* (1865) von Richard Wagner, den Claude Debussy in dem Tanzstück *Golliwogg's Cake Walk* aus dem Klavierzyklus für Kinder *Children's Corner* (1908) zitiert. Oder als Parodie eines populären Opern-„Schlagers" wie des Gefangenenchors aus der Oper *Nabucco* (1842) von Giuseppe Verdi in der Fluchtmusik der Tiere bei Wilfried Hiller in der *Ballade von Norbert Nackendick* (1982). Das Zitat kann auch die Autorität eines bedeutenden Werks oder Komponisten als Beglaubigung aufrufen. Das Zitierte kann auch Selbstzitat sein wie in *Don Giovanni* (1787) von Wolfgang Amadeus Mozart, der im Schlußakt der Oper als Tafelmusik neben Ausschnitten aus berühmten zeitgenössischen Opern auch eine Melodie aus seiner eigenen Oper *Die Hochzeit des Figaro* (1786) zitiert.

In der Musik des 20. Jh.s nähert sich der Gebrauch des Zitats häufig der ▶ Collage. So ist z.B. der 3. Satz der *Sinfonia* (1968/9) von Luciano Berio als Zitatcollage komponiert.

Zither

Zither (griech.: Kithara; ▶ Lyra) ist in der Instrumentenkunde zunächst die Sammelbezeichnung für einfache **Chordophone** (Saiteninstrumente). Für diese (z.B. **Stabzither**, **Brettzither**) ist der Resonanzkörper für die Klangerzeugung nebensächlich.

Die **Konzertzither** geht auf das mittelalterliche Scheitholz (**Schmalzither** mit schmalem Resonanzkasten, 1–2 Melodiesaiten und 1–8 Begleitsaiten) zurück und ist ein im alpenländischen Raum vor allem in der Volks- und Laienmusik seit dem 19. Jh. sehr populäres Zupfinstrument. Über das Griffbrett mit 29 Bünden sind 5 Spielsaiten (Normalstimmung a^1 a^1 d^1 g c für das Melodiespiel) gespannt, weitere 33 bis 42 freie Saiten (Begleit-, Baß-, Kontrabaßsaiten, in Quinten und Quarten gestimmt) laufen über den Resonanzkasten und dienen vorwiegend der Akkordbegleitung.

Die traditionelle Bindung der Zither an die Volksmusik (z.B. Liedbegleitung, Alleinunterhaltung oder Ensemblespiel in der „klassischen" Volksmusik-Besetzung mit Zither, Hackbrett, Gitarre) wurde im 20. Jh. durchbrochen und um Konzertliteratur von der Zwölftonmusik bis zur zeitgenössischen Avantgarde erweitert.

Die amerikanische Variante der Zither heißt **Autoharp**. Ihre Saiten werden mit Hilfe einer Knopfmechanik angeschlagen, die nicht gespielten Saiten werden jeweils abgedämpft

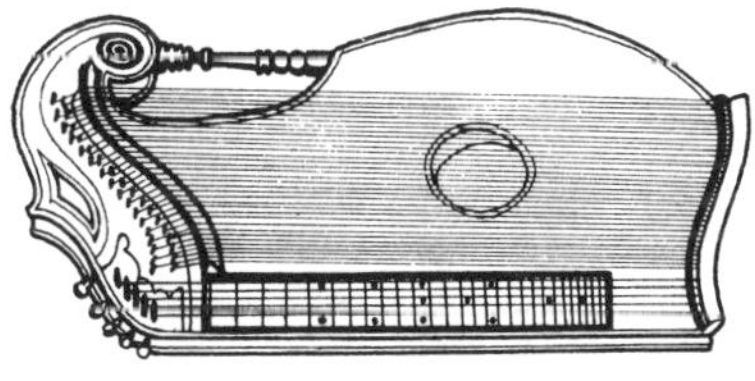

Zufallsgenerator

Zufallsgenerator Ein elektronisches Gerät oder ein Computerprogramm heißt Zufallsgenerator, wenn es in der Lage ist, Daten zu erzeugen, die keine Gesetzmäßigkeit erkennen lassen, also möglichst zufällig sind. Das können elektrische Ströme,

Schwingungen oder Zufallszahlen sein. Zufallsgeneratoren kommen u.a. in der elektronischen Musik zum Einsatz. Dort werden sie oft von Rauschspannungen (weißes Rauschen) abgeleitet und z.B. zur Erzeugung zufälliger Klangeigenschaften wie unregelmäßigem Vibrato eingesetzt.

Zupfinstrumente sind Saiteninstrumente, also Chordophone, bei denen der Ton durch Anreißen der Saiten mit den Fingern oder dem ▶ Plektrum entsteht. Charakteristisch für den gezupften Ton ist sein rasches Verklingen. Zupfinstrumente sind Harfe, Laute, Gitarre, Leier, Zither.
Im Grenzbereich von Zupfen und Schlagen einer Saite bzw. eines anderen elastischen tonerzeugenden Materials zählt man auch ▶ Maultrommel und Spieldose zu den Zupfinstrumenten.

Zurna (türk./arab.) Als Volksmusik-Instrument im islamischen Kulturraum gebräuchliche Schalmei mit lautem, durchdringendem und charakteristischem, ununterbrochenem Ton. Der Zurna wird häufig in Verbindung mit einer großen (zweifelligen, zylindrischen) Trommel, dem **Tupan**, zur Tanzmusik gespielt und ist bis nach Europa verbreitet.

Zwiefacher ist die Sammelbezeichnung für in Bayern und Österreich beheimatete Volkstänze mit häufigem Wechsel von geradem (2/4-Takt) und ungeradem Takt (3/4-Takt). Der Taktwechsel ergibt sich durch die Kombination von Tanzfiguren aus Tänzen mit verschiedenem Takt.

Zwölftonmusik (auch dodekaphonische Musik) ist Musik, die durch eine neuartige Behandlung der 12 Halbtöne einer Oktave entsteht. Das erste so benannte System stammt wahrscheinlich von Josef Matthias Hauer, der 1908 zwölftönige Kompositionen veröffentlichte. Praktisch gleichzeitig entwickelte Arnold Schönberg sein Zwölftonsystem, das er konsequent z.B. in seinen *Fünf Klavierstücken* von 1923 anwandte. Über die Frage, wer die erste Zwölftontechnik erfunden hat, ist zwischen den beiden Komponisten ein langwieriger Streit entstanden. Jedenfalls hat in der Folgezeit Schönbergs System den größten Einfluß auf die weitere Entwicklung ausgeübt. Es wurde auch zur Kompositionsmethode seiner bekanntesten Schüler Alban Berg und Anton von Webern. Der Kreis um Schönberg wird als **Zweite Wiener Schule** oder Neue Wiener Schule bezeichnet (die erste bildeten Mozart, Haydn, Beethoven).
Grundlegend für Schönbergs Zwölftontechnik ist der Begriff der **Reihe**. Sie besteht aus allen 12 Halbtönen, die eine Oktave ausmachen. Zu jeder Reihe erhält man durch Anwendung von vier Standardverfahren automatisch neue Reihen. Die Verfahren sind ▶ Umkehrung (alle Intervalle werden in ihrer Bewegungsrichtung umgekehrt), ▶ Krebs (Reihe von rückwärts) und **Krebsumkehrung** (alle Intervalle der Krebsreihe werden umgekehrt).
In der strengen Zwölftontechnik gilt das **Wiederholungsverbot**. Es verbietet die Wiederholung eines Tons der Reihe, bevor alle übrigen 11 erklungen sind. Die Töne der Reihe treten nicht nur als Melodie nacheinander auf, sondern auch gleichzeitig als Harmonien.

Arnold Schönberg, um 1930

Das Verbot wollte tonale Wirkungen vermeiden, die dadurch entstehen, daß ein Ton durch häufiges Auftreten als Grundton ausgezeichnet wird (▶ Atonalität, ▶ Harmonielehre).
In den 50er und 60er Jahren wurde die Zwölftontechnik in der seriellen Musik, die sich besonders auf Webern beruft, weitergeführt. Die Reihentechnik dehnte man auf die Tondauern und Tonstärken aus und bezeichnete diese als ▶ Parameter, d.h. frei veränderliche Größen.

Zyklus (griech.: kyklos = Kreis) Mehrere in sich abgeschlossene Einzelwerke werden im Zyklus zu einem größeren Ganzen zusammengefaßt. Die einzelnen Teile können locker aneinander gereiht sein, wie die Tanzstücke in der barocken ▶ Suite. Andererseits kann durch bewußte Verknüpfung (Wiederholung, Vorausdeutung, Leitmotiv, usw.) und Entfaltung eines Grundthemas eine motivisch-thematische Verklammerung der einzelnen Werkteile entstehen. Die im Wortsinn liegende Kreisbewegung muß in einer **zyklischen Komposition** nicht zwingend umgesetzt sein. Beispiele für einen Zyklus dieser Art allerdings sind Johann Sebastian Bachs Klavierwerk Das *Wohltemperierte Klavier* (1722/1744) und Frédéric Chopins sich darauf beziehende *24 Préludes* (1836–39), deren einzelne Stücke jeweils sämtliche Tonarten durchschreiten, bei Bach in chromatischer Abfolge, bei Chopin in der des Quintenzirkels.
Häufig ergibt sich die **zyklische Form** durch ein von außen hinzukommendes inhaltliches Programm (z.B. *Bilder einer Ausstellung* von Modest Mussorgsky, 1874). Für die überwiegend als ▶ Programmusik gestaltete sinfonische Dichtung des 19. und 20. Jh.s (z.B. Bedřich Smetana, *Mein Vaterland*, 1874–79) ist die zyklische Struktur bevorzugte Kompositionsform.
In Anlehnung an die in der lyrischen Dichtung sehr häufig auftretende Form des Zyklus sind auch zahlreiche Kompositionen des deutschsprachigen Kunstlieds im 19. und 20. Jh. als Liederzyklus gestaltet. Bedeutende Zyklen stammen von Franz Schubert (*Die schöne Müllerin*, 1823, *Die Winterreise*, 1827), Robert Schumann (*Dichterliebe*, 1840), Hugo Wolf *Spanisches* und *Italienisches Liederbuch*, 1891 und 1896) oder Paul Hindemith (*Das Marienleben*, 1922/23 bzw. 1936–48).

Die Autoren

Dr. *Mechthild von Schoenebeck*, Musikpädagogin und Musikwissenschaftlerin, Professorin an der Bergischen Universität-Gesamthochschule Wuppertal.
Dr. *Gunter Reiß*, Literatur- und Theaterwissenschaftler, Professor an der Westf. Wilhelms-Universität Münster und Leiter der Forschungsstelle Musiktheater für Kinder und Jugendliche.
Dr. *Justus Noll*, Musikwissenschaftler und Publizist, Komponist und Musiker.

Bildnachweis

AKG, Berlin: 20, 31, 33, 35, 36, 39, 48, 67, 79, 81, 87, 102, 103, 104, 107, 112, 115, 148, 152, 161, 163, 166, 168, 183, 184, 197, 199, 212, 230, 231, 232, 240, 242, 243, 244, 245, 249, 258, 263, 268, 275, 276, 277, 291, 292, 293, 296, 300, 308, 310, 317, 335, 362, 363, 364, 366, 370 - Associated Press, Frankfurt am Main: 132 (oben), 284 - Gerrassimos Avgerinos, Handbuch der Schlag- und Effektinstrumente, Verlag Erwin Bochinsky, Frankfurt am Main 1967: 204 (unten) - Brockhaus Riemann Musiklexikon, Bibliographisches Institut, Mannheim: 185 - dpa, Frankfurt am Main: 18, 37, 46, 62, 97, 116, 131, 132 (unten), 175, 216, 272, 285, 287, 290, 302, 319, 333

Interfoto, München: 217, 324 - Keystone Pressedienst, Hamburg: 95 - M. Kremer, Rüdesheim: 312 - Hannes Limmer, München: 12, 66, 137 (links), 149, 188, 204 (oben rechts), 265, 354, 355, 356, 357 - Meyers Taschenlexikon Musik in 3 Bänden, Bd. 3, Mannheim 1984: 245, 250, 251, 332 - Ulrich Michels, dtv - Atlas zur Musik. Illustrationen von Gunther Vogel. 1977 Deutscher Taschenbuch Verlag, München: 89 (unten rechts), 138, 226, 274 - MGG, Bd. 9, Bärenreiter Verlag, Kassel: 237 - Musikintrumente der Welt, Bertelsmann Verlag, Gütersloh 1979: 319 (links) - W. Ruf, Lexikon der Musikinstrumente, Bibliographisches Institut, Mannheim 1991: 107, 260 - Maria Russolo, Cerro di Laveno, aus: F. K. Prieberg, Musica ex machina, Ullstein Verlag, Frankfurt/M., Berlin: 125 - Curt Sachs, Handbuch der Musikinstrumentenkunde, Breitkopf & Härtel, Wiesbaden: 38, 86, 138 (unten links), 194 (rechts), 269, 343 (oben links) - Erich Schmidt Verlag, Berlin: 295 - story press/Jochen Clauss, Berlin: 21, 24 (oben) - Taschenbuch der Künste. Die Musikinstrumente unserer Zeit, Deutscher Verlag für Musik, Leipzig: 27, 32, 33, 38 (unten), 46, 55, 56, 98, 108, 134 (oben links), 136 (unten), 137, 140, 146, 150, 173, 191, 204 (oben links), 249, 266 (rechts), 271, 299, 343 (rechts), 344 - Anina Westphalen, München: 17, 19, 32 (unten), 38 (oben), 54, 61, 65, 67, 73, 76, 89 (oben links und rechts), 94, 134 (oben links und unten), 135, 138 (unten rechts), 139, 171, 194 (links), 201 (links), 205, 207, 215, 239, 259, 266 (links), 273, 291, 306, 308, 341, 342, 353, 366, 368, 369

Stichwortverzeichnis

In diesem Verzeichnis sind die „Nestwörter“ (s. S. 7 „Begriffsnester“) aufgelistet, die in den Artikeln durch fettere Schrift hervorgehoben sind, z. B. „Auflösungszeichen“ unter dem Stichwort „Versetzungszeichen“. Außerdem sind in diesem Lexikon viele Komponisten erwähnt. Wenn sie abgebildet sind, erscheint der entsprechende Seitenverweis als **fette** Zahl.